Steueraggressivität börsennotierter
und nichtbörsennotierter Unternehmen in Deutschland

Betriebswirtschaftliche Forschung im Rechnungswesen

Herausgegeben von Nils Crasselt, Rolf Uwe Fülbier, Joachim Gassen,
Bernhard Pellens und Thorsten Sellhorn

Band 13

Zur Qualitätssicherung und Peer Review der vorliegenden Publikation

Die Qualität der in dieser Reihe erscheinenden Arbeiten wird vor der Publikation durch Herausgeber der Reihe geprüft.

Notes on the quality assurance and peer review of this publication

Prior to publication, the quality of the work published in this series is reviewed by editors of the series.

Theresa Weiß

Steueraggressivität börsennotierter und nichtbörsennotierter Unternehmen in Deutschland

Eine theoretische und empirische Analyse

PL ACADEMIC RESEARCH

Bibliografische Information der Deutschen Nationalbibliothek
Die Deutsche Nationalbibliothek verzeichnet diese Publikation in der Deutschen Nationalbibliografie; detaillierte bibliografische Daten sind im Internet über http://dnb.d-nb.de abrufbar.

Zugl.: Bayreuth, Univ., Diss., 2014

Gedruckt auf alterungsbeständigem, säurefreiem Papier.

D 703
ISSN 2191-6098
ISBN 978-3-631-65177-3 (Print)
E-ISBN 978-3-653-04524-6 (E-Book)
DOI 10.3726/ 978-3-653-04524-6

PL Academic Research ist ein Imprint der Peter Lang GmbH.

Peter Lang – Frankfurt am Main · Bern · Bruxelles · New York · Oxford · Warszawa · Wien

Diese Publikation wurde begutachtet.

www.peterlang.com

Geleitwort

Gerade in jüngerer Vergangenheit wird intensiv über die Steuervermeidungsstrategien großer, international agierender, oft börsennotierter Unternehmen spekuliert, diskutiert und geurteilt. Etwas losgelöst davon hat die empirische Rechnungslegungsforschung schon seit einigen Jahren Messverfahren zu entwickeln versucht, die regelmäßig auf das Verhältnis von Steueraufwand/Steuerzahlungen und Vorsteuerergebnis abstellen (effective tax rates). Derlei Maßgrößen erfassen nicht nur steuerreduzierendes Verhalten, das sich in der Bandbreite zwischen legaler Steuervermeidung und illegaler Steuerhinterziehung bewegen kann, sondern auch „normale" regelinduzierte Differenzen zwischen Handels- und Steuerbilanz. In der anglo-amerikanischen Forschung wird in diesem Zusammenhang häufig der Begriff der Steueraggressivität (tax aggressiveness) bemüht, der jedoch – im Gegensatz zu der im Rahmen der vorliegenden Arbeit getroffenen Definition – vorrangig rechtlich zulässige Gestaltungen beinhaltet und das darüber hinausgehende Spektrum außer Acht lässt.

Frau Weiß nimmt die gegenwärtige Diskussion zum Anlass, diese insbesondere in der deutschen Literatur kaum sichtbare Forschungsrichtung systematisch aufzuarbeiten, zu analysieren und mit Daten deutscher Unternehmen empirisch zu unterlegen. Hierbei konzentriert sie sich einerseits auf die Frage, ob und welche Unterschiede diesbezüglich zwischen den Unternehmen existieren; insbesondere die Differenzierung in börsen- und nichtbörsennotierte Unternehmen steht dabei im Vordergrund. Diese Literaturauswertung, -beurteilung und -systematisierung im Sinne eines state-of-the-art ist sicherlich ein zentraler Beitrag ihrer Arbeit. Andererseits richtet sich ihr Forschungsinteresse auf die empirische Überprüfung der theoretischen Überlegungen und Ergebnisse früherer Studien insbesondere aus dem anglo-amerikanischen Raum. Auf der Grundlage deutscher Unternehmensdaten kommt sie hier zu interessanten originären Ergebnissen. Dabei enthält sich Frau Weiß in ihrer gesamten Arbeit, ganz im Gegensatz zur öffentlichen Diskussion, einer moralischen Bewertung der Steueraggressivität. Statt dessen arbeitet sie nüchtern die theoretischen Erwägungen auf, generiert eigene empirische Befunde und weist wohltuend offensiv auf die Gefahr möglicher Fehlinterpretationen durch die angreifbare Messgröße und andere Limitationen hin und liefert letztlich ein weiteres Beispiel dafür, dass analysierte ökonomische Phänomene oft nur unzureichend empirisch zu fassen sind.

Frau Weiß legt hier eine Arbeit vor, deren Anspruch es ist, das Phänomen der Steueraggressivität theoretisch und empirisch zu analysieren – ein durchaus umfassender, aber auch passender Anspruch für eine monographische Dissertation. Sie nutzt die Vorteile der Monographie zudem, um ihre Analyse in den komplexen institutionellen Rahmen hier in Deutschland einzubetten und ihre Vorgehensweise, dem Verständnis und der Nachvollziehbarkeit dienend, ausführlich zu entwickeln und darzulegen. Damit bereichert sie die akademische Literatur, vielleicht sogar die öffentliche Debatte, so dass ihr eine große und interessierte Leserschaft zu wünschen ist.

Bayreuth, im April 2014 StB Prof. Dr. Rolf Uwe Fülbier

Vorwort

Die vorliegende Arbeit entstand während meiner Zeit als wissenschaftliche Mitarbeiterin am Lehrstuhl für Internationale Rechnungslegung an der Universität Bayreuth. Sie wurde von der Rechts- und Wirtschaftswissenschaftlichen Fakultät der Universität Bayreuth im Jahr 2013 als Dissertation angenommen.

An dieser Stelle möchte ich all jenen danken, die mich auf diesem Weg begleitet und mich auf verschiedenste Weise unterstützt haben. An erster Stelle gilt mein Dank meinem Doktorvater, Herrn Prof. Dr. Rolf Uwe Fülbier, der für Forschungsangelegenheiten jederzeit ein offenes Ohr hatte und dessen Diskussionsbereitschaft – verbunden mit wertvollen fachlichen Hinweisen – ein wesentlicher Baustein für das Gelingen dieser Arbeit war. Auch für die stets angenehme sowie lehrreiche Zusammenarbeit am Lehrstuhl möchte ich ihm großen Dank aussprechen. Sehr herzlich danke ich zudem Herrn Prof. Dr. Igor Goncharov, der nicht nur die Mühe des Zweitgutachtens auf sich genommen hat, sondern bereits während der Anfertigung dieser Arbeit als konstruktiver Diskussionspartner zur Verfügung stand. Seine Anregungen insbesondere in Bezug auf empirische Fragestellungen waren eine große Bereicherung. Herrn Prof. Dr. Sebastian Schanz danke ich für die Übernahme des Vorsitzes der Prüfungskommission. Für die Aufnahme in die Schriftenreihe „Betriebswirtschaftliche Forschung im Rechnungswesen" bedanke ich mich bei den Herausgebern Prof. Dr. Rolf Uwe Fülbier, Prof. Dr. Nils Crasselt, Prof. Dr. Joachim Gassen, Prof. Dr. Bernhard Pellens und Prof. Dr. Thorsten Sellhorn.

Mein Dank gilt auch allen (ehemaligen) Kolleginnen und Kollegen des Lehrstuhls für die fachlichen Diskussionen und – mindestens ebenso wichtig – die gemeinsame Zeit abseits von Forschung und Lehre. Zur „Lehrstuhlherde" zählten Marcus Bravidor, Friederike Hablizel, Jane Fehr, Malte Klein, Patrick Kuschel, Christian Mehnert und unsere gute Seele Claudia Roberts. Besonderen Dank möchte ich Patrick Kuschel aussprechen, der das gesamte Manuskript mühevoll Korrektur gelesen und mit wertvollen Anmerkungen versehen hat. Darüber hinaus verdanke ich ihm wichtige Einblicke in die oberfränkische Kultur, verbunden mit vielen heiteren Momenten als auch tiefsinnigen Gesprächen. Besonders danken möchte ich auch Malte Klein, der Teile des Manuskripts Korrektur gelesen hat und (nicht nur) durch seine Anekdoten und Pizzakünste das soziale Leben am

Lehrstuhl bereichert hat. An dieser Stelle sei auch allen übrigen „Bayreuthern“ herzlich für die schöne Zeit in der oberfränkischen Festspielstadt gedankt.

Von ganzem Herzen danke ich meinem lieben Freund Thomas Grädler, der nicht nur die Höhen und Tiefen der Promotionszeit mit mir durchlebte und mir stets zur Seite stand, sondern auch die Mühe auf sich nahm, das Manuskript Korrektur zu lesen. Meinem Bruder Tobias Weiß danke ich herzlich für die Aufmunterungen, die er mir an so mancher Stelle hat zukommen lassen und für seine vielfältige Unterstützung im Lauf der Jahre. Mein tiefster Dank gebührt meinen Eltern Joseph und Margarete Weiß, die mich mit großer Liebe und Geduld großgezogen haben, mir stets Vorbild waren und den Grundstein für meinen beruflichen Werdegang legten. Ihnen widme ich in großer Dankbarkeit diese Arbeit.

München, im April 2014 Theresa Weiß

Inhaltsverzeichnis

Abkürzungsverzeichnis

a.F.	alte Fassung
AAER	Accounting and Auditing Enforcement Release
ABl.EG	Amtsblatt der Europäischen Gemeinschaften
Abs.	Absatz
AfA	Absetzung für Abnutzung
AG	Aktiengesellschaft
AICPA	American Institute of Certified Public Accountants
AktG	Aktiengesetz
Anm.	Anmerkung
AO	Abgabenordnung
Art.	Artikel
ASC	Accounting Standards Codification
ASX	Australian Stock Exchange
BB	Betriebs-Berater (Zeitschrift)
Begr.	Begründer
ber.	berichtigt
BFuP	Betriebswirtschaftliche Forschung und Praxis (Zeitschrift)
BGB	Bürgerliches Gesetzbuch
BGBl.	Bundesgesetzblatt
BilMoG	Bilanzrechtsmodernisierungsgesetz
BilReG	Bilanzrechtsreformgesetz
BiRiLiG	Bilanzrichtliniengesetz
BLUE	Best Linear Unbiased Estimator
BMF	Bundesministerium der Finanzen
BörsG	Börsengesetz
BörsZulV	Börsenzulassungsverordnung
BOStB	Satzung über die Rechte und Pflichten bei der Ausübung der Berufe der Steuerberatung und der Steuerbevollmächtigten – Berufsordnung
BPO	Betriebsprüfungsordnung
bspw.	beispielsweise

BStBl.	Bundessteuerblatt
BTD	Book-Tax-Differenzen
BvD	Bureau van Dijk
BVerfG	Bundesverfassungsgericht
bzw.	beziehungsweise
ca.	circa
CAPM	Capital Asset Pricing Model
CEP	Coordinated Examination Program
CFO	Chief Financial Officer
COLI	Corporate-Owned Life Insurance
CPA	Certified Public Accountant
CRS	Financial Accounting Standards Board Codification Research System
CSR	Corporate Social Responsibility
CTJ	Citizens of Tax Justice
d.	des
d.h.	das heißt
DB	Der Betrieb (Zeitschrift)
DBW	Die Betriebswirtschaft (Zeitschrift)
DCF	Discounted Cashflow
DRS	Deutscher Rechnungslegungs Standard
DRSC	Deutsches Rechnungslegungs Standards Committee
DStR	Deutsches Steuerrecht (Zeitschrift)
e.V.	eingetragener Verein
EBITDA	Earnings Before Interest, Taxes, Depreciation and Amortization
ED	Exposure Draft
EDGAR	Electronic Data Gathering, Analysis and Retrieval System
EG	Europäische Gemeinschaft
EHUG	Gesetz über elektronische Handelsregister und Genossenschaftsregister sowie das Unternehmensregister
ERTA	Economic Recovery Tax Act
EStÄR	Einkommensteueränderungsrichtlinien
EStG	Einkommensteuergesetz
EStR	Einkommensteuer-Richtlinien
et al.	et alii
ETR	Effective Tax Rate

EU	Europäische Union
f.	folgende
FAME	Financial Analysis Made Easy
FASB	Financial Accounting Standards Board
FEC	Federal Election Commission
ff.	fortfolgende
FGO	Finanzgerichtsordnung
FIN	FASB Interpretation
Fn.	Fußnote
GAAP	Generally Accepted Accounting Principles
GbR	Gesellschaft bürgerlichen Rechts
GewStG	Gewerbesteuergesetz
GG	Grundgesetz
GmbH	Gesellschaft mit beschränkter Haftung
GmbHG	Gesetz betreffend die Gesellschaften mit beschränkter Haftung
GoB	Grundsätze ordnungsmäßiger Buchführung
GuV	Gewinn- und Verlustrechnung
H	Hypothese
HGB	Handelsgesetzbuch
Hrsg.	Herausgeber
i.d.R.	in der Regel
i.e.	id est
i.e.S.	im engeren Sinn
i.S.d.	im Sinne des
i.V.m.	in Verbindung mit
i.w.S.	im weiteren Sinn
IAS	International Accounting Standard(s)
IASB	International Accounting Standards Board
IFRS	International Financial Reporting Standard(s)
InvZulG	Investitionszulagengesetz
IRC	Internal Revenue Code
IRS	Internal Revenue Service
IStR	Internationales Steuerrecht (Zeitschrift)
Jg.	Jahrgang
JZ	Juristenzeitung (Zeitschrift)
Kap.	Kapitel
KFR	Kapitalflussrechnung

KG	Kommanditgesellschaft
KGaA	Kommanditgesellschaft auf Aktien
KiSt	Kirchensteuer
KoR	Zeitschrift für internationale und kapitalmarktorientierte Rechnungslegung
KStG	Körperschaftsteuergesetz
Lifo	Last in, first out
LM	Lagrange Multiplier
LSDV	Least Square Dummy Variable Regression
M&A	Mergers and Acquisitions
m.w.N.	mit weiteren Nachweisen
Max.	Maximum
Min.	Minimum
Mio.	Million(en)
Mrd.	Milliarde(n)
n.F.	neue Fassung
NBER	National Bureau of Economic Research
nichtbörsenn.	nichtbörsennotiert
No.	Number
Nr.	Nummer
o. Jg.	ohne Jahrgang
o.ä.	oder ähnliche(s)
o.V.	ohne Verfasser
OB	Objectives
OCI	Other Comprehensive Income
OECD	Organization for Economic Cooperation and Development
OFD	Oberfinanzdirektion
OHG	Offene Handelsgesellschaft
OLS	Ordinary Least Square
OWiG	Gesetz über Ordnungswidrigkeiten
PartG	Partnerschaftsgesellschaften Angehöriger Freier Berufe
PartGG	Gesetz über Partnerschaftsgesellschaften Angehöriger Freier Berufe
PE	Private Equity
PiR	Praxis der internationalen Rechnungslegung (Zeitschrift)
PST	Portfolio Selection Theory

PublG	Publizitätsgesetz
R	Richtlinie
RAND	Research and Development
RESET	Regression Specification Error Test
RIW	Recht der Internationalen Wirtschaft (Zeitschrift)
RK	Rahmenkonzept
Rz.	Randziffer
S.	Seite
SE	Societas Europaea
SEC	Securities and Exchange Commission
SFAS	Statement of Financial Accounting Standards
SFB	Sonderforschungsbereich
SIC	Standard Industrial Classification
SolZ	Solidaritätszuschlag
SolzG	Solidaritätszuschlaggesetz
Standardabw.	Standardabweichung
StuW	Steuer und Wirtschaft (Zeitschrift)
TCMP	Taxpayer Compliance Measurement Program
TRA 86	Tax Reform Act of 1986
u.	und
u.a.	und andere, unter anderem
UK	United Kingdom of Great Britain and Northern Ireland
US	United States (of America)
USA	United States of America
UTB	Unrecognized Tax Benefits
v. Chr.	vor Christus
v.a.	vor allem
Verf.	Verfasser
vgl.	vergleiche
VIF	Variance Inflation Factor
VO	Verordnung
vs.	versus
WACC	Weighted Average Cost of Capital
WiSt	Wirtschaftswissenschaftliches Studium (Zeitschrift)
WpHG	Wertpapierhandelsgesetz
WpÜG	Wertpapiererwerbs- und Übernahmegesetz
z.B.	zum Beispiel

ZEW	Zentrum für Europäische Wirtschaftsforschung
ZfB	Zeitschrift für Betriebswirtschaft
ZfbF	Zeitschrift für betriebswirtschaftliche Forschung
ZWS	Zeitschrift für Wirtschafts- u. Sozialwissenschaften

Symbolverzeichnis

α	Regressionskonstante
β_k	Regressionskoeffizient des k-ten Regressors
ε	Störgröße
Δ RECEIV	Veränderung der Forderungen aus Lieferungen und Leistungen, skaliert durch die Bilanzsumme des Vorjahres
Δ SALES	Veränderung der Umsatzerlöse, skaliert durch die Bilanzsumme des Vorjahres
Adj. R^2	Modifiziertes R^2
ASSETS	Bilanzsumme
AUDIT	Binäre Variable, die den Wert 1 annimmt, falls das Unternehmen der Jahresabschlussprüfung durch einen Wirtschaftsprüfer unterliegt, ansonsten den Wert 0
BILMOG	Binäre Variable, die für das Jahr 2010, in dem der Großteil der Regelungen des BilMoG erstmals anzuwenden war, den Wert 1 annimmt, ansonsten den Wert 0
CAS	Umlaufvermögen, skaliert durch die Bilanzsumme des Vorjahres
GROUP	Binäre Variable, die den Wert 1 annimmt, falls das Unternehmen neben dem Einzelabschluss auch einen Konzernabschluss erstellt, ansonsten den Wert 0
GROWTH	Prozentuale Veränderung der Umsatzerlöse gegenüber dem Vorjahr
i	Laufindex Unternehmen, Beobachtungswerte
IAS	Binäre Variable, die in den Jahren nach Inkrafttreten der IAS-VO den Wert 1 annimmt, ansonsten den Wert 0
INTAN	Immaterielles Anlagevermögen, skaliert durch die Bilanzsumme des Vorjahres

K	Anzahl der Regressoren
k	Laufindex für Regressoren
LEV	Langfristige finanzielle Verbindlichkeiten, skaliert durch die Bilanzsumme des Vorjahres
N	Anzahl der Beobachtungen
PPE	Sachanlagevermögen, skaliert durch die Bilanzsumme des Vorjahres
PREV_LOSS	Binäre Variable, die den Wert 1 annimmt, falls das Vorjahr ein Verlustjahr war, ansonsten den Wert 0
PROVIS	Rückstellungen, skaliert durch die Bilanzsumme des Vorjahres
PUBLIC	Binäre Variable, die den Wert 1 annimmt, falls das Unternehmen börsennotiert ist, ansonsten den Wert 0
R^2	Bestimmtheitsmaß
REFORM	Binäre Variable, die in den Jahren nach Inkrafttreten der Unternehmensteuerreform 2008 den Wert 1 annimmt, ansonsten den Wert 0
ROA	Ergebnis der gewöhnlichen Geschäftstätigkeit, skaliert durch die Bilanzsumme des Vorjahres
SIZE	Natürlicher Logarithmus der Bilanzsumme
t	Laufindex Jahr
TA	Gesamte Periodenabgrenzungen, ermittelt als Veränderung des nicht-zahlungsmittelbezogenen Umlaufvermögens minus der Veränderung der kurzfristigen Verbindlichkeiten unter Ausschluss der hierin enthaltenen Finanzverbindlichkeiten minus Abschreibungen, skaliert durch die Bilanzsumme des Vorjahres
TaxAggr	Steueraggressivität des Unternehmens
x_{ki}	Wert des k-ten Regressors des Objekts i
y_i	Wert des Regressanden des Objekts i

Abbildungsverzeichnis

Tabellenverzeichnis

1 Einleitung

1.1 Problemstellung und Ziel der Arbeit

Die Steuererhebung durch den Staat dient der Erzielung von Einnahmen, welche die Grundlage für die Finanzierung der Staatsaufgaben bilden.[1] Die Geschichte der Besteuerung reicht dabei schon sehr weit zurück. So finden sich erste Hinweise auf das Bestehen einer solchen Leistungspflicht bereits in sumerischen Keilschriften, die aus dem dritten Jahrtausend v. Chr. stammen.[2] Doch das Bestehen einer Steuerpflicht löst seit jeher auch Bestrebungen aus, dieser zu entgehen.[3] Dabei ist ein entsprechendes Phänomen nicht nur bei Individuen, sondern gerade auch bei Unternehmen beobachtbar.[4] Für diese stellt die Steuerbelastung letztlich einen Aufwandsposten dar, dessen Reduzierung einen höheren Gewinn impliziert.

Wie den Ergebnissen diverser empirischer Erhebungen zur Effektivsteuerbelastung entnommen werden kann,[5] scheinen zwischen Unternehmen zum Teil bedeutende Unterschiede zu bestehen, was das Ausmaß solcher Bestrebungen betrifft. Daher hat sich gerade in der jüngeren Vergangenheit ein empirischer Forschungszweig etabliert, der entsprechende Unterschiede auf systematische Faktoren zurückzuführen versucht.[6] Neben diesen Forschungsbemühungen ist derzeit allerdings auch in der Öffentlichkeit sowie auf dem politischen Parkett eine rege

1 Vgl. bspw. Homburg (2010), S. 2.

2 Vgl. Salonen (1972), S. 9 f. und S. 17-31, Pausch/Pausch (1988), S. 16.

3 Vgl. Diebold (1984), S. 4-6 mit verschiedenen historischen Beispielen. Ein derartiges Verhalten wird bisweilen im Legalbereich gerade durch die Beschaffenheit des Steuersystems gefördert, wenn nicht gar herausgefordert. Stiglitz (1985), S. 325 äußert sich hierzu pointiert unter Bezug auf das (damalige) US-amerikanische Steuersystem: „It used to be said that there were two things that were unavoidable: death and taxes. There is a widespread feeling today that under our present tax code only one of these is unavoidable."

4 Eine empirische Untersuchung zu ausgewählten Steuerpraktiken von Unternehmen bieten bspw. Taylor/Richardson (2012).

5 Vgl. bspw. Stickney/McGee (1982), Gupta/Newberry (1997).

6 Die bisherigen Bemühungen dieser Forschungsrichtung und ihre Resultate werden in Kap. 3.5 ausführlich erörtert.

Debatte zu beobachten, im Rahmen derer die Steuerpraktiken großer Konzerne scharf kritisiert werden.[7] Anzumerken ist jedoch, dass sich die von der Öffentlichkeit diskutierten Steuergestaltungen durchaus im Bereich des Legalen bewegen und nicht zwingend einer – im deutschen Steuerrecht gemäß § 370 AO strafbaren – Steuerhinterziehung zuzuordnen sind.[8] Zwischen legaler Steuervermeidung und illegaler Steuerhinterziehung existiert ferner die sogenannte Steuerumgehung als Unterfall der Gesetzesumgehung,[9] die der deutsche Gesetzgeber durch § 42 AO adressiert, um hierdurch den Missbrauch rechtlicher Gestaltungsmöglichkeiten zu verhindern. Dass hierbei jedoch keine klaren Grenzen, sondern vielmehr fließende Übergänge bestehen, belegen die nicht seltenen sowie schwierigen gerichtlichen Auseinandersetzungen zwischen Steuersubjekten und Finanzbehörden.[10] In der vorliegenden Arbeit wird daher der Begriff der Steueraggressivität implementiert, der terminologisch das gesamte Spektrum steuerreduzierenden Verhaltens abdecken soll.[11] Hierbei wird jedoch auf eine moralische Wertung, wie sie in der öffentlichen Diskussion vorgenommen wird und welche in der Forderung nach einem „fairen Anteil" am Tragen der Steuerlast durch die Unternehmen resultiert, explizit verzichtet. Die gesamtgesellschaftliche Relevanz steueraggressiven Verhaltens wird hierdurch jedoch nicht in Frage gestellt, sondern ist auch unabhängig von einer etwaigen moralischen Wertung anzuerkennen.

Der Großteil der bereits angesprochenen empirischen Forschungsliteratur, die sich mit verschiedenen Einflussfaktoren und darüber hinaus auch mit möglichen Konsequenzen unternehmerischer Steueraggressivität auseinandersetzt, entstammt

---

7 Für die öffentliche Auseinandersetzung vgl. bspw. „Wie Starbucks sich arm rechnet. Der amerikanische Kaffeeröster zahlt trotz guter Geschäfte kaum Steuern" (Frankfurter Rundschau vom 6.11.2012, vgl. o.V. (2012a)), „Apple zahlt Mini-Steuern. Mit Hilfe legaler Schlupflöcher rechnen sich US-Konzerne in Europa Gewinne klein" (Die Welt vom 6.11.2012, vgl. o.V. (2012b)). Eine kritische Hinterfragung insbesondere der politischen Debatte bietet Schön (2013). Eine Darstellung der Funktionsweise ausgewählter Steuergestaltungsstrategien entsprechender Konzerne bietet bspw. Richter/Hontheim (2013).

8 Dabei stellen sich in diesem Zusammenhang die Äußerungen von Schneider (2002), S. 96 als interessant dar, der eine moralische Verurteilung von Steuerhinterziehungen als nicht begründbar erachtet, „solange ethische Normen gegen Verschwendung nicht kodifiziert, Gleichmäßigkeit der Besteuerung nicht ernsthafter, treffender (und unter Berücksichtigung teils Jahrzehnte oder Jahrhunderte alter wirtschaftswissenschaftlicher Erkenntnisse) verwirklicht wird [...]."

9 Vgl. Danzer (1981), S. 35, Englisch (2013), Rz. 116 m.w.N.

10 Vgl. hierzu auch Raab (1992), S. 417 f.

11 Eine ausführliche Begriffseinordnung und -begründung findet sich in Kap. 2.1.2.

dem US-amerikanischen Kontext. Das institutionelle Setting in Deutschland war bisher kaum Gegenstand entsprechender empirischer Untersuchungen.[12] Zwischen den USA und Deutschland besteht allerdings ein gravierender Unterschied im Hinblick auf das Verhältnis von externer und steuerlicher Rechnungslegung.[13] Während in den USA eine klare Separation der beiden Rechnungslegungssysteme existiert, ist in Deutschland das Maßgeblichkeitsprinzip der handelsrechtlichen Rechnungslegung für die steuerliche Gewinnermittlung und damit der Besteuerung (noch) fest verankert.

Im Fall der Verknüpfung der externen mit der steuerlichen Rechnungslegung ergibt sich durch die unterschiedliche Zielsetzung dieser beiden Systeme ein Spannungsfeld, dessen Auflösung zu Gunsten der einen Zielsetzung und damit zu Lasten der jeweils anderen Zielsetzung gewisse Kosten hervorruft. Die ungleiche Zielsetzung ist dabei durch die jeweiligen Adressaten der Rechnungslegung bedingt. Während ausschließlicher Adressat der steuerlichen Rechnungslegung der Fiskus ist, dient die externe Rechnungslegung der Reduzierung von Informationsasymmetrien gegenüber allen übrigen Stakeholdern einschließlich der Anteilseigner. Aufgrund der durch divergierende Vertragsansprüche bedingten Heterogenität des Adressatenkreises der externen Rechnungslegung besteht auch eine gewisse Heterogenität bezüglich der an sie gestellten Anforderungen. In Betracht kommt hierbei die Erfüllung von *stewardship* oder von *decision usefulness*,[14] wobei die diesbezügliche Ausrichtung der externen Rechnungslegung bisweilen durch das zu Grunde liegende Rechnungslegungssystem schon eine gewisse Vorprägung erfährt.[15] Allerdings bestehen im Rahmen der Rechnungslegung Entscheidungsspielräume, die vom Rechnungslegungsersteller – sei es vom Eigentümer des Unternehmens oder dem von ihm beauftragten Management – entsprechend seiner Präferenzen ausgefüllt werden können. Die Präferenzen des Rechnungslegungserstellers äußern sich

---

12 Als Ausnahme ist die Studie von Watrin/Pott/Ullmann (2012) zu nennen, die allerdings nur am Rande diesem Forschungsgebiet zuzuordnen ist. Ausführlicher zu dieser Studie vgl. Kap. 4.3.1.

13 Vgl. bspw. Dammann (2005), S. 573.

14 Pellens/Fülbier/Gassen/Sellhorn (2011), S. 7 sprechen in diesem Zusammenhang von der Koordinationsfunktion sowie der Bewertungsfunktion der Rechnungslegung.

15 Beispielsweise ist die IFRS-Rechnungslegung von der Zielsetzung der Vermittlung entscheidungsrelevanter Informationen geprägt, wie dem Rahmenkonzept der IFRS in Abschnitt RK.OB2 zu entnehmen ist: „The objective of general purpose financial reporting is to provide financial information about the reporting entity that is useful to existing and potential investors, lenders and other creditors in making decisions about providing resources to the entity."

typischerweise als Ergebnismaximierung (jeweils bezogen auf eine Periode), Ergebnisminimierung (jeweils bezogen auf eine Periode), Glättung des Ergebnisses über die Zeit oder als das Erreichen von Zielgrößen.[16] Die jeweilige Präferenz des Rechnungslegungserstellers ist durch Anreize getrieben, die durch bestimmte Vertragsgestaltungen[17] oder durch die Verwendung von Rechnungslegungsdaten durch die Kapitalmarktteilnehmer[18] begründet sind.

Indem börsennotierte Unternehmen[19] dem vom Kapitalmarkt ausgehenden Druck unterliegen und anonyme Eigenkapitalgeber aufweisen, dürften diese ein anderes Rechnungslegungsverhalten aufweisen als nichtbörsennotierte Unternehmen.[20] Hierfür liegen auch verschiedene empirische Belege vor.[21] Die divergierenden Anreize börsennotierter gegenüber nichtbörsennotierter Unternehmen beeinflussen unter

---

16 Vgl. bspw. Wagenhofer/Ewert (2007), S. 245.

17 Die empirische Untersuchung der von gewissen Vertragskonstellationen ausgehenden Anreize für das Rechnungslegungsverhalten ist Gegenstand der von Watts/Zimmerman (1978) eingeleiteten *positive accounting theory*. Diese zielt auf die Erklärung des in der Realität beobachtbaren Rechnungslegungsverhaltens durch *agency*-basierte Argumentationsstränge ab.

18 Hierbei kann der Rechnungslegungsersteller motiviert sein, dem Kapitalmarkt als Rechnungslegungsadressaten mit Hilfe seines Rechnungslegungsverhaltens seine Zukunftserwartungen zu signalisieren oder aber die Ausübung von Spielräumen zur Täuschung des Kapitalmarkts einzusetzen, vgl. Fields/Lys/Vincent (2001), S. 259.

19 In Deutschland werden durch das Aktiengesetz all jene Gesellschaften als börsennotiert definiert, deren Aktien auf einem von staatlich anerkannten Stellen geregelten und überwachten Markt zugelassen sind, der regelmäßig stattfindet und für das Publikum mittelbar oder unmittelbar zugänglich ist (§ 3 Abs. 2 AktG). Hiervon abzugrenzen ist der durch § 264d HGB festgelegte Begriff der Kapitalmarktorientierung. Eine ausführlichere Diskussion hierzu findet sich in Kap. 4.1.1.

20 Das Rechnungslegungsverhalten nichtbörsennotierter Unternehmen wurde in der empirischen Rechnungslegungsforschung bisher eher vernachlässigt, was nicht zuletzt auf die geringere Verfügbarkeit von Jahresabschlussdaten entsprechender Unternehmen zurückzuführen ist. Hinzu kommt, dass in den USA, die als führende Nation der empirischen Rechnungslegungsforschung zu betrachten ist, die Kapitalmarktorientierung bzw. Börsennotierung einen weitaus größeren Stellenwert einnimmt als bspw. in Deutschland. Zur Bedeutung der Börsennotierung in Deutschland gegenüber den USA vgl. bspw. Correia da Silva/Goergen/Renneboog (2004), S. 34, Harrer (2009a), Rz. 1-4, Schanz (2012), S. 1-6.

21 Die entsprechenden Studien entstammen auch hier überwiegend dem US-Kontext, wobei manche Autoren wie bspw. Burgstahler/Hail/Leuz (2006) ein länderübergreifendes Design verwenden. Die einzelnen Untersuchungen und ihre Ergebnisse werden in Kap. 4.2.2 ausführlich diskutiert.

Umständen auch die Steueraggressivitätsentscheidung. Besteht aufgrund der regulatorischen Gegebenheiten eine Verknüpfung zwischen externer und steuerlicher Rechnungslegung, wie es das Maßgeblichkeitsprinzip in Bezug auf den handelsrechtlichen Einzelabschluss vorsieht, müssen die Verantwortlichen des Unternehmens entscheiden, ob sie entweder die Ziele der externen Rechnungslegung steuerlichen Zwecken unterordnen oder alternativ steuerliche Kosten in Kauf nehmen.[22] Hierbei erscheint es als logische Schlussfolgerung, dass diejenigen Unternehmen mit einer größeren Relevanz der externen Rechnungslegung derselben den Vorzug vor steuerlichen Zielen geben, während die anderen Unternehmen sich stärker auf die steuerlichen Ziele konzentrieren.[23] Daraus sogleich eine geringere Steueraggressivität börsennotierter gegenüber nichtbörsennotierter Unternehmen in Deutschland zu schließen, würde jedoch zu kurz greifen. Die Steueraggressivität eines Unternehmens ist ein komplexes Konzept, das durch eine Vielzahl von Faktoren beeinflusst wird und daher zunächst einer entsprechenden theoretischen Analyse bedarf. Erst dieses Grundgerüst ermöglicht eine fundierte Gegenüberstellung börsennotierter und nichtbörsennotierter Unternehmen in Deutschland im Hinblick auf ihre Steueraggressivität. Hierdurch können eventuelle Unterschiede im Ausmaß der Steueraggressivität aufgedeckt werden, so dass ein Aufschluss darüber gewonnen werden dürfte, ob von einem der beiden Unternehmenstypen (ceteris paribus) ein durchschnittlich geringerer bzw. höherer Beitrag zur gesellschaftlichen Finanzierung ausgeht. Dabei dürfen jedoch nicht nur theoretische Überlegungen angestrengt werden, sondern diese sind auch durch entsprechende empirische Erkenntnisse zu bekräftigen.

Ziel der vorliegenden Arbeit ist somit die theoretische und empirische Analyse der Steueraggressivität börsennotierter und nichtbörsennotierter Unternehmen in Deutschland, wofür eine umfassende Beleuchtung des Phänomens der

---

22 Die externe Rechnungslegung ist in Deutschland jedoch nicht zwingend nur auf den handelsrechtlichen Einzelabschluss begrenzt. Falls nach § 290 HGB eine Verpflichtung zur Konzernrechnungslegung besteht und keine Befreiungsregel greift, ist von dem entsprechenden Mutterunternehmen neben seinem handelsrechtlichen Einzelabschluss auch ein Konzernabschluss anzufertigen. Im Fall kapitalmarktorientierter Unternehmen ist dieser aufgrund der EU-VO 1606/2002 verpflichtend nach IFRS (anstelle HGB) zu erstellen, ansonsten darf ein IFRS-Konzernabschluss anstatt des HGB-Konzernabschlusses angefertigt werden.

23 Bestehende Studien außerhalb des deutschen Regulierungskontextes legen nahe, dass börsennotierte Unternehmen bei einem Konflikt zwischen externer und steuerlicher Rechnungslegung eher zu Gunsten externer Rechungslegungsziele zu handeln, vgl. bspw. Cloyd/Pratt/Stock (1996), Klassen (1997), Mills/Newberry (2001), Goncharov (2005), Lin/Mills/Zhang (2012).

Steueraggressivität vorzunehmen ist. In diesem Sinne ist Steueraggressivität nicht nur aus einer bilanzpolitischen Perspektive heraus zu betrachten, sondern es sind auch Überlegungen und Erkenntnisse einzubeziehen, die in diesbezüglichen (zum Teil interdisziplinären) Forschungsarbeiten der Ökonomik, der Rechtswissenschaft sowie der Sozio- bzw. Psychologie gewonnen wurden. Die bis dato existierende, vornehmlich durch Beiträge in einschlägigen Journals abgebildete empirische Forschungsliteratur zur Steueraggressivität, hat – wohl auch publikationsbedingt – auf eine umfangreiche Erörterung des Phänomens der Steueraggressivität verzichtet. Eine monographische Dissertation bietet hingegen einen geeigneten Rahmen, einer derartigen theoretischen Fundierung eher gerecht zu werden. Auf dieser Grundlage kann die eigentliche empirische Untersuchung aufgesetzt werden, welche das noch leere Feld der Steueraggressivität börsennotierter und nichtbörsennotierter Unternehmen im – näher zu erörternden – institutionellen und regulatorischen Umfeld Deutschlands ausfüllt.

1.2 Aufbau der Untersuchung

Die vorliegende Untersuchung ist in sechs Kapitel gegliedert. Nach der Einführung in Kapitel 1 wird in Kapitel 2 ein theoretisches Rahmenwerk der Steueraggressivität aufgespannt. Die Grundlage hierfür bildet zunächst eine kurze Erörterung des Begriffs der Steuern, der Rechtfertigung von Steuern und der Steuerprinzipien, bevor der Terminus der Steueraggressivität eingeordnet wird. Nach der terminologischen Systematisierung wird steueraggressives Verhalten aus ökonomischer Sicht diskutiert. Hierbei werden sowohl ökonomische Konsequenzen der Steueraggressivität als auch modelltheoretisch abgeleitete Determinanten steueraggressiven Verhaltens aufgezeigt. Da letztere jedoch empirisch nur bedingt belegt werden, geht die Forschungsliteratur von einem nicht unerheblichen Einfluss sozio-psychologischer Faktoren aus, die ebenfalls gewürdigt werden. Der anschließende Abschnitt ist der konzeptionellen Fundierung unternehmerischer Steueraggressivität gewidmet, wofür zunächst eine Unternehmensdefinition im Sinne der Neuen Institutionenökonomik vorgenommen und die Problematik einer Prinzipal-Agent-Beziehung aufgezeigt wird. Auf dieser Basis werden die Besonderheiten unternehmerischer Steueraggressivität, gerade auch in Abgrenzung gegenüber derjenigen von Individuen, diskutiert.

In Kapitel 3 erfolgt die Zusammenführung von Steueraggressivität und Rechnungslegung. Hierfür werden zunächst die grundlegenden Funktionen der Rechnungslegung aufgezeigt sowie die prinzipiellen Anreize für zielgerichtetes

Rechnungslegungsverhalten in Form vertragsinduzierter und kapitalmarktinduzierter Anreize erläutert. Der darauf folgende Abschnitt erklärt, wie sich Steueraggressivität in der steuerlichen Rechnungslegungspolitik konkretisiert. Ausgangspunkt dessen bildet eine Darstellung der Unternehmensbesteuerung nach deutschem Recht in Grundzügen. Aufgrund der Tatsache, dass die Unternehmensbesteuerung an den steuerbilanziellen Gewinn anknüpft, äußert sich Steueraggressivität durch das Betreiben steuerlicher Rechnungslegungspolitik, die unter anderem einer Einordnung in die unternehmenspolitische Zielsetzung der Gewinnmaximierung sowie einer inhaltlichen Konkretisierung bedarf. Im Anschluss werden die sich aus der Steueraggressivität ergebenden Kosten diskutiert, wobei eine Differenzierung nach Kostenarten vorgenommen wird und insbesondere auch die aus dem Zielkonflikt zwischen steuerlicher und externer Rechnungslegung resultierenden Kosten erörtert werden. Gegenstand des anschließenden Abschnitts ist die Frage, wie Steueraggressivität empirisch gemessen werden kann, wofür regelmäßig Informationen der externen Rechnungslegung herangezogen werden müssen. Bevor einschlägige Metriken zur Erfassung von Steueraggressivität erörtert werden, die überwiegend aus der US-amerikanischen Forschungsliteratur stammen, wird die Zugänglichkeit steuerlicher Informationen im Regulierungskontext Deutschlands und der USA diskutiert. Anschließend wird der aktuelle empirische Forschungsstand im Hinblick auf die unternehmensspezifischen Determinanten und Konsequenzen von Steueraggressivität aufbereitet.

Kapitel 4 diskutiert die Determinanten der Steueraggressivität börsennotierter Unternehmen gegenüber derjenigen nichtbörsennotierter Unternehmen. Dies erfordert zunächst die Klärung der Definition, Voraussetzungen und Konsequenzen einer Börsennotierung. Darauf aufbauend werden theoretische Überlegungen zum Rechnungslegungsverhalten börsennotierter und nichtbörsennotierter Unternehmen angestrengt, die durch eine Aufarbeitung diesbezüglicher Erkenntnisse bisheriger empirischer Forschungsarbeiten ergänzt werden. Aufgrund der Feststellung, dass sich börsennotierte und nichtbörsennotierte Unternehmen hinsichtlich der Bedeutung der externen Rechnungslegung und als Konsequenz auch in ihrem Rechnungslegungsverhalten unterscheiden, dürfte insbesondere der Zielkonflikt zwischen externer und steuerlicher Rechnungslegung im Zuge der Steueraggressivität börsennotierter und nichtbörsennotierter Unternehmen Bedeutung erfahren. Daher werden in einem ersten Schritt bestehende Studien ausgewertet, die diesbezügliche empirische Erkenntnisse aufweisen. In einem zweiten Schritt sind diese Erkenntnisse jedoch vor dem deutschen Regulierungs- und Kapitalmarktkontext zu reflektieren. Im Anschluss wird eine alle Kostenarten umfassende Kosten-Nutzen-Analyse der Steueraggressivität börsennotierter Unternehmen versus nichtbörsennotierter Unternehmen durchgeführt, da die Kosten aus Zielkonflikten zwischen externer und steuerlicher Rechnungslegung nur eine mögliche Kostenart darstellen. Dies ermöglicht die Formulierung einer Hypothese zur Steueraggressivität börsennotierter und nichtbörsennotierter Unternehmen, wobei die im Lauf der Arbeit gewonnenen Erkenntnisse bezüglich der sonstigen – von der Börsennotierung unabhängigen – Einflussfaktoren unternehmerischer Steueraggressivität für eine entsprechende empirische Untersuchung benötigt werden. Erst die Kontrolle auf diese Faktoren lässt Schlussfolgerungen zu, inwieweit ein unterschiedliches Ausmaß an Steueraggressivität wirklich auf die Unterschiede zwischen diesen beiden Unternehmenstypen zurückzuführen ist.

Die empirische Untersuchung zur Steueraggressivität börsennotierter und nichtbörsennotierter Unternehmen erfolgt in Kapitel 5. Da hierfür ein multiples Regressionsmodell eingesetzt werden soll, wird zunächst auf die grundlegenden Prämissen eines linearen Regressionsmodells eingegangen. Darauf aufbauend wird das Design der empirischen Untersuchung erörtert, wobei das Sample, das entwickelte Regressionsmodell und dessen Modellvariablen vorgestellt werden. Nach der Darstellung der deskriptiven Statistik sowie der Durchführung einer univariaten Analyse und Korrelationsanalyse werden die Ergebnisse der Regressionsanalyse diskutiert. Im Anschluss werden verschiedene Robustheitstests erläutert. Der darauf folgende Abschnitt ist dem Fazit der empirischen Untersuchung gewidmet, wobei insbesondere auch auf die Limitationen derselben eingegangen wird.

Das abschließende Kapitel 6 dient der Zusammenfassung aller wesentlichen Erkenntnisse der Arbeit und bietet darüber hinaus einen Ausblick auf weitergehenden Forschungsbedarf.

2 Theoretische Überlegungen zur Steueraggressivität

2.1 Begriff der Steueraggressivität

2.1.1 Steuerbegriff, Steuerrechtfertigung und Steuerprinzipen

In Deutschland wird der Begriff der Steuern in § 3 Abs. 1 Halbsatz 1 AO geregelt und legaldefiniert als „Geldleistungen, die nicht eine Gegenleistung für eine besondere Leistung darstellen und von einem öffentlich-rechtlichen Gemeindewesen zur Erzielung von Einnahmen allen auferlegt werden, bei denen der Tatbestand zutrifft, an den das Gesetz die Leistungspflicht knüpft." In Halbsatz 2 wird klargestellt, dass die Erzielung von Einnahmen auch Nebenzweck sein kann.[24] Hieraus lassen sich die einschlägigen Merkmale von Steuern ableiten: Steuern werden zum einen zwangsweise vom privaten an den öffentlichen Sektor abgeführt, zum anderen werden die den Steuern zugrunde liegenden Tatbestände nicht beschränkt.[25] Die Steuererhebung durch den Staat kann durch die Existenz des Staates an sich gerechtfertigt werden, damit dieser seine Aufgaben erfüllen kann.[26]

---

24 Dies bedeutet, dass die Steuererhebung auch zum Zwecke der Verhaltensbeeinflussung dienen kann, der Fiskalzweck wird hierbei zum Nebenzweck. Ausführlich zum Lenkungsprinzip mit entsprechenden Beispielen vgl. Seer (2013a), Rz. 10 f. Eine Einordnung der Besteuerung in den Zielkatalog des Staates bietet u.a. Schenk (2002), S. 23 f.

25 Vgl. Bohley (2003), S. 40.

26 Vgl. bspw. Alt (1983), S. 185, welcher Steuern als den Preis bezeichnet, den zu zahlen der Besitz eines Staates schlichtweg mit sich bringt. Schmölders (1953), S. 249 f. erklärt die Steuer als ein Mittel zur Verwirklichung von Staatsaufgaben, welches durch den Wandel der Staatsaufgaben selbst einer stetigen Wandelung ausgesetzt ist. In einer modernen Gesellschaft ist auch eine soziale Funktion des Staates anzutreffen, im Rahmen dessen die wirtschaftliche Existenz der Staatsbürger gesichert werden muss, vgl. Haller (1981), S. 9 f. Den Funktionswandel staatlicher Aktivität von Zeiten des „Nachtwächterstaats" hin zum ausgabenintensiven Wohlfahrtsstaat zeigen Zimmermann/Henke/Broer (2012), S. 39 f. Eine kritische Analyse der „power to tax" bieten Brennan/Buchanan (1980).

Adam Smith befand bereits, dass die Besteuerten – wobei die Besteuerung unter gewissen Grundsätzen zu erfolgen habe – zwar eine Leistung erbringen müssten, ihnen aber unter anderem durch die Gewährung von Sicherheit sowohl nach innen als auch nach außen[27] ein Nutzen zufließe.[28] Schmölders/Hansmeyer (1980) bezeichnen Steuern prägnant als „monetäre Zwangsabgaben ohne Anspruch auf Gegenleistung“[29], wobei diese Definition nur auf den konkreten Ausgleich abstellt und einen indirekten Nutzenzufluss außer Acht lässt. Einschränkend ist hinzuzufügen, dass eine solche Definition in ihrer Kürze nicht dem vollen Umfang der einzelnen Wirkungsaspekte[30] von Steuern gerecht wird.[31] Allerdings spiegelt sie den wesentlichen Charakter von Steuern wider und genügt damit dem Zweck einer allgemeinen Begriffsbestimmung. In der folgenden Arbeit wird daher die genannte Definition dem Begriff Steuern zu Grunde gelegt. Aufgrund der Reduktion auf die Kernelemente von Besteuerung erlaubt diese Definition auch die Anwendung auf verschiedene Steuerrechtssysteme.

Werden von einem demokratischen Staat Steuern erhoben, so bewegt sich dieser hinsichtlich der Lastzuordnung nicht in einem freien Raum, sondern hat gewisse

---

27 Die Sicherung der Landesgrenzen stellt neben der Sicherung der Rechtsstaatlichkeit das klassische Beispiel eines reinen öffentlichen Gutes dar, vgl. bspw. Corneo (2012), S. 24 f. mit Angaben zur Höhe der Ausgaben verschiedener Länder für die Landesverteidigung in Abhängigkeit vom Bruttosozialprodukt. Ein reines öffentliches Gut zeichnet sich dadurch aus, dass die marginalen Kosten für das Angebot an eine zusätzliche Person Null sind und es unmöglich ist, andere vom Genuss dieses Gutes auszuschließen, vgl. Stiglitz (2000), S. 132. Zu den reinen öffentlichen Gütern muss zudem – sofern es sich um eine demokratische Staatsform handelt – die Sicherung der Demokratie, die bspw. die Ausgaben für die Durchführung demokratischer Wahlen, die Ausgaben für politische Erziehung oder die Ausgaben für lokale Volksvertreter, Parlament und Regierung umfassen, gezählt werden, vgl. Corneo (2012), S. 25. Für eine modelltheoretische Analyse von öffentlichen Gütern in Bezug auf die optimale Produktionsmenge sowie auf die Art der Finanzierung derselben vgl. Feldman/Serrano (2006), S. 162-188.

28 Vgl. Smith (1776, 1994), S. 887-890.

29 Schmölders/Hansmeyer (1980), S. 64. Zur Erläuterung der Herkunftsgeschichte des Wortes „Steuer“ vgl. Schmölders/Hansmeyer (1980), S. 63 Fn. 1. Die Autoren bieten auch einen Überblick über die Geschichte der Besteuerung sowie über die Geschichte der Steuerlehre, vgl. Schmölders/Hansmeyer (1980), S. 13-37 und S. 38-60.

30 Zur einer Übersicht der Steuerwirkungen in kurz- sowie langfristiger Sicht bei einer Steuerankündigung oder -auflage vgl. Raab (1995), S. 81.

31 Vgl. bspw. Reding/Müller (1999), S. 78 f. m.w.N. zur Ablehnung einer universellen Definition.

Prinzipien zu befolgen.[32] Derlei Prinzipien sind zumeist historisch gewachsen und haben in die einzelnen Steuersysteme jeweils Eingang gefunden. Als von grundlegender Bedeutung sind in diesem Zusammenhang die von Smith (1776) formulierten Grundsätze der Besteuerung anzuführen: Gleichmäßigkeit der Besteuerung, Bestimmtheit der Steuergesetzgebung, Bequemlichkeit der Steuerzahlung sowie Billigkeit der Steuererhebung.[33]

Das inhaltliche System[34] der Steuerrechtsordnung in Deutschland wird durch eine Hierarchie von Prinzipien bestimmt, welche die Funktion von richtunggebenden Maßstäben besitzen. Das deutsche Steuerrecht wird primär von systemtragenden Prinzipien konstituiert, welche das steuerrechtliche System im Ganzen tragen und für welche ein Rechtsstaat bürgt.[35] Hierbei handelt es sich um im Grundgesetz verankerte Prinzipien wie den Gleichheitsgrundsatz, das Legalitätsprinzip, das prohibitive Übermaßverbot und das konstruktiv sozialstaatliche Prinzip der sozial gerechten Besteuerung. Diese werden in einem zweiten Schritt mittels des Prinzips der Besteuerung nach der Leistungsfähigkeit konkretisiert.[36] Als zweite Hierarchieebene dienen steuerrechtliche Subprinzipien, die zwar nur für einzelne Normgruppen des Steuerrechts gelten, aber auch verfassungsrechtliche Wirkkraft entfalten, da sie verschiedene Wertungen des Grundgesetzes konkretisieren.[37] Die dritte Hierarchiestufe wird durch einfachgesetzliche Prinzipien gebildet, die dem

---

32 Vgl. u.a. Haller (1981), S. 13. Zu einer Diskussion von Prinzipien im Allgemeinen sowie als Grundlage eines gerechten Steuersystems im Speziellen vgl. Mössner (2010).

33 Vgl. ausführlich Smith (1776, 1994), S. 888-890. Diese später als klassischen Maxime des Steuerwesens bezeichneten Grundsätze weisen Parallelen zu dem Gedankengut von Richard Montesquieu aus dem Jahr 1748 auf, vgl. Schmölders/Hansmeyer (1980), S. 47 mit Verweis auf Oncken (1877).

34 Auch als inneres System bezeichnet. Während sich das inhaltliche (oder innere) System auf die Wertungen eines Rechtssystems bezieht, betrifft das äußere System bspw. die Ordnungsbegriffe des Gesetzes, den Gesetzesaufbau und die Stellung des einzelnen Rechtssatzes, vgl. Hey (2013a), Rz. 5 und 9.

35 Dabei ist die Rolle des Bundesverfassungsgerichts (BVerfG) bei der Etablierung derartiger systemtragender Prinzipien in der Verfassungslehre nicht unumstritten. Während Hey (2013a), Rz. 100 von „unverzichtbare[n] Beiträge[n] zur Durchsetzung der systemtragenden Prinzipien eines verfassungskonformen Steuerrechts“ spricht, kritisiert Lepsius (2009), S. 261 die Verstrickung „in den selbsterzeugten Maßstäben zahlreicher konkurrierender Prinzipien mit rivalisierendem normenhierarchischem Status.“

36 Vgl. Hey (2013a), Rz. 13.

37 Vgl. Hey (2013a), Rz. 14, die als Beispiele zur Einkommensteuer das Universalitätsprinzip, das Totalitätsprinzip, das Prinzip der Individualbesteuerung sowie das objektive/subjektive Nettoprinzip nennt.

inhaltlichen System der Steuerrechtsordnung – ohne verfassungsrechtliche Verbindlichkeit – einen höheren Detaillierungsgrad hinzufügen.[38]

Als Fundamentalprinzip der Besteuerung geht im deutschen Recht das Leistungsfähigkeitsprinzip aus dem Grundsatz der Steuergerechtigkeit hervor, welcher aus dem allgemeinen Gleichheitssatz des Grundgesetzes (Art. 3 GG) abgeleitet wird. Das Leistungsfähigkeitsprinzip wird auch in anderen Staaten als die Grundlage einer gerechten Besteuerung anerkannt.[39] Demnach wird die Abgabenlast des Steuerpflichtigen anhand dessen Opferfähigkeit bemessen (*ability-to-pay principle*).[40] Diese zu identifizieren stellt sich jedoch als Problem dar, welches mit Hilfe von Indikatoren zu lösen versucht wird, was wiederum mit Schwierigkeiten verbunden ist.[41] Historisch wurde häufig das Vermögen (insbesondere das Grundvermögen) als ein solcher Indikator herangezogen. Heute gilt das Einkommen als geeigneter Indikator für die Bemessung der Leistungsfähigkeit.[42] Allerdings ist strittig, was unter dem Begriff des Einkommens zu subsumieren ist. Im Lauf der Zeit haben sich hierfür zwei einander entgegengesetzte Strukturprinzipien entwickelt: die Quellen- und die Reinvermögenszugangstheorie.[43]

Die Vertreter der Quellentheorie fordern, dass nur diejenigen Einkunftsquellen Berücksichtigung finden dürften, welche dem Besteuerten regelmäßig zufließen, wie z.B. Löhne und Gehälter oder Mieteinnahmen. Hiervon nicht erfasst wären beispielsweise Erbschaften oder Gewinne aus Spekulationsgeschäften. Die Reinvermögenszugangstheorie hingegen definiert Einkommen als all das, was einem Steuerpflichtigen während eines bestimmten Zeitabschnitts an „Reinvermögen" zufließt. Dies beinhaltet beispielsweise alle Einkünfte und Nutzungen, Geschenke und Erbschaften oder auch Lotteriegewinne. Hiervon abzuziehen seien alle Schuldzinsen sowie Vermögensverluste, um den zu besteuernden Reinvermögenszugang zu erhalten.[44] Das heutige deutsche Einkommensteuerecht ist zum (überwiegenden) Teil der Quellentheorie zuzuordnen und zum Teil der

38 Vgl. Hey (2013a), Rz. 15.

39 Vgl. Hey (2013a), Rz. 40 f.

40 Vgl. bspw. Haller (1981), S. 15 oder Bayer (1998), Rz. 129 mit Literaturhinweisen zu den gedanklichen Ursprüngen des Leistungsfähigkeitsprinzips.

41 Vgl. Haller (1981), S. 16.

42 Vgl. bspw. Zimmermann/Henke/Broer (2012), S. 123.

43 Vgl. bspw. Homburg (1996), S. 68.

44 Vgl. hierzu u.a. Zimmermann/Henke/Broer (2012), S. 123 f. mit Verweis auf Fuisting (1902) als bekanntesten Vertreter der Quellentheorie und von Schanz (1896), den Begründer der Reinvermögenszugangstheorie.

Reinvermögenszugangstheorie.[45] Auch die Steuersysteme anderer Länder folgen in Teilbereichen der Reinvermögenszugangstheorie, wie z.B. die USA.[46]

Als zweites Fundamentalprinzip der Besteuerung gilt das Äquivalenzprinzip.[47] Das Äquivalenzprinzip (*benefit principle*) fordert von einem Steuergesetz eine derartige Beschaffenheit, dass der Nutzenentzug durch die Abgabenleistung des Steuerpflichtigen für die Finanzierung öffentlicher Leistungen dem Nutzenzugang durch die Inanspruchnahme öffentlicher Leistungen kompensiert wird und diesem äquivalent ist.[48] Unterschieden wird grundsätzlich zwischen marktmäßiger und kostenmäßiger Äquivalenz, die jeweils in totale sowie partielle Äquivalenz unterteilt werden können.[49] International wird das Äquivalenzprinzip zumeist als „Nutzenprinzip" ausgedrückt, welches den Gerechtigkeitsgehalt dieses Prinzips stärker in den Vordergrund rückt und gerade durch den Wettbewerb der Steuersysteme einen Bedeutungszuwachs verzeichnet.[50]

---

45 Vgl. Homburg (1996), S. 68, Zimmermann/Henke/Broer (2012), S. 124. Dabei folgen im Grundsatz die Überschusseinkunftsarten (d.h. Einkünfte aus nichtselbstständiger Tätigkeit, Einkünfte aus Kapitalvermögen, Einkünfte aus Vermietung und Verpachtung und Sonstige Einkünfte i.S.d. § 22 EStG) der Quellen-, die Gewinneinkunftsarten (d.h. Einkünfte aus Land- und Forstwirtschaft, Einkünfte aus Gewerbebetrieb und Einkünfte aus selbstständiger Arbeit) der Reinvermögenszugangstheorie. Dieser Grundsatz erfährt allerdings eine zunehmende Durchbrechung. Als Beispiel kann die Abgeltungsteuer genannt werden, die nicht nur die laufenden Kapitalerträge, sondern auch bestimmte Veräußerungsgewinne aus dem Verkauf von Kapitalanlagen erfasst. Die Einkünfte aus Kapitalvermögen folgen damit nicht nur der Quellen-, sondern auch der Reinvermögenszugangstheorie, vgl. Djanani/Brähler/Lösel/Krenzin (2012), S. 50 f.

46 Vgl. Reding/Müller (1999), S. 53 f.

47 Vgl. u.a. Haller (1981), S. 13. Hierbei ist nicht eindeutig geklärt, ob Leistungsfähigkeits- und Äquivalenzprinzip in einer Art Sukzessivität zueinander stehen, der Gegensatz dieser beiden Prinzipien in der Praxis eine Substitution erforderlich macht sowie ob das Leistungsfähigkeitsprinzip als Rechtfertigungsnorm für spezielle Steuern und das Äquivalenzprinzip als generelle Steuerrechtfertigungsnorm dient, vgl. Reding/Müller (1999), S. 31. Zur Frage des Verhältnisses der beiden Fundamentalprinzipien vgl. bspw. auch Hey (2010), S. 163 f. m.w.N.

48 Vgl. hierzu bspw. Reding/Müller (1999), S. 32 und Bayer (1998), Rz. 130 mit Literaturhinweisen zu den gedanklichen Ursprüngen des Äquivalenzprinzips. Für den Begriff des Äquivalenzprinzips wird auch der Terminus Interessenprinzip verwendet.

49 Vgl. Haller (1981), S. 16-26. Eine schematische Übersicht der Äquivalenzbegriffe nach Haller bietet Reding/Müller (1999), S. 35.

50 Vgl. Hey (2013a), Rz. 44 f. Zum Wettbewerb der Steuersysteme vgl. Hey (2013b), Rz. 71-76 m.w.N. Einen Überblick über die Ursachen des europäischen Steuerwettbewerbs bietet Genschel/Rixen/Uhl (2008).

2.1.2 Steueraggressives Verhalten und seine terminologische Systematisierung

2.1.2.1 Aufarbeitung bestehender terminologischer Systematisierungen

Seit jeher ist mit der Besteuerung auch der Versuch verbunden, dieser zu entgehen.[51] Aufgrund der Vielfalt der einzelnen Methoden, sich der Steuerlast zu entziehen, muss jedoch auf eine kasuistische Aufzählung derselben verzichtet werden. Dagegen möglich und, um einen geeigneten Überblick zu erhalten, unverzichtbar, ist eine terminologische Systematisierung derartigen Verhaltens.

Eine der ersten Systematisierungen erfolgte durch Gerloff (1922), dessen entwickelte Terminologie Eingang in die (deutschsprachige) finanzwissenschaftliche Literatur gefunden hat.[52] Die hierzu folgenden Erläuterungen werden durch Abbildung 1 ergänzt, welche dessen Systematisierung grafisch darstellt.

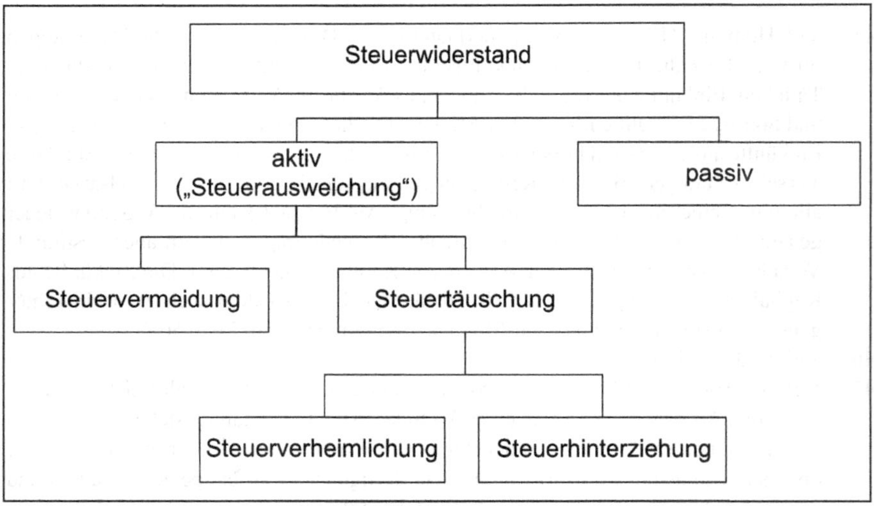

Abbildung 1: Systematisierung des Begriffs Steuerwiderstand nach Gerloff (1922) bzw. Gerloff (1956)

Als umfassende Kategorie terminologisiert Gerloff (1922) den „Steuerwiderstand". Dieser beinhaltet eine aktive sowie eine passive Komponente. Die passive

51 Vgl. Diebold (1984), S. 4-6 mit verschiedenen historischen Beispielen.

52 Vgl. Diebold (1984), S. 7.

Komponente stellt „die der Verwirklichung der Besteuerung sich entgegenstellenden, sozusagen natürlichen, d.h. in der Struktur der Wirtschaft, dem intellektuellen und moralischen Zustand der Bevölkerung, dem Stand der Technik und dergleichen gegebenen Hemmungen“ dar und wird „durch Tatbestände, die im Steuersubjekt oder Steuerobjekt gegeben sind“ verursacht.[53] Unter Steuersubjekt wird das Rechtssubjekt eines Steuergesetzes verstanden, welchem ein Steuerobjekt und die damit verbundene Steuerschuld zugerechnet wird.[54] Das Steuerobjekt oder auch der Steuergegenstand bezeichnet jenes Steuergut, welches vom Gesetzgeber als besteuerungswürdig determiniert und rechtlich normiert wurde; das quantifizierte Steuerobjekt stellt die Bemessungsgrundlage dar.[55]

Vom aktiven Steuerwiderstand („Steuerausweichung“) nach Gerloff ist jedoch die Steuerüberwälzung auszunehmen, da diese zunächst die Übernahme einer Steuer voraussetzt.[56] Zudem handelt es sich bei der Überwälzung häufig um eine steuerpolitisch gewünschte Reaktion.[57] Die Steuerausweichung wird in dieser Systematisierung in die Hauptformen Steuervermeidung und Steuertäuschung (bzw. -betrug) aufgeteilt. Als dritte Kategorie der Steuerausweichung führt Gerloff (1922) die widerrechtliche Verweigerung der Steuerleistung an.[58] Da sich Gerloff jedoch in späteren Veröffentlichungen auf die ersten beiden Kategorien Steuervermeidung und Steuertäuschung beschränkt,[59] findet die dritte Kategorie der Steuerausweichung in Form der widerrechtlichen Verweigerung der Steuerleistung in Abbildung 1 keine Berücksichtigung. Die zweite Kategorie in Form der Steuertäuschung gliedert sich in der Gerloff'schen Systematisierung noch weiter

---

53 Gerloff (1956), S. 295. In der Literatur finden sich auch andere Kategorisierungen, vgl. bspw. Schmölders/Hansmeyer (1980), S. 101, die den passiven Steuerwiderstand mit legalem Verhalten und den aktiven Widerstand mit illegalem Verhalten gleichsetzen.

54 Vgl. bspw. Seer (2013b), Rz. 30.

55 Vgl. bspw. Seer (2013b), Rz. 36-40 m.w.N. Hinsichtlich der Einkommens- bzw. Körperschaftsteuer besteht jedoch keine Einigkeit, was als das entsprechende Steuerobjekt zu betrachten ist, vgl. Fülbier (2006), S. 14 Fn. 2 m.w.N. Angemerkt werden kann zudem, dass Körperschaften, welche Steuersubjekt der Körperschaftsteuer sind, ebenfalls Einkommensteuersubjekte darstellen können, sofern sie als Arbeitgeber die Lohnsteuer (§ 41a EStG) bzw. als Schuldner von Kapitalerträgen die Kapitalertragsteuer (§ 44 EStG) einzubehalten und abzuführen haben, vgl. Kußmaul (2010), S. 231.

56 Vgl. Gerloff (1956), S. 296, der klargestellt, dass die Ablehnung einer Steuerzuwälzung allerdings als aktiver Steuerwiderstand zu betrachten ist.

57 Vgl. Diebold (1984), S. 9.

58 Vgl. Gerloff (1922), S. 7 f.

59 Vgl. Gerloff (1956), S. 296-298.

in die Begrifflichkeiten Steuerverheimlichung und Steuerhinterziehung auf. Die Steuerverheimlichung unterscheidet sich dahingehend von der Steuerhinterziehung, als dass erstere das Unterlassen pflichtgemäßer Angaben beinhaltet und letztere die Vornahme von wissentlich falschen Angaben.[60]

Die von Mann (1923) getroffene Systematisierung ähnelt derjenigen von Gerloff (1922), wobei Mann (1923) als umfassende Kategorie den Begriff der „Steuerabwehr" anstelle des Gerloff'schen Steuerwiderstands einführt. Der Begriff der „Steuerabwehr" setzt stets eine Betätigung des Steuersubjektes voraus, so dass der Begriff des Steuerwiderstands nach Gerloff (1922) als umfassender betrachtet werden kann, da dieser neben der aktiven auch eine passive Komponente beinhaltet.[61]

In der steuerrechtlichen Literatur sind die beiden Formen des aktiven Steuerwiderstands (Steuervermeidung und Steuertäuschung) ebenfalls bekannt und werden durch ihre Legalität voneinander abgegrenzt, wobei die Steuervermeidung in den Rahmen eines legalen Verhaltens fällt.[62] Der im deutschen Steuerrecht verankerte Begriff der Steuerhinterziehung ist so gefasst, dass er die von Gerloff systematisierten Begriffe der Hinterziehung als auch der Verheimlichung beinhaltet und somit der Gerloff'schen Oberkategorie der Steuertäuschung entspricht. Gemäß § 370 AO macht sich derjenige der Steuerhinterziehung schuldig, welcher den Finanzbehörden oder anderen Behörden über steuerlich erhebliche Tatsachen unrichtige oder unvollständige Angaben macht (Tatbestandsmerkmal des § 370 Abs. 1 Nr. 1 AO), die Finanzbehörden pflichtwidrig über steuerlich erhebliche Tatsachen in Unkenntnis lässt (Tatbestandsmerkmal des § 370 Abs. 1 Nr. 2 AO) oder pflichtwidrig die Verwendung von Steuerzeichen oder Steuerstemplern unterlässt (Tatbestandsmerkmal des § 370 Abs. 1 Nr. 3 AO) und damit Steuern verkürzt oder für sich oder einen anderen nicht gerechtfertigte Steuervorteile erlangt.[63] Steuern gelten nach § 370 Abs. 4 AO dann als verkürzt, wenn sie entweder nicht, nicht in voller Höhe oder aber nicht rechtzeitig festgesetzt werden. Eine vollzogene oder

---

60 Vgl. Gerloff (1922), S. 7.

61 Vgl. Gerloff (1956), S. 294.

62 Die folgenden steuerrechtlichen Erörterungen beziehen sich auf das deutsche Steuerrecht. Dem deutschen Steuerrecht hinsichtlich der Definition von Steuervermeidung, -hinterziehung und -umgehung sehr ähnlich stellt sich die österreichische Gesetzeslage dar. Zu diesen Begrifflichkeiten und ihrer regulatorischen Einbettung im österreichischen Steuergesetz vgl. Gassner (1983).

63 Gemäß § 370 Abs. 2 AO ist bereits der Versuch strafbar. Eine synoptische Darstellung einer vollendeten und einer versuchten Steuerstraftat bietet Mösbauer (2000), S. 18-20.

versuchte Steuerhinterziehung wird als Straftat mit Freiheitsstrafe bis zu fünf Jahren oder mit Geldstrafe geahndet (§ 370 Abs. 1 und Abs. 2 AO).[64]

Demgegenüber steht die Steuervermeidung als legales Verhalten zur Steuerreduzierung. Die Steuervermeidung wird durch das (gezielte) Nichterfüllen des gesetzlichen Tatbestandes definiert; hierbei kann die ausweichende Aktivität durch das Steuersubjekt in sachlicher, räumlicher oder zeitlicher Hinsicht erfolgen.[65] Auch die Inanspruchnahme von Steuervergünstigungen, welche durch Sozialzwecknormen[66] geschaffen werden, wird unter „Steuervermeidung" subsumiert und stellt einen beträchtlichen Anteil der legalen Reduktion der Steuerschuld dar.[67]

Im Spannungsfeld zwischen legaler Steuervermeidung und illegaler Steuerhinterziehung befindet sich die sogenannte Steuerumgehung,[68] die grundsätzlich einen Unterfall der Gesetzesumgehung darstellt.[69] Damit ist unter einer Steuerumgehung jenes Verhalten zur Erlangung eines Steuervorteils zu verstehen, das zwar nicht dem Wortlaut des Gesetzes widerspricht, jedoch dem Sinn und Zweck dieser gesetzlichen Bestimmung zuwiderläuft.[70] Dies bedeutet, dass das Steuersubjekt den Tatbestand, welches den Ansatzpunkt für die Besteuerung bildet, dem Wortlaut des Gesetzes nach nicht verwirklicht oder das Steuersubjekt einen Tatbestand, welcher eine Steuerbegünstigung nach sich zieht, dem Wortlaut des Gesetzes entsprechend einrichtet, wobei in beiden Fällen Sinn und Zweck des Gesetzes nicht erfüllt werden.[71] Während für die erste Variante – die Vermeidung von Tatbestandsmerkmalen belastender Steuergesetze

---

64 Wird die Steuerhinterziehung gemäß § 370 Abs. 1 AO nicht vorsätzlich, sondern leichtfertig begangen, so handelt es sich gemäß § 378 Abs. 1 AO um eine Ordnungswidrigkeit („leichtfertige Steuerverkürzung"), welche mit einer Geldbuße bis zu 50.000 Euro geahndet werden kann (§ 378 Abs. 2 AO). An dieser Stelle sei auch auf die verschiedenen Formen der „Steuergefährdung" verwiesen, welche in den §§ 379-382 AO neben dem Generaltatbestand der leichtfertigen Steuerverkürzung als Steuerordnungswidrigkeiten benannt werden, vgl. dazu Homburg (1996), S. 59 mit konkreten Beispielen.

65 Vgl. bspw. Zimmermann/Henke/Broer (2012), S. 296. Die Autoren nennen zudem als vierte Möglichkeit die personelle Ausweichung, bspw. im Hinblick auf die Nutzung von Freibeträgen.

66 Zu Sozialzwecknormen im Allgemeinen vgl. bspw. Hey (2013a), Rz. 21 f., zu ihrer Rechtfertigung vgl. Hey (2013a), Rz. 131-136.

67 Vgl. Wrede (1993), S. 11.

68 Vgl. Danzer (1981), S. 35.

69 Vgl. Englisch (2013), Rz. 116 m.w.N.

70 Vgl. Vetsch (1917), S. 12, Wackernagel (1949), S. 29. Zu einer Erläuterung der teleologischen Auslegung von Steuerrechtsnormen und andere Auslegungsmethoden vgl. Homburg (1996), S. 10-12.

71 Vgl. Hensel (1923), S. 225 f.

der Form nach – der Ausdruck der Tatbestandsumgehung verwendet wird, wird die zweite Variante – die Erfüllung von Tatbestandsmerkmalen begünstigender Steuergesetze der Form nach – als Tatbestandserschleichung bezeichnet.[72] Eine Gesetzesumgehung besitzt insoweit den Charakter eines Rechtsmissbrauchs, da der Sinn des Gesetzes verwirklicht werden soll und die Berufung auf den Wortlaut dieser Vorschrift missbräuchlich ist.[73] Eine derartige Missbrauchsgestaltung wird in § 42 AO geregelt. Wird eine Missbrauchshandlung im Sinne des § 42 Abs. 2 AO festgestellt, so entsteht gemäß § 42 Abs. 1 Satz 3 AO ein solcher Steueranspruch, wie er bei einer den wirtschaftlichen Verhältnissen angemessenen rechtlichen Gestaltung entsteht.[74] Ob im reellen Einzelfall eine Steuerumgehung vorliegt, wird häufig in schwierigen gerichtlichen Auseinandersetzungen zwischen Steuersubjekt und Finanzbehörde geklärt.[75]

Im deutschen Sprachgebrauch existieren noch weitere Termini, die sich dem Phänomen der Steuerreduzierung widmen und dabei verschiedene Nuancierungen besitzen. Beispiele hierfür stellen die Steuerflucht, die Steuereinsparung oder die Steuerunterschlagung dar. In der englischen Literatur findet sich ebenfalls eine Vielzahl Bezeichnungen, die unterschiedlich geprägt sind. Eine grundsätzliche Unterscheidung wird zwischen *tax avoidance* und *tax evasion* getroffen, welche hinsichtlich ihrer Legalität den Begriffen der Steuervermeidung und der Steuerhinterziehung entsprechen.[76] Jedoch wird – obgleich das Legalitätskriterium

---

72 Vgl. Danzer (1981), S. 1 Fn. 1 und S. 12. Danzer verwendet anstelle des Begriff „Tatbestandsumgehung" den hinsichtlich des Begriffs der legalen „Steuervermeidung" missverständlichen Ausdruck „Tatbestandsvermeidung", vgl. hierzu auch Oberheide (1998), S. 29 Fn. 3 mit weiterführendem Verweis auf Westerhoff (1966), S. 7.

73 Vgl. Teichmann (1962), S. 76 f., wobei Teichmann hier den institutionellen Rechtsmissbrauch beschreibt, welcher sich auf die zweck- und funktionswidrige Nutzung eines Gesetzes bezieht; der Rechtsmissbrauch im individuellen Sinn hingegen liegt vor, sofern in einem zwischen einem Berechtigten und einem Verpflichteten das Treue- oder Sittengebot verletzt wird.

74 Der Generalklausel des § 42 AO gehen jedoch eventuelle Spezialklauseln vor: „Durch Missbrauch von Gestaltungsmöglichkeiten des Rechts kann das Steuergesetz nicht umgangen werden. Ist der Tatbestand einer Regelung in einem Einzelsteuergesetz erfüllt, die der Verhinderung von Steuerumgehungen dient, so bestimmen sich die Rechtsfolgen nach jener Vorschrift.", § 42 Abs. 1 Satz 1 und 2 AO.

75 Vgl. Raab (1992), S. 417 f.

76 Vgl. Seldon (1979), S. 3. Seldon entwickelt hierbei den Begriff der *tax avoision*, welche die beiden Begriffe der *tax avoidance* und der *tax evasion* verbindet und beschreibt ein Verhalten in der moralischen Grauzone der legalen Unterscheidung von Steuervermeidung und Steuerhinterziehung, welches zwar dem Gesetzeswortlaut nach legal ist, jedoch nicht moralischen Anforderungen entspricht. Es wird hierbei jedoch nicht

die *tax avoidance* (in der Theorie) klar von der *tax evasion* trennt – der Begriff der *tax avoidance* in entsprechender Literatur und Rechtsprechung häufig mit diversen Attributen versehen, um eine Klassifizierung (häufig „moralischer" Art) herbeizuführen: *proper tax avoidance* oder *improper tax avoidance*, *morally unobjectionable tax avoidance*, *questionable tax avoidance*, *legitimate tax avoidance schemes* oder auch *respectable tax avoidance*. Beinahe als Synonym für *tax evasion* wird der Begriff der *illegitimate tax avoidance* gebraucht[77] sowie der Begriff des *tax fraud*.[78] Das bewusste oder unbewusste Abweichen von steuerlichen Normen wird durch den weitfassenden Begriff der *tax noncompliance* umschrieben.[79] Die legale Steuerreduzierung wird auch durch die Begriffe *tax mitigation*[80] oder *tax planning*[81] umfasst. Einen besonderen Begriff stellt das Engagement in *tax shelters* dar, was den Gebrauch von – nicht zwingend legalen – Steuersparmodellen bzw. Steuerschlupflöchern umschreibt.[82] Für Wilson (2009)

---

näher thematisiert, was explizit unter moralischen Anforderungen zu verstehen ist. Im Rahmen dieser Arbeit soll eine etwaige „moralische" Komponente von steuerreduzierendem Verhalten nicht bewertet werden. „Moral" als soziologischer Einflussfaktor im Sinne einer intrinsischen Motivation kann hingegen nicht unerhebliche Bedeutung entfalten und wird in Kap. 2.2.3 eingehender betrachtet.

77 Vgl. Junker (1982), S. 18 auch mit entsprechenden Nachweisen in Literatur und Rechtsprechung zu den zuvor aufgezählten, zusammengesetzten Begrifflichkeiten.

78 Vgl. Dünfort (2011), S. 108. Dünfort nennt in diesem Zusammenhang auch den Begriff des *tax abuse*, welcher im Englischen „eindeutig negativ belegt" sei. Im Deutschen könnte hierfür eine Übersetzung als „missbräuchliche Steuergestaltung" gewählt werden, was jedoch nicht zwingend eine straf- bzw. ordnungswidrigkeitenrechtliche Konnotation besitzt.

79 Vgl. Kirchler (2007), S. 21. Kirchler führt zudem aus, dass der Grad an *tax noncompliance* variieren kann und nicht zwangsläufig mit einer Verletzung des Gesetzes einhergehen muss. Für eine empirische Auswertung bspw. zum *tax noncompliance*-Verhalten von Unternehmen vgl. Hanlon/Mills/Slemrod (2007).

80 Vgl. Dünfort (2011), S. 108 f.

81 Vgl. bspw. Finnerty/Merks/Petriccione/Russo (2007), S. 58, die *tax planning* als jenen Teil der tax avoidance definieren, der am weitesten von der *tax evasion* entfernt ist.

82 Eine allgemeingültige Definition von *tax shelter* existiert nicht, vgl. Hanlon/Heitzman (2010), S. 143 Fn. 59. Der US-Kongress definiert *tax shelter* im Sinne von „an endeavor principally designed to avoid taxation without exposure to economic risk or loss", Graham/Tucker (2006), S. 569. Verschiedene empirische Studien widmen sich ausschließlich der Verwendung von *tax shelter* als Instrument zur Reduzierung der unternehmerischen Steuerlast, vgl. bspw. Plesko (2000), Graham/Tucker (2006), Wilson (2009), Lisowsky (2010). Einen umfassenden Überblick über die bisherige empirische Forschung auf dem Gebiet der Steueraggressivität bietet Kap. 3.

repräsentiert die Verwendung derartiger *tax shelters* dabei „an extreme case of aggressive tax avoidance“ [83].

2.1.2.2 Steueraggressivität als umfassende Begrifflichkeit

Eine abschließende Zusammentragung aller im Deutschen bzw. Englischen bestehenden Begrifflichkeiten zur Umschreibung steuerreduzierenden Verhaltens ist jedoch nicht Zweck der vorliegenden Arbeit. Festgehalten werden kann, dass sowohl im Deutschen als auch im Englischen verschiedene Begrifflichkeiten unterschiedlicher Nuancierung bestehen, die sich in Bezug auf das Kriterium des zu Grunde liegenden Legalitätsgrades anordnen lassen. In anderen Worten kann sich steuerreduzierendes Verhalten im Kontinuum völliger Legalität auf der einen Seite und Illegalität auf der anderen Seite bewegen und wird je nach Verortung mit einer entsprechenden Begrifflichkeit belegt.[84] Die Idee eines beinahe fließenden Übergangs zwischen Legalität und Illegalität wird des Weiteren dadurch begründet, dass häufig ex post durch Gerichte entschieden wird, ob das in einer Grauzone liegende steuerreduzierende Verhalten eines Akteurs als legal oder illegal einzuordnen ist. Auch wird illegales steuerreduzierendes Verhalten regelmäßig überhaupt nicht oder zumindest nicht zeitnah als solches identifiziert, wobei das ökonomische Resultat des Akteurs – eine geringere Steuerlast – sogleich greifbar ist.

Insofern sollte, um eine wiederholte Auseinandersetzung mit einzelnen, zum Teil nicht klar trennbaren Begrifflichkeiten zu vermeiden, ein umfassender Begriff definiert werden, der auf das gesamte Spektrum steuerreduzierenden Verhaltens angewendet werden kann. Ein bisher bezüglich des Legalitätskriteriums noch nicht besetzter Begriff, der jedoch den vorgegebenen Universalanspruch terminologisch erfüllt, stellt der Terminus der **Steueraggressivität** dar, welcher im weiteren Verlauf der vorliegenden Arbeit entsprechend verwendet wird:

---

83 Wilson (2009), S. 985.

84 Cowell (1990a), S. 10 f. stellt ein Kontinuum mit *innocent tax planning* bzw. *outrageous fraud* als jeweilige Eckpunkte einer Abgrenzung von *tax avoidance* und *tax evasion* dar; als weitere Kategorien nennt Cowell die legale sowie die moralische Abgrenzung. Die Idee des Kontinuums der Legalität wird auch von Hanlon/Heitzman (2010), S. 137 entworfen, welche den Begriff der *tax avoidance* als eine Kette von Steuerplanungsstrategien definieren.

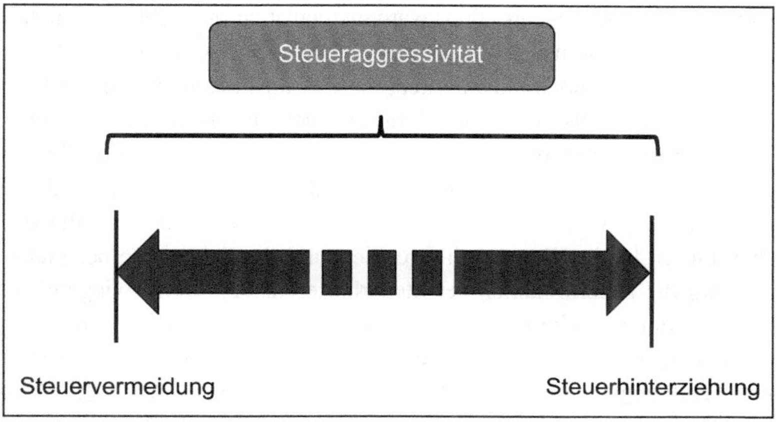

Abbildung 2: *Kontinuum der Steueraggressivität*

Einschränkend gilt hinzuzufügen, dass der Begriff der Aggressivität durch die Nähe zur Begrifflichkeit der (unter Umständen eine Gewaltanwendung implizierenden) Aggression eine gewisse negative Konnotation besitzt. Hiervon ist allerdings im Rahmen der vorliegenden Arbeit zu abstrahieren und damit steueraggressives Verhalten nicht im Sinne beispielsweise einer Triebreaktion zu verstehen, was die psychologische Forschungsliteratur als einen möglichen Erklärungsansatz für aggressives Verhalten betrachtet.[85] Der Begriff der (Steuer-)Aggressivität ist vielmehr Ausdruck eines aktiven Herangehens, das offen lässt, welcher Instrumente sich der Steuerpflichtige hierfür bedient und hierbei auch die Möglichkeit einräumt, dass die gewählte Gestaltung von der Justiz ex ante oder ex post als nicht rechtmäßig eingestuft wird.

In der englischsprachigen Literatur wird das wörtliche Pendant zur Steueraggressivität in Form der *tax aggressiveness* allerdings im Gegensatz zu der im Rahmen der vorliegenden Arbeit getroffenen Definition dieser Begrifflichkeit gelegentlich als Synonym oder Subkategorie der *tax avoidance* und somit als legal besetzter Begriff verwendet.[86] Als Gegenbeispiel kann hingegen Frank/Lynch/Rego (2009) angeführt werden,

---

85 Vgl. bspw. Wiechardt (1979), S. 9, Selg/Mees/Berg (1997), S. 1-7, beide m.w.N.

86 Zu solchen den Begriff der *tax aggressiveness* im Sinne der *tax avoidance* verwendenden empirischen Studien vgl. bspw. Khurana/Moser (2009a), Chen/Chen/Cheng/Shevlin (2010), Badertscher/Katz/Rego (2011). Hanlon/Heitzman (2010), S. 137 Fn. 40 definieren *tax aggressiveness* explizit als Unterkategorie (*subset*) der *tax avoidance*. Andere Autoren folgen in ihren Studien dieser Abgrenzung, vgl. bspw. Cazier/Rego/Tian/Wilson (2009), S. 4 (die auf die *working paper*-Version (Massachusetts Institute of Technology) von Hanlon/Heitzman aus 2009 verweisen).

die *aggressive tax reporting* als „downward manipulation of taxable income through tax planning that may or may not be considered fraudulent tax evasion“[87] definieren.

Darüber hinaus ist noch anzumerken, dass es im Folgenden, obgleich die im Rahmen dieses Kapitels getroffene Definition der Steueraggressivität die Funktion eines Oberbegriffs einnimmt, zuweilen erforderlich ist, auf die legalen Zuordnungsbegriffe in Form von Steuervermeidung und Steuerhinterziehung abzustellen. Dies ergibt sich daraus, dass die modelltheoretische Literatur explizit zwischen diesen beiden Formen differenziert und die Ergebnisse beispielsweise in Bezug auf die Determinanten der Steuerhinterziehung nicht zwingend auf die der Steuervermeidung übertragbar sind sowie vice versa. Daher ist in Bezug auf die zu verwendende Begrifflichkeit explizit die dem jeweiligen Modell zu Grunde liegende Steueraggressivitätsvariante in Form von Steuervermeidung oder Steuerhinterziehung heranzuziehen. Zudem erfordert die Beleuchtung der Steueraggressivität aus bestimmten Blickwinkeln die Verwendung der den jeweiligen Literaturzweigen inhärenten Begrifflichkeiten. So sind beispielsweise im Rahmen von Kap. 2.2.1, welches Steueraggressivität als Reaktion auf die Besteuerung abbildet sowie deren Konsequenzen aufzeigt, entsprechende ökonomische Fachtermini wie Substitutionseffekte anzuwenden. Ferner werden beispielsweise im Rahmen von Kap. 3.2.2, das sich der Konkretisierung von (unternehmerischer) Steueraggressivität in der steuerlichen Rechnungslegungspolitik widmet, Begriffe wie die (relative) Steuerminimierung eingebracht, um die Inhalte der sich mit diesem Bereich auseinandersetzenden Literatur entsprechend wiederzugeben. Nichtsdestotrotz besitzt der Terminus der Steueraggressivität die Rolle einer umfassenden Begrifflichkeit und wird in der voliegenden Arbeit daher stets verwendet, sofern nicht aus spezifischen Gründen auf einen Sonderbegriff abzustellen ist.

2.2 Ökonomische Theorie der Steueraggressivität

2.2.1 Steueraggressivität als Reaktion auf die Besteuerung und ihre einzel- und gesamtwirtschaftlichen Konsequenzen

Die Besteuerung durch den Staat stellt – aus einer ökonomischen Sichtweise betrachtet – eine Umverteilung von Ressourcen vom privaten in den öffentlichen Sektor dar, wodurch nicht nur ein Einkommenseffekt, sondern aufgrund der

87 Frank/Lynch/Rego (2009), S. 468.

Änderung der relativen Preise auch ein Substitutionseffekt resultiert. Die Besteuerten versuchen durch eine Ausweichhandlung den Tatbestand, an welchen die Besteuerung geknüpft ist, zu vermeiden.[88] Ein solcher Substitutionseffekt kann in sachlicher, zeitlicher, räumlicher, persönlicher oder auch rechtlicher Art und Weise erfolgen.[89] Der sachliche Substitutionseffekt äußert sich darin, dass hoch besteuerte Güter durch weniger stark besteuerte Güter ersetzt werden.[90] Der zeitliche Substitutionseffekt kann in einer (zeitlichen) Gewinnverlagerung bestehen, der räumliche beispielsweise in der Umsiedelung in eine Steueroase, der persönliche in einer Einkommensaufteilung auf verschiedene Personen und der rechtliche in der Wahl der Unternehmensrechtsform. Die Stärke der Substitutionseffekte determininiert das Ausmaß des *excess burden*, welcher zusätzlich zu der (unvermeidbaren) Nutzeneinbuße in Höhe des Einkommenseffekts wohlfahrtsmindernd wirkt.[91] Durch die Einführung der verzerrenden Besteuerung wird die einer *laissez faire*-Allokation inhärente Pareto-Effizienz gestört.[92] Im Rahmen der sogenannten Optimalsteuertheorie werden Steuersystemmodelle entworfen, welche besagten *excess burden* minimieren.[93] Hierbei kann ein Konflikt zwischen Effizienz- und Verteilungszielen entstehen, da die Effizienz – unter der inversen Elastizitätenregel – gebietet, elastische Nachfragen mit niedrigen Sätzen und unelastische Nachfragen mit hohen Sätzen zu besteuern. Somit müssten lebensnotwendige Güter, die gewöhnlich unelastisch nachgefragt werden, einer hohen Besteuerung unterworfen werden, was letztlich negative Verteilungswirkungen auslöst.[94]

---

88 Durch die Definition der Ausweichhandlungen als Vermeidung steuerpflichtiger Tatbestände, worunter auch die (ledigliche) Einschränkung des belastenden Tatbestands oder der Ersatz durch weniger belastende Tatbestände zu subsumieren ist, ergibt sich eine Einordnung als legale Steuervermeidung. Hiervon abzugrenzen ist die (illegale) Steuerhinterziehung, die sich dadurch auszeichnet, dass der steuerpflichtige Tatbestand nicht oder nicht korrekt deklariert wird, wie auch Brümmerhoff (2011), S. 423 klarstellt.

89 Vgl. bspw. Brümmerhoff (2011), S. 422 f.

90 Der Umfang dieser Verzerrung kann unter Umständen durch die Errichtung einer weiteren Verzerrung, die in einer steuerlichen Bevorzugung bestimmter Konsumgüter besteht, vermindert werden und kann damit die Effizienzeigenschaften des Steuersystems im Sinne einer *second best*-Argumentation verbessern, vgl. Schellhorn (2005), S. 77 f.

91 Vgl. Brümmerhoff (2011), S. 422 f.

92 Vgl. Niemann (2001), S. 6.

93 Vgl. Slemrod/Yitzhaki (2002), S. 1447.

94 Vgl. Homburg (2005), S. 175. Zum komplexen Verhältnis von Gerechtigkeit und Effizienz eines Steuersystems vgl. Homburg (2010), S. 221-223. Ferner bietet bspw. Schneider (1978), S. 13-33 eine kritische Auseinandersetzung mit steuerlicher Gerechtigkeit. Vgl. in diesem Zusammenhang z.B. auch Schneider (2002), S. 231-274.

An den Modellen der Optimalsteuertheorie wird jedoch kritisiert, dass der Großteil dieser Modelle die sogenannten Erhebungskosten (*administrative costs*) des Staates unberücksichtigt lässt.[95] Erhebungskosten sind Teil der im Rahmen der Besteuerung entstehenden Transaktionskosten und wirken wohlfahrtsmindernd, indem sie die verwendbaren Einnahmen des Staates reduzieren.[96] Auf Seiten des Steuerpflichtigen entstehen Transaktionskosten in Form der sogenannten Entrichtungskosten (*compliance costs*), welche ebenfalls Wohlfahrtseinbußen zur Folge haben.[97] Diesen Überlegungen liegt die Interpretation von Steuererhebung als Konsequenz von vertraglicher Bindung zu Grunde: Der Steuerpflichtige verpflichtet sich zur Steuerzahlung, wenn der Staat hierfür bestimmte öffentliche Güter bereitstellt.[98] Letztlich kann die Summe aus Erhebungs- und Entrichtungskosten auch als Transaktionskosten der Institution „Steuersystem" betrachtet werden.[99]

Fraglich ist hierbei, welchen Beitrag die Steueraggressivitätsaktivitäten des Steuerpflichtigen hinsichtlich des Umfangs der Transaktionskosten des

95 Vgl. Hettich/Winer (1985), S. 428. Kritisch zur Vernachlässigung von administrativen Kosten bspw. im Optimalsteuermodell von Atkinson/Stiglitz (1980) vgl. Bauer (1988), S. 52 f. m.w.N.

96 Vgl. u.a. Brümmerhoff (2011), S. 423 und S. 453. Die Idee der Transaktionskosten stellt einen grundlegenden Bestandteil der Überlegungen der Neuen Institutionenökonomik (hierzu näher auch Kap. 2.3.1.1) dar; die Kosten für die Benützung des Marktes können in Anlehnung an Coase (1960) grundsätzlich in Kosten der Anbahnung von Verträgen (auch bezeichnet als Such- und Informationskosten im engen Sinn), Kosten des Abschlusses von Verträgen sowie Kosten der Überwachung und Durchsetzung von vertraglichen Leistungspflichten kategorisiert werden, vgl. Richter/Furubotn (2010), S. 59 f. und S. 354. Williamson (1985), S. 20-22 teilt die Vertragstätigkeit in eine ex ante- und eine ex post-Phase ein und differenziert in Folge dessen zwischen ex ante- und ex post-Transaktionskosten.

97 Vgl. u.a. Brümmerhoff (2011), S. 423 und S. 453. Blaufus/Eichfelder/Hundsdoerfer (2011) führen eine Analyse der *compliance costs* deutscher Haushalte basierend auf mittels Fragebögen erhobener Daten durch. Gemäß dieser Studie beträgt die aggregierte Belastung deutscher Haushalte aufgrund von *compliance costs* zwischen 3,2% und 3,7% des Einkommensteueraufkommens, vgl. Blaufus/Eichfelder/Hundsdoerfer (2011), S. 14.

98 Vgl. Blankenburg (2004), S. 181. Die Idee einer Staatsvertragslehre, bei welcher als Grundlage der Steuerentwicklung der Tausch von Gütern gegen die Vorteile des staatlichen Verbandes betrachtet wird, wurde bereits im 19. Jahrhundert formuliert. Zur Entwicklung des Tauschgedanken im Steuerwesen vgl. Diebold (1984), S. 132-135. Das in Kap. 2.1.1 beschriebene Prinzip der Äquivalenz steht mit dem Tauschgedanken in klarem Zusammenhang.

99 Vgl. Eichfelder (2011), S. 811 Fn. 2.

Steuersystems „leisten". Zur Beantwortung dieser Frage werden Erhebungs- und Entrichtungskosten zunächst einer jeweiligen Untergliederung unterzogen. Nach Wagner (2005) können diese jeweils in die sogenannten Planungs- und Vollzugskosten differenziert werden.[100] Auf Seiten des Steuerpflichtigen resultieren die Vollzugskosten (auch als Deklarationskosten bezeichnet) aus denjenigen Aktivitäten, welche zur Berechnung und Abführung der Steuer entstehen.[101] In Deutschland findet sich die Mitwirkungspflicht des Steuerpflichtigen in § 90 AO kodifiziert. Als bedeutende Vorschriften sind in diesem Zusammenhang auch die §§ 140-148 AO zu nennen, welche die Mitwirkungspflichten im Hinblick auf die Führung von Büchern und anderen Aufzeichnungen regeln. Darüber hinaus unterliegen die Steuerpflichtigen gemäß §§ 137-139 AO bestimmten Anzeigepflichten. Zudem wird die Abgabe einer Steuererklärung innerhalb bestimmter Fristen festgelegt (§ 149 AO).

Insofern kann unter den Deklarationskosten der Zeit- und Geldaufwand für die Erstellung von Jahresabschlüssen, Steuererklärungen und die steuerlichen Aufzeichnungspflichten subsumiert werden.[102] Auch die Korrespondenz mit dem Finanzamt sowie das Überweisen der Steuern sind hinzuzuzählen.[103] Da jedoch der Steuerpflichtige bestrebt ist, seine Steuerlast zu reduzieren, entstehen für diesen private Planungskosten aufgrund der zu diesem Ziel durchgeführten Aktivitäten. Auf Staatsseite resultieren aus diesem Grunde öffentliche Planungskosten, da der Staat bestrebt ist, ein Steuersystem zu entwerfen, welches die Steuerreduzierungsbestrebungen des Steuerpflichtigen eindämmen kann. Da der Staat zudem Ressourcen einsetzt, um eine Durchsetzung der Steuerpflicht zu gewährleisten, resultieren Kontrollkosten, welche die Vollzugskosten des Staates darstellen.[104]

Durch Steuerhinterziehung werden zusätzliche Wohlfahrtseffekte ausgelöst. Im Zuge einer Steuerhinterziehung bricht der Steuerpflichtige bewusst das Gesetz; im Fall der Aufdeckung seines Vergehens hat dieser – zusätzlich zu der zu verzinsenden Steuerrückzahlung – eine Strafe zu befürchten, welche in Form von

---

100 Anzumerken ist, dass in der Terminologie von Wagner (2005), S. 94 unter dem Begriff der „Steuererhebungskosten" die Erhebungskosten des Staates als auch die Steuerentrichtungskosten des Steuerpflichtigen subsumiert werden.

101 Vgl. Wagner (2005), S. 94 f.

102 Vgl. Homburg (2010), S. 55.

103 Vgl. Eichfelder (2011), S. 310.

104 Vgl. Wagner (2005), S. 94 f. Hierzu zählen u.a. die Kosten der Veranlagung, der Außenprüfung, der Bearbeitung von Einsprüchen und Klagen, der Zahlungsüberwachung und der Vollstreckung, vgl. Homburg (2010), S. 55.

Geldstrafe als auch in Freiheitsstrafe bestehen kann.[105] Darüber hinaus können durch den Gesetzesbruch in Form der Steuerhinterziehung auch soziale und psychologische Implikationen wie Stigma oder Schuldgefühle resultieren.[106] Der hinterziehende Steuerpflichtige setzt sich damit einem Risiko aus, welches für die Gesellschaft einen Wohlfahrtsverlust bedeutet.[107] Die Entstehung und Existenz eines solchen durch Steuerhinterziehung hervorgerufenen *excess burden* ist in der Literatur weithin unstrittig.[108] Die Betrachtung der Risikobelastung des Steuerhinterziehenden als negative Wohlfahrtseffekte auslösende Kosten ist dadurch begründet, dass dem Steuerhinterziehenden Risikoaversion unterstellt wird und dessen durch die Risikokosten geschmälerter Nutzen in die Erhebung der gesellschaftlichen Wohlfahrt einfließt.[109] Versucht der Steuerpflichtige des Weiteren die Steuerhinterziehung zu verschleiern, ist dies unter (zusätzlichen) *compliance costs* zu subsumieren.[110] Letztlich führt die Existenz von Steuerhinterziehung zu bedeutsamen Konsequenzen für die Höhe der Erhebungskosten, für die Effizienz und die Verteilungsgerechtigkeit in verschiedenen Steuersystemen.[111] Eine (tiefergehende) Diskussion optimalsteuertheoretischer Probleme ist allerdings nicht zum Gegenstand der vorliegenden Arbeit zu machen, sondern vielmehr der Frage nachzugehen, welche Determinanten für steueraggressives Verhalten ausschlaggebend sind.

---

105 In Deutschland wird Steuerhinterziehung gemäß § 370 Abs. 1 AO, wie bereits erwähnt, mit Freiheitsstrafe bis zu fünf Jahren oder mit Geldstrafe geahndet, in besonders schweren Fällen wird eine Freiheitsstrafe von sechs Monaten bis zu zehn Jahren verhängt (§ 370 Abs. 3 AO). Die Verzinsung der hinterzogenen Steuer ergibt sich aus § 235 AO.

106 Vgl. Webley/Robben/Elffers/Hessing (1991), S. 3. Psychische Kosten sind jedoch nur schwerlich quantifizierbar, vgl. Raab (1995), S. 207 Fn. 165. Zur Bedeutung sozio-psychologischer Einflussfaktoren vgl. auch Kap. 2.2.3.

107 Vgl. Yitzhaki (1987), S. 129, Slemrod/Yitzhaki (2002), S. 1449.

108 Vgl. Yitzhaki (1987), S. 123. Das Ausmaß des durch Steuerhinterziehung entstehenden *excess burden* kann mit Hilfe einer *cost of evasion*-Funktion determiniert werden, vgl. Cowell (1990b), S. 233. Dabei wird eine solche Funktion mit Hilfe der Annahme ermittelt, dass die Kosten der Steuerhinterziehung genau jenem Betrag entsprechen, welchen der Steuerpflichtige für die Garantie, für seine Steuerhinterziehung nicht belangt zu werden, zu zahlen bereit ist.

109 Vgl. Cowell (1990a), S. 151 f.

110 Vgl. Slemrod/Yitzhaki (2002), S. 1449.

111 Vgl. Slemrod (1990), S. 171. Mögliche Schlussfolgerungen für Besteuerungsmodelle aus theoretischen Konstrukten sind in jedem Falle kritisch zu beurteilen. Hierzu auch Sandmo (2005), S. 659: „One should obviously be careful about drawing policy conclusions from the theoretical knowledge in an area where our empirical knowledge is by necessity so uncertain.“

2.2.2 Modelltheoretisch abgeleitete externe Determinanten der Steueraggressivität

2.2.2.1 Grundannahmen der steueraggressivitätsbasierten Entscheidungssituation

Verschiedene theoretische Untersuchungen aus dem Bereich der mikroökonomischen Literatur modellieren die Entscheidung eines rationalen Steuerpflichtigen, um Erkenntisse zum Einfluss externer Faktoren auf das Ausmaß oder die Struktur der Steueraggressivität zu gewinnen.[112] Derartige Modelle differenzieren jeweils explizit zwischen Steuervermeidung und Steuerhinterziehung, wobei die Mehrzahl der Studien steueraggressives Verhalten in Form der Steuerhinterziehung untersucht.[113] Eine Ausnahme hingegen bildet beispielsweise die Studie von Cross/Shaw (1982), die sich neben der Steuerhinterziehung (gleichzeitig) auch mit dem Phänomen der Steuervermeidung analytisch auseinandersetzt. Während im Rahmen allokationstheoretischer Untersuchungen die Steuervermeidung auf das Ausweichverhalten auf weniger besteuerte Güter als Reaktion auf eine Änderung relativer Güterpreise reduziert wird,[114] fassen Cross/Shaw (1982) unter den Begriff der Steuervermeidung sämtliche legalen Schritte zur Reduzierung der (aktuellen) Steuerschuld.[115] Auch Alm (1988) definiert Steuervermeidung als „the legal reduction in tax liabilities that occurs by taking full advantage of various provisions of the income tax code“[116] und modelliert die Entscheidung des Steuerpflichtigen unter der Prämisse, dass diesem sowohl die Möglichkeit der Steuerhinterziehung als auch der Steuervermeidung zu Verfügung stehen. Auf diese beiden Studien und die dort untersuchten Wirkungszusammenhänge, die sich bei gleichzeitigem Auftreten von Steuerhinterziehung und Steuervermeidung ergeben, wird im folgenden Kapitel noch genauer Bezug genommen.

Das Standardvorgehen zur Analyse steuerhinterziehenden Verhaltens stützt sich auf die Modellierung eines isolierten Steuerzahlers unter Verwendung der konventionellen Theorie des Haushalts.[117] Das Leben dieses Individuums kann dabei mit

---

112 Entsprechende Studien werden im Rahmen der beiden folgenden Kap. 2.2.2.2 und Kap. 2.2.2.3 näher erläutert.

113 Vgl. Alm/McCallin (1990), S. 193, Wrede (1993), S. 30.

114 Vgl. Wrede (1993), S. 30, Schellhorn (2005), S. 15 f. Ein weniger besteuertes Gut stellt zumeist das Gut Freizeit dar.

115 Vgl. Cross/Shaw (1982), S. 37.

116 Alm (1988), S. 32.

117 Ausführlich zur Theorie des Haushalts als Teildisziplin der Mikrotheorie vgl. bspw. Moritz (1993).

Hilfe einer einfachen Bernoulli-Variable beschrieben werden: Es wird entweder bei seinem Steuerbetrug mit einer bestimmten Wahrscheinlichkeit ertappt, wobei es mit Strafe zu rechnen hat, oder es wird mit der entsprechenden Gegenwahrscheinlichkeit nicht ertappt. In letzterem Fall kann das Individuum mehr konsumieren. Falls der Betrug jedoch aufgedeckt wird, kann das Individuum aufgrund der Strafzahlungen weniger konsumieren als es ohne Betrug hätte konsumieren können.[118]

Die Steuerhinterziehung wird hierbei traditionell als Minderdeklarierung des Einkommens definiert.[119] Die Deklarierung der für die Besteuerung erforderlichen Information über die Höhe des Einkommens ist eine Entscheidung unter Unsicherheit, da Falschangaben nicht automatisch eine Strafe nach sich ziehen.[120] Generell ist eine Entscheidung unter Unsicherheit dadurch gekennzeichnet, dass der Entscheider – i.e. der Steuerzahler – im Gegensatz zur Entscheidung unter Sicherheit die eintretenden Umweltzustände ex ante nicht kennt. Die Entscheidung unter Unsicherheit kann weitergehend differenziert werden als Entscheidung unter Risiko bzw. als Entscheidung unter Ungewissheit. Ist einem Entscheidungsträger die Eintrittswahrscheinlichkeit der Umweltzustände nicht bekannt, so handelt es sich um eine Entscheidung unter Ungewissheit.[121] Bei einer Entscheidung unter Risiko hingegen wählt der Entscheidungsträger eine Handlungsalternative, woraus sich ein entsprechender Gewinn oder Verlust ergeben kann, dessen exakte Höhe noch nicht bekannt ist, jedoch die entsprechende Eintrittswahrscheinlichkeit.[122] Folglich wird

---

118 Vgl. Cowell (1985), S. 167 f. Bitzer (2008), S. 37-60 widmet sich der Frage, inwiefern das Modell des homo oeconomicus überhaupt zur Abbildung steuerhinterziehenden Verhaltens geeignet sei und schlägt eine Ausdifferenzierung mit Hilfe des Verhaltensmodells des „homo oeconomicus institutionalis“ vor, der im Gegensatz zum homo oeconomicus nicht nur aufgrund „harter“ Anreize, sondern auch auf „weiche“ Anreize hin eine Verhaltensänderung vollzieht.

119 Vgl. Slemrod (2004), S. 888.

120 Vgl. Allingham/Sandmo (1972), S. 324, Reding/Müller (1999), S. 218.

121 Vgl. Domschke/Scholl (2008), S. 49. Als Begründer der Unterscheidung der drei Informationszustände Sicherheit, Ungewissheit und Risiko gilt Knight (1921), welcher Risiko als messbare Unsicherheit aufgrund objektiver Wahrscheinlichkeiten definiert, vgl. Knight (1921, 1964), S. 233.

122 Vgl. Schneeweiß (1968), S. 96. Bei einer Entscheidung unter Risiko werden die drei Verhaltenstypen Risikosympathie, Risikoaversion und Risikoneutralität unterschieden. Kriterium hierbei ist, ob der Akteur Risiko als Bedrohung (risikoavers, streng konkaver Verlauf der Nutzenfunktion) oder als Chance (risikofreudig, streng konvexer Verlauf der Nutzenfunktion) betrachtet. Bei Indifferenz liegt eine risikoneutrale Einstellung (linearer Verlauf der Nutzenfunktion) vor, vgl. Domschke/Scholl (2008), S. 51-53.

Risiko auf Basis des Informationszustandes des Entscheidungsträgers definiert.[123] Da für eine Untersuchung durch die Steuerbehörden gewisse kalkulierbare Wahrscheinlichkeiten[124] existieren, kann diese Entscheidungssituation als Entscheidung unter Risiko konkretisiert werden. Zur Analyse von Entscheidungen unter Risiko wird meist das ursprünglich auf Bernoulli (1738) zurückgehende Erwartungsnutzenmodell verwendet, das durch von Neumann/Morgenstern (1944) axiomatisch fundiert wurde.[125] Für die legale Steuervermeidung ist allerdings eine Analyse als Entscheidung unter Risiko nicht geeignet, da der Payoff des Steuerpflichtigen nicht vom Eintreten verschiedener Umweltzustände (Aufdeckung durch die Steuerbehörde versus Nicht-Aufdeckung) abhängt. Vielmehr sind in diesem Fall die mit den Anstrengungen der Steuervermeidung verbundenen Kosten zu modellieren, wie es auch der Herangehensweise in Alm (1988) entspricht.[126]

Im Folgenden werden nun verschiedene Studien vorgestellt, welche die Steueraggressivitätsentscheidung in Bezug auf die (reine) Steuerhinterziehung oder auf eine gleichzeitige Steuerhinterziehung und -vermeidung modellieren und daraus die Bedeutung einzelner externer Faktoren ableiten.[127] Diese Studien sind dahingehend zu differenzieren, ob die Entscheidung des Steuerpflichtigen in einem

---

123 Vgl. Braun (1984), S. 22 und S. 24. Eine andere Gruppierung von Autoren definiert Risiko nicht aufgrund der Ursache des Risikos, sondern aufgrund dessen ökonomischer Wirkung, vgl. Braun (1984), S. 22 f. Beispiele hierfür sind die Definition des Risikos als Möglichkeit des Misslingens von Plänen (u.a. Eucken (1959), S. 141), als Gefahr einer Fehlentscheidung (u.a. Krelle (1957), S. 633) oder als Möglichkeit der Zielverfehlung (u.a. Nicklisch (1912), S. 166).

124 Derartige Wahrscheinlichkeiten könnten auf Basis von Statistiken errechnet werden. Bspw. veröffentlicht das deutsche Bundesministerium der Finanzen im Rahmen ihrer online erhältlichen Monatsberichte die Ergebnisse der jährlichen steuerlichen Betriebsprüfung auf Basis einer Auswertung der Ländermeldungen zu Besitz-, Verkehr- und Gewerbesteuern. So wurden z.B. im Jahr 2011 2,3% der in der Betriebskartei der Finanzämter erfassten Betriebe geprüft. Hierfür waren 13.226 Prüfer im Einsatz, deren Betriebsprüfungen ein Mehrergebnis von insgesamt 16,3 Mrd. Euro hervorbrachten, vgl. Bundesministerium der Finanzen (2012), S. 29-33.

125 Ausführlich zur allgemeinen Nutzentheorie vgl. bspw. Bühlmann/Loeffel/Nievergelt (1975), S. 105-115. Speziell zur Erwartungsnutzentheorie mit einer kritischen Hinterfragung vgl. Engelkamp (1980).

126 Die Studie von Alm (1988) wird näher im Rahmen von Kap. 2.2.2.2 erörtert.

127 An dieser Stelle ist nochmals hervorzuheben, dass die modelltheoretische Literatur sich überwiegend der Steueraggressivität in Form der Steuerhinterziehung widmet und die Steuervermeidung, obgleich dieser in der Realität die weit größere Bedeutung zukommen dürfte, nur geringe Aufmerksamkeit findet, wie bereits zu Beginn von Kap. 2.2.2.1 erläutert wurde.

isolierten Kontext (Kap. 2.2.2.2) oder unter Beachtung von Interdependenzen (Kap. 2.2.2.3) erfolgt, wobei für die letztere Ausgangssituation meist ein spieltheoretischer Rahmen gewählt wird. Inwieweit die in diesen Modellen festgestellten Wirkungszusammenhänge auf die Steueraggressivität von Unternehmen[128] übertragbar sind, wird in Kap. 2.3.2.1 erläutert.

2.2.2.2 Isolierte Entscheidung eines rationalen Steuerpflichtigen

Die Studie von Allingham/Sandmo (1972), die als erste ihrer Art die ökonomische Analyse von Steueraggressivitä in der speziellen Form der Steuerhinterziehung zum Gegenstand hat, bildet das Optimierungsverhalten des Steuerzahlers hinsichtlich seines Erwartungsnutzens ab, welcher durch die Höhe des Einkommens bestimmt wird.[129] Hierbei wird eine Risikoaversion durch das Individuum unterstellt und die Annahme getroffen, dass das Verhalten des Steuerzahlers die von Neumann-Morgenstern-Axiome erfüllt.[130] Dem Allingham-Sandmo-Modell liegen zudem ökonomische Studien krimineller Aktivität wie diejenigen von Becker (1968) und Tulkens/Jacquemin (1971) zu Grunde.[131] Die insbesondere auf Becker (1968) zurückgehende ökonomische Theorie des Verbrechens betrachtet Kriminalität als rationale Entscheidung des nutzenmaximierenden Individuums, welches den unsicheren Gewinn aus dem Fehlverhalten mit dem Risiko der Bestrafung vergleicht.[132] Als weitere Grundlagen dienen die u.a. von Arrow (1970) und Mossin (1968)

---

128 Die Termini Unternehmen und Unternehmung werden in der vorliegenden Arbeit synonym verwendet. Obgleich in Gesetzestexten sowie Statistiken regelmäßig auf den Begriff „Unternehmen" abgestellt wird, gelten in der Betriebswirtschaftslehre die beiden Begrifflichkeiten als synonym, vgl. Jung (2010), S. 10. Obgleich der Begriff der „Firma" im alltagssprachlichen Gebrauch ebenfalls synonym verwendet wird, ist dieser klar abzugrenzen, da die Bezeichnung „Firma" im Sinne des deutschen Handelsrechts lediglich den Namen eines Kaufmanns bezeichnet: „Die Firma eines Kaufmanns ist der Name, unter dem er seine Geschäfte betreibt und die Unterschrift abgibt" (§ 17 Abs. 1 HGB).

129 Vgl. Skinner/Slemrod (1985), S. 349.

130 Vgl. Allingham/Sandmo (1972), S. 323. Die Autoren führen bezüglich der Nutzenfunktion und des rationalen Verhaltens des Steuerzahlers bei Risiko wie folgt aus: „His cardinal utility function has income as its only argument; this must be understood as the indirect utility function with constant prices. Marginal utility will be assumed to be everywhere positive and strictly decreasing, so that the individual is risk averse.", Allingham/Sandmo (1972), S. 324.

131 Vgl. Allingham/Sandmo (1972), S. 323.

132 Vgl. Kirchler (2007), S. 105.

entwickelten Ansätze zur optimalen Portfolio- und Versicherungsgestaltung unter Unsicherheit.[133] Allingham/Sandmo (1972) kombinieren diese Modelle derart, dass die Entscheidung der Steuerhinterziehung als Portfoliooptimierungsproblem modelliert wird, bei welchem unter der Annahme einer bestimmten Entdeckungswahrscheinlichkeit die optimale Menge des nicht-deklarierten Einkommens festgelegt werden muss.[134] Die Hinterziehung birgt ein Verlustrisiko im Fall der Aufdeckung, das jedoch im Fall der Nichtentdeckung auch die Aussicht auf den „Hinterziehungsgewinn“ beinhaltet. Das steuerehrliche Verhalten ist dagegen nicht mit Risiko verbunden, enthält allerdings auch keine Gewinnchance.[135]

Da der Steuerzahler bezüglich seines zu deklarierenden Einkommens zwischen Steuerehrlichkeit und Steuerhinterziehung wählen kann, wird implizit angenommen, dass die Steuern auf Basis der Selbstdeklaration des Einkommens erhoben werden. Anzumerken ist daher, dass eine Steuerhinterziehung von im Rahmen eines Quellensteuerverfahrens erhobenen Steuern nicht mit diesem Modell abgebildet wird.[136] So gilt in Deutschland beispielsweise für Einkünfte aus nichtselbstständiger Arbeit ein Abzugsverfahren, bei welchem der Arbeitgeber gemäß § 38 EStG die Lohnsteuer direkt an das Finanzamt als Einkommensteuervorauszahlung des Arbeitnehmers abführt. Sandmo (2006) nimmt zu dem in den meisten Ländern üblichen Steuerabzug durch den Arbeitgeber Stellung und fordert die Interpretation des Allingham-Sandmo-Modells „as applying to that part of his income which the taxpayer can in fact evade without certainty of detection.“[137] In Anbetracht der verschiedenen Einkunftsarten, aus welchen sich ein Einkommen zusammensetzen kann, ist diese Argumentation stimmig.[138]

Das tatsächliche Einkommen des Steuerzahlers ist im Allingham-Sandmo-Modell exogen gegeben und nur ihm, jedoch nicht der Steuerbehörde bekannt. Die Steuern werden mit einem proportionalen Steuersatz auf das erklärte Einkommen erhoben, das die Entscheidungsvariable des Steuerzahlers darstellt. Mit einer

133 Vgl. Allingham/Sandmo (1972), S. 324.

134 Hierbei stellt das Vorgehen der Studie von Allingham/Sandmo (1972) bedeutende Pionierarbeit dar: „The taxpayer-as-gambler (TAG) model is perhaps the benchmark economic approach of modeling tax incompliance“, Cowell (2004), S. 231. Vgl. auch Diebold (1984), S. 78, Wrede (1993), S. 40.

135 Vgl. Reding/Müller (1999), S. 218.

136 Ähnlich auch angemerkt von Wrede (1993), S. 40 f.

137 Sandmo (2006), S. 646.

138 Yaniv (1988) entwickelt hingegen ein Modell speziell zur Untersuchung von Lohnsteuerhinterziehung durch den die Steuer abführenden Arbeitgeber. Vgl. dazu auch Wrede (1993), S. 79.

gewissen Wahrscheinlichkeit führen die Steuerbehörden eine Überprüfung des Steuerzahlers durch, im Rahmen derer das tatsächliche Einkommen des Steuerzahlers aufgedeckt wird. In diesem Fall muss der Steuerzahler den nicht erklärten Anteil des Einkommens zu einem Strafsatz, welcher über dem (konstanten) Steuersatz liegt, versteuern.[139] Der Steuerzahler versucht nunmehr den Erwartungswert seiner Nutzenfunktion, der von den Parametern regulärer Steuersatz, Strafsatz sowie der Wahrscheinlichkeit einer Steuerprüfung abhängt, zu maximieren.[140]

Die Auswirkung einer Erhöhung des Steuersatzes wird in einer komparativ-statischen Analyse mittels resultierender Substitutions- und Einkommenseffekte dargestellt.[141] Während der Substitutionseffekt grundsätzlich denjenigen Teil einer Nachfrageänderung aufgrund der Änderung der relativen Güterpreise anzeigt, erklärt der Einkommenseffekt den Teil der Nachfrageänderung aufgrund einer veränderten Kaufkraft.[142] Im Allingham-Sandmo-Modell stellt sich der Substitutionseffekt so dar, dass die Erhöhung des Steuersatzes die Steuerhinterziehung steigen lässt.[143] Der Einkommenseffekt hingegen hängt von der Risikoeinstellung des Steuerzahlers ab.[144] Mit fallendem Einkommen kann die absolute Risikoaversion entweder steigen oder sinken.[145] Allingham/Sandmo (1972) vermuten, dass die absolute Risikoaversion mit dem Einkommen abnimmt.[146] Da der erhöhte Steuersatz für den Steuerzahler ein geringeres Einkommen bedeutet, gestaltet sich der Einkommenseffekt unter der Annahme abnehmender absoluter Risikoaversion derart, dass ein steigender Steuersatz den Steuerzahler zu weniger Steuerhinterziehung tendieren lässt.[147] In diesem Fall ist der Totaleffekt einer Steuersatzerhöhung aufgrund der Gegenläufigkeit des Substitutions- und des Einkommenseffekts a priori uneindeutig. Wird der Einkommenseffekt durch den Substitutionseffekt

---

139 Vgl. Allingham/Sandmo (1972), S. 324. Kritisch zur Festlegung der Strafe mittels Strafsatz auf das nicht-deklarierte Einkommen anstelle auf die hinterzogene Steuer aufgrund der (im Folgenden noch erörterten) auftretenden Gegenläufigkeit des Substitutions- und Einkommenseffekt im Rahmen der komparativ-statischen Analyse ausgelöst durch eine Erhöhung des Steuersatzes vgl. Yitzhaki (1974), S. 201 f.

140 Vgl. Allingham/Sandmo (1972), S. 325.

141 Vgl. Allingham/Sandmo (1972), S. 330.

142 Vgl. Varian (2011), S. 150.

143 „[A]n increase in the tax rate makes it more profitable to evade taxes on the margin", Allingham/Sandmo (1972), S. 330.

144 Vgl. Allingham/Sandmo (1972), S. 330, Crane/Nourzad (1986), S. 218.

145 Vgl. Crane/Nourzad (1986), S. 218.

146 Vgl. Allingham/Sandmo (1972), S. 328 und S. 330.

147 Vgl. Allingham/Sandmo (1972), S. 330.

dominiert, führt ein erhöhter Steuersatz zu einer gestiegenen Steuerhinterziehung. Falls zudem die absolute Risikoaversion vom Einkommen unabhängig ist oder eine steigende Funktion des Einkommens darstellt, kommt es nicht zu gegensätzlichen Effekten.[148] Die Erhöhung der Steuerhinterziehung im Fall einer Erhöhung des Steuersatzes entspricht auch dem intuitiven Verständnis.

Wird in einem solchen Modell neben der Steuerhinterziehung auch eine gleichzeitige Steuervermeidung zugelassen, so hängt nach Cross/Shaw (1982) die Stärke des Substitutionseffekts von der Rate ab, die sich aus der Veränderung der marginalen Kosten der Hinterziehung im Verhältnis zur Veränderung der marginalen Kosten der Vermeidung ergibt.[149] Die Steuerhinterziehungs- und die Steuervermeidungsaktivität werden in Cross/Shaw (1982) modelltheoretisch zusammengezogen und als *tax aversion*[150] bezeichnet. Im Modell von Cross/Shaw (1982) wird der negative Einkommenseffekt durch das höhere erwartete Einkommen, das mit dem Anstieg in Vermeidungsaktivitäten assoziiert ist, gemildert.[151]

Für die übrigen Parameter im Allingham-Sandmo-Modell können die folgenden Wirkungszusammenhänge festgestellt werden: Ein Anstieg des Strafmaßes sowie ein Anstieg der Wahrscheinlichkeit der Entdeckung wird dazu führen, dass der Steuerzahler einen höheren Anteil seines Einkommens deklariert.[152] Ändert sich das Bruttoeinkommen, so hängt die Höhe des nun deklarierten Einkommensanteils von der relativen Risikoaversion des Steuerzahlers ab: Der deklarierte Anteil steigt, bleibt konstant oder sinkt, sofern jeweils die relative Risikoaversion eine steigende, konstante oder sinkende Funktion des Einkommens ist.[153]

---

148 Vgl. Crane/Nourzad (1986), S. 218.

149 Vgl. Cross/Shaw (1982), S. 36.

150 In diesem Zusammenhang auch schon Cross/Shaw (1981), S. 489, die festhalten, dass „both [tax evasion und tax avoidance, Anm. d. Verf.] are rooted in the same underlying motivation – the desire to reduce total tax liability."

151 Vgl. Cross/Shaw (1982), S. 36.

152 Vgl. Allingham/Sandmo (1972), S. 330.

153 Vgl. Allingham/Sandmo (1972), S. 329. Lang/Nöhrbaß/Stahl (1997) stellen in ihrer auf den Daten der deutschen Einkommens- und Konsumumfrage von 1983 basierenden Studie fest, dass bis zu einem bestimmten Punkt bei höherem Einkommen der Abstand zwischen gesetzlichem und effektivem marginalen Steuersatz wächst und darüber hinaus auf einem konstanten Maximum verbleibt. Das deutlich niedrigere Niveau des effektiven marginalen Steuersatzes bei Haushalten mit höherem Einkommen kann dabei nur zum Teil auf legale Abschreibungsmöglichkeiten (insbesondere im Bereich Immobilien) und sonstige Abzugsmöglichkeiten zurückgeführt werden, so dass der übrige Effekt auf Steuerumgehungs- und Steuerhinterziehungsaktivitäten zurückgeführt wird, was die theoretische Hypothese von Allingham/Sandmo (1972) bestätigt.

Die Limitationen dieses Modells liegen, wie die Autoren bereits selbst darlegen, vor allem in den starken Vereinfachungen. So wird die Tatsache vernachlässigt, dass Steuergesetze es zu einem bestimmten Ausmaß dem Ermessen von Gerichten überlassen, festzulegen, ob die Strafe in Form einer finanziellen Buße (wie in diesem Modell abgebildet) oder in Form einer Freiheitsstrafe erhoben wird. Auch eine Kombination aus beiden wäre denkbar, wenngleich dies nach deutschem Strafrecht nicht möglich ist. Zudem mag aus Sicht des Steuerzahlers – selbst wenn eine Bestrafung durch Freiheitsentzug ausgeschlossen werden kann – die anzuwendende Höhe des Strafsatzes eine unsichere Variable sein.[154] Ferner ist anzumerken, dass – sollen die Determinanten von Steueraggressivität und nicht nur die ihrer speziellen Variante Steuerhinterziehung abgeleitet werden – dieses Modell nur bedingt herangezogen werden kann. Insbesondere die Analyse der Auswirkungen der Änderung des Strafsatzes dürfte auf Steueraggressivität in Form von legaler Steuervermeidung nicht übertragbar sein, da diese keiner Strafbarkeit unterliegt. Eine Änderung der Steuersatzes dürfte sich hingegen auch auf die Steuervermeidung auswirken, allerdings sind die Ergebnisse nicht zwingend übertragbar, da die Steuerhinterziehung als Entscheidung unter Risiko modelliert wird, während die Steuervermeidung, wie bereits in Kap. 2.2.2.1 erläutert, sich nicht als solche beschreiben lässt. Trotzdem ist ein derartiges Modell als wertvoller Beitrag hinsichtlich der Beleuchtung von Steueraggressivität zu betrachten, da Steuerhinterziehung letztlich einen (wenn in der Realität vermutlich nur kleinen) Teilbereich der Steueraggressivität darstellt. Welcher Variante der Steueraggressivität jedoch eine in Summe tatsächlich größere Bedeutung zukommt, ist nicht zu beurteilen, da eine empirische Identifikation und anschließende Gegenüberstellung des jeweiligen quantitativen Umfangs nicht möglich ist. In der modelltheoretischen Literatur wird jedenfalls primär die Steuerhinterziehung adressiert sowie die Steuervermeidung eher selten diskutiert.[155]

Ein (auch in seiner Simplizität) ähnliches Modell (wiederum nur zur Steuerhinterziehung) wird von Srinivasan (1973) entworfen, das im Wesentlichen die gleichen Ergebnisse hervorbringt. Der in diesem Modell als risikoneutral angenommene Steuerzahler versucht den Anteil seines deklarierten Einkommens so zu wählen, dass das erwartete Einkommen nach Steuern und (eventuellen) Strafzahlungen maximiert wird, während im Modell von Allingham/Sandmo (1972)

154 Vgl. Allingham/Sandmo (1972), S. 324 f.

155 Vgl. hierzu bereits die Erläuterungen in Kap. 2.2.2.1.

die Nutzenmaximierung des verfügbaren Einkommens im Vordergrund steht.[156] Das Vorgehen von Srinivasan (1973) ermöglicht die Modellierung unter einem progressiven (Straf-)Steuersystem und darauf aufbauend einen Vergleich dieser Ergebnisse zu denen einer proportionalen Ausgestaltung. Aus dem Modell geht hervor, dass eine progressive Ausgestaltung des Steuertarifs bei optimalem Steuerhinterziehungsverhalten (bezüglich des Anteils des nicht-deklarierten Einkommens) weniger Steueraufkommen und geringere Strafzahlungen zur Folge hat. Dies gilt jedoch nur, wenn bei einer vollständigen Deklarierung des Einkommens die progressive Ausgestaltung des Steuertarifs das gleiche Steueraufkommen hervorbringt wie ein proportionaler Steuertarif. Zudem liegt hierbei die Prämisse zu Grunde, dass die Überprüfungswahrscheinlichkeit nicht von der Höhe des Einkommens abhängt sowie die Bestrafung mit der Höhe des nicht-deklarierten Einkommens progressiv ansteigt.[157]

Alm (1988) erweitert durch die Einführung der Möglichkeit einer legalen Steuervermeidung die Modelle von Allingham/Sandmo (1972) und Srinivasan (1973). Die Entscheidung des Individuums stellt nach Alm (1988) ein Portfolioproblem dar, bei welchem (wie in den vorherigen Modellen) zunächst die jeweilige Menge von zu hinterziehendem Einkommen und legalem Einkommen gewählt wird. In einem zweiten Schritt wird jedoch zusätzlich das legale Einkommen zwischen zu versteuerndem Einkommen und durch Steuervermeidung zu entziehendem Einkommen aufgeteilt.[158] Mit der Steuervermeidung gehen dabei „Vermeidungskosten“ einher, die beispielsweise aus steuerlichen Beratungskosten bestehen können.[159] Die Ergebnisse von Alm (1988) indizieren, dass ein Anstieg des Strafsatzes und der Entdeckungswahrscheinlichkeit eindeutig das deklarierte Einkommen erhöhen werden, falls die Vermeidungskosten mit der Steuervermeidungsaktivität steigen.[160]

Sowohl bei Allingham/Sandmo (1972) als auch bei Srinivasan (1973) liegt das Einkommen als exogene Variable vor. Fügt man diesen einfachen Modellen eine Arbeitsangebotsentscheidung des Steuerzahlers hinzu, wird das Einkommen endogenisiert. Die Reaktionen sind dabei innerhalb eines Modells nicht immer

156 Vgl. Srinivasan (1973), S. 340. Der Nutzen des Steuerzahlers wird als lineare Funktion des Einkommens definiert, vgl. auch Diebold (1984), S. 81.

157 Vgl. Srinivasan (1973), S. 342-344.

158 Vgl. Alm (1988), S. 33 und S. 35, wobei in diesem Modell nur risikofreie Steuervermeidungsschemata betrachtet werden, vgl. Alm (1988), S. 34.

159 Vgl. Alm (1988), S. 35.

160 Vgl. Alm (1988), S. 55.

eindeutig.[161] In Bezug auf das Arbeitsangebot kann auch ein möglicher Zusammenhang zwischen Steuerhinterziehung und Berufswahl untersucht werden. So finden beispielsweise Pestieau/Possen (1991), dass der Anteil der Entrepreneure in der Bevölkerung umso mehr sinkt, je strikter die Steuerüberwachung ist.[162] Nicht unerheblich ist auch die Abwanderung in den Arbeitsschwarzmarkt, woraus die Frage erwächst, ob ein Wettbewerb zwischen dem offiziellen und dem inoffiziellen Arbeitsmarktsektor den Preis für die üblicherweise am Schwarzmarkt produzierten Leistungen senken kann. Dieses Problem wird von Kesselmann (1989) diskutiert, der in einem Zwei-Sektoren-Gleichgewichtsmodell zeigt, dass die relativen Preiseffekte üblicherweise die Effekte einer Veränderung des marginalen Einkommensteuersatzes auf die Hinterziehung abmildern.[163]

Neben der Endogenisierung des Arbeitsangebots können auch noch weitere Erweiterungen des entscheidungstheoretischen Grundmodells nach Allingham/Sandmo (1972) berücksichtigt werden, welche die starke Vereinfachung der Realität zwar abschwächen, jedoch das Modell auch zunehmend komplexer werden lassen. Eine derartige Erweiterung bezieht sich beispielsweise auf die immer wiederkehrende Erhebung der Steuer. Da die Einkommenserklärung in den meisten Ländern einmal jährlich vom Steuerzahler an die Steuerbehörde übermittelt wird, könnten die Steuerzahler ihr deklariertes Einkommen von früheren Steuererklärungen, stattgefundenen Steuerprüfungen und ihren künftigen Erwartungen abhängig machen. Insofern könnte eine weitere Realitätsannäherung der simpleren Modelle darin bestehen, den Wiederholungscharakter der Deklarierungsentscheidung in Form eines dynamischen Modells miteinzubeziehen.[164] Neben dem entscheidungstheoretischen Grundmodell zur Analyse des steuerentziehenden Verhaltens eines isolierten Steuerzahlers von Allingham/Sandmo (1972) und

---

161 Vgl. Andreoni/Erard/Feinstein (1998), S. 824. Die Autoren führen für eine derartige Modellerweiterung die Studien von Pencavel (1979), Cowell (1981) und Sandmo (1981) an. Weitere Studien, welche eine Endogenität des Arbeitseinkommens und zum Teil des Zinseinkommens unterstellen, finden sich bei Wrede (1993), S. 62.

162 Vgl. Sandmo (2005), S. 652 f.

163 Vgl. Sandmo (2005), S. 653 f. Ein mikroökonomisches Modell der Steuerhinterziehung bei Existenz eines dualen Arbeitsmarktes (d.h. regulärer und illegaler) findet sich bspw. auch bei Isachsen/Samuelson/Strøm (1985). Der Diskussion der Effizienz von Schwarzmärkten gehen Davidson/Martin/Wilson (2007) nach. Im Folgenden soll jedoch das Phänomen der Schwarzarbeit nicht weiter beleuchtet werden.

164 Vgl. Andreoni/Erard/Feinstein (1998), S. 824. Für ein die Dynamik dieser Entscheidung berücksichtigendes Modell vgl. Engel/Hines (1999). Die Abbildung der Dynamik stellt sich jedoch als äußerst komplex dar und erfordert die Verwendung einer Simulation.

dessen verschiedener Erweiterungen finden sich in der Literatur darüber hinausgehende Modelle, die sich auf die Mechanismen der Spieltheorie stützen (müssen).

2.2.2.3 Entscheidung eines rationalen Steuerpflichtigen unter Berücksichtigung von Interdependenzen

In den bisher aufgezeigten Modellen wird regelmäßig ein wichtiger Aspekt ausgeblendet: die durch Besteuerung finanzierten öffentlichen Güter als Hauptzweck der Besteuerung.[165] Wird Steuerhinterziehung bei gleichzeitiger Nachfrage von öffentlichen Gütern betrieben, entsteht ein (gesamtgesellschaftlich relevantes) *free rider*-Problem.[166] Daher erweitern verschiedene, im Folgenden noch näher zu beschreibende Studien die Analyse der Steuerentscheidung um den Blickwinkel der Gesellschaft bzw. des Staatshaushalts. Indem derartige Modelle auftretende Interdependenzen nicht ausschließen, sondern explizit berücksichtigen, werden diese üblicherweise in einem spieltheoretischen Rahmen entwickelt.

Die Spieltheorie unterscheidet sich dahingehend von der Entscheidungstheorie, als dass in der Spieltheorie beide Akteure eine Nutzenfunktion besitzen, die den jeweils gewünschten Ausgang des Spiels bestimmen. Zudem kann in der Spieltheorie der einzelne Spieler seine Strategie im Verlauf des Spiels ändern. In der Entscheidungstheorie ist der Gegenpart des Entscheidenden die Welt als entscheidungspassiver Akteur. Die Entscheidungstheorie kann als Spezialfall der Spieltheorie aufgefasst werden und ist auch aus dieser hervorgegangen.[167] Die Spieltheorie als Analyseinstrument von strategischer Interaktion kennt verschiedene Ausgestaltungen, beispielsweise können (in der nicht-kooperativen Spieltheorie) Koordinationsspiele und Wettbewerbsspiele unterschieden werden. Die deutlichste Ausprägung des Wettbewerbsspiels ist das Nullsummenspiel, bei welchem die

165 Als Mittel zum Zweck dienen die zur Erhebung und Durchsetzung der Steuern durch die Steuerbehörde aufgebrachten finanziellen Mittel, die naturgemäß Restriktionen unterworfen sind und in Form einer Budgetrestriktion modelliert werden können, vgl. bspw. die Studie von Greenberg (1984). Dieser nähert sich in einem spieltheoretischen Modell mit sequentiellen Zügen der Frage nach der optimalen Gleichgewichtsstrategie der Steuerbehörden zur Überprüfung der Steuerzahler unter der Voraussetzung einer stetigen Erfüllung der Budgetrestriktion.

166 Vgl. Schleicher (1971), S. 241.

167 Vgl. Bühlmann/Loeffel/Nievergelt (1975), S. 3-5 mit einer Gegenüberstellung der Entscheidungs- und Spieltheorie in Übersichtsform auf S. 5. Andere betrachten hingegen die Spieltheorie als Spezialfall der Entscheidungstheorie, vgl. bspw. Riechmann (2010), S. 1.

Auszahlung an einen Spieler den Verlust eines anderen Spielers darstellt.[168] Für gewöhnlich handelt es sich um ein statisches Spiel, bei welchem die Akteure gleichzeitig ihre Strategieentscheidung fällen und welches daher zum Teil auch als „Spiel mit imperfekter Information" bezeichnet wird. Hiervon abzugrenzen ist das sequentielle Spiel, bei welchem die Strategien nacheinander festgelegt werden, wobei der zweite Spieler die Strategie des ersten Spielers kennt.[169]

Zur Ermittlung konsistenter Lösungen für nicht-kooperative Spiele wird das sogenannte Gleichgewichtskonzept herangezogen. Nash (1951) formalisierte ein Lösungskonzept, welches eine Verallgemeinerung des von Cournot (1838) für die Oligopoltheorie formulierten Gleichgewichtskonzepts darstellt. Ein Nash-Gleichgewicht ist jene Strategiekombination, bei welcher jeder Spieler seine optimale (das heißt erwartungsnutzenmaximierende) Strategie, gegeben die optimalen Strategien aller anderen Spieler, wählt. In der Folge besteht für keinen Spieler ein Anreiz, von seiner (Gleichgewichts-)Strategie abzuweichen. Die Erwartungen über die Mitspieler werden bestätigt und der einzelne Spieler kann seinen Pay-off bei den gegebenen Entscheidungen der Mitspieler nicht weiter erhöhen.[170] In kooperativen Spielen verhält es sich anders, da hier die Spieler verbindliche Abmachungen treffen dürfen.[171] Zur Bewertung von Nash-Gleichgewichten – ein Spiel kann mehr als ein Nash-Gleichgewicht haben – wird meist das Konzept der Pareto-Effizienz herangezogen.[172] Eine ökonomische Situation wird dann als Pareto-effizient (auch Pareto-optimal) bezeichnet, wenn es keine Möglichkeit gibt, einen Beteiligten besser zu stellen, ohne einen anderen schlechter zu stellen.[173] Die Pareto-Effizienz trifft jedoch keine Aussage über die Verteilung der Wohlfahrt zwischen den Beteiligten. Das Konzept einer sozialen Wohlfahrtsfunktion im Sinne einer aggregierten Nutzenfunktion bietet die Möglichkeit der Reihung verschiedener Allokationen, die ausschließlich von den individuellen Präferenzen abhängt und dabei eine steigende Funktion des Nutzens jedes Individuums ist.[174]

---

168 Vgl. bspw. Varian (2011), S. 606.

169 Vgl. Riechmann (2010), S. 21-46 allgemein für statische Spiele sowie S. 47-61 für sequentielle Spiele.

170 Vgl. Holler/Illing (2009), S. 56.

171 Vgl. Holler/Illing (2009), S. 181.

172 Vgl. Riechmann (2010), S. 35.

173 Vgl. bspw. Varian (2011), S. 343. Für eine Darstellung der analytischen Lösung des Pareto-Optimierungsproblems vgl. Kleinewefers (2008), S. 67-74.

174 Für die Begründung einer sozialen Wohlfahrtsfunktion, z.B. der Nutzensummenregel, ist die Existenz einer kardinalen Nutzenfunktion erforderlich, wenn auch nicht hinreichend, vgl. Biene (1985), S. 72. Allerdings ist in diesem Zusammenhang auf das

Jede Pareto-effiziente Allokation muss das Wohlfahrtsmaximum für irgendeine Wohlfahrtsfunktion sein bzw. jedes Wohlfahrtsmaximum ist Pareto-effizient.[175]

Die zur Analyse der Steuerentscheidung existierenden spieltheoretischen Modelle lassen sich dahingehend differenzieren, ob diese auf die Perspektive des Steuerzahlers ausgerichtet sind oder ob diese – unter dem Gesichtspunkt der sozialen Wohlfahrt – ausschließlich die optimale Strategie aus Steuerbehördensicht ableiten. Da für die vorliegende Arbeit optimale Strategien aus Steuerbehördensicht zur Lösung des *free rider*-Problems jedoch insoweit keine Bedeutung entfalten, als sie keinen zusätzlichen Aufschluss über die Determinanten steueraggressiven Verhaltens bieten, werden entsprechende Modelle (z.B. Schleicher (1971)[176], Greenberg (1984), Cremer/Marchand/Pestiteau (1990), Reinganum/Wilde (1985)) vernachlässigt.[177] Eine Studie hingegen, in deren Mittelpunkt vor allem das Verhalten der Steuerzahler steht, stellt diejenige von Gottlieb (1985) dar.

Gottlieb (1985) entwirft dabei ein Modell, bei welchem die Entscheidung des Individuums das Angebot der durch Steuern und Steuerstrafzahlungen finanzierten öffentlichen Güter beeinflusst. Hierbei werden zwei Szenarien unterschieden. Im ersten Szenario nimmt das Individuum die Höhe der angebotenen öffentlichen Güter als gegeben an und vernachlässigt den eigenen direkten Einfluss sowie den der übrigen Individuen auf das Steueraufkommen und damit das Angebot öffentlicher Güter. Im zweiten Szenario wird angenommen, dass das Individuum die direkte Auswirkung sowohl seiner eigenen Einkommensdeklaration sowie die der anderen Individuen auf das Angebot öffentlicher Güter berücksichtigt. Für die Analyse dieses Szenarios sind spieltheoretische Instrumente erforderlich.[178]

Unmöglichkeitstheorem von Arrow hinzuweisen, gemäß dessen keine ideale Möglichkeit der Aggregation individueller zu sozialen Präferenzen existiert, vgl. hierzu bspw. Varian (2011), S. 706 und S. 715 unter Verweis auf Arrow (1963).

175 Vgl. Varian (2011), S. 707-709.

176 Vgl. Schleicher (1971), S. 263-272, für verschiedene Erweiterungen des Modells vgl. S. 272-277. Kritisch zur Verwendung eines spieltheoretischen Modells für die Abbildung der von Schleicher (1971) modellierten Steuerprüfungssituation vgl. Seidl (1974), S. 21 f. Eine Diskussion des spieltheoretischen Ansatzes von Schleicher (1971) findet sich auch bei Diebold (1984), S. 90-93.

177 Andreoni/Erard/Feinstein (1998), S. 831 würdigen die Entwicklung dieser spieltheoretischen und zum Teil auf ein Prinzipal-Agent-Rahmenwerk zurückgreifenden Modelle zwar als „important theoretical advance", führen aber weiter aus, dass diese „rather poor descriptions of real-world tax systems" seien.

178 Vgl. Gottlieb (1985), S. 83.

Das erste Szenario (*competitive case*) von Gottlieb (1985) führt als Novum gegenüber früherer Studien zur Analyse der Steuerentscheidung des Steuerpflichtigen das Angebot eines öffentlichen Gutes ein. Die komparativ-statische Analyse der Parameteränderungen bezüglich Steuersatz, Strafsatz und Entdeckungswahrscheinlichkeit führt jedoch zu den gleichen Ergebnissen wie bei Allingham/Sandmo (1972). In Abhängigkeit von diesen Parametern legt jedes Individuum sein deklariertes Einkommen fest. Unter Isolation erzielen die Individuen damit jeweils ihren optimalen erwarteten Nutzen. Gesellschaftlich betrachtet resultiert hingegen ein Pareto-inferiores Ergebnis. Die Wohlfahrt jedes Individuums kann erhöht werden, indem jedes Individuum den Anteil seines deklarierten Einkommens erhöht. Das daraus resultierende Pareto-Optimum fordert einen bestimmten Anteil deklarierten Einkommens, welcher nicht dem Anteil im (isolierten) Gleichgewichtszustand für das einzelne Individuum entspricht. Daher ist zu erwarten, dass jedes Individuum im Rahmen einer Abmachung vorgeben wird, den Anteil des deklarierten Einkommens zu erhöhen, um andere zu eben jener Erhöhung zu bewegen, jedoch selbst das Einkommen in der ursprünglich optimalen Höhe deklariert.[179]

Im zweiten Szenario (*interdependent case*) sind die Entscheidungen der Individuen voneinander abhängig. Die Situation stellt sich als nicht-kooperatives Nullsummenspiel dar. Jeder Teilnehmer dieses Spiels, d.h. jedes Individuum in der Gesellschaft, will seinen erwarteten Nutzen bzw. seinen Pay-off maximieren. Die Spieler beziehen in ihrer Strategie jeweils den eigenen marginalen Einfluss auf das Angebot öffentlicher Güter in ihre Überlegungen mit ein. Unter bestimmten Bedingungen existiert dabei ein Nash-Gleichgewicht, bei welchem jeder Spieler an seiner optimalen Strategie festhält, da er durch unilaterales Abweichen von seiner Strategie seinen Pay-off nicht verbessern kann.[180] Das resultierende Nash-Gleichgewicht ist jedoch nicht Pareto-effizient. Es kommt zu einer dem Gefangenendilemma[181] ähnlichen Situation: Pareto-Verbesserungen können nur durch eine gemeinsame Erhöhung des deklarierten Einkommens erreicht werden, aber die

179 Vgl. Gottlieb (1985), S. 83-85.

180 Vgl. Gottlieb (1985), S. 85, der sich bezüglich der Annahmen auf Rosen (1965) stützt und diese ergänzend im Anhang erläutert.

181 Das Gefangenendilemma nach Luce/Raiffa (1957) bezieht sich klassischerweise nur auf ein Spiel mit zwei Akteuren. Gottlieb (1984), S. 86 Fn. 5 weist darauf hin, dass ein derartiges Gefangenendilemma mit mehr als zwei Spielern als *isolation paradox* nach Sen (1967) betitelt werden könnte.

von den Spielern getroffene Vereinbarung wird von jedem Spieler in der Hoffnung gebrochen, dass er von den sich an die Abmachung haltenden Spielern profitiert.[182]

Die Standardlösung für ein Gefangenendilemma im Zusammenhang mit öffentlichen Gütern stellt eine staatliche Zwangsdurchsetzung dar, welche in diesem Fall eine Erhöhung der Steuerüberprüfungsrate bedeuten würde.[183] Diese müsste so weit erhöht werden, dass ein Betrug unrentabel wird. Wird von jedem Individuum das Einkommen vollständig deklariert, kommt es nunmehr zu einer Pareto-superioren Lösung. Es wird jedoch gezeigt, dass eine vom utilitaristischen Wohlfahrtsgedanken geprägte Regierung Parameterbedingungen schafft, welche die Steuerhinterziehung aufrechterhalten. Es erscheint allerdings paradox, dass öffentliche Mittel zur Reduzierung von Steuerhinterziehung eingesetzt werden, während die Steuerhinterziehung gleichzeitig befürwortet wird, indem der aus dem Steuerbetrug gezogene Gewinn des Individuums eine positive Gewichtung erfährt. Dies ist als Unzulänglichkeit der utilitaristischen Wohlfahrtsfunktion zu betrachten.[184] Zu beachten ist, dass das Modell von Gottlieb (1985) – wie bereits die Studie von Allingham/Sandmo (1972) und ihre Folgestudien – letztlich nur Steueraggressivität in Form der Steuerhinterziehung betrachtet und sich nicht mit Steuervermeidung auseinandersetzt. Dennoch liefern – auch ohne die explizite Berücksichtigung von Steuervermeidung – die Überlegungen von Gottlieb (1985) insbesondere zum *interdependent case* aufschlussreiche Aspekte, indem die Bedeutung der Wechselwirkungen zwischen dem Verhalten der einzelnen Steuerpflichtigen und die Auswirkungen auf die gesamtgesellschaftliche Wohlfahrt aufgezeigt werden. So schränkt – bei gedanklicher Übertragung auf die Steuervermeidung – auch selbige das Angebot öffentlicher Güter ein. Analog gilt, dass der Steuerpflichtige profitiert, sofern er in stärkerem Maß Steuervermeidung betreibt als die übrigen Individuen bzw. schlechter gestellt ist, wenn die anderen Individuen stärker Steuervermeidung betreiben als er. Insofern besitzt der einzelne Steuerpflichtige stets ein Interesse, starke Steuervermeidung zu betreiben. Allerdings sind bei einer umfänglichen Analyse dieser Situation auch die speziell mit umfangreicher Steuervermeidung einhergehenden Kosten zu beachten.[185]

182 Vgl. Gottlieb (1985), S. 86. Das Brechen der Abmachung durch die jeweiligen Spieler kann allerdings auch durch die Angst begründet werden, dass von den anderen Spielern die Abmachung gebrochen wird, wodurch sie schlechter gestellt würden.

183 Vgl. Gottlieb (1985), S. 86, Holler/Illing (2009), S. 8 f.

184 Vgl. Gottlieb (1985), S. 87 f.

185 Auch an dieser Stelle sei nochmals auf die im Rahmen von Kap. 2.2.2.2 aufgezeigte analytische Studie von Alm (1988) verwiesen, der die Steueraggressivitätsentscheidung

Letztlich repräsentiert ein Steuersystem ein soziales Dilemma, bei welchem die individuellen Interessen mit dem kollektiven Interesse in Konflikt stehen. Für das einzelne, nutzenmaximierende Individuum stellt Abtrünnigkeit die rationale Entscheidung dar. Entscheidet sich jedoch eine Vielzahl von Leuten für dieses Verhalten, resultiert früher oder später eine Situation, in der jeder weniger bekommt, als wenn sich alle zur Kooperation entschlossen hätten. Entschließen sich einzelne Individuen dazu, ihren vollen Steueranteil zu bezahlen, sind diese jedoch in einer schlechteren Situation, da sie das *free rider*-Verhalten anderer „parasitärer" Individuen unterstützen. Mit anderen Worten stellt die Nicht-Kooperation aus einer rein mathematischen und ökonomischen Perspektive heraus die optimale Strategie für das rationale Individuum dar, was jedoch aggregiert zum schlechtesten Ergebnis für die Gemeinschaft und damit letztlich auch für jedes Individuum führt. Daher müssen die Beteiligten, bei Annahme egoistischer Nutzenmaximierung, durch Kontroll- und Sanktionsmechanismen zur Kooperation angehalten werden. Aus einer psychologischen Perspektive heraus gilt es jedoch zu bedenken, dass das Verhalten von Individuen nicht zwingend durch Egoismus, sondern vielfach durch altruistisches Gedankengut geprägt ist.[186]

2.2.3 Erweiterung um den Einfluss sozio-psychologischer Determinanten

Gemäß den Überlegungen analytischer Modelle ist das steueraggressive Verhalten von Individuen, insbesondere in der Ausprägung der Steuerhinterziehung, durch externe Faktoren wie der Wahrscheinlichkeit einer Überprüfung oder der Höhe des Strafsatzes determiniert. Fraglich ist jedoch, inwieweit die im Rahmen analytischer Modelle abgeleiteten Determinanten auch empirisch belegt werden können.

Die ersten empirischen Studien in diesem Kontext wurden dabei von Clotfelter (1983) und Witte/Woodbury (1985) durchgeführt, die sich u.a. auf ein vom US-amerikanischen *Internal Revenue Service* (IRS)[187] zur Verfügung gestelltes Datenset stützen, das ursprünglich im Rahmen des sogenannten *Taxpayer Compliance Measurement Program* (TCMP) aus dem Jahr 1969 erhoben wurde.[188]

---

als Portfolioproblem betrachtet und die mit der Steuervermeidung einhergehenden Steuervermeidungskosten bspw. in Form der Beratungskosten betont.

186 Vgl. Kirchler (2007), S. 103 f.

187 Der IRS ist die Bundessteuerbehörde der USA.

188 Vgl. Dubin/Wilde (1988), S. 62 f.

Darüber hinaus wurden beispielsweise von Spicer/Lundstedt (1976), Friedland/ Maital/Rutenberg (1978), Baldry (1987) und Kirchler/Maciejovsky/Schwarzenberger (2001) Laborexperimente zu den Entscheidungsdeterminanten von Steueraggressivität in der speziellen Form der Steuerhinterziehung durchgeführt.[189] Der abschreckende Einfluss einer verstärkten Steuerüberprüfung scheint durch empirische Studien (unterschiedlicher Methodik) beispielsweise bestätigt werden zu können.[190] In Bezug auf die Auswirkungen der Höhe der Strafe, des Steuersatzes oder des Einkommens sind die Ergebnisse zum Teil strittig.[191] Aber auch wenn für die analytisch prognostizierten Wirkungszusammhänge empirische Indizien gefunden werden, sind die identifizierten externen Faktoren nicht in der Lage, das in der Realität beobachtbare Ausmaß der Steuerhinterziehung zu erklären.[192] Aufgrund dessen sind alternative Ansätze bzw. Erweiterungen dieser Modelle erforderlich, um zusätzliche Einflussfaktoren zu diskutieren.[193]

Ein Erklärungsansatz für die beschriebene Diskrepanz ist in dem Einfluss sozio-psychologischer Faktoren wie der Steuermoral zu sehen.[194] Im deutschen Sprachraum nahm die Berücksichtigung derartiger Faktoren mit der von Günter Schmölders bereits in den frühen 50er Jahren initiierten Fachdisziplin der Finanz- bzw. Steuerpsychologie ihren Ausgang.[195] Diese legte ihren Schwerpunkt auf die Erforschung der Reaktionen der Steuerpflichtigen auf staatliche Fiskalmaßnahmen.[196] Das Konzept der Steuermoral stellt dabei einen zentralen Kernpunkt in

---

189 Für einen Überblick über die Ergebnisse verschiedener experimenteller Untersuchungen vgl. Kirchler/Maciejovsky (2007), S. 207-209.

190 Vgl. Klepper/Nagin (1989), S. 1 f., Wrede (1993), S. 46 f., Kirchler (2007), S. 108-111, jeweils m.w.N.

191 Vgl. Kirchler (2007), S. 108. Nichtsdestotrotz werden bspw. die Ergebnisse von Allingham/Sandmo (1972) von Kolm (1973) verwendet, um verschiedene Implikationen für die optimale Gestaltung von Steuersystemen abzuleiten, wie bspw. der situationsabhängige Einsatz der einzelnen Parameter wie Überführungswahrscheinlichkeit und Strafsatzhöhe, vgl. Kolm (1973), S. 270.

192 Vgl. Körner/Strotmann (2006), S. 18 f.

193 Allerdings ist zu kritisieren, dass in der entsprechenden Forschungsliteratur (wiederum) die Steueraggressivität in der Form der Steuervermeidung, für die, wie bereits in Kap. 2.2.2.1 – Kap. 2.2.2.3 thematisiert, nur sehr begrenzt analytische Studien bestehen, überwiegend vernachlässigt wird.

194 Soziologische und psychologische Faktoren können dabei nicht immer trennscharf abgrenzt werden, es existieren verschiedene Überlappungen und Schnittstellen.

195 Entsprechende Werke stellen bspw. Schmölders (1960) oder Schmölders (1975) dar.

196 Vgl. Brandstätter (1994), S. 213.

der Steuerpsychologie Schmölders dar.[197] Verschiedene Kritikpunkte am neoklassisch ausgerichteten Grundmodell zur Steuerhinterziehung nach Allingham/Sandmo (1972) löste eine teilweise Rückbesinnung auf die Steuerpsychologie Schmölders aus. Für die Analyse des Steuerverhaltens können jedoch beispielsweise auch die *prospect theory* oder bestimmte Ansätze der Soziologie Verwendung finden.[198] Im Folgenden werden daher verschiedene Modelle bzw. Ansätze aus den Disziplinen der Ökonomik, Soziologie und Psychologie vorgestellt, bevor das Konzept der Steuermoral eingehend erläutert wird.

Die bisher vorgestellten ökonomischen Modelle lassen außer Acht, dass sich in der Realität die Reaktion von Individuen, welche der Steueraggressivität in Form der Steuerhinterziehung überführt werden, als unterschiedlich gestaltet. Während manche dieser Individuen ein Gefühl der Erniedrigung empfinden, betrachten andere Individuen hingegen die Steuerhinterziehung als eine Art Herausforderung oder sogar als politisches Statement. Daher werden Individuen der ersten Gruppe im Vergleich zu solchen der zweiten Gruppe weitaus seltener Steuern hinterziehen. Eine Modellierung dieses Umstandes lässt sich mit Hilfe des Ansatzes von Moffin (1982) lösen, der ein ökonomisches Modell des Stigmas von Sozialhilfe entwirft. Somit könnten Individuen dadurch unterschieden werden, wie viel Stigma sie dem durch Steuerhinterziehung erworbenen Einkommen zuweisen.[199] Für die Steueraggressivität in Form der Steuervermeidung dürfte die überwiegende Mehrheit allerdings der zweiten Gruppe (Steueraggressivität als Herausforderung) zugeordnet werden. Allerdings kann, wie die aktuelle Debatte in Bezug auf Unternehmen zeigt, auch Steuervermeidung mit einem Stigma behaftet sein.[200]

Allingham/Sandmo (1972) nehmen in ihrem Modell in einer ergänzenden Teilanalyse Bezug auf das durch Steuerhinterziehung möglicherweise entstehende soziale Stigma und zeigen, dass dies zu einer restriktiveren Bedingung dessen führt, was als optimale Steuerhinterziehung zu betrachten ist. Sandmo (2005) führt in diesem Zusammenhang aus, wie ein durch Steuerhinterziehung hervorgerufenes schlechtes Gewissen als „Antinutzen" in die Nutzenfunktion eingeht. Das Individuum wird vom Steuerentzug abgeschreckt, da der der Steuerhinterziehung zugewiesene negative Wert als eine zusätzliche Strafe fungiert.[201] In einer neoinstitutionenökonomischen Sichtweise, bei welcher Gesetze der formellen Regelung

197 Vgl. Körner/Strotmann (2006), S. 21.
198 Vgl. Franzen (2008a), S. 74 mit Verweis auf Schmölders (1975).
199 Vgl. Skinner/Slemrod (1985), S. 348.
200 Vgl. hierzu bereits in Ausführungen in Kap. 1.1.
201 Vgl. Sandmo (2005), S. 650.

von Zuteilung und Übertragung von Verfügungsrechten dienen, führt die Einhaltung der Steuergesetze aufgrund von (informellen) Wertvorstellungen zu einer Senkung der Transaktionskosten. Diese Transaktionskostenreduktion erklärt sich durch die Verminderung des Aufwands zur Durchsetzung von Steuergesetzen.[202] Die Integration einer Wertvorstellung über das richtige Tun als zusätzliches Argument in die Nutzenfunktion eines Individuums, das in der Gedankenwelt der Neuen Institutionenökonomik ebenfalls als rational handelnd und nutzenmaximierend angesehen wird, gibt jedoch keinen Aufschluss für die Begründung der Existenz einer solchen über den bloßen Eigennutz hinausgehenden Wertvorstellung.[203]

Zur Erklärung und Begründung des Steuerhinterziehungsverhaltens kann prinzipiell auch auf allgemeine soziologische Theorien zu Normübertretungen zurückgegriffen werden.[204] Diese sind für die Steueraggressivität in Form der Steuervermeidung allerdings nur schwerlich geeignet. Die bekanntesten Ansätze stellen die Theorie der differentiellen Kontakte und die Anomietheorie dar. Die erstgenannte Theorie lautet dahingehend, dass eine Gesetzesverletzung dann von einer Person begangen wird, wenn das kriminelle Verhalten von mehr Personen positiv als negativ bewertet wird. Die zweitgenannte Theorie erklärt normabweichendes Verhalten durch ein Spannungsfeld, welches sich aus einem durch kulturelle Werte stimulierten Erfolgsstreben und durch die soziale Schichtstruktur bedingte Beschränkungen der notwendigen Mittel zur Erreichung der Ziele ergibt.[205] Die sozial-psychologische Neutralisierungstheorie unterstellt einem eine Steuerhinterziehung begehenden Individuum, dass dieses nicht zwingend Recht und Gesetz in Frage stellt, sondern die soziale Ordnung im Prinzip anerkennt. In der Folge bedient es sich zur Wahrung seines (eigentlich gesetzestreuen) Selbstbildes verschiedener Neutralisierungstechniken, um die Regelverletzung zu rationalisieren und zu rechtfertigen. Derartige Neutralisierungstechniken können zum Beispiel in der Behauptung der Normalität, d.h. jeder Steuerpflichtige würde Steuern hinterziehen, in der Ablehnung der Verantwortung, d.h. die Steuergesetze seien zu kompliziert, oder auch in der Verleugnung des entstandenen Schadens bestehen.[206]

Herangezogen werden kann auch die von Brehm (1966) entwickelte psychologische Reaktanztheorie. Die psychologische Reaktanz besagt, dass Menschen allgemein motiviert sind, (insbesondere bedrohte oder eingeschränkte) Freiräume zu

202 Zur Neuen Institutionenökonomik vgl. ausführlicher Kap. 2.3.1.
203 Vgl. Körner/Strotmann (2006), S. 22 f.
204 Vgl. Diebold (1984), S. 99, Franzen (2008a), S. 76.
205 Vgl. Diebold (1984), S. 104-108.
206 Vgl. Franzen (2008a), S. 77.

bewahren oder wiederherzustellen. Angewendet auf Steuern als eine Einschränkung der individuellen Handlungsfreiheit kann dieses psychologische Denkmuster Steuerwiderstandstendenzen begünstigen. Verstärkt könnte das Gefühl der Freiheitseinschränkung vor allem bei solchen Berufsgruppen zu beobachten sein, die ihre Steuern mehr oder minder eigenständig abführen, wie Freiberufler oder Unternehmer.[207] Bei unselbstständig Erwerbstätigen erfolgt der Steuerabzug bereits vor Gehaltsauszahlung, womit ein weniger starkes Gefühl der Einschränkung einhergehen dürfte.[208] Auch die subjektiv empfundene Gerechtigkeit und die individuelle Risikoneigung sind bedeutende psychologische Faktoren in Bezug auf einen möglichen Steuerwiderstand.[209] Das Ausmaß der individuellen Risikopräferenz eines Steuerzahlers und damit des Steuerhinterziehungsverhaltens hängt dabei nach den Aussagen der auf Kahneman/Tversky (1979) begründeten *prospect theory* davon ab, ob sich das Individuum in einer Gewinn- oder Verlustsituation befindet, was v.a. im Rahmen von Experimenten nachgewiesen werden konnte.[210] Von Vertretern der Verhaltensökonomik wird generell eine segmentierte Betrachtung des menschlichen Verhaltens in Bezug auf den Informationsstand und das Wertesystem des Entscheidenden gefordert, was wertvolle Hinweise für die Erklärung des Steuerzahlerverhaltens bietet.[211] In einer Vielzahl von Studien gewinnt dabei insbesondere das Konzept der Steuermoral als zu berücksichtigende Determinante an Bedeutung.[212]

Die Steuermoral kann mit Hilfe des psychologischen Konzepts der intrinsischen Motivation begründet und definiert werden.[213] Auf der aggregierten Gesellschaftsebene impliziert Steuermoral die kollektive intrinsische Motivation zur Steuerbefolgung,[214] wobei Steueraggressivität in Form der Steuervermeidung durch ihre

---

207 Dies ist auf die Ausgestaltung des deutschen bzw. österreichischen Steuersystems bezogen.

208 Vgl. Kirchler/Maciejovsky (2007), S. 219.

209 Vgl. Kirchler/Maciejovsky (2007), S. 221 und 224.

210 Vgl. Körner/Strotmann (2006), S. 124 f. m.w.N. zur empirischen Evidenz.

211 Vgl. Körner/Strotmann (2006), S. 121 f. m.w.N.

212 Vgl. Schmidtchen (1994), S. 187 m.w.N. Für einen (nicht abschließenden) Überblick der sich mit Steuermoral auseinandersetzenden Studien und verschiedener darin verwendeter Definitionen vgl. auch Kirchler (2007), S. 99-102.

213 Vgl. u.a. Frey (1997), S. 17, Alm/Torgler (2006), S. 225, Torgler (2006), S. 82.

214 Vgl. Kirchler (2007), S. 99. Weniger auf eine intrinsische Motivation als mehr auf das Pflichtgefühl abstellend Schmölders (1960), S. 97 f., welcher Steuermoral als die „Einstellung (Attitüde) einer Gruppe oder der Gesamtheit der Steuerpflichtigen zur Frage der Erfüllung oder Vernachlässigung ihrer steuerlichen Pflichten" definiert. Orviska/Hudson (2002) verknüpfen das Konzept der Steuermoral mit dem Konzept der Bürgerpflicht. Daraus folgt, dass Bürger, auch wenn das Steuersystem eine Nichterfüllung

Legalität bereits per se als Steuerbefolgung anzusehen ist. Dennoch mag nicht nur das Ausmaß der Steuerhinterziehung durch den Grad der Steuermoral mitbestimmt werden, sondern auch das Ausmaß der Steuervermeidung, indem die Steuermoral als Idee des Leistens eines angemessenen Beitrags für die Gesellschaft bei den Steuerpflichtigen verankert ist. Zu beachten ist jedoch, dass Steuermoral im Hinblick auf ihre Motivation zur Steuerbefolgung und die tatsächlich geübte Steuerdisziplin nicht immer miteinander einhergehen, da die Steuerdisziplin von den durch die jeweilige Steuertechnik gegebenen Freiräumen abhängt. So kann beispielsweise eine niedrige Steuermoral gleichwohl eine hohe Steuerdisziplin mit sich bringen, sofern die Möglichkeiten zur Steuerhinterziehung stark begrenzt sind.[215] Die empirische Messung von Steuermoral gestaltet sich naturgemäß als schwierig, jedoch existieren nichtsdestotrotz verschiedene empirische Erhebungen.[216] Als Messmethoden werden hierbei sowohl kognitive als auch verhaltensorientierte Methoden angewendet.[217] Bei einem Vergleich dieser Studien ist notwendigerweise die jeweils zu Grunde liegende Definition der Steuermoral zu beachten. Auch die Determinanten der Steuermoral selbst werden empirisch untersucht.[218]

---

zulässt, sich gesetzestreu verhalten und somit ihre Verantwortung erfüllen. Ihr Verhalten wird nicht extern durch Überprüfungen und Sanktionen gesteuert, sondern durch ihre eigene Sorge um die Gesellschaft, vgl. hierzu auch Kirchler (2007), S. 100.

215 Vgl. Schmölders (1960), S. 110. Eine ähnliche Sicht findet sich bei Elffers (2000), der das dreistufige Modell WBAD (*willing – being able – daring*) entwirft. Nach diesem Modell erfolgt die Steuerhinterziehungsentscheidung erst auf der dritten Stufe (*daring*), indem die unterste Stufe die psychologisch-moralische Schwelle bildet (*willing*), die zweite Stufe in den tatsächlichen Möglichkeiten für steueraggressives Verhalten besteht (*being able*) und die dritte Stufe – wenn die beiden anderen erklommen wurden – schließlich das Terrain für ein rationale Entscheidungsmodell bildet, vgl. insbesondere Elffers (2000), S. 186-188.

216 Vgl. bspw. Körner/Strotmann (2006), die auf Basis von *World Values Survey*-Daten u.a. einen Steuermoral-Index für die OECD-Länder errechnen. Auch bietet bereits Schmölders (1960) verschiedene Ergebnisse damalig durchgeführter Erhebungen zur Steuermoral.

217 Vgl. Körner/Strotmann (2006), S. 24, v.a. mit einer schaubildartigen Übersicht zu den verschiedenen Methoden der Messung von Einstellungen dargestellt nach Chaiken/Eagly (1993), S. 3.

218 Vgl. u.a. Torgler (2006), der bspw. Religion als potentielle Determinante der als intrinsische Motivation definierten Steuermoral mit Hilfe von *World Values Survey*-Daten aus 30 Ländern analysiert und Anhaltspunkte dafür findet, dass Religiosität die Steuermoral erhöht. Grundsätzlich scheint auch eine als hoch wahrgenommene Steuergerechtigkeit die Einstellung zur Steuer positiv zu beeinflussen, vgl. Franzen (2008b), S. 98 m.w.N.

Der Einbezug von Steuermoral kann jene Diskrepanz erklären, welche zwischen der Höhe der von theoretischen Studien vorhergesagten und der tatsächlichen *non-compliance*-Rate besteht. Die meisten Studien behandeln Steuermoral jedoch als *black box* ohne Überlegungen zur Entstehung oder auch zum Erhalt von Steuermoral. Für gewöhnlich wird die Steuermoral dabei als Teil der Meta-Präferenzen der Steuerzahler wahrgenommen und als das Residuum benutzt, welches die unbekannten Einflüsse auf die Steuerhinterziehung erfasst.[219] Im ökonomischen Standardmodell zur Steuerhinterziehung wird die Steuerhinterziehung (bzw. im Gegenstück die Steuerehrlichkeit) durch monetäre Konsequenzen exogen bestimmt, wobei das in diesen Studien postulierte Steuerhinterziehungsverhalten, wie zu Anfang dieses Kapitels erläutert, die tatsächlichen Verhältnisse überschätzt.[220] Auf diese Diskrepanz wird in der Literatur häufig mit dem Ausdruck „Steuerzahlerrätsel" Bezug genommen.[221] Die empirisch festgestellte hohe *compliance*-Rate kann durch die Existenz von Steuermoral erklärt werden. Zugleich kann die fallende Steuerehrlichkeit mittels der Erosion der Steuermoral begründet werden.[222] Richardson (2006) findet in einer empirischen *cross-country*-Analyse mit Daten aus 45 Ländern Hinweise, dass die Höhe der Steuermoral eine signifikante Determinante des Ausmaßes von Steuerhinterziehung darstellt. Als Primärdeterminante wird ferner die Komplexität des Steuersystems festgestellt.[223]

Die empirische Studie von Alstadsæter/Jacob (2013) widmet sich gezielt den Determinanten von Steueraggressivität in Form der Steuervermeidung und untersucht die Gründe für die bestehende Heterogenität in der Steuervermeidung zwischen Individuen. Die Autoren argumentieren, dass drei Bedingungen erfülllt sein

---

219 Vgl. Feld/Frey (2002), S. 88 f.

220 Vgl. Kirchler/Maciejovsky S. 206 f. Beachte in diesem Zusammenhang Kirchler (2007), S. 107: „Empirical research consistently shows that the rational model is not working as neoclassical economics had intended." Weniger radikal Andreoni/Erard/Feinstein (1998), S. 855, die jedoch eine Berücksichtigung psychologischer, moralischer und sozialer Einflussfaktoren in Modellen zur Erklärung von Steuerhinterziehung (bzw. Steuerehrlichkeit) fordern. Slemrod (2003), S. 56 führt an, dass die durchschnittliche Überprüfungsrate in den USA weniger als zwei Prozent beträgt und somit „[w]ith that probability of evasion being detected, and with the penalty rates in effect, what we know about the degree of risk aversion from other contexts suggests that compliance should be much, much lower than it apparently is."

221 Vgl. bspw. Körner/Strotmann (2006), S. 7.

222 Vgl. Feld/Frey (2002), S. 88 Fn. 5 m.w.N.

223 Vgl. Richardson (2006), S. 164.

müssen, damit Individuen sich in entsprechenden Aktivitäten engagieren: erstens muss das Individuum einen Anreiz hierfür besitzen, zweitens benötigt es Zugang zu Steuerreduktionsstrategien und drittens ein Bewusstsein für das Steuergesetz.[224] Dabei stützen sie sich in der Ableitung dieser drei Faktoren auf verschiedene analytische oder empirische Studien, die einen Beitrag zur Erklärung steueraggressiver Aktivitäten leisten. Dabei ziehen sie nicht nur Studien zur Steuervermeidung heran, sondern vielfach auch zur Steuerhinterziehung. Die auf diese Weise hergeleiteten drei Bedingungen sollen kurz näher ausgeführt werden.

Einen Anreiz zur Steuervermeidung sehen Alstadsæter/Jacob (2013) dann als gegeben an, wenn der Nutzen die hierbei entstehenden Kosten übersteigt. Die Kosten können sowohl in monetärer Form wie beispielsweise in Steuerberatungskosten bestehen, aber auch nicht-monetäre Kosten wie steuermoralische Bedenken beinhalten. Der Nutzen ergibt sich aus der erwarteten Reduktion der Steuerzahlungen und damit der Erhöhung des verwendbaren Einkommens. Als zweiter Faktor für die Steuervermeidung ist der Zugang zu entsprechenden Steuerreduktionsmöglichkeiten im Grundsatz eingängig. Sind entsprechende Möglichkeiten nicht gegeben, kann sich das Individuum bemühen, diese zu begründen, was allerdings wiederum mit Kosten verbunden ist. Die Abhängigkeit der Steuervermeidung vom Bewusstsein für das Steuergesetz als dritter Faktor wird von Alstadsæter/Jacob (2013) in drei Unterbedingungen aufgespalten. Die erste Unterbedingung bezieht sich auf die Offensichtlichkeit der Steuerzahlungen. Wird beispielsweise die Steuer vom Arbeitgeber oder von Banken direkt abgeführt, ist sich das Individuum möglicherweise nicht bewusst, wie viel Steuern es tatsächlich entrichtet, weshalb es sich nicht des Anreizes zur Steueraggressivität bewusst ist. Als zweite Unterbedingung wird der Zugang zu Informationen über das Steuersystem angeführt, als dritte die Fähigkeit der Individuen, diese Informationen zu verarbeiten.[225]

Alstadsæter/Jacob (2013) führen ihre empirische Analyse unter Verwendung eines umfangreichen schwedischen Paneldatensatzes durch, bei welchem auf Basis der spezifischen Gegebenheiten des schwedischen Steuersystems drei Steuervermeidungsstrategien herangezogen werden.[226] Hierbei analysieren sie, inwieweit die drei erörterten Faktoren (gegebener Anreiz, Zugang zu Steuerreduktionsstrategien, Bewusstsein für das Steuergesetz), für die verschiedene

224 Vgl. Alstadsæter/Jacob (2013), S. 6.

225 Vgl. Alstadsæter/Jacob (2013), S. 6-8 m.w.N.

226 Vgl. dazu Alstadsæter/Jacob (2013), S. 9-12 und S. 14 f., speziell zum Datensatz vgl. Alstadsæter/Jacob (2013), S. 12-14.

Proxies entwickelt und eingesetzt werden, Heterogenität in der Steuervermeidung erklären. Der gegebene Anreiz wird mit Hilfe einer einfachen Dummy-Variable abgebildet, die den Wert eins annimmt, falls das Individuum einem Steuersatz von 20% im Vorjahr unterlag.[227] Als Proxy für den Zugang zu Steuerreduktionsstrategien werden drei Dummy-Variablen verwendet, die sich darauf beziehen, ob es sich um einen Berater, einen im Rechnungswesen (das auch Prüfung oder Steuerberatung einbezieht) Tätigen oder aber einen Angestellten des öffentlichen Dienstes handelt. Hierbei wird argumentiert, dass Berater oder die im Rechnungswesen Tätigen die Möglichkeit besitzen, mit ihrem Arbeitgeber zu kooperieren, damit das Gehalt nicht (vollständig) als Lohn ausgezahlt wird, welcher einem progressiven Steuersatz unterliegt, sondern beispielsweise (zum Teil) über zwischengeschaltete Unternehmen als (einem proportionalen Steuersatz unterliegende) Kapitaleinkünfte. Ein Angestellter im öffentlichen Dienst habe hingegen nur wenig Aussicht auf entsprechende Kooperationsmöglichkeiten mit seinem staatlichen Arbeitgeber. Im Bereich des dritten Faktors (Bewusstsein für das Steuergesetz) werden diverse demographische Variablen eingesetzt wie Alter des Steuerzahlers, Geschlecht, Familienstand, Art und Höhe der Ausbildung sowie ob das Individuum in Schweden geboren und damit tendenziell Muttersprachler ist.[228] Inwieweit die einzelnen Proxies die gewünschten Effekte tatsächlich abbilden können, ist indes mit einer kritischen Distanz zu betrachten.

Letztlich dokumentieren die Autoren zum einen, dass in Bezug auf die drei erörterten Faktoren zwischen den Individuen eine deutliche Heterogenität herrscht. Zum anderen zeigen sie, dass der Steuersatz (als Proxy für bestehende Anreize) einen starken positiven Effekt auf die Partizipation in Steuervermeidung aufweist. Ferner wirken sich gemäß den Ergebnissen ein betriebswirtschaftlicher Studienabschluss und das Alter positiv auf die Steuervermeidung aus. In Bezug auf das Geschlecht stellen die Autoren fest, dass sich Frauen weniger wahrscheinlich in Steuervermeidung engagieren.[229]

Die US-amerikanische Studie von Boone/Khurana/Raman (2013) ist ebenfalls steuervermeidungsorientiert und untersucht speziell den Einfluss von

227 Das schwedische Steuersystem sieht eine Einkommensschwelle für Bundessteuern vor. Liegt das Individuum unter dieser Schwelle, muss es lediglich Gemeindesteuern entrichten. Der Steuersatz von 20% stellt den Eingangssteuersatz auf Bundessteuerebene dar, vgl. Alstadsæter/Jacob (2013), S. 15.

228 Vgl. Alstadsæter/Jacob (2013), S. 15-18.

229 Vgl. Alstadsæter/Jacob (2013), S. 18-30.

Religiosität, die beispielsweise von Torgler (2006) als einer der Treiber der Steuermoral gesehen wird,[230] auf ein entsprechendes Steueraggressivitätsverhalten.[231] Boone/Khurana/Raman (2013) führen hierfür eine empirische Analyse individueller Steuervermeidungsaktivitäten auf *county*-Ebene durch. Dabei stützen sie sich auf einen Datensatz, der sowohl Daten der US-Bundessteuerbehörde als auch solche aus der jährlichen, durch das *US Census Bureau* durchgeführten *American Community Survey* enthält. Dies ermöglicht einen Vergleich zwischen dem von den Individuen eines *county* an die US-Bundessteuerbehörde erklärten aggregierten Einkommen und dem durch die Statistikbehörde ermittelten aggregierten Einkommens. Die Differenz wird als Maßgröße für die Steuervermeidung dieses *county* verwendet.[232] Als Maßgröße für die Religiosität wird derjenige Anteil der Bevölkerung des *county* herangezogen, der sich dazu bekennt, mit einer bestimmten Religion affiliiert zu sein. Hierfür werden Daten der mittels Umfragen durchgeführten *Religious Congregations and Membership Study* herangezogen. Zudem implementieren die Autoren in ihrem Regressionsmodell verschiedene demographische Kontrollvariablen wie beispielsweise Alter, Familienstand, Bildung u.a.[233] Die Regressionsergebnisse deuten an, dass Religiosität einen steuervermeidungsmindernden Einfluss ausübt. In einer zusätzlichen Analyse können die Autoren zudem zeigen, dass Katholiken sich weniger wahrscheinlich in Steuervermeidung engagieren als Protestanten.[234] Allerdings ist anzumerken, dass die verwendete Maßgröße für Steuervermeidung dafür anfällig ist, nicht nur Steuervermeidung, sondern auch Steuerhinterziehung einzufangen.

Letztlich kann festgehalten werden, dass sozio-psychologische Faktoren eine nicht unerhebliche Bedeutung hinsichtlich des Einflusses auf die individuelle Steueraggressivität aufweisen und sich hierbei sowohl im Bereich der Steuervermeidung als auch der Steuerhinterziehung auswirken.

---

230 Vgl. hierzu Fn. 218.

231 Hierbei wird nicht nur individuelles Verhalten untersucht, sondern (gesondert) auch dasjenige von Unternehmen. An dieser Stelle wird jedoch lediglich der Teil der Studie, der sich mit Individuen befasst, erörtert und der sich mit unternehmerischer Steueraggressivität auseinandersetzende Part im Rahmen von Kap. 3.5.3.3 diskutiert.

232 Eine zweite Maßgröße basiert speziell auf dem Gehaltseinkommen, wird jedoch auf dieselbe Weise ermittelt, vgl. Boone/Khurana/Raman (2013), S. 73.

233 Vgl. Boone/Khurana/Raman (2013), S. 67-73.

234 Vgl. Boone/Khurana/Raman (2013), S. 75.

2.3 Konzeptionelle Fundierung unternehmerischer Steueraggressivität

2.3.1 Neoinstitutionenökonomische Betrachtung von Unternehmen

2.3.1.1 Unternehmen als Vertragsgeflecht

Bevor die Steueraggressivität von Unternehmen diskutiert werden kann, sind zunächst einige grundsätzliche Überlegungen zur Theorie der Unternehmung anzustellen. Paradigmatisch wird hierfür der Neuen Institutionenökonomik gefolgt, welche die Defizite der neoklassischen Theorie, im Rahmen derer die Unternehmung als „black box“[235] behandelt wird, überwindet.[236]

Während in neoklassischen Ansätzen der Schwerpunkt auf die Allokationseffizienz gelegt wird und Institutionen praktisch keine Bedeutung finden,[237] fußt die Neue Institutionenökonomik dagegen auf zwei zentralen Annahmen: „(i) institutions do matter, (ii) the determinants of institutions are susceptible to analysis by the tools of economic theory.“[238] Folglich kann als zentraler Forschungsgegenstand der Neuen Institutionenökonomik die ökonomische Analyse von Institutionen identifiziert werden, die als System von Regeln bzw. Normen einschließlich ihrer Durchsetzungsmechanismen definiert werden, obgleich das Forschungsprogramm der Neuen Institutionenökonomik eine Vielzahl von Forschungszweigen aufweist.[239] Dennoch können – nach herrschender Meinung – drei grundlegende Teilrichtungen genannt werden: *property rights*-Theorie, Transaktionskostentheorie und Prinzipal-Agent-Theorie.[240]

Gemein ist diesen Strömungen, dass sie Erklärungsansätze suchen, weshalb der klassische Austausch auf Märkten durch komplexere Vertragsformen ersetzt wird.[241] Für diese Abweichung wird für gewöhnlich auf eine Begründung

---

235 Jensen/Meckling (1976), S. 306.

236 Für die Neue Institutionenökonomik bilden dabei die Überlegungen von Coase (1937) einen wichtigen Ausgangspunkt, indem dieser hinterfragt und diskutiert, was ein Unternehmen ist und warum es Unternehmen gibt.

237 Vgl. bspw. Richter/Furubotn (2010), S. 1.

238 Matthews (1986), S. 903.

239 Vgl. Erlei (1998), S. 25. Als Beispiele für Institutionen können Gesetze, Verträge oder informelle soziale Normen angeführt werden, vgl. Erlei (1998), S. 25 Fn. 2.

240 Vgl. bspw. Picot/Dietl/Franck/Fiedler/Royer (2012), S. 57. Uneinigkeit besteht jedoch dahingehend, wie sich diese drei Ansätze zueinander verhalten, vgl. Göbel (2002), S. 60.

241 Vgl. Williamson (1985), S. 23.

basierend auf Effizienzzwecken zurückgegriffen.[242] Hierbei gilt es jedoch zwischen Ansätzen zur Angleichung von Anreizen (*incentive alignment*) einerseits, in deren Zentrum die ex ante Vertragsgestaltung steht, und solchen, die Bedeutung von Transaktionskosten betonenden Ansätzen anderseits zu differenzieren. Die Literatur zum *incentive alignment* teilt sich dabei in den *property rights*-Ansatz und in den Zweig der Agenturliteratur. Die Agenturliteratur wird üblicherweise nochmals in zwei Subbereiche differenziert,[243] für die Jensen (1983) zum einen den Begriff der positiven Agenturtheorie verwendet und zum anderen den Terminus der Prinzipal-Agent-Theorie vorschlägt, der sich auf die mehr formalorientierten Ansätze bezieht.[244] Für den formalorientierten Teil der Literatur wird auch der Begriff der normativen Prinzipal-Agent-Theorie verwendet, welcher dem stärker empirisch orientierten positiven Prinzipal-Agent-Ansatz (in der Terminologie von Jensen: der Agenturtheorie) gegenübersteht.[245] In der vorliegenden Arbeit wird der Terminus Prinzipal-Agent-Theorie übergreifend verwendet. Die Literatur im Bereich der Verfügungsrechte (*property rights*) stellt die Bedeutung des Eigentums heraus, wobei das Recht auf Eigentum an einem Gut die folgenden Einzelrechte umfasst: das Recht auf Nutzung des Gutes, das Recht, sich entstandene Gewinne anzueignen und das Recht, die Form bzw. Substanz dieses Gutes zu verändern.[246] Auch das Recht, aller oder einzelner Rechte daran nach Belieben zu übertragen, ist als Teil des Rechts des Eigentums hinzuzählen.[247]

Als Eigentümer eines Unternehmens ist folglich derjenige zu verstehen, welcher – durch eine Rechtsordnung geschützt – bestimmte subjektive Rechte in Form des Kontrollrechts über das Unternehmen, des Rechts, die Residualeinkünfte zu

---

242 Alternativ existiert auch die sogenannte Monopolbegründung, vgl. Williamson (1985), S. 23-26.

243 Vgl. Williamson (1985), S. 26 f.

244 Vgl. Jensen (1983), S. 334. Eine Gegenüberstellung unter einschlägigen Literaturverweisen bietet Eisenhardt (1989), S. 59-63.

245 Vgl. Richter/Furubotn (2010), S. 176. Nach Richter/Bindseil (1995), S. 324 f. zählt zur Neuen Institutionenökonomik allerdings nur der positive Flügel der Agenturliteratur, nicht hingegen der normative.

246 Vgl. Furubotn/Pejovich (1974), S. 4. Die *property rights*-Theorie spricht von einer „Verdünnung von Verfügungsrechten", wenn das Ausmaß ausübbarer Rechte eingeschränkt wird, indem entweder die Rechte nicht alle dem gleichen Akteur zugeordnet werden oder, in einer zweiten Dimension, die zugeordneten Rechte gleichzeitig auf mehrere Personen verteilt sind, vgl. bspw. Picot/Dietl/Franck/Fiedler/Royer (2012), S. 58.

247 Vgl. Richter/Furubotn (2010), S. 90. Damit hängt der Wert jeden gehandelten Gutes ceteris paribus von der Ausgestaltung der mit diesem Gut verbundenen Verfügungsrechte ab, vgl. Furubotn/Pejovich (1972), S. 1139.

vereinnahmen sowie des Rechts, die beiden erstgenannten Rechte an andere zu übertragen, an diesem Unternehmen besitzt.[248] Ein Unternehmen an sich ist nach Jensen/Meckling (1976) charakterisiert als „legal fiction which serves as a nexus for contracting relationships and which is also characterized by the existence of divisible residual claims on the assets and cash flows of the organization which can generally be sold without permission of the other contracting individuals."[249] Hervorzuheben ist die Sichtweise der Unternehmung als Rechtsfiktion, die als solche keine eigene Motivation oder Intention aufweist, sondern vielmehr als Knotenpunkt für den komplexen Prozess der Gleichgewichtsbildung konfligierender Ziele von Individuen innerhalb eines Vertragsgeflechts dient. Das „Verhalten einer Unternehmung" kann somit – analog zum „Verhalten des Marktes" – als das Ergebnis eines Gleichgewichtsprozesses betrachtet werden.[250] Die Verwerfung des „Kollektivgedankens" einer Unternehmung bzw. jedweder Organisation entspringt dabei dem insbesondere von Schumpeter (1908) begründeten methodologischen Individualismus, der fordert, „da[ss] man bei der Beschreibung gewisser wirtschaftlicher Vorgänge von dem Handeln der Individuen ausgehe."[251] Zur Erklärung bzw. zur Vorhersage des individuellen Verhaltens bietet sich jenes ökonomische Vorgehen an, welches auf der einfachen Prämisse basiert, dass Individuen die Kosten und Nutzen einer Handlung abwägen und sich dann für eine Handlung entscheiden, wenn der Nutzen die Kosten übersteigt.[252]

2.3.1.2 Agency-Problematik der Unternehmenseigner-Manager-Beziehung

Nach Fama/Jensen (1983a) stellen in einem Unternehmen die zentralen Verträge jene Kontrakte dar, welche die Residualansprüche sowie das Entscheidungsmanagement und die Entscheidungskontrolle im Entscheidungsprozess regeln.[253] Hierbei stellt das den Residualanprüchen zu Grunde liegende Residualeinkommen

248 Vgl. Richter/Furubotn (2010), S. 428.

249 Jensen/Meckling (1976), S. 311.

250 Vgl. Jensen/Meckling (1976), S. 311.

251 Schumpeter (1908, 1970), S. 90 f. Zum Prinzip des methodologischen Individualismus vgl. bspw. auch Richter (1990), S. 573, Erlei/Leschke/Sauerland (2007), S. 6, Richter/Furubotn (2010), S. 3.

252 Vgl. Watts/Zimmermann (1990), S. 147. Eine Identifikation der Kosten und Nutzen, welche mit solchen der Steueraggressivität dienenden Handlungen verbunden sind, findet sich in Kap. 3.3.

253 Vgl. Fama/Jensen (1983a), S. 302-304.

jenes nach Befriedigung aller Kontrakteinkommen verbleibende Einkommen dar.[254] Eine Publikumsgesellschaft ist dadurch gekennzeichnet, dass die Residualansprüche frei handelbar sind. Hierbei müssen die Aktionäre zudem keine Entscheidungsfunktion übernehmen.[255] Eine Übertragung von Koordinationsrechten ist jedoch, wie im Folgenden erläutert wird, nicht unproblematisch.

Wird von den Eigentümern (in ihrer Gesamtheit der Prinzipal) eine andere Person (Agent) engagiert, um in ihrem Auftrag unter Übertragung von Entscheidungsgewalt im Sinne der Unternehmensleitung tätig zu sein, entsteht die sogenannte *agency*-Beziehung.[256] Da die Annahme zu Grunde liegt, dass die beteiligten Individuen stets versuchen, ihren eigenen Nutzen zu maximieren,[257] treten im Rahmen einer solchen *agency*-Beziehung Probleme auf, sofern keine Konvergenz zwischen den Zielen des Prinzipals und des Agenten besteht und der Prinzipal bei asymmetrischer Informationsverteilung nur schwer bzw. nur unter Kosten die tatsächliche Tätigkeit des Agenten nachprüfen kann.[258] Ist der Agent, i.e. der Manager des Unternehmens, nicht ebenfalls Eigentümer des Unternehmens, so kann es zu derartigen Interessenkonflikten kommen.[259] Diese beruhen auf der unterschiedlichen Verteilung von Verfügungsrechten, indem ausschließlich der Prinzipal die Residualansprüche hält, der Agent jedoch die ihm übertragene Entscheidungsgewalt in Form der Unternehmensleitung besitzt. Hieraus resultiert für den Prinzipal das Interesse an einer Maximierung des Unternehmenswertes und damit des Wertes seiner Residualansprüche, wohingegen der Manager, der keine Residualansprüche hält, als unternehmensinterner Entscheider anderweitige Zugriffsmöglichkeiten zur Nutzenziehung besitzt und somit möglicherweise Handlungsweisen vollzieht, die einen Eigenwert für ihn, aber nicht zwingend für den Prinzipal besitzen.[260]

Jensen/Meckling (1976) führen in diese Problematik ein, indem sie das Verhalten eines Eigentümer-Managers, der zunächst 100% der Residualansprüche an einem Unternehmen hält, dessen Verhalten nach Verkauf (gewisser Anteile) der Residualansprüche gegenüberstellen. Der Eigentümer-Manager wird mit

254 Vgl. bspw. Neus (2009), S. 155.

255 Vgl. Fama/Jensen (1983b), S. 328.

256 Vgl. Jensen/Meckling (1976), S. 308. Ähnlich eine *agency*-Beziehung definierend vgl. auch schon Ross (1973), S. 134.

257 Vgl. dazu u.a. Jost (2001), S. 15, Richter/Furubotn (2010), S. 3.

258 Vgl. Eisenhardt (1989), S. 58 m.w.N. Hierzu auch Fama/Jensen (1983b), S. 327: „Agency problems arise because contracts are not costlessly written and enforced."

259 Vgl. Monsen/Downs (1965), S. 222.

260 Vgl. bspw. Picot/Dietl/Franck/Fiedler/Royer (2012), S. 330 f.

sinkender Beteiligung einen größeren Anreiz erhalten, Ressourcen des Unternehmens in Form sogenannter nicht-pekuniärer Leistungen zu verbrauchen, da ihn die resultierende Gewinnschmälerung nur in Höhe seiner prozentualen Beteiligung trifft. Derlei Aktivitäten können durch die externen Unternehmenseigner mittels auf Überwachungstätigkeiten verwendeter Ressourcen zwar eingeschränkt, jedoch nicht vollständig eliminiert werden. Indem vorausschauende Anteilseigner jedoch das Verhalten des Managers antizipieren, spiegelt der von diesen bezahlte Preis für ihre Anteile die Überwachungskosten und den Interessenkonflikt wider. Der Manager wird die durch den Preisverfall entstehenden Kosten dennoch so lange in Kauf nehmen, solange der Wohlfahrtszuwachs, den er durch Wechsel seiner Residualansprüche in allgemeine Kaufkraft erhält, groß genug ist, um diese Kosten zu kompensieren. Mit fallendem Eigentumsanteil des Managers sinkt dessen anteiliger Anspruch auf das Unternehmensergebnis, was ihn wiederum bestärkt, noch mehr Ressourcen des Unternehmens in Form nicht-pekuniärer Leistungen abzuschöpfen. Diese Reaktion veranlasst wiederum die übrigen Anteilseigner zu höheren Ausgaben für intensivere Überwachungsaktivitäten. Diese Zusammenhänge haben zur Folge, dass die Kosten für den Eigentümer-Manager für die Beschaffung von Eigenkapital mit dem Sinken seines Eigentumsanteils steigen. Darüber hinaus vermindert sich mit sinkendem Anteil des Eigentümer-Managers dessen Anreiz, sich beispielsweise in der Suche nach neuen, profitablen Projekten zu engagieren, da diese mit großen Aufwand und folglich persönlichen Kosten („Arbeitsleid“) für den Manager verbunden ist. Hierdurch liegt der Unternehmenswert möglicherweise unter dem Wert, der eigentlich erreicht werden könnte.[261]

Je nach Aufteilung der Residualansprüche und der Unternehmensleitung ist zwischen *owner-managed firms*, d.h. Unternehmen, bei welchen die Manager eine maßgebliche Beteiligung am Unternehmen besitzen, und *managerial firms*, d.h. von Berufsmanagern geleitete Unternehmen, zu unterscheiden.[262] In einer deutschen Aktiengesellschaft (AG) wird gemäß § 76 Abs. 1 AktG die Unternehmensleitung dem Vorstand übertragen.[263] Da die AG neben der Kommanditgesellschaft auf Aktien (KGaA) die einzige Unternehmensform ist, für deren Beteiligungstitel die Börsennotierung möglich, wenngleich nicht verpflichtend ist, wird diese als Idealtyp der Publikumsgesellschaft betrachtet.[264] Bei der Gesellschaft mit beschränkter

261 Vgl. Jensen/Meckling (1976), S. 312 f. sowie für eine formale Darstellung S. 313-319.

262 Vgl. Monsen/Downs (1965), S. 223.

263 „Der Vorstand hat unter eigener Verantwortung die Gesellschaft zu leiten.“

264 Vgl. Neus (2009), S. 163. Daneben existiert in Deutschland auch die Publikums-KG als personengesellschaftsrechtliche Publikumsgesellschaft, vgl. bspw. Hopt (2012), Rz. 52-58.

Haftung (GmbH) tragen die Unternehmensleitung ein bzw. mehrere zu bestimmende Geschäftsführer (§ 6 Abs. 1 GmbHG), die jedoch auch Gesellschafter sein können (§ 6 Abs. 3 GmbHG). Von der Unternehmensleitung zu differenzieren ist das Kontrollrecht, welches im Fall der GmbH gemäß § 52 GmbHG in einem Aufsichtsrat besteht, sofern die Bestellung eines solchen im Gesellschaftsvertrag geregelt ist. Im Rahmen einer AG ist zur Überwachung der Geschäftsführung stets ein Aufsichtsrat zu bestellen (§ 111 Abs. 1 AktG), welcher zudem die Entscheidungsbefugnis über die Bestellung des Vorstands (§ 84 Abs. 1 AktG) und die Festlegung von dessen Bezügen besitzt (§ 87 Abs. 1 AktG). Darüber hinaus besteht das Organ der Hauptversammlung, das den Aktionären den Rahmen für die Ausübung ihrer Eigentumsrechte bietet (§ 118 Abs. 1 AktG), welche u.a. die Bestellung der Mitglieder des Aufsichtsrates (§ 119 Abs. 1 Nr. 1 AktG), die Verwendung des Bilanzgewinns (§ 119 Abs. 1 Nr. 2 AktG), Maßnahmen der Kapitelbeschaffung bzw. -herabsetzung (§ 119 Abs. 1 Nr. 6 AktG) oder die Entlastung der Mitglieder des Aufsichtsrates und des Vorstandes (§ 119 Abs. 1 Nr. 3 AktG) umfasst.

Berle/Means (1932, 1968) identifizierten bereits zu Beginn der 30er Jahre des letzten Jahrhunderts für US-Unternehmen ein zunehmendes Auseinanderfallen von Eigentum und Unternehmensleitung.[265] Im Fall der Trennung von *ownership and control*[266] vermindern die sogenannten Vertretungskosten (auch Agenturkosten), die aus den divergierenden Interessen der Manager und Eigentümer resultieren, die Residualeinkünfte der Eigentümer.[267] Zu den Agenturkosten zählen die Ausgaben für die Überwachung und Kontrolle des Agenten und der residuale Verlust, welcher auf der Divergenz zwischen den die Wohlfahrt des Prinzipals maximierenden Entscheidungen und den durch den Agenten tatsächlich getroffenen Entscheidungen basiert. Auf Seiten des Agenten können ebenfalls Agenturkosten entstehen, die sich aus den „Kautionsausgaben“ (auch Bindungskosten) zusammensetzen, die dieser gegebenfalls tätigen muss, um zu versichern, dass er keine Handlungen unternehmen wird, die den Prinzipal schädigen bzw. falls er diese unternimmt, der Prinzipal entschädigt werden muss.[268]

---

265 Vgl. Berle/Means (1932, 1968), S. 110 f., kritisch zu deren Vorgehen und der Ergebnisse vgl. Ridder-Aab (1980), S. 19-23 m.w.N.

266 *Control* ist hierbei im Sinne der Unternehmensführung zu verstehen, obgleich in der deutschen Literatur häufig wörtlich mit „Kontrolle“ wiedergegeben, vgl. bspw. Hellgardt (2008), S. 144. Die Trennung von Eigentum und „Kontrolle“ ist gleichbedeutend mit einer managergeleiteten Unternehmung.

267 Vgl. bspw. Richter/Furubotn (2010), S. 429 f.

268 Vgl. Jensen/Meckling (1976), S. 308, auch Erlei/Leschke/Sauerland (2007), S. 75 f. und Richter/Furubotn (2010), S. 431. Zur Anreizproblematik im Fall eines Berufsmanagers im Vergleich zu Eigentümermanagern vgl. auch Fama (1980), S. 295 f.

Um der grundsätzlichen Anreizproblematik von Berufsmanagern entgegenzuwirken, bestehen jedoch verschiedene Disziplinierungsmöglichkeiten, die von dem Einsatz direkter Kompensationsanreize bis zur Nutzung der indirekt regulierenden Kräfte des Arbeits-, Produkt- und Kapitalmarkts reichen.[269] Die Arbeitsmarktdisziplinierung erfolgt dahingehend, dass der Wert des Humanvermögens der Manager von ihrer jeweiligen Reputation abhängt. Die Produktmarktdisziplinierung ergibt sich durch den aus dem Wettbewerb auf den Gütermärkten resultierenden Zwang zur knappen Kalkulation. Die Kapitalmarktdisziplinierung entsteht vor allem aus einer drohenden Übernahme durch neue Anteilseigner und der folgenden Entlassung des Managements.[270] Der Kapitalmarkt wirkt sich auch dahingehend regulierend auf die Unternehmensleitung aus, indem dieser als Markt für Investitionskapital die Bedingungen vorgibt, zu welchen die Unternehmensleitung die für Investitionen benötigten finanziellen Mittel extern erhalten kann.[271] Doch wohnt insbesondere der Möglichkeit der Veräußerung der Rechte an der Unternehmung ein einfaches, wenngleich wirkungsvolles Kontrollpotential inne, das durch den Kapitalmarkt ausgeübt wird. Insofern ist der vielfach diskutierten und untersuchten These, ob managergeleitete Unternehmen mit weitgestreuten Kapitalanteilen eine geringere Profitabilität aufweisen als klassische eigentümergeleitete Unternehmen, eine weniger schwere Bedeutung beizumessen.[272]

Vertreter der Transaktionskostenökonomik, die zwar die Bedeutung des Eigentums und der ex ante Interessenangleichung anerkennen, weisen in diesem Zusammenhang auf die Bedeutung von ex post Institutionen hin. Ex ante Vertragsverhandlungen können ein ex post Abweichen nicht ausschließen, was zum einen auf die von begrenzter Rationalität und Opportunismus geprägten Verhaltenseigenschaften der Agenten und zum anderen auf die komplexen Strukturen der Transaktionen zurückzuführen ist.[273] So stellen beispielsweise die Kosten der „Selbstbedienung“ des Managements (einen Teil der) ex post Transaktionskosten dar.[274]

---

269 Vgl. Holmstrong/Tirole (1989), S. 87-101 m.w.N.

270 Vgl. Richter/Furubotn (2010), S. 442.

271 Vgl. Ridder-Aab (1980), S. 110 unter Verweis auf Williamson (1969), S. 297.

272 Vgl. Picot (1981), S. 13 m.w.N.

273 Vgl. Williamson (1985), S. 29.

274 Vgl. Richter/Furubotn (2010), S. 435 mit weiteren Beispielen. In diesem Zusammenhang auch Williamson (1985), S. 320: „Managerial discretion can take numerous forms (…) Individual Managers may run slack operations; they may pursue subgoals that are at variance with corporate purposes; they can engage in self-dealing.“

2.3.2 Modellierung unternehmerischer Steueraggressivität

2.3.2.1 Modifikationen gegenüber individueller Steueraggressivität

Die obigen institutionenökonomischen Ausführungen zur Theorie der Unternehmung sollen nun mit den davor aufgezeigten Überlegungen zur Analyse des Steuerverhaltens zusammengeführt werden, deren Schwerpunkt auf den Determinanten des steueraggressiven Verhaltens von Individuen lag. Die Mehrzahl entsprechender analytischer und in diesem Zusammenhang betrachteter Studien setzt sich allerdings mit Steueraggressivität speziell in Form der Steuerhinterziehung auseinander und vernachlässigt die Steuervermeidung.

Die Modellierung des steueraggressiven Verhaltens einer Unternehmung in Form von Steuervermeidung und gleichzeitiger oder aber alternativer Steuerhinterziehung wird in der Literatur nur wenig diskutiert.[275] Ein Grund für diese Unausgeglichenheit liegt darin, dass die konzeptionellen Unterschiede beispielsweise zwischen der Steuerhinterziehungsentscheidung eines Individuums und einer Unternehmung analytisch schwer zu fassen sind.[276] Zwar wird, wie im vorigen Kapitel erläutert, das „Verhalten einer Unternehmung" durch Individuen determiniert,[277] jedoch fallen in einem Unternehmen oftmals Eigentum und Unternehmensführung auseinander,[278] so dass speziell die Formulierung der Steuerhinterziehungsentscheidung als Portfolioselektionsproblem nicht zwingend ein adäquates Vorgehen darstellt.[279] Die folgenden Ausführungen sollen einen Einblick vermitteln,

---

275 Vgl. auch Slemrod (2004), S. 882: „The existing economics literature on the demand for tax evasion focuses almost entirely on evasion by individuals, not businesses" oder Chen/Chu (2005), S. 151: „However, corporate tax evasion has to date attracted relatively scant theoretical investigation." Die wenigen existierenden Studien behandeln Steuerhinterziehung zumeist vor dem Hintergrund spezifischer Marktstrukturen wie bspw. Marrelli/Martina (1988), die als Kontext einen oligopolistischen Markt verwenden oder Kreutzer/Lee (1986) sowie Wang/Conant (1988) mit einem monopolistischen Markt.

276 Vgl. Chen/Chu (2005), S. 151.

277 Eine Zuweisung des „Verhaltens" bzw. vielmehr „Missverhaltens" einer Unternehmung auf die individuelle Ebene findet sich nicht nur in der ökonomischen Literatur, vgl. bspw. die der Rechts- bzw. Kulturanthropologie zugehörigen Conley/O'Barr (1997), S. 6: „To say that the corporation has engaged in misconduct is to say that some of the people have misbehaved in ways the law chooses to attribute to the corporate entity."

278 Diese Tendenz wurde bereits von Berle/Means (1932, 1968) identifiziert, vgl. hierzu auch die Ausführungen in Kap. 2.3.1.2.

279 Die kleine Zahl der sich mit unternehmerischer Steuerhinterziehung befassenden Studien (vgl. Fn. 275) setzt üblicherweise einen Unternehmenseigner voraus, der

inwieweit die in Individualmodellen getroffenen Annahmen und festgestellten Wirkungszusammenhänge auf Unternehmen übertragbar sind bzw. welche Fälle ein anderweitiges konzeptionelles Rahmenwerk erfordern.[280] Anzumerken ist jedoch, dass für Steueraggressivität in Form der Steuervermeidung keine Haftungskonsequenzen entstehen, wodurch selbst im Fall der Trennung von Eigentum und Unternehmensführung die Unterschiede in der Modellierung zwischen Individuen und Unternehmen eher gering ausfallen dürften. Daher widmen sich die folgenden Ausführungen zu konzeptionellen Abweichungen und ihrer Konsequenzen eher dem Fall der Steuerhinterziehung, wenngleich der legalen Steuervermeidung nicht nur bei Individuen, sondern (gerade) auch in den meisten Unternehmen eine weit größere Bedeutung zukommen dürfte als der Steuerhinterziehung.

Für Individuen ist die Prämisse der Risikoaversion üblicherweise geeignet, so dass die Nutzeneinbuße aus einer möglichen Bestrafung höher wiegt als der Nutzenzuwachs aus einer entsprechenden Steuereinsparung, wodurch die optimale Menge an Steuerhinterziehung begrenzt wird. Auch das auf Allingham/Sandmo (1972) zurückgehende Grundmodell basiert auf der Annahme der Risikoaversion. Diese Annahme stellt sich für die Modellierung eines eher kleinen Unternehmens mit wenigen Gesellschaftern, deren Vermögen im Wesentlichen aus ihren Gesellschaftsbeteiligungen besteht und damit nur wenig diversifiziert ist, als plausibel dar. Dadurch besteht auch zwischen der steuerlichen Lage des Unternehmens und der steuerlichen Lage des oder der Eigentümer eine enge Beziehung, so dass die jeweiligen Steuerentscheidungen nicht unabhängig behandelt werden können, sondern eine Analyse simultan erfolgen müsste. Dies ist insbesondere für den Fall einer Personengesellschaft aufgrund der Durchschlagung der Besteuerung von der Gesellschaft auf die Gesellschafter im Rahmen der Ertragsbesteuerung mit Einkommensteuer gerechtfertigt.[281] Im Fall einer Kapitalgesellschaft, deren Gesellschafter neben den Gesellschaftsanteilen kein nennenswertes Vermögen halten, ist jedoch ebenfalls die Annahme der Risikoaversion zu bejahen. Für größere Kapitalgesellschaften hingegen, die sich in Streubesitz befinden, erscheint die Annahme von Risikoaversion unbefriedigend, da die Anteilseigner über ein diversifiziertes Portfolio verfügen. Insofern sollte für das Verhalten dieser

---

die steuerlichen Entscheidungen persönlich trifft, ohne diese zu delegieren, vgl. Sandmo (2004), S. 884. Eine Ausnahme bilden Chen/Chu (2005) und Crocker/Slemrod (2005), die im Folgenden noch ausführlicher erläutert werden.

280 Die folgenden Ausführungen stützen sich auf Sandmo (2004), S. 882-886, werden jedoch durch verschiedene Überlegungen in Bezug auf das deutsche Gesellschaftsrecht ergänzt.

281 Zur Differenzierung der Unternehmensrechtsformen vgl. ausführlich Kap. 3.2.1.1.

Unternehmen eine Risikoneutralität angenommen werden, auch wenn die Anteilseigner selbst risikoscheu sind. Diese Annahme hat jedoch keine qualitativen Änderungen der Voraussagen des Grundmodells von Allingham/Sandmo (1972) zur Folge. Beispielsweise wendet Srinivasan (1973) zur Untersuchung des individuellen Hinterziehungsverhaltens das Prinzip der Risikoneutralität mit ähnlichen Ergebnissen wie die auf Risikoaversion basierenden Studien an.[282]

Darüber hinaus argumentiert ein Teil der ökonomischen und insbesondere die nicht-ökonomische Literatur, dass die von Individuen getroffene Steuerhinterziehungsentscheidung von mehreren Faktoren beeinflusst wird und nicht nur durch eine reine Kosten-Nutzen-Abwägung geleitet wird.[283] Unklar ist jedoch, inwieweit öffentlich gehandelte Unternehmen in ihrem Steuerverhalten über die extrinsische Motivation (i.e. die Strafandrohung) hinaus von intrinsischen Faktoren beeinflusst werden. Zwar erscheint es plausibel, dass die Ausprägung der Steueraggressivität eines Unternehmens mit der Einstellung des Managers bezüglich der Bürgerpflicht zur Steuerzahlung variiert; dem kann jedoch entgegengehalten werden, dass ein Manager im Interesse der Anteilseigner handeln und eigene Bürgerpflichtgefühle dem Ziel der Gewinnmaximierung unterordnen müsste. Der von den Anteilseignern angestrebte Grad der Steueraggressivität der Unternehmung muss jedoch in jedem Fall den Managern, welche die steuerlichen Entscheidungen treffen, durch entsprechende Anreizsetzung vermittelt werden. In diesen Fällen versagt schließlich das Standardmodell der Steuerhinterziehung, da – sofern die Steuerstrafen den jeweiligen Agenten treffen – der Prinzipal beispielsweise dessen Kompensationsvertrag entsprechend anpassen kann, um die Konsequenzen der Steuerbehörde abzufedern. Wird die Bestrafung hingegen nicht dem Agenten auferlegt, sondern dem Unternehmen an sich, scheidet ebenfalls das Standardmodell der Steuerhinterziehung aus, da der die steuerlichen Entscheidungen treffende Manager nicht die direkten Konsequenzen für diesselben trägt.

2.3.2.2 Unternehmerische Steueraggressivität bei Trennung von Eigentum und Unternehmensleitung unter Berücksichtigung der Haftungsfrage

Eine Analyse der unternehmerischen Steueraggressivität unter Beachtung der Prinzipal-Agent-Problematik wird von Crocker/Slemrod (2005) vollzogen, welche die Steuerhinterziehung von Unternehmen im Kontext der vertraglichen Beziehung

282 Vgl. Kap. 2.2.2.2.

283 Vgl. hierzu auch Kap. 2.2.3.

der Eigentümer einer Unternehmung und des für den Bereich Steuern verantwortlichen *chief financial officers* (CFO) untersuchen. Das Modell sieht dabei vor, dass der vom Unternehmen zu versteuernde Betrag sich aus dem Einkommen abzüglich gewisser Abzüge zusammensetzt. Der CFO ist verantwortlich für die Festlegung dieser Abzüge, wodurch er den zu versteuernden Betrag und damit die Steuerzahlung des Unternehmens maßgeblich beeinflusst. Es gilt die Annahme, dass der Manager private Informationen darüber besitzt, in welchem Umfang legale Abzugsmöglichkeiten vorhanden sind. Zudem ist er in der Lage, das *tax shield* des Unternehmens durch illegale Hinterziehung zu erhöhen. Inwiefern der Manager Anreize zu einer solchen illegalen Hinterziehung besitzt, hängt von dessen Kompensationsausgestaltung ab.[284] Um grundsätzlich die Interessen der Anteilseigner bezüglich einer aggressiven Steuergestaltung durch ihren Agenten, i.e. den für den Bereich Steuern zuständigen Manager, realisieren zu können, ist dieser hierfür durch eine Entlohnung auf Basis eines Nachsteuer-Ergebnisses zu inzentivieren.[285] Ein entscheidender Punkt liegt jedoch darin begründet, ob die Anteilseigner oder der Agent (oder auch beide) im Falle der Aufdeckung der Steuerhinterziehung der Bestrafung unterliegen. Bei unterstellter Risikoneutralität von Anteilseigner und CFO ermitteln Crocker/Slemrod (2005), dass die Anteilseigner auf eine Erhöhung der dem CFO für die Steuerhinterziehung auferlegten Strafen mit einer Adjustierung des Kompensationsvertrags reagieren, welcher die Anreize, sich in Steuerhinterziehungsaktivitäten zu engagieren, durch eine höhere Bonussetzung auf die Reduzierung des steuerlichen Gewinns erhöht. Dies wiegt zum Teil die Disinzentivierung durch die aus der Steuerhinterziehung resultierenden Sanktionen für den CFO auf. Letztlich kann jedoch gezeigt werden, dass eine den CFO treffende Bestrafung hinsichtlich der Reduzierung von Steuerhinterziehung ein effektiveres Instrument darstellt als eine ansonsten äquivalente Bestrafung, welche die Anteilseigner trifft.[286] Dieses Ergebnis wird durch die empirische Studie von Aparicio/Carrillo/Emran (2011) gestützt, welche am Beispiel Ecuadors zeigen, dass durch die Einführung einer Haftung des verantwortlichen CFO, insbesondere mit der Möglichkeit einer Haftstrafe, das Steuereinkommen aus Unternehmensteuern deutlich erhöht und somit die Steuerhinterziehung reduziert werden konnte.[287]

Ein zusätzlicher Interessenkonflikt in Bezug auf die Steuerhinterziehungsentscheidung des Unternehmens kann auch daraus resultieren, dass zwischen dem

---

284 Vgl. Crocker/Slemrod (2005), S. 1594.
285 Vgl. Crocker/Slemrod (2005), S. 1596.
286 Vgl. Crocker/Slemrod (2005), S. 1598-1609.
287 Vgl. Aparicio/Carrillo/Emran (2011), S. 22.

Zeitpunkt der Steuerdeklarierung des Unternehmens durch den Manager und einer möglichen Steuerprüfung häufig mehrere Jahre liegen können, so dass zum Prüfungszeitpunkt der Manager möglicherweise nicht mehr im Unternehmen tätig ist. Die aus diesem Konflikt resultierende Fragestellung, in welcher Art und Weise das Problem der zeitlichen Verzögerung die Vertragsgestaltung zwischen Manager als Agent und Anteilseigner als Prinzipal beinflusst bzw. beinflussen sollte, wird von Crocker und Slemrod jedoch nicht weitergehend diskutiert.[288] Zusammenfassend kann in jedem Fall festgehalten werden, dass die Gestaltung der Haftungsfrage einen wichtigen Einflussfaktor darstellt, weshalb im Folgenden die Grundzüge des deutschen Rechts zur Haftung bei unternehmerischer Steueraggressivität geklärt werden.

Die rechtlichen Konsequenzen aus illegalem Steuerreduzierungsverhalten[289] und die Zuordnung der Verantwortlichkeit hierfür werden in der AO explizit geregelt. Hierbei existieren sowohl Normen zur zivilrechtlichen Haftung hinsichtlich der aus der Steuerpflichtverletzung entstandenen Ansprüche als auch steuerstrafrechtliche Tatbestände,[290] welche hinsichtlich ihrer Voraussetzungen teilweise aufeinander Bezug nehmen.

§ 69 AO i.V.m. § 34 AO regelt, dass die gesetzlichen Vertreter einer juristischen Person, i.e. der Vorstand einer AG bzw. der Geschäftsführer einer GmbH „haften, soweit Ansprüche aus dem Steuerschuldverhältnis (§ 37) infolge vorsätzlicher oder grob fahrlässiger Verletzung der ihnen auferlegten Pflichten nicht oder nicht rechtzeitig festgesetzt oder erfüllt oder soweit infolgedessen Steuervergünstigungen oder Steuererstattungen ohne rechtlichen Grund gezahlt werden.“[291] Auch steuerstrafrechtlich drohen Konsequenzen, indem § 370 Abs. 1 AO die Strafe für eine Steuerhinterziehung demjenigen androht, wer Steuern verkürzt oder nicht gerechtfertigte Steuervorteile (für sich oder einen anderen) erlangt. Während das Delikt der Steuerhinterziehung durch Unterlassen (§ 370 Abs. 1 Nr. 2 AO, „Unterlassungsdelikt“) nur von demjenigen verwirklicht werden kann, den eine Pflicht zu steuerlich erheblichen Angaben trifft, kann Täter einer Steuerhinterziehung durch aktives Tun (§ 370 Abs. 1 Nr. 1 AO, „Begehungsdelikt“) im Sinne eines sogenannten „Jedermannsdelikts“ jeder sein, der die tatbestandlichen Voraussetzungen

288 Vgl. Crocker/Slemrod (2005), S. 1609.

289 Auf die strafrechtlichen Konsequenzen wurde in Grundzügen bereits in Kap. 2.1.2.1 hingewiesen.

290 Allgemein zu Sanktionsmöglichkeiten mit strafrechtlichem Charakter gegen Unternehmen als solche vgl. Eidam (1997), S. 88-91, welcher auch einen Überblick über die historische Entwicklung der Strafbarkeit in Deutschland (S. 22-30) sowie über die Strafbarkeit von Unternehmen im Ausland (S. 30-57) bietet.

291 § 69 Satz 1 AO.

erfüllt.[292] Folglich kommt als Täter einer Steuerhinterziehung jeder in Betracht, welcher in der Lage ist, die Festsetzung, Erhebung oder Vollstreckung der gesetzlich geschuldeten Steuer zum Nachteil des jeweiligen Steuergläubigers, verallgemeinernd der Staat, zu beeinflussen.[293] Beispielsweise kann Täter der Steuerhinterziehung ein Geschäftsführer sein, der eine überhöhte Rückstellung in der Bilanz ausweist und somit eine falsche Körperschaftsteuererklärung abgibt, oder ein Prokurist, der Einnahmen nicht verbuchen lässt, wodurch er eine falsche Umsatzsteuervoranmeldung einreicht.[294] Nach der Rechtsprechung können Angestellte des Steuerpflichtigen auch Täter sein, ohne Rücksicht darauf, ob diese als Hilfspersonen nur in untergeordneter Position tätig sind wie beispielsweise in Funktion eines Buchhalters und sie nach außen gegenüber dem Finanzamt hervortreten oder nicht.[295] Die Tat einer Steuerhinterziehung bzw. der Versuch derselben kann nach § 370 AO mit Geld- oder Freiheitsstrafe bestraft werden.[296]

Durch die Steuerhinterziehung werden zudem gemäß § 71 AO steuerrechtliche Nebenfolgen ausgelöst. Wer Täter einer Steuerhinterziehung ist, haftet gemäß § 71 AO für die verkürzten Steuern bzw. die zu Unrecht gewährten Steuervorteile und die Hinterziehungszinsen nach § 235 AO. Entgegen der Rechtslage des § 69 AO, gemäß derer das Verschulden auf die Pflichtverletzung und nicht deren Folgen zu beziehen ist, zielt die Haftung nach § 71 AO auf den fiskalischen Schaden. Jedoch reicht diese Haftung nur soweit, wie der Vorsatz des Täters gereicht hat, d.h. die Haftung ist auf den fiskalischen Schaden beschränkt, der durch die vorsätzliche Tat eingetreten ist.[297] Nicht erforderlich ist hingegen eine Verurteilung wegen einer Steuerstraftat, die vorsätzliche Handlung (bzw. das Unterlassen, wenn eine Rechtspflicht zur Handlung bestanden hat) genügt. Eine leichtfertige Steuerverkürzung i.S.d. § 378 AO[298] löst folglich keine Haftung nach § 71 AO aus.[299] Anzumerken ist hierbei, dass § 378 AO häufig als „Auffangtatbestand“ wirkt, indem sich die Anwendung desselben häufig auf jene Fälle bezieht, in

292 Vgl. Kummer (2007), Rz. 53, Jäger (2012a), Rz. 25 m.w.N.

293 Vgl. Joecks (2009a), Rz. 19.

294 Vgl. Kummer (2007), Rz. 54 m.w.N.

295 Vgl. Joecks (2009a), Rz. 19 m.w.N.

296 Ausführlich zur Strafzumessung Schmitz/Wulf (2010), Rz. 451-462.

297 Vgl. Grobshäuser/Maier/Kies (2011), S. 719 f., Rüsken (2012b), Rz. 11a m.w.N. Zur Haftung nach § 69 AO vgl. ausführlich Rüsken (2012a).

298 „Ordnungswidrig handelt, wer als Steuerpflichtiger oder bei Wahrnehmung der Angelegenheiten eines Steuerpflichtigen eine der in § 370 Abs. 1 bezeichneten Taten leichtfertig begeht.“, § 378 Abs. 1 Satz 1 AO.

299 Vgl. Intemann (2009), Rz. 5.

welchen zwar ein Verdacht des Vorsatzes besteht, dieser jedoch nicht bewiesen werden kann.[300] Der Täterkreis ist gegenüber dem des § 370 AO enger gezogen, indem von § 378 AO nur der Steuerpflichtige selbst oder aber derjenige erfasst wird, der die Angelegenheiten des Steuerpflichtigen wahrnimmt.[301] Da jedoch die in § 34 AO bezeichneten Personen, i.e. die gesetzlichen Vertreter einer juristischen Person, den Steuerpflichtigen gleichgestellt werden, können diese als Täter stets in Betracht gezogen werden.[302] Die Wahrnehmung der Angelegenheiten des Steuerpflichtigen i.S.d. § 378 AO ist weit auszulegen, so dass jeder, dessen Tun bzw. pflichtwidriges Unterlassen mit den steuerrechtlichen Pflichten des Steuerpflichtigen in Zusammenhang steht, hiervon erfasst ist.[303] Hierbei ist unerheblich, ob der Handelnde mit oder ohne Vertretungsmacht, mit oder ohne Auftrag, auf oder gegen eine Weisung des Steuerpflichtigen agiert.[304] Auch ist unbeachtlich, ob ein Angestellter des Steuerpflichtigen für diesen in leitender Position tätig ist oder beispielsweise als Buchhalter in untergeordneter Stellung Arbeiten ausführt.[305] Ahndungsvoraussetzung für § 378 AO ist jedoch entgegen § 370 AO, der bereits den Versuch unter Strafandrohung stellt, der tatbestandsmäßige Erfolg.[306] Eine solche Ordnungswidrigkeit kann gemäß § 378 Abs. 2 AO mit einer Geldbuße bis zu 50.000 Euro geahndet werden.

Schließlich erhebt § 379 AO auch jene Handlungen, welche die Vorbereitung einer Steuerverkürzung oder die Erlangung nicht gerechtfertigter Steuervorteile ermöglichen, zu selbstständigen Bußgeldtatbeständen. Zu diesen Handlungen zählen beispielsweise auch unrichtige oder unterlassene Buchungen von Geschäftsvorfällen i.S.d. § 379 Abs. 1 Satz 1 Nr. 3 AO.[307] Als Täter einer Falschbuchung kommt zwar jeder in Betracht, der die Möglichkeit besitzt, eine Buchung auszuführen. In der Begehungsform des Nicht- oder Falschbuchenlassens kann den objektiven Tatbestand aber nur derjenige erfüllen, der als Steuerpflichtiger oder kraft seiner Stellung die Verantwortung für das Führen der Bücher trägt. Damit wird

300 Vgl. Joecks (2009b), Rz. 5.
301 Vgl. Jäger (2012b), Rz. 6.
302 Vgl. Joecks (2009b), Rz. 19, Jäger (2012b), Rz. 7.
303 Vgl. Joecks (2009b), Rz. 12 m.w.N.
304 Vgl. Joecks (2009b), Rz. 15.
305 Vgl. Joecks (2009b), Rz. 16.
306 Vgl. Jäger (2012b), Rz. 17.
307 Vgl. Jäger (2012c), Rz. 13. Eine unvollständige Buchung wird hiervon nicht erfasst, da eine solche erweiterte Auslegung durch das Bestimmtheitsgebot (Art. 103 Abs. 2 GG, § 3 OWiG) verhindert wird, vgl. Jäger (2009), Rz. 31, Jäger (2012c), Rz. 13, jeweils m.w.N.

den Vorstandsmitgliedern einer AG, den Geschäftsführern einer GmbH sowie deren jeweiligen Vertretern eine persönliche Verantwortung auferlegt.[308]

Somit kann festgehalten werden, dass Vorstand und Geschäftsführung, in bestimmten Konstellationen auch nicht-leitende Angestellte wie beispielsweise der Buchhalter, für ein den legalen Rahmen verlassendes steueraggressives Verhalten in Haftung genommen werden können. Hierdurch drohen diesen nicht nur persönliche monetäre Konsequenzen, sondern – im Fall der Steuerhinterziehung i.S.d. § 370 Abs. 1 AO – auch Freiheitsstrafen bis zu fünf Jahren, bei schwerer Steuerhinterziehung i.S.d. § 370 Abs. 3 AO gar Freiheitsstrafen bis zu zehn Jahren.

2.3.2.3 Abhängigkeit der unternehmerischen Steueraggressivität von den Präferenzen des Managers

Nachdem erörtert wurde, inwieweit das deutsche Recht für das Management eine Haftungspflicht vorsieht, die sich auf die steueraggressiven Entscheidungen vor allem im Bereich der Steuerhinterziehung auswirken können, soll in diesem Kapitel der (auch schon eingangs in Kap. 2.3.2.1 aufgeworfenen) Frage nachgegangen werden, inwieweit nun die persönlichen Präferenzen des Managers das unternehmerische Steuerverhalten beeinflussen. Chyz (2011) zeigt in einer empirischen Studie, dass steueraggressive Aktivitäten von Unternehmen mit steueraggressiven Managern einhergehen.[309] Auch Joulfaian (2000) findet Hinweise für einen Zusammenhang zwischen dem privaten steuerhinterziehenden Verhalten von Managern und steuerlichen Unregelmäßigkeiten auf Unternehmensebene der von ihnen gelenkten Unternehmen. Dieser Zusammenhang lässt sich deutlich bei kleinen Unternehmen (Bilanzsumme von zehn Mio. US-Dollar oder weniger) zeigen.[310] Die Ermangelung eines Belegs für einen derartigen Zusammenhang in großen, öffentlich gehandelten Unternehmen wird per Indiz auf die dort verankerte Einrichtung einer starken *corporate governance* zurückgeführt.[311] Der in diesem

308 Vgl. Jäger (2009), Rz. 32.

309 Vgl. Chyz (2011), S. 26 f. Die gewählte Konstruktion des Proxys für die *personal tax aggressiveness* von Managern ist jedoch stark angreifbar und daher vorsichtig zu beurteilen. Ausführlicher zur dieser Studie vgl. Kap. 3.5.3.2.

310 Vgl. Joulfaian (2000), S. 699-701. Die Studie basiert auf Daten des TCMP des IRS, welche neben Unternehmensdaten bezüglich korrigierter Deklarierungen anlässlich einer entsprechenden Überprüfung zusätzlich auch Informationen zur *compliance* der Unternehmensleiter in Bezug auf ihre persönliche Einkommensteuer enthalten.

311 Vgl. Slemrod (2004), S. 888. Slemrod verweist jedoch als *anecdotal evidence* für den Zusammenhang von persönlicher Steuerhinterziehung des Managers und gleichzeitigem

Zusammenhang nicht unbedeutenden Frage, ob die Einrichtung und die Güte eines *corporate governance*-Systems einen Einfluss auf das Funktionieren eines Steuersystems besitzen, widmen sich Desai/Dyck/Zingales (2007). Die Autoren ermitteln, dass eine Steuersatzerhöhung in Ländern mit niedriger *corporate governance* zu einer geringen Reaktion im Steuereinkommen führt, während in Ländern mit hoher *corporate governance* eine starke Beziehung besteht.[312] Zugleich wird festgestellt, dass eine strenge Durchsetzung der steuerlichen Ansprüche zu einer verbesserten *corporate governance* führt und das Steuersystem somit auch eine Art *monitoring*-Aufgabe für Minderheitsanteilseigner, die bezüglich des *monitoring* einem *free rider*-Problem gegenüberstehen, übernehmen kann.[313]

Die empirischen Ergebnisse bezüglich eines möglichen Zusammenhangs zwischen der Wahl eines Managers, für das Unternehmen Steuerhinterziehung zu betreiben, und der Entscheidung, seine persönlichen Steuern zu hinterziehen, motiviert die Studie von Goerke (2007). Dieser möchte analytisch zeigen, unter welchen Umständen die Determinanten der Steuerdeklarationen eines Unternehmens von der persönlichen Steuerhinterziehung der Entscheidungsträger im Unternehmen separat behandelt, i.e. modelliert werden können. Es gilt die Annahme, dass das persönliche Einkommen des Managers mit dem Nachsteuer-Gewinn verknüpft ist. Ein risikoaverser Manager kann sein erwartetes Einkommen dadurch erhöhen, indem er seine private Einkommensteuer hinterzieht als auch indem er die unternehmerischen Steuerzahlungen auf ein gefordertes bzw. gewünschtes Niveau reduziert.[314]

Im Fall von Steuervermeidung stellen sich die Entscheidungen von persönlicher und unternehmerischer Steuerdeklaration als unabhängig dar, da damit kein Risiko verbunden ist, der Gewinn aus der Reduzierung von Unternehmensteuern folglich sicher ist.[315] Sobald jedoch die Reduzierung von Unternehmensteuern eine zusätzliche Unsicherheitsquelle für das Optimierungsproblem des Managers birgt, wie es bei einer Steuerhinterziehung der Fall ist, sind die Entscheidungen nicht mehr voneinander unabhängig. Das erwartete Einkommen des Managers

---

unternehmerischen Fehlverhalten, sofern die *corporate governance* sich als inadäquat darstellt, auf die Steuerhinterziehung von Dennis Kozlowski, den ehemaligen CEO von Tyco und den gleichzeitigen Bilanzbetrug dieses Unternehmens.

312 Vgl. Desai/Dyck/Zingales (2007), S. 619.

313 Vgl. Desai/Dyck/Zingales (2007), S. 618 f. Die Autoren begründen im Übrigen mit der Übernahme des *monitoring* durch den Staat einen gesonderten Steuersatz für Unternehmenseinkünfte.

314 Vgl. Goerke (2007), S. 281 f.

315 Vgl. Goerke (2007), S. 285 f.

hängt nunmehr auch davon ab, ob die unternehmerische Steuerhinterziehung aufgedeckt wird: Der Gewinn aus der unternehmerischen Steuerhinterziehung ist unsicher. Die Richtung der Korrelation des Ausmaßes von persönlicher und unternehmerischer Steuerhinterziehung hängt davon ab, wie die entsprechenden Überprüfungswahrscheinlichkeiten miteinander korreliert sind. So würde im Extremfall eine perfekte Korrelation der Überprüfungswahrscheinlichkeiten implizieren, dass die Aufdeckung einer Steuerhinterziehung die gleichzeitige Bestrafung der anderen Steuerhinterziehung nach sich zieht, wodurch das Ausmaß der beiden Steuerhinterziehungsaktivitäten zu einer inversen Korrelation tendieren wird. Insofern würde jede Änderung der exogenen Parameter, welche eine Erhöhung der unternehmerischen Steuerhinterziehung bewirkt, gleichzeitig eine Reduktion der privaten Steuerhinterziehung des Managers herbeiführen. Unter den gegebenen Annahmen des Modells (insbesondere der Abhängigkeit des Managereinkommens vom Nachsteuer-Gewinn) wird somit gezeigt, dass unternehmerische Steuerhinterziehungsaktivitäten nicht unbedingt von der persönlichen Steuerhinterziehungsentscheidung der Manager separiert werden können.[316]

2.3.2.4 Effizienzkosten der Steueraggressivität bei Trennung von Eigentum und Unternehmensleitung

Während sich Crocker/Slemrod (2005) in ihrem Beitrag der optimalen Vertragsgestaltung zwischen Manager und Anteilseigner hinsichtlich der Anreize zur Steuerhinterziehung (bei unterschiedlicher Haftungsausgestaltung) widmen und Goerke (2007) die Abhängigkeit der Steuerentscheidung des Unternehmens von dem persönlichen Steuerhinterziehungsverhalten des Managers analysiert, diskutieren Chen/Chu (2005) die unternehmerische Steuerhinterziehung hinsichtlich der resultierenden Effizienzkosten. Hierfür wird eine Risikoaversion des Managers bei Risikoneutralität der Shareholder unterstellt.[317] Ein risikoneutraler Anteilseigner wird im Gegensatz zu einem risikoneutralen Individuum nur dann Steuerhinterziehung betreiben (lassen), wenn der aus der Hinterziehung erwartete Gewinn eine deutliche Spanne gegenüber dem bei Steuerehrlichkeit erwarteten Gewinn aufweist, da der aus der Steuerhinterziehung erwartete Gewinn den ebenfalls aus der Steuerhinterziehung resultierenden internen Effizienzverlust aufwiegen muss.[318] Chen/Chu (2005) differenzieren dabei, ob der Manager für die Hinterziehung in

316 Vgl. Goerke (2007), S. 286-290.
317 Vgl. Chen/Chu (2005), S. 153.
318 Vgl. Chen/Chu (2005), S. 152.

der Haftung steht oder ob er hierfür nicht haftbar ist. Im Fall der Haftung durch den Manager liegt der Effizienzverlust hauptsächlich in der Illegalität der Steuerhinterziehung begründet: Der Manager, der die Steuerhinterziehung und damit eine illegale Handlung ausführen soll, muss dafür Anreize erhalten; da es sich jedoch um eine illegale Tat handelt, scheidet eine ex post Kompensation für dieses Risiko aus, was bedeutet, dass der Manager ex ante durch einen entsprechenden Vertragslohn kompensiert werden muss. Dies führt nicht nur zu unvollständigen Verträgen, sondern zwingt auch den Arbeitsvertrag zu einer Doppelfunktion: den Manager für seinen Arbeitsaufwand zu entlohnen und für das aufgrund der Hinterziehung eingegangene Risiko zu kompensieren. Folglich tritt ein Effizienzverlust bei der Kontrolle des Arbeitsaufwands des Managers auf.[319]

Darüber hinaus identifizieren Chen/Chu (2005) noch weitere Gründe für einen aus der Steuerhinterziehung resultierenden Effizienzverlust. Dieser kann beispielsweise insofern entstehen, als das Unternehmen zur Hinterziehung entweder seine Erlöse niedriger oder seine Aufwendungen höher darstellen muss. Der Manager, dem die Befugnis zu derartigen Manipulationen erteilt wurde, könnte diese Macht jedoch für seine eigenen Zwecke missbrauchen und beispielsweise durch ihn verursachte höhere Aufwendungen verdecken. Denkbar ist auch ein Szenario, bei welchem der Manager einen Teil der Erlöse einbehält. Die interne Kontrolle der Leistung des Managers mittels des Informationswertes von Erlösen oder Aufwendungen ist zum Teil nicht mehr möglich: Ein (weiterer) Effizienzverlust resultiert.[320]

Fraglich ist, welche Implikationen eine unternehmerische Steuerhinterziehung unter der Ausgangslage, dass der Manager nicht haftbar gemacht werden kann, mit sich bringt. In diesem Fall erfährt der Manager im Fall der Aufdeckung der Hinterziehung keine Nutzeneinbuße. Eine gesonderte Kompensation des Managers für die Risikoübernahme entfällt, der Prinzipal muss dem Manager lediglich genügend Anreize bieten, denjenigen Einkommensbetrag zu deklarieren, welcher den Nachsteuer-Gewinn maximiert. Es tritt kein Effizienzverlust auf.[321]

Diesem Szenario entspricht das in der Praxis von steuerhinterziehenden Unternehmen – insbesondere in weniger entwickelten Volkswirtschaften – angewandte System der zweifachen Buchführung: Ein Buch zeichnet die tatsächlichen Umsätze und Kosten auf, auf Basis derer die interne Kontrolle stattfindet und das andere Buch beinhaltet die falschen Rechnungslegungsinformationen für

319 Vgl. Chen/Chu (2005), S. 157-160 und S. 163.
320 Vgl. Chen/Chu (2005), S. 162 f.
321 Vgl. Chen/Chu (2005), S. 154-157.

Steuerzwecke.[322] Dieses System wird von den entsprechenden Unternehmen in weniger entwickelten Volkswirtschaften auch dann angewandt, wenn der Manager der Haftung unterliegt, wodurch jedoch mit einem Effizienzverlust bei der internen Kontrolle gerechnet werden muss.[323] Insgesamt ist für das Unternehmen abzuwägen, ob der Effizienzverlust der internen Kontrolle groß genug ist, um überhaupt in die Erwägungen mit einbezogen werden zu müssen.[324]

Neben Effizienzkosten im Rahmen der internen Kontrolle muss jedoch ein Unternehmen, welches sich in steueraggressiven Tätigkeiten engagiert, über diese hinausgehend die Entstehung weiterer Kostenarten berücksichtigen. Indem sich unternehmerische Steueraggressivität in der steuerlichen Rechnungslegungspolitik konkretisiert, sind die resultierenden Kosten beispielsweise auch in Zielkonflikten zwischen steuerlicher und externer Rechnungslegung begründet. Da in Kap. 3.3 allerdings entsprechende Kostenüberlegungen formuliert werden, soll an dieser Stelle auf eine Erläuterung verzichtet und auf den späteren Abschnitt verwiesen werden. Welche Bedeutung die Rechnungslegung für Unternehmen grundsätzlich besitzt und inwieweit Unterschiede zwischen börsennotierten und nichtbörsennotierten Unternehmen bestehen, ist Gegenstand der folgenden Kapitel.

322 Vgl. Chen/Chu (2005), S. 157.
323 Vgl. Chen/Chu (2005), S. 159.
324 Vgl. Chen/Chu (2005), S. 160.

3 Zusammenführung von Steueraggressivität und Rechnungslegung

3.1 Grundlegende Funktionen von Rechnungslegung und Anreize für das Rechnungslegungsverhalten

3.1.1 Funktionen der Rechnungslegung

Im Spannungsfeld der asymmetrischen Informationsverteilung zwischen Eigenkapitalgebern und den mit der Unternehmensführung beauftragten Managern übernimmt die (externe) Rechnungslegung eine wichtige Rolle zum Abbau dieser Informationsasymmetrie.[325] In einer Welt mit perfekten und vollständigen Märkten wäre Rechnungslegung dagegen überflüssig.[326] Die Nachfrage nach Rechnungslegung kann auf zwei zentrale Verwendungsweisen zurückgeführt werden. Zum einen wird Rechnungslegung als Kontrollinstrument für die Tätigkeit der Manager benötigt (*stewardship demand*), zum anderen wird Rechnungslegung als Basis für Investitionsentscheidungen herangezogen (*decision-making demand*).[327]

Informationsasymmetrien und Prinzipal-Agent-Konflikte sind jedoch nicht nur auf die Beziehung zwischen Eigenkapitalgeber und Manager beschränkt.[328] Da ein Unternehmen aufgrund seiner Eigenschaft als monolithisches Aggregat üblicherweise verschiedene Hierarchieebenen mit entsprechenden Entscheidungsträgern aufweist, die jeweils unterschiedliche Informationsausstattungen besitzen, können beispielsweise Agentur-Konflikte zwischen Topmanagement und Bereichsmanagement bestehen.[329] Wird des Weiteren die Annahme einer vollständigen Eigenfinanzierung aufgehoben, so sind die fremdfinanzierungsbedingten Agentur-Konflikte zu beachten. Bei Fremdkapitalfinanzierung tritt zunächst ein Anreiz zur Wahl risikobehafteter Projekte auf, da ein Teil der Risikokosten von den Fremdkapitalgebern getragen wird, welche dieses Verhalten jedoch antizipieren und mit

---

325 Zur Reduzierung von Informationsasymmetrien als „Metaziel" der Rechnungslegung vgl. Pellens/Fülbier/Gassen/Sellhorn (2011), S. 4.

326 Vgl. Holthausen/Leftwich (1983), S. 81, Field/Lys/Vincent (2001), S. 256.

327 Vgl. Gjesdahl (1981), S. 208.

328 Zur Allgemeingültigkeit von Agentur-Konflikten schon Jensen/Meckling (1976), S. 309.

329 Vgl. Wagenhofer/Ewert (2007), S. 9.

einem entsprechenden Risikoaufschlag reagieren. Für die Fremdkapitalgeber besteht auch die Möglichkeit, durch Vertragsklauseln ein entsprechendes Verhalten einzudämmen. Deren Erstellung ist jedoch mit Kosten verbunden und es entstehen – sofern das Unternehmen hierdurch nicht mehr situationsangepasst reagieren kann – Kosten durch eine reduzierte Profitabilität. Zudem gehen Vertragsklauseln mit Überwachungs- und Bindungskosten einher, so dass eine vollständige Beseitigung des Agenturproblems aufgrund der zu hoch werdenden Kosten nicht möglich ist. Neben dem mit einer Kreditfinanzierung einhergehenden Wohlfahrtsverlust durch den Einfluss derselben auf die Investitionsentscheidungen des Unternehmens sowie den Überwachungs- und Bindungskosten weist die Fremdfinanzierung schließlich noch Agenturkosten in Form der Konkurs- und Reorganisationskosten auf, da mit jeder Kreditfinanzierung die Möglichkeit eines Ausfalls durch Konkurs verbunden ist. Die daraus entstehenden Kosten werden, basierend auf ihrer entsprechenden Eintrittswahrscheinlichkeit, vom Fremdkapitalgeber eingepreist. Sollte der drohende Konkurs nicht durch schlechte Marktlage, sondern Missmanagement bedingt sein, bietet sich anstelle der Durchführung eines Konkurses eine Reorganisation des Unternehmens an. Die daraus entstehenden Kosten sind jedoch ebenfalls zu berücksichtigen und stellen einen Teil der mit der Fremdfinanzierung einhergehenden Agenturkosten dar.[330] Darüber hinaus können im Unternehmenskontext grundsätzlich eine Vielzahl weiterer asymmetrischer Informationsverteilungen mit Prinzipal-Agent-Konflikten im Rahmen unternehmensinterner und unternehmensexterner Vertragsbeziehungen identifiziert werden. Beispielhaft sei hierfür die Beziehung zwischen Unternehmen und Zulieferern, Unternehmen und Händlern sowie Arbeitgeber und (potentiellen) Arbeitnehmern genannt.[331]

Entsprechend dem Metaziel der Rechnungslegung in Form des Abbaus asymmetrischer Informationsverteilung können folglich als Adressaten der Rechnungslegung all jene Akteure benannt werden, die mit dem Unternehmen in Vertragsbeziehung stehen. Als typische Vertragspartner können neben den Kapitalgebern die Arbeitnehmer, die Kunden, die Lieferanten oder der Staat identifiziert werden.[332] Hierdurch stellt die Rechnungslegung bezüglich der an sie gestellten

330 Vgl. Jensen/Meckling (1976), S. 333-342, ausführlich auch Erlei/Leschke/Sauerland (2007), S. 85-89, Wagenhofer/Ewert (2007), S. 191-200. Zu möglichen Kreditklauseln und ihrer Durchsetzung vgl. Smith/Warner (1979), S. 125-152.

331 Vgl. Jost (2001), S. 32-34, ausführlich zu den exemplarisch genannten Konflikten in korrespondierender Reihenfolge Fabel/Hilgers/Lehmann (2001), Rosenkranz/Schmitz (2001), Backes-Geller/Wolff (2001).

332 Vgl. Pellens/Fülbier/Gassen/Sellhorn (2011), S. 4-6.

Forderung nach *stewardship* nicht nur ein spezifisches Kontrollinstrument der Tätigkeit der Manager für die Eigenkapitalgeber dar, sondern dient vielmehr als generelle Grundlage für die Koordination von Zahlungsbemessungsansprüchen sowie von sonstigen Vertragsansprüchen.[333] Hinsichtlich der Entscheidungsnützlichkeit können Finanzinformationen als Grundlage auch für Entscheidungen zur Kreditgewährung, Aufnahme von Handelsbeziehungen oder Aufnahme einer Tätigkeit im Unternehmen verwendet werden.[334] Die Entscheidungsnützlichkeit von Informationen wird dabei sowohl von den IFRS als auch von den US-GAAP als wesentlicher Zweck betrachtet.[335] Als Primäradressat in Bezug auf die Entscheidungsnützlichkeit sind die (potentiellen) Investoren sowie auch die (potentiellen) Kreditgeber zu sehen, welche die Fähigkeit des Unternehmens, zukünftige Cashflows zu generieren, auf Basis der Rechnungslegungsinformationen beurteilen und diese ihrer Entscheidung über eine Vergabe von Ressourcen an das Unternehmen zu Grunde legen.[336] Rechnungslegung stellt jedoch keinen exakten Messvorgang dar, sondern die entsprechenden Rechnungslegungsvorschriften bieten vielmehr Spielräume, die vom Management ausgefüllt werden (können).[337]

Das dabei entstehende Bilanzierungsverhalten ist Untersuchungsgegenstand der *accounting choice*-Literatur, die anhand des systematischen Einflusses institutioneller Rahmenbedingungen und anhand der Präferenzen der Rechnungsleger die jeweils beobachtbare Art des Bilanzierungsverhaltes zu erklären bzw. vorherzusagen versucht.[338] Dabei ist der Übergang zwischen einem notwendigen Ausfüllen

---

333 Folglich auch „Koordinationsfunktion“ der Rechnungslegung neben der „Bewertungsfunktion“, vgl. Fülbier/Gassen (2008), S. 139, Pellens/Fülbier/Gassen/Sellhorn (2011), S. 7.

334 Vgl. Benston/Bromwich/Litan/Wagenhofer (2006), S. 18 f., Wagenhofer/Ewert (2007), S. 5.

335 Dieses Ziel kann dem jeweiligen Rahmenkonzept entnommen werden, hierzu auch Lindemann (2006), S. 968. Anzumerken ist, dass sich die beiden Standardsetter seit Oktober 2004 einer Überarbeitung mit dem Ziel eines einheitlichen und konsistenten Rahmenwerks widmen. Dieses Projekt ist in acht Phasen unterteilt, wobei bisher nur die erste Phase, welche die Neukonzeption der Abschnitte „Zielsetzung von Abschlüssen“ und „Qualitative Anforderungen an den Abschluss“ beinhaltet, im September 2010 abgeschlossen wurde, vgl. hierzu Pellens/Fülbier/Gassen/Sellhorn (2011), S. 116 und S. 137.

336 Vgl. RK.OB2 und OB3, hierzu auch Coenenberg/Haller/Schultze (2012), S. 23 f.

337 Vgl. Detert/Sellhorn (2007), S. 248.

338 Vgl. Gassen/Sellhorn (2011), S. 416 f. Dabei umfasst die *accounting choice*-Literatur nicht nur Forschung bezüglich der Wahl einzelner Bilanzierungsalternativen, sondern auch ganzer Rechnungslegungssysteme, vgl. Gassen (2007), S. 362.

bestehender Spielräume und einem gezielten *earnings management* (Bilanzpolitik, Jahresabschlusspolitik, Rechnungslegungspolitik)[339] fließend. Letzteres kann nach regelmäßiger Ansicht in den Varianten der Maximierung, Minimierung oder Glättung des ausgewiesenen Erfolgs oder im Erreichen von bestimmten Zielgrößen bestehen.[340] Hinsichtlich möglicher Anreize für das Rechnungslegungsverhalten bzw. die Rechnungslegungspolitik wird in der Literatur, getreu den Überlegungen zu den beiden grundlegenden Funktionen bzw. Zielen der Rechnungslegung, regelmäßig zwischen vertragsorientierten Anreizen und kapitalmarktorientierten Anreizen differenziert, die im Folgenden in ihren Kernpunkten zu erläutern sind.

3.1.2 Prinzipielle Anreize für zielgerichtetes Rechnungslegungsverhalten

3.1.2.1 Vertragsinduzierte Anreize

Rechnungslegungsinformationen besitzen eine wichtige Rolle sowohl für die Festlegung von Vertragsbedingungen als auch für die Beobachtung der Einhaltung dieser Bedingungen. Dies kann sowohl für Beziehungen innerhalb des Unternehmens als auch für externe Vertragsbeziehungen gelten. Hervorzuheben sind in diesem Zusammenhang Entlohnungsverträge des Managements sowie Kreditvereinbarungen, indem diese Verträge häufig Rechnungslegungsdaten als Vertragsbestandteil enthalten.[341] Die durch Watts/Zimmerman (1978) eingeleitete *positive accounting theory* versucht zu ergründen, wie gewisse Vertragskonstellationen, wie beispielsweise eine an das Periodenergebnis geknüpfte Managemententlohnung oder

---

339 Küting/Weber/Pilhofer (2002), S. 310 übersetzen *earnings management* mit dem Begriff „Gewinnmanagement". Geläufiger ist jedoch in der deutschen Literatur der Ausdruck der „Bilanzpolitik", der aber einen tendenziell engen (da lediglich auf die Bilanz begrenzten) Fokus aufzuweisen scheint, so dass alternativ der Terminus „Jahresabschlusspolitik" vorgeschlagen wurde, vgl. Sellhorn (2004), S. 86 m.w.N. Im Rahmen der vorliegenden Arbeit werden die Begriffe *earnings management*, Bilanzpolitik, Jahresabschlusspolitik oder auch Rechnungslegungspolitik synonym für das „gezielte Ergreifen von Maßnahmen, die Auswirkungen auf den Jahresabschluss haben, um damit Bilanzadressaten oder Rechtsfolgen zu beeinflussen" im Sinne von Wagenhofer/Ewert (2007), S. 237 verwendet.

340 Zu Methoden der empirischen Schätzung von Bilanzpolitik vgl. Wagenhofer/Ewert (2007), S. 252-256.

341 Vgl. Watts/Zimmerman (1986), S. 196, Healy/Wahlen (1999), S. 375, Fields/Lys/Vincent (2001), S. 265.

solche in Darlehensverträgen eingefügten Kreditklauseln, aufgrund der daraus resultierenden Anreize das Rechnungslegungsverhalten beeinflussen. Hierfür wird das in der Realität beobachtbare Rechnungslegungsverhalten herangezogen und die dieses Verhalten auslösenden Faktoren zu identifizieren versucht.[342]

Die Verwendung von Rechnungslegungsdaten in Verträgen dient der Interessenzusammenführung zwischen Prinzipal und Agent, die im Fall der Managemententlohnung durch den Eigentümer und den Manager personifiziert sind. Durch die Anknüpfung der Entlohnung des Managers beispielsweise an den buchhalterischen Gewinn soll sichergestellt werden, dass sich der Manager um eine den Unternehmenswert erhöhende Unternehmensführung bemüht. Hierdurch gehen jedoch auch entsprechende bilanzpolitische Anreize einher.[343] Der Manager kann seinen diskretionären Spielraum im Rahmen der Rechnungslegung für einen höheren Gewinnausweis nutzen und die ihm zur Verfügung stehenden bilanzpolitischen Instrumente in opportunistischer Weise ausüben, um seinen eigenen Wohlstand zu maximieren.[344] Die einzelnen Vergütungsmodelle sind jedoch differenziert zu betrachten, beispielsweise kann sich im Fall von Vergütungsmodellen mit Ober- oder Untergrenzen auch die Vorwegnahme von Verlusten in Form des sogenannten *big bath accounting* als rational darstellen.[345] Dennoch unterstellt die sogenannte *bonus plan hypothesis*, dass bei Vorliegen einer ergebnisorientierten Vergütung des Managements eine ergebniserhöhende Bilanzpolitik feststellbar ist.[346] Derartiges Verhalten lässt sich auch damit begründen, dass das Management die Wahrscheinlichkeit senken will, aufgrund einer auf schlechte Entscheidungen zurückzuführenden niedrigen Wertentwicklung ausgetauscht zu werden.[347]

---

342 Vgl. Watts/Zimmerman (1986), S. 157, Haller (1994), S. 597 f., Healy/Wahlen (1999), S. 375. Für einen Überblick auch Watts/Zimmerman (1990). Kritisch zur Methodologie der *positive accounting theory* in Anbetracht der von Popper (1959) formulierten Anforderungen vgl. Christenson (1983).

343 Die Adressaten können auf das Betreiben von Bilanzpolitik nur eingeschränkt reagieren, strategisch befinden sie sich stets im Nachteil, vgl. Wagenhofer/Ewert (2007), S. 303.

344 Vgl. Watts/Zimmerman (1986), S. 200-210, Healy/Wahlen (1999), S. 375-377, Fields/Lys/Vincent (2001), S. 265-271, einschließlich Diskussion einschlägiger empirischer Studien. Das Bilanzierungsverhalten eines Unternehmens wird in der Literatur aus vertragstheoretischer Perspektive neben opportunistischen Motiven des Managers auch mittels effizienter Vertragsgestaltung (*efficient contracting*) begründet, vgl. Holthausen (1990), S. 207 f. Für eine ausführlichere Darstellung hierzu Detert (2008), S. 75-77.

345 Vgl. Detert/Sellhorn (2007), S. 249, zum *big bath accounting* auch White/Sondhi/Fried (2003), S. 60 m.w.N.

346 Vgl. Watts/Zimmerman (1986), S. 208.

347 Vgl. Christie/Zimmerman (1994), S. 542.

Im Fall von Kreditverträgen möchte der Fremdkapitalgeber als Prinzipal seine Interessen erfüllt wissen, indem die Kreditgewährung an das Einhalten bestimmter Kennzahlen geknüpft wird und bei Über- bzw. Unterschreiten dieser Kennzahlen entsprechende Konsequenzen beispielsweise in Form neuer Verhandlungen mit Zinserhöhung oder gar eine sofortige Fälligstellung des Kredits drohen. Die hierfür zu Grunde gelegten Kennzahlen können sich beispielsweise in bestimmten Dividendenrestriktionen, Liquiditätsgraden, im Verschuldungsgrad oder in anderen Bilanzstrukturkennzahlen ausdrücken. Die zu Grunde liegende Intention der Fremdkapitalgeber besteht darin, sich vor einer Erhöhung ihrer Transaktionskosten bzw. im Extremfall der „Enteignung" ihres Vermögens zu schützen. Hierfür beschränken sie die Investitions- und Finanzierungsmöglichkeiten des Unternehmens. Aufgrund von derlei Kreditklauseln (*covenants*) ergeben sich jedoch Anreize für ein dahingehendes bilanzpolitisches Verhalten, das die Wahrscheinlichkeit der Verletzung dieser Klauseln reduziert.[348] Aufgrund dessen kann die sogenannte *debt-to-equity hypothesis* formuliert werden, die den Einsatz von ergebniserhöhenden Instrumenten im Fall eines steigenden Verschuldungsgrades bei Vorliegen von Kreditklauseln postuliert.[349]

Neben Anreizen, die aus ergebnisorientierten Entlohnungsverträgen oder Kreditklauseln resultieren, werden im Rahmen der *positive accounting theory* auch weitere Anreize diskutiert, die sich aus dem Ziel der Reduzierung politischer Kosten ergeben. Zudem wird eine Differenzierung der Anreize bei manager- bzw. eigentümergeleiteten Unternehmen vorgenommen.[350] Politische Kosten entstehen dadurch, dass der Staat – aus unterschiedlichen Gründen – regulierend in abgegrenzte Märkte oder Branchen eingreift, wodurch die Regulierungsobjekte in ihrer individuellen Handlungs- und Vertragsfreiheit eingeschränkt werden und ein Wohlfahrtstransfer resultiert.[351] Die Unternehmensgröße wird als

348 Vgl. Watts/Zimmerman (1986), S. 210-217, Watts (1992), S. 249 f., Healy/Wahlen (1999), S. 376, Fields/Lys/Vincent (2001), S. 271-275, jeweils m.w.N. Vgl. auch Haller (1994), S. 599 f. und Detert/Sellhorn (2007), S. 249.

349 Vgl. Watts/Zimmerman (1986), S. 216. Übersichtsartig zur empirischen Evidenz der *debt-to-equity hypothesis* vgl. Watts/Zimmerman (1986), S. 258 f., Coenenberg/Haller (1993), S. 579, jeweils m.w.N. Als aktuellere Studien in diesem Zusammenhang können bspw. Dechov/Skinner (2002) oder Dechov/Shakespeare (2009) genannt werden, die von Scott (2011), S. 311 f. bzw. S. 314 ausführlicher erörtert werden.

350 Zu Letzerem vgl. bspw. Smith (1976), Dhaliwal/Salamon/Smith (1982), Yeo/Tan/Ho/Chen (2002).

351 Vgl. Watts/Zimmerman (1978), S. 115, zur Begriffsdefinition von Regulierung vgl. Fülbier (1999), S. 468 unter Verweis auf von Weizsäcker (1982), S. 326. Ähnlich

Stellvertretervariable für politische Aufmerksamkeit betrachtet, indem große Unternehmen stärker im Fokus der Regulierung stehen als kleine Unternehmen und damit einen höheren Wohlfahrtstransfer hinnehmen müssen.[352] Somit nehmen mit steigender Unternehmensgröße die politischen Kosten eines Unternehmens beispielsweise in Form von Steuern, aber auch Gewerkschaftsforderungen oder Kartellauflagen zu.[353] Da zudem die politischen Kosten als Funktion der ausgewiesenen Gewinne betrachtet werden, üben Manager großer Unternehmen gemäß der sogenannten *size hypothesis* eine ergebnisreduzierende Bilanzpolitik aus.[354] Obgleich diese Hypothese empirische Evidenz findet, ist der Zusammenhang zwischen Unternehmensgröße und politischen Kosten kritisch zu hinterfragen, indem die Unternehmensgröße auch als Stellvertretervariable für eine Vielzahl anderer Einflussgrößen wie beispielsweise die Insolvenzwahrscheinlichkeit oder auch den Wettbewerbsvorteil gegenüber Konkurrenten fungieren kann.[355] Aufgrund mangelnder Alternativen wird jedoch weiterhin die Unternehmensgröße, üblicherweise in Form der logarithmierten Bilanzsumme, verwendet.[356] Auch kann keine alternative Theorie den empirischen Zusammenhang zwischen Unternehmensgröße und ergebnisminderndem Rechnungslegungsverhalten erklären.[357]

Detert (2008), S. 70, der jedoch zur Begriffsdefinition politischer Kosten auf Watts/Zimmerman (1986), S. 235 verweist.

352 Vgl. Watts/Zimmerman (1978), S. 115, Watts/Zimmerman (1986), S. 235, Watts/Zimmerman (1990), S. 139.

353 Vgl. Haller (1994), S. 601.

354 Vgl. Watts/Zimmerman (1986), S. 235, Whittington (1987), S. 328, Watts/Zimmerman (1990), S. 133.

355 Vgl. Ball/Foster (1982), S. 182-184 und S. 190 f., Moses (1987), S. 363 Fn. 6, Watts/Zimmerman (1990), S. 140, Bujaki/Richardson (1997), S. 5 f.

356 Durch die logarithmische Transformation wird die Streuung und Asymmetrie einer Variable verringert, vgl. Chatterjee/Price (1995), S. 53. Auch in Studien zur Steueraggressivität wird regelmäßig auf den natürlichen Logarithmus der Bilanzsumme als Proxy für die Unternehmensgröße zurückgegriffen, vgl. bspw. Frank/Lynch/Rego (2009), S. 476, Higgins/Omer/Phillips (2011), S. 14, Lanis/Richardson (2012), S. 96. Alternativ wird in derartigen Studien auch der natürliche Logarithmus des Marktwerts des Eigenkapitals eingesetzt, vgl. bspw. Chen/Chen/Cheng/Shevlin (2010), S. 49 oder McGuire/Wang/Wilson (2011), S. 30. Die Einsatzmöglichkeit eines sich auf den Marktwert stützenden Proxys beschränkt sich dabei naturgemäß auf börsennotierte Unternehmen.

357 Vgl. Watts/Zimmerman (1986), S. 239 f., Watts/Zimmerman (1990), S. 140, hierzu auch Detert (2008), S. 72.

Eine interessante Feststellung ergibt sich des Weiteren daraus, dass die benannten Hypothesen konfligierende Ziele für die mit der Erstellung der Rechnungslegung betrauten Personen beinhalten, indem diese einerseits einen hohen Ausweis des Unternehmensgewinns anstreben, anderseits durch die drohenden politischen Kosten auf einen niedrigen Gewinnausweis gerichtet sind. Dieser Zielkonflikt wird im Rahmen der *positive accounting theory* als Begründung für das international feststellbare Gewinnglättungsverhalten (*income smoothing*) herangezogen und als „Kompromisslösung" für den Bilanzpolitik betreibenden Manager interpretiert, da ein stetig wachsender Gewinn und die Vermeidung großer Ergebnissprünge mit allen drei Hypothesen vereinbar ist. Zudem deuten die Ergebnisse verschiedener US-amerikanischer und auch deutscher Studien darauf hin, dass managergeleitete Unternehmen zu einer stärkeren Gewinnglättung neigen als eigentümergeleitete.[358] Dies kann darauf zurückgeführt werden, dass die Beurteilung durch die Aktionäre ebenso wie durch Fremdkapitalgeber oder die breite Öffentlichkeit nicht nur von dem als angemessen betrachteten Gewinn abhängt, sondern auch von dessen kontinuierlicher Entwicklung, so dass das Management versucht, extreme Abweichungen zu vermeiden.[359] Eine durch die Manager vorgenommene Gewinnglättung verstetigt den ausgewiesenen Gewinn, wodurch im Zeitablauf, wenn die Ausschüttungen an diesen Gewinn geknüpft sind, auch der den Anteilseignern zur Verfügung stehende Ausschüttungsbetrag verstetigt wird.[360] Hierdurch möchte die Geschäftsleitung ihren eigenen Nutzen maximieren, indem dieser u.a. mit der Sicherheit ihrer Position, der Höhe und der Steigerungsrate ihres Einkommens zunimmt und das Erreichen dieser Ziele zu einem gewissen Anteil an das Ausmaß der Zufriedenheit der Gesellschafter gebunden ist, die ihrerseits von stetigen (wachsenden) Unternehmensgewinnen abhängt. Die Großaktionäre einer eigentümergeleiteten Unternehmung lassen sich dagegen durch bilanzpolitische Maßnahmen nicht über die wahre Lage des Unternehmens täuschen.[361]

---

358 Vgl. Haller (1994), S. 603 m.w.N. Das Gewinnglättungsverhalten von Unternehmen ist Gegenstand zahlreicher Studien unterschiedlicher Ausrichtung, speziell für die beiden jüngsten Dekaden vgl. bspw. Wang/Williams (1994), DeFond/Park (1997), Barton (2001), Elgers/Pfeiffer/Porter (2003), Habib (2005), Tucker/Zarowin (2006), LaFond/Lang/Skaife (2007), Atik (2009), Grant/Markarin/Parbonetti (2009), Huang/Zhang/Deis/Moffitt (2009), Abou el Sood (2012). Neben der Gewinnglättung gilt auch die vorsichtige Rechnungslegung als ein zentrales *earnings attribute* in Bezug auf die Koordinationsfunktion der Rechnungslegung, vgl. Fülbier/Gassen/Ott (2010), S. 1358 f. m.w.N.

359 Vgl. Coenenberg/Schmidt/Werhand (1983), S. 323.

360 Vgl. Hinz (1994), S. 36.

361 Vgl. Coenenberg/Schmidt/Werhand (1983), S. 324 unter Verweis auf Gordon (1964), S. 261 f.

3.1.2.2 Kapitalmarktinduzierte Anreize

Neben vertraglich basierten Anreizen für eine bestimmte Rechnungslegungsausübung ist eine zweite Gruppe von Anreizen auf die Informationsfunktion der Rechnungslegung für (potentielle) Investoren, d.h. Kapitalmarktteilnehmer, zurückzuführen. Hierbei wird angenommen, dass zwischen den Daten der Rechnungslegung und dem Aktienkurs ein Zusammenhang besteht. Der Mechanismus einer Preisbeeinflussung durch entsprechende Rechnungslegungsausübung wird dabei in der entsprechenden Literatur nicht einschlägig beantwortet, wobei die Wurzeln von derlei Studien in dem Zusammenhang von Gewinn und Aktienkurs liegen, der erstmals von Ball/Brown (1968) dokumentiert wurde.[362]

Bedeutsam für die Frage eines Zusammenhangs zwischen Aktienkurs und Rechnungslegungsausübung ist das Konzept der Informationseffizienz des Kapitalmarkts.[363] Die Informationseffizienzhypothese des Kapitalmarkts kann auf Fama (1970) zurückgeführt werden, der einen informationseffizienten Markt dadurch definiert, dass die Wertpapierpreise auf diesem Markt, i.e. die Aktienkurse, jederzeit alle verfügbaren Informationen widerspiegeln.[364] Das Konzept der Informationseffizienzhypothese kann je nach Umfang der in den Marktpreisen verarbeiteten Informationen in verschiedene Kategorien unterteilt werden: die schwache Form der Informationseffizienz, die halbstrenge Form und die strenge Form. Im Rahmen eines schwach informationseffizienten Marktes sind im aktuellen Marktpreis alle Informationen über vergangene Kursentwicklungen enthalten. Liegt ein halbstreng informationseffizienter Markt vor, so spiegelt der aktuelle Marktpreis zum einen sämtliche Informationen über vergangene Kursentwicklungen als auch jegliche öffentlich verfügbaren Informationen wider. Im Fall der strengen Informationseffizienz berücksichtigt der aktuelle Marktpreis alle (d.h. öffentlich zugängliche sowie nicht öffentlich zugängliche) Informationen.[365] Das tatsächliche Ausmaß der Informationseffizienz wurde zwar bereits in zahlreichen Studien untersucht, ein eindeutiges

362 Vgl. Fields/Lys/Vincent (2001), S. 275, Kothari (2001), S. 197. Die Studie von Ball/Brown (1968) löste im Übrigen einen Paradigmenwechsel in der Rechnungslegungsforschung aus, vgl. hierzu Nichols/Wahlen (2004), S. 264 sowie insbesondere auch Fülbier/Weller (2009).

363 Vgl. Watts/Zimmerman (1986), S. 108, Detert/Sellhorn (2007), S. 249.

364 Vgl. Fama (1970), S. 383.

365 Vgl. Jensen (1978), S. 97.

Ergebnis liegt jedoch bislang nicht vor.[366] Wird die Annahme eines halbstreng informationseffizienten Marktes zu Grunde gelegt, so würde Bilanzpolitik insofern keine Kapitalmarktreaktion hervorrufen, da die (rationalen) Kapitalmarktteilnehmer Bilanzpolitik mittels Rückgriff auf öffentlich zugängliche Quellen im Abschluss identifizieren und revidieren (können).[367] Hierbei gilt es jedoch, zwischen Bilanzpolitik, die nur „kosmetische" Effekte hervorruft, und eine tatsächliche Konsequenzen in Form eines Cashfloweffekts begründende Bilanzpolitik zu differenzieren, indem letztere durchaus eine Kapitalmarktreaktion hervorzurufen vermag.[368] Dennoch ist eine derartige, wenngleich verbreitete, dichotome Einteilung als zu stark vereinfachend zu betrachten, sofern Effekte auf die Managementvergütung oder anderweitige Vertragsbeziehungen mit einbezogen werden, da hierdurch beinahe jede Form von Bilanzpolitik Cashflowkonsequenzen nach sich zieht.[369] Denkbar ist jedoch, dass zielgerichtete Bilanzpolitik, auch wenn sie nicht zur (opportunistischen) Täuschung der Investoren eingesetzt werden kann, den Managern die Möglichkeit zur Weitergabe von Insiderinformationen und Signalisierung von Zukunftserwartungen eröffnet. Auch ist anzumerken, dass Manager möglicherweise einen nicht-informationseffizienten Markt unterstellen bzw. überzeugt sind, dass (zumindest einige) der Rechnungslegungsadressaten keine Revidierung der Bilanzpolitik vornehmen, weshalb sie Bilanzpolitik mit dem Ziel einer Kapitalmarktreaktion betreiben, obgleich der entgegen der Erwartungen des Managements effiziente Markt diese Reaktion nicht hervorbringen wird.[370] Der Wunsch, einen hohen Aktienkurs durch „Aufblähen" des aktuellen Gewinnausweises zu erzielen, ist dabei möglicherweise kontraproduktiv, indem die auf lange Sicht eigentlich vorteilhaften Handlungsweisen zu Gunsten eines aktuell höheren Gewinnausweises nicht wahrgenommen werden.[371] In der Praxis stellt es sich jedoch als äußerst komplex dar, zwischen den beiden genannten Motivationen – Täuschung und Signalisierung – zu differenzieren.[372]

---

366 Vgl. Steiner/Bruns/Stöckl (2012), S. 42-47 m.w.N.

367 Vgl. Detert/Sellhorn (2007), S. 249, Detert (2008), S. 78 f. w.m.N.

368 Dies ist wiederum durch die Annahme eines auf Cashgrößen basierenden Bewertungsverfahrens durch die Investoren begründbar, vgl. hierzu ausführlicher Kap. 4.1.2.

369 Vgl. Lev/Ohlson (1982), S. 250.

370 Vgl. Healy/Wahlen (1999), S. 369, Fields/Lys/Vincent (2001), S. 259, Detert/Sellhorn (2007), S. 249.

371 Vgl. Stein (1989), S. 655.

372 Vgl. Fields/Lys/Vincent (2001), S. 259.

Die Ergebnisse von Studien zur Aktienkursreaktion aufgrund von gezielter Rechnungslegungsausübung, die mit der Informationseffizienzhypothese nicht vereinbar sind, werden zum Teil mit Hilfe der sogenannten *hypothesis of functional fixation* begründet. Diese unterstellt irrationale Investoren, welche auf Gewinngrößen stets in dergleichen Art und Weise reagieren, unabhängig von dem zu Grunde liegenden Rechnungslegungsverfahren, das zur Ermittlung derselben eingesetzt wurde. Wenn die Gesamtheit der Investoren in dieser Art reagiert, entsteht ein mechanischer Zusammenhang zwischen ausgewiesenem Gewinn und Aktienkurs.[373]

Gegenüber vertraglich induzierten Anreizen setzen die Überlegungen zu kapitalmarktorientierten Anreize voraus, dass die Anteile des Unternehmens an einem organisierten Markt, dem Kapitalmarkt, gehandelt werden. (Potentielle) Eigentümer besitzen durch einen organisierten und darum transaktionskostenarmen Kapitalmarkt die Möglichkeit, unsystematisches Risiko zu diversifizieren. Darüber hinaus können sich die Kapitalgeber, wie in Kap. 2.3.1.2 bereits dargelegt und in Kap. 4.1.2 noch näher erörtert, „preisversichern". Dieser Zusammenhang gilt umso mehr, je geringer die Transaktionskosten auf diesem Markt sind. Dadurch tritt die Bewertungsfunktion hier deutlich stärker in den Fokus.[374] Insofern ist zwischen börsennotierten und nichtbörsennotierten Unternehmen, für welche die Bewertungsfunktion im Umkehrschluss keine derartige Bedeutung besitzt, eine Diskrepanz hinsichtlich der ihr jeweiliges Rechnungslegungsverhalten definierenden Determinanten zu erwarten. Bevor diese Diskrepanz sowie ihre möglichen Auswirkungen auf das jeweilige Steueraggressivitätsverhalten näher beleuchtet werden (kann), sind allerdings noch verschiedene Aspekte der Steueraggressivität insbesondere im Zusammenspiel mit der Rechnungslegung zu diskutieren. So ist die Konkretisierung der Steueraggressivität in der steuerlichen Rechnungslegung darzulegen, im Anschluss die Kosten der Steueraggressivität zu identifizieren, mögliche Messmethoden von Steueraggressivität mit Hilfe der externen Rechnungslegung zu erörtern und schließlich bestehende empirische Erkenntnisse zur Steueraggressivität zu systematisieren und zusammenzutragen. Für die Darlegung der Konkretisierung der Steueraggressivität in der steuerlichen Rechnungslegungspolitik ist im Folgenden jedoch zunächst auf die Grundzüge der Unternehmensbesteuerung einzugehen.

---

373 Vgl. Watts/Zimmerman (1986), S. 74 f und S. 160, Fields/Lys/Vincent (2001), S. 275.

374 Vgl. Fülbier/Gassen (2008), S. 140 f.

3.2 Konkretisierung von Steueraggressivität in der steuerlichen Rechnungslegungspolitik

3.2.1 Grundzüge der Unternehmensbesteuerung

3.2.1.1 Differenzierung der Unternehmensrechtsformen

Da die sogenannten Personensteuern (ESt und KSt, auch KiSt und SolZ) von der Rechtsform des Unternehmens abhängig sind,[375] werden im Folgenden die grundlegenden Rechtsformen diskutiert. So gilt es, im deutschen Handels- und Gesellschaftsrecht grundsätzlich zwischen Personen- und Kapitalgesellschaften zu unterscheiden. Als Grundtyp der deutschen Personengesellschaft ist dabei die Gesellschaft bürgerlichen Rechts (GbR) zu sehen, die aufgrund ihrer gesetzlichen Regelung in den §§ 705 ff. BGB auch als BGB-Gesellschaft bezeichnet wird.[376] Zu den Personengesellschaften zählen neben der GbR auch die Kommanditgesellschaft (KG), die Offene Handelsgesellschaft (OHG), die Stille Gesellschaft und die Partnerschaftsgesellschaft (PartG). Für die Handelsgesellschaften der OHG und KG finden sich neben den für Personengesellschaften allgemein geltenden Vorschriften des BGB zudem gesonderte Vorschriften im HGB (§§ 105 ff. HGB bzw. §§ 161 ff. HGB). Die PartG wird überdies im Partnerschaftsgesellschaftsgesetz (PartGG) geregelt.[377]

Unter dem zusammenfassenden Begriff der Kapitalgesellschaften werden Aktiengesellschaften (AG), Kommanditgesellschaften auf Aktien (KGaA) und Gesellschaften mit beschränkter Haftung (GmbH) zusammengefasst.[378] Diese gehen auf den Grundtyp des eingetragenen Vereins zurück (§§ 21 ff. BGB).[379] Die Legaldefinition der AG findet sich in § 1 des Aktiengesetzes (AktG),[380] die der KGaA in § 278 AktG.[381] Das GmbH-Gesetz (GmbHG) gibt keine derartige Legaldefinition

---

375 Vgl. Haase/Diller (2006), S. 151.

376 Vgl. Klunzinger (2012), S. 2.

377 Vgl. Eisenhardt/Wackerbarth (2011), S. 8 f., Grunewald (2011), S. 3. Grunewald führt als weitere Personengesellschaften auch die Europäische Wirtschaftliche Interessengemeinschaft und die Partnerreederei auf.

378 Vgl. Raiser/Veil (2010), S. 1.

379 Vgl. Klunzinger (2012), S. 2.

380 „Die Aktiengesellschaft ist eine Gesellschaft mit eigener Rechtspersönlichkeit. Für die Verbindlichkeiten der Gesellschaft haftet den Gläubigern nur das Gesellschaftsvermögen.“, § 1 Abs. 1 AktG und „Die Aktiengesellschaft hat ein in Aktien zerlegtes Grundkapital.“, § 1 Abs. 2 AktG.

381 „Die Kommanditgesellschaft auf Aktien ist eine Gesellschaft mit eigener Rechtspersönlichkeit, bei der mindestens ein Gesellschafter den Gesellschaftsgläubigern

für die GmbH vor wie das AktG für die AG oder die KGaA. Gemäß den §§ 1, 5, 13 GmbHG gelten jedoch diesselben Merkmale der Rechtspersönlichkeit; abweichend von der Terminologie des AktG besitzt eine GmbH in Stammeinlagen (Geschäftsanteile) zerlegtes Stammkapital.[382]

Personengesellschaften unterscheiden sich von Kapitalgesellschaften dahingehend, dass letztere eine „juristische Person" darstellen.[383] Eine juristische Person zeichnet sich dadurch aus, dass dieser eine eigene Rechtspersönlichkeit zugeschrieben wird. Sie ist damit bereits aufgrund dieser Tatsache selbst Träger von Rechten und Pflichten und damit rechtsfähig.[384] Der Erwerb der Rechtsfähigkeit durch eine juristische Person erfolgt dabei allerdings erst durch konstitutive Eintragung in ein staatliches Register.[385] Jedoch sind auch Personengesellschaften – wenngleich diesen keine eigene Rechtspersönlichkeit zugeschrieben wird – selbst Träger von Rechten und Pflichten und damit rechtsfähig. Während sich dies für die handelsrechtlichen Personengesellschaften und die Partnerschaftsgesellschaft aus den Vorschriften der §§ 124 Abs. 1, 161 Abs. 2 HGB und § 7 Abs. 2 PartGG ergibt, erfolgte die Anerkennung der (Teil-)Rechtsfähigkeit für die GbR durch eine Entscheidung des Bundesgerichtshofs (BGH) im Jahr 2001.[386] Damit sind die Grenzen zwischen Personengesellschaften und juristischen Personen jedenfalls hinsichtlich der Rechtsfähigkeit fließender geworden.[387] Eine Differenzierung ist nur noch aufgrund sachimmanenter Strukturen geboten.[388]

---

unbeschränkt haftet (persönlich haftender Gesellschafter) und die übrigen an dem in Aktien zerlegten Grundkapital beteiligt sind, ohne persönlich für die Verbindlichkeiten zu haften (Kommanditaktionäre).", § 278 Abs. 1 AktG.

382 Vgl. Raiser/Veil (2010), S. 327.

383 Vgl. Grunewald (2011), S. 186. Grundlegend zur juristischen Person vgl. Flume (1983).

384 Vgl. Eisenhardt/Wackerbarth (2011), S. 9.

385 Vgl. Eisenhardt/Wackerbarth (2011), S. 10. Ein staatliches Register stellt bspw. das Vereinsregister, das Handelsregister oder das Genossenschaftsregister dar.

386 Vgl. Raiser/Veil (2010), S. 9 f. Nach der Rechtsprechung des BGH, Urteil vom 29.01.2001, Az. II ZR 331/00, gilt die Rechtsfähigkeit für eine GbR nur, sofern es sich nicht um eine reine Innengesellschaft handelt, vgl. Raiser/Veil (2006), S. 10 m.w.N.

387 Vgl. Eisenhardt/Wackerbarth (2011), S. 11 f.

388 So gilt bspw. bei den Personengesellschaften der Grundsatz der sogenannten Selbstorganschaft, wonach grundsätzlich nur Gesellschafter zur Geschäftsführung und Vertretung der Gesellschaft berufen sind, wohingegen juristische Personen hierfür im Wege der Fremdorganschaft auch auf unternehmensexterne Personen zurückgreifen können, vgl. Schmidt (2002), S. 409-144.

3.2.1.2 Anknüpfungsprinzipien der Ertragsteuern

Die Wahl der Rechtsform wirkt sich insoweit auf die zu entrichtenden Steuern aus, weil das deutsche Steuerrecht bei der Besteuerung von Unternehmen in Bezug auf die sogenannten Personensteuern nach der Rechtsform entscheidet.[389] Der betriebswirtschaftliche Unternehmensbegriffs tritt hinter die zivilrechtliche Wertung zurück.[390] Zu den Personensteuern zählen vor allem die Einkommen- und die Körperschaftsteuer.[391] Während erstere für natürliche Personen wie den Einzelunternehmer oder auch für die Gesellschafter einer Personengesellschaft im Sinne von Mitunternehmern[392] gilt, unterliegen juristische Personen wie Kapitalgesellschaften der Körperschaftsteuer.[393] Das Nebeneinander von einkommensteuerpflichtigen Personenunternehmen sowie körperschaftsteuerpflichtigen Kapitalgesellschaften in Deutschland wird häufig als Dualismus bzw. dualistisches

---

389 Vgl. Jacobs (2009), S. 91. Auf eine nähergehende Diskussion zur Steuerfähigkeit der „Unternehmung", die keinen Rechtsbegriff darstellt, soll verzichtet werden. Eine eingehende Diskussion dieser Problematik bietet bspw. Dornfeld (1966). Des Weiteren konzentriert sich die vorliegende Arbeit auf die Ertragsteuerarten. Umsatz- und spezielle Verkehrsteuern werden außer Acht gelassen.

390 Vgl. Scheffler (2012), S. 18. Die uneinheitliche Besteuerung von Unternehmen ist auch Ausgangspunkt zur steueroptimalen Wahl der Rechtsform, vgl. Jacobs/ Scheffler (1996), die auch Gestaltungsempfehlungen für eine rechtsformneutrale Besteuerung bieten. In der Praxis wird durch die Rechtsformabhängigkeit der Unternehmensbesteuerung eine Steueroptimierung insbesondere auch durch Kombination verschiedener Rechtsformen genutzt, vgl. Hennrichs (2013), Rz. 3.

391 Als weitere Personensteuer zählt die Erbschafts- und Schenkungsteuer. Ausführlich zur Steuerart der Einkommensteuer bspw. Hey (2013c) sowie zur Steuerart der Körperschaftsteuer bspw. Hey (2013d), jeweils m.w.N.

392 Als Mitunternehmer i.S.d. § 15 Abs. 1 Satz 1 Nr. 2 EStG gilt, wer „als Gesellschafter einer Personengesellschaft oder (...) als Teilhaber einer wirtschaftlich vergleichbaren Gemeinschaft Mitunternehmerrisiko trägt und Mitunternehmerinitiative entfalten kann", Hennrichs (2013), Rz. 35 m.w.N. Ein typisch stiller Gesellschafter i.S.d. § 230 HGB erfüllt die Definition eines Mitunternehmers nicht. Die Haftung eines stillen Gesellschafters gegenüber Dritten ist bspw. ausgeschlossen, vgl. hierzu Schulte (2005), Rz. 22. Zudem werden die aus dem Unternehmen erzielten Einkünfte eines typisch stillen Gesellschafters als Einkünfte aus Kapitalvermögen gem. § 20 Abs. 1 Nr. 4 EStG klassifiziert, vgl. Hennrichs (2013), Rz. 30.

393 Vgl. Jacobs (2009), S. 91 und S. 94 f. Auf Einkommen- und Körperschaftsteuer ist eine Ergänzungsabgabe in Form des Solidaritätszuschlags zu leisten, vgl. § 1 Solidaritätszuschlaggesetz (SolzG).

System bezeichnet.[394] Das in Kap. 2.1.1 bereits erläuterte Prinzip der Leistungsfähigkeit wird dabei auf natürliche und auf (inländische) juristische Personen angewandt. Dies ist aus dem Gleichheitssatz des Art. 3 Abs. 1 i.V.m. Art. 19 Abs. 3 GG abzuleiten, so dass damit auch juristische Personen Zuordnungssubjekte steuerlicher Leistungsfähigkeit sind.[395]

Die im Einkommensteuerrecht definierten Gewinneinkunftsarten (§ 13 Einkünfte aus Land- und Forstwirtschaft, § 15 Einkünfte aus Gewerbebetrieb, § 18 Einkünfte aus selbständiger Arbeit) legen der Besteuerung den Gewinn zu Grunde, welcher entsprechend der Reinvermögenszugangstheorie als das während eines bestimmten Zeitabschnitts zufließende Reinvermögen definiert wird.[396] Im Fall einer natürlichen Person als Steuersubjekt werden zur Berechnung der tatsächlichen Steuerschuld zusätzlich die persönlichen Umstände wie beispielsweise Familienstand, Zahl der Kinder oder Umfang der Sonderausgaben berücksichtigt (persönliche Leistungsfähigkeit).[397] Ein entsprechendes Berechnungsschema des sogenannten „zu versteuernden Einkommens" gibt § 2 EStG vor. Das zu versteuernde Einkommen bildet die Bemessungsgrundlage für die tarifliche Einkommensteuer (§ 2 Abs. 5 EStG).[398]

Neben der Einkommen- und Körperschaftsteuer existiert als weitere Unternehmensteuer die Gewerbesteuer, die jedoch im Gegensatz zu den genannten Personensteuern nicht am Steuersubjekt, sondern am Steuerobjekt – dem Gewerbebetrieb – anknüpft.[399] Eine Legaldefinition des Gewerbebetriebes bietet § 2 Gewerbesteuergesetz (GewStG), welcher auf „ein gewerbliches Unternehmen im Sinne des Einkommensteuergesetzes" (§ 2 Abs. 1 Satz 2) verweist.[400] Der

394 Vgl. Hennrichs (2013), Rz. 1. Der Begriff des „Dualismus" kann sich hierbei jedoch auch auf die Ausrichtung der Überschusseinkunftsarten an der Quellentheorie und der Gewinneinkunftsarten an der Reinvermögenszugangstheorie beziehen, vgl. bspw. Homburg (2010), S. 227.

395 Vgl. Hey (2013a), Rz. 49-51.

396 Vgl. Kap. 2.1.1 sowie dort genannte Literaturhinweise. Der im steuerrechtlichen Sprachgebrauch verwendete Begriff des Einkommens im Sinne des zufließenden Reinvermögens ist von dem des wirtschaftswissenschaftlichen Sprachgebrauchs zu unterscheiden, vgl. Schneider (1978), S. 34.

397 Vgl. Jacobs (2009), S. 92, Scheffler (2012), S. 34.

398 Zum Einkommensteuertarif vgl. § 32a EStG vorbehaltlich der §§ 32b, 32d, 34a, 34b und 34c EStG.

399 Vgl. Jacobs (2009), S. 91 f., Scheffler (2012), S. 31.

400 Für Einkommensteuer zu entrichtende Gewerbetreibende wird eine Steuerermäßigung gewährt (§ 35 EStG). Dies dient der Vermeidung einer Doppelbelastung durch gleichzeitige Einkommen- und Gewerbesteuer.

Personen-, Körperschaft- und Gewerbesteuer ist gemein, dass sie den Reinvermögenszuwachs besteuern und damit an der gleichen Besteuerungsbasis angreifen.[401] Diese drei Steuerarten werden auch unter dem Begriff der „Ertragsteuern“ zusammengefasst, welcher jedoch terminologisch als nicht ganz präzise zu betrachten ist, da nicht der Ertrag, sondern vielmehr eine Form von finanziellem Ergebnis, d.h. stets eine Saldogröße, besteuert wird.[402]

Festgehalten werden kann, dass das deutsche Steuerrecht stets eine Individualbesteuerung einzelner Rechtssubjekte verfolgt, die auch für solche in einem wirtschaftlichen Verbund stehenden rechtlichen Einheiten gilt, wie es beispielsweise in einem Konzernzusammenschluss gegeben ist. Um dieser wirtschaftlichen Verbundenheit Rechnung zu tragen, sieht der Gesetzgeber die Möglichkeit des Rechtsinstituts der sogenannten Organschaft vor.[403] Während die Tatbestandsmerkmale einer Organschaft für Körperschaftsteuer, Gewerbesteuer und Umsatzsteuer lange unterschiedlich ausgestaltet waren, herrscht im Bereich des Ertragsteuerrechts heute weitgehender Gleichklang. So knüpft der Gesetzgeber die Rechtsfolgen einer gewerbesteuerlichen Organschaft gemäß § 2 Abs. 2 GewStG daran, dass die Voraussetzungen einer Organschaft im Sinne des Körperschaftsteuerrechts erfüllt sind.[404] Die wesentlichen Tatbestandsvoraussetzungen der körperschaftsteuerlichen Organschaft und ihre Rechtsfolgen sind in den §§ 14 ff. KStG geregelt, sofern die Organgesellschaft in der Rechtsform einer Societas Europaea (SE), AG oder KGaA vorliegt. Kapitalgesellschaften in anderer Rechtsform i.S.d. KStG finden über § 17 KStG Eingang in den Kreis möglicher Organgesellschaften. Die Voraussetzungen und grundsätzlichen Rechtswirkungen einer Organschaft mit ausländischem Organträger sind durch § 18 KStG geregelt. Als Rechtsfolge einer Organschaft resultiert die Zurechnung des Einkommens der finanziell in den Organträger eingegliederten Organgesellschaft zum Organträger, wofür das Gesetz jedoch den Abschluss und die Durchführung eines Gewinnabführungsvertrages i.S.d. § 291 Abs. 1 AktG verlangt.[405]

---

401 Vgl. Scheffler (2012), S. 30.

402 Vgl. Fülbier (2006), S. 14, der unter Verweis auf Schneider (2002), S. 7 den Ausdruck der „Steuern auf das finanzielle Ergebnis“ für treffender befindet.

403 Vgl. Herzig (2003a), S. 3. Das in der derzeitigen Form existierende Institut der Organschaft ist jedoch nicht unumstritten. Häufig wird diesem mangelnde Praxistauglichkeit attestiert. Zu einer kritischen Reflexion aktueller Reformvorschläge vgl. Frey/Sälzer (2012). Für eine ausführliche Analyse des Rechtsinstituts der Organschaft im Spannungsfeld unionsrechtlicher, gesellschaftsrechtlicher und steuerlicher Vorgaben vgl. Niehren (2011).

404 Vgl. Pache (2008), Rz. 118.

405 Vgl. Müller/Stöcker (2011), S. 48.

3.2.1.3 Handelsbilanz und Steuerbilanz

Das zu besteuernde finanzielle Ergebnis, i.e. der Reinvermögenszuwachs, wird steuerrechtlich als Gewinn bzw. Überschuss bezeichnet.[406] Den Begriff des Gewinns bestimmt § 4 EStG, die Ermittlung erfolgt anhand eines Betriebsvermögensvergleichs für Buchführungspflichtige. Für Nicht-Buchführungspflichtige räumt § 4 Abs. 3 die erleichternde Möglichkeit ein, als „Gewinn" den Überschuss der Betriebseinnahmen über die Betriebsausgaben anzusetzen.[407] Die steuerrechtliche Pflicht zur Buchführung ergibt sich aus der Abgabenordnung, welche zwischen originärer (§ 141 AO) und derivativer Buchführungsflicht (§ 140 AO) unterscheidet.[408] Originär buchführungspflichtig ist, wer als gewerblicher Unternehmer die in § 141 Abs. 1 AO angegebenen Größenordnungen, beispielsweise hinsichtlich des Umsatzes, überschreitet.[409] Der derivativen Buchführungspflicht unterliegt, „wer nach anderen Gesetzen als den Steuergesetzen Bücher und Aufzeichnungen zu führen hat, die für die Besteuerung von Bedeutung sind (…)".[410]

Rekurriert wird hierbei auf die handelsrechtliche Buchführungspflicht, welche gemäß § 238 HGB für „jeden Kaufmann" i.S.d. § 1 Abs. 1 HGB[411] besteht, es sei denn die Erleichterungsregel des § 241a HGB trifft zu.[412] § 238 Abs. 1 HGB gilt als die Generalnorm der Buchführung.[413] Aus § 242 HGB folgt die Pflicht zur Erstellung einer Bilanz (§ 242 Abs. 1 HGB) und einer Gewinn- und Verlustrechnung (§ 242 Abs. 2 HGB), welche zusammen den Jahresabschluss bilden (§ 242 Abs. 3 HGB).[414] Für Kapitalgesellschaften gelten darüber hinaus noch die

406 Vgl. Scheffler (2012), S. 30.

407 In dieser sogenannten Einnahmen-Überschuss-Rechnung wird keine Periodisierung vorgenommen, sondern es gilt das Zufluss-Abfluss-Prinzip (§ 11 EStG).

408 Zu originärer und derivativer Buchführungspflicht vgl. auch Bitz/Schneeloch/Wittstock (2011), S. 396 f.

409 Neben gewerblichen Unternehmern gilt dies auch für Land- und Forstwirte.

410 § 140 AO.

411 Der Wortlaut des § 1 Abs. 1 HGB definiert für die Zwecke des Handelsrechts den Kaufmann als denjenigen, „wer ein Handelsgewerbe betreibt". Zu beachten sind jedoch die §§ 1-7 HGB.

412 Bei Anwendung dieser Erleichterungsregel erfolgt auch eine steuerrechtliche Befreiung von der Buchführungspflicht über § 140 AO, vgl. Heno (2011), S. 37 mit Erläuterungen zu den Gründen dieser Erleichterungen sowie zu den Änderungen nach dem Bilanzrechtsmodernisierungsgesetz (BilMoG).

413 Vgl. Baetge/Kirsch/Thiele (2012), S. 94.

414 Wird eine Befreiung von der Buchführungspflicht nach § 241a HGB durchgeführt, so entfällt auch die Pflicht zur Aufstellung des Jahresabschlusses (§ 242 Abs. 4 HGB).

Vorschriften der §§ 264 ff. HGB, die u.a. die Erweiterung des Jahresabschlusses um einen Anhang und einen – nicht zum eigentlichen Jahresabschluss zählenden – Lagebericht vorsehen. Kapitalmarktorientierte Kapitalgesellschaften, welche nicht zur Erstellung eines Konzernabschlusses verpflichtet sind, haben ihren Jahresabschluss nebst Anhang und Lagebericht zusätzlich um eine Kapitalflussrechnung (KFR) und einen Eigenkapitalspiegel zu erweitern (§ 264 Abs. 1 HGB).[415] Die Funktionen des handelsrechtlichen Jahresabschlusses, i.e. des Einzelabschlusses, bestehen im Wesentlichen in der Dokumentations-, der Ausschüttungs- und der Informationsfunktion. Der handelsrechtliche Konzernabschluss, der in den §§ 290-314 HGB geregelt wird, besitzt hingegen nur eine Informationsfunktion.[416]

Dem Einzelabschluss nach HGB kommt zudem eine wichtige Aufgabe im Rahmen der Steuerermittlung zu. Über § 5 Abs. 1 Satz 1 EStG besitzt der handelsrechtliche Jahresabschluss Maßgeblichkeit für die steuerliche Gewinnermittlung,[417] wobei in § 5 Abs. 6 EStG ein sogenannter Bewertungsvorbehalt verankert wurde, die steuerrechtlichen Vorschriften der §§ 5-7 EStG sind zu beachten.[418] Während in früheren Jahren eine gesonderte Steuerbilanz neben der Handelsbilanz fast ausschließlich nur von publizitätspflichtigen[419] Unternehmen erstellt wurde und sich nicht-publizitätspflichtige Unternehmen auf eine Zusammenfassung der Abweichungen in einer Mehr-Weniger-Rechnung beschränkten oder in den meisten Fällen eine „Einheitsbilanz" erstellten, die handels- und bilanzsteuerrechtlichen Vorschriften genügte,[420] war die Einheitsbilanz in den jüngeren Jahren aufgrund der geltenden Regelungen immer schwieriger zu verwirklichen. Spätestens durch das BilMoG ist eine endgültige Emanzipierung der Steuerbilanz zu registrieren.[421] Obgleich es durch das 2009 in Kraft getretene BilMoG nicht nur

---

415 Einen Überblick über die gesetzlichen Regelungen bezüglich der Jahresabschlusserstellung bieten Fülbier/Weiß (2011).

416 Vgl. Pellens (2011a), S. 406-409.

417 Das Maßgeblichkeitspinzip ist dabei auch Gegenstand vieler Diskussionen in der Literatur. Für verschiedene Überlegungen zum Fortbestand des Maßgeblichkeitspinzips vgl. bspw. Haller (1992), Moxter (1997), Sigloch (2000), Kußmaul/Klein (2001), Freidank/Velte (2010). Für eine Darstellung der Entstehung des Maßgeblichkeitsprinzips vgl. Schneider (1991).

418 Vgl. Heno (2011), S. 32. Für einen Vergleich der Bewertungsmaßstäbe in der Handels- bzw. Steuerbilanz vgl. Wöhe/Mock (2010), S. 118-147. Der Begriff der „Steuerbilanz" wird in § 60 Abs. 2 EStDV verwendet im Sinne einer „den steuerlichen Vorschriften entsprechende[n] Bilanz".

419 Vgl. hierzu genauer Kap. 3.4.1.1.

420 Vgl. Bauer (1981a), S. 98 m.w.N.

421 Vgl. Herzig/Briesemeister (2009), S. 1.

zu weiteren Divergenzen von Handels- und Steuerbilanz kommt, sondern partiell auch Konvergenzen zu verzeichnen sind,[422] genügen diese nicht, dem Aufbrechen der Einheitsbilanz wirksam entgegenzutreten. Die Aufstellung einer eigenen Steuerbilanz ist nunmehr faktisch erforderlich.[423]

Der Gewinn laut Steuerbilanz bildet die Basis für das zu versteuernde Einkommen sowohl hinsichtlich der Einkommen- als auch der Körperschaftsteuer. Im Fall der Einkommensteuer treten gegebenenfalls noch anderweitige Einkünfte sowie – wie bereits beschrieben – die Berücksichtigung der persönlichen Leistungsfähigkeit hinzu.

Für den Zweck der Körperschaftsteuer wird der Gewinn laut Steuerbilanz allerdings noch modifiziert. Das folgende Schema (Tabelle 1) gibt die Berechnungsweise der Körperschaftsteuer von Kapitalgesellschaften ausgehend vom Ergebnis der Handelsbilanz wieder:

Tabelle 1: Schema zur Ermittlung der festzusetzenden Körperschaftsteuer ausgehend vom Handelsbilanzergebnis

	Jahresüberschuss/Jahresfehlbetrag aus der Handelsbilanz
±	Korrekturen aufgrund der Anpassung der Handelsbilanz an die steuerlichen Wertansätze
=	**Gewinn/Verlust laut Steuerbilanz (§ 4 Abs. 1, § 5 EStG)**
+	Korrektur von verdeckten Gewinnausschüttungen (§ 8 Abs. 3 Satz 2 KStG) *Vermögensminderungen, die ihre Ursache im Gesellschaftsverhältnis haben, dürfen den Gewinn nicht mindern*
–	Korrektur von verdeckten Einlagen (§ 8 Abs. 3 Satz 3-6 KStG) *Vermögensmehrungen, die ihre Ursache im Gesellschaftsverhältnis haben, dürfen den Gewinn nicht erhöhen*
+	bestimmte Zinsaufwendungen, die nicht als Betriebsausgabe abzugsfähig sind („Zinsschranke“, § 8a KStG i.V.m. § 4h EStG)
+	nichtabziehbare Aufwendungen nach § 4 Abs. 5-7 EStG, § 160 AO
+	aufgrund körperschaftsteuerlicher Spezialnormen nichtabziehbare Aufwendungen (z.B. die Hälfte der Aufsichtsratsvergütungen, § 10 KStG)
–	Gewinnanteile der Komplementäre einer KGaA (§ 9 Abs. 1 Nr. 1 KStG)
+	Zuwendungen (Spenden und Mitgliedsbeiträge), Gesamtbetrag

422 Vgl. Schanz/Schanz (2009), S. 317 mit einer tabellenartigen Übersicht auf S. 316.
423 Vgl. Herzig/Briesemeister (2009), S. 1.

–	Zuwendungen (Spenden und Mitgliedsbeiträge), soweit nach § 9 Abs. 1 Nr. 2 KStG abziehbar
–	Steuerbefreiungen für bestimmte Beteiligungserträge (z.B. Dividenden, die von einer anderen Kapitalgesellschaft bezogen werden, und Gewinne aus der Veräußerung von Anteilen an einer anderen Kapitalgesellschaft, § 8b Abs. 1, 2 KStG)
+	nichtabziehbare Betriebsausgaben in Zusammenhang mit Beteiligungserträgen (§ 8b Abs. 3, 5 KStG)
–	ausländische Einkünfte, die nach einem Doppelbesteuerungsabkommen im Inland von der Besteuerung freigestellt sind (z.B. Freistellung von Einkünften einer ausländischen Betriebsstätte)
–	sonstige steuerfreie Vermögensmehrungen (z.B. § 3 EStG, § 13 InvZulG 2010)
=	**steuerlicher Gewinn (bei Kapitalgesellschaften nur Einkünfte aus Gewerbebetrieb, § 8 Abs. 2 KStG)**
+	bei Organträgern: zugerechnetes Einkommen von Organgesellschaften (§§ 14, 17, 18 KStG)
–	bei Organgesellschaften: das dem Organträger zuzurechnende Einkommen (§§ 14, 17, 18 KStG)
=	**Gesamtbetrag der Einkünfte**
–	Verlustabzug (§ 8 Abs. 1 KStG i.V.m. § 10d EStG)
=	**Einkommen**
–	Freibetrag für bestimmte Körperschaften (§§ 24, 25 KStG)
=	**zu versteuerndes Einkommen**
x	Körperschaftsteuersatz (15%, § 23 Abs. 1 KStG)
–	Steuerermäßigungen, insbesondere anrechenbare ausländische Steuern (§ 26 KStG i.V.m. § 34c EStG)
=	**Tarifbelastung**
–	Minderung der Körperschaftsteuer nach § 37 KStG sowie
+	Erhöhung der Körperschaftsteuer nach § 38 KStG
	(Sonderregelungen im Zusammenhang mit der Abschaffung des körperschaftsteuerlichen Anrechnungsverfahrens)
=	**festzusetzende Körperschaftsteuer**

Quelle: Scheffler (2012), S. 197 f.

Die Gewerbesteuer bemisst sich gemäß § 7 GewStG nach dem sogenannten Gewerbeertrag, welchem der nach dem Einkommensteuergesetz oder dem

Körperschaftsteuergesetz ermittelte Gewinn zu Grunde gelegt wird, wobei die in § 8 GewStG genannten Hinzurechnungen und die in § 9 GewStG genannten Kürzungen vorzunehmen sind.

3.2.2 Steuerliche Rechnungslegungspolitik

3.2.2.1 Steuergestaltung als Beitrag zur Gewinnmaximierung

Wie aus den vorherigen Erläuterungen zu den Grundzügen der Besteuerung in Deutschland hervorgeht, ist der in der steuerlichen Rechnungslegung ausgewiesene Gewinn oder Verlust eine zentrale Kennziffer für die Bemessung der Besteuerung. Folgerichtig ist die Steueraggressivität eines Unternehmens eng mit der Steuerung dieses Wertes verknüpft. So hat sich auch schon die betriebswirtschaftliche Forschung der frühen Bundesrepublik mit diesem Themenfeld auseinandergesetzt, wenngleich die Schwerpunkte mehr auf solchen Fragestellungen lagen, die sich beispielsweise mit der begrifflichen Abgrenzung von Steuerpolitik bzw. Steuerbilanzpolitik beschäftigten oder mit deren Einordnung in die Unternehmenspolitik. Doch obgleich entsprechende Diskussionen aufgrund einer Verlagerung der Forschungsschwerpunkte heute nicht mehr in dieser Form geführt werden, sind die Erkenntnisse der damaligen Forschungsliteratur als wichtiger Beitrag und auch als Grundlage für eine Analyse der Steueraggressivität zu betrachten, so dass diese im Folgenden aufgearbeitet werden.

Deren Ausgangspunkt liegt darin, dass das Ausmaß der Verwirklichung unternehmerischer Ziele durch Steuern beeinträchtigt wird. Indem diese jedoch hinsichtlich ihres Umfangs und des entsprechenden Belastungszeitpunkts vom Unternehmen auch in gewissem Maße gesteuert werden können, resultiert eine unternehmenspolitische Relevanz der Steuern.[424] Die betriebswirtschaftliche Steuerpolitik stellt hierbei einen sehr wichtigen Teil der Unternehmenspolitik dar, wobei die Steuerpolitik als nicht-funktionsbezogene Teilpolitik zu klassifizieren ist, da die Erbringung von öffentlichen Abgaben keine Funktion im betriebswirtschaftlichen Sinn darstellt.[425] Der Begriff der Unternehmenspolitik wird in der betriebswirtschaftlichen Literatur zwar uneinheitlich definiert, aber dennoch

424 Vgl. Börner/Krawitz (1977), S. 26.

425 Vgl. Mann (1973), S. 116. Für eine Einordnung von Steuern in die unternehmerische Funktionslehre vgl. auch Schneider (1967), S. 207. Für eine Strukturierung von Unternehmenspolitik und die Stellung ihrer Teilpolitiken vgl. Selchert (1975), S. 434-437 sowie Börner/Krawitz (1977), S. 35.

finden sich zumeist zwei identische Merkmale. Hierbei handelt es sich um die Festlegung von Zielen und das Treffen von Entscheidungen zur Realisierung dieser Ziele.[426] Diese beiden Merkmale können dabei auf das Merkmal der Entscheidungen reduziert werden, indem in einem ersten Entscheidungsprozess die Zielfestlegung erfolgt („Zielentscheidung“) und in einem zweiten Entscheidungsprozess diejenigen Entscheidungen getroffen werden, welche die Wahl der Mittel zur Erreichung dieser Ziele betreffen.[427] Insofern muss für die Steuerpolitik als betriebliche Teilpolitik ein Teilziel vorgegeben werden, welches aus dem Oberziel der Unternehmung abgeleitet werden kann und anhand dessen die konkreten Mittelentscheidungen getroffen werden können.[428]

Da als oberstes unternehmerisches Ziel in der traditionellen Betriebswirtschaftslehre die Gewinnmaximierung gilt,[429] resultiert als Teilziel der Steuerpolitik die Steuerminimierung. Bei Berücksichtigung von Investitionszulagen käme als zu formulierendes Ziel auch die Zulagenmaximierung in Betracht.[430] Die Steuerminimierung wird dabei als Sonderfall der Aufwandsminimierung betrachtet. Eine absolute Minimierung der Steuerbelastung würde jedoch mit der völligen Aufgabe der wirtschaftlichen Aktivität oder auch der willentlichen, tatsächlichen und nicht nur buchhalterischen Generierung von Verlusten einhergehen. Das Ziel der Steuerminimierung ist daher als relative Steuerminimierung zu verstehen.[431] Dennoch sehen Wagner/Dirrigl (1980) unter der Maßgabe einer – wenngleich nicht unbedingt realisierbaren – Totalbetrachtung[432] insoweit eine Dilemmasituation, als einerseits der Gewinn maximiert und anderseits die Steuern minimiert werden

426 Vgl. Marettek (1971), S. 20.

427 Vgl. Heinen (1962), S. 11, Börner/Krawitz (1977), S. 19.

428 Vgl. Börner/Krawitz (1977), S. 19 f.

429 Eingehende theoretische Überlegungen zur Zielfunktion der Unternehmung sowohl im Hinblick auf die Schwierigkeiten der Interpretation des Gewinnbegriffs als auch auf nicht-monetäre Zielvorstellungen bietet Heinen (1962), S. 18-27.

430 Vgl. Klöne (1980), S. 4. Die Ausnutzung von Investitionsförderungen und das daraus resultierende Ziel der Zulagenmaximierung werden im Folgenden jedoch nicht weitergehend erörtert. Die indirekte staatliche Förderung, wie bspw. in Form von Sonderabschreibungen, findet allerdings im Rahmen der Erläuterung sachverhaltsabbildender Gestaltungsmöglichkeiten gewissen Raum.

431 Vgl. Wehmeyer (1967), S. 18, Schneeloch (1990), S. 98.

432 Zweck der in der Realität nicht zwingend umsetzbaren Totalbetrachtung ist es, „ein Begriffsschema zu schaffen, in dem sich die Beziehungen zwischen unternehmerischen Zielen und Steuern möglichst vollständig darstellen lassen“ und „um zu zeigen, wie Partialbetrachtungen oberzielkonform zu konzipieren sind“, Wagner/Dirrigl (1980), S. 9.

sollen, wobei „die Steuerminimierung eine Minimierung des Gewinns der Steuerbilanz notwendig macht.“[433] Dieses Dilemma werde gemäß Wagner/Dirrigl (1980) auch nicht durch die Unterscheidung von steuerlichem und „betriebswirtschaftlichem“ Gewinn vollständig gelöst. Wird der Gewinn als Zielgröße jedoch von anderen Konzepten finanzieller Zielsetzung, wie beispielsweise desjenigen eines Nettoentnahmestroms, ersetzt, werde diese Problematik überwunden.[434] Diesen Überlegungen entsprechend könnte der Begriff des Gewinns auch im Sinne seiner grundsätzlichen Eigenschaft als wirtschaftliche Überschussgröße verstanden werden, was die Definition der Steuerminimierung als Subziel des unternehmerischen Oberziels der Gewinnmaximierung ermöglicht.[435] Auch Wagner/Dirrigl (1980) gestehen der Steuerminimierung im Rahmen eines Partialkalküls die Eigenschaft als oberzielkonformes Subziel zu.[436]

Im Zuge einer solchen Partialbetrachtung wird zur Lösung des unternehmerischen Optimierungsproblems das Unternehmen in einzelne Entscheidungsbereiche aufgegliedert. Eine Optimierung kann durch sukzessive oder durch simultane Optimierung der steuerlichen und der nicht-steuerlichen Bereiche erfolgen. Wagner/Dirrigl (1980) schlagen in Anlehnung an Marettek (1971) eine stufenförmige Optimierung mit einer sukzessiven Koordination von steuerlichen und nicht-steuerlichen Bereichen vor, indem auf der ersten Stufe die nicht-steuerlichen Gestaltungsparameter festgelegt werden und darauf aufbauend auf der zweiten Stufe die spezifische steuerliche Optimierung stattfindet.[437] In der Realität betrachtet kann ein derartiges sukzessives Vorgehen zwar durch die Existenz einer nachgelagerten steuerlichen Gestaltungstätigkeit gerechtfertigt werden, dennoch ist eine simultane Planung nicht-steuerlicher und steuerlicher Gestaltungsparameter sinnvoll, da regelmäßig einzelne teilpolitische Maßnahmen eine Mehrbereichswirkung entfalten.[438] Zudem führt die beschriebene Vorgehensweise der sukzessiven Planung aufgrund der stufenweisen Optimierung bereits in der Theorie zu keinem Gesamtoptimum.[439]

---

433 Wagner/Dirrigl (1980), S. 8.

434 Vgl. Wagner/Dirrigl (1980), S. 8 und S. 10 f.

435 Vgl. Kottke (1978), S. 22.

436 Vgl. Wagner/Dirrigl (1980), S. 13.

437 Vgl. Wagner/Dirrigl (1980), S. 12 f.

438 Vgl. Mann (1973), S. 116. Als Beispiel für eine gebotene simultane Planung führt Mann (1973) die Einsatzplanung des absatzpolitischen Instrumentariums, insbesondere der Konditionen, eines Kleinunternehmens an, welchem gemäß § 20 Abs. 1 Nr. 1 UStG gestattet ist, die Umsatzsteuer nach den vereinnahmten Entgelten zu berechnen und zu entrichten.

439 Vgl. Wagner/Dirrigl (1980), S. 13.

Für die technische Umsetzung einer simultanen Planung wird in der damaligen Literatur beispielsweise auf Modelle der linearen Programmierung zurückgegriffen. Für eine aktuelle praktische Verwendung sind diese Modelle jedoch aufgrund des veralteten Rechtsstandes ohnehin nicht geeignet.[440]

Offen ist indes die Frage, in welchem Verhältnis Steuerpolitik und steuerliche Rechnungslegungspolitik zueinander stehen. Diese Fragestellung ist Ausgangspunkt des folgenden Kapitels. Hierbei wird für den Begriff der steuerlichen Rechnungslegungspolitik im Folgenden der Begriff der Steuerbilanzpolitik synonym verwendet.[441]

3.2.2.2 Inhaltliche Bestimmung steuerlicher Rechnungslegungspolitik in Abgrenzung zur Steuerpolitik

Die Literatur ist durch eine (vor allem in den 70er Jahren des 20. Jahrhunderts intensiv geführte) Kontroverse gekennzeichnet, wie sich Steuerpolitik und Steuerbilanzpolitik zueinander verhalten. Als eng verknüpft mit diesem Streitpunkt stellt sich dabei stets die Frage dar, welche Mittel bzw. Aktionsparameter der Steuerbilanzpolitik zugeordnet sind.[442] Im Folgenden werden daher verschiedene Ansätze dieser Kontroverse vorgestellt, wobei insbesondere auf die diesen Ansätzen jeweils innewohnende Definition hinsichtlich der Reichweite der steuerlichen Rechnungslegungspolitik eingegangen wird. Ziel ist deren inhaltliche Bestimmung für die vorliegende Arbeit.

Mann (1973) unterscheidet zunächst Aktionsparameter, die unmittelbare steuerliche Konsequenzen aufweisen und damit dem steuerlichen Operationsbereich zuzuordnen sind, und solche Parameter, die zwar durch die vollzogene Wahlhandlung ebenfalls die Besteuerungslast beeinflussen, jedoch im finanzwirtschaftlichen Operationsbereich zu verorten sind und letztlich Sachverhaltsgestaltungsalternativen darstellen.[443] Demnach wird die Sachverhaltsgestaltung explizit von der Steuerpolitik ausgeschlossen, die damit auf Steuerbilanzpolitik reduziert wird.[444] Daraus

440 Vgl. Breithecker/Klapdor/Passe (2002), S. 41 f.

441 In der Literatur wird üblicherweise auf den Begriff der Steuerbilanzpolitik zurückgegriffen, eine Ausnahme bildet bspw. Frotscher (1998).

442 Hierzu auch Breithecker/Klapdor/Passe (2002), S. 36.

443 Vgl. Mann (1973), S. 114 und S. 116.

444 „Würde man Sachverhaltsgestaltungsalternativen, soweit sie nur unterschiedliche Konsequenzen aufweisen, dem steuerlichen Operationsbereich zuordnen, so wäre Unternehmenspolitik überwiegend betriebswirtschaftliche Steuerpolitik (…)“, Mann (1973), S. 114.

folgt, dass Steuerpolitik in einem engen Sinn als Steuerbilanzpolitik zu verstehen sei, die nur die Gestaltung der Sachverhaltsabbildung einschließt.[445] Diese Ansicht ist dadurch begründet, dass Steuerpolitik streng als betriebliche Teilpolitik betrachtet wird und die Merkmale einer betrieblichen Teilpolitik entscheidungsfeldspezifische Aktionsvariablen fordern. Damit sind all jene Aktionsparameter, welche auch durch andere betriebliche Teilpolitiken wie beispielsweise Absatz, Produktion, Finanzen oder Investition beeinflusst werden, nicht der Steuerpolitik zuzurechnen. Beispielsweise ist eine Standortentscheidung durch diverse betriebliche Teilpolitiken, nicht nur ausschließlich durch die Steuerpolitik bedingt, wodurch derartige Gestaltungsfragen nicht der Steuerpolitik zugerechnet werden dürfen.[446]

Jedoch kann der Begriff der Steuerpolitik auch im Sinne eines Leitbildes verstanden werden, anhand dessen konkrete Gestaltungsweisen abgleitet werden.[447] Unter dieser Maßgabe kann das steuerpolitische Instrumentarium als Sammlung all jener Mittel betrachtet werden, mit welchen die Steuerbilanz direkt oder indirekt gestaltet wird, um schlussendlich die unternehmerische Steuerlast zu beeinflussen. Dies kann derart ausgelegt werden, dass Steuerbilanzpolitik nur die auf die direkte Gestaltung der Steuerbilanz ausgerichteten Mittel – mit anderen Worten: die sachverhaltsabbildenden Instrumente – erfasst. Die Steuerbilanzpolitik stellt in diesem Modell einen Teil der Steuerpolitik dar, während die Sachverhaltsgestaltung den anderen Teil bildet.[448] Ein anderer Ansatz subsumiert unter den Begriff der Steuerbilanzpolitik sowohl sachverhaltsgestaltende als auch sachverhaltsabbildende Aktionsparameter.[449] Diese Denkweise korrespondiert mit der Unterteilung von (allgemeiner) Bilanzpolitik in die zur Verfügung stehenden bilanzpolitischen Instrumente der Sachverhaltsgestaltung und der Sachverhaltsabbildung.[450]

---

445 Dieser Meinung folgen bspw. Müller-Kröncke (1974), S. 11, Selchert (1975), S. 440 f., Wagner/Dirrigl (1980), S. 277. In diesem Zusammenhang auch Haegert (1978), S. 321, welcher die These vertritt, dass es keine betriebliche Steuerplanung oder Steuerpolitik gibt, da „Steuern nicht Gegenstand einer Planung sein können“, wobei Haegert davon jedoch explizit die Steuerbilanzpolitik ausnimmt.

446 Vgl. Marettek (1971), S. 28 f.

447 Vgl. Kratz (1986), S. 72 f.

448 Vgl. Job (1992), S. 52 f. und Job (1996), S. 56 f. Ähnlich auch Börner/Krawitz (1977), S. 37, die Steuerbilanzpolitik als (wenngleich wesentliche) Teilmenge der Steuerpolitik betrachten sowie Wöhe (1977), S. 225 und Heinhold (1979), S. 27.

449 Vgl. u.a. Kottke (1978), S. 27, Rückle (1983), S. 100 f., Kappler (2000), S. 99.

450 Vgl. Coenenberg/Haller/Schultze (2012), S. 999 f. An dieser Stelle sei auf ein durch das Maßgeblichkeitsprinzip möglicherweise resultierendes Spannungsverhältnis zwischen den Zielen handelsrechtlicher und steuerlicher Bilanzpolitik verwiesen, welches in Kap. 3.3.2.2 nochmals näher aufgegriffen wird.

Im Folgenden wird gedanklich dem letztgenannten Ansatz gefolgt, i.e. das steuerbilanzpolitische Instrumentarium neben der Sachverhaltsabbildung auch auf die Sachverhaltsgestaltung ausgedehnt. Dies ist auch dadurch zu rechtfertigen, als dass steuerbilanzpolitische Aktivitäten bereits auf der Ebene der Sachverhaltsgestaltungen ansetzen, um ökonomische Sachverhalte derart zu beeinflussen, damit durch deren spätere Abbildung in der Steuerbilanz die gewünschten steuerlichen Konsequenzen ausgelöst werden.[451] Sachverhaltsgestaltung ist als lediglich vor den Bilanzstichtag gezogene Bilanzpolitik zu betrachten.[452] Dabei kann die steuerlich motivierte Sachverhaltsgestaltung in Instrumente der Aufbaugestaltung, die sich mit Fragen der Unternehmensstruktur wie Standort- oder Rechtsformentscheidungen beschäftigt, und der Ablaufgestaltung, die Fragen der Unternehmensabläufe beantwortet, unterteilt werden.[453] Während die konstitutiven Entscheidungen der Aufbaugestaltung auch als Sachverhaltsgestaltung i.w.S. bezeichnet werden können, gelten diejenigen der Ablaufgestaltung als Sachverhaltsgestaltung i.e.S.[454]

Zur Sachverhaltsgestaltung i.w.S. kann – aufgrund ihres konstitutiven Charakters – beispielsweise auch die Bildung einer Organschaft gerechnet werden.[455] Ohne Organschaft können gemäß § 10d EStG steuerliche Verluste nur im Wege des Verlustrücktrags (§ 10d Abs. 1 EStG) und des Verlustvortrags (§ 10d Abs. 2 EStG) mit den eigenen Gewinnen verrechnet werden. Durch die Begründung einer Organschaft können Gewinne und Verluste jedoch innerhalb eines Konzerns[456] steuerlich wirksam verrechnet werden, was bedeutende Liquiditätsvorteile nach sich ziehen kann. Der Vorteil der Organschaft bei der Verlustverrechnung hat sich dabei durch die Einführung der Mindestbesteuerung ab dem Veranlagungszeitraum 2004 noch gesteigert. Ein weiterer Vorteil kann sich in Bezug auf die Geltendmachung

---

451 Vgl. Kappler (2000), S. 88.

452 Vgl. Rückle (1983), S. 100. Zur Abgrenzung der zeitlichen Dimension von Sachverhaltsgestaltung und Sachverhaltsabbildung auch Coenenberg/Haller/Schultze (2012), S. 1002.

453 Vgl. Job (1996), S. 57. Nach Kottke (1978), S. 25 ist Sachverhaltsgestaltung als „das Setzen steuergünstiger und das Vermeiden steuerbelastender oder steuerlasterhöhender Sachverhalte“ zu verstehen. Derartige Gestaltungen können auch an der Grenze des Legalen liegen, für konkrete Beispiele im Bereich der Körperschaftsteuer bzw. im Umwandlungssteuerrecht und der Gewerbesteuer vgl. Kottke (1994), S. 418-426.

454 Vgl. Eigenstetter (1998), S. 453.

455 Zu den Formalerfordernissen einer Organschaft vgl. Kap. 3.2.1.2.

456 Zu den erweiterten Sachverhaltsgestaltungsmöglichkeiten innerhalb eines Konzerns vgl. Kap. 3.2.2.4.

von Zinsaufwendungen durch Aufhebung der Zinsschrankenregelung[457] ergeben, indem der Ausnahmetatbestand des § 4h Abs. 2 Buchstabe b EStG erfüllt wird. Nach § 15 Nr. 3 KStG gelten Organgesellschaft und Organträger als ein einziger Betrieb. Folglich liegt, wenn alle Konzerngesellschaften einbezogen werden, nur noch ein Betrieb und kein Konzern vor, so dass der Zinsschranke entgangen wird und Zinsaufwendungen in vollem Umfang abgezogen werden können.[458]

Als Gestaltungsmöglichkeiten der Sachverhaltsgestaltung i.e.S. können exemplarisch die Beschleunigung oder die Verzögerung von gewinnrealisierenden Veräußerungen, das Vorziehen oder Verschieben des Zeitpunkts der Abnahme von Werkleistungen i.S.d. § 640 Abs. 1 BGB zur zeitlichen Verschiebung des Vergütungsanspruches nach § 641 BGB oder die Vereinbarung (Nichtvereinbarung) von Teilleistungen bei langfristigen Fertigungen zur Verteilung des Gewinns auf mehrere Wirtschaftsjahre (zur Entstehung des Gewinns als Gesamtbetrag im Jahr der Endabnahme) genannt werden.[459] Allerdings sind derartige Sachverhaltsgestaltungen insofern nur begrenzt möglich, indem sie einen Eingriff in das betriebliche Geschehen bedeuten und, sofern die Mitwirkung Unternehmensexterner erforderlich ist, deren eigene ökonomische Interessen und Zielsetzungen einer beliebigen Gestaltung entgegenstehen.[460]

Neben Sachverhaltsgestaltungen, die gezielt zur Minimierung der Steuerbelastung ergriffen werden, wie beispielsweise eine steuerlich bedingte Funktionsverlagerung ins Ausland, ist eine steuerliche Sachverhaltsgestaltung auch im Zuge nicht-steuerlich veranlasster unternehmerischer Entscheidungen gefragt.[461] Wird beispielsweise eine Unternehmensgruppe aus strategischen Gründen (zur Erweiterung des Produktportfolios o.ä.) erworben, so ist dieser Erwerb so zu gestalten, dass die damit einhergehenden steuerlichen Verpflichtungen minimiert werden.[462] Hierbei sind stets auch

457 Die in § 4h EStG geregelte Zinsschranke begrenzt den Betriebsausgabenabzug für Zinsaufwendungen bei der steuerlichen Gewinnermittlung. § 8a KStG sieht weitere Regelungen zur Anwendung der Zinsschranke für Körperschaften vor. Die Zinsschranke erfasst nicht den grundsätzlichen Zinsaufwand eines Betriebes, sondern nur den die Zinserträge übersteigenden Zinsaufwand (Zinssaldo). Dieser ist bis zu einem Betrag von derzeit drei Millionen Euro unbeschränkt abziehbar (Freigrenze), darüber hinaus nur bis 30% des steuerlichen EBITDA, sofern nicht eine der in § 4h Abs. 2 Buchstabe a-c kodifizierten Ausnahmeregelungen greift. Ausführlich zu Konzeption und Wirkungsweise der Zinsschranke vgl. bspw. Hoffmann (2008), Stein (2008).

458 Vgl. Goller (2011), S. 1174 f.

459 Vgl. Winnefeld (2000), S. 381.

460 Vgl. Hinz (1994), S. 116 f.

461 In der Praxis gelegentlich auch als *embedded tax planning* bezeichnet.

462 Vgl. Loitz/Korte (2012), S. 773. Zur (zukunftsorientierten) steuerlichen Due Diligence bei M&A-Transaktionen vgl. Merbecks (2012). Die vergangenheitsorientierte

die Möglichkeiten der Sachverhaltsabbildung zu beachten, die allerdings meist einen geringeren Einfluss auf die Steuerzahllast eines Unternehmens als die sachverhaltsgestaltenden Parameter besitzen, da sie üblicherweise nur eine zeitliche Verschiebung des Besteuerungssubstrats veranlassen und folglich nur einen Zinseffekt durch die auf der Zeitachse in die Zukunft verschobene Steuerzahlung bewirken.[463]

Die Gestaltungsmittel der Sachverhaltsabbildung umfassen nach regelmäßiger Ansicht die Ausnutzung von Wahlrechten und Ermessensspielräumen.[464] Während Wahlrechte sich dadurch auszeichnen, dass objektiv differenzierbare Alternativen bestehen, ist ein Ermessensspielraum dadurch gekennzeichnet, dass eine handelsrechtliche bzw. steuerrechtliche Vorschrift so ungenau gefasst ist, dass einem gegebenen Tatbestand eine bestimmte Rechtsfolge nicht eindeutig zugeordnet werden kann (Konklusionsspielraum) oder dass ein gegebener Sachverhalt nicht eindeutig unter einen bestimmten Tatbestand subsumiert werden kann (Subsumtionsspielraum).[465] Im Gegensatz zu Wahlrechten sind jedoch Ermessensspielräume nicht Ausfluss einer von der Gesetzgebung bzw. von der Rechtsprechung gewollten Freiheit, sondern beruhen auf der Unmöglichkeit einer vollumfänglichen Normierung der wirtschaftlichen Realität.[466] Die Nutzung von Wahlrechten als auch von Ermessenspielräumen ist Ausdruck der sogenannten „materiellen" Bilanzpolitik, die auf die Beeinflussung des ausgewiesenen Ergebnisses bzw. der Höhe der Vermögens- bzw. Schuldendarstellung gerichtet ist und sich auf die Basiselemente der Bilanzierung, i.e. Ansatz und Bewertung, stützt.[467] Ermessensspielräume im Rahmen der Steuerbilanzpolitik bestehen beispielsweise bei der Rückstellungsbewertung, der Bewertung der Bonität von Kundenforderungen in Bezug auf eine Teilwertabschreibung oder der Schätzung der betriebsgewöhnlichen Nutzungsdauer abnutzbaren Anlagevermögens im Sinne von § 7 Abs. 1 EStG.[468]

---

steuerliche Due Diligence analysiert die Steuerhistorie des zu übernehmenden Unternehmens, die zukunftsorientierte zielt auf die eigeninitiierte Gestaltung einer steueroptimalen Akquisitionsstruktur, vgl. Merbecks (2012), S. 2423 und S. 2427.

463 Vgl. Stein/Vitale (2011), S. 146.

464 Vgl. u.a. Bauer (1981a), S. 65, Pfleger (1991), S. 33 f., Frotscher (1998), S. 623 f., Breithecker/Klapdor/Passe (2002), S. 36.

465 Vgl. Freidank (1990), S. 38 unter wörtlichem Zitat von Bauer (1981b), S. 767. Möglich sind auch anderweitige Systematisierungen bilanzpolitischer Spielräume im Rahmen der Sachverhaltsabbildung, insbesondere wenn den Besonderheiten des zu Grunde liegenden Rechnungslegungssystems Rechnung getragen werden soll, vgl. bspw. Tanski (2006), der die bilanzpolitischen Optionen im Rahmen der IFRS strukturiert.

466 Vgl. Pfleger (1991), S. 35.

467 Vgl. bspw. Coenenberg/Haller/Schultze (2012), S. 1000, die neben Ansatz und Bewertung als drittes Basiselement den Ausweis aufführen.

468 Vgl. Winnefeld (2000), S. 381.

Steuerliche Wahlrechte können nochmals unterschieden werden in Bilanzierungswahlrechte (i.e. Ansatzwahlrechte) und Bewertungswahlrechte, die jedoch in ihrer konkreten Ausprägung von der – sich im Bereich der Steuergesetzgebung regelmäßig verändernden – aktuellen Rechtslage geprägt sind.[469] Nach aktuellem Rechtsstand gültige Bilanzierungswahlrechte stellen beispielsweise das gewillkürte Betriebsvermögen nach § 4 Abs. 1, R 4.2. EStR auf der Aktivseite dar oder die sogenannte Rücklage für Ersatzbeschaffung nach R 6.6 EStR auf der Passivseite. In Bezug auf Bewertungswahlrechte können die Berechnung der Herstellungskosten nach R 6.3 EStR,[470] die Nutzung der Sonderabschreibung nach § 7g Abs. 5 EStG (für kleine und mittlere Betriebe), die Vorratsbewertung nach der Lifo-Methode gemäß § 6 Abs. 2a EStG, die Vorratsbewertung mit dem Festwertansatz nach R 5.4 EStR oder die Wahlrechte im Rahmen der Pensionsrückstellung (§ 6a EStG, R 6a EStR) exemplarisch genannt werden.

Neben der materiellen Bilanzpolitik umfasst der allgemeine Begriff der Bilanzpolitik grundsätzlich auch die „formelle“ Bilanzpolitik, welche die Struktur und Gliederungstiefe von Abschlussinstrumenten sowie die Ausgestaltung und den Inhalt von Anhang und Lagebericht beinhaltet.[471] Für die Steuerbilanzpolitik sind aufgrund ihrer Zielsetzung jedoch nur die materiellen Instrumente von Bedeutung.[472] Der Einsatz materieller Aktionsparameter erfordert jedoch neben der Beurteilung ihrer jeweiligen Kosten stets die Beachtung der Folgewirkungen auf spätere Perioden sowie die Folgewirkungen auf andere Geschäftsvorfälle.[473]

In der steuerlichen Rechnungslegungspolitik eines Unternehmens, die gemäß der im Rahmen der vorliegenden Arbeit getroffenen Definition sowohl die Gestaltung der Sachverhaltsabbildung als auch die Gestaltung von Sachverhalten umfasst, konkretisiert sich damit die Steueraggressivität. Die folgende Grafik (Abbildung 4) fasst die hier getroffene Systematisierung der steuerlichen Rechnungslegungspolitik nochmals zusammen:

---

469 Vgl. Marten/Klopsch (1994), S. 1910.

470 Hierbei ist anzumerken, dass die EStÄR 2012 bezüglich der Ermittlung der Herstellungskosten gemäß R 6.3 die Umwandlung verschiedener Wahl- in Pflichtbestandteile vorsehen, vgl. Bundesrat-Drucksache 681/12, S. 7 f. sowie die diesbezügliche Übergangsregelung durch BMF-Schreiben vom 25.03.2013, IV C 6 - S 2133/09/10001:004.

471 Vgl. bspw. Sieben (1998), S. 20-23, Coenenberg/Haller/Schultze (2012), S. 1001.

472 Ähnlich auch Frotscher (1996), S. 613: „Die Formelle Rechnungslegungspolitik hat steuerlich nur minimale Bedeutung.“

473 Vgl. bspw. Wagenhofer/Ewert (2007), S. 244 f.

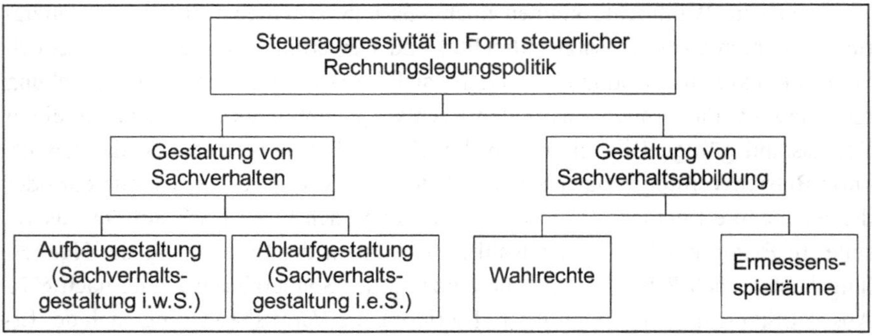

Abbildung 3: Systematisierung der Steueraggressivität in Form steuerlicher Rechnungslegungspolitik

Über die benannten (simplen) Beispiele hinaus existiert eine Vielzahl von Möglichkeiten zur geschickten steuerlichen Rechnungslegungspolitik, die sich mitunter auch durch sehr komplexe Konstruktionen im Bereich der Sachverhaltsgestaltung auszeichnen. Die Literatur geht jedoch bezüglich der für die Steuerbilanzpolitik einsetzbaren Mittel mehrheitlich nur von legalen Maßnahmen aus und schließt gesetzeswidrige Gestaltungen – teils aufgrund von Werturteilen, teils aus Vereinfachungsgründen – aus den Überlegungen aus.[474] Die im Rahmen der vorliegenden Arbeit getroffene Definition von Steueraggressivität beinhaltet jedoch das gesamte Kontinuum legaler bis illegaler Maßnahmen, auf eine ethische Bewertung wird vorliegend verzichtet.[475] Auch kann die Frage der gesetzlichen Zulässigkeit – wie bereits in Kap. 2.1.2.1 erläutert – vorab nicht immer beantwortet werden, sondern wird häufig erst ex post durch Gerichte entschieden.[476] Daher besteht stets auch eine gewisse Grauzone.

Als weiterer Punkt ist an dieser Stelle anzuführen, dass, obgleich die wissenschaftliche Literatur regelmäßig per definitionem illegale Handlungen aus dem Bereich der (Steuer-)Bilanzpolitik ausnimmt,[477] in der Realität auch

474 Vgl. Börner/Krawitz (1977), S. 40.

475 Zur Werturteilsfrage in der Betriebswirtschaftslehre vgl. bspw. Wöhe/Döring (2010), S. 10 f.

476 So auch Rückle (1983), S. 323.

477 „Die Bilanzpolitik muss dort enden, wo die gesetzeswidrige Bilanzierung, sei sie strafbar oder straffrei, beginnt. Denn bilanzpolitische Maßnahmen sollen ja nur den Sinn haben, die legalen Möglichkeiten der Bilanzierung aufzuzeigen (…)", Kofahl/Pohmer (1950), S. 541, andere Ansicht vertreten durch Sandig (1966), S. 266: „Es gibt keine Grenze zwischen Politik und Delikt, ganz gleich ob es sich um das Gebiet

bewusst Wege abseits der Legalität beschritten werden,[478] wie die Ergebnisse der von Breithecker/Klapdor/Passe (2002) durchgeführten Expertenbefragung nahelegen. Ein Drittel der befragten Steuerberatungsunternehmen äußerte die Vermutung, dass – vor allem steuerkundige – Mandanten nach Abschätzung der zu erwartenden Steuerzahlung eine Manipulation des Steuerbilanzergebnisses, beispielsweise durch ein unvollständiges Inventar des Anlagevermögens, vornehmen.[479] Derlei Bereitschaft steige mit zunehmender Steuerbelastung und einer als unwesentlich eingestuften Aufdeckungsgefahr durch die Finanzbehörde und werde insbesondere durch die Möglichkeit der Selbstanzeige gemäß § 371 AO verstärkt.[480] Die Voraussetzungen der Selbstanzeige wurden jedoch durch das am 2. Mai 2011 verkündete Gesetz zur Verbesserung der Bekämpfung der Geldwäsche und Steuerhinterziehung („Schwarzgeldbekämpfungsgesetz") deutlich verschärft.[481]

Insofern ist die Systematisierung der Steueraggressivität in Form steuerlicher Rechnungslegungspolitik (vgl. Abbildung 4) um den Aspekt der möglichen Illegalität zu ergänzen (vgl. Abbildung 5). Sollen die juristischen Begriffe herangezogen werden, entspräche die illegale Gestaltung von Sachverhalten bzw. der Sachverhaltsabbildung der Steuerhinterziehung, die legale Gestaltung hingegen der Steuervermeidung. Allerdings wird bisweilen erst durch Gerichte ex post entschieden, ob eine bestimmte Gestaltung als legal (i.e. als Steuervermeidung) oder als illegal (i.e. als Steuerhinterziehung) zu betrachten bzw. ob diese als Steuerumgehung zu klassifizieren ist, so dass auch eine Grauzone zu markieren ist.

---

der Bilanzen allein, der innerbetrieblichen Politik (…) oder der Staatspolitik handelt. Alle Politik kann sich erlaubter und unerlaubter Mittel bedienen (…) Der Erfolg entscheidet, und: Wo kein Kläger ist, da ist kein Richter", beide zitiert nach Börner/Krawitz (1977), S. 40.

478 „Die steuerliche Szene ist (…) dadurch zu kennzeichnen, da[ss] die Steuerminimierung zu einem – ohne schlechtes Gewissen ausgeübten "Hochleistungssport" geworden ist (…); selbst mehr oder minder offensichtliche Steuerhinterziehung wird häufig eher als Kavaliersdelikt belächelt und nicht als eine gemeinwohlschädigende Straftat verachtet.", Clemm (1998), S. 1239.

479 Vgl. Breithecker/Klapdor/Passe (2002), S. 46.

480 Vgl. Breithecker/Klapdor/Passe (2002), S. 46 f. Für eine modelltheoretische Ableitung der Zusammenhänge zwischen steuerhinterziehendem Verhalten und den Parametern Steuersatz, Aufdeckungswahrscheinlichkeit u.a. vgl. Kap. 2.2.2.

481 Vgl. BGBl. 2011 I, S. 676. Ausführlich zu den Änderungen einschließlich einer Darstellung der Grundzüge des § 371 AO a.F. Zanzinger (2011).

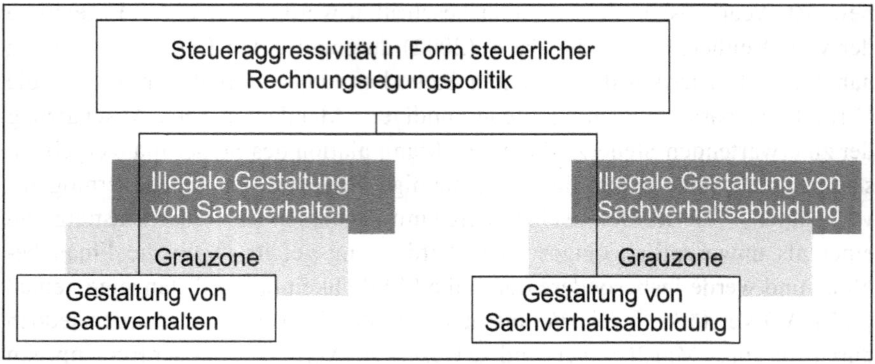

Abbildung 4: Steueraggressivität in Form steuerlicher Rechnungslegungspolitik unter Berücksichtigung illegaler Gestaltungen

Zusammenfassend kann somit festgehalten werden, dass gemäß der hier getroffenen Definition Steuerbilanzpolitik sachverhaltsabbildende und sachverhaltsgestaltende Maßnahmen zur Minimierung der Steuerbelastung umfasst, welche sowohl im Bereich des Legalen als auch des Illegalen liegen können. Die durchgeführten Maßnahmen stellen dabei das steueraggressive Verhalten des Unternehmens dar.

3.2.2.3 Ableitung konkreter Zieldefinitionen aus der Prämisse der relativen Steuerminimierung

Uneinigkeit besteht in der Literatur zur betrieblichen Steuerpolitik auch dahingehend, wie die abstrakte Zielfunktion in Form der relativen Steuerminimierung als konkrete Zieldefinition umzusetzen ist. Im Wesentlichen sind vier grundsätzliche Vorschläge zu nennen: die Steuerbarwertminimierung, die Nettokapitalwertmaximierung, die Gewinnverlagerung und die Gewinnnivellierung.[482] Die herrschende Meinung bevorzugt die relative Steuerbarwertminimierung als Zielvorgabe.[483] Dieser Ansatz richtet sich auf die Minimierung des Barwerts der zu zahlenden Steuern, was den Vorteil besitzt, dass sowohl Zeiteffekte als auch Steuersatzeffekte, die entweder durch Progression des Steuertarifs oder durch Tarifänderungen entstehen, erfasst werden. Diesen Vorteil bietet auch die Nettokapitalwertmaximierung, die eine Maximierung des Barwerts der Gewinne nach Steuern vorsieht.

482 Vgl. Scheffler (1998), S. 420.
483 Vgl. Herzig/Dempfle (2002), S. 4 m.w.N.

Ziel der Gewinnverlagerung ist dagegen, die für die Steuerbilanzpolitik verfügbaren Instrumente in jeder Periode vollumfänglich zu nutzen, wodurch Zeiteffekte, nicht jedoch Steuersatzeffekte Berücksichtigung finden. Die Gewinnnivellierung strebt danach, in jeder Periode einen möglichst gleichen Gewinn auszuweisen, um Progressionsnachteile zu vermeiden.[484] Der große Nachteil besteht hierbei jedoch darin, dass der Zeiteffekt nicht beachtet wird.[485] Zudem ist diese Zielsetzung im Fall eines proportionalen Steuertarifs wie der Körperschaftsteuer nicht zweckmäßig. Möglicherweise wird dennoch in der Realität das der Gewinnnivellierung ähnliche Ziel der Ergebnisglättung verfolgt, welches durch die aus der Verlustverrechnungsbeschränkung[486] resultierende Verlustdiskriminierung im deutschen Einkommen- bzw. Körperschaftsteuerrecht begründet werden kann. Die Ergebnisglättung stellt in der handelsrechtlichen Rechnungslegung deutscher Unternehmen ein verbreitetes bilanzpolitisches Ziel dar,[487] was bei gegebener Maßgeblichkeit auch auf die Steuerbilanz durchschlägt, ohne ein eigens für die Steuerbilanzpolitik definiertes Ziel zu sein. Problematisch ist jedoch (insbesondere im Rahmen empirischer Studien), dass keine allgemeingültige Definition existiert, ab welchem Grad an Ergebnisvariabilität der Gewinn geglättet wurde.[488] Dies stellt sich nicht nur als Problem älterer empirischer Studien dar, im Rahmen derer zur Erfassung der Gewinnglättung ein Soll- bzw. Zielgewinn (meist mit Hilfe von Zeitreihenanalysen) ermittelt und ein Vergleich zum veröffentlichten Gewinn gezogen wird.[489] Auch in aktuelleren Studien, die Gewinnglättung dadurch festzustellen versuchen, indem sie die Volatilität der Gewinne im Verhältnis zur Volatilität der Cashflows aus der Geschäftstätigkeit oder aber die Korrelation von Änderungen der Periodenabgrenzungen und Änderungen der Cashflows betrachten, zeigt sich eine derartige Problematik. Im ersten Fall deutet ein niedriger Quotient auf eine hohe Gewinnglättung hin, im zweiten Fall zeigt dies ein stark negativer Korrelationswert an. Allerdings handelt es sich erst dann um eine gewinnglättende Bilanzpolitik, wenn das Unternehmen die Periodenabgrenzungen in größerem Maße einsetzt, als dies „sinnvoll" ist, i.e. wenn die beiden erläuterten Metriken außerhalb einer (ebenfalls

484 Bezeichnet durch Vogt als das „Gesetz der Normallinie", vgl. Vogt (1963), S. 17.

485 Vgl. Scheffler (1998), S. 410 und S. 420-422.

486 Vgl. §§ 10d EStG, 8 Abs. 1 KStG.

487 Vgl. Pfleger (1991), S. 27 f.

488 Vgl. Fischer/Haller (1993), S. 54.

489 Vgl. Wagenhofer/Ewert (2007), S. 265-267 unter Bezugnahme auf exemplarische Studien. Die Vorgehensweise derartiger Studien erläutern auch schon Fischer/Haller (1993), S. 41 f.

nicht näher definierbaren) „Norm ‘ liegen.[490] Nichtsdestotrotz wurden, vor allem in den USA, schon zahlreiche empirische Studien zum Gewinnglättungsverhalten (*income smoothing*) von Unternehmen durchgeführt, wobei sich diese regelmäßig auf die externe und nicht auf die steuerliche Rechnungslegung beziehen.[491]

Durch die Umstellung der Rechnungslegung kapitalmarktorientierter Unternehmen von HGB auf IFRS hat sich ein anderes bzw. zusätzliches Ziel im Bereich der Steuergestaltung etabliert: die Optimierung der (Konzern-)Steuerquote.[492] Dieses Ziel ist durch den Druck des Kapitalmarkts begründet, der die Effizienz der Steuerpolitik anhand der Konzernsteuerquote beurteilen kann: Die Unternehmensleitung kann diesen Druck an die Steuerabteilung im Sinne einer Zielgröße weitergeben und besitzt eine Kontrollziffer, um die ansonsten schwer messbare Leistung der Steuerabteilung einzuschätzen.[493] Die Beliebtheit der Konzernsteuerquote (anstelle der Orientierung am Barwert der Steuerzahlungen) ist dahingehend begründet, dass im Konzernabschluss nach IFRS zwar die Konzernsteuerquote offengelegt wird, nicht jedoch erwartete Steuerbarwerte.[494] Der grundlegende Unterschied zwischen einer Steuerbarwertminimierung und der Optimierung der Konzernsteuerquote besteht darin, dass der zukünftige Steueraufwand in den Barwert der Steuerzahlungen in abgezinster Form eingeht. In der Konzernsteuerquote nach IAS 12 *Income Taxes* werden hingegen bestimmte künftige Steuerwirkungen in Form der latenten Steuern berücksichtigt, die jedoch keiner Diskontierung unterliegen. Hierdurch können steuerliche Gestaltungsparameter auf den Barwert der Steuerzahlungen und die Konzernsteuerquote unterschiedlich wirken.[495]

---

490 Vgl. Wagenhofer/Ewert (2007), S. 253 f.

491 Vgl. bspw. White (1970), Beidleman (1973), Barnea/Ronen/Sadan (1976), Moses (1987), Tucker/Zarowin (2006). Gemäß den Ergebnissen von Graham/Harvey/Rajgopal (2005) bevorzugen in den USA beinahe 97% der im Rahmen dieser Studie befragten Manager geglättete Gewinnentwicklungen, vgl. Graham/Harvey/Rajgopal (2005), S. 44, wobei Hauptmotivator für dieses Verhalten das durch die Investoren als geringer empfundene Risiko zu sein scheint, vgl. Graham/Harvey/Rajgopal (2005), S. 45. Weitere Studien zum Gewinnglättungsverhalten, zum Teil auch außerhalb des US-Kontextes, finden sich in Fn. 358.

492 Vgl. Lühn (2007), S. 550. Die Konzernsteuerquote kann in Form des durchschnittlichen effektiven Steuersatzes (IAS 12.86) dem IFRS-Anhang entnommen werden, sofern die Überleitungsrechnung nach IAS 12.81(c) Variante ii erstellt wird. Zur Überleitungsrechnung auch Kap. 3.4.1.1.

493 Vgl. Herzig/Dempfle (2002), S. 1, Herzig (2003b), S. 80.

494 Vgl. Lühn (2011), S. 155.

495 Vgl. Lühn (2007), S. 550. Zu den resultierenden Anforderungen innerhalb des Unternehmens vgl. Kröner/Beckenhaub (2008), S. 226-236.

Nicht abschließend geklärt ist jedoch, ob der Kapitalmarkt der Konzernsteuerquote tatsächlich eine entscheidende Bedeutung beimisst.[496] Zu beachten gilt zudem, dass beispielsweise GuV-neutral gebildete latente Steuern wegen ihrer fehlenden GuV-Berührung nicht in der Steuerquote erscheinen, wodurch die Quote verzerrt und deren Aussagegehalt folglich reduziert wird.[497] Über diese Problemfelder hinaus sind die sich durch die Tatsache eines Konzernverbunds ergebenden Besonderheiten in Bezug auf die steuerliche Rechnungslegungspolitik zu erörtern.

3.2.2.4 Besonderheiten im Konzernverbund

Die fiktive rechtliche Einheit Konzern stellt nach deutschem Steuerrecht kein eigenständiges Steuersubjekt dar, so dass an den Konzernabschluss keine steuerlichen Konsequenzen geknüpft sind, sondern der jeweilige Einzelabschluss der in den Konzernabschluss einbezogenen rechtlich selbstständigen Unternehmen zur Besteuerung herangezogen wird.[498] Hierbei folgt die Anknüpfung der Besteuerung an die rechtliche und nicht an die – näher zu definierende – wirtschaftliche Einheit dem sogenannten Trennungsprinzip. Eine an der wirtschaftlichen Einheit orientierte Besteuerung wäre hingegen der sogenannten Einheitstheorie zuzuordnen.[499] International findet das Trennungsprinzip wohl häufiger Anwendung.[500] Dennoch besitzt der Umstand des Konzerns im Rahmen der steuerlichen Gestaltung insoweit Bedeutung, indem das Gestaltungspotential der Sachverhaltsgestaltung erweitert wird. Abzugrenzen sind jedoch zunächst verschiedene Definitionen des Begriffs des Konzerns.

Im deutschen Aktienrecht wird der Konzern i.S.d. § 18 Abs. 1 AktG als die Zusammenfassung eines oder mehrerer abhängiger Unternehmen unter der einheitlichen Leitung eines herrschenden Unternehmens definiert. Darüber hinaus

---

496 Die Ergebnisse der Studie von Göttsche/Brähler (2009) weisen auf eine eher untergeordnete Rolle der Konzernsteuerquote hin.

497 Vgl. Risse (2010), S. 653. IAS 12.57 fordert grundsätzlich die konsistente Bilanzierung der Ergebniswirkung der latenten Steuer mit derjenigen des zu Grunde liegenden Geschäftsvorfalls.

498 Vgl. bspw. Scherrer (1994), S. 457. Ein Sonderfall stellt die steuerliche Organschaft dar. Vgl. hierzu auch die Ausführungen zu den Grundzügen der Unternehmensbesteuerung im Rahmen von Kap. 3.2.1. Anders hingegen die Möglichkeit zur Konzernbesteuerung in den USA, vgl. die Ausführungen in Kap. 3.4.1.2.

499 Ausführlicher zum Trennungsprinzip bzw. zur Einheitstheorie vgl. bspw. Fülbier (2006), S. 112-114 bzw. S. 114-116, jeweils m.w.N.

500 Vgl. bspw. Fülbier (2006), S. 112 m.w.N.

geben die §§ 15-18 AktG weiteren Aufschluss bezüglich der Definition von Unternehmensverbindungen. Im deutschen Bilanzrecht hat sich durch das BilMoG eine Wandelung hinsichtlich der Kriterien zur Abgrenzung einer die Konzernrechnungslegungspflicht bedingenden Unternehmensbeziehung (Mutter-Tochter-Verhältnis) vollzogen. Während bis 2009 das Kriterium der einheitlichen Leitung (als sogenanntes ökonomisches Kriterium) bzw. der konzerntypischen Kontrollrechte (als sogenanntes juristisches Kriterium) herangezogen wurden, knüpft heute § 290 Abs. 1 HGB die Konzernrechnungslegungspflicht ausschließlich an das Konzept der Beherrschungsmöglichkeit an.[501] Wird der Begriff des Konzerns weniger im rechtlichen als vielmehr im betriebswirtschaftlichen Sinn betrachtet, so finden sich in der Literatur diverse Ansätze für eine entsprechende Definition.[502] Jedoch lassen sich gewisse einschlägige Merkmale identifizieren. Eines der Hauptmerkmale stellt die Organisation als wirtschaftliche Entscheidungs- und Handlungseinheit dar.[503] Diese Eigenschaft ermöglicht die Erweiterung der Aktionsparameter im Bereich der Sachverhaltsgestaltung zur Steuerbeeinflussung.

Hierbei entfaltet das Merkmal der wirtschaftlichen Einheit insbesondere in Zusammenhang mit der rechtlichen Selbstständigkeit der Konzernunternehmen Bedeutung, da dies beispielsweise die Möglichkeit der Gestaltung von schuldrechtlichen Verträgen mit steuerrechtlicher Anerkennung eröffnet. Insbesondere internationale Konzerne bieten großes Gestaltungspotential, da verdeckte Erfolgsverlagerungen (beispielsweise mittels Verrechnungspreisgestaltung o.ä.) auch internationale Steuergefälle ausnutzen können.[504] Darüber hinaus können beispielsweise auch Qualifikationskonflikte genutzt, die Finanzierungspolitik als Instrument eingesetzt oder die steuerlichen Bemessungsgrundlagen durch optimale Allokation der betrieblichen Funktionen und Risiken gesteuert werden. Grundvoraussetzung ist jedoch die Errichtung einer steuereffizienten Gruppenstruktur hinsichtlich der Rechtsformwahl (im In- und Ausland) sowie der Beteiligungshöhe und -anbindung, so dass bestimmte Anforderungen erfüllt werden. Diese umfassen beispielsweise die Möglichkeit der Ausnutzung des rechtsformspezifischen und des (bereits

---

501 Vgl. Busse von Colbe/Ordelheide/Gebhardt/Pellens (2010), S. 57-59, Küting/Weber (2012), S. 120-122. Diese Änderung wurde parallel in § 11 PublG vollzogen, so dass zwischen HGB, welches die Konzernrechnungslegungspflicht für inländische Kapitalgesellschaften und diesen gleichgestellten Personengesellschaften regelt, und dem PublG, welches die Konzernrechnungslegungspflicht für Unternehmen anderer Rechtformen normiert, Einheitlichkeit besteht, vgl. Küting/Weber (2012), S. 122.

502 Vgl. u.a. Theisen (2000), S. 15, Sonntag (2001), S. 7 f. m.w.N.

503 Vgl. Theisen (2000), S. 15.

504 Vgl. Grotherr (1998), S. 967.

genannten) internationalen Steuergefälles, die Minimierung von Quellensteuersätzen, die Sicherung des Abkommensschutzes, die Inanspruchnahme von Steueranreizen, die Sicherstellung von steuerlicher Verlustnutzung oder die Vermeidung der Nichtabzugsfähigkeit von Kosten.[505] Auch die Bildung einer Organschaft kann als ein Instrument zur steueroptimalen Gestaltung genutzt werden.[506]

Während sich im Bereich der sachverhaltsgestaltenden Parameter somit ein bedeutendes Zusatzpotential für einen (internationalen) Konzern gegenüber einer Einheitsunternehmung eröffnet, bietet das Gestaltungsspektrum hinsichtlich der sachverhaltsabbildenden Gestaltungparameter im Konzernverbund nicht wesentlich mehr Möglichkeiten als im Fall der Einheitsunternehmung.[507]

Das Ziel der Steuerpolitik eines Konzerns kann dabei in der relativen Minimierung der Gesamtsteuerbelastung des Konzerns gesehen werden, hinter welchem die jeweilige relative Minimierung der Steuerbelastung jeder einzelnen Konzerngesellschaft zurücktritt. Abhängig von diesem allgemein formulierten Oberziel eines Konzerns gegenüber einer Einheitsunternehmung können verschiedene Subziele formuliert werden, wie beispielsweise die Erzielung von Minderbesteuerungen gegenüber der Einheitsunternehmung, was, wie bereits beschrieben, durch internationale innerkonzernliche Erfolgs- und Vermögensverlagerungen erfolgen kann. Auch die Verhinderung von steuerlichen Mehrbelastungen gegenüber der Einheitsunternehmung, wie z.B. bei einer Doppelbesteuerung im internationalen Konzern, oder die Verhinderung von steuerlichen Belastungen bei innerkonzernlichen Vorgängen, wie z.B. bei steuerwirksamen Zwischengewinnen bei Lieferungs- und Leistungsbeziehungen oder auch im Fall von Kapital- oder Know-how-Verkehr, können als mögliche Subziele abgeleitet werden. Jedoch können innerhalb des Konzerns, beispielsweise wenn räumliche Erfolgsverlagerungen mittels Verrechnungspreisgestaltung vorgenommen werden sollen, Zielkonkurrenzen auftreten. Diese Problematik verschärft sich regelmäßig, wenn Minderheitsgesellschafter an einzelnen Konzerngesellschaften beteiligt sind. Die Einsatzmöglichkeiten der Aktionsparameter hängen somit von der Struktur des Konzerns bezüglich der Bindungsintensität der Untergesellschaften zur Obergesellschaft ab. Letztlich wird die Art der Zielsetzung und die Auswahl der Parameter in einem Konzern auch primär durch die Ziele der Obergesellschaft bestimmt. Diese sind wiederum durch die Ausgestaltung der Obergesellschaft in Bezug auf die Rechtsform aufgrund der

505 Vgl. Jacobs (2011), S. 914.

506 Zu den Formalerfordernissen einer Organschaft vgl. Kap. 3.2.1.2, zum Steuergestaltungspotential einer Organschaft vgl. Kap. 3.2.2.2.

507 Vgl. Grotherr (1998), S. 968.

für die jeweiligen Gesellschafter resultierenden Ansprüche, Besteuerungskonsequenzen sowie Haftungsfolgen bedingt.[508]

Die theoretische Möglichkeit zur steueroptimalen Strukturgestaltung eines Konzerns wird in der Praxis allerdings nicht zwingend umgesetzt. Dies ist auf anderweitige Einflussfaktoren zurückzuführen, welche die Ausgestaltung der Gruppenstruktur bedingen können wie beispielsweise organisatorische Überlegungen. Die empirische Studie von Dreßler (2012) untersucht, inwieweit die Form von multinationalen Konzernen der Funktion der Steuerzahlungsminimierung folgt und kommt zu dem Schluss, dass die Gruppenstrukturen zwar durchaus durch steuerliche Aspekte getrieben werden, allerdings sind dem Einfluss von Steuern auch Grenzen gesetzt. Dreßler betrachtet dabei insbesondere das Bedürfnis nach hierarchischer Klarheit als Hauptfaktor.[509]

3.3 Kosten der Steueraggressivität

3.3.1 Beeinträchtigung des Nutzens der Steueraggressivität durch ihre Kosten

In der Literatur wird zur Erklärung des unterschiedlichen Ausmaßes von Steueraggressivität häufig jene Prämisse zu Grunde gelegt, gemäß derer Unternehmen sich so lange steueraggressiv verhalten, wie der durch die Steueraggressivität erzielte marginale Nutzen noch die marginalen Kosten dieser Aktivität überschreitet. Eine solche Betrachtungsweise ist jedoch um die aus Agenturkonflikten resultierenden Kosten zu erweitern.[510]

Der Nutzen von Steueraggressivität für die Unternehmung mittels steuerlicher Rechnungslegungspolitik liegt unstrittig in der entsprechenden Steuereinsparung. Indem diese Einsparung üblicherweise den Unternehmenseignern als Residualanspruchsberechtigten zusteht,[511] profitieren in erster Linie diese von der Steueraggressivität. Jedoch können auch Manager an der erzielten Steuereinsparung partizipieren, sofern sie von den Anteilseignern für ihre Anstrengungen hinsichtlich der Steuergestaltung kompensiert werden.[512] Dennoch findet Steueraggressivität

508 Vgl. Grotherr (1998), S. 969-975.
509 Vgl. Dreßler (2012), S. 31.
510 Vgl. Blaylock (2011), S. 5.
511 Vgl. hierzu die Ausführungen in Kap. 2.3.1.1 und Kap. 2.3.1.2.
512 Vgl. Chen/Chen/Cheng/Shevlin (2010), S. 44.

mit Hilfe steuerlicher Rechnungslegungspolitik wie schon angedeutet nicht kostenfrei statt. Die damit verbundenen Kosten treten in verschiedenen Kostenarten auf.

3.3.2 Differenzierung nach verschiedenen Kostenarten

3.3.2.1 Transaktions-, Risiko- und Reputationskosten

Zunächst entstehen, wie bereits in Kap. 2.2.1 diskutiert, aus all jenen Aktivitäten, die zur Reduzierung der Steuerlast ausgeübt werden, Transaktionskosten in Form der Planungskosten.[513] Einer Unternehmung entstehen derlei Kosten durch den Ressourceneinsatz, um mögliche sachverhaltsgestaltende und sachverhaltsabbildende Aktionsparameter zu ermitteln und zu evaluieren. Insofern sind beispielsweise die in diesem Zusammenhang anfallenden Personalkosten innerhalb des eigenen Unternehmens als Transaktionskosten der Steueraggressivität zu identifizieren oder auch die Kosten für eine extern in Anspruch genommene Beratungsleistung. Auch die eigentliche Durchführung verschiedener Aktionsparameter ist mit Transaktionskosten verbunden. Als Extrembeispiel sei an dieser Stelle eine internationale Standortverlagerung genannt. Hinzu kommt die korrekte Umsetzung einer ausgewählten Gestaltungsmöglichkeit, wie beispielsweise die Wahrung der Dokumentationspflichten im Rahmen der Verrechnungspreise oder die Beachtung von Haltefristen u.ä.

Die im Rahmen dieses Kapitels noch zu erläuternden Kostenkategorien sind zum einen Risikokosten, welche durch die potentielle staatliche Verfolgung entstehen, und zum anderen Reputationskosten, die durch Ressentiments des Marktes ausgelöst werden. So ist ein Unternehmen, das Aktionsparameter einsetzt, die im illegalen Spektrum des Steueraggressivitätskontinuums zu verorten sind, zunächst dem Risiko eines künftigen Zahlungsmittelabflusses ausgesetzt. Der Zahlungsmittelabfluss kann – zuzüglich zur zu verzinsenden Nachzahlung[514] – in Form einer Geldstrafe bei Vorliegen einer Steuerstraftat bzw. in Form eines Bußgeldes bei Vorliegen einer Steuerordnungswidrigkeit bestehen.[515] Zu differenzieren ist an

513 Transaktionskosten lassen sich nur schwer messen und quantifizieren. Ein absoluter Wert wird daher üblicherweise nicht zu ermitteln versucht, vgl. Picot (1991), S. 154 f. Zu dieser Problematik bereits Williamson (1985), S. 21 f. sowie Richter (1990), S. 578 m.w.N.

514 Gemäß § 235 AO sind hinterzogene Steuern zu verzinsen. Auch jede Steuernachforderung unterliegt gemäß § 233a AO der Verzinsung. Des Weiteren sind steuerliche Nebenleistungen gem. § 3 Abs. 4 AO zu beachten.

515 Die Strafvorschriften im Steuerrecht finden sich in den §§ 369-376 AO, die Bußgeldvorschriften in den §§ 377-384 AO. Vgl. hierzu bereits auch schon Kap. 2.1.2.1 und Kap. 2.3.2.2.

dieser Stelle jedoch, ob es sich um eine eigentümer- oder managergeleitete Unternehmung handelt. Indem im Fall der Trennung von Eigentum und Unternehmensleitung bei unlauterer Steueraggressivität beispielsweise der Vorstand bzw. die verantwortlichen Mitarbeiter strafrechtlich und zum Teil auch zivilrechtlich zur Haftung herangezogen werden (können),[516] müssen diese zunächst durch geeignete Anreize zu entsprechenden Handlungen inzentiviert werden.

Auch bei solchen Steueraggressivitätsaktivitäten, die nicht explizit in das Feld der Steuerhinterziehung fallen, sondern sich in einer Grauzone bewegen, ist festzustellen, dass ein gewisses Risiko besteht.[517] Zwar wird jedem Steuerpflichtigen zugebilligt, seine Steuerlast innerhalb der bestehenden gesetzlichen Grenzen bestmöglich zu mindern, jedoch wird die rechtliche Sichtweise des Steuerpflichtigen nicht zwingend durch die Finanzbehörde akzeptiert.[518] Zudem wird beispielsweise eine ungewöhnliche Gestaltung durch die Finanzbehörde regelmäßig als Missbrauch i.S.d. § 42 AO[519] angesehen, wenn für diese keine außersteuerlichen Gründe angegeben werden können.[520] Dem Steuerpflichtigen steht zwar zunächst der Weg des Einspruchs als außergerichtlicher Rechtsbehelf zur Verfügung,[521] sowie, wenn dem Einspruch nicht in vollem Umfang abgeholfen wird, die gerichtlichen Rechtsbehelfe. Allerdings ist unsicher, ob im Fall des – kostenpflichtigen – Klagewegs vor den Finanzgerichten oder dem Bundesfinanzhof als Revisionsinstanz Aussicht auf Erfolg

---

516 Vgl. Kap. 2.3.2.2.

517 In diesem Zusammenhang auch Frotscher (1998), S. 616: „Eine Besonderheit einer steuerlichen Rechnungslegungspolitik besteht in dem erheblichen Risiko, das mit extensiven Gestaltungen verbunden ist.“ Im Speziellen auf die Ausnutzung von Wahlrechten abstellend Schmitz (1998), S. 660 f.: „Wahlrechte, die der Steuerpflichtige nutzen kann, um seinen Periodengewinn entsprechend eigener Vorstellungen (insbesondere gewinnmindernd) zu gestalten, sind von daher aus Sicht der Finanzverwaltung eher suspekt. (…) Soweit einem bilanzierenden Steuerpflichtigen Wahlrechte angeboten werden, wird er diese (…) zu seinem Vorteil nutzen wollen. (…) Wichtig ist (…), auf welcher Grundlage (Steuergesetz, höchstrichterlicher Rechtsspruch, Verwaltungsrichtlinie, Einzelfallentscheidung) das Wahlrecht gewährt wird. I.d.R. werden nur gesetzlich eingeräumte Wahlrechte eine wirklich sichere Grundlage für langfristige Dispositionen bilden.“

518 Vgl. Frotscher (1998), S. 616. Die Entscheidung über die Steuerfestsetzung erfolgt mittels Verwaltungsakt in Form des Steuerbescheids (§ 155 Abs. 1 Satz 1 AO). Die Möglichkeit zur Festsetzung der Steuern unter einem Vorbehalt der Nachprüfung wird durch § 164 Abs. 1 AO eröffnet. Ausführlich zum Festsetzungsverfahren (einschließlich verfahrensinhärenter Fristen) Seer (2013c), Rz. 280-301.

519 Vgl. auch Kap. 2.1.2.1.

520 Vgl. Frotscher (1998), S. 616.

521 Vgl. §§ 347-367 AO.

besteht.[522] In diesem Zusammenhang sei auch auf das Instrument der Außenprüfung durch das Finanzamt hingewiesen: Um die für die Besteuerung maßgebenden tatsächlichen und rechtlichen Verhältnisse des Steuerpflichtigen zu ermitteln, werden Außenprüfungen durchgeführt, welche bei Betrieben als sogenannte Betriebsprüfungen nach § 193 AO regelmäßig zulässig und in den §§ 193-203 AO geregelt sind. Ziel der Durchführung von Außenprüfungen sei, „Steuergerechtigkeit durch gerechte Vollziehung der Steuergesetze zu verwirklichen."[523] Eine weitere Rechtsgrundlage für Betriebsprüfungen stellt neben den einschlägigen Normen der AO die mit Zustimmung des Bundesrates nach Art. 84 Abs. 2 GG erlassene allgemeine Verwaltungsvorschrift der Betriebsprüfungsordnung (BPO) dar. Der Betriebsprüfer kann im Rahmen einer solchen Betriebsprüfung beispielsweise Anhaltspunkte für ein steuerwidriges Verhalten feststellen oder auch lediglich der rechtlichen Bewertung durch den Steuerpflichtigen nicht zustimmen, wodurch die Finanzbehörde den entsprechenden Steuerbescheid – sofern dieser noch nicht materielle Bestandskraft besitzt – nachträglich ändern kann.[524] Somit kann auch ein auf dem Kontinuum der Steueraggressivität vom illegalen Spektrum abgerückt agierendes Unternehmen a priori nicht sicher beurteilen, inwieweit das Finanzamt (zu einem späteren Zeitpunkt) Sanktionen verhängt und entsprechende negative finanzielle Konsequenzen auslöst.

Als nicht unerheblicher Faktor sind in diesem Zusammenhang die derzeitigen Bestrebungen der Finanzverwaltung zur Einrichtung eines EDV-gestützten Risikomanagements zu betrachten. Dessen Ziel besteht in der Erkennung von „kontrollbedürftigen" Steuerfällen, indem auf Basis der sogenannten „Steuervita" des Steuerpflichtigen ein entsprechender „Compliance-Faktor" ermittelt wird. Die Höhe dieses Faktors soll sodann die Anzahl und Intensität der Betriebsprüfungen determinieren.[525]

---

522 Die Regelungen hinsichtlich des gerichtlichen Rechtsbehelfs in Steuerentscheiden finden sich in der Finanzgerichtsordnung (FGO). Zu beachten ist, dass Rechtsbehelfe wie Einspruch oder Klage keine Wirkung auf die Fälligkeit der Steuern besitzen, die Zahlungspflicht wird erst bei Aussetzung der Vollziehung (§ 361 AO) oder Stundung (§ 222 AO) suspendiert, vgl. Mack (2010), Rz. 1.144-1.146. Eine nicht vorhergesehene Steuerforderung führt möglicherweise zu Liquiditätsproblemen, vgl. Mack (2010), Rz. 1.149.

523 Seer (2013c), Rz. 225 m.w.N.

524 Vgl. Homburg (1996), S. 43-45. Hingewiesen sei in diesem Zusammenhang auf das von der Finanzverwaltung mit Hilfe des Instruments der Betriebsprüfung erzielte Mehrergebnis, welches im Jahr 2011 rund 16,3 Mrd. Euro betrug, vgl. Bundesministerium der Finanzen (2012), S. 29 und S. 32. Vgl. hierzu auch bereits Fn. 124.

525 Vgl. Geuenich/Kiesel (2012), S. 156.

Bei stark steueraggressivem Verhalten, sowohl im illegalen als auch im legalen Bereich, sind darüber hinaus finanzielle Konsequenzen als Resultat einer eventuellen Rufschädigung zu bedenken (Reputationskosten). Eine Rufschädigung wird grundsätzlich als Risikofaktor für eine Unternehmung betrachtet.[526] Inwieweit das Bekanntwerden einer illegalen Steuergestaltung oder einer durch die Öffentlichkeit moralisch verurteilten exzessiven Steuervermeidung jedoch zu einer Rufschädigung beispielsweise bei Kunden, Lieferanten, Arbeitnehmern und Kapitalgebern mit entsprechenden Folgen führt, kann mangels umfangreicher empirischer Evidenz an dieser Stelle nicht abschließend beurteilt werden. Allerdings bestehen einzelne empirische Indizien, auf die noch einzugehen ist. Eine theoretische Begründung für einen derartigen Zusammenhang liefern die Legitimitäts- sowie die Stakeholdertheorie, die nicht immer überschneidungsfrei definiert werden können.[527] Der Legitimitätstheorie liegt die Idee eines „Sozialvertrags" zu Grunde. Nimmt die Gesellschaft wahr, dass das Unternehmen den Sozialvertrag gebrochen hat, ist das Überleben des Unternehmens bedroht.[528] Aus der Perspektive der Stakeholdertheorie hängt der Fortbestand des Unternehmens von der Unterstützung der Stakeholder ab, deren Befürwortung zu suchen ist und der die Aktivitäten des Managements entsprechend anzupassen sind, um diese Befürwortung zu erlangen.[529]

Ein empirisches Indiz für das Bestehen von Reputationskosten im Zuge der Steueraggressivität liefert möglicherweise die Studie von Hanlon/Slemrod (2009), die negative Aktienkursreaktionen auf das Bekanntwerden des Engagements von Unternehmen in *tax shelters* feststellen konnte.[530] Dieser Zusammenhang könnte jedoch auch dahingehend interpretiert werden, dass Investoren die zusätzlichen Kosten durch die Steuernachzahlung und mögliche Strafzahlungen (im Fall illegaler *tax shelters*) antizipieren.[531] Eine solche Argumentation kann auf die Theorie zurückgeführt werden, dass Investoren mit Hilfe eines DCF-Kalküls einen Unternehmenswert ermitteln und auf Basis dessen agieren. Dabei wird durch künftige Zahlungsabflüsse der Unternehmenswert gemindert. Denkbar ist auch, dass das erhöhte Risiko in den Kapitalkostensatz, der zur Diskontierung der Zahlungsflüsse verwendet wird, eingepreist wird, woraus ebenfalls eine Wertminderung resultiert. Eine grundsätzliche Minderung der Steuerlast führt jedoch (zunächst) zu höheren

---

526 Vgl. Breyer (1962), S. 130-134 m.w.N.
527 Vgl. Gray/Kouhy/Lavers (1995), S. 52.
528 Vgl. Deegan (2002), S. 293.
529 Vgl. Gray/Kouhy/Lavers (1995), S. 53.
530 Ausführlicher zu dieser Studie vgl. Kap. 3.6.1.
531 Vgl. Scholes/Wolfson/Erickson/Maydew/Shevlin (2009), S. 182.

Zahlungsflüssen, die sich gemäß dem DCF-Kalkül unternehmenswertsteigernd auswirken.[532] Für diese Ansicht sprechen die Ergebnisse der Studie von Frischmann/Shevlin/Wilson (2008). Diese untersuchen u.a. die Kapitalmarktreaktionen auf zusätzliche Anhangangaben – aufgrund der Einführung des FIN 48 *Accounting for Uncertainty in Income Taxes*[533] im Jahr 2006 – zur Unsicherheit von Steuerpositionen im Hinblick auf spätere Überprüfungen durch die Steuerbehörde. Hierbei finden die Autoren Hinweise, dass der Kapitalmarkt Steueraggressivität positiv zu bewerten scheint.[534]

Der These, dass Steueraggressivität eine Rufschädigung mit entsprechenden Kosten auslöst, könnte auch die Studie von Gallemore/Maydew/Thornock (2012) entgegengehalten werden, indem diese keinen konsistenten Beleg findet, dass Unternehmen oder deren Topmanager signifikante Reputationskosten erfahren. Zur Erfassung von Reputationskosten werden verschiedene Konzepte angewandt, wie beispielsweise die Veränderung der Umsatzerlöse, die Veränderung der Unternehmensreputation gemäß Medienstatistiken wie beispielsweise der Liste *Most Admired Companies* des Magazins *Fortune* oder ein Wechsel im Management.[535] Dem ist entgegenzuhalten, dass empirische Studien, in deren Mittelpunkt anderweitiges Fehlverhalten von Unternehmen steht, durchaus signifikante Reputationskosten in der Folge festgestellt haben.[536] In Anbetracht dessen ist wenig verwunderlich, dass beinahe 70% der im Rahmen der Studie von Graham/Hanlon/Shevlin/Shroff (2012) befragten Manager mögliche Reputationsschäden

---

532 Vgl. Kap. 4.1.2.

533 Nach Neuordnung der US-GAAP im Jahr 2009 nunmehr kodifiziert in *Accounting Standards Codification* (ASC) 740-10.

534 Vgl. Frischmann/Shevlin/Wilson (2008), S. 276, Scholes/Wolfson/Erickson/Maydew/Shevlin (2009), S. 182 f. Nähere Erläuterungen zu FIN 48 finden sich in Kap. 3.4.2.3, weitere Studien hinsichtlich von Kapitalmarktreaktionen werden in Kap. 3.6.1 diskutiert.

535 Vgl. Gallemore/Maydew/Thornock (2012), S. 17 und S. 31.

536 Vgl. bspw. Karpoff/Lott/Wehrly (2005), welche die Auswirkungen der Verletzung von Umweltgesetzen u.a. auf den Aktienkurs untersuchen und einen signifikanten Wertverlust feststellen. Desai/Hogan/Wilkins (2006) und Karpoff/Lee/Martin (2008) betrachten die Konsequenzen von Bilanzunrichtigkeiten. Während sich die erstgenannte Studie auf die durch die Bekanntgabe einer Gewinnrevidierung ausgelösten Reputationskosten der Manager konzentriert und eine hohe Auswechslungsrate feststellt, untersucht die zweitgenannte Studie die Reputationskosten in Form des erwarteten Verlusts des Barwerts künftiger Cashflows aufgrund niedrigerer Umsätze sowie höherer Vertrags- und Finanzierungskosten für ein Unternehmen als Ganzes und findet einen deutlich höheren Wert als die durch das gesetzliche und regulatorische System auferlegte Strafe.

als wichtigen bzw. sehr wichtigen Faktor in der Entscheidung gegen bestimmte Steuergestaltungen halten.[537] Als ein weiteres Indiz für die Gültigkeit obiger These ist das (empirisch belegte) steuermoralische Empfinden von Individuen anzuführen, sofern sie dieses auch als Maßstab an ihr Umfeld stellen.[538] Die derzeit in der Öffentlichkeit geführte Debatte, die durch das Bekanntwerden des umfangreichen steuervermeidenden Verhaltens von Großkonzernen wie Apple oder Starbucks ausgelöst wurde, legt dies nahe. Darüber hinaus zeigt sie, dass selbst völlig legale Steueraggressivität als Fehlverhalten empfunden wird, auch wenn dies vor dem Gesetz nicht als solches behandelt wird.[539] In den USA besitzt die Diskussion um den sogenannten *fair share*, der von Unternehmen zu leisten sei, dabei schon eine längere Tradition.[540]

3.3.2.2 Kosten durch den Zielkonflikt steuerlicher und externer Rechnungslegung

Weitere Kosten entstehen aus dem Spannungsfeld unterschiedlicher Zielsetzungen steuerlicher und externer Rechnungslegung. Während die steuerliche Rechnungslegungspolitik auf die Steuereinsparung gerichtet ist, zielt die externe Rechnungslegungspolitik auf die Erfüllung der Erwartungen der Stakeholder bezüglich der wirtschaftlichen Lage des Unternehmens.[541] Verschiedene Daten der externen Rechnungslegung werden regelmäßig von Investoren oder Analysten in Modellen zur Bewertung von Unternehmen herangezogen oder werden im Rahmen von

---

537 Vgl. Graham/Hanlon/Shevlin/Shroff (2012), S. 15. Austin/Wilson (2013), die sich mit Reputationskosten durch Steueraggressivität bei Kunden auseinandersetzen und speziell Unternehmen untersuchen, die (mindestens) eine wertvolle Marke aufweisen, können zeigen, dass Reputationsüberlegungen für diese Unternehmen gegenüber vergleichbaren Unternehmen ohne eine derartige Marke zumindest eine gewisse Rolle zu spielen scheinen, vgl. Austin/Wilson (2013), S. 31.

538 Zu Definition und empirischer Evidenz von Steuermoral vgl. Kap. 2.2.3.

539 Für die öffentliche Auseinandersetzung vgl. bspw. „Wie Starbucks sich arm rechnet. Der amerikanische Kaffeeröster zahlt trotz guter Geschäfte kaum Steuern" (Frankfurter Rundschau vom 6.11.2012, vgl. o.V. (2012a)), „Apple zahlt Mini-Steuern. Mit Hilfe legaler Schlupflöcher rechnen sich US-Konzerne in Europa Gewinne klein" (Die Welt vom 6.11.2012, vgl. o.V. (2012b)). Vgl. hierzu auch schon die Ausführungen in Kap. 1.1.

540 Vgl. hierzu auch Fn. 730.

541 Vgl. Pfleger (1991), S. 25 f., Coenenberg/Haller/Schultze (2012), S. 998.

Verträgen (z.B. *covenants*) verwendet.[542] Eine besondere Problematik ergibt sich, wenn die externe Rechnungslegung in einem direkten Zusammenhang zur steuerlichen Rechnungslegung steht, wie es durch die vorgeschriebene Maßgeblichkeit der nach HGB erstellten Handelsbilanz für die Steuerbilanz der Fall ist. Wird im konkreten Fall beispielsweise steuerlich das Ziel einer maximalen Gewinnnachverlagerung, handelsrechtlich jedoch das einer maximalen Gewinnvorverlagerung verfolgt, und können die für die einzelne Zielsetzung jeweilig relevanten Aktionsparameter nicht unterschiedlich voneinander ausgeübt werden, resultiert ein Zielkonflikt.[543] Hierbei geht eine Steuerbarwertminimierung üblicherweise mit niedrigen Jahresergebnissen, tendenziell niedrigem Vermögen und tendenziell hohen Schulden einher, wodurch den Fremdkapitalgebern ein zu schlechtes Bild der wirtschaftlichen Lage des Unternehmens vermittelt und an die Eigenkapitalgeber zu wenig ausgeschüttet wird.[544] Wird der beschriebene Zielkonflikt dennoch zu Gunsten der steuerlichen Zielsetzung aufgelöst und eine ungünstige Darstellung in der externen Rechnungslegung in Kauf genommen, können negative Konsequenzen resultieren, die sich beispielsweise in Form höherer Finanzierungskosten niederschlagen können.[545] An dieser Stelle gilt es jedoch einzuschränken, dass die Bewertung durch den öffentlichen Kapitalmarkt regelmäßig nicht auf Basis eines HGB-Abschlusses sondern vielmehr mit Hilfe der externen Rechnungslegung nach IFRS erfolgt.[546] Für beispielsweise stark kreditfinanzierte Unternehmen ohne IFRS-Bilanzierung bleibt das beschriebene Problem allerdings bestehen.[547]

---

542 Vgl. u.a. Scholes/Wolfson/Erickson/Maydew/Shevlin (2009), S. 194, Coenenberg/Haller/Schultze (2012), S. 998.

543 Vgl. Schneeloch (1990), S. 103.

544 Vgl. Baetge/Ballwieser (1977), S. 202, Kußmaul/Lutz (1993), S. 402.

545 Im Falle der Auflösung zu Gunsten der Ziele der externen Rechnungslegung sind die durch höhere Steuerlasten entstehenden Kosten zu berücksichtigten. Üblicherweise erfolgt jedoch bei entsprechenden steuerlichen Gründen eine Ausrichtung der Handelsbilanz auf das steuerliche Ziel, die handelsrechtliche Bilanzpolitik geht in der Steuerbilanzpolitik auf, vgl. Heinhold (1979), S. 27 f.

546 Für kapitalmarktorientierte Unternehmen besteht auf Basis der EU-Verordnung 1606/2002 eine Pflicht zur Aufstellung des Konzernabschlusses nach IFRS. Dieser entfaltet eine befreiende Wirkung für die Aufstellung eines HGB-Konzernabschlusses. Auf Einzelabschlussebene gilt jedoch aufgrund der angeknüpften Rechtsfolgen weiterhin die Pflicht zur Erstellung eines HGB-Abschlusses.

547 Dies betrifft insbesondere nicht-konzernierte Unternehmen, da auch im HGB-Konzernabschluss die Möglichkeit einer eigenständigen Konzernbilanzpolitik eröffnet wird, indem neben konzernspezifischen Wahlrechten im Zuge des Konsolidierungsprozesses auch die Bilanzierungs- und Bewertungswahlrechte neu, d.h. unabhängig

Allerdings entfällt durch die Abschaffung der umgekehrten Maßgeblichkeit im Zuge des BilMoG zumindest die ehemals in § 5 Abs. 1 Satz 2 EStG a.F. kodifizierte Verpflichtung, die Ausübung von steuerlichen Wahlrechten in der Handelsbilanz entsprechend nachzuvollziehen.[548] Hierdurch wurde das Zielkonfliktpotential zwischen steuerlichen und handelsrechtlichen Zielen vermindert. Auch war unter dem grundlegenden Aspekt der Aussagefähigkeit der Handelsbilanz das Prinzip der umgekehrten Maßgeblichkeit dahingehend als problematisch zu betrachten, als dass der Staat mittels einer bestimmten Steuerrechtssetzung, wie beispielsweise der Möglichkeit zu zeitlich befristeten steuerlichen Rücklagen oder Sonderabschreibungen, eine wirtschafts- und sozialpolitische Lenkung zu erreichen versuchte, die von außerfiskalischen Zielsetzungen geprägten Wertansätze jedoch auch in die Handelsbilanz übernommen werden mussten.[549]

Auch in Ländern ohne die prinzipielle Verankerung eines Maßgeblichkeitsprinzips, wie beispielsweise den USA, können derlei Zielkonflikte auftreten, wenn gewisse Transaktionen zwar das zu versteuernde Einkommen, aber gleichzeitig auch das an die Eigentümer sowie übrige Stakeholder berichtete Ergebnis reduzieren.[550]

---

von der Ausübung in den Jahresabschlüssen der in den Konzernabschluss einbezogenen Unternehmen, ausgeübt werden können (§ 300 Abs. 2 Satz 2 HGB, § 308 Abs. 1 Satz 2 HGB). Allerdings sind, sofern Abweichungen von den im Jahresabschluss des Mutterunternehmens angewandten Bewertungsmethoden bestehen, diese im Konzernanhang anzugeben und zu begründen (§ 308 Abs. 1 Satz 3 HGB). In Bezug auf Ermessensspielräume erachtet Küting (2011), S. 111 eine Neuausübung „als grundsätzlich auch legitim", wenngleich „eine derartige Ausübung stets im Rahmen der jeweiligen Bandbreiten gesehen werden [muss]." Dagegen befindet bspw. Stein (1993), S. 980 es als nicht möglich, Ermessensspielräume bei einem bestimmten Sachverhalt in Einzel- und Konzernabschluss unterschiedlich auszuüben und begründet dies dahingehend, dass der Konzernabschluss und die Einzelabschlüsse der inländischen konsolidierten Unternehmen auf denselben GoB beruhen (Verweisvorschrift des § 298 HGB). In der handelsrechtlichen Kommentarliteratur wird regelmäßig eine Neuausübung der sogenannten faktischen Wahlrechte als in engen Grenzen zulässig betrachtet. Eine Begrenzung wird vor allem durch den Grundsatz der Willkürfreiheit vollzogen. Eine im Konzernabschluss abweichende Festlegung ist zwar in Einzelfällen denkbar, muss aber bspw. durch die besondere Konzernsicht begründet sein, vgl. u.a. Kirsch/Dohrn/Gallasch (2012), Rz. 34, Kozikowski/Huber (2012), Rz. 12, jeweils m.w.N.

548 In diesem Zusammenhang wurden auch die handelsrechtlichen Öffnungsklauseln §§ 254, 247 Abs. 3, 273 HGB a.F. gestrichen.

549 Vgl. Krawitz (1998), S. 207.

550 Vgl. Scholes/Wolfson/Erickson/Maydew/Shevlin (2009), S. 185 f. Ausführlich zum Verhältnis von externer und steuerlicher Rechnungslegung in den USA vgl. Kap. 3.4.1.2.

Scholes/Wilson/Wolfson (1992) führen zudem an, dass beispielsweise eine zeitliche Nachverlagerung von Umsatzrealisierungen oder die Forcierung von abziehbaren Aufwendungen nur mit entsprechender Anpassung der zu Grunde liegenden wirtschaftlichen Aktivität möglich sei, i.e. die Anwendung sachverhaltsgestaltender Parameter erfordere, was erhebliche Kosten nach sich ziehen könne. So könnten beispielsweise Kundenbeziehungen geschädigt werden, wenn fertige Erzeugnisse nicht ausgeliefert werden – die zusätzlichen Lagerhaltungskosten noch nicht mit einbezogen – oder im Fall der gesteigerten abziehbaren Aufwendungen eine Reduktion der operativen Effizienz in Kauf genommen wird.[551] Die Erfüllung des Ziels der Steuerbarwertminimierung kann folglich mit signifikanten Kosten einer „nicht-steuerlichen" Dimension verbunden sein.[552] Aufgrund dieser Konsequenzen verzichten Unternehmen häufig auf bestimmte Transaktionen, welche sich zwar steuerlich vorteilhaft auswirken, jedoch insbesondere *financial reporting goals* verletzen.[553]

Erickson/Hanlon/Maydew (2004) können anhand eines Samples von 27 US-Unternehmen, die des Bilanzbetrugs wegen überhöhter Ergebnisse überführt wurden, aufzeigen, dass Unternehmen steuerlich ebenfalls überhöhte Gewinne ausweisen und damit eine höhere Steuerlast in Kauf nehmen, um vor den Finanzaufsichtsbehörden oder der Steuerbehörde keinen Verdacht zu erregen.[554] Dagegen finden Guenther/Maydew/Nutter (1997), dass Unternehmen bei vorgegebener *book-tax conformity* das in der externen Rechnungslegung ausgewiesene Ergebnis zu Gunsten einer Steuerersparnis reduzieren.[555] Somit bestehen keine eindeutigen Ergebnisse, wie sich Unternehmen im Zielkonflikt zwischen externer und steuerlicher Rechnungslegung verhalten.

3.3.2.3 Kosten durch Agency-Konflikte zwischen Aktionären und Managern

Die Prinzipal-Agent-Theorie wirft die Problematik eines auf Kosten des Prinzipals opportunistisch agierenden Managers auf. Will der Agent sich persönliche Vorteile verschaffen, so muss er dies allerdings vor dem Prinzipal verschleiern. Die auf Geheiß der Anteilseigner auszuübende Steueraggressivität bietet ihm hierfür unter Umständen

551 Vgl. Scholes/Wilson/Wolfson (1992), S. 164.
552 Vgl. Scholes/Wolfson/Erickson/Maydew/Shevlin (2009), S. 3.
553 Vgl. Cloyd (1995), S. 67 m.w.N.
554 Vgl. Erickson/Hanlon/Maydew (2004), S. 406.
555 Vgl. Guenther/Maydew/Nutter (1997), S. 246 f.

eine geeignete Plattform. Aufgrund der Tatsache, dass Steueraggressivitätsaktivitäten häufig komplexe Strukturen bzw. komplizierte Transaktionen erfordern, liegt es nahe, dass Manager diesen Umstand für besagtes Verhalten ausnutzen (können).

Eben dieser Zusammenhang wird in verschiedenen Studien unterstellt, so beispielsweise von Desai/Dharmapala (2006), Desai/Dyck/Zingales (2007), Kim/Li/Zhang (2011) oder Dhaliwal/Huang/Moser/Pereira (2011). Sollte dieser postulierte Zusammenhang zutreffen, werden sich die Anteilseigner in einem effizienten Kapitalmarkt preisversichern, so dass sich Steueraggressivitätsaktivitäten zwar für den Entscheidungsträger vorteilhaft auswirken, jedoch zugleich nicht-steuerliche Kosten in Form des durch externe Anteilseigner bewirkten Preisabschlags auf den Aktienkurs hervorrufen.[556] Ein zwischen Steueraggressivität und *rent extraction* grundsätzlich bestehender Zusammenhang wird durch die Ergebnisse der Studie von Dhaliwal/Huang/Moser/Pereira (2011) unterstützt.[557] Dieses Resultat wird allerdings durch Wang (2010) in ein kritischeres Licht getaucht. Deren Studie ist durch die Frage getrieben, inwieweit die Steueraggressivität eines Unternehmen Ausfluss des wertmaximierenden Verhaltens der Manager darstellt oder doch Raum für opportunistische Manager bietet, die tatsächlich die Opazität von Steueraggressivitätsaktivitäten ausnutzen und sich auf Kosten der Anteilseigner bereichern wollen.[558] Die Ergebnisse von Wang (2010) lassen dabei den Schluss zu, dass Manager sich in Steueraggressivitätsaktivitäten hauptsächlich für den Nutzen der Shareholder und zur Steigerung des Unternehmenswerts engagieren.[559] Auch Blaylock (2011) findet keine Hinweise für einen Zusammenhang zwischen Steueraggressivität und opportunistischem Managerverhalten.[560] Kim/Li/Zhang (2011) argumentieren indessen, dass die angesprochenen komplexen Strukturen es dem Management ermöglichen, so lange schlechte Nachrichten und eine niedrige Performance zu verheimlichen bis diese negativen Informationen eine bestimmte Schwelle überschreiten und akkumuliert zum gleichen Zeitpunkt bekannt werden, so dass es in der Folge zu einem Aktiensturz kommt, wofür sie auch empirische Evidenz finden.[561]

---

556 Vgl. Chen/Chen/Cheng/Shevlin (2010), S. 44 f. Den Überlegungen von Chen et al. zufolge können die Shareholder dabei das Ausmaß der Steueraggressivität eines Unternehmens bspw. durch Beobachtung des Effektivsteuersatzes beurteilen oder auch Diskussionen in der Presse über die Steuerpraktiken des Unternehmens verfolgen, vgl. Chen/Chen/Cheng/Shevlin (2010), S. 45 Fn. 10.

557 Vgl. Dhaliwal/Huang/Moser/Pereira (2011), S. 23.

558 Vgl. Wang (2010), S. 1 f.

559 Vgl. Wang (2010), S. 37 f.

560 Vgl. Blaylock (2011), S. 34.

561 Vgl. Kim/Li/Zhang (2011), S. 659, ausführlicher noch in Kap. 3.6.1.

Somit ist festzuhalten, dass, obgleich die empirische Evidenz hinsichtlich des Zusammenhangs von Steueraggressivität und opportunistischem Managerverhalten noch teils widersprüchliche Ergebnisse aufweist, die komplexen Strukturen steueraggressiver Gestaltungen den Managern möglicherweise Raum für opportunistisches Verhalten bieten. Allerdings kann in Anbetracht des aktuellen Forschungsstands noch nicht abschließend beurteilt werden, inwieweit dieses Verhalten tatsächlich ausgeübt wird sowie in welchem Umfang hierdurch Kosten entstehen. Mögliche (negative) Reaktionen des Kapitalmarkts werden in Kap. 3.6.1 näher aufgegriffen. Jedoch ist nicht eindeutig, inwieweit diese als Konsequenz einer wie auch immer gestalteten (antizipierten) Bereicherung der Manager auf Kosten der Unternehmenseigner zu interpretieren sind.

Streben die Anteilseigner bewusst eine teilweise oder gänzliche Ausübung von Steueraggressivität in der Ausprägung von Steuerhinterziehung an, so treten die bereits in Kap. 2.3.2.4 auf Basis der analytischen Studie von Chen/Chu (2005) diskutierten Effizienzkosten hinzu. Diese entstehen, wenn der Manager bereits ex ante für sein im Rahmen einer Steuerhinterziehung zu tragendes Risiko kompensiert werden muss und wenn die interne Kontrolle des Managers auf Basis von Daten der Rechnungslegung wegen der zu steuermindernden Zwecken erfolgten Gestaltung derselben eingeschränkt wird.

3.4 Messung von Steueraggressivität mittels Informationen der externen Rechnungslegung

3.4.1 Zugänglichkeit steuerlicher Informationen im Regulierungskontext Deutschlands und der USA

3.4.1.1 Deutschland

Während die empirische Untersuchung zur Steueraggressivität börsennotierter und nichtbörsennotierter Unternehmen im Rahmen der vorliegenden Arbeit vor dem regulatorischen Hintergrund Deutschlands angesiedelt ist, das sich durch ein stark verankertes Maßgeblichkeitsprinzip auszeichnet, entstammen bisher einschlägige empirische Studien regelmäßig dem US-amerikanischen Raum, der eine deutliche Trennung zwischen externer und steuerlicher Rechnungslegung vorsieht. Somit sind nicht nur Überlegungen zur Zugänglichkeit steuerlicher Informationen in Deutschland anzustellen, die zur empirischen Beurteilung der Steueraggressivität eines Unternehmens erforderlich sind, sondern auch der US-amerikanische Hintergrund zu beleuchten. Darauf aufbauend können im Anschluss die in der

US-Forschungsliteratur etablierten Metriken zur Erfassung von Steueraggressivität erläutert werden. Hierbei gilt es auch zu diskutieren, inwieweit die US-Metriken auf den deutschen Regulierungskontext übertragbar sind.

In Deutschland kann zur Erhebung steuerlicher Informationen nicht auf originäre Steuerdaten zurückgegriffen werden, da Steuerbilanzen als Teil der Steuererklärung nicht öffentlich zugänglich sind.[562] Eine gewisse Abhilfe für dieses Problem bieten die aus der externen Rechnungslegung extrahierbaren Informationen. Im Folgenden wird daher geklärt, welche Formen der externen Rechnungslegung in Deutschland bestehen, inwieweit diese einer Offenlegungspflicht unterliegen und welche steuerlichen Informationen daraus grundsätzlich exzerpiert werden können.[563]

Wie bereits in Kap. 3.2.1.3 erläutert, fordert das deutsche Handelsrecht für jeden Kaufmann – sofern er nicht als Einzelkaufmann gewisse Größenklassen unterschreitet – die Erstellung eines Jahresabschlusses. Die Pflicht zur Erstellung eines Konzernabschlusses resultiert für Kapitalgesellschaften aus § 290 HGB.[564] Nichtkapitalgesellschaften, die unter das Publizitätsgesetz fallen, sind nach § 11 PublG ebenfalls zur Erstellung eines Konzernabschlusses verpflichtet. Für kapitalmarktorientierte Mutterunternehmen gilt auf Basis der EU-Verordnung 1606/2002, die durch das Bilanzrechtsreformgesetz (BilReG) auch Eingang in das HGB gefunden hat, eine Pflicht zur Aufstellung eines IFRS-Konzernabschlusses (§ 315a Abs. 1 und 2 HGB), welcher befreiende Wirkung für die Erstellung eines HGB-Konzernabschlusses entfaltet.[565] Für Konzernabschlüsse nichtkapitalmarktorientierter

---

562 In diesem Zusammenhang gilt auch das sogenannte Steuergeheimnis, vgl. § 30 AO. Auch Steuerberater sind durch § 5 der Berufsordnung für Steuerberater (BOStB) zur Verschwiegenheit verpflichtet. Dennoch existieren auch Ausnahmestudien wie bspw. Zinn/Spengel (2012), die einen anonymisierten Datensatz handelsrechtlicher und steuerrechtlicher Bilanzdaten durch die Wirtschaftsprüfungsgesellschaft Ernst & Young GmbH erhalten haben. Ausführlicher zur Studie von Zinn/Spengel (2012) vgl. Kap. 3.4.2.2.

563 In Bilanzdatenbanken wie bspw. *Amadeus* sind steuerliche Informationen jedoch nicht zwingend in der Tiefe, wie sie der externen Rechnungslegung einschließlich des Anhangs entnommen werden können, enthalten.

564 Zur Definition eines Konzerns vgl. Kap. 3.2.2.4.

565 Für kapitalmarktorientierte Unternehmen, die nicht zur Aufstellung eines Konzernabschlusses verpflichtet sind, fordert § 264 Abs. 1 Satz 2 HGB, wie bereits in Kap. 3.2.1.3 aufgezeigt wurde, die Ergänzung des handelsrechtlichen Jahresabschlusses um eine KFR und einen Eigenkapitalspiegel. Ein solcher Fall kann auftreten, wenn nur (unwesentliche) Tochterunternehmen bestehen, die gemäß § 296 HGB von der Einbeziehung in den Konzernabschluss befreit sind, so dass § 290 Abs. 5 HGB eine Befreiung von der Erstellung des Konzernabschlusses eröffnet. Hier bietet sich

Unternehmen gilt nach § 315a Abs. 3 HGB bzw. § 11 Abs. 6 PublG ein Wahlrecht zur Erstellung und Offenlegung nach IFRS.

Darüber hinaus gilt auf Einzelabschlussebene weiterhin die Pflicht zur Rechnungslegung nach HGB. Allerdings erlaubt das Handelsrecht für Offenlegungszwecke die Substitution des HGB-Einzelabschlusses durch einen entsprechenden IFRS-Abschluss (§ 325 Abs. 2a HGB). Die an den handelsrechtlichen Einzelabschluss geknüpften Rechtsfolgen bleiben dadurch unangetastet. Die Pflicht zur Offenlegung des Jahresabschlusses gilt gemäß § 325 HGB für alle Kapitalgesellschaften sowie die gemäß § 264a HGB den Kapitalgesellschaften gleichgestellten Rechtsformen, wobei für kleine und mittelgroße Kapitalgesellschaften Ausnahmeregelungen gelten (§§ 326, 327 HGB). Die entsprechenden Unternehmensdaten sind dabei gemäß § 326 Abs. 1 Satz 1 HGB elektronisch bei dem Betreiber des elektronischen Bundesanzeigers einzureichen.[566] Kleine Kapitalgesellschaften erfüllen nach § 326 HGB ihre Publizitätspflicht bereits mit der Einreichung der Bilanz und des Anhangs, für mittelgroße Kapitalgesellschaften gelten ähnliche Erleichterungen (§ 327 HGB) unter der Maßgabe der Angabe bestimmter Bilanzposten, welche in der verkürzten Bilanzdarstellung einer kleinen Kapitalgesellschaft nicht angegeben werden müssen.[567] Des Weiteren existieren branchenzugehörigkeitsbedingte, ergänzende Publizitätsvorschriften, die für Kreditinstitute (§§ 340a, 340i, 340l HGB) und Versicherungsunternehmen gelten (§§ 341a, 341i, 341l HGB). Ferner sind gegebenenfalls anwendbare Vorschriften aus dem Publizitätsgesetz sowie spezifisch für die jeweilige Rechtsform geltende Regelungen (z.B. AktG, GmbHG oder GenG) zu beachten. Zudem unterliegen kapitalmarktorientierte Unternehmen zum Teil erweiterten, im WpHG verankerten Publizitätspflichten, die beispielsweise eine verkürzte Offenlegungsfrist, die Pflicht zur Zwischenabschlusserstellung oder die Pflicht zur Ad-hoc-Publizität enthalten.[568]

---

alternativ zur Ergänzung des Jahresabschlusses um eine KFR und einen Eigenkapitalspiegel unter Umständen die freiwillige Erstellung eines Konzernabschlusses an, vgl. Zwirner/König/Busch (2012), S. 2293.

566 Die Offenlegungspflicht im elektronischen Bundesanzeiger wurde im Zuge des Gesetzes über elektronische Handelsregister und Genossenschaftsregister sowie das Unternehmensregister (EHUG) eingeführt und besteht seit Inkrafttreten des Gesetzes am 01.01.2007. Kritisch Grottke/Löffelmann/Späth/Haendel (2012).

567 Eine übersichtsartige Darstellung der im Bundesanzeiger offenzulegenden Unterlagen in Abhängigkeit von der Größe der Kapitalgesellschaft bieten bspw. Baetge/Kirsch/Thiele (2012), S. 45.

568 Für eine prägnante Darstellung der Publizitätspflichten kapitalmarktorientierter Unternehmen vgl. Pellens (2011b), S. 641.

Im Folgenden ist zu analysieren, welche Steuerinformationen aus externer Sicht aus einem offengelegten HGB- bzw. IFRS-Abschluss gewonnen werden können. Hierfür werden zunächst Bilanz und GuV betrachtet, die Bestandteil jedes Jahresabschlusses sind. Auch der einen Jahresabschluss gemäß § 264 Abs. 1 Satz 1 HGB i.V.m. §§ 284-288 HGB erweiternde Anhang wird einbezogen. Zuletzt wird das im Konzernabschluss nach HGB und IFRS auszuweisende Rechenwerk der KFR betrachtet. Sollte der in § 264 Abs. 1 Satz 2 HGB geregelte Sonderfall vorliegen bzw. die Option des § 325 Abs. 2a HGB ausgeübt werden, so beinhaltet auch der Einzelabschluss nach HGB bzw. IFRS eine KFR.

In der handelsrechtlichen GuV ist der erfolgsabhängige Steueraufwand als Posten „Steuern vom Einkommen und vom Ertrag" auszuweisen, wie in § 275 Abs. 2 Nr. 18 HGB (Gesamtkostenverfahren) bzw. § 275 Abs. 3 Nr. 17 HGB (Umsatzkostenverfahren) kodifiziert wird. Gemäß § 274 Abs. 2 Satz 3 HGB ist der Aufwand bzw. Ertrag aus der Veränderung bilanzierter latenter Steuern in der GuV gesondert auszuweisen. Bilanziell sind Verbindlichkeiten aus Steuern explizit auszuweisen (§ 266 Abs. 3 C. Nr. 8 HGB). Zudem hat nach § 274 Abs. 1 Satz 1 HGB die Bilanzierung passiver latenter Steuern zu erfolgen. Für aktive latente Steuern hingegen besteht nach § 274 Abs. 1 Satz 2 HGB ein Wahlrecht.[569] Hierbei geht der Gesetzgeber grundsätzlich von einer (nachgelagerten) Saldierung aus, so dass in der Bilanz nur der entsprechende Überhang ausgewiesen wird. Über § 274 Abs. 1 Satz 3 HGB wird jedoch – zur besseren Information der Jahresabschlussadressaten – die Möglichkeit zum unsaldierten Ausweis eingeräumt.[570] Im Zuge des BilMoG wurde im HGB das *timing*-Konzept zu Gunsten des – auch in den IFRS geltenden – *temporary*-Konzepts abgeschafft, so dass nunmehr der zutreffende Nettovermögensausweis im Vordergrund steht.[571]

Vor dem BilMoG besaßen latente Steuern in Jahresabschlüssen aufgrund der materiellen und formellen Maßgeblichkeit praktisch keine Bedeutung. Als Ursache ist zudem anzuführen, dass § 274 HGB a.F. eine Saldierung aktiver und

569 Zu beachten ist jedoch, dass für kleine Kapitalgesellschaften i.S.d. § 267 Abs. 1 HGB nach § 266 Abs. 1 Satz 3 HGB eine Erleichterung in Form einer verkürzten Bilanz gilt, wodurch der Bilanzposten Verbindlichkeiten keiner gesonderten Untergliederung bedarf und somit kein gesonderter Ausweis der Verbindlichkeiten aus Steuern erfolgen muss. Zudem sind kleine Kapitalgesellschaften gemäß § 274a Nr. 5 HGB von der Anwendung des § 274 HGB, i.e. der Pflicht zur Steuerabgrenzung, befreit.

570 Vgl. Baetge/Kirsch/Thiele (2012), S. 561 f. Dies gilt aufgrund § 306 Satz 1 HGB auch analog für die im Konzernabschluss auszuweisenden latenten Steuern.

571 Vgl. Kessler/Leinen/Paulus (2009), S. 716. Ausführlich zur handelsrechtlichen Steuerabgrenzung vgl. bspw. Baetge/Kirsch/Thiele (2012), S. 543-564.

passiver latenter Steuern vorsah, wobei für den Aktivüberhang ein Wahlrecht und für den Passivüberhang eine Passivierungspflicht bestand. Es kam jedoch in der Bilanzierungspraxis regelmäßig zu Aktivüberhängen und das Wahlrecht wurde zu Gunsten der Nichtbilanzierung ausgeübt. Darüber hinaus wurden aktive latente Steuern gemäß § 274 Abs. 2 Satz 1 HGB nur als Bilanzierungshilfen betrachtet.[572]

Der nach IFRS erstellte Jahresabschluss erfordert gemäß IAS 12 ebenfalls Informationen über den tatsächlichen sowie latenten Steueraufwand bzw. -ertrag. Für Ertragsteuern aus der laufenden bzw. aus früheren Perioden, die noch nicht bezahlt wurden, ist nach IAS 12.12 eine Schuld anzusetzen. Übersteigt der in früheren und in der laufenden Periode gezahlte Betrag den für diese Perioden geschuldeten Betrag, wird ein Vermögenswert aktiviert. Die tatsächlich zu zahlenden Steuern bzw. die tatsächlich zu erstattenden Steuern werden GuV-wirksam als Steueraufwand bzw. Steuerertrag gebucht. Die GuV-Wirksamkeit latenter Steuern ist entsprechend IAS 12.57 von der GuV-Wirksamkeit des zu Grunde liegenden Geschäftsvorfalls abhängig. Ein GuV-neutral verbuchter Geschäftsvorfall führt zu einer GuV-neutralen Buchung der latenten Steuer im *other comprehensive income* (OCI). Eine durch einen GuV-wirksamen Geschäftsvorfall ausgelöste Buchung einer Steuerlatenz resultiert in der Position „Steueraufwendungen/-erträge“, wobei IAS 12.77 einen gesonderten Ausweis des mit der gewöhnlichen Geschäftstätigkeit in Zusammenhang stehenden Steueraufwands bzw. Steuerertrags in der Gesamtergebnisrechnung fordert.

In der Bilanz sind jeweils tatsächliche und latente Steuerschulden bzw. -erstattungsansprüche getrennt voneinander auszuweisen. Eine Saldierung der jeweiligen Steuerschulden bzw. -erstattungsansprüche ist nach IAS 12.71 (tatsächliche Steuern) bzw. IAS 12.74 (latente Steuern) nicht vorgesehen bzw. nur unter sehr restriktiven Annahmen geboten.[573] Indem die zu Grunde liegende *liability*-Methode auf den korrekten Ausweis der in zukünftigen Perioden anfallenden Ertragsteuern abzielt und hierfür die Bildung latenter Steuern als Verbindlichkeiten (passive Latenz) und Forderungen (aktive Latenz) vorsieht, ist zur Bewertung der Steuerlatenzen der bei Umkehrung der Differenzen erwartungsgemäß gültige Steuersatz heranzuziehen.[574] Da künftige Steuersätze regelmäßig nicht bekannt sind, muss

572 Vgl. Herzig/Vossel (2009), S. 1174.

573 Vgl. Pellens/Fülbier/Gassen/Sellhorn (2011), S. 222-238.

574 Vgl. Ballwieser/Kurz (2011), Rz. 17, Risse (2012), Rz. 17. Die Konzeptionierung latenter Steuern im HGB folgt ebenfalls der *liability*-Methode, vgl. Kozikowski/Fischer (2012), Rz. 61, denn das bilanzorientierte *temporary*-Konzept ist ausschließlich mit der *liability*-Methode vereinbar, vgl. Coenenberg/Haller/Schultze (2012), S. 482.

auf die aktuell gültigen Steuersätze zurückgegriffen werden. Allerdings resultiert aus einem geänderten Steuersatz sogleich eine Neuberechnung.[575] Die auf temporäre Differenzen zwischen Steuerbilanz und HGB- bzw. IFRS-Abschluss ermittelten latenten Steuern bilden letztlich künftige Steuerbelastungen bzw. -entlastungen ab.[576] Die in einem Konzernabschluss ausgewiesenen latenten Steuern gehen über die auf Einzelabschlussebene durch temporäre Differenzen zwischen handelsbilanziellen und steuerrechtlichen Wertansätzen ausgelösten Steuerlatenzen hinaus. Beispielsweise sind auch solche Differenzen zu berücksichtigen, die durch Anpassung des Einzelabschlusses an die für den Konzernabschluss maßgeblichen Bilanzierungs- und Bewertungsvorgaben entstehen.[577]

Neben den Rechenwerken der Bilanz und der GuV können auch dem Anhang steuerliche Informationen entnommen werden. Der Anhang nach HGB bietet Informationen, in welchem Umfang die Steuern vom Einkommen und vom Ertrag zum einen das Ergebnis der gewöhnlichen Geschäftstätigkeit und zum anderen das außerordentliche Ergebnis belasten (§ 289 Nr. 1 HGB). Darüber hinaus ist im Rahmen des Anhangs nach HGB zu erläutern, auf welchen Differenzen oder steuerlichen Verlustvorträgen die latenten Steuern beruhen und welche Steuersätze der Bewertung zu Grunde gelegt wurden (§ 289 Nr. 29 HGB). Der vom Deutschen Rechnungslegungs Standards Committee (DRSC) am 23.11.2010 bekannt gemachte Standard DRS 18, der die gesetzlichen Regelungen hinsichtlich latenter Steuern konkretisiert, fordert bezüglich des Anhangs über die vom Gesetzgeber vorgesehenen Angaben hinaus weitere Informationen für den Abschlussadressaten (DRS 18.63-67). Obgleich DRS 18 vorrangig für Konzernabschlüsse gilt, wird dessen Anwendung in DRS 18.7 auch für Einzelabschlüsse empfohlen, wodurch – bei Auslegungsfragen – eine Ausstrahlungswirkung zu erwarten ist.[578]

Gleichfalls können aus einem nach IFRS erstellten Anhang steuerliche Informationen extrahiert werden. Die Regelungen der IAS 12.79-88 fordern von Grund auf weitreichende Anhangangaben, die beispielhaft für die Bedeutung des Anhangs im

---

575 Vgl. Pellens/Fülbier/Gassen/Sellhorn (2011), S. 234, Risse (2012), Rz. 17. Nach IAS 12.48 ist ein geänderter Steuersatz bereits dann anzuwenden, wenn vom Gesetzgeber die Steuersatzänderung verabschiedet wurde. Dies ist auch für die Berechnung latenter Steuern nach § 274 HGB zu Grunde zu legen, vgl. Kozikowski/Fischer (2012), Rz. 63 m.w.N.

576 Vgl. Ballwieser/Kurz (2011), Rz. 19, Risse (2012), Rz. 2.

577 Zu den Ermittlungsebenen latenter Steuern im Konzernabschluss („Stufenkonzept") vgl. Wolz (2010), S. 2628 f., auf die IFRS-Bilanzierung abstellend vgl. Pellens/Fülbier/Gassen/Sellhorn (2011), S. 227.

578 Vgl. Loitz (2010), S. 2177 und S. 2185, Pellens/Fülbier/Gassen/Sellhorn (2011), S. 241.

Jahresabschluss nach IFRS stehen.[579] So sind gemäß IAS 12.79 die Hauptbestandteile des Steueraufwands bzw. Steuerertrags getrennt anzugeben. Hierfür enthält IAS 12.80 eine exemplarische Aufzählung möglicher Komponenten, die durch die in IAS 12.81 genannten, obligatorisch anzugebenden Komponenten ergänzt wird. Auch fordert IAS 12.81(c) eine Überleitungsrechnung für den Zusammenhang zwischen Steueraufwand (Steuerertrag) und dem bilanziellen Ergebnis vor Steuern. Hierfür stehen dem Bilanzersteller zwei Möglichkeiten zur Verfügung. Der Überleitungsrechnung kann entweder durch eine Überleitung zwischen dem Steueraufwand (Steuerertrag) und dem Produkt aus bilanziellem Ergebnis vor Steuern sowie dem anzuwendenden Steuersatz oder durch eine Überleitung zwischen dem durchschnittlichen effektiven Steuersatz und dem anzuwendenden Steuersatz Rechnung getragen werden. Für die Berichterstattung nach HGB wird bisweilen ebenfalls eine analoge Überleitungsrechnung angeregt.[580] Auch das DRSC sieht, verankert in DRS 18, eine Überleitungsrechnung vor.[581] Dies ist jedoch für den Einzelabschluss nicht als verpflichtend anzusehen, da der Gesetzgeber eine derart entscheidende Angabe, wenn diese gewünscht wäre, im Gesetz selbst vorgesehen hätte.[582] Die Überleitungsrechnung kann dem Abschlussadressaten Anhaltspunkte für die Steuerpolitik eines Unternehmens liefern und ermöglicht die Identifikation der Treiber der Steuerquote, die wiederum den Ausgangspunkt für eine Steueroptimierung darstellen können.[583]

Zuletzt können auch der KFR nach HGB und IFRS steuerliche Informationen entnommen werden, indem Zahlungsströme, die durch die Ertragsbesteuerung verursacht sind, gesondert auszuweisen sind. Diese Zahlungsströme werden nach DRS 2.41 und IAS 7.35 für gewöhnlich der betrieblichen Tätigkeit zugeordnet.[584]

3.4.1.2 USA

Im US-amerikanischen Regulierungskontext besteht wie in Deutschland kein Zugang zu unternehmerischen Steuererklärungen. Jedoch besteht auch dort die

---

579 Hierzu auch Kirsch (2003), S. 703. Für die Unternehmen selbst ist die Anfertigung des Anhangs dabei mit großem Aufwand verbunden, vgl. Loitz (2008), S. 2149.

580 Vgl. Loitz (2009), S. 919, Baetge/Kirsch/Thiele (2012), S. 563 f.

581 „In einer Überleitungsrechnung ist der Zusammenhang zwischen dem unter Anwendung des in Deutschland geltenden Steuersatzes oder eines gewichteten Konzernsteuersatzes erwarteten Steueraufwand/-ertrag und dem ausgewiesenen Steueraufwand/-ertrag darzustellen.“, DRS 18.67.

582 Vgl. Loitz (2010), S. 2185.

583 Vgl. Dahlke/von Eitzen (2003), S. 2237. Bezüglich des Einblicks in die Steuerpolitik auch Wagenhofer (2009), S. 606.

584 Vgl. Küting/Weber (2012), S. 662.

Möglichkeit, aus dem nach US-GAAP erstellten *financial statement* Steueraufwand, Steuerforderungen und -verbindlichkeiten bezüglich der sogenannten *income tax* zu entnehmen.[585] Dennoch ist das US-amerikanische Rechtssystem bezüglich des Verhältnisses von „handelsrechtlicher“ und steuerlicher Rechnungslegung nur wenig mit dem deutschen Recht vergleichbar.[586] Im US-System wird zwischen *financial accounting* und *tax accounting* unterschieden, wobei zwischen diesen beiden eine deutliche Diskrepanz herrscht.[587]

Das *financial accounting*, für welches das Regelungswerk der US-amerikanischen *Generally Accepted Accounting Principles* (GAAP)[588] ausschlaggebend ist, dient der Informationsvermittlung über die wirtschaftliche Lage des Unternehmens an Anleger und Gläubiger.[589] Die Rechtsvorschriften der *Securities and Exchange Commission* (SEC) sehen vor, dass die Jahresabschlüsse der unter der Aufsicht der SEC stehenden Unternehmen den US-GAAP zu entsprechen haben, was durch das Testat eines *certified public accountant* (CPA)[590] zu bestätigen ist.[591] Hier liegt eine bedeutender Unterschied zum deutschen Recht vor, bei welchem jeder Kaufmann Bücher zu führen hat, die den Grundsätzen ordnungsmäßiger Buchführung (GoB), den diese Grundsätze konkretisierenden Vorschriften des HGB sowie

---

585 Vgl. Scholes/Wolfson/Erickson/Maydew/Shevlin (2009), S. 36, Hanlon/Heitzman (2010), S. 139.

586 Vgl. Dammann (2005), S. 573.

587 Vgl. Ault/Arnold (2010), S. 190. Der Begriff des *financial accounting* ist mit dem Begriff der externen Rechnungslegung gleichzusetzen. Unter diesen kann (in Abgrenzung zur steuerlichen Rechnungslegung) die Rechnungslegung nach HGB, IFRS, US-GAAP oder anderweitigen (nicht-steuerlichen) Vorschriften subsumiert werden. Speziell für die Rechnungslegung nach HGB ist im Rahmen der vorliegenden Arbeit der Begriff der handelsrechtlichen Rechnungslegung reserviert. Die (meist adjektivisch genutzte) Begrifflichkeit *book* wird im Folgenden verwendet, um auf Regelungen der externen Rechnungslegung unabhängig von der zu Grunde liegenden Rechtskodifizierung zu verweisen.

588 Eine einheitliche und eindeutige Definition des Begriffs der „GAAP“ existiert im Rahmen der US-amerikanischen Rechnungslegung nicht, vgl. Pellens/Fülbier/Gassen/Sellhorn (2011), S. 73.

589 Vgl. Dammann (2005), S. 573 f.

590 Den Dachverband der zertifizierten Wirtschaftsprüfer bildet das *American Institute of Certified Public Accountants* (AICPA). Zu deren Aufgaben, Unterorganisationen und Rollenwandel insbesondere im Zusammenspiel mit dem FASB vgl. Kieso/Weygandt/Warfield (2012), S. 9-13. Für einen Überblick über die Grundzüge der Haftung des Abschlussprüfers auch im Vergleich zu der des deutschen Abschlussprüfers vgl. KPMG (2007), S. 354-357.

591 Vgl. Dammann (2005), S. 583-588.

eventuell weiteren anzuwendenden Spezialgesetzen zu entsprechen haben.[592] Für US-Unternehmen, die nicht den öffentlichen Kapitalmarkt in Anspruch nehmen, gelten aber zumindest die von ihrem jeweiligen Gründungsstaat auferlegten Rechnungslegungspflichten, obgleich die einzelnen US-Bundesstaaten diesbezüglich durchweg nur rudimentäre Vorschriften aufweisen.[593] Nichtsdestotrotz gilt häufig auch für Unternehmen, die nicht der Aufsicht der SEC unterliegen, eine faktische Pflicht zur Konformität des Jahresabschlusses mit US-GAAP, da potentielle Kreditgeber häufig einen auf Basis der US-GAAP durch einen CPA testierten Jahresabschluss verlangen.[594] Der geprüfte Abschluss ist gemäß dem *Securities Exchange Act* von 1934 im Rahmen des jährlichen Berichts unter Verwendung des Formulars 10-K[595] innerhalb von 90 Tagen nach Bilanzstichtag einzureichen. Dieser Bericht muss – neben anderen Angaben – den geprüften Abschluss enthalten oder diesen per entsprechenden Verweis als Bestandteil einbeziehen. Für sogenannte *accelerated filers* gelten verkürzte Einreichungsfristen.[596] Die SEC verpflichtet die Unternehmen, ihre Abschlüsse elektronisch im System EDGAR (*Electronic Data Gathering, Analysis and Retrieval System*) einzureichen, welches gleichzeitig über ein öffentliches Internetportal eine Zugangsmöglichkeit für interessierte Parteien bietet.[597]

Die dem Abschluss im Rahmen des *financial accounting* zu Grunde liegenden US-GAAP bestehen aus verschiedenen Verlautbarungen, die wiederum aus verschiedenen Institutionen stammen, wobei die Standards und Interpretationen des *Financial Accounting Standards Board* (FASB) eine tragende Rolle spielen.[598] Im Jahr 2009 erfolgte durch das FASB eine Kodifizierung der bis dahin oftmals in Form, Vollständigkeit und Struktur uneinheitlicher Sammlung von Verlautbarungen, die sich über einen Zeitraum von 60 Jahren entwickelt hatte.[599] Die Kodifizierung beinhaltet

---

592 Vgl. Schildbach (2002), S. 7.

593 Vgl. Pellens/Fülbier/Gassen/Sellhorn (2011), S. 61.

594 Vgl. Dammann (2005), S. 588 mit Verweis auf Glormann (2001), S. 58 f.

595 Neben dem für jährliche Berichte einschlägigen Formular 10-K ist bspw. für Quartalsberichte das Formular 10-Q und für die Meldung wichtiger laufender Ereignisse das Formular 8-K heranzuziehen.

596 Vgl. Financial Reporting Group of Ernst & Young (2005), S. 35 f. Wesentliches Kriterium für die Kategorisierung als *accelerated filer* gemäß Rule 12b-2 des *Securities Exchange Act* ist eine weltweite Marktkapitalisierung der emittierten Aktien in Höhe von 75 Mio. US-Dollar oder mehr.

597 Vgl. Kieso/Weygandt/Warfield (2012), S. 1533 Fn. 12.

598 Vgl. Kieso/Weygandt/Warfield (2012), S. 13.

599 Vgl. Kieso/Weygandt/Warfield (2012), S. 13-15.

die Schaffung eines nach Sachthemen strukturierten Online-Handbuches, das sogenannte *Financial Accounting Standards Board Codification Research System* (CRS), im Rahmen dessen die verbindlichen Verlautbarungen veröffentlicht werden. Im Gegenzug gelten alle nicht im CRS enthaltenen Verlautbarungen als nicht verbindlich.[600] Vor der Kodifizierung existierte eine als *House of GAAP* bezeichnete US-GAAP-Hierarchie, welche die Verlautbarungen entsprechend ihrer Quelle in eine Rangfolge einordnete.[601] Durch die Kodifizierung wurden die ehemals gültigen Hierarchieebenen reduziert, so dass nur noch die Ebene der verbindlichen und diejenige der unverbindlichen Verlautbarungen existieren.[602]

Das *tax accounting* dient der steuerlichen Gewinnermittlung, für welche die Vorschriften des als Bundessteuergesetz erlassenen *Internal Revenue Code* (IRC) einschließlich der ergänzenden Rechtsakte maßgebend sind.[603] Das Verhältnis von *tax accounting* und *financial accounting* ist nur in differenzierter Art und Weise zu beantworten. Eine wie im deutschen Recht verankerte Maßgeblichkeit des handelsrechtlichen Abschlusses für die steuerliche Gewinnermittlung ist nicht gegeben.[604] Allerdings eröffnet die Vorratsbewertung einen Fall der umgekehrten Maßgeblichkeit, indem § 472 IRC zwar die Anwendung des Lifo-Verfahrens erlaubt, allerdings nur unter der Bedingung, dieses auch in der externen Rechnungslegung anzuwenden.[605]

Die US-amerikanische Regulierung weist im Vergleich zur deutschen Rechtslage im Bereich der steuerlichen Rechnungslegung einen weiteren, nicht unerheblichen Unterschied auf: Während in Deutschland – wie bereits dargestellt – die Besteuerung auf Basis der Steuerbilanz erfolgt, die wiederum vom handelsrechtlichen Einzelabschluss abgeleitet wird, besteht in den USA gemäß den Vorschriften der §§ 1501 bis 1563 IRC die Möglichkeit für eine Gruppenbesteuerung.[606] Um dieses Wahlrecht ausüben zu können, ist jedoch das Vorliegen einer sogenannten

600 Vgl. Kieso/Weygandt/Warfield (2012), S. 14.

601 Zur damals gültigen Hierarchie vgl. bspw. Siebert (1996), S. 71-73.

602 Vgl. Pellens/Fülbier/Gassen/Sellhorn (2011), S. 76. Ausführlich zur Neuordnung der US-GAAP vgl. Sellhorn/Hahn/Müller (2010).

603 Vgl. Ault/Arnold (2010), S. 192 f. Für eine prägnante Darstellung der Gewinnermittlung gemäß den US-steuerrechtlichen Vorschriften vgl. Schreiber (2000), S. 52-88.

604 Vgl. Damman (2005), S. 574 f. und S. 612. Eine Diskussion des Verhältnisses von *financial accounting* und *tax accounting* findet sich in Damman (2005), S. 596-610 m.w.N. Eine ausführliche Analyse insbesondere der Unterschiede nehmen Knott/Rosenfeld (2003) vor.

605 Vgl. Siebert (1996), S. 389.

606 Anzumerken ist, dass in Deutschland zumindest die Möglichkeit des Rechtsinstituts der Organschaft besteht, vgl. dazu Kap. 3.2.1.2 sowie zu dem sich dadurch ergebenden Steuergestaltungspotential Kap. 3.2.2.2.

affiliated group i.S.d. § 1504 IRC erforderlich. Eine *affiliated group* setzt sich aus einem Mutterunternehmen und mindestens einem US-Tochterunternehmen zusammen, an welchem das Mutterunternehmen zu mindestens 80% am Kapital und an den Stimmrechten (an jedem Tag des Geschäftsjahres) direkt oder indirekt beteiligt sein muss.[607] Personengesellschaften sind von einer solchen Besteuerungskonsolidierung ausgeschlossen. Das Mutterunternehmen muss eine *includable corporation* nach § 1504(b) IRC darstellen, zu welchen alle inländischen Kapitalgesellschaften außer steuerbefreite Kapitalgesellschaften bzw. Kapitalgesellschaften mit bestimmten Steuervergünstigungen oder Versicherungsgesellschaften zählen. Als *includable corporation* werden in bestimmten Fällen auch mexikanische bzw. kanadische Gesellschaften anerkannt.[608] Die Grundidee, nur inländische, nicht jedoch ausländische Gesellschaften für eine konsolidierte Steuererklärung zuzulassen, wird auch durch eine in § 1504(d) IRC kodifizierte Ausnahmeregelung für Tochterunternehmen durchbrochen, gemäß derer vollbeherrschte mexikanische und kanadische Tochtergesellschaften mit einbezogen werden können.[609] Wird das Wahlrecht der gemeinsamen Besteuerung ausgeübt, so erfordert die gemeinsame Steuererklärung (*consolidated tax return*) die Ermittlung des konsolidierten Gewinns. Hierfür ermittelt jede einzelne Gesellschaft der Gruppe zunächst ihr eigenes steuerpflichtiges Einkommen (*separate-entity approach*), bevor die Ergebnisse zusammengenommen und zumindest teilweise konsolidiert werden.[610]

Aufgrund der Tatsache, dass Informationen zum steuerlichen Einkommen auch in den USA nicht zugänglich sind, stellt sich die Frage, wie das steuerliche Einkommen (anderweitig) ermittelt bzw. approximiert werden kann. Eine einfache, wenngleich in verschiedener Hinsicht problematische und nicht zwingend ein approximativ richtiges Ergebnis erzeugende Methode, das steuerliche Einkommen von US-Unternehmen zu schätzen, stellt die Multiplikation des im *income statement* ausgewiesenen Steueraufwands mit dem gesetzlichen Unternehmensteuersatz dar.[611]

Die in den USA vorgenommene klare Separation zwischen den beiden Büchern scheint – insbesondere aufgrund verschiedener Bilanzskandale wie beispielsweise im Fall Enron – einem gewissen Trend in Legislative und Judikative zur

607 Vgl. Fülbier/Pferdehirt (2006), S. 176, Jeter/Chaney (2011), S. 188 f.

608 Vgl. Endres (2003), S. 476.

609 Vgl. Komarek (1998), S. 154.

610 Vgl. Endres (2003), S. 476, Fülbier/Pferdehirt (2006), S. 176.

611 Vgl. Hanlon (2003), S. 831 mit einer anschließenden Diskussion der auftretenden Probleme.

Annäherung zwischen steuerlich ausgewiesenem Gewinn und GAAP-Gewinn zu unterliegen.[612] Eine Angleichung von *financial reporting* und *tax reporting* im Sinne der sogenannten *book-tax conformity* ist umstritten. Neben einer konzeptionellen Diskussion[613] der Vor- und Nachteile einer derartigen Verknüpfung widmen sich auch verschiedene empirische Studien der Frage, welche konkreten Auswirkungen sich daraus ergeben könnten. Zu solchen Studien zählen beispielsweise Hanlon/Maydew/Shevlin (2008), die den Informationswert von Gewinnen untersuchen und Hinweise finden, dass eine erhöhte *conformity* mit einem niedrigeren Informationswert einhergeht.[614] In der US-amerikanischen Bilanzierungspraxis scheint sich hingegen eine wachsende Diskrepanz zwischen dem GAAP-Gewinn und dem steuerlichen Gewinn zu entwickeln. Dies wird von den jeweiligen Autoren zum einen auf eine Zunahme von *earnings management* und zum anderen auf die gestiegenen Steuervermeidungsmöglichkeiten durch die Globalisierung zurückgeführt.[615] Von manchen Autoren wird daher auch – anstelle einer Konformität – für eine gewisse Offenlegung hinsichtlich steuerlicher Gewinne plädiert.[616]

Das regulatorische Verhältnis des für steuerliche Zwecke ermittelten Gewinns und des für externe Rechnungslegungszwecke ermittelten Gewinns ist für die Reflexion unternehmerischer Steueraggressivität durch die Forschung – insbesondere auch im Hinblick auf die Messung derselben – eine wichtige Komponente. Das Gros der bisherigen empirischen Studien zu Steueraggressivität entspringt dem US-amerikanischen Kontext und versucht mit Hilfe von Regressionsanalysen die Determinanten der Steueraggressivität zu ermitteln. Im Folgenden wird – bevor auf die in diesem Forschungsgebiet bisher erzielten Ergebnisse eingegangen wird – zunächst ein Überblick über die in diesen Studien verwendeten Metriken zur Erfassung von Steueraggressivität gegeben. Die kritische Beleuchtung dieser Metriken hat dabei unter Beachtung des den Studien zu Grunde liegenden Regulierungskontextes der USA zu erfolgen. Darüber hinaus ist ferner zu diskutieren,

---

612 Vgl. Schön (2005), S. 120 f. In diesem Zusammenhang auch Desai (2005), S. 178: „The example of Enron suggests that the distinctions between book and tax profits were a source of managerial misreporting and that the information available to tax authorities might have been usefully employed by capital markets."

613 Vgl bspw. Hanlon/Shevlin (2005), S. 115-118, kritisch hinterfragend auch schon Raby/Richter (1975). Zu möglichen Konsequenzen insbesondere für multinationale US-Unternehmen vgl. Hanlon/Maydew (2009).

614 Vgl. Hanlon/Maydew/Shevlin (2008), S. 309. Als wichtigster Grundsatz der Rechnungslegung der US-GAAP gilt die Entscheidungsrelevanz, vgl. Haller (2000), S. 12.

615 Vgl. Schanz/Schanz (2009), S. 321 m.w.N.

616 Vgl. Lenter/Slemrod/Shackelford (2003), S. 827.

inwieweit diese Metriken für die Untersuchung unternehmerischer Steueraggressivität im deutschen Regulierungskontext verwendet werden können.

3.4.2 Metriken zur Erfassung von Steueraggressivität

3.4.2.1 Effective Tax Rates

In der US-amerikanischen Literatur haben sich verschiedene Maßgrößen herausgebildet, um Steueraggressivität zu erfassen.[617] Diese Maßgrößen haben gemeinsam, dass sie auf die Daten der externen Rechnungslegung zurückgreifen (müssen). Um Steueraggressivität zu messen, wird beispielsweise auf die Steuerbelastung eines Unternehmens abgestellt, welche mit Hilfe eines Effektivsteuersatzes – *effective tax rate* (ETR) – ermittelt wird. Das genaue Aussehen der ETRs variiert, das zu Grunde liegende Prinzip ist indes gleich. Eine ETR setzt sich stets aus einer Maßgröße für den Steueraufwand des Unternehmens im Zähler und einer Maßgröße für einen Vorsteuergewinn im Nenner zusammen.[618] Eine niedrige ETR gilt als Zeichen für ein hohes Maß an Steueraggressivität des Unternehmens, eine hohe ETR deutet hingegen auf ein niedriges Maß an Steueraggressivität hin.[619]

Die Nutzung von ETRs in der empirischen Forschung besitzt bereits eine gewisse Tradition.[620] Häufig wurden ETRs hierbei jedoch zur Beurteilung eines Steuersystems im Sinne einer gleichmäßigen bzw. effizienten Besteuerung herangezogen. Zur Beantwortung der Frage der gleichmäßigen Besteuerung wird die – sogenannte – durchschnittliche ETR (*average* ETR) zum Einsatz gebracht, welche sich wie im vorigen Absatz beschrieben berechnet.[621] Zur Abwägung von Effizienzgesichtspunkten

617 Eine systematisierte Darstellung verschiedener Maßgrößen mit beschränktem Umfang findet sich auch bei Hanlon/Heitzman (2010), S. 139-143.

618 Vgl. Hanlon/Heitzman (2010), S. 139.

619 Vgl. Chyz/Leung/Li/Rui (2011), S. 14.

620 Vgl. bspw. die Studien von Harberger (1959), Rosenberg (1969), Siegfried (1974).

621 Zur vergleichenden Beurteilung eines Steuersystems bzw. der durchschnittlichen Steuerbelastung von Unternehmen verschiedener Länder mittels *average* ETR ist folgender Aspekt zu beachten: ETRs können auf Einzel- und Konzernabschlussbasis berechnet werden, wobei im Fall der Verwendung von Einzelabschlüssen die Behandlung ausländischer Einkünfte durch das Besteuerungssystem des jeweiligen Landes geprüft werden muss. Sind ausländische Einkünfte von der Besteuerung ausgenommen oder werden Steuergutschriften für ausländische Steuern gewährt, so kommt es in gewisser Weise zu einem Missverhältnis zwischen Zähler und Nenner der ETR, da das sich im Nenner befindende Ergebnis in- und ausländische Einkünfte abbildet,

der Besteuerung wird zumeist auf die *marginal* ETR zurückgegriffen.[622] Diese entspricht der deutschen Bezeichnung des Grenz- bzw. marginalen Steuersatzes, welcher die zusätzliche Steuerbelastung bei Erhöhung der Steuerbemessungsgrundlage um eine Einheit misst oder – in anderen Worten – denjenigen Steuersatz darstellt, mit welchem die Veränderung der Bemessungsgrundlage besteuert wird.[623] Die folgenden Ausführungen zu ETRs beziehen sich durchgängig auf die Berechnungsweise der durchschnittlichen ETR. Sollte auf eine marginale ETR Bezug genommen werden, wird diese als marginaler Steuersatz bezeichnet.[624]

Zur Beurteilung von Steuergerechtigkeit mittels ETRs versuchen verschiedene Studien, mögliche unternehmensspezifische Einflussfaktoren auf die ETRs zu identifizieren. Werden derartige Zusammenhänge gefunden, sind diese auch in der empirischen Steueraggressivitätsforschung als mögliche Treiber der Steueraggressivität bedeutsam. Derartige Zusammenhänge werden beispielsweise von Stickney/McGee (1982) dokumentiert, welche zur Feststellung des tatsächlichen Ausmaßes der Neutralität des – die Unternehmensteuern betreffenden – Steuersystems untersuchen, inwieweit Unterschiede im Effektivsteuersatz von großen US-Unternehmen systematisch mit der Unternehmensgröße, der Anlagenintensität, dem Verschuldungsgrad, dem Ausmaß von Auslandsaktivitäten und dem Ausmaß von Aktivitäten, die mit der Suche, der Gewinnung oder dem Anbau von natürlichen Ressourcen zusammenhängen.[625] Die Autoren finden in ihrer Studie Hinweise, dass die Faktoren Anlagenintensität, Verschuldungsgrad und Tätigkeit mit natürlichen Ressourcen bedeutsamen Einfluss auf die ETR besitzen, während

---

jedoch der Zähler nur heimische Steuern widerspiegelt. Bei Konzernabschlüssen tritt diese Problematik nicht auf, vgl. Jacobs/Spengel (1999), S. 4. Jedoch ist fraglich, inwieweit Konzernabschlüsse (international stark diversifizierter Konzerne) überhaupt geeignet sind, Fragestellungen bezüglich des Steuersystems eines Landes zu beantworten; ähnlich kritisch sehen dies auch Jacobs/Spengel (1999), die hinzufügen: „These tax ratios might, however, be a reliable instrument for cross-sectional comparisons and empirical studies.“, Jacobs/Spengel (1999), S. 4 Fn. 18.

622 Vgl. Callihan (1994), S. 1.

623 Vgl. bspw. Scheffler (2012), S. 12.

624 Zu einer Gegenüberstellung von *average* ETR und *marginal* ETR in Abhängigkeit von der Forschungsfrage sowie der Korrelation zwischen den beiden Größen vgl. Callihan (1994), S. 13-15 m.w.N. Einen tabellarischen Überblick in Form einer Systematisierung von verschiedenen (Sub-)Typen der beiden ETRs sowie Literaturnachweise jeweils beispielhafter Studien bietet Fullerton (1984), S. 25.

625 Der postulierte Zusammenhang zwischen der Tätigkeit mit natürlichen Ressourcen und der ETR wird durch die in den USA gewährten Steuergutschriften für derlei Aktivitäten begründet.

ausländische Tätigkeiten und Größe eine geringere Rolle zu spielen scheinen. Stickney und McGee folgern zudem, dass die niedrigsten ETRs durch eine Kombination aus Anlagenintensität und hohem Leverage ausgelöst werden.[626] Darüber hinaus beschäftigen sich beispielsweise auch die Studien von Gupta/ Newberry (1997) oder Zimmerman (1983) mit ähnlichen Fragestellungen. Die Ergebnisse dieser Studien werden im Rahmen des Kap. 3.5.2.1 näher diskutiert sowie einer kritischen Reflexion unterzogen.

Allerdings ist an dieser Stelle bereits vorwegzunehmen, dass die jeweiligen Ergebnisse insbesondere in Bezug auf den Einfluss der Unternehmensgröße einander zum Teil entgegengesetzt sind, was auf die Verwendung unterschiedlicher ETRs zurückgeführt werden könnte. Da sowohl der Zähler als auch der Nenner in seinen Komponenten variiert werden kann, entsteht eine entsprechende Bandbreite möglicher ETRs.[627] Daher untersuchen Omer/Molloy/Ziebart (1993) die Beziehung von Unternehmensgröße und ETRs, indem sie unterschiedlich definierte ETRs verwenden und jeweils ein positives Verhältnis von ETR und Unternehmensgröße feststellen. Es wird gezeigt, dass diese Beziehung auch nicht von den US-amerikanischen Steuerrechtsänderungen der 1980er Jahre beeinflusst wird.[628] Diese Beziehung ist jedoch bei manchen ETR-Maßgrößen in bestimmten Jahren stärker ausgeprägt als in anderen.[629] Daraus kann geschlossen werden, dass die Ergebnisse einer empirischen Studie also in Abhängigkeit der genauen Zusammensetzung der ETR variieren können.[630] Daher werden in Studien, welche ETRs zur Messung der Steueraggressivität verwenden, häufig verschiedene ETRs eingesetzt.

Hierbei werden prinzipiell GAAP-ETRs und *cash*-ETRs unterschieden.[631] Während in den Zähler der GAAP-ETR der Steueraufwand einfließt, werden in den Zähler der *cash*-ETR die gezahlten Steuern eingesetzt. Als Variante der

626 Vgl. Stickney/McGee (1982), S. 143 f.

627 Omer/Molloy/Ziebart (1993), S. 60 sowie Plesko (2003), S. 206 bieten eine Übersicht zu verschiedenen Definitionen der ETR gemäß früheren Studien.

628 Vgl. Omer/Molloy/Ziebart (1993), S. 180 f.

629 Vgl. Omer/Molloy/Ziebart (1993), S. 181.

630 Zur Diskussion verschiedener ETRs vgl. auch Omer/Molloy/Ziebart (1991) oder Plesko (2003)

631 Anzumerken ist, dass der Begriff „GAAP“ sich hier und im Folgenden – ähnlich der Begrifflichkeit *book* – allgemein auf die externe Rechnungslegung in Abgrenzung zur steuerlichen Rechnungslegung bezieht und nicht nur auf die US-GAAP-Rechnungslegung begrenzt ist. Soll jedoch explizit auf die Rechnungslegung nach US-GAAP Bezug genommen werden, wird dies unter Hinzufügen des entsprechenden Präfixes gekennzeichnet.

GAAP-ETR kann die *current*-ETR betrachtet werden, bei welcher nur der „aktuelle" Steueraufwand in Form des tatsächlichen Steueraufwands der aktuellen Periode (ohne latenten Steueraufwand) verwendet wird. Der Nachteil dieser Größe liegt jedoch darin begründet, dass häufig ein Missverhältnis zwischen Zähler und Nenner herrscht, da Sachverhalte bzw. Steuerstrategien, welche Steuerabgrenzungen auslösen, zwar den GAAP-Gewinn verändern und damit im Nenner berücksichtigt werden, nicht jedoch in den Zähler eingehen.[632]

Eine spezielle Form der *cash*-ETR stellt die von Dyreng/Hanlon/Maydew (2008) entwickelte *long-run cash*-ETR dar, bei welcher im Zähler die Summe der über einen Zeitraum von zehn Jahren gezahlten Steuern eingesetzt wird, welcher dann durch die Summe der Vorsteuergewinne (abzüglich Sonderposten[633]) über die gleiche Periode geteilt wird.[634] Der Vorteil dieser Metrik besteht darin, dass die jährlichen Schwankungen der ETRs vermieden werden. Zudem entfallen aufgrund der Langzeitberechnung Probleme, welche aus dem möglichen Missverhältnis der sich eventuell auf Gewinne aus früheren Perioden beziehenden gezahlten Steuern im Zähler und dem GAAP-Vorsteuergewinn im Nenner resultieren.[635] Anzufügen ist jedoch, dass eine gewisse Jahr-zu-Jahr Persistenz der (einjährigen) *cash*-ETR festgestellt werden kann. Hierbei besteht allerdings eine Asymmetrie: Niedrige *cash*-ETRs besitzen eine größere Persistenz als hohe *cash*-ETRs.[636]

---

632 Vgl. Dyreng/Hanlon/Maydew (2008), S. 65 f. mit konkreten US-GAAP-Beispielen. Anzumerken ist, dass diese Maßgröße in empirischen Studien zur Messung von Steueraggressivität selten verwendet wird, was möglicherweise auf deren konzeptionellen Schwächen im Vergleich zur gewöhnlichen GAAP-ETR oder der *cash*-ETR zurückgeführt werden kann. Kritisch auch schon Rego (2003), S. 829 Endnote 9. Ein anderes Problem stellt in diesem Zusammenhang wohl auch die Datenverfügbarkeit dar, so dass bspw. Markle/Shackelford (2009), deren Sample auf der Datenbank *Osiris* basiert, zusätzlich die Datenbank *Compustat Global*, welche im Gegensatz zu *Osiris* den entsprechenden Posten *current income tax expense* beinhaltet, hinzuziehen und ein *matched sample* bilden müssen, um eine ETR auf *current tax expense*-Basis berechnen zu können, vgl. Markle/Shackelford (2009), S. 19.

633 Die Sonderposten (*special items*) setzen sich aus einer Reihe verschiedener Posten zusammen und tragen in der Datenbank *Compustat* die Itemnummer 17, vgl. hierzu mit einer Auflistung konkreter Beispiele Dyreng/Hanlon/Maydew (2008), S. 66 Fn. 13.

634 Vgl. Dyreng/Hanlon/Maydew (2008), S. 67 und S. 70. Manche Studien greifen auch auf diese Metrik mit einem Zeitraum von lediglich fünf Jahren zurück, vgl. bspw. Cazier/Rego/Tian/Wilson (2009), S. 15. Die Autoren dieser Studie verwenden im Übrigen auch eine GAAP-ETR auf Mehrjahresbasis.

635 Vgl. Hanlon/Heitzman (2010), S. 141.

636 Vgl. Dyreng/Hanlon/Maydew (2008), S. 79.

Soll im Allgemeinen eine GAAP-ETR oder eine *cash*-ETR im Rahmen einer empirischen Studie zu Steueraggressivität eingesetzt werden, so ist es unerlässlich abzugrenzen, welche Steuerstrategien die jeweilige Maßgröße einfangen kann und welche nicht. Verfolgt ein Unternehmen beispielsweise eine Steuerstrategie, welche Steuern zeitlich verlagert und damit zu latenten Steuern führt, wie beispielsweise eine in der steuerlichen Rechnungslegung beschleunigte Abschreibung, so wird die GAAP-ETR hiervon nicht beeinflusst, die *cash*-ETR hingegen schon.[637] Dies liegt darin begründet, dass durch eine höhere steuerrechtliche Abschreibung (*tax depreciation*) im Vergleich zur Abschreibung in der externen Rechnungslegung (*book depreciation*) der latente Steueraufwand steigt, welcher im Zähler der GAAP-ETR, aber nicht im Zähler der *cash*-ETR berücksichtigt wird.[638]

Für Studien im US-amerikanischen Kontext gilt ferner zu beachten, dass sich die im US-GAAP existierende *valuation allowance* und *tax contingency reserve* unterschiedlich auf GAAP-ETR und *cash*-ETR auswirken.[639] Die *valuation allowance* stellt eine Risikoadjustierung im Rahmen der Bilanzierung aktiver latenter Steuern dar. Es handelt sich hierbei um einen Sicherheitsabschlag, der von der Wahrscheinlichkeit einer künftigen Steuerentlastung abhängt. Liegt diese Wahrscheinlichkeit unter einem Wert von 50%, so ist eine *valuation allowance*, ein Risikoabschlag, zu erfassen, dessen Wert zwischen 0% und 100% liegen kann.[640] Die *tax contingency reserve* – auch als *tax cushion* bezeichnet – ist ebenfalls ein Instrument der Risikoadjustierung und wird gebildet, um eine mögliche Nichtanerkennung von deklarierten Sachverhalten durch die Finanzverwaltung zu berücksichtigen.[641] In den IFRS oder im HGB ist eine Risikoberücksichtigung durch eine *valuation allowance* oder eine *contingency reserve* nicht verankert, obgleich für IAS 12 im Rahmen des zurückgestellten ED/2009/2 eine derartige Einführung im Zuge der geplanten Konvergenz von IFRS und US-GAAP diskutiert wurde.[642] Im aktuellen IAS 12 findet eine Risikoberücksichtigung dahingehend statt, als dass aktive latente Steuern gemäß IAS 12.24 nur in dem Maße zu bilanzieren sind, wie es wahrscheinlich ist, dass in zukünftigen Perioden ein ausreichendes

---

637 Vgl. Hanlon/Heitzman (2010), S. 139.

638 Vgl. Dyreng/Hanlon/Maydew (2010), S. 1164 Fn. 3.

639 Bezüglich der *tax contingency reserve* haben durch FIN 48 verschiedene Modifikationen stattgefunden. Hierzu wird in Kap. 3.4.2.3 näher Stellung genommen.

640 Vgl. SFAS 109 *Accounting for Income Taxes* bzw. nach Neukodifizierung ASC 740-10.

641 Vgl. Dyreng/Hanlon/Maydew (2008), S. 66 Fn. 11 mit dem Hinweis auf Studien, die zeigen, dass Manager Gewinne durch den Posten der *valuation allowance* und *tax contingency reserve* manipulieren können.

642 Vgl. Herzig/Heimig/Vossel (2009), S. 2613, Chlodek/Tran (2012), S. 4.

zu versteuerndes Einkommen zur Verfügung steht, gegen das die abzugsfähigen temporären Differenzen verrechnet werden können.[643] Wird nach HGB bilanziert, so ist für den Ansatz aktiver latenter Steuern § 274 Abs. 1 Satz 2 HGB i.V.m. § 274 Abs. 1 Satz 1 HGB maßgeblich, welcher nicht wie IAS 12 die Pflicht, sondern ein Wahlrecht zur Aktivierung vorgibt. Jedoch gilt ebenfalls die Maßgabe einer hinreichenden Wahrscheinlichkeit künftiger steuerpflichtiger Einkünfte.[644]

Kommt es nun im Falle eines nach US-GAAP bilanzierenden Unternehmens zu einer Änderung der Abgrenzungsposten *valuation allowance* oder *tax contingency reserve*, so ist die GAAP-ETR betroffen, nicht jedoch die *cash*-ETR.[645] Für die Messung von Steueraggressivität in Regulierungssystemen mit Separation von externer und steuerlicher Rechnungslegung gilt es zudem zu beachten, dass sich gewisse Steuerreduktionsstrategien eines Unternehmens dennoch in beiden Rechnungslegungssphären gewinnsenkend niederschlagen (*conforming strategies*), wodurch Zähler und Nenner (beider ETRs) beeinflusst werden und diese Strategien somit nicht mit Hilfe der ETRs gemessen werden können.[646] Wird jedoch von einem Unternehmen eine Steuerreduktionsstrategie angewandt, welche nur die steuerrechtlichen Gewinne tangiert, so werden diese von beiden ETRs erfasst (*non-conforming strategies*).[647] Als Reaktion auf die Schwäche der ETRs bezüglich *conforming*-Strategien setzen beispielsweise Badertscher/Katz/Rego (2011) zusätzlich zu einer *cash*-ETR einen marginalen Steuersatz ein, welcher zwar kein eigentliches Instrument zur Messung von Steueraggressivität darstellt, jedoch, wie die Autoren argumentieren, in der Lage sei, sowohl *conforming*- als auch *non-conforming*-Strategien zu reflektieren. Die Berechnung des marginalen Steuersatzes erfolgt dabei mittels Simulation.[648]

---

643 Zum Wahrscheinlichkeitskriterium vgl. Schulz-Danso (2013), Rz. 52. Ausführlich zur Bilanzierung latenter Steuern nach IAS 12 bspw. auch Pawelzik (2012), Hoffmann (2013).

644 Vgl. hierzu Kozikowski/Fischer (2012), Rz. 14. Ausführlich zur Bilanzierung latenter Steuern nach HGB vgl. u.a. auch Spanheimer/Simlacher (2010) sowie Wohlgemuth (2010) für aktive latente Steuern und Lemmen (2010) für passive latente Steuern.

645 Vgl. Higgins/Omer/Phillips (2011), S. 12, Hanlon/Heitzman (2010), S. 139.

646 Vgl. Hanlon/Heitzman (2010), S. 141.

647 Vgl. Hanlon/Heitzman (2010), S. 139.

648 Vgl. Badertscher/Katz/Rego (2011), S. 17 f. Das Vorgehen zur Simulation des marginalen Steuersatzes orientiert sich dabei an Graham (1996a), dessen Arbeit wiederum auf Shevlin (1990) aufbaut, vgl. Graham (1996a), S. 47. Zur Diskussion der bestmöglichen Schätzung des marginalen Steuersatzes vgl. Graham (1996b), Plesko (2003), Graham/Mills (2008).

Ist die steuerliche Rechnungslegung und damit die steuerliche Gewinnermittlung nicht an die GAAP-Rechnungslegung gekoppelt, kann es jedoch unter Umständen noch zu weiteren Interpretationsschwierigkeiten der ETRs kommen. Dies ist der Fall, wenn ein Unternehmen gezieltes *earnings management* zur Erhöhung des GAAP-Gewinns betreibt, wodurch eine niedrigere ETR resultiert.[649] Um diesem Problem zu begegnen, kann eine entsprechende Kontrollvariable beispielsweise in Anlehnung an das modifizierte Jones-Modell in Form der *abnormal accruals* wie in McGuire/Omer/Wang (2012) eingefügt werden.[650] Der dem Jones-Modell zu Grunde liegende Gedanke besteht darin, dass *accruals* (Periodenabgrenzungen) sich in einen nicht-diskretionären Teil, welcher durch den tatsächlichen Geschäftsgang des Unternehmens entsteht und in einen diskretionären Teil, welcher durch entsprechende Rechnungslegungspolitik auftritt, aufspalten lassen.[651] Daher stehen *accruals* und *earnings management* zur Messung desselben in einem engen Zusammenhang. Ein ähnliches Vorgehen wie bei McGuire/Omer/Wang (2012) findet sich bei Badertscher/Katz/Rego (2011), die jedoch das modifizierte Jones-Modell in Anlehnung an Ball/Shivakumar (2006) noch um weitere unabhängige Variablen erweitern, die der Kontrolle auf *conservatism* dienen sollen.[652] Badertscher/Katz/Rego (2011) wollen den Einfluss von Private-Equity (PE)-Unternehmen auf das Steueraggressivitätsverhalten der von ihnen gehaltenen Unternehmen feststellen.[653] Da Katz (2009) Hinweise findet, dass PE-unterstützte Unternehmen vorsichtiger berichten und sich weniger in *earnings management* engagieren, verwenden Badertscher/Katz/Rego (2011) das von Ball/Shivakumar (2006) entwickelte Modell, um zugleich auf *conservatism* und *earnings management* zu kontrollieren.

Dyreng/Hanlon/Maydew (2010), welche die Auswirkungen der Individualität von Managern auf die unternehmerische Steueraggressivität untersuchen,[654] adressieren das *earnings management*-Problem, indem sie das durch *accruals* getriebene Ergebnis im Nenner der ETR durch den (um gezahlte Steuern adjustierten)

---

649 Vgl. Frank/Lynch/Rego (2009), S. 472.

650 Vgl. McGuire/Omer/Wang (2012), S. 985 f. Zum ursprünglichen Jones-Modell vgl. Jones (1991), zum modifizierten Jones-Modell vgl. Dechow/Sloan/Sweeney (1995). Für eine ausführliche Diskussion des Jones-Modells und seiner Variationen sowie den jeweiligen Limitationen vgl. Ronen/Yaari (2008), S. 404-449.

651 Vgl. Herold (2006), S. 32.

652 Vgl. Badertscher/Katz/Rego (2011), S. 20 und S. 45. Vgl. in diesem Zusammenhang auch Ball/Shivakumar (2006), S. 214.

653 Ausführlicher zu dieser Studie vgl. Kap. 3.5.3.1.

654 Ausführlicher zu dieser Studie vgl. Kap. 3.5.3.2.

operativen Cashflow ersetzen.[655] Dieses Vorgehen fängt zwar jene steuerreduzierenden Aktivitäten ein, die Periodenabgrenzungen sowohl in der steuerlichen als auch der externen Rechnungslegung hervorrufen; falls jedoch Steueraggressivitätsstrategien angewendet werden, die gleichermaßen den Cashflow und das zu versteuernde Einkommen respektive die gezahlten Steuern beeinflussen, werden sowohl Zähler als auch Nenner vermindert, so dass die gewählte Maßgröße diese Art der Steueraggressivität nicht erfassen kann.[656] Neben der Möglichkeit des Heranziehens einer expliziten Kontrollvariable ist, wie in der Studie von Desai/ Dharmapala (2006) bezüglich der Auswirkungen aktienbasierter Vergütungen auf die Steueraggressivität[657] entwickelt, auch ein zweistufiger Prozess möglich, bei welchem keine ETR, sondern eine um *earnings management* bereinigte Steueraggressivitätsmetrik verwendet wird. Diese Metrik stellt diejenige Komponente der *book-tax*-Differenzen (BTD)[658] dar, die nicht auf die *accruals* der externen Rechnungslegung zurückzuführen sind. Um diese Komponente zu erhalten, werden in einem ersten Schritt die BTD, zu deren Ermittlung das steuerliche Einkommen approximiert wird, auf die Gesamtperiodenabgrenzungen regressiert. Das aus dieser Regressionsgleichung hervorgehende Residuum wird in einem zweiten Schritt zur Messung von Steueraggressivität verwendet. Hinter diesem Vorgehen steht die Überlegung, dass das Residuum diejenige Komponente der BTD darstellt, welche nicht durch das durch die Periodenabgrenzungen ausgedrückte *earnings management* erklärt werden kann.[659] Wenngleich die Schaffung neuer Maßgrößen stets zu würdigen ist, ist solchen komplex strukturierten Metriken mit kritischer Distanz zu begegnen. Die Qualität einer Maßgröße, die wie im vorliegenden Fall auf einer regressionsbasierten Abspaltung basiert, hängt von der Qualität des zur Abspaltung verwendeten Modells ab. Schwächen in diesem Modell können eine Störung der Ergebnisse des eigentlichen Regressionsmodells bedingen.[660]

Bevor im folgenden Kapitel auf weitere Maßgrößen zur Messung von Steueraggressivität unter Zuhilfenahme von BTD eingegangen wird, sollen abschließend diejenigen Schwächen der ETR diskutiert werden, die noch nicht bzw. noch nicht ausreichend adressiert wurden. So besteht ein zentrales Problem der ETR

---

655 Vgl. Dyreng/Hanlon/Maydew (2010), S. 1177.

656 Vgl. Hanlon/Heitzman (2010), S. 141 Fn. 49, die jedoch anstelle auf Dyreng/Hanlon/ Maydew (2010) fälschlicherweise auf Dyreng/Hanlon/Maydew (2008) verweisen.

657 Ausführlicher zu dieser Studie vgl. Kap. 3.5.3.2.

658 Ausführlicher zu BTD vgl. Kap. 3.4.2.2.

659 Vgl. Desai/Dharmapala (2006), S. 159, Desai/Dharmapala (2008), S. 178.

660 Vgl. hierzu auch Hanlon/Heitzman (2010), S. 142.

darin, dass diese von diversen Faktoren beeinflusst werden kann und damit nicht ausschließlich durch die Steueraggressivität des Unternehmens getrieben ist. Beispielsweise können sich Unterschiede in der Höhe der ETR dadurch ergeben, dass das Unternehmen in der externen Rechnungslegung gewinnmaximierendes *earnings management* betreibt. An dieser Stelle ist jedoch zu differenzieren, ob der US-amerikanische oder der deutsche Regulierungskontext zu Grunde liegt, i.e. ob die externe und die steuerliche Rechnungslegung zwei getrennte Systeme darstellen oder ob eine Form der Maßgeblichkeit gilt. Da in Deutschland die handelsrechtliche Rechnungslegung Maßgeblichkeit für die steuerliche Rechnungslegung besitzt, kann eine entsprechende gewinnmaximierende Bilanzpolitik auch auf den steuerlichen Gewinn und damit die Steuerlast durchschlagen. In diesem Fall erhöhen sich sowohl Zähler als auch Nenner einer auf handelsrechtlichen Bilanzdaten basierenden ETR, wodurch es zu keiner irrtümlichen Einschätzung der Steueraggressivität kommt.[661] Die Gefahr einer konkreten Fehlinterpretation besteht allerdings dann, wenn für das handelsrechtliche *earnings management* nur solche Aktionsparameter herangezogen werden, die sich in der steuerlichen Rechnungslegung nicht auswirken.[662] Derartige Aktionsparameter werden dann eröffnet, wenn das Steuergesetz für die steuerliche Rechnungslegung spezielle Regelungen aufweist, so dass die Werte der handelsrechtlichen Rechnungslegung keine Übernahme erfahren. Als ein solcher rein handelsbilanziell wirkender Aktionsparameter kann die Wahl der Abschreibungsmethode bei beweglichen Vermögensgegenständen und die Schätzung ihrer Nutzungsdauer genannt werden, da das Steuerrecht hier (beispielsweise durch § 7 EStG) eigene Vorgaben macht. Im Fall, dass in der handelsrechtlichen Rechnungslegung gewinnerhöhende Aktionsparameter eingesetzt werden, die sich nicht auf die steuerbilanziellen Werte auswirken, würde sich der Nenner, nicht aber der Zähler der ETR erhöhen, so dass eine niedrigere ETR resultiert, die (irrtümlich) als höhere Steueraggressivität interpretiert werden würde. Allerdings dürfte

661 Wird die handelsrechtliche Bilanzpolitik dagegen bereits im Sinne der Steuerbilanzpolitik mit dem Ziel der Gewinnminimierung ausgeübt, so vermindern sich sowohl Zähler als auch Nenner. Somit werden diese Strategien von der Maßgröße der ETR nicht ausreichend erfasst. Allerdings schließt ein solches (sich auf die Sachverhaltsabbildung beziehendes) Verhalten des Unternehmens nicht aus, dass noch darüber hinausgehende Aktionsparameter (z.B. auch sachverhaltsgestaltender Natur oder explizit nur die steuerliche Rechnungslegung betreffend) eingesetzt werden, die zwar den Steueraufwand mindern, aber den handelsrechtlichen Gewinn weitgehend unberührt lassen. Dies würde wiederum durch die ETR eingefangen werden.

662 Für eine ausführlichere Differenzierung handelsbilanzpolitisch versus steuerbilanzpolitisch wirkender Aktionsparameter vgl. Kap. 4.3.2.

die Anzahl solcher Aktionsparameter eher begrenzt sein. Im US-amerikanischen Kontext hingegen sind externe und steuerliche Rechnungslegung weitgehend losgelöst voneinander, so dass ein gewinnmaximierendes *earnings management* dort durchaus die ETR verzerren kann. Aus diesem Grunde versuchen einzelne Steueraggressivitätsstudien auch gezielt auf *earnings management* zu kontrollieren.[663] Speziell im Hinblick auf den deutschen Regulierungskontext ist für die ETR als Steueraggressivitätsmetrik jedoch noch eine weitere Schwäche anzuführen, die sich daraus ergibt, dass die Höhe der ETR mitunter dadurch bestimmt werden kann, dass die Vorschriften der externen (i.e. handelsrechtlichen) Rechnungslegung in der Behandlung gewisser Sachverhalte verpflichtend eine andere Vorgehensweise vorsehen als die Vorschriften der steuerlichen Rechnungslegung oder umgekehrt.[664] So besteht ebenfalls die Gefahr von Fehlinterpretationen.[665]

Darüber hinaus ist für die Interpretation der ETR nicht unbeachtlich, ob Einzel- oder Konzernabschlussdaten zu Grunde gelegt werden. Knüpft das geltende Steuergesetz eines Landes (wie beispielsweise Deutschland) die Besteuerung im Sinne des Trennungsprinzips an die rechtliche Einheit an, so ist die Aussage einer auf Konzernabschlussdaten basierenden ETR als schwierig zu erachten.[666] Wird

663 Vgl. bspw. Cazier/Rego/Tian/Wilson (2009), Badertscher/Katz/Rego (2011), die jeweils eine auf diskretionäre Periodenabgrenzungen basierende Kontrollvariable aufnehmen.

664 Eine Konkretisierung einschlägiger Sachverhalte, welche Divergenzen zwischen handelsrechtlicher und steuerlicher Rechnungslegung bedingen, findet sich im Rahmen von Kap. 5.2.3.2, das u.a. die Kontrollvariablen der empirischen Untersuchung der vorliegenden Arbeit darlegt.

665 Als nicht unwesentlich sind in diesem Zusammenhang bspw. auch die Ergebnisse der – im Rahmen des folgenden Kapitels noch näher erörterten – empirischen Studie von Zinn/Spengel (2012) zu betrachten, die nahelegen, dass BTD in Deutschland primär durch gesetzliche Unterschiede des handelsrechtlichen und des steuerrechtlichen Rechnungslegungskreises hervorgerufen werden.

666 Eine auf deutschen Konzernabschlussdaten basierende Studie stellt die Untersuchung von Kraft (2013) dar, wobei sie keine explizite Verbindung zur Steueraggressivität herstellt, sondern vielmehr eine empirische Erhebung der Einflussfaktoren der Konzernsteuerquote durchführt. Hierbei werden IFRS-Abschlüsse zu Grunde gelegt. Gemäß den Regressionsergebnissen weisen größere Unternehmen, Wachstumsunternehmen sowie Unternehmen mit einem höheren *free cash flow* eine höhere Quote auf, während Verschuldungsgrad, Aufwendungen für operative Leasingverhältnisse, Multinationalität und Profitabilität mit einer geringeren Quote einhergehen. Anzumerken ist jedoch, dass Kraft (2013) in ihrem Arbeitspapier weder die regulatorischen Rahmenbedingungen Deutschlands im Hinblick auf die Besteuerung adressiert noch die Aussagekraft der untersuchten Quote erläutert. In dieser Studie wird auch keine explizite Problemstellung formuliert, sondern lediglich festgehalten, dass diese „(…)

die Besteuerung hingegen im Sinne der Einheitstheorie verwirklicht und die wirtschaftliche Einheit für die Besteuerung herangezogen, so kann eine unter Verwendung von Konzernabschlussdaten ermittelte ETR durchaus schlüssig interpretiert werden.[667] In den USA besteht zwar, wie im Rahmen des vorhergehenden Kapitels ausgeführt, die Möglichkeit einer konsolidierten Steuererklärung, allerdings müssen für die Ausübung dieses Wahlrechts die erläuterten Voraussetzungen erfüllt sein, so dass nicht grundsätzlich von einer Besteuerung auf Konzernebene ausgegangen werden kann. Nichtsdestotrotz wird in US-Studien zur Steueraggressivität, welche den überwiegenden Anteil der bisherigen Forschungsleistung in diesem Bereich bilden, regelmäßig keine explizite Differenzierung vorgenommen, ob der jeweiligen Studie Konzern- oder Einzelabschlussdaten zu Grunde liegen. Allerdings ist an dieser Stelle zu beachten, dass dem Konzernabschluss in den USA ein anderer Stellenwert zukommt als beispielsweise in Deutschland. Während der Konzernabschluss in Deutschland lediglich eine Informationsfunktion besitzt und rechtliche Konsequenzen ausschließlich an den Einzelabschluss geknüpft werden,[668] stellen Konzernabschlüsse in den USA die vorherrschende Form der Rechnungslegung dar, die nicht nur eine Informationsfunktion aufweisen, sondern auch der Ermittlung des ausschüttungsfähigen Betrages dienen.[669] Wird ein Konzernabschluss veröffentlicht, so entfällt die Publikation des Einzelabschlusses. Auch die in einen Konzernabschluss einbezogenen Tochtergesellschaften sind regelmäßig von der Veröffentlichung eines eigenen Jahresabschlusses befreit, außer es handelt sich um ein kapitalmarktorientiertes Unternehmen. In diesem Fall ist von dem kapitalmarktorientierten Tochterunternehmen, sofern es eine konsolidierungspflichtige Untergesellschaft besitzt, ein Konzernabschluss aufzustellen und zu veröffentlichen.[670] Insofern dürfte davon auszugehen sein, dass in den

---

enriches the international empirical literature on the determinants of ETR since there is hardly any German empirical evidence.“, Kraft (2013), S. 1.

667 Zu Einheitstheorie und Trennungsprinzip vgl. auch bereits Kap. 3.2.2.4.

668 Vgl. hierzu die Ausführungen in Kap. 3.2.1.3.

669 Vgl. Kubin (1989), S. 97 und S. 104. Einen prägnanten Überblick über die Entwicklung der US-GAAP-Vorschriften zur Konzernrechnungslegung und die dabei zu Grunde liegenden Konzepte bietet Flood (2013), S. 556 f. Für die technische Herangehensweise der Konzernrechnungslegung nach US-GAAP vgl. im Detail bspw. Baker/Christensen/Cottrell (2012).

670 Vgl. Kubin (1989), S. 97 und S. 105 f. Die starke Orientierung am Konzernabschluss in den USA liegt mitunter darin begründet, dass „nach h.M. ein Konzernabschlu[ss] über die wirtschaftlichen Verhältnisse einer Konzernmuttergesellschaft besser informiert und somit entscheidungsrelevantere Daten liefert als ein Einzelabschluss“,

einschlägigen US-Studien überwiegend Konzernabschlussdaten zur Anwendung kommen, wenngleich dies nicht zwingend als konsistent zu betrachten ist, wobei die Vorgehensweise im Einzelfall beurteilt werden müsste.

Des Weiteren kann eine ETR dadurch beeinflusst werden, indem der Staat besondere Steuererleichterungen vorsieht, die sich auf den Zähler auswirken, nicht jedoch den Nenner. Da jedoch Steueraggressivität nicht nur im Sinne einer Steuerminimierung, sondern auch im Sinne einer Zulagenmaximierung ausgeübt werden kann, ist dies nicht unbedingt als eine Verzerrung der ETR zu erachten. Letztlich greift eine ETR das Resultat verschiedener sachverhaltsgestaltender und sachverhaltsabbildender Steueraggressivitätsstrategien ab, wobei die ETR diesbezüglich (wie erläutert) verschiedene – vom jeweiligen Regulierungskontext abhängende – Schwächen aufweist, die eine gewisse Fehleinschätzung der Steueraggressivität bewirken können. Abschließend ist anzumerken, dass die durch eine ETR erfassten Strategien auch im Graubereich oder sogar im illegalen Bereich liegen können. Auszunehmen ist lediglich die speziell durch Nichtdeklaration von Einkommen vorgenommene Steuerhinterziehung, bei der die entsprechenden Beträge auch der handelsrechtlichen Buchführung vorenthalten werden.

3.4.2.2 Book-Tax-Differenzen

Das Ausmaß der BTD, i.e. die Wertunterschiede zwischen dem Rechnungslegungskreis der externen und der steuerlichen Rechnungslegung, wird für sich genommen auch in einigen US-Studien als Maßgröße zur Abbildung des Ausmaßes der Steueraggressivität verwendet. Hierbei kann jedoch definitionsgemäß nur jene Steueraggressivität gemessen werden, welche sich in *non-conforming*-Strategien niederschlägt.[671] Ein den BTD als Steueraggressivitätsmetrik inhärentes Problem besteht darin, dass diese gleichermaßen von *earnings management* im Bereich der externen Rechnungslegung getrieben sein kann.[672] Zudem kann eine Variation im *book-tax gap* auch durch eine Variation der äußeren Einflussfaktoren wie GAAP-Änderungen, Steuergesetzesänderungen oder auch makroökonomischer Bedingungen sein.[673] Für US-Unternehmen ist die Erhöhung von BTD durch gleichzeitiges Durchführen von *earnings management* (im Rahmen der externen Rechnungslegung) und von

---

Haller (2000), S. 21. Insofern werden auch keine expliziten größenabhängigen Befreiungsvorschriften formuliert, vgl. Schildbach (2008), S. 93 f.

671 Vgl. Hanlon/Heitzman (2010), S. 141.

672 Vgl. Desai/Dharmapala (2009), S. 540.

673 Vgl. Seidman (2010), S. 1.

Steueraggressivität insofern mit Kosten verbunden, da ein Anstieg der BTD – wie gezeigt werden kann – mit einem Anstieg der geforderten Berichtigungen im Rahmen einer durch den IRS durchgeführten Prüfung einhergeht.[674]

Die Ermittlung der BTD erfolgt in der empirischen Forschungsliteratur auf unterschiedliche Art und Weise. Beispielsweise wird der *spread* zwischen dem in der externen Rechnungslegung ausgewiesenen Gewinn und dem steuerlichen Gewinn berechnet, indem der steuerliche Gewinn auf Basis einer Näherungsformel geschätzt und von dem in der externen Rechnungslegung ausgewiesenen Gewinn subtrahiert wird.[675] Auch Wilson (2009) verwendet ein solches Vorgehen zur Berechnung von BTD und kann zeigen, dass ein durch den Einsatz von gewissen Steuersparmodellen (*tax shelters*) entweder gerichtlich oder in der Presse bekannt gewordenes Unternehmenssample einen signifikant höheren Anteil an BTD aufweist als die Unternehmen zweier Kontrollgruppen.[676]

Zur Ermittlung von BTD werden auch latente Steuern als Approximation für (den lediglich temporären Anteil der) BTD herangezogen. Grundsätzlich lassen sich dauerhafte BTD (*permanent differences*) und vorübergehende BTD (*temporary differences*) unterscheiden. Letztgenannte Differenzen liegen darin begründet, dass ein Geschäftsvorfall zwar sowohl in den Büchern der steuerlichen als auch in denen der externen Rechnungslegung erfasst wird, jedoch in unterschiedlichen Zeitperioden. Hierunter fällt beispielsweise eine Vorauszahlung der Miete, Versicherung o.ä., welche nach US-GAAP im Sinne des periodengerechten Gewinnausweises abgegrenzt werden und der Aufwand im Jahr des zufließenden Nutzens entsprechend gezeigt werden muss, während nach US-Steuerrecht der Zeitpunkt des Geldabflusses entscheidet.[677] Auch bezüglich von Abschreibungen können solche temporären Differenzen entstehen, wenn beispielsweise die nach Steuerrecht erlaubte beschleunigte Abschreibung gewählt wird, bei welcher die Nutzungsdauer durch die *asset class* definiert wird, während die US-GAAP-Abschreibung von der Entscheidung des Managements bezüglich Abschreibungsmethode, Nutzungsdauer und Restwert abhängt. Dauerhafte Differenzen

---

674 Vgl. Mills (1998), S. 355.

675 Vgl. bspw. Manzon/Plesko (2002), S. 192 und S. 188, Cazier/Rego/Tian/Wilson (2009), S. 30. Das Vorgehen von Manzon/Plesko (2002) kritisch reflektierend vgl. Shevlin (2002), S. 428-433.

676 Vgl. Wilson (2009), S. 993, zur Berechnung der BTD S. 977.

677 Das US-amerikanische Steuerrecht folgt im Gegensatz zum *accruals*-basierten Rechnungslegungssystem der US-GAAP in vielen Teilen einem *cash*-basierten Ansatz. Zudem sind Wahlmöglichkeiten stark eingeschränkt, vgl. Scholes/Wolfson/Erickson/Maydew/Shevlin (2009), S. 37.

hingegen beruhen auf Geschäftsvorfällen, die nur in einem der beiden Bücher Niederschlag finden. Ein Beispiel stellen die durch eine Kommunalanleihe vereinnahmten Zinsen dar, welche steuerbefreit sind und nur im US-GAAP-Einkommen ausgewiesen werden.[678] Gemäß dem für die Rechnungslegung nach US-GAAP geltenden *temporary*-Konzept ist ein Ansatz latenter Steuern für zeitlich begrenzte und quasi-zeitliche Differenzen erforderlich, für permanente Unterschiede gilt ein Ansatzverbot.[679] Auch die IFRS folgen diesem Konzept. Im HGB wurde durch die Änderungen des BilMoG das bisher geltende *timing*-Konzept zu Gunsten des *temporary*-Konzepts abgelöst.[680] Trotz der in Deutschland geltenden Maßgeblichkeit des handelsrechtlichen für den steuerrechtlichen Abschluss treten permanente Differenzen auf. Als Beispiel hierfür können die in einem Strafverfahren festgesetzten Geldstrafen genannt werden, die ein Unternehmen zwar im handelsrechtlichen Abschluss als Aufwand geltend machen kann, während im Steuerrecht ein Abzugsverbot für derartige Geldstrafen gilt.[681] Auch die Regelung des § 8b KStG bezüglich der teilweisen Steuerbefreiung von Dividenden, die eine Körperschaft aus der Beteiligung an einer anderen Körperschaft erhält, oder der in § 10d EStG geregelte Verlustabzug können entsprechende permanente Differenzen generieren.

Hanlon (2005) verwendet latente Steuern als Proxy für BTD und schließt damit bewusst permanente Differenzen aus.[682] Ziel der Studie ist dabei jedoch nicht die Untersuchung von Steueraggressivität, sondern die Beantwortung der Frage, ob hohe positive BTD als Indikator für eine geringere nachhaltige Gewinnhöhe (*earnings persistence*) verwendet werden können. Dieser Frage liegt die Idee zu Grunde, dass hohe positive BTD (d.h. ein wesentlich höheres GAAP-Ergebnis als das steuerrechtliche Ergebnis) auf *earnings management* zurückzuführen sind, wobei Hanlon auch die Möglichkeit einräumt, dass hohe positive BTD durch Steueraggressivitätsaktivitäten getrieben sein können.[683] Die Ergebnisse der Studie deuten allerdings auf einen tatsächlichen Zusammenhang zwischen hohen

---

678 Scholes/Wolfson/Erickson/Maydew/Shevlin (2009), S. 38-40 mit weiteren Beispielen.

679 Vgl. Schildbach (2002), S. 165-169, Kieso/Weygandt/Warfield (2012), S. 1153 f.

680 Vgl. Meyer/Loitz/Zerwas (2010), S. 47. Für eine prägnante Darstellung wesentlicher Unterschiede in der IFRS-Bilanzierung latenter Steuern gegenüber HGB bzw. gegenüber US-GAAP vgl. Pellens/Fülbier/Gassen/Sellhorn (2011), S. 240 f. bzw. S. 241 f.

681 Vgl. § 12 Nr. 4 EStG für Einzel- und Personenunternehmen, § 10 Nr. 3 KStG für Körperschaften.

682 Vgl. Hanlon (2005), S. 140 f.

683 Vgl. Hanlon (2005), S. 142.

positiven BTD und einer geringeren *earnings persistence* hin. Zudem scheinen Investoren hohe BTD als *red flag* zu interpretieren.[684]

Frank/Lynch/Rego (2009) stellen die Hypothese auf, dass *aggressive financial reporting* mit *aggressive tax reporting* positiv korreliert ist. Hierfür entwickeln die Autoren eine Maßgröße zur Erkennung von Steueraggressivität, die von den Autoren als „DTAX“ bezeichnet wird und eine komplexe, auf BTD basierende Modellierung beinhaltet. Diese Maßgröße „DTAX“ stellt den diskretionären Anteil der Größe „PERMDIFF“ dar, welche alle permanenten BTD widerspiegeln soll. „DTAX“ wird als Residuum geschätzt, indem „PERMDIFF“ auf diejenigen nicht-diskretionären Posten regressiert wird, die bekannt dafür sind, permanente Differenzen auszulösen.[685] Die Autoren können mit Hilfe dieser Maßgröße für Steueraggressivität und den in der Literatur üblichen – auf diskretionären Abgrenzungen basierenden – Maßgrößen zur Erfassung von *earnings management* eine positive Korrelation zwischen Aggressivität im *tax reporting* und im *financial reporting* feststellen.[686]

Obgleich die neue Metrik „DTAX“ in diversen Folgestudien bereits Verwendung gefunden hat, wird sie von Hanlon/Heitzman (2010) in verschiedenen Punkten kritisiert. Hierzu zählt zum einen, dass die mit „PERMDIFF“ bezeichnete Größe mehr als nur permanente Differenzen erfasst und im Wesentlichen nur eine ETR-Differenz aus GAAP-ETR und gesetzlichem Steuersatz, multipliziert mit dem in der externen Rechnungslegung ausgewiesenen Ergebnis, darstellt. Da es sich somit um eine Funktion der GAAP-ETR handelt, wird folglich jene Steueraggressivität, die sich in *conforming*-Strategien ausdrückt, nicht erfasst.[687] Zum anderen wird auch die mangelnde Auseinandersetzung mit der These kritisiert, dass permanente Differenzen insbesondere aggressive Steuerplanung mit Hilfe von *tax shelters* widerspiegeln.[688] Als nicht unproblematisch ist die Größe „DTAX“ zudem

---

684 Vgl. Hanlon (2005), S. 163 f. Ähnliche Ergebnisse auch bei Lev/Nissim (2004), die BTD als Indikator für künftiges Gewinnwachstum verwenden. Hierbei werden BTD auf Basis eines Quotienten aus dem US-GAAP-Ergebnis und dem (approximierten) steuerlichen Ergebnis berechnet, die, wie die Autoren zeigen, in einem Zeitfenster von bis zu fünf Jahren das Gewinnwachstum vorhersagen können, vgl. Lev/Nissim (2004), S. 1068 f.

685 Vgl. Frank/Lynch/Rego (2009), S. 472 f.

686 Vgl. Frank/Lynch/Rego (2009), S. 492 f.

687 Kritisch anzumerken ist jedoch, dass Hanlon/Heitzman (2010) auf eine formale Darstellung der Umformung der als „PERMDIFF“ bezeichneten Größe in Frank/Lynch/Rego (2009), S. 473 in die unterstellte Form einer ETR-Differenz verzichten und sich auf die verbale Behauptung einer solchen Äquivalenz beschränken.

688 Vgl. Hanlon/Heitzman (2010), S. 142 f.

vor dem Hintergrund zu betrachten, dass es sich um eine regressionsbasierte Abspaltung handelt und, wie Hanlon/Heitzman (2010) es treffend ausdrücken, „regression-based partitions are only as good as the model used and the validity of the proxies employed for the "known" determinants."[689]

Die Tatsache, dass BTD sowohl durch Steueraggressivität als auch durch *earnings management* in der externen Rechnungslegung getrieben werden können, wird auch in Studien, die nicht das Thema der Steueraggressivität selbst zum Gegenstand haben, adressiert. Beispielsweise kontrolliert Goncharov (2010), der die Rolle der Zeitnähe der in der steuerlichen bzw. externen Rechnungslegung ausgewiesenen Gewinne bezüglich der Entstehung von BTD in verschiedenen europäischen Ländern untersucht und hierfür auch Hinweise findet, in seinem Modell sowohl auf externe Rechnungslegungsaggressivität als auch auf steuerliche Rechnungslegungsaggressivität. Da steuerliche Rechnungslegungsdaten mangels Veröffentlichung nicht erhoben werden können, werden für das Sample nur Länder mit hoher Maßgeblichkeit ausgewählt und als Annäherung für die steuerlichen Rechnungslegungsdaten der Einzelabschluss des Mutterunternehmens verwendet sowie als Basis für die externen Rechnungslegungsdaten der konsolidierte Abschluss. Insofern werden die BTD als Differenz zwischen dem im Einzelabschluss ausgewiesenen Ergebnis, das als Approximation für den steuerlichen Gewinn dient, und dem im Konzernabschluss ausgewiesenen Gewinn ermittelt. Um auf steuerliche Aggressivität bzw. auf Aggressivität in der externen Rechnungslegung zu kontrollieren, wird jeweils eine auf Leuz/Nanda/Wysocki (2003) zurückgehende *earnings management*-Metrik verwendet. Diese Metrik setzt die Periodenabgrenzungen ins Verhältnis zum operativen Cashflow, wobei ein höheres Maß an Abgrenzung pro Euro Cashflow auf *earnings management* hindeutet. Um jeweils auf steuerliche Aggressivität bzw. Aggressivität in der externen Rechnungslegung zu kontrollieren, werden für diese Metrik Daten des Einzelabschlusses als approximierte steuerliche Rechnungslegungsdaten bzw. Daten des Konzernabschlusses als externe Rechnungslegungsdaten herangezogen.[690]

Für das regulatorische Umfeld Deutschlands untersuchen erstmals Zinn/Spengel (2012) die Wertunterschiede zwischen handelsrechtlicher und steuerlicher

---

689 Hanlon/Heitzman (2010), S. 142.

690 Vgl. Goncharov (2010), S. 14 und S. 17. Zu der verwendeten Metrik vgl. auch Leuz/Nanda/Wysocki (2003), S. 510. Die gefundenen Ergebnisse unter Verwendung dieser Metrik sind gegenüber einer entsprechend durchgeführten Replikation unter der alternativen Verwendung einer auf dem modifizierten Jones-Modell basierenden Kontrollvariablen gleich, vgl. Goncharov (2010), S. 17 Fn. 10.

Rechnungslegung bezüglich des Ausmaßes und der Determinanten, indem sie einen von der Ernst & Young GmbH zur Verfügung gestellten anonymisierten Datensatz verwenden, der für 146 Unternehmen handelsrechtliche und steuerrechtliche Abschlussdaten für das Wirtschaftsjahr 2009 enthält.[691] Die – aufgrund des relativ kleinen Datensatzes vorsichtig zu interpretierende – Studie liefert Hinweise, dass durchaus deutliche BTD bestehen, indem das steuerliche Ergebnis das handelsrechtliche Ergebnis im Schnitt um ca. 10% übersteigt. Die Autoren schlussfolgern aus ihren Resultaten, dass die BTD in Deutschland primär durch gesetzliche Unterschiede der beiden Rechnungslegungskreise getrieben sind und weniger durch aggressive Steuerpolitik, wie in verschiedenen US-Studien angenommen wird.[692] Insofern sind BTD als Maßgrößen für Steueraggressivität einer vor dem deutschen Regulierungskontext angesiedelten Studie weniger geeignet.

3.4.2.3 Weitere Maßgrößen

Neben den bisher vorgestellten Metriken zur Erfassung von Steueraggressivität wie der ETRs in ihren verschiedenen Varianten, der BTD sowie – als komplexere Maßgrößen – der als Residualgrößen bestimmten Proxys nach Desai/Dharmapala (2006) oder Frank/Lynch/Rego (2009) existieren weitere grundsätzliche Ansätze.

Einer dieser Ansätze wählt als Ausgangsgröße die Partizipation in *tax shelters*, die nicht selten den Bereich des Legalen verlassen und sich im Graubereich bis hin zur Illegalität bewegen. Wilson (2009) liefert eine (nicht abschließende) Aufzählung für mögliche Formen von *tax shelters*.[693] Zu diesen zählen beispielsweise *lease-in lease-out*-Konstruktionen, das Ausnutzen von *transfer pricing*-Möglichkeiten mit ausländischen Töchtern in Niedrigsteuerländern oder die Verwendung von *corporate-owned life insurance* (COLI).[694] In der Folge identifiziert Wilson (2009) mit Hilfe eines Unternehmenssamples, das Unternehmen enthält, die *tax shelter*-Aktivitäten betrieben haben, besondere Charakteristika dieser Unternehmen. Basierend auf den festgestellten Eigenschaften kann die Wahrscheinlichkeit eines (aktuellen) Engagements in *tax shelters*, welche letztlich nur

---

691 Vgl. Zinn/Spengel (2012), S. 1 und S. 7 f.

692 Vgl. Zinn/Spengel (2012), S. 27 f.

693 „[Tax] shelters encompass various tax plans, historically they were distinguished by the deductibility of an investment that exceeds its economic depreciation.“, Shackelford/Shevlin (2001), S. 340 mit Verweis auf Scholes/Wolfson (1992), S. 393.

694 Vgl. Wilson (2009), S. 997 mit weiteren Beispielen. Auch Graham/Tucker (2006), S. 570-576 bieten Kurzabrisse von möglichen *tax shelters*.

eine bestimmte Art von Steueraggressivität darstellen, abgeleitet werden.[695] Obgleich dieses Modell bereits in anderweitigen Studien Verwendung findet,[696] ist die Verallgemeinerbarkeit einer solchen Größe basierend auf den im Sample von Wilson (2009) spezifisch festgestellten Koeffizienten nicht zwingend gegeben. Des Weiteren sind bei Wilson (2009) potentielle Selektionsprobleme zu beachten, da die in diesem Unternehmenssample befindlichen Unternehmen entweder überführt und aufgrund der *tax shelter*-Aktivitäten formal angeklagt wurden oder aufgrund bestimmter Regelungen verpflichtet waren, genau diese Aktivitäten offen zu legen. Zudem muss das Engagement in Steuersparmodellen nicht repräsentativ für das sonstige Steueraggressivitätsverhalten eines Unternehmens sein. Möglicherweise verwenden nur solche Unternehmen, die keine anderweitigen Möglichkeiten der Steueraggressivität haben, *tax shelters*.[697] Insbesondere das Problem der mangelnden Verallgemeinerbarkeit wird auch von Wilson selbst als Limitation genannt.[698]

Aufbauend auf der Arbeit von Wilson (2009) und mit Hilfe von durch den IRS zur Verfügung gestellten vertraulichen *tax shelter*-Daten entwickelt Lisowski (2010) eine als „TaxShelterScore" bezeichnete Metrik, mit deren Hilfe (ebenfalls) die Wahrscheinlichkeit eines Engagements in *tax shelters* geschätzt werden kann.[699] Aufgrund der erhöhten Samplegröße im Vergleich zu Wilson (2009) ist dem Modell von Lisowski (2010) möglicherweise eine größere Verallgemeinerbarkeit zu attestieren;[700] zumindest kann eine Erhöhung des statistischen Erklärungsgehalts gegenüber Wilson (2009) gezeigt werden.[701]

Ein weiterer Ansatz knüpft an den gemäß FIN 48 zu veröffentlichenden Betrag der *unrecognized tax benefits* (UTB) an.[702] Im Rahmen der 2006 durch das FASB erlassenen Interpretation FIN 48 wurde die vormals als *tax contingency reserve* bekannte Position in UTB umbenannt, welche als Abgrenzungsposten für Steueraufwand für eventuelle, in der Zukunft liegende Berichtigungen durch

695 Vgl. Wilson (2009), S. 982 und S. 992.

696 Vgl. bspw. Rego/Wilson (2010), S. 13 f., Armstrong/Blouin/Larcker (2012), S. 401 und S. 409.

697 Vgl. Hanlon/Heitzman (2010), S. 143.

698 Vgl. Wilson (2009), S. 993.

699 Vgl. Lisowski (2010), S. 1703 und S. 1712.

700 Wilson (2009) stehen 59 Beobachtungen zur Verfügung, Lisowsky (2010) dagegen 267 Beobachtungen.

701 Vgl. Lisowski (2010), S. 1708, tabuliert auf S. 1709. Für eine Anwendung der von Lisowski (2010) entwickelten Metrik vgl. bspw. Chyz (2011), S. 13-15.

702 Zum Beispiel verwendet von Alexander/Ettredge/Stone/Sun (2009).

Finanzbehörden dient. Der Begriff der *tax contingency reserve* ist immer noch in SFAS 5 *Accounting for Contingencies* verankert, wobei das vorgeschriebene Vorgehen nach SFAS 5 für die *tax contingency* in einigen Punkten von dem des nunmehr gültigen FIN 48 für die UTB abweicht und durch diesen eine (bisher nicht erforderliche) Offenlegung verschiedener Angaben geregelt wurde.[703] Die Verwendung der Höhe oder der Veränderung der UTB bzw. *tax contingency reserve* als Maßgröße für Steueraggressivität ist mit einem schwerwiegenden Problem behaftet, indem diese Größe vor allem durch Bilanzierungsanreize der externen Rechnungslegung getrieben ist.[704] Eine hohe bzw. niedrige UTB-Position ist also nicht zwingend auf ein entsprechendes Steueraggressivitätsverhalten zurückzuführen.

Im HGB oder in den IFRS ist eine derartige Position nicht bekannt. Für die IFRS gab es jedoch, wie bereits in Kap. 3.4.2.1 angemerkt, durchaus entsprechende Überlegungen im Rahmen des nunmehr zurückgestellten ED/2009/2, der ursprünglich aus Konvergenzbestrebungen heraus geboren wurde, aber nach gemeinsamen Sitzungen von IASB und FASB nicht weiter verfolgt wurde.[705] Für die Messung von Steueraggressivität eines nach HGB oder IFRS bilanzierenden Unternehmens ist eine auf UTB basierende Maßgröße damit – ungeachtet der dieser Größe inhärenten Probleme – nicht anwendbar.

Ein weiterer Ansatz, der sich in Balakrishnan/Blouin/Guay (2012) findet, macht sich die im Rahmen des 10-K in Exhibit 21 anzugebenden Informationen zu ausländischen Tochtergesellschaften zu Nutze und entwickelt darauf basierend eine relativ einfache Steueraggressivitätsmetrik. Diese Metrik gibt an, wie oft ein Unternehmen in Ländern, die als Steueroasen identifiziert wurden, eine Tochtergesellschaft aufweist. Folglich gelten Unternehmen nach diesem Ansatz als umso steueraggressiver, je mehr Töchter sie in Steueroasenländern haben.[706] Kritisch anzumerken ist allerdings, dass die Anzahl der Töchter in Steueroasenländern zwar ein gewisses Indiz der Steueraggressivität eines Unternehmens liefern mag, es jedoch nicht zwingend gegeben ist, dass ein Unternehmen A mit einer höheren Anzahl solcher Töchter stärker steueraggressiv ist als ein Unternehmen B, das weniger solcher Töchter aufweist. So zieht das Unternehmen B möglicherweise andere Methoden für eine steueraggressive Gestaltung heran oder das Unternehmen A besitzt zwar durch die Niederlassungen in Steueroasen entsprechende Möglichkeiten zur aggressiven Steuergestaltung, nutzt diese jedoch – aus diversen Gründen

---

703 Vgl. Scholes/Wolfson/Erickson/Maydew/Shevlin (2009), S. 47 f.

704 Vgl. Hanlon/Heitzman (2010), S. 143.

705 Vgl. Fülbier/Weiß (2012), S. 208.

706 Vgl. Balakrishnan/Blouin/Guay (2012), S. 11 f. und S. 22 f.

– nur in geringem Ausmaß. So zeigt beispielsweise die mit Hilfe eines Samples australischer Unternehmen durchgeführte Studie von Taylor/Richardson (2012), dass die Nutzung von Steueroasen zwar ein bedeutendes Instrument für die Steueraggressivität darstellt, der Verrechnungspreisgestaltung jedoch beispielsweise ein größeres Gewicht zukommt.[707]

In derselben Studie wird ein weiterer Ansatz entwickelt, dessen Ausgangspunkt in der *current*-ETR (*cash*-ETR) liegt, wobei die finale Metrik keine ETR im eigentlichen Sinn darstellt. Dieser Ansatz sieht vor, die *current*-ETR (*cash*-ETR) über drei Jahre zu aggregieren, indem die Summe aus dem laufenden Steueraufwand (Summe der Steuerzahlungen) über drei Jahre durch die Summe aus dem Vorsteuergewinn über drei Jahre dividiert wird, und im Anschluss einer Benchmark-ETR gegenüberzustellen. Für die Benchmark-ETR wird zunächst das Benchmarkportfolio ermittelt, das sich aus denjenigen Unternehmen zusammensetzt, die aus derselben Branche stammen und demselben Quintil der Bilanzsumme, i.e. derselben Größenklasse, angehören. Die Benchmark-ETR ist die dreijährige ETR (*current*-ETR bzw. *cash*-ETR) des Benchmarkportfolios. Die Steueraggressivität wird damit als Differenz zwischen der aggregierten *current*-ETR oder *cash*-ETR des Unternehmens und der entsprechenden Benchmark-ETR gemessen.[708] Diese Metrik ist jedoch dahingehend als kritisch zu betrachten, als dass nur die relative Steueraggressivität eines Unternehmens innerhalb seiner Größen- und Branchenklasse gemessen wird, wodurch ein Vergleich der auf diese Weise gemessenen Steueraggressivitätsstärke über verschiedene Unternehmen hinweg als fehlerbelastet betrachtet werden muss. Beispielsweise würde ein Unternehmen, das sich in einer sehr steueraggressiven Branche und Größenklasse bewegt und selbst nur geringfügig steueraggressiver ist als der auf hohem Niveau liegende Durchschnitt seines Benchmarkportfolios, als wenig steueraggressiv gelten. Ein Unternehmen dagegen, dessen Benchmarkportfolio eine sehr geringe Steueraggressivität aufweist, während es selbst auf einem mittleren Niveau steueraggressiv agiert, würde als stark steueraggressiv gelten.

Einen anderweitigen Ansatz bietet die auf australischen Daten basierende Studie von Richardson/Lanis (2011), die Unternehmen dann als steueraggressiv identifizieren, sofern diese in einem bestimmten Zeitraum Vorwürfen der australischen Steuerbehörde ausgesetzt waren, welche auf der Website dieser Behörde veröffentlicht wurden. Für jedes als steueraggressiv identifizierte Unternehmen wird auf Basis von Kriterien wie Branche oder Unternehmensgröße ein Vergleichsunternehmen

---

707 Vgl. Taylor/Richardson (2012), S. 491.

708 Balakrishnan/Blouin/Guay (2012), S. 10 f.

identifiziert. Das der Untersuchung zu Grunde liegende Gesamtsample soll sich somit gleichermaßen aus steueraggressiven und nicht-steueraggressiven Unternehmen zusammensetzen. Daraufhin wird eine Logit-Regression angewendet, bei welcher die abhängige Variable (Steueraggressivität) als dichotome Variable definiert wird, die den Wert eins annimmt, wenn es sich um ein steueraggressives Unternehmen handelt und Null, wenn nicht.[709] Problematisch an dieser Vorgehensweise ist allerdings, dass nicht ausgeschlossen werden kann, dass die als nicht-steueraggressiv aufgenommenen Unternehmen eigentlich als steueraggressiv einzustufen sind, jedoch eine Überprüfung bzw. Aufdeckung durch die Steuerbehörde nicht stattgefunden hat oder noch aussteht. Da in anderen Ländern wie beispielsweise Deutschland aber keine derartigen Bekanntmachungen vorgenommen werden, ist dieser Ansatz dort ohnehin nicht umsetzbar.

3.5 Empirische Forschungsergebnisse zu unternehmensspezifischen Determinanten der Steueraggressivität

3.5.1 Systematisierung der Forschungsliteratur

Eine grundsätzliche Neigung von Unternehmen zu steueraggressivem Verhalten ist bereits seit einiger Zeit durch empirische Studien dokumentiert.[710] Die aktuell wachsende Forschungsliteratur zur Steueraggressivität möchte insbesondere die über verschiedene Unternehmen hinweg beobachtbaren Unterschiede in der Ausprägungsstärke der Steueraggressivität erklären.[711] Als

709 Vgl. Richardson/Lanis (2011), S. 56-59.

710 Insbesondere auf Sachverhaltsabbildung Bezug nehmend vgl. bspw. Gramlich (1991), Cushing/LeClere (1992), Scholes/Wilson/Wolfson (1992), Maydew (1997). In diesen Studien wird untersucht, inwiefern Unternehmen (z.B. bei einer anstehenden regulatorischen Veränderung in Form einer Steuersenkung) versuchen, durch sachverhaltsabbildende Maßnahmen eine für sie steuergünstigere Position (z.B. durch Einkommensverschiebung) zu erzielen, wofür auch Belege gefunden werden.

711 Die Messung der Steueraggressivität erfolgt dabei mit Hilfe verschiedener Maßgrößen, die Rahmen von Kap. 3.4.2 ausführlich diskutiert wurden. Hierbei findet die ETR (mitunter auch in mehreren Varianten) regelmäßig – wenngleich nicht zwingend ausschließlich – Anwendung, vgl. bspw. Chen/Chen/Cheng/Shevlin (2010), Dyreng/Hanlon/Maydew (2010), Chyz/Leung/Li/Rui (2011), Cheng/Huang/Li/Stanfield (2012), Lanis/Richardson (2012), Boone/Khurana/Raman (2013). Allerdings

Erklärungsfaktoren der Schwankung zwischen verschiedenen Unternehmen innerhalb eines Landes, i.e. unter nahezu identischen institutionellen Rahmenbedingungen, dienen primär unternehmensspezifische Faktoren. Würde die Schwankung der Ausprägungsstärke von Steueraggressivität hingegen in einem länderüberschreitenden Rahmen untersucht, müssten zusätzlich auch länderspezifische, institutionelle Faktoren geprüft werden.[712] Die einschlägigen Studien beschränken sich jedoch üblicherweise auf die Unternehmen innerhalb eines Landes, wobei Ausnahmen bestehen. Als eine solche Ausnahme ist beispielsweise die international angelegte Untersuchung von Atwood/Drake/Myers/Myers (2012) zu nennen, die versucht, das Ausmaß unternehmerischer Steueraggressivität auf bestimmte Steuersystemcharakteristika (vorgeschriebene *book-tax conformity*, Anwendung eines Welteinkommensprinzips oder eines Territorialprinzips[713] und empfundene Strenge des *enforcement* durch die Finanzbehörden) zurückzuführen. Hierbei kontrollieren sie sowohl auf unternehmensspezifische als auch auf länderspezifische Charakteristika. Problematisch an dieser Studie ist, dass der Einfluss von Steuersystemcharakteristika und dabei insbesondere der *book-tax conformity* auf die Steueraggressivität untersucht werden soll, dabei jedoch konsolidierte Abschlussdaten zu Grunde gelegt werden, obgleich in vielen der untersuchten Ländern (z.B. Deutschland) Maßgeblichkeit nur für den Einzelabschluss, nicht jedoch für den Konzernabschluss gilt.[714] Die Ergebnisse von länderübergreifenden Studien sind allerdings grundsätzlich mit Vorsicht zu interpretieren, da die komplexen Gegebenheiten eines jeden Landes stark reduziert werden und zudem immer die Gefahr besteht, dass relevante Faktoren nicht erfasst werden.[715] Auch ist noch

---

bestehen auch Studien ohne Rückgriff auf die Maßgröße der ETR vgl. bspw. Desai/Dharmapala (2006) oder Lanis/Richardson (2011).

712 Bspw. zeigen Leuz/Nanda/Wysocki (2003), dass das Ausmaß von *earnings management* in Ländern mit stark ausgeprägtem Anlegerschutz geringer ist.

713 Grundsätzlich zur Differenzierung zwischen Welteinkommensprinzip (auch Universalprinzip) und Territorialprinzip vgl. Rieger (1978), S. 118-121.

714 Kritisch zur vernachlässigten Differenzierung zwischen bzw. zur teils unreflektierten Verwendung von Einzel- und Konzernabschlüssen in der länderübergreifenden empirischen Rechnungslegungsforschung insbesondere im Hinblick auf die Untersuchung des Einflusses von *book-tax conformity* auf die Rechnungslegungseigenschaften vgl. Goncharov/Werner (2009).

715 Goncharov/Werner (2009), S. 6 kritisieren bspw. auch, dass in länderübergreifenden Studien zumeist nur Unterschiede der Rechnungslegungsanreize über die einzelnen Länder hinweg berücksichtigt werden, auf die Variation von Rechnungslegungsanreizen innerhalb eines Landes hingegen nicht kontrolliert wird.

nicht hinreichend geklärt, inwieweit die (schwer messbaren) kulturellen Unterschiede Einfluss nehmen,[716] wobei bereits die Abgrenzung von Kulturräumen mit Schwierigkeiten behaftet ist.

Im Folgenden werden die im Rahmen von – zumeist aus den USA stammenden bzw. US-Daten verwendenden – empirischen Studien identifizierten Unternehmenscharakteristika vorgestellt, die mit der Stärke der Steueraggressivität in Zusammenhang stehen. Hierbei werden auch solche Studien herangezogen, die zwar nicht direkt der Steueraggressivitätsforschung zuzuordnen sind, deren Ergebnisse jedoch indizieren, dass die für die Messung von unternehmerischer Steuerbelastung verwendeten Maßgrößen (wie beispielsweise ETRs) in systematischem Zusammenhang zu den jeweils untersuchten Einflussfaktoren wie beispielsweise Unternehmensgröße stehen.

Da nur ein geringer Teil der Unterschiede im Ausmaß von Steueraggressivität auf Basis wirtschaftlicher Charakteristika erklärt werden kann,[717] versucht ein (jüngerer) Teil der Literatur, diverse Strukturmerkmale zu identifizieren, die einen Beitrag zur Erklärung von Steueraggressivitätsschwankungen leisten können. Hierbei kommt möglichen Wechselwirkungen zwischen *agency*-Konflikten und Steueraggressivitätsaktivitäten besondere Bedeutung zu.[718] Nach einer Darstellung grundsätzlich relevanter Determinanten werden die Ergebnisse dieser aktuelleren Forschungsrichtung erläutert.

---

716 Jödicke (2009), S. 171-222 findet bspw. empirische Hinweise für kulturell bedingte Unterschiede in der Anwendung der IFRS am Beispiel der Rückstellungsbilanzierung für die Länder Deutschland, Frankreich und UK. Braun/Rodriguez (2008) greifen dagegen kein einzelnes Bilanzierungsbeispiel heraus, sondern untersuchen, inwieweit die von Gray (1988) formulierten Wertdimensionen der Rechnungslegung das Ausmaß an *earnings management* in 31 verschiedenen Ländern erklären können und finden Hinweise für einen positiven Zusammenhang, vgl. Braun/Rodriguez (2008), S. 17-19. Die Wertdimensionen der Rechnungslegung nach Gray (1988), der sich in seiner Arbeit auf die von Hofstede (1980) entwickelten Kulturdimensionen stützte, definieren sich wie folgt: professionale Selbstregulierung vs. gesetzliche Regulierung, Uniformität vs. Flexibilität, Konservatismus vs. Optimismus sowie Vertraulichkeit vs. Transparenz, vgl. Gray (1988), S. 8. Die Studien von Tsakumis/Curatola/Porcano (2007) und Richardson (2008) untersuchen konkret den Zusammenhang von Kultur mittels der von Hofstede (1980) definierten Kulturdimensionen und Steuerhinterziehung im Ländervergleich.

717 Vgl. Hanlon/Heitzman (2010), S. 145 Fn. 62 unter Verweis auf die empirischen Ergebnisse von Gupta/Newberry (1997) und Rego (2003).

718 Vgl. hierzu auch Hanlon/Heitzman (2010), S. 144 f.

3.5.2 Grundsätzliche Einflussfaktoren der Steuerbelastung bzw. Steueraggressivität

3.5.2.1 Unternehmensgröße und -wachstum

Große Unternehmen besitzen üblicherweise mehr Ressourcen, um sich zunächst Steuergestaltungsexpertise anzueignen und darauf basierend den Unternehmensbetrieb steueroptimal auszurichten, wodurch ein negativer Zusammenhang zwischen Steuerbelastung (als Ergebnis der steuerreduzierenden Bemühungen) und Unternehmensgröße vermutet werden kann.[719] Als weiteres unterstützendes Argument für diesen postulierten Zusammenhang wird zumeist auf die durch *economies of scale* erzielten Vorteile verwiesen.[720]

Die Analyse des Einflusses der Unternehmensgröße auf die ETR ist Gegenstand verschiedener Untersuchungen, die insbesondere durch die Beurteilung von Steuergerechtigkeit motiviert sind. Im Gegensatz zu dem Ergebnis von Stickney/McGee (1982) über einen kaum bestehenden Zusammenhang von Unternehmensgröße und ETR[721] kommen Gupta/Newberry (1997), welche die Determinanten der Variabilität von ETRs untersuchen und sich dabei auf Längsschnittdaten stützen, die den *Tax Reform Act* von 1986 (TRA 86)[722] umspannen, zu nicht unbedingt gleichen Resultaten. Die Autoren verwenden Unternehmensdaten aus den Jahren 1982-1985 als Prä-TRA 86-Periode und 1987-1990 als Post-TRA 86-Periode und führen für diese beiden Perioden jeweils eine separate Regression durch, im Rahmen derer sie den Einfluss möglicher Faktoren wie Unternehmensgröße, Kapitalstruktur, Profitabilität oder Vermögensstruktur auf die ETR schätzen.[723] Bezüglich der Prä-TRA 86-Peri-

719 Vgl. Stickney/McGee (1982), S. 129 mit Verweis auf Siegfried (1972), der empirisch einen signifikanten negativen Zusammenhang zwischen ETR und Unternehmensgröße zeigen kann. Im gleichen Sinne argumentierend auch Rego (2003), S: 812: „[…] large firms may be able to avoid income taxation through intercompany transactions, tax-advantaged leasing and financing arrangements, and the complex use of flowthrough entities such as partnerships and real estate investment trusts (REITs)."

720 Vgl. bspw. McGuire/Wang/Wilson (2011), S. 13 f.

721 Vgl. Stickney/McGee (1982), S. 142 f.

722 Der US-amerikanische *Tax Reform Act* von 1986 stellte eine grundlegende Steuerreform zur Steuervereinfachung dar, im Zuge derer Unternehmen stärker und Individuen schwächer besteuert werden. Ausführlich zum TRA 86 und zu den aus einzelnen Regelungen resultierenden Konsequenzen für Unternehmen sowie Individuen bspw. Dilley/Young/Theisen (1987).

723 Die ETR wird in dieser Studie in zwei verschiedenen Ausprägungen definiert, vgl. Gupta/Newberry (1997), S. 11-13, und die Regressionsanalyse jeweils mit beiden Ausprägungen durchgeführt.

ode kann ein signifikanter, positiver Zusammenhang zwischen Unternehmensgröße und ETR festgestellt werden, für die Post-TRA 86-Periode dagegen ein signifikanter, negativer Zusammenhang.[724] Werden die beiden Perioden jedoch zusammengenommen und das Sample auf diejenigen Unternehmen beschränkt, für welche Unternehmensdaten für die gesamte achtjährige Periode (1982-1985 und 1987-1990) vorliegen, ermitteln Gupta/Newberry (1997) für dieses balancierte Panel einen nicht-signifikanten Koeffizienten für den Faktor Unternehmensgröße.[725] Gupta/Newberry (1997) interpretieren dieses Ergebnis allerdings als „sample-specific", da die Verwendung eines größeren Panels einen signifikanten Effekt zeigt.[726]

Zimmerman (1983), der sich auf Unternehmensdaten des Zeitraums zwischen 1976-1981 stützt, belegt einen positiven Zusammenhang von Unternehmensgröße und ETR, der sich als robust gegenüber der Verwendung alternativer Metriken für die Unternehmensgröße bzw. die ETR darstellt.[727] Die Ausgangsfragestellung von Zimmerman (1983) unterscheidet sich jedoch wesentlich von derjenigen von Stickney/McGee (1982) oder Gupta/Newberry (1997). Das Ziel der Studie von Zimmerman (1983) ist zu zeigen, ob Unternehmensgröße tatsächlich als Proxy für *political costs* verwendet werden kann.[728] Allerdings ordnen Gupta/Newberry (1997) die Ergebnisse ihrer Studie auch im Hinblick auf deren Konsistenz mit der *political cost hypothesis* ein und betrachten die Regressionsergebnisse ihrer Studie zur pre-TRA 86-Periode als Beleg für die *political cost hypothesis*, während die Ergebnisse der post-TRA 86-Periode einen Nachweis der gegenteiligen *political clout hypothesis* darstellen.[729] Verschiedene Studien der

724 Vgl. Gupta/Newberry (1997), S. 20-23.

725 Vgl. Gupta/Newberry (1997), S. 26.

726 Vgl. Gupta/Newberry (1997), S. 29.

727 Vgl. Zimmerman (1983), S. 144 f. Anzumerken ist, dass Kern/Morris (1992) diese Studie unter Erweiterung des Zeitraums bis 1989 replizieren, wobei sie Hinweise finden, dass der von Zimmerman (1983) gefundene *size effect* möglicherweise ein Brancheneffekt ist, vgl. Kern/Morris (1992), S. 95.

728 Vgl. Zimmerman (1983), S. 119-122. Unter *political costs* fallen u.a. Steuern oder regulatorische Kosten. Alchian/Kessel (1962) und Jensen/Meckling (1978) haben die Hypothese aufgestellt, dass größere Unternehmen einer strengeren Prüfung durch den Staat ausgesetzt sind und damit höhere *political costs* erfahren (*political cost hypothesis*). Verschiedene Studien haben diesen Zusammenhang bereits empirisch untersucht, vgl. Zimmerman (1983), S. 119 Fn. 1 für nähere Literaturnachweise. Gilt die *political cost hypothesis*, so müssten große Unternehmen höhere ETRs aufweisen.

729 Vgl. Gupta/Newberry (1997), S. 21. Die *political clout hypothesis* besagt, dass größere Unternehmen besser in der Lage sind, ihre effektive Steuerbelastung zu reduzieren. Empirische Belege bieten Siegfried (1972) oder Porcano (1986). Darüber hinaus zei-

Citizens for Tax Justice (CTJ)[730] kommen zu umgekehrten Ergebnissen und zeigen für große Unternehmen niedrigere ETRs in der pre-TRA 86-Periode und höhere ETRs in der post-TRA 86-Periode.[731] Diese Ergebnisse wurden jedoch von Shevlin/Porter (1992) relativiert, die eine Reexamination, u.a. unter Einbezug eines Kontrollsamples kleiner Unternehmen, durchführten. Diese Studie zeigt, dass sowohl große als auch kleine Unternehmen nach dem TRA einen Anstieg der ETR verzeichneten.[732]

Zusammenfassend lässt sich festhalten, dass der in verschiedenen Studien untersuchte Zusammenhang zwischen Unternehmensgröße und ETR nicht immer eindeutig ist. Nach Rego (2003) stellt die Unternehmensgröße gar die „most controversial variable examined in prior ETR research" dar.[733] Ein negativer Zusammenhang, i.e. eine niedrigere (relative) Steuerbelastung von größeren Unternehmen, kann durch die größeren Gestaltungsmöglichkeiten begründet werden. Für einen positiven Zusammenhang, i.e. eine höhere (relative) Steuerbelastung von größeren Unternehmen, sprechen die Argumente der *political cost hypothesis*.[734]

Neben der Unternehmensgröße als Einflussfaktor vermuten einige Studien darüber hinaus einen Zusammenhang zwischen dem Unternehmenswachstum und der Steueraggressivität.[735] Begründet wird ein derartiger Zusammenhang

---

gen bspw. Richardson/Lanis (2007) anhand eines australischen Samples einen signifikant negativen Zusammenhang zwischen ETRs und Unternehmensgröße.

730 Ausgangspunkt der Studien der CTJ war die Infragestellung der Gerechtigkeit des US-amerikanischen Steuersystems: „CTJ asserted that very large U.S. corporations were not paying their "fair share" of taxes", Shevlin/Porter (1992), S. 58. Um ihre These zu stützen, berechnete die CTJ entsprechende ETRs für große Unternehmen. Einen aktuelleren Überblick über die ETRs großer amerikanischer Unternehmen bietet bspw. Yin (2003), welcher jedoch nur gelistete Unternehmen behandelt.

731 Vgl. Citizens for Tax Justice (1985), S. 1-15.

732 Vgl. Shevlin/Porter (1992), S. 77. Kritisch zur Verwendung von ETRs im Rahmen von Steuerpolitiküberlegungen Fullerton (1986).

733 Rego (2003), S. 810.

734 Interessant ist in diesem Zusammenhang auch die bereits in Kap. 3.1.2.1 diskutierte *size hypothesis* gemäß derer größere Unternehmen – aufgrund von *political costs* – aggressivere Bilanzierungsstrategien wählen, um den Ausweis von Gewinnen in künftige Perioden zu verlagern. Diese Hypothese bzw. die dazugehörigen Ergebnisse weisen jedoch verschiedene Probleme auf, vgl. Watts/Zimmerman (1986), S. 235.

735 Das Unternehmenswachstum wird hierbei durch Zuhilfenahme von Marktwerten als *market-to-book ratio* des Eigenkapitals, vgl. bspw. Chen/Chen/Cheng/Shevlin (2010), S. 49, oder als prozentuale Veränderung des Marktwertes des Gesamtkapitals, vgl. bspw. Gaertner (2011), S. 17, approximiert. Für nichtbörsennotierte Unternehmen –

beispielsweise unter Verweis auf Bankman (1994) dadurch, dass Unternehmen mit größeren Wachstumsraten sich weniger auf eine Steuergestaltung konzentrieren.[736] Chen/Chen/Cheng/Shevlin (2010) argumentieren hingegen, dass Wachstumsunternehmen stärker in steuerbegünstigte Vermögenswerte investieren, welche sich dadurch auszeichnen, dass Aufwand zeitlich vorgezogen wird (z.B. durch eine beschleunigte Abschreibungsdauer), wodurch auch temporäre BTD resultieren.[737] Die unterschiedlichen Ergebnisse dieser Studien lassen jedoch keinen eindeutigen Zusammenhang zwischen Wachstum und Steueraggressivität erkennen.

3.5.2.2 Profitabilität

Intuitive Überlegungen legen nahe, dass neben der Unternehmensgröße die Höhe des erwirtschafteten Gewinns eines Unternehmens als Zeichen seiner Profitabilität dessen Bedürfnis nach steuerreduzierenden Gestaltungstätigkeiten bedingt.[738] Hier können Wilkie (1988) und Wilkie/Limberg (1993) bezüglich des Verhältnisses von ETRs und Vorsteuereinkommen einen positiven Zusammenhang zeigen. Allerdings kritisiert Rego (2003) treffend, dass diese beiden Studien lediglich univariate Ergebnisse präsentieren, die nicht auf Unternehmensgröße kontrollieren und somit eine bedeutend korrelierte Variable vernachlässigen.[739] Rego (2003), deren Modell unter anderem auf Unternehmensgröße kontrolliert, findet dagegen Hinweise, dass zwischen Vorsteuereinkommen und ETR ein negativer Zusammenhang besteht und folglich mit einem höheren Einkommen eine höhere Steueraggressivität einhergeht.[740] Dieses empirisch nachgewiesene Resultat ist insoweit nachvollziehbar, als nach der Argumentation von Manzon/Plesko (2002) profitable Unternehmen im Vergleich zu weniger profitablen Unternehmen in der Lage sind, Steuerabzüge und diverse Steuervorteile aus Steuerausnahmen effizienter zu

---

die jedoch regelmäßig nicht Gegenstand von Steueraggressivitätsstudien sind – ist diese Vorgehensweise nicht möglich. Als alternatives Proxy für das Unternehmenswachstum bietet sich allerdings auch die prozentuale Veränderung der Umsatzerlöse an. Auf diese Möglichkeit greifen bspw. Burgstahler/Hail/Leuz (2006), S. 997 im Rahmen ihrer *earnings management*-Studie zurück.

736 Vgl. Gaertner (2011), S. 17.

737 Vgl. Chen/Chen/Cheng/Shevlin (2010), S. 49. Das Unternehmenswachstum als (möglicher) Einflussfaktor findet darüber hinaus bspw. auch Berücksichtigung bei Kim/Limpahayom (1998), Adhikari/Derashid/Zhang (2006), Chyz/Leung/Li/Rui (2011).

738 „More profitable firms have a greater demand for tax shelters", Shevlin (2002), S. 432.

739 Vgl. Rego (2003), S. 812.

740 Vgl. Rego (2003), S. 820.

nutzen.[741] Bereits Gupta/Newberry (1997) fügen eine die Profitabilität abbildende Variable zur Kontrolle ein, um den Einfluss von Veränderungen des GAAP-Ergebnisses kontrollieren zu können.[742]

Im Zusammenhang mit der Profitabilität eines Unternehmens kann auch das Auftreten von Verlustvorträgen betrachtet werden.[743] Manzon/Plesko (2002) führen an, dass Unternehmen mit Verlustvorträgen im Vergleich zu Unternehmen ohne derartige Verlustvorträge Steuerabzüge bzw. Steuervorteile aus Steuerausnahmen weniger effizient nutzen können und daher steuergünstige Positionen nicht wahrnehmen, die in einer Reduktion des aktuellen zu versteuernden Einkommens resultieren würden. Die Autoren weisen jedoch auch daraufhin, dass gerade das Einnehmen solcher steuergünstigen Positionen als möglicher Weg zur Generierung von Verlustvorträgen dient. Wurden mittels steuergünstiger Positionen Verlustvorträge geschaffen, betrachten Unternehmen es als kostspielig, die eingenommenen Positionen rückabzuwickeln. Davon unabhängig mag es für Unternehmen mit Verlustvorträgen weniger kostspielig erscheinen, zusätzliches (diskretionäres) Einkommen auszuweisen, wodurch das an Aktionäre berichtete Einkommen erhöht wird, während die Steuerzahlungen der aktuellen Periode davon jedoch nicht betroffen werden.[744] Für Higgins/Omer/Phillips (2011), die den Einfluss der Unternehmensstrategie auf die Höhe der Steueraggressivität untersuchen, stellen Verlustvorträge ein Proxy für die (im Fall der Existenz von Verlustvorträgen verminderten) Bedürfnisse eines Unternehmens zur Ausübung von steuerreduzierenden Aktivitäten dar. Sie implementieren eine auf die Existenz von Verlustvorträgen kontrollierende Dummy-Variable wie beispielsweise auch Chen/Chen/Cheng/Shevlin (2010), die sich mit der Steueraggressivität von Familienunternehmen auseinandersetzen.[745] Eindeutige empirische Ergebnisse bezüglich der Richtung und Signifikanz des Einflusses von Verlustvorträgen bestehen jedoch nicht.

---

741 Vgl. Manzon/Plesko (2002), S. 194.

742 Die Profitabilität wird dabei als Gesamtkapitalrendite approximiert, vgl. Gupta/Newberry (1997), S. 15. Demgegenüber stützt sich Gaertner (2011), S. 17 auf die Eigenkapitalrendite und setzt zusätzlich die Standardabweichung der Eigenkapitalrendite ein, um eine eventuelle Variabilität des Ergebnisses zu kontrollieren. Begründet wird dieser Schritt mit Verweis auf Dhaliwal/Sneed/Trezevant (2000), die für Unternehmen mit schwankendem Ergebnis größere Anreize zur Steuerplanung sehen.

743 Das deutsche Steuerrecht eröffnet die Möglichkeit einer einkommensreduzierenden Geltendmachung von Verlustvorträgen über § 10d Abs. 2 EStG.

744 Vgl. Manzon/Plesko (2002), S. 194.

745 Vgl. Chen/Chen/Cheng/Shevlin (2010), S. 49, Higgins/Omer/Phillips (2011), S. 15. Ausführlich zu diesen Studien vgl. Kap. 3.5.3.1 bzw. Kap. 3.5.3.3.

3.5.2.3 Fremdfinanzierung

Da Steueraggressivität auch jenes Verhalten umfasst, welches die Abzugsmöglichkeiten von der Steuerbemessungsgrundlage größtmöglich auszunutzen versucht, ist insbesondere auch die Rolle der Fremdfinanzierung zu prüfen, da durch den entstehenden Zinsaufwand im Rahmen einer Fremdfinanzierung für gewöhnlich eine Reduzierung der Steuerbemessungsgrundlage erzielt wird. Dadurch ergibt sich eine die Eigenkapitalfinanzierung benachteiligende Diskrepanz der beiden Finanzierungsarten, da ein (teils beschränkter) Abzug der an die Fremdkapitalgeber zu leistenden Zinsen erfolgen darf, wohingegen sich die an die Eigenkapitalgeber geleisteten Dividendenzahlungen letztlich nicht steuermindernd auswirken.[746] Dadurch übersteigen die Eigenkapitalkosten die Fremdkapitalkosten, was bereits empirisch nachgewiesen werden konnte.[747] Der durch Fremdfinanzierung entstehende Steuervorteil bedingt eine Erhöhung des Unternehmenswertes.[748]

Unter Vernachlässigung sonstiger unternehmerischer Erfordernisse und Maßgaben, die mit Finanzierungsentscheidungen einhergehen, ist denkbar, dass eine starke Fremdfinanzierung durch ihre steuerreduzierende Wirkung (zusätzliche) anderweitige steueraggressive Strategien ersetzt.[749] DeAngelo/Masulis (1980) gehen im Rahmen ihrer modelltheoretischen Studie zum optimalen Verschuldungsgrad jedoch davon aus, dass nicht-fremdkapitalbezogene *tax shields* beispielsweise in Form von Abschreibungsmöglichkeiten ein Substitut für Fremdkapital darstellen und ein Anstieg entsprechender *tax shields* eine Verringerung des Verschuldungsgrades bewirkt,[750] was aber empirisch nicht zwingend belegt werden kann.[751] Hingegen finden sich empirische Hinweise, dass Unternehmen, die einem hohen Steuersatz unterliegen, stärker Fremdfinanzierung nutzen als Unternehmen, die nur einem niedrigen Steuersatz unterliegen.[752]

---

746 Zu beachten sind jedoch eventuelle Zinsabzugsbeschränkungen wie die in Deutschland geltende Zinsschranke (§ 4h EStG, § 8a KStG). Zur Zinsschranke vgl. Fn. 457.

747 Vgl. Tambini (1969), S. 187, die sich in ihrem Datensatz jedoch auf die Zeitperiode 1927-1960 stützen.

748 Vgl. Modigliani/Miller (1963), S. 434. In ihrem ursprünglichen Modell stellten Modigliani und Miller eine Kapitalstrukturirrelevanz fest. Hierbei wurde jedoch eine friktionslose, perfekte Welt ohne Steuern unterstellt, vgl. Modigliani/Miller (1958).

749 Denkbar ist auch, dass eine starke Fremdfinanzierung vom Unternehmen nur als eine Strategie unter vielen betrachtet und daher lediglich als additives Instrument eingesetzt wird.

750 Vgl. DeAngelo/Masulis (1980), S. 24 und S. 26 f.

751 Vgl. bspw. Boquist/Moore (1984), S. 8 f.

752 Vgl. Graham (2003), S. 1119.

In jedem Fall scheinen Steuern eine Auswirkung auf die Wahl der Kapitalstruktur zu besitzen.[753]

Stickney/McGee (1982), deren Studie nicht unumstritten ist,[754] vermuten aufgrund derartiger Überlegungen, dass ein gewisser Teil der Variabilität der ETRs über verschiedene Unternehmen hinweg dem „Fremdkapitalfaktor" zugerechnet werden kann und finden einen inversen Zusammenhang zwischen Verschuldungsgrad und ETRs.[755] Auch Gupta/Newberry (1997) können einen derartigen Zusammenhang zeigen und führen diesen Effekt auf die durch Fremdkapitalzinsen generierten *tax shields* zurück.[756] Graham/Tucker (2006) betrachten in ihrer Studie Unternehmen mit (illegalen) *tax shelter*-Aktivitäten und argumentieren, dass ein Unternehmen, welches aus diversen Gründen *tax shelters* nutzt, in dem Ausmaß, in welchem das zu versteuernde Einkommen durch die *tax shelters* verringert wird, die Fremdfinanzierung reduziert. Das einer solchen Argumentation inhärente Problem liegt in der fehlenden Beweisbarkeit der Kausalität, da möglicherweise auch eine mangelnde Fähigkeit, neues Fremdkapital zu beschaffen, die Nutzung von *tax shelters* bedingt. Dies erkennen die Autoren allerdings selbst einschränkend an und möchten ihre Ergebnisse daher weniger in Bezug auf Kausalität als vielmehr Korrelation interpretiert wissen.[757] Basierend auf einem Sample von 43 *tax shelter*-Unternehmen und einer entsprechenden Kontrollgruppe können Graham und Tucker zeigen, dass *tax shelter*-Unternehmen im Durchschnitt weniger Fremdkapital einsetzen als die Kontrollunternehmen. Die durch die *tax shelters* bedingten Steuereinsparungen sind wesentlich größer als die Einsparungen durch Zinsabzüge ihrer vergleichbaren Unternehmen.[758]

Lim (2011), die sich u.a. auf die Ergebnisse von Graham/Tucker (2006) stützt, argumentiert, dass eine Substitution von Fremdkapitel durch Steueraggressivität die Finanzreserven erhöhen, die erwarteten Konkurskosten verringern, die Kreditqualität verbessern, das Ausfallrisiko mindern und damit die Fremdkapitalkosten reduzieren kann.[759] Mit Hilfe eines Samples koreanischer Unternehmen kann

753 Vgl. Shackelford/Shevlin (2001), S. 347, die als Beleg verschiedene empirische Studien anführen.

754 Vgl. Kap. 3.5.2.1.

755 Vgl. Stickney/McGee (1982), S. 129 und S. 143.

756 Vgl. Gupta/Newberry (1997), S. 22. Als problematisch ist jedoch an dieser Stelle anzumerken, dass sich das Vorzeichen des entsprechenden Koeffizienten umgekehrt, sobald der Nenner der ETR in Form des EBIT durch den opeativen Cashflow ersetzt wird, vgl. Gupta/Newberry (1997), S. 21 f.

757 Vgl. Graham/Tucker (2006), S. 569.

758 Vgl. Graham/Tucker (2006), S. 587.

759 Vgl. Lim (2011), S. 456.

Lim (2011), ihrer Hypothese entsprechend, einen negativen Zusammenhang zwischen Steueraggressivität und Fremdkapitalkosten aufzeigen.[760]

3.5.2.4 Anlagenintensität

In der Bilanzierung von Sachanlagevermögen können beispielsweise in den USA insbesondere im Hinblick auf die Abschreibungsdauer externe und steuerliche Rechnungslegung voneinander abweichen, so dass BTD resultieren.[761] Ähnliches gilt auch für immaterielles Anlagevermögen. Derartige Differenzen zwischen externer und steuerlicher Rechnungslegung können sich auf Steueraggressivitätsmetriken wie ETRs oder auf BTD basierende Proxys auswirken.[762] Allerdings sind solche Divergenzen nicht zwingend nur als Konsequenz der regulatorischen Gegebenheiten zu betrachten, sondern sind mitunter als Resultat gezielter Steuergestaltungen aufzufassen und stellen somit ein Indiz für steueraggressives Verhalten dar.

In frühen Studien konnte ein (inverser) Zusammenhang zwischen Sachanlagenintensität und der mittels ETR gemessenen Steuerbelastung aufgezeigt werden. Hintergrund dieses postulierten und empirisch nachgewiesenen Zusammenhangs stellt die Ermöglichung steuerrechtlich beschleunigter Abschreibungsdauern oder auch die Einführung von Investitionsfreibeträgen dar, wodurch sachanlagenintensive Unternehmen entsprechend höhere Steuereinsparungen aufweisen und niedrigere ETRs erzielen.[763] Durch eine hohe Sachanlagenintensität eröffnen sich demnach größere Steuergestaltungsmöglichkeiten.[764]

Stickney/McGee (1982), die verschiedene Einflussfaktoren auf die ETR analysieren, halten als Resultat ihrer Untersuchungen fest, dass die niedrigsten ETRs durch eine Kombination aus Anlagenintensität und hohem Leverage ausgelöst werden.[765] Dieses Ergebnis bezüglich Anlagenintensität und hohem Leverage wird jedoch von Bernard (1984) mit der Begründung eingeschränkt, die Stickney-McGee-ETR[766] „is left unaffected by tax deductions that are already reflected in pretax book income (such as interest expense) or deductions considered

760 Vgl. Lim (2011), S. 469.

761 Vgl. Manzon/Plesko (2002), S. 195.

762 Vgl. Chen/Chen/Cheng/Shevlin (2009), S. 49.

763 Vgl. Stickney/McGee (1982), S. 128 und S. 142, auch Gupta/Newberry (1997), S. 22.

764 Vgl. Gaertner (2011), S. 17.

765 Vgl. Stickney/McGee (1982), S. 143 f.

766 $\text{Stickney-McGee-ETR} = \dfrac{\text{Federal, Foreign, State, and Local Income Taxes Payable}}{\text{Pretax Book Income} - \dfrac{\text{Deferred Tax Expense}}{\text{Statutory Tax Rate}}}$

timing differences (such as accelerated depreciation).“[767] Diese Aussage belegt Bernard (1984) mit Hilfe zweier Rechenbeispiele, im Rahmen derer er zum einen ein zum Teil fremdfinanziertes Unternehmen einem rein eigenfinanzierten Unternehmen gegenüberstellt und zeigt, dass Zähler und Nenner durch den Einsatz von Fremdfinanzierung gleichermaßen reduziert werden, so dass gegenüber dem rein eigenfinanzierten Unternehmen keine Änderung der ETR eintritt.[768] Im anderen Fall verwendet Bernard (1984) zwei Unternehmen, von denen eines eine beschleunigte Abschreibung im Rahmen der steuerlichen Gewinnermittlung anwendet, das andere hingegen nicht. Aufgrund der entstehenden temporären Differenz zwischen externer und steuerlicher Rechnungslegung wird in der externen Rechnungslegung eine latente Steuerverbindlichkeit ausgelöst. Durch die beschleunigte Abschreibung mindert sich der Zähler der Stickney-McGee-ETR, jedoch auch der Nenner, indem zum einen das *pretax book income* durch den latenten Steueraufwand gemindert wird und zum anderen der Quotient aus latentem Steueraufwand und gesetzlichem Steuersatz, i.e. der absolute Betrag der zeitlichen Differenz, noch abgezogen wird. Beide Unternehmen des Rechenbeispiels von Bernard (1984) weisen damit eine identische ETR auf.[769] Bernard (1984) schlussfolgert daraus, dass das von Stickney/McGee (1982) dokumentierte Phänomen einer niedrigeren ETR von anlagen- und fremdkapitalintensiven Unternehmen auf anderweitige Faktoren zurückgeführt werden müsse.[770]

Mills (1998) argumentiert, dass weniger sachanlagenintensive Unternehmen möglicherweise mehr Hightech-Geschäftsbereiche aufweisen, die mit dazugehörigen (immateriellen) Vermögensgütern wie Patenten oder Software sowie Forschungsaktivitäten einhergehen, was Gestaltungsraum in Bezug auf Aufwandsaktivierung bietet.[771] Derlei Spielräume stellen (wiederum) Nährböden für die Entstehung von BTD dar. Hinsichtlich des Besitzes von immateriellem Anlagevermögen treten zudem gewisse Steuergestaltungsmöglichkeiten auf, indem immaterielle Anlagegüter für eine Einkommensverschiebung in Niedrigsteuerländer genutzt werden können.[772] Eine Konstruktion mittels immateriellen Anlagegütern könnte derart gestaltet sein, dass diese (z.B. in Form von Pharmapatenten) von einer Tochter in einem

767 Bernard (1984), S. 78.
768 Vgl. Bernard (1984), S. 77.
769 Vgl. Bernard (1984), S. 76.
770 Vgl. Bernard (1984), S. 75 und S. 78.
771 Vgl. Mills (1998), S. 348, die in diesem Zusammenhang von *soft assets* spricht.
772 Vgl. Grubert/Slemrod (1998), S. 372 vor dem Hintergrund von US-multinationalen Unternehmen, die in Puerto Rico investieren.

Niedrigsteuerland gehalten werden (*intangible holding company*), während der Umsatz in einem Hochsteuerland erwirtschaftet wird. Das damit im Hochsteuerland zu versteuernde Einkommen wird durch die an die *intangible holding company* zu zahlenden Lizenzgebühren reduziert. Die im Niedrigsteuerland sitzende Tochter versteuert lediglich die Lizenzgebühren mit dem im Niedrigsteuerland geltenden (geringen) Steuersatz.[773] Auch Hanlon/Mills/Slemrod (2007) kommen aufgrund der Ergebnisse ihrer – vertrauliche Daten der IRS verwendenden – empirischen Studie zu dem Schluss, dass mit steigendem Ausmaß der immateriellen Vermögensgüter eines Unternehmens zunehmende Steuergestaltungsmöglichkeiten einhergehen.[774] Da für (originär erstellte) immaterielle Anlagegüter Forschungs- und Entwicklungsaktivitäten erforderlich sind, beziehen manche Studien diese zusätzlich oder alternativ mit ein.[775] Als nicht unerheblich ist in diesem Zusammenhang zudem die Tatsache zu betrachten, dass Forschungs- und Entwicklungsaktivitäten in den USA zum Teil steuerlich besonders gefördert wurden, wie beispielsweise im Rahmen des 1981 beschlossenen *Economic Recovery Tax Act*, durch welchen Unternehmen bei entsprechender Tätigkeit eine Steuerbegünstigung eingeräumt wurde.[776]

Als Proxy für die Forschungs- und Entwicklungsaktivität wird in Studien zur Steueraggressivität beispielsweise die Höhe der entsprechenden Aufwendungen als absoluter Wert[777] oder im Verhältnis zur Bilanzsumme[778] bzw. im Verhältnis zum Umsatz[779] verwendet. Eine weitere Möglichkeit stellt die Verwendung der Anzahl der Jahre dar, in welchen das Unternehmen im Beobachtungszeitraum Forschungs- und Entwicklungsaktivitäten berichtet.[780] Die Richtung des Zusammenhangs von Steueraggressivität und immaterieller Anlagenintensität bzw. Forschungs- und Entwicklungsaktivität ist uneinheitlich. Zumeist wird das Vorzeichen des Koeffizienten dieser regelmäßig nur als Kontrollvariablen auftretenden Faktoren auch nicht prognostiziert, sondern offengelassen.[781]

---

773 Vgl. Alexander/Ettredge/Stone/Sun (2009), S. 18. Zur Verschiebung von Gewinnen durch US-Pharmaunternehmen in Niedrigsteuerländer zur steuerlichen Gestaltung vgl. Almond/Sullivan (2004).

774 Vgl. Hanlon/Mills/Slemrod (2007), S. 200.

775 Vgl. bspw. Wilson (2009), S. 985.

776 Vgl. hierzu Berger (1993), S. 134. Eine Übersicht zu bestehenden Steueranreizen für Forschungs- und Entwicklungsaktivitäten in OECD-Ländern bietet Thomson (2012).

777 Vgl. bspw. Cazier/Rego/Tian/Wilson (2009), S. 31.

778 Vgl. bspw. Wilson (2009), S. 985.

779 Vgl. bspw. Gaertner (2011), S. 36.

780 Vgl. bspw. Alexander/Ettredge/Stone/Sun (2009), S. 43.

781 Vgl. bspw. Higgins/Omer/Phillips (2011), S. 15.

3.5.2.5 Grad der internationalen Tätigkeit

International tätige Unternehmen können – wie im obigen Beispiel zur Einkommensverschiebung mittels immaterieller Anlagegüter – vielfältige(re) Möglichkeiten zur Steuergestaltung nutzen, indem beispielsweise grenzüberschreitende Vermögens- und/oder Ertragsverlagerungen vorgenommen werden. Eine dezidierte Erläuterung einzelner Gestaltungswege ist jedoch nicht Gegenstand der vorliegenden Arbeit, zumal eine starke Abhängigkeit von den jeweiligen steuerrechtlichen Gegebenheiten des Heimat- und des Domizillandes besteht.[782]

Obige These wird beispielsweise durch die empirischen Ergebnisse von Rego (2003) unterstützt, welche die ETRs von multinationalen US-Unternehmen mit den ETRs von ausschließlich in den USA ansässigen Unternehmen vergleicht. Die gefundenen Zusammenhänge indizieren, dass tatsächlich Skaleneffekte für Steuergestaltung existieren und größere, profitablere und (an dieser Stelle insbesondere von Interesse) multinationale Unternehmen in größerem Ausmaß Steuern vermeiden als andere Unternehmen.[783]

Eine Sonderrolle gilt dabei der Einrichtung eines Standorts in sogenannten Steueroasen (*tax haven*), die Steueraggressivität erleichtern können.[784] Steueroasen zeichnen sich durch niedrige Steuersätze auf Einkommen und Vermögen aus bzw. erheben gar keine Besteuerung. Daneben weisen sie regelmäßig auch Merkmale wie moderate Wirtschaftsgesetze und ein hohes Bankgeheimnis auf.[785] Gemäß der Studie von Dyreng/Lindsey (2009) liegt die weltweite Steuerbelastung für US-Unternehmen, die in wenigstens einer Steueroase einen Standort besitzen, um 1,5% niedriger als diejenige von Unternehmen ohne Standort in einer Steueroase.[786] Hines/Rice (1994) belegen, dass US-Unternehmen aufgrund des niedrigen Steuersatzes in Steueroasenländern in einem Umfang investieren, welches das Maß übersteigt,

---

782 Zu differenzieren ist zudem danach, in welcher Form eine ausländische Einheit organisiert wird. Für ein deutsches Mutterunternehmen steht hierfür die Form einer unselbstständigen Betriebsstätte, eine Personen- oder eine Kapitalgesellschaft zur Verfügung, wobei die Kapitalgesellschaft (als selbstständiges Rechtssubjekt) die am häufigsten gewählte Form der Auslandsaktivität ist. Problematisch stellt sich jedoch der Fall dar, wenn ein ausländisches Wirtschaftsgebilde nach in- und ausländischen Qualifikationskriterien unterschiedlich klassifiziert wird, vgl. Fehrenbacher (2000), S. 48 und S. 75.

783 Vgl. Rego (2003), S. 828.

784 Vg. Rice (1992), S. 140.

785 Vgl. Spitz (2002), S. LXIV, Winter (2009), S. 5 f.

786 Vgl. Dyreng/Lindsey (2009), S. 1303 und S. 1314.

welches die sonstigen wirtschaftlichen Gegebenheiten diktieren würden.[787] Lisowsky (2010) dokumentiert zudem, dass die Wahrscheinlichkeit für eine Niederlassung in Steueroasen signifikant höher für *tax shelter*-Unternehmen ist.[788] Ein Indiz bieten auch die Ergebnisse von Mills/Erickson/Maydew (1998), die zeigen, dass Unternehmen mit ausländischen Betriebsstätten deutlich stärker in Steuergestaltung investieren als Unternehmen ohne ausländische Betriebsstätten. Als Begründung wird zum einen genannt, dass sich durch ausländische Betriebsstätten größere Möglichkeiten für Steuergestaltungen ergeben, als auch zum anderen, dass die Komplexität steigt und dadurch höhere Investitionen erforderlich sind.[789]

Der These einer geringeren Steuerbelastung von multinationalen Unternehmen könnte entgegengehalten werden, dass multinationale Unternehmen möglicherweise einer Mehrfachbesteuerung unterliegen. So zeigen beispielsweise Markle/Shackelford (2009) entgegen den Ergebnissen von Rego (2003), dass sich die ETRs multinationaler Unternehmen in verschiedenen Ländern nicht wesentlich von den ETRs der in diesen Ländern jeweils ansässigen, ausschließlich inländischen Unternehmen unterscheiden.[790] Insofern ist nicht eindeutig geklärt, wie sich die internationale Tätigkeit auf die Steuerbelastung bzw. Steueraggressivität eines Unternehmens auswirkt.

3.5.3 Weitere Strukturmerkmale als Einflussfaktoren unter teilweiser Berücksichtigung von Agency-Konflikten

3.5.3.1 Eigentumsstrukturen

Da die zuvor erläuterten Faktoren nur einen Teil der Schwankung der Steueraggressivität zwischen verschiedenen Unternehmen erklären können, versuchen die in diesem Kapitel dargestellten Studien die Schwankung durch Unterschiede in den Eigentumsstrukturen und die dadurch bedingten *agency*-Konflikte weitergehend zu erklären.

---

787 Vgl. Hines/Rice (1994), S. 158 und S. 175.

788 Vgl. Lisowsky (2010), S. 1708.

789 Vgl. Mills/Erickson/Maydew (1998), S. 11 und S. 18. Für Leverage und Anlagenintensität argumentieren die Autoren ebenso, wobei Anlagenintensität in positiver Beziehung zu den Ausgaben für Steuergestaltung steht, während zwischen Leverage und derartigen Ausgaben kein konsistenter Zusammenhang gefunden wird.

790 Vgl. Markle/Shackelford (2009), S. 17 und S. 42.

Chen/Chen/Cheng/Shevlin (2010) wählen hierfür ein Setting, bei welchem die Steueraggressivität von Familienunternehmen derjenigen von Nicht-Familienunternehmen gegenübergestellt wird,[791] da im Fall von Familienunternehmen ein größerer *agency*-Konflikt zwischen Groß- und Minderheitsgesellschaftern sowie ein kleinerer *agency*-Konflikt zwischen Eigentümern und Managern auftritt.[792] Dabei wirken sich im Fall von Familienunternehmen sowohl Vorteile der Steueraggressivität, wie die hierdurch bedingte Steuereinsparung, als auch Kosten der Steueraggressivität wie beispielweise Reputationsverlust oder Steuerstrafzahlungen aufgrund des großen Anteilsbesitzes und des längeren Investmenthorizonts stärker aus. Weitere nicht-steuerliche Kosten entstehen durch den möglichen Preisabschlag durch die übrigen, externen Anteilseigner, die auf eine mögliche *rent extraction* reagieren, welche durch die durch Steueraggressivitätsaktivitäten geschaffenen komplexen Strukturen verschleiert werden kann.[793] Die Autoren lassen insoweit offen, ob sich Familienunternehmen stärker oder schwächer steueraggressiv verhalten und stellen lediglich die Hypothese auf, dass sich das Steueraggressivitätsverhalten von Familienunternehmen von demjenigen von Nicht-Familienunternehmen unterscheidet.[794] Die multivariate Regressionsanalyse zeigt auf, dass sich

---

791 Die Definition von Familienunternehmen erfolgt als „firms where members of the founding family continue to hold positions in top management, are on the board, or are blockholders of the company“, Chen/Chen/Cheng/Shevlin (2010), S. 42.

792 Der geringere *agency*-Konflikt zwischen Eigentümern und Managern in einem Familienunternehmen im Vergleich zu einem Nicht-Familienunternehmen liegt darin begründet, dass zwischen den Anreizen der Eigentümer und denjenigen der Manager eine stärkere Verknüpfung besteht, die auf die größere Präsenz der Familieneigentümer in Management und Aufsichtsrat zurückzuführen ist. Dadurch kommt es jedoch auch zu größeren *agency*-Konflikten zwischen den Familieneigentümern und den restlichen Kleinaktionären.

793 Vgl. Chen/Chen/Cheng/Shevlin (2010), S. 41 f und S. 44 f. Der Zusammenhang zwischen Steueraggressivität und *rent extraction* wird durch die Ergebnisse der Studie von Dhaliwal/Huang/Moser/Pereira (2011) unterstützt, vgl. Dhaliwal/Huang/Moser/Pereira (2011), S. 23. Hier sei jedoch auf Wang (2010) verwiesen, die sich konkret mit der Frage beschäftigt, ob opportunistische Manager die undurchsichtige Natur von Steueraggressivitätsaktivitäten ausnutzen und sich auf Kosten der Anteilseigner bereichern, jedoch aufgrund ihrer Ergebnisse zu dem Schluss kommt, dass Manager sich hauptsächlich für den Nutzen der Shareholder in Steueraggressivitätsaktivitäten engagieren, vgl. Wang (2010), S. 37 f. Auch Blaylock (2011) findet keine Hinweise für einen Zusammenhang zwischen Steueraggressivität und opportunistischem Managerverhalten, vgl. Blaylock (2011), S. 34. Vgl. hierzu auch schon Kap. 3.3.2.3.

794 Vgl. Chen/Chen/Cheng/Shevlin (2010), S. 46.

Familienunternehmen schwächer steueraggressiv verhalten als Nicht-Familienunternehmen.[795] Dieses Resultat deutet darauf hin, dass der *agency*-Konflikt zwischen Familieneigentümern und sonstigen Eigentümern die Entscheidung zur Steueraggressivität dominiert. Die Familieneigentümer sind bereit, auf Steuereinsparungen zu verzichten, um eventuelle nicht-steuerliche Kosten – insbesondere die eines potentiellen Preisabschlags durch die sonstigen Eigentümer – zu vermeiden.[796]

Auch McGuire/Wang/Wilson (2011) wählen das Setting eines ausgeprägten *agency*-Konflikts: die sogenannte *two classes*-Eigentümerstruktur, bei welcher die ausgegebenen Aktien hinsichtlich ihrer Stimmrechtsausgestaltung in zwei Klassen unterteilt werden können. Ein Teil der Aktien ist mit einer erhöhten (üblicherweise zehnfachen) Anzahl an Stimmrechten ausgestattet, der andere Teil der Aktien verbrieft hingegen lediglich eine Stimme. Während letztgenannte Aktien öffentlich gehandelt werden, befinden sich erstgenannte, „superiore" Aktien für gewöhnlich im Eigentum der Führungskräfte und damit von Insidern des Unternehmens. Für die Insider resultiert dabei eine Diskrepanz zwischen Stimmrechten und Auszahlungsrechten, da sie zwar einen Großteil der Stimmen beherrschen, aber lediglich auf eine Minderheit der Cashflows des Unternehmens einen Anspruch besitzen. Die Autoren untersuchen anhand eines entsprechenden Samples mit Kontrollgruppe, ob die Existenz des beschriebenen Zwei-Klassen-Aktienkapitals zu einer niedrigeren Steueraggressivität führt.[797] Als Begründung für diese Hypothese führen McGuire/Wang/Wilson (2011) an, dass der durch Steueraggressivität resultierende Vorteil von Steuereinsparungen den Cashflow erhöht, an welchem die Manager jedoch im Verhältnis zu ihren Stimmrechten wenig partizipieren. Der durch die Erhöhung des Cashflows resultierende, jedoch für die Manager begrenzte Nutzen steht dem für sie entstehenden Aufwand gegenüber, welcher mit dem Betreiben von Steueraggressivitätsaktivitäten einhergeht, wodurch ein nur geringer Anreiz für Steueraggressivität besteht. Im Fall der Unterlassung von derlei Aktivitäten verbleibt der aus dem reduzierten Arbeitsaufwand resultierende Nutzen vollständig auf Seiten der Manager. Diesem Argument könnte entgegenstehen, dass Manager die Komplexität von Steueraggressivitätsaktivitäten nutzen, um sich auf Kosten der Shareholder zu bereichern.[798] Die Ergebnisse von McGuire/Wang/Wilson (2011)

795 Vgl. Chen/Chen/Cheng/Shevlin (2010), S. 52.

796 Vgl. Chen/Chen/Cheng/Shevlin (2010), S. 51 und S. 60.

797 Vgl. McGuire/Wang/Wilson (2011), S. 1 f.

798 Vgl. McGuire/Wang/Wilson (2011), S. 3 f. Zur Argumentation der *rent extraction* des Managements im Rahmen von Steueraggressivitätsaktivitäten vgl. Fn. 793 sowie vertiefend Kap. 3.3.2.3.

unterstützen jedoch die formulierte Hypothese, dass Unternehmen mit Zwei-Klassen-Aktienkapital eine geringere Steueraggressivität aufweisen, was wiederum die Vermutung nahelegt, dass *agency*-Kosten eine bedeutende Determinante von Steueraggressivität ist.[799]

Ein möglicher Zusammenhang zwischen Steueraggressivität und institutionellen Anteilseignern ist Gegenstand der Studie von Khurana/Moser (2009b). Hierbei unterstellen die Autoren, dass ein Zusammenhang besteht, treffen jedoch keine Aussage über die Richtung desselben.[800] Einen möglichen negativen Zusammenhang begründen Khurana/Moser (2009b) dadurch, dass institutionelle Anteilseigner in der Lage seien, Manager effektiv zu überwachen und zu disziplinieren, damit diese aggressives Steuerverhalten unterlassen und den Langzeit-Unternehmenswert maximieren.[801] Als Gegenargument (i.e. ein Argument für einen positiven Zusammenhang) führen die Autoren an, dass institutionelle Eigentümer möglicherweise die Unternehmen beeinflussen, sich steueraggressiver zu verhalten, um die Nachsteuergewinne und den Nachsteuercashflow zu maximieren und finden hierfür Unterstützung durch die Ergebnisse ihrer empirischen Studie.[802]

Darüber hinaus existieren weitere Studien, die sich mit Steueraggressivität und Eigentümerstrukturen auseinandersetzen, hierfür jedoch nur bedingt ein Prinzipal-Agent-Rahmenwerk bemühen. So dokumentiert beispielsweise die Studie von Badertscher/Katz/Rego (2011), dass nichtbörsennotierte Unternehmen, die Teil eines Portfolios von Private-Equity-Unternehmen sind, stärker in Steueraggressivitätsaktivitäten engagiert sind als vergleichbare Unternehmen in privatem Anteilsbesitz ohne PE-Unterstützung.[803] Die zu Grunde liegende Argumentation betrachtet Steueraggressivität als zusätzliche Wertschaffungsquelle; die auf Wertschaffung orientierten PE-Unternehmen möchten diese nutzen, indem sie durch ihre Expertise entsprechende Strategien und Aktivitäten implementieren. Anzumerken ist jedoch, dass die der empirischen Untersuchung vorangestellte

---

799 Vgl. McGuire/Wang/Wilson (2011), S. 16 f. und S. 25 f.

800 Vgl. Khurana/Moser (2009b), S. 8.

801 Der Langzeitunternehmenswert kann durch Steueraggressivität insoweit gefährdet sein, als zum einen durch künftige Steuerprüfungen möglicherweise Steuernachzahlungen einschließlich Strafzahlungen und Zinsen vom Unternehmen zu leisten sind und es zum anderen zu einer Aktienpreisadjustierung durch die Shareholder kommen kann, wenn diese opportunistisches Verhalten durch die Manager antizipieren, vgl. Khurana/Moser (2009b), S. 6.

802 Vgl. Khurana/Moser (2009b), S. 7 und S. 29.

803 Vgl. Badertscher/Katz/Rego (2011), S. 36 f.

Hypothese von den Autoren ungerichtet formuliert wurde.[804] Für ein geringeres Ausmaß an Steueraggressivität argumentierten die Autoren auf Basis von Reputationsüberlegungen von Seiten der PE-Unternehmen: Falls das Portfolio-Unternehmen an die Börse gegeben werden sollte, könnte es zu einem Preisabschlag kommen, da mögliche Investoren aufgrund des steueraggressiven Verhaltens künftige (Nach-) Zahlungen fürchten.[805] Somit scheint jedoch eine eher kurzfristige Wertsteigerung im Vordergrund zu stehen, wie bereits auch die Ergebnisse von Khurana/Moser (2009b) andeuten.

Ähnliche Überlegungen wie Badertscher/Katz/Rego (2011) finden sich in der Studie von Cheng/Huang/Li/Stanfield (2012), die das Steueraggressivitätsverhalten der Zielunternehmen von Hedge Fonds nach deren Intervention untersuchen und ein höheres Ausmaß erwarten, da Hedge Fonds sowohl Anreize als auch die Fähigkeiten besitzen, die Steueraggressivität der Zielunternehmen zu erhöhen.[806] Die empirischen Ergebnisse dieser Studie bestätigen die Hypothese der Autoren.[807]

3.5.3.2 Anreizstrukturen und Spezifika des Managements

Betrachten Unternehmenseigner Steueraggressivität als wünschenswerte Aktivität, müssen Anreize für die Manager geschaffen werden, diese zu vollziehen. Für die Manager besteht – wie auch schon in Kap. 2.3.2 dargelegt wurde – insoweit kein Anreiz hierfür, da zum einen Steueraggressivitätsaktivitäten mit negativen Konsequenzen für die Manager selbst (wie Haftungsfragen oder Rufschädigung) verbunden sein können als auch zum anderen hierfür ein besonderer Arbeitsaufwand erforderlich ist.[808] Durch eine Kompensationsgestaltung auf Basis von Nachsteuerperformancegrößen können jedoch entsprechende Anreize geschaffen werden.

---

804 „Thus, it is an empirical question whether (…) PE-backed private firms (…) engage in more or less tax avoidance than other private firms.“, Badertscher/Katz/Rego (2011), S. 3.

805 Vgl. Badertscher/Katz/Rego (2011), S. 8-12.

806 Vgl. Cheng/Huang/Li/Stanfield (2012), S. 1496-1498.

807 Vgl. Cheng/Huang/Li/Stanfield (2011), S. 1522.

808 Wird der für den Steuerbereich zuständige Manager explizit zur Steueraggressivität in Form der Steuervermeidung angehalten (indem bspw. die Steuerabteilung auch gezielt als *profit center* anstatt als *cost center* geführt wird, vgl. dazu bspw. auch Robinson/Sikes/Weaver (2010)), so hat dieser zunächst keine Haftungsfolgen als auch (intern) keine Rufschädigung zu befürchten. In Anbetracht der moralischen Anforderungen der Gesellschaft, die in der derzeitigen Debatte zum Ausdruck kommen, sind allerdings auch bei legaler Steuervermeidung (externe) Reputationskosten nicht ausgeschlossen, vgl. hierzu auch schon Kap. 3.3.2.1.

Demzufolge sollte ein Zusammenhang zwischen der Kompensation von Managern auf Nachsteuerperformancebasis und einer Maßgröße für Steueraggressivität bestehen, wie von Phillips (2003) nur für den Fall von *business unit*-Managern, nicht jedoch für CEOs gezeigt wird.[809] Gaertner (2011) kann hingegen einen negativen Zusammenhang zwischen einer Kompensation von CEOs auf einer performanceorientierten Nachsteuergrößenbasis und ETRs präsentieren. Da ETRs als inverse Indikatoren für die Steueraggressivität fungieren, impliziert das Ergebnis der Studie einen steueraggressivitätserhöhenden Effekt durch Nachsteuerkompensation. Zudem wird eine positive Beziehung zwischen Nachsteueranreizen und totaler Kompensation des CEO festgestellt, was darauf hindeutet, dass CEOs, die auf einer Nachsteuerbasis kompensiert werden, einen Zuschlag für die Übernahme des zusätzlichen Kompensationsrisikos fordern.[810]

Die Ergebnisse von Armstrong/Blouin/Larcker (2012) sind gemischt, da der Zusammenhang zwischen der Anreizkompensation hier des Direktors der Steuerabteilung und der Steueraggressivität des Unternehmens je nach Steueraggressivitätsmetrik schwankt. Nur für den Fall einer GAAP-ETR kann ein starker negativer Zusammenhang dokumentiert werden. Die Autoren interpretieren ihre Ergebnisse insoweit, als dass der Direktor der Steuerabteilung Anreize erhält, um den in der für externe Rechnungslegungszwecke aufgestellten Bilanz ausgewiesenen Steueraufwand zu reduzieren.[811]

Gegenstand der Studie von Rego/Wilson (2010) ist wiederum der Zusammenhang zwischen der Anreizkompensation von CEO sowie CFO und der Steueraggressivität des Unternehmens, wobei eine aktienbasierte Anreizkompensation untersucht wird. Die Autoren unterstellen, dass ein höheres Maß an aktienbasierter Vergütung eine höhere Steueraggressivität zur Folge hat und können diesen positiven Zusammenhang empirisch bestätigen.[812]

Fraglich ist, ob zwischen den Kosten des durch eine entsprechende Kompensationsgestaltung angeregten stärkeren Engagements in Steueraggressivitätsaktivitäten der Manager und den Kosten eines opportunistischen Verhaltens in Form von *rent extracting* Wechselwirkungen bestehen und das Verhalten der Manager dadurch beeinflusst wird. Desai/Dharmapala (2006) argumentieren, dass entsprechend starke Anreize die Manager veranlassen, ihre *rent extraction* zu reduzieren und ihre Steueraggressivitätsaktivitäten auszuweiten. Hierbei erwarten sie in

809 Vgl. Phillips (2003), S. 862.

810 Vgl. Gaertner (2011), S. 22 f.

811 Vgl. Armstrong/Blouin/Larcker (2012), S. 401-403 und S. 408.

812 Vgl. Rego/Wilson (2010), S. 10 und S. 37.

Unternehmen mit guten *governance*-Strukturen einen größeren Effekt, da in diesem Fall das Ausmaß der *rent extraction* bereits einen niedrigen Wert aufweisen sollte und Wechselwirkungen zwischen Steueraggressivitätsaktivität und *rent extraction* nur geringen Einfluss besitzen.[813] Die empirischen Ergebnisse bestätigen die These bezüglich der Wirkung der Anreize auf das Ausmaß der Steueraggressivität in Abhängigkeit der vorherrschenden *governance*-Struktur.[814] Ein Zusammenhang von Steueraggressivitäten und *rent extraction* wird im Rahmen dieser Studie jedoch nicht direkt geprüft.[815]

Während die bisher diskutierten Studien zwar den Zusammenhang zwischen Steueraggressivität und Anreizgestaltung für Manager als mögliche Erklärungsvariable für die Schwankung des Ausmaßes der Steueraggressivität über die Unternehmen hinweg untersuchen, wird hierbei jedoch außer Acht gelassen, dass möglicherweise auch die unterschiedlichen Charaktere von Managern diese Variation zu erklären vermögen. Dieser Fragestellung widmet sich die Studie von Dyreng/Hanlon/Maydew (2010), die unterstellen, dass die Steueraggressivität eines Unternehmens davon abhängig ist, ob ein Manager A oder ein Manager B dieses Unternehmen leitet.[816] Zur Untersuchung dieser These entwickeln die Autoren ein Sample von CEOs, CFOs sowie Managern in Positionen wie *president*, *vice president* o.ä., die mindestens drei Jahre lang in zwei verschiedenen Unternehmen beschäftigt waren und auf Basis aller in der Datenbank *ExecuComp* aufgeführten Manager in einem 14 Jahres-Zeitraum herausgefiltert wurden.[817] Daraufhin wird untersucht, ob die jeweiligen Manager einen einschlägigen Einfluss auf die Steueraggressivität des Unternehmens besitzen, indem die Steueraggressivität vor und nach Eintritt des jeweiligen Managers beobachtet wird. Dieses Vorgehen ist angelehnt an Bertrand/Schoar (2003), die den Effekt von Managern auf die Unternehmenspolitik untersuchen.[818] Die Ergebnisse von Dyreng/Hanlon/Maydew (2010) indizieren, dass die Individualität der Manager eine signifikante Rolle im Hinblick auf das Ausmaß der Steueraggressivität spielt.[819]

---

813 Vgl. Desai/Dharmapala (2006), S. 147. Für eine ausführliche Darlegung der möglichen Wechselwirkungen wird hierbei auch auf eine frühere *working paper*-Version von Desai (2005) verwiesen.

814 Vgl. Desai/Dharmapala (2006), S. 177.

815 Vgl. Blaylock (2011), S. 7.

816 Vgl. Dyreng/Hanlon/Maydew (2010), S. 1164.

817 Vgl. Dyreng/Hanlon/Maydew (2010), S. 1168.

818 Vgl. Dyreng/Hanlon/Maydew (2010), S. 1165.

819 Vgl. Dyreng/Hanlon/Maydew (2010), S. 1185.

Ermuntert von diesem Resultat untersucht Chyz (2011), ob Unternehmen, in welchem Manager tätig sind, die sich in Bezug auf ihre eigene Besteuerung steueraggressiv verhalten, eine höhere Steueraggressivität aufweisen. Eine besondere Schwierigkeit stellt in dieser Studie die Gewinnung eines entsprechenden Samples dar, da sich die Steueraggressivität von Managern als schwer messbar darstellt. Chyz (2011) adaptiert hierfür die Vorgehensweise von Dhaliwal/Erickson/Heitzman (2009), die eine opportunistische Rückdatierung der Ausübung von Aktienoptionen durch Insider (i.e. Manager) untersuchen und Hinweise finden, dass die Wahrscheinlichkeit eines solchen Vorgehens umso höher ist, je größer die persönlichen Steuereinsparungen durch die Rückdatierung für die Optionshalter sind.[820] Die derart identifizierten Manager haben gemäß der Argumentation von Chyz (2011) eine Neigung für persönliche Steueraggressivität bewiesen und stellen die Basis für das in dieser Studie verwendete Sample dar, indem die Steueraggressivität von Unternehmen vor und nachdem solche als steueraggressiv identifizierten Manager in dieses Unternehmen eingetreten sind untersucht wird.[821] Die gefundenen Ergebnisse scheinen die Hypothese von Chyz (2011) zu bestätigen, dass die Gegenwart eines steueraggressiven Managers auch das Ausmaß der Steueraggressivität des Unternehmens prägt,[822] obgleich dieses Resultat vor dem Hintergrund der Angreifbarkeit des Proxys der persönlichen Steueraggressivität entsprechend kritisch zu beurteilen ist.

Vorsichtig zu interpretieren sind auch die Ergebnisse der Studie von Christensen/Dhaliwal/Boivie/Graffin (2012), die untersuchen, ob die persönliche politische Orientierung der Manager (Republikaner oder Demokrat) das Ausmaß der Steuervermeidung der Unternehmen, die sie leiten, zu erklären hilft. Die Autoren finden zwar Hinweise, dass Unternehmen mit Managern, die der Republikanischen Partei zugewandt sind, höhere ETRs und damit ein geringeres Ausmaß an Steueraggressivität aufweisen als Unternehmen mit Managern, die mit der Demokratischen Partei affiliiert sind,[823] jedoch ist zum einen bereits die Konstruktion des Samples angreifbar und zum anderen erscheint die dargebotene theoretische Begründung für das Bestehen eines derartigen Zusammenhangs wenig fundiert. So ist das Sample darauf gegründet, dass die in der Datenbank *ExecuComp* im Zeitraum 1992-2008 gelisteten Manager auf Basis ihrer persönlichen Spenden an Präsidentschafts-, Senats- oder Repräsentantenhauskandidaten sowie Parteikomitees, die jeweils von der

820 Vgl. Dhaliwal/Erickson/Heitzman (2009), S. 48.
821 Vgl. Chyz (2011), S. 3, S. 11-13, S. 16.
822 Vgl. Chyz (2011), S. 26.
823 Vgl. Christensen/Dhaliwal/Boivie/Graffin (2012), S. 35 f.

Federal Election Commission (FEC) zugänglich gemacht werden, einer politischen Orientierung zugeordnet werden.[824] Das Bestehen eines Zusammenhangs zwischen der politischen Einstellung des Managers und dem Ausmaß der Steueraggressivität eines Unternehmens wird dadurch erklärt, dass der Manager den *tone on the top* vorgibt und seine (approximierte) politische Überzeugung ein Indiz für Konservatismus und Risikoaversion ist (stark ausgeprägt im Fall der Republikaner), obgleich die Republikanische Partei grundsätzlich niedrigere Steuersätze als die Demokratische Partei propagiert.[825] Trotz der Schwächen der Studien von Chyz (2011) und Christensen/Dhaliwal/Boivie/Graffin (2012) zählen sie zu den die bestehende Literatur dahingehend erweiternden Studien, dass Manager nicht mehr auf die Rolle eines „repräsentativen" Agenten beschränkt werden, sondern die Einflüsse idiosynkratischer Managern auf das unternehmerische Verhalten untersucht wird.[826]

3.5.3.3 Sonstige Erklärungsansätze

Neben den bisher erläuterten Studien bestehen weitere Ansätze zur Erklärung der Schwankung des Ausmaßes von Steueraggressivität über verschiedene Unternehmen hinweg, die teils stärker und teils schwächer im *agency*-Rahmenwerk verwurzelt sind sowie in Teilen auf die Stakeholdertheorie oder bestimmte Unternehmensstrategieüberlegungen Bezug nehmen. Einer dieser Ansätze, welcher sich bei Richardson/Lanis (2012) und Watson (2011) findet, vermutet einen Zusammenhang zwischen *corporate social responsibility* (CSR) und Steueraggressivität. Hierbei werden beispielsweise von Watson (2011) die Kosten für die Aufrechterhaltung einer Reputation für sozial verantwortliches Handeln des Unternehmens als nichtsteuerliche Kosten betrachtet, die folglich im Entscheidungsprozess für Steueraggressivität berücksichtigt werden müssten. Diese Argumentation setzt insbesondere eine Börsennotierung des Unternehmens voraus, dessen Investoren eine Strategie des *socially responsible investing* verfolgen und die sich bei Beobachtung eines legal oder moralisch fraglichen Verhaltens des Unternehmens möglicherweise veranlasst sehen, ihre Anteile zu veräußern, wodurch es zu einem sinkenden Aktienkurs kommt.[827]

---

824 Vgl. Christensen/Dhaliwal/Boivie/Graffin (2012), S. 14 f.

825 Vgl. Christensen/Dhaliwal/Boivie/Graffin (2012), S. 10-14.

826 Die Bedeutung des Einflusses individueller Managereigenheiten wird bspw. von Bamber/Jiang/Wang (2010) am Beispiel freiwilliger Anhangangaben aufgezeigt, die einen Zusammenhang zwischen dem *unique disclosure style* und beobachtbaren demographischen Managercharakteristika untersuchen und belegen können.

827 Vgl. Watson (2011), S. 1 f.

Richardson/Lanis (2012), die sich auf ein Sample australischer Unternehmen stützen, argumentieren, dass eine Unternehmung nicht nur als Konnex vertraglicher Beziehungen zu sehen ist, sondern eine weite Sichtweise einzunehmen sei.[828] Gemäß dieser Überlegung bewegt sich jede Unternehmung in einer komplexen wirtschaftlichen Umwelt und entwickelt daher Strategien, die für diese Umwelt die vorteilhaftesten Ergebnisse bieten. Diese Strategien sind nicht zwingend auf die Shareholder zentriert, sondern tragen auch anderen Stakeholdern Rechnung. Die Unternehmung bildet einen integralen Bestandteil der Gesellschaft und benötigt – ganz im Sinne der Legitimitätstheorie – deren Unterstützung zum Überleben. Entsprechend dieser Betrachtungsweise stellt CSR eine berechtigte Aktivität dar und ist nicht lediglich ein überflüssiger Kostenpunkt bezüglich der Shareholdergewinnmaximierung. Insofern ist zu erwarten, dass je stärker sich ein Unternehmen in CSR engagiert, sich diese grundsätzliche Strategie auch auf die Ablehnung einer übermäßigen Steueraggressivität (als Ausdruck sozial nicht verantwortlichen Handelns) erstreckt.[829] In beiden Studien wird – ungeachtet der Verschiedenartigkeit der jeweiligen Argumentationslinien – eine niedrigere Steueraggressivität eines Unternehmens bei höherer CSR prognostiziert.[830] Die empirischen Ergebnisse liefern in beiden Fällen Hinweise für die Gültigkeit der Hypothese eines negativen Zusammenhangs zwischen CSR und Steueraggressivität.[831]

Auch Lanis/Richardson (2013) widmen sich dem Zusammenhang von Steueraggressivität und CSR, wobei die Autoren in dieser Studie die empirische Überprüfung der Legitimitätstheorie mittels Vergleich der CSR-Angaben steueraggressiver Unternehmen mit denjenigen nicht-steueraggressiver Unternehmen anstreben.[832] Sie argumentieren hierbei, dass eine steueraggressive Unternehmung umfangreichere CSR-Angaben in dem Versuch macht, die Öffentlichkeit auf seine

---

828 Vgl. Richardson/Lanis (2012), S. 87, die hinsichtlich dieser weiten Sichtweise auf Freedman (2003), Avi-Yonah (2008) sowie Schön (2008) verweisen.

829 Vgl. Richardson/Lanis (2012), S. 87 und S. 89.

830 Vgl. Watson (2011), S. 10, Richardson/Lanis (2012), S. 90.

831 Vgl. Watson (2011), S. 20 f., Richardson/Lanis (2012), S. 105 f.

832 Die Identifikation steueraggressiver Unternehmen basiert darauf, welchen Unternehmen im Zeitraum von 2001 bis 2006 im Rahmen einer Steuerprüfung durch die australische Steuerbehörde der Vorwurf der Steueraggressivität gemacht wurde, welcher auf der Website der Steuerbehörde mit einer Änderung der Steuerfestsetzung in Bezug auf eine Erhöhung der Steuerzahllast veröffentlicht wurde. Für jedes sich im Sample befindliche steueraggressive Unternehmen ermitteln die Autoren auf Basis von bspw. Branchenklassifikation, Unternehmensgröße und Marktwert ein vergleichbares nicht-steueraggressives Unternehmen, vgl. Lanis/Richardson (2013), S. 84-86.

sozialen Aktivitäten in einer Vielzahl von (anderen) Bereichen aufmerksam zu machen, um die Bedenken der Öffentlichkeit zu zerstreuen und zu zeigen, dass es seinen Verpflichtungen gegenüber der Gemeinschaft erfüllt.[833] Zwar finden Lanis/Richardson (2013) Hinweise für das Bestehen eines solchen Zusammenhangs,[834] allerdings ist zu kritisieren, dass die Autoren in ihrer Studie von 2012 einen Zusammenhang von Steueraggressivität und der mittels eines *disclosure index* gemessenen CSR[835] vermuten, was sie mitunter auf die Legitimitätstheorie gründen. In ihrer Studie von 2013 verwenden sie dagegen den Umfang von CSR-Angaben steueraggressiver und nicht-steueraggressiver Unternehmen, um die Legitimitätstheorie empirisch zu belegen.

Ein weiterer Ansatz, welcher von Chyz/Leung/Li/Rui (2011) entwickelt wurde, fokussiert sich auf den Einfluss einer bestimmten Stakeholdergruppe – der Gewerkschaften – auf die Steueraggressivität. Die Autoren argumentieren auf Basis des Einflusses von *agency*-Kosten auf die Steueraggressivität, wobei die Höhe dieser Kosten durch das Vertragsumfeld des Unternehmens geprägt ist, das nach Chyz/Leung/Li/Rui (2011) wiederum von der Rolle sowie der Bedeutung der verschiedenen Stakeholder des Unternehmens abhängt. Hierbei greift diese Studie die Stakeholder-Gruppe der Gewerkschaften auf und postuliert mit Hilfe der den Gewerkschaften zuzuschreibenden Anreize, politischen Motivationen und Risikopräferenzen eine Hinwirkung auf eine niedrigere Steueraggressivität. Sollten Gewerkschaften nicht in der Lage sein, einen beschränkenden Einfluss auf die Manager auszuüben oder sollten die Gewerkschaften ein mangelndes Verständnis dafür aufweisen, wie Steueraggressivität ihre aktuellen und künftigen Ansprüche beeinflusst, könnte empirisch auch kein Zusammenhang nachweisbar sein.[836] Die empirischen Ergebnisse deuten jedoch einen steueraggressivitätsreduzierenden Einfluss der Gewerkschaften an.[837]

Gegenstand der Studie von Lanis/Richardson (2011) ist der Einfluss, den die Zusammensetzung des *board of directors*[838] auf die Steueraggressivität des Unternehmens ausübt. Die Autoren unterstellen, dass das Ausmaß der Steueraggressivität umso niedriger ist, je größer der Anteil der Mitglieder ist, die nicht Teil des

833 Vgl. Lanis/Richardson (2013), S. 77 und S. 83.

834 Vgl. Lanis/Richardson (2013), S. 93.

835 Vgl. Richardson/Lanis (2012), S. 92 f.

836 Vgl. Chyz/Leung/Li/Rui (2011), S. 12 f.

837 Vgl. Chyz/Leung/Li/Rui (2011), S. 29.

838 Das *board of directors* nimmt sowohl leitende als auch überwachende Aufgaben wahr (*one-tier board*), während das deutsche Aktiengesetz durch die Separation von Vorstand und Aufsichtsrat ein *two-tier board* vorsieht, vgl. Davies (2008), S. 398.

Managements sind. Dies wird durch den dadurch verstärkten *corporate governance*-Mechanismus begründet, der auf die Einschränkung eines opportunistischen Managementverhaltens abzielt sowie die steuerliche Gesetzestreue fördert, um – gemäß den Überlegungen der Legitimitäts- und Stakeholdertheorien – das Bestehen der Unternehmung in der Zukunft zu sichern.[839] Als Sample dienen (lediglich) 32 an der *Australian Stock Exchange* (ASX) gelistete Unternehmen, von denen 16 aufgrund entsprechender Vorwürfe der australischen Steuerbehörde in der Zeit zwischen 2001 und 2006 als steueraggressive Unternehmen identifiziert wurden. Für jedes dieser steueraggressiven Unternehmen wurde ein Vergleichsunternehmen identifiziert und in das Sample aufgenommen.[840] Die empirischen Ergebnisse scheinen die Hypothese der Autoren zu bestätigen, wobei die Studie nicht zuletzt aufgrund der kleinen Samplegröße verschiedenen Limitationen unterliegt.[841]

Die Untersuchung der Bedeutung von *corporate governance* in Zusammenhang mit der Steueraggressivität von Unternehmen wird im Rahmen der Studie von Richardson/Taylor/Lanis (2013) erweitert, die den Einfluss einzelner *corporate governance*-Elemente auf die Steueraggressivität analysieren, wobei ein deutlich größeres Sample als bei Lanis/Richardson (2011) zu Grunde gelegt wird.[842] Im Ergebnis stellen die Autoren fest, dass sich ein Unternehmen weniger wahrscheinlich in Steueraggressivität engagiert, wenn es ein effektives Risikomanagement und interne Kontrollen aufweist, einen Big Four-Wirtschaftsprüfer beauftragt, die in Anspruch genommenen Dienstleistungen des Wirtschaftsprüfers sich aus mehr Prüfungsleistungen als Nicht-Prüfungsleistungen zusammensetzen oder auch je unabhängiger das interne Revisionskommitee ist.[843] Ferner legt auch die empirische Studie von Armstrong/Blouin/Jagolinzer/Larcker (2013) nahe, dass sich *corporate governance*-Mechanismen auf die Steueraggressivität auswirken. Allerdings verwenden die Autoren eine Quantilsregression, um bestimmen zu können, ob (und falls ja, wie) diese Beziehung über die Verteilung der Steueraggressivität schwankt, wobei sie vor allem die Effekte in den Verteilungsenden untersuchen möchten, welche die relativ extremen Ausmaße von Steueraggressivität repräsentieren. Hierbei finden sie Hinweise, dass *corporate governance*-Mechanismen bei einem sehr hohen Grad an Steueraggressivität

839 Vgl. Lanis/Richardson (2011), S. 54-56.

840 Vgl. Lanis/Richardson (2011), S. 56. Ein sehr ähnliches Vorgehen zur Samplebildung steueraggressiver und nicht-steueraggressiver Unternehmen findet sich bei Lanis/Richardson (2013), vgl. Fn. 832.

841 Vgl. Lanis/Richardson (2011), S. 68.

842 Der Studie liegen 812 Unternehmensjahrbeobachtungen zu Grunde, vgl. Richardson/Taylor/Lanis (2013), S. 75.

843 Vgl. Richardson/Taylor/Lanis (2013), S. 85.

tendenziell steueraggressivitätsreduzierend wirken und bei einem sehr niedrigen Grad an Steueraggressivität tendenziell steueraggressivitätserhöhend.[844]

Ein von Higgins/Omer/Phillips (2011) hervorgebrachter Ansatz untersucht den Zusammenhang zwischen Steueraggressivität und den nach Miles/Snow (1978) typisierten Unternehmensstrategien. Die im Rahmen dieser Typologie identifizierten, überlebensfähigen Strategien können auf einem Kontinuum angeordnet werden, bei welchem an den Randpunkten auf der einen Seite die Strategie der *defenders* und auf der anderen Seite diejenige der *prospectors* steht. Während sich *defenders* dadurch auszeichnen, dass sie großes Gewicht auf die Kosteneffizienz und Sicherheit legen und diese als Basis für den Konkurrenzkampf ansehen, stehen für *prospectors* Innovationen und Wandel im Vordergrund.[845] Higgins/Omer/Phillips (2011) stellen Überlegungen an, wie sich die unterschiedlichen Charakteristika dieser beiden Strategien jeweils auf die Kosten und Nutzen der Steueraggressivität auswirken und kommen zu dem Schluss, dass sowohl die Kosten als auch die resultierenden Vorteile für *defenders* größer zu sein scheinen als für *prospectors*. Als Begründung führen die Autoren an, dass *defenders* aufgrund ihrer Kostenorientierung verstärkt von Steuereinsparungen profitieren, jedoch aufgrund ihres Sicherheitsbedürfnisses auch höhere Kosten durch die mit Steueraggressivität verbundenen Unsicherheitsfaktoren, wie z.B. mögliche Nachzahlungen, Strafzahlungen oder Reputationsverluste, erfahren.[846] Aufgrund dieser Uneindeutigkeit wird die Hypothese derart formuliert, dass die Unternehmensstrategien nicht in Zusammenhang mit dem Ausmaß der Steueraggressivität stehen.[847] Zur Messung der Unternehmensstrategie stützen sich die Autoren auf frühere Vorgehensweisen einzelner Studien und konstruieren einen Messwert, der sich im Intervall von fünf bis 25 bewegen kann, wobei ein höherer Messwert *prospectors* repräsentiert, während ein niedrigerer Wert *defenders* indiziert.[848] Die Ergebnisse der multivariaten Regressionsanalyse deuten darauf hin, dass Unternehmen, deren Unternehmensstrategie tendenziell als diejenige eines *defender* zu klassifizieren ist, ein niedrigeres Ausmaß an Steueraggressivität aufweisen. Dies lässt die Interpretation zu, dass die durch Steueraggressivität generierten Steuereinsparungen nicht die durch die diversen Unsicherheiten resultierenden Kosten aufwiegen können.[849]

---

844 Vgl. Armstrong/Blouin/Jagolinzer/Larcker (2013), S. 3 und S. 19 f.
845 Vgl. Higgins/Omer/Phillips (2011), S. 7.
846 Vgl. Higgins/Omer/Phillips (2011), S. 8-10.
847 Vgl. Higgins/Omer/Phillips (2011), S. 10.
848 Vgl. Higgins/Omer/Phillips (2011), S. 10-12.
849 Vgl. Higgins/Omer/Phillips (2011), S. 20 f. und S. 24.

Der Ansatz von McGuire/Omer/Wilde (2012) konzentriert sich auf Steueraggressivität in Form der Investition in *tax shelters* und untersucht, durch welche Faktoren dieses Investment getrieben ist. Die Autoren stützen das ihrer Studie zu Grunde liegende Sample von 45 *tax sheltering*-betreibenden Unternehmen auf diejenigen Unternehmen, die in früheren *tax shelter*-Studien von Graham/Tucker (2006), Wilson (2009) sowie Brown (2011) identifiziert wurden und deren Unternehmensdaten verfügbar sind.[850] Als mögliche treibende Faktoren werden die Investitionsmöglichkeiten des Unternehmens, die Unsicherheit im Rahmen der gewöhnlichen Geschäftstätigkeit sowie der Kapitalmarktdruck untersucht. Die Studie liefert Hinweise, dass Unternehmen mit großen *investment opportunity sets* sowie großer operativer Unsicherheit weniger wahrscheinlich in *tax shelter*s investieren. Unternehmen, die großem Kapitalmarktdruck unterliegen, investieren hingegen mit einer größeren Wahrscheinlichkeit in diese Aktivitäten. Die Ergebnisse legen nahe, dass Unternehmen, die in *tax shelters* investieren, diese benutzen, um Kapitalmarkterwartungen zu erfüllen sowie dass die Wahrscheinlichkeit eines *tax shelter*-Investments einer Unternehmung als Funktion seiner Gesamtinvestitionsstrategie zu betrachten ist.[851] Indem in dieser Studie jedoch lediglich Unternehmen untersucht werden, die bereits ein Investment in *tax shelters* vorgenommen haben, besteht potentiell ein *selection bias*, so dass die Ergebnisse mit einer gewissen Vorsicht zu interpretieren sind.

Die Studie von Boone/Khurana/Raman (2013) möchte den Einfluss von Religiosität auf das steueraggressive Verhalten von Unternehmen untersuchen, wobei die Hypothese aufgestellt wird, dass Unternehmen, die in einem sehr religiös geprägten *county* ansässig sind, eine geringere Steueraggressivität aufweisen. Begründet wird diese Hypothese dadurch, dass der Religiosität eine gewisse Rolle in der Erhöhung von Risikoaversion und in der Vermeidung von unethischem oder opportunistischem Verhalten zukommt.[852] Die Autoren finden zwar Belege für ihre Hypothese,[853] allerdings ist kritisch anzumerken, dass der Sitz eines Unternehmen in einem als religiös identifizierten *county* noch keine Aussage darüber treffen kann, inwieweit die Entscheidungsträger dieses Unternehmens tatsächlich eine religiöse Einstellung aufweisen.

---

850 Vgl. McGuire/Omer/Wilde (2012), S. 16.
851 Vgl. McGuire/Omer/Wilde (2012), S. 26 f.
852 Vgl. Boone/Khurana/Raman (2013), S. 57.
853 Vgl. Boone/Khurana/Raman (2013), S. 66 f. und S. 75-78.

3.6 Empirische Forschungsergebnisse zu den unternehmensspezifischen Konsequenzen von Steueraggressivität

3.6.1 Kapitalmarktkonsequenzen

Nachdem bislang Forschungsergebnisse zu unternehmensspezifischen Determinanten für Steueraggressivität erläutert wurden, soll nun der Blickwinkel auf Studien verlagert werden, die mögliche Konsequenzen von Steueraggressivität im Hinblick auf die Reaktion der Shareholder untersuchen, wobei auch in diesen Studien der *agency*-Theorie eine gewisse Bedeutung zukommt. So wird in diesen Studien u.a. die Annahme zu Grunde gelegt, dass die komplexe Natur von Steueraggressivitätsaktivitäten opportunistisches Verhalten der Manager ermöglicht. Dabei wird die Frage aufgeworfen, ob Steueraggressivität durch die Steuereinsparungen einen Wertbeitrag für die Shareholder leistet und von diesen entsprechend bewertet wird oder ob das (mögliche) opportunistische Managerverhalten von den Shareholdern negativ wahrgenommen wird und sich wertmindernd auswirkt. Die im Folgenden dargestellten Studien arbeiten allerdings mit Ausnahme der UK-bezogenen Untersuchung von Wahab/Holland (2012) ausschließlich mit US-amerikanischen Daten, so dass eine Verallgemeinerung in Bezug auf die Reaktionen anderer Kapitalmärkte nicht zwingend möglich ist bzw. zumindest eine dahingehende Interpretation vorsichtig zu erfolgen hat.

Desai/Dharmapala (2009) untersuchen beispielsweise den Zusammenhang zwischen unternehmerischer Steueraggressivität und der Höhe des Unternehmenswertes, gemessen als *Tobin's Q*, wobei sie sich auf die in Kaplan/Zingales (1997) und Gompers/Ishii/Metrick (2003) verwendete Definition mit der Modifikation stützen, latente Steuern in der Berechnung des Quotienten nicht zu berücksichtigen.[854] Die Ergebnisse von Desai/Dharmapala (2009), die nur bedingt einen Zusammenhang zwischen Steueraggressivität und Unternehmenswert feststellen können, scheinen die These zu widerlegen, dass Steueraggressivität einen Werttransfer weg vom Staat hin zu den Shareholdern darstellt. Die Studie kann jedoch belegen, dass Steueraggressivität einen stärkeren Effekt auf den als

854 Vgl. Desai/Dharmapala (2009), S. 539. Diese Modifikation wird damit begründet, dass Steueraggressivitätsaktivitäten in Änderungen von künftigen Steuerverbindlichkeiten resultieren können und daher eine mechanische Korrelation zwischen der abhängigen Variable (*Tobin's Q*) und der Maßgröße für Steueraggressivität schaffen.

Tobin's Q gemessenen Unternehmenswert ausübt, sofern die jeweilige *corporate governance* eine höhere Qualität aufweist.[855]

Wahab/Holland (2012) stützen sich auf ein Sample UK-gelisteter Unternehmen und untersuchen den Einfluss der Steueraggressivität auf den Marktwert des Eigenkapitals. Hierbei zeigen sie einen negativen Zusammenhang. Entgegen den Ergebnissen von US-amerikanischen Studien können die Autoren allerdings keinen moderierenden Effekt des *corporate governance*-Mechanismus auf die mit Steueraggressivität verbundenen *agency*-Konflikte nachweisen.[856]

Im Gegensatz zu beispielsweise Desai/Dharmapala (2009) möchten Hanlon/Slemrod (2009) auf die Nutzung von – stets mit Schwächen behafteten – Steueraggressivitätsproxys verzichten und versuchen daher mittels einer *event study* den Zusammenhang von Steueraggressivität und der Marktreaktion auf dieses Verhalten zu untersuchen, indem sie die Veröffentlichung von Presseinformationen über das Engagement eines Unternehmens in *tax shelters* verwenden.[857] Als Ergebnis der Studie halten die Autoren fest, dass der Aktienkurs im Durchschnitt zu fallen scheint, wenn Neuigkeiten über eine Steueraggressivitätsaktivität eines Unternehmens den Markt erreichen.[858]

Die Auswirkungen von Steueraggressivität auf den Aktienkurs sind auch Gegenstand der Studie von Kim/Li/Zhang (2011), die insbesondere den Einfluss von Steueraggressivität auf das Risiko eines künftigen Aktienkurscrashs untersuchen und Hinweise für einen positiven Zusammenhang finden.[859] Hierbei greifen die Autoren jedoch auf naturgemäß angreifbare Steueraggressivitätsmetriken zurück.[860] Kim/Li/Zhang (2011) argumentieren in ihrer Studie, dass Steueraggressivität opportunistisches Verhalten der Manager ermöglicht, indem es für die Manager Instrumente bietet, negative Informationen vor externen Investoren zu verbergen. Werden negative Informationen wiederholt nicht nach außen gegeben, kommt es zu einer Überbewertung des Aktienpreises. Es resultiert eine Blase. An einem bestimmten Punkt wird es für die Manager jedoch zu teuer oder auch nicht mehr möglich, die negativen Informationen zurückzuhalten. Wenn dieser Punkt überschritten wird, werden die angesammelten negativen Informationen

---

855 Vgl. Desai/Dharmapala (2009), S. 542 und S. 545 f.

856 Vgl. Wahab/Holland (2012), S. 118-122.

857 Vgl. Hanlon/Slemrod (2009), S. 129.

858 Vgl. Hanlon/Slemrod (2009), S. 139.

859 Vgl. Kim/Li/Zhang (2011), S. 658 f.

860 Für die verwendeten Metriken vgl. Kim/Li/Zhang (2011), S. 645 f., die auch jeweils kritisch Stellung nehmen. Zu beachten sind auch die im Fazit der Autoren noch dargelegten Überlegungen zu den resultierenden Limitationen, vgl. Kim/Li/Zhang (2011), S. 659.

gleichzeitig nach außen gegeben, wodurch es zu einer starken negativen Preisadjustierung des Aktienkurses (*stock price crash)* kommt.[861] Der positive Zusammenhang zwischen Steueraggressivität und einem Aktienkursabsturzrisiko scheint jedoch dann schwächer zu sein, wenn ein effektives externes *monitoring* existiert, was wiederum die Argumentation aus einer *agency*-Perspektive heraus bestärkt.[862]

Desai/Hines (2002) untersuchen u.a. die Konsequenzen einer Auslandsverlagerung, bei welcher die ausländische Tochter zur Muttergesellschaft und die einheimische US-Gesellschaft zur Tochtergesellschaft umgewandelt werden. Eine solche Expatriierung ist üblicherweise durch die US-Steuergesetzgebung getrieben, die regelt, dass US-Unternehmen in den USA ausländische Einkünfte versteuern müssen, während andere Staaten ausländische Einkünfte von der Besteuerung freistellen. Hinzu kommt, dass nach (zumindest damals gültigem) US-Recht Unternehmen den Ort ihrer Eintragung, der folglich als ihre Steuerheimat gilt, frei wählen können, ohne dort etwas produzieren oder verkaufen zu müssen. Folglich ist durch die Expatriierung mit einer Steuerentlastung zu rechnen.[863] Kommt es in der Folge der Ankündigung einer solchen Expatriierung zu einer positiven Aktienkursreaktion, wäre dies ein Indiz für eine nach oben erfolgte Korrektur der erwarteten Nachsteuer-Cashflows. Das in dieser Studie zu Grunde liegende Sample von 19 derartigen Ankündigungen zeigt jedoch ein gemischtes Bild, indem nur in acht Fällen (Ein-Tages-Fenster) bzw. zehn Fällen (Fünf-Tages-Fenster) positive abnormale Renditen festgestellt werden konnten. Die Autoren interpretieren diese Ergebnisse dahingehend, dass der Aktienmarkt häufig Bedenken hat, dass die Kosten dieses Prozesses den daraus gewonnenen Nutzen übersteigen oder dass künftige (Steuer-) Gesetzesänderungen die Vorteile dieses Wechsels reduzieren könnten.[864] Aufgrund der geringen Datenlage sind die Ergebnisse von Desai/Hines (2002) in jedem Fall vorsichtig zu interpretieren. Dennoch scheint der Aktienmarkt in manchen Fällen tatsächlich positiv auf eine Steueraggressivitätsaktivität – bei Unterstellung rationaler Investoren – aufgrund der damit verbundenen Erhöhung des Unternehmenswertes zu reagieren. Auch die Studie von Wang (2010) liefert Hinweise, dass Investoren Steueraggressivität positiv würdigen und mit einem Preisaufschlag versehen, der jedoch umso kleiner wird, je opaker eine Unternehmung zu betrachten ist.[865]

861 Vgl. Kim/Li/Zhang (2011), S. 642.
862 Vgl. Kim/Li/Zhang (2011), S. 651-653 und S. 659.
863 Vgl. Desai/Hines (2002), S. 1 f.
864 Vgl. Desai/Hines (2002), S. 20.
865 Vgl. Wang (2010), S. 31-33.

Im Zentrum der Arbeiten von Frischmann/Shevlin/Wilson (2011) und Koester (2011) stehen die Reaktionen von Aktionären auf die durch FIN 48 offenzulegenden Informationen.[866] Wie bereits in Kap. 3.3.2.1 erläutert, könnten die Ergebnisse von Frischmann/Shevlin/Wilson (2011) die These nahelegen, dass der Markt Steueraggressivität positiv zu bewerten scheint. Die Ergebnisse von Koester (2011) legen ebenfalls diese Interpretation nahe, indem diese eine positiven Zusammenhang zwischen Aktienkurs und die nach FIN 48 ausgewiesenen UTB (als Maß für „unsichere" Steueraggressivität) feststellen.[867]

Letztlich scheint der (zumindest US-amerikanische) Kapitalmarkt Steueraggressivität als zweischneidiges Schwert zu betrachten, wie die gemischten Resultate der erläuterten Studien nahelegen. Dem möglichen Vorteil einer Steuerminderung und damit der Unternehmenswertsteigerung (letztlich auf Kosten des Staates) steht ein eventuelles, opportunistisches Verhalten des Managements gegenüber, das die Komplexität verschiedener Steueraggressivitätsaktivitäten zu seinem Vorteil und auf Kosten der Aktionäre ausnutzen kann.

3.6.2 Sonstige Konsequenzen

Neben den im vorhergehenden Kapitel erläuterten Studien, welche sich mit den Kapitalmarktfolgen von Steueraggressivität auseinandersetzen, existieren Studien, die sich mit anderweitigen, aus der Steueraggressivität resultierenden Konsequenzen beschäftigen. So untersuchen Donohoe/Knechel (2012), ob und unter welchen Umständen sich Steueraggressivität auf die vom Abschlussprüfer erhobenen Preise auswirkt. Ein möglicher Zusammenhang wird dadurch begründet, dass Abschlussprüfer dazu tendieren, ihren Aufwand und ihre Gebühren in Abhängigkeit von der Komplexität sowie vom Risiko der beim Mandanten vorliegenden Bedingungen anzupassen. Dabei wird auch untersucht, ob der Preisaufschlag – falls Steueraggressivität als Risikoquelle identifiziert und dementsprechend eingepreist wird – durch die gleichzeitige Inanspruchnahme von Steuerberatungsleistungen durch denselben Abschlussprüfer oder durch das Branchenfachwissen im Steuer- bzw. Prüfungsbereich des Abschlussprüfers beeinflusst wird.[868] Basierend auf einem Sample von US-Unternehmen finden die Autoren Hinweise, dass das aggressive Steuerverhalten eines Unternehmens einen Preisaufschlag

866 Zu FIN 48 vgl. auch bereits Kap. 3.4.2.3.
867 Vgl. Koester (2011), S. 25-27 und S. 32 f.
868 Vgl. Donohoe/Knechel (2012), S. 7-13.

des Abschlussprüfers bedingt, der jedoch niedriger ist, wenn der Prüfer Steuerberatungsleistungen erbringt und dadurch *knowledge spillovers* erzielt werden. Dieser Effekt tritt jedoch nicht ein, wenn eine hohe Steuerunsicherheit besteht. Darüber hinaus können die Autoren zeigen, dass speziell auf den Prüfungsbereich bezogenes Branchenfachwissen des Abschlussprüfers höhere Prüfungsgebühren unabhängig von der Steueraggressivität des Unternehmens bedingt, während eine entsprechende Branchenkenntnis speziell im Steuerbereich zu Preiszuschlägen für steueraggressive Mandanten führt.[869]

Ausgangspunkt der Studie von Martin/Wang/Zou (2012) ist die Frage, ob sich die Steueraggressivität eines M&A-Zielunternehmens auf die Preisbedingungen des Unternehmenserwerbs auswirkt. Im Vorfeld einer M&A-Transaktion wird im Allgemeinen eine ausführliche Due Diligence durchgeführt, die eine Bewertung des Zielunternehmens ermöglichen und dessen Ressourcen und Verpflichtungen aufdecken soll. Im Zuge dieses Prozesses sind dem potentiellen Erwerber auch steuerliche Informationen zugänglich zu machen. Die Autoren unterstellen, dass der potentielle Erwerber dadurch in der Lage ist, das steueraggressive Verhalten des Zielunternehmens zu erkennen, das in der Zukunft zu höheren Zahlungsmittelabflüssen durch Steuernachzahlungen oder durch Reputationsverluste führen kann. Somit formulieren Martin/Wang/Zou (2012) die Hypothese, dass das steueraggressive Verhalten des Zielunternehmens sich negativ auf den Übernahmeaufschlag auswirkt, i.e. diesen erhöht, wofür sie mit Hilfe eines Samples US-Unternehmen auch Hinweise finden.[870]

Balakrishnan/Blouin/Guay (2012) untersuchen, inwieweit Steueraggressivität die Transparenz eines Unternehmens reduziert. Hierbei argumentieren sie, dass Steuergestaltungen sowohl die Finanz- als auch die Organisationskomplexität der Unternehmung erhöhen. Kann diese erhöhte Komplexität außenstehenden Parteien wie Eigenkapitalgebern, Fremdkapitalgebern oder Analysten nicht adäquat kommuniziert werden, entstehen Transparenzprobleme. Diese können sich beispielsweise in höheren Kapitalkosten niederschlagen. Zwar können die Manager des Unternehmens versuchen, durch ausgedehntere Angaben in der Finanzberichterstattung eine transparente Informationsumwelt aufrechtzuerhalten, allerdings bestehen für die Manager üblicherweise Anreize, Informationen zu den steuergestaltenden Aktivitäten des Unternehmens nur begrenzt offenzulegen.[871] Die Autoren können im Rahmen ihrer Studie u.a. zeigen, dass die Steueraggressivität

869 Vgl. Donohoe/Knechel (2012), S. 18 und S. 25-27.
870 Vgl. Martin/Wang/Zou (2012), S. 8-10 und S. 27 f.
871 Vgl. Balakrishnan/Blouin/Guay (2012), S. 1 f. und S. 6.

eines Unternehmens die absoluten Prognosefehler von Analysten und die Streuung der Prognose der Analysten – beide als Proxy für die Informationsunsicherheit – erhöht. Darüber hinaus finden sie Hinweise, dass die Durchführung von Steueraggressivitätsaktivitäten die entsprechenden Unternehmen zu mehr Angaben veranlasst, was wiederum den negativen Transparenzeffekt zu reduzieren scheint.[872]

---

872 Vgl. Balakrishnan/Blouin/Guay (2012), S. 28 f. Zur Messung der Steueraggressivität verwenden die Autoren zwei selbstentwickelte Ansätze, die als nicht unkritisch zu betrachten sind, wie bereits in Kap. 3.4.2.3 erörtert wurde. Allerdings können die Autoren ihre Ergebnisse im Rahmen der Robustheitstests auch mit „konventionellen" Metriken bestätigen.

4 Determinanten der Steueraggressivität börsennotierter gegenüber nichtbörsennotierter Unternehmen

4.1 Grundlegende Aspekte einer Börsennotierung

4.1.1 Voraussetzungen einer Börsennotierung

Zunächst ist der Begriff der Börsennotierung von demjenigen der Kapitalmarktorientierung abzugrenzen. § 264d HGB definiert eine kapitalmarktorientierte Kapitalgesellschaft dahingehend, dass sie einen organisierten Markt i.S.d. § 2 Abs. 5 Wertpapierhandelsgesetz (WpHG) durch von ihr ausgegebene Wertpapiere i.S.d. § 2 Abs. 1 Satz 1 WpHG wie Aktien oder Schuldtitel in Anspruch nimmt oder die Zulassung zum Handel beantragt hat. Während der Begriff der Kapitalmarktorientierung damit sowohl den Handel von Eigenkapital- als auch Fremdkapitaltiteln beinhaltet, zielt der Begriff der Börsennotierung i.S.d. Aktiengesetzes (AktG) ausschließlich auf Eigenkapitaltitel ab, indem all jene Gesellschaften als börsennotiert gelten, deren Aktien auf einem von staatlich anerkannten Stellen geregelten und überwachten Markt zugelassen sind, der regelmäßig stattfindet und für das Publikum mittelbar oder unmittelbar zugänglich ist.[873] Der englische Begriff der *public firm*, einer „öffentlichen Gesellschaft“, wird üblicherweise mehr im Sinne einer Kapitalmarktorientierung verwendet, indem diese beispielsweise von Beatty/Harris (1998) definiert werden als diejenigen Unternehmen, „whose stock or debt is traded on any regional or national exchange, or which could be so traded.“[874] Da jedoch hierzulande typische Fremdkapitalinstrumente wie Anleihen[875] oder Genussscheine[876] bei mangelnder Börsennotierung aufgrund des

873 Vgl. § 3 Abs. 2 AktG.

874 Beatty/Harris (1998), S. 302. Ähnlich auch die Definition von Givoly/Hayn/Katz (2010), S. 196, die ihr „two types of public companies“ beinhaltendes Sample in „those with publicly traded equity“ und „those with privately held equity that are considered public companies because they have publicly traded debt“ differenzieren. Burgstahler/Hail/Leuz (2006), S. 987 greifen explizit diejenigen Unternehmen „with publicly traded equity“ heraus und stellen sie „privately held firms“ gegenüber.

875 Ausführlich bspw. Kaulamo (2013).

876 Ausführlich bspw. Berghaus/Bardelmeier (2013).

infolgedessen niedrigeren Bekanntheitsgrades schwieriger platziert werden können, werden diese deutlich seltener von nichtbörsennotierten Unternehmen emittiert.[877] Insofern dürfte ein gewisser Deckungsgrad zwischen börsennotierten und kapitalmarktorientierten Unternehmen bestehen. Bei strenger Betrachtung ist jedoch die Kapitalmarktorientierung nach deutschem Recht schon im Moment der Antragstellung zu bejahen und mit entsprechenden Regulierungskonsequenzen versehen, während die Eigenschaft der Börsennotierung erst mit erfolgter Zulassung erfüllt ist.

Der Börsengang von Unternehmen zur Emittierung von Aktien besitzt in Deutschland zwar eine lange Tradition und in den vergangenen Jahren konnte ein Aufschwung von Neuemissionsaktivitäten verzeichnet werden, dennoch liegt die hiesige Börsenkapitalisierung im internationalen Vergleich sowohl absolut als auch in Relation zum Bruttoinlandsprodukt deutlich hinter der anderer Industrienationen wie den USA, Großbritannien oder Japan. Auch ein Vergleich der Anzahl börsennotierter Unternehmen zeigt ein ähnliches Bild.[878] Der Erfolg einer Börseneinführung ist dabei von einer Vielzahl von Faktoren abhängig, die nicht nur die sachliche und rechtliche Strukturierung der Gesellschaft und die damit zusammenhängende Entwicklung einer plausiblen Equity-Story betreffen, sondern auch die Wahl des passenden Börsenplatzes und Marktsegments, die Kenntnis der rechtlichen und wirtschaftlichen Auswirkungen sowie des Ablaufs und der erforderlichen Dokumentation einer Notierung umfassen.[879] Damit ein Unternehmen seine Aktien im Rahmen des regulierten Marktes öffentlich anbieten kann, ist eine Börsenzulassung erforderlich, deren Voraussetzungen in der Börsenzulassungsverordnung (BörsZulV) geregelt werden. Hinzu treten die Vorschriften des Vierten Abschnitts des Börsengesetzes (BörsG).[880] Strebt ein Unternehmen die (zusätzliche) Notierung an einer ausländischen Börse an, so sind die dortigen

877 Vgl. Schanz (2012), S. 8.

878 Vgl. Harrer (2009a), Rz. 1-4, Schanz (2012), S. 1-6. Zur historischen Entwicklung und ihrer jeweiligen Hintergründe beginnend mit der Industrialisierung vgl. Zacharias (2000), S. 45-48.

879 Vgl. Harrer/Heidemann (1999), S. 254. Die Equity-Story stellt dem Grunde nach eine überzeugende Darstellung des (strategischen) Unternehmenskonzepts und der Unternehmensgeschichte dar, deren Adressat Analysten und potentielle Investoren sind. Dieses Konzept soll dabei schlüssig einen Wachstumspfad darlegen können, vgl. Lorenz (2005), Rz. 13.

880 Zu den Zulassungsvoraussetzungen im regulierten Markt vgl. übersichtsartig Harrer (2009b), Rz. 12. Abzugrenzen vom regulierten Markt ist der sogenannte Freiverkehr.

Zulassungsvoraussetzungen (zusätzlich) zu erfüllen.[881] Hierzulande fordert § 5 Abs. 1 BörsZulV zudem die freie Handelbarkeit der Wertpapiere, so dass im Zuge einer Eigenkapitalemission nur Unternehmen in der Rechtsform einer AG oder KGaA die Börsenfähigkeit besitzen, da allein Gesellschaftsanteile in Form von Aktien die Eigenschaft eines frei handelbaren Wertpapiers besitzen.[882] Als Sonderform der Aktiengesellschaft kann die ebenfalls börsenfähige Societas Europaea (SE) betrachtet werden, die jedoch keine rein deutsche, sondern eine supranationale Gesellschaftsform darstellt. Das auf sie anzuwendende Recht ergibt sich aus europäischen Rechtsgrundlagen insbesondere in Form der Verordnung über das Statut der SE. Zudem gelten die Bestimmungen des deutschen Einführungsgesetzes zur SE.[883]

Neben den rechtlichen Voraussetzungen muss ein Unternehmen für eine Börsenzulassung auch einen gewissen – wenngleich nicht feststehenden – Katalog von Kriterien erfüllen, der in Summe gemeinhin als Börsen- bzw. Kapitalmarktreife bezeichnet wird und welcher die Investitionskriterien der Kapitalmarktteilnehmer widerspiegelt. Daher wird dieser auch von Emissionsbanken in ihren Anforderungsprofilen zu Grunde gelegt, wobei zwischen den einzelnen Banken diesbezüglich durchaus eine gewisse Divergenz herrschen kann.[884]

4.1.2 Regulatorische und ökonomische Konsequenzen

Hat ein Unternehmen erfolgreich die Börsenzulassung im regulierten Markt erhalten und Aktien platziert, so ergeben sich für den Emittenten verschiedene Folgepflichten, die zum großen Teil aus dem Wertpapierhandelsgesetz resultieren und insbesondere eine erhöhte Publizität beinhalten. Somit sind Inlandsemittenten von Aktien beispielsweise zur Erstellung eines Halbjahresfinanzberichts, einer Zwischenmitteilung der Geschäftsführung sowie zur Ad-hoc-Publizität verpflichtet.[885] Die erhöhten Publizitätspflichten gelten dabei als einer der wesentlichen Nachteile einer Börsennotierung, auch die Publizität im Rahmen der Börseneinführung insbesondere in Form des zu erstellenden Wertpapierprospekts ist hier hinzuzurechnen. Als weitere Nachteile gelten der Einflussverlust der Altgesellschafter,

881 Vgl. Harrer (2009b), Rz. 50 m.w.N.
882 Vgl. Lorenz (2005), Rz. 7, Schanz (2012), S. 18.
883 Vgl. Marsch-Barner (2009a), Rz. 1-6.
884 Vgl. Lorenz (2005), Rz. 8-14, Schanz (2012), S. 194-198.
885 Vgl. Harrer (2009b), Rz. 16-29.

mit dem Börsengang in Zusammenhang stehende einmalige oder laufende Kosten sowie die Geltung von Insidertradingvorschriften. Muss vor der Börseneinführung erst ein Rechtsformwechsel vorgenommen werden, so können aus der Umwandlung in eine AG oder KGaA für die Altgesellschafter zudem steuerliche Nachteile entstehen.[886]

Der Vorzüge einer Börseneinführung liegen dagegen in der Verbreiterung der Eigenkapital- und Liquiditätsbasis, die der Gesellschaft neben der unmittelbaren Kapitelzufuhr auch in späteren Perioden verbesserte Finanzierungsmöglichkeiten bietet, da sich eine Kapitalerhöhung üblicherweise als unproblematisch darstellt. Börsennotierten Unternehmen bietet sich auch die Möglichkeit einer Folgefinanzierung mit Hilfe von Finanzinstrumenten wie Options- oder Wandelanleihen an. Des Weiteren werden durch die Erhöhung der Eigenkapitalbasis die Fremdfinanzierungsmöglichkeiten verbessert. Neben den Finanzierungsaspekten liegt für die Gesellschafter ein weiterer bedeutender Vorteil einer Börsennotierung in der Fungibilität der Aktien, wodurch eine Übertragung von Unternehmensanteilen einfach und kostengünstig möglich ist.[887] Gerade die hohe Fungibilität in Verbindung mit der gestiegenen Transparenz durch die erhöhte Publizität stellt jedoch für Emittent und Management zugleich ein Gefahrenpotential dar, indem ein Kontrollwechsel deutlich leichter vollzogen werden kann. Das Wertpapiererwerbs- und Übernahmegesetz (WpÜG) eröffnet bei börsennotierten Unternehmen die Möglichkeit, in Verbindung mit einem Paketkauf an außenstehende Aktionäre ein Übernahmeangebot zu richten. Die Möglichkeit des sogenannten Squeeze-Out trägt zur Vergrößerung von Übernahmegefahren bei.[888] Die im Jahr 2002 ins deutsche Aktiengesetz eingeführten Regelungen zum Squeeze-Out (§§ 327a-f AktG) sehen unter bestimmten Voraussetzungen vor, dass ein Hauptaktionär, dem Aktien in Höhe von mindestens 95% des Grundkapitals gehören, mittels Hauptversammlungsbeschluss eine Übertragung der Aktien der übrigen Aktionäre auf den Hauptaktionär gegen eine entsprechende Abfindung und damit den Ausschluss von Minderheitsaktionären herbeiführen kann.[889] Die Eigentumsstrukturen deutscher börsennotierter Unternehmen können höchst unterschiedlich ausfallen und reichen vom vollständigen Streubesitz zu stabilen, oft familiengebundenen Eigentümern.[890]

886 Vgl. Harrer (2009a), Rz. 8 und Rz. 31-60, Schanz (2012), S. 11-14.
887 Vgl. Harrer (2009a), Rz. 7 und Rz. 12-16, Schanz (2012), S. 7-11.
888 Vgl. Lorenz (2005), Rz. 4, ausführlich zum Übernahmerecht bspw. Grupp (2005).
889 Vgl. Lohner (2005), Rz. 28. Zum Verfahren des Squeeze-Out vgl. Lohner (2005), Rz. 30-32.
890 Vgl. Faust/Bahnmüller/Fisecker (2011), S. 35.

Der deutsche Kapitalmarkt ist jedoch – insbesondere im Vergleich zu anglo-amerikanischen Ländern – häufig durch eine Mehrheitsaktionärsstruktur geprägt.[891]

In gewissen Fallkonstellationen dient der Börsengang jedoch auch als Exitstrategie für eine teilweise oder vollständige Lösung eines oder mehrerer Altgesellschafter von der Gesellschaft.[892] Darüber hinaus ist aus unternehmerischer Sicht eine Börsennotierung insofern zu befürworten, als dass hierdurch der Bekanntheitsgrad erhöht und das allgemeine Renommee bei Abnehmern, Lieferanten und sonstigen Kooperationspartnern verbessert wird. Auch bietet die Börsennotierung die Möglichkeit zur Mitarbeiterbeteiligung insbesondere von Führungskräften mittels Aktien bzw. Aktienoptionen.[893]

Vor allem der letztgenannte Aspekt soll, wie bereits erläutert, eine Konvergenz der Interessen von Eigenkapitalgebern und Management und damit eine Reduzierung des *agency*-Konflikts erreichen. Aus § 82 Abs. 2 AktG kann geschlussfolgert werden, dass der Vorstand rechtlich an das Gesellschaftsinteresse als „verbindliche Leitmaxime“ gebunden ist, wobei das Gesellschaftsinteresse „im Einzelfall im Sinne der überindividuell aggregierten Anteilseignerinteressen zu entwickeln sei, und zwar im Sinne einer langfristigen Gewinnmaximierung im Fall einer AG mit erwerbswirtschaftlicher Zielsetzung“.[894] Allerdings ist ein (tatsächlich) opportunistisches Verhalten des Managements nicht auszuschließen, im Zuge dessen nicht die Interessen der Unternehmenseigner (i.e. Profitabilität), sondern die eigenen Interessen verfolgt werden.[895] Ein solches Verhalten wird jedoch durch eine anteilsbasierte Vergütung und eine dadurch resultierende Interessenkonvergenz eingegrenzt.

Zudem wird durch die Börsennotierung eines Unternehmens das Verhältnis zwischen Manager und Eigenkapitalgeber insoweit verändert, da der Kapitalmarkt eine *corporate governance*-Rolle einnimmt und dem diskretionären Verhalten der Manager in opportunistischer Form Einhalt gebietet, indem das Fehlverhalten mit einer Erhöhung der Mindestverzinsungsansprüche durch die Investoren und damit

---

891 Vgl. hierzu ausführlicher Kap. 4.3.2.

892 Vgl. Harrer (2009a), Rz. 7 und Rz. 19 f.

893 Vgl. Harrer (2009a), Rz. 7 und Rz. 21-24, Schanz (2012), S. 10 f.

894 Schmidt/Spindler (1997), S. 535 m.w.N.

895 Nicht eingegangen werden soll an dieser Stelle auf die insbesondere politisch geführte Shareholder-Value-Debatte, deren Gegenstück der Stakeholder-Ansatz darstellt, der auch die Interessen anderer Beteiligter berücksichtigt wissen will. Aus ökonomischer Sicht besteht dahingehend Einigkeit, dass der Shareholder-Value-Ansatz volkswirtschaftlich vorzugswürdig ist, vgl. Hellgardt (2008), S. 147. Das Shareholder-Value-Konzept geht dabei insbesondere auf Rappaport (1986) zurück.

höheren Kapitalkosten für das Unternehmen sanktioniert werden kann.[896] Die Renditeforderung von Kapitalgebern (i.e. die Kapitalkosten) kann bzw. können grundsätzlich aus dem Opportunitätskostengedanken abgeleitet werden, da die Kapitalgeber zu Gunsten des Unternehmens auf eine alternative Anlagemöglichkeit verzichten und dafür entsprechend kompensiert werden möchten.[897] Zur Bestimmung der Eigenkapitalkosten wird meist das ursprünglich auf Sharpe (1964), Lintner (1965) und Mossin (1966) zurückgehende *capital asset pricing model* (CAPM) als Modellrahmen verwendet, welches die Preisbildung von Wertpapieren auf einem (semi-)vollkommenen[898], sich im Gleichgewicht befindlichen Kapitalmarkt erklärt.[899] Im CAPM setzt sich die erwartete Rendite eines risikobehafteten Wertpapiers aus dem risikofreien Zins und einer Risikoprämie zusammen, die wiederum aus dem Produkt aus Marktrisikoprämie und dem Betafaktor besteht. Während die Marktrisikoprämie das unsystematische Risiko abbildet, bringt das Beta das systematische, i.e. nicht diversifizierbare, Risiko zum Ausdruck.[900] Das Unternehmen wird aus Sicht der Eigenkapitalgeber als Investitionsprojekt betrachtet. Die Investition stellt sich dann als lohnenswert dar, wenn, gemäß den Erfordernissen des Kapitalwertkriteriums, der Barwert aller künftigen Zahlungen größer ist als die Anschaffungsauszahlung.[901] Hierbei kann gezeigt werden, dass Individuen ihrem Entscheidungskalkül für Investitionen stets die Maximierung des Barwerts zu Grunde legen, unabhängig von ihren Konsumpräferenzen für sofortigen oder späteren Konsum.[902] Der Barwert aller künftigen Zahlungen

---

896 Vgl. hierzu bereits die Darstellungen in Kap. 2.3.1.2, zur „marktmäßigen Kontrolle" durch den Kapitalmarkt vgl. auch Wöhe/Döring (2010), S. 67.

897 Vgl. bspw. Patterson (1995), S. 1 f., Pratt/Grabowski (2010), S. 3.

898 Der Begriff der „Semi"-Vollkommenheit ist darin begründet, dass (nur) von einer gegebenen, endlichen Menge von Finanztiteln ausgegangen wird, die zwischen den Anlegern gehandelt wird und diese kleine Unvollkommenheit eines ansonsten als vollkommen definierten Kapitalmarkts zum Ausdruck gebracht werden soll, vgl. hierzu Haley/Schall (1979), S. 221.

899 Vgl. bspw. Breuer (2001), S. 315 f., Bäzner/Timmreck (2004), S. 15. Die Grundlage für das CAPM bildet die *portfolio selection theory* (PST) von Markowitz (1952). Die Annahmen des CAPM gehen jedoch über die der PST hinaus, vgl. Sharpe/Alexander/Bailey (1999), S. 228. Eine ausführliche Darstellung der Annahmen des CAPM bietet bspw. Bailey (2005), S. 144 f.

900 Vgl. bspw. Pratt (1989), S. 48, Franke/Hax (2009), S. 356 f.

901 Vgl. Wöhe/Döring (2010), S. 572.

902 Vgl. Watts/Zimmerman (1986), S. 22 unter Verweis auf die Arbeiten von Hirshleifer (1958) und Fama/Miller (1972).

bildet letztlich den sogenannten Zukunftserfolgswert ab.[903] Eine praxisorientierte Weiterentwicklung des Zukunftserfolgswerts stellen die *discounted cash flow*-Verfahren (DCF-Verfahren) dar.[904] Das Grundkonzept der DCF-Verfahren besteht in der Ermittlung des Unternehmenswerts als die Summe aller zukünftig erwarteten Cashflows, die mit einem risikoadäquaten Zinssatz, den jeweiligen Kapitalkosten, diskontiert werden.[905] Dabei wird als Ausgangspunkt für die Ermittlung der Cashflows auf ein Ergebnis nach Steuern abgestellt.[906] Je nach Methode wird entweder ein aus Eigen- und Fremdkapitalkosten gewichteter Durchschnittskapitalkostensatz (*weighted average cost of capital*, WACC) oder ausschließlich der Eigenkapitalkostensatz verwendet.[907] Im erstgenannten Fall, den sogenannten Bruttoverfahren, wird ein Gesamtunternehmenswert ermittelt, der die Summe des Marktwerts von Eigen- und Fremdkapital widerspiegelt. Die Diskontierung mittels des Eigenkapitalkostensatzes kommt dagegen im Rahmen sogenannter Nettoverfahren zur Anwendung, bei welchen der ermittelte Unternehmenswert ausschließlich den Marktwert des Eigenkapitals abbildet.[908] Auch der Aktienmarkt scheint sich – von kurzzeitigen Anomalien abgesehen – am DCF-Kalkül zu orientieren.[909] Darüber hinaus scheint der Aktienmarkt das Erreichen von Gewinnbenchmarks zu honorieren,[910] ein Nicht-Erreichen scheint dagegen abgestraft zu werden.[911] Damit kann es als lediglich logische Konsequenz angesehen werden, dass über 80% der befragten Manager im Rahmen der Studie von Graham/Harvey/Rajgopal (2005) (stark) zustimmen, dass ihr jeweiliges Unternehmen versucht, Gewinnbenchmarks zu erreichen, um den Aktienkurs zu halten oder zu steigern. Eine noch größere Zustimmung erhielt auf diese Frage lediglich das Argument der Herstellung von Glaubwürdigkeit am Kapitalmarkt.[912] Inwieweit und weshalb

---

903 Vgl. Busse von Colbe (1957), S. 11 f., wobei dieser hinsichtlich der Begrifflichkeit des Zukunftserfolgswerts an Münstermann (1952), S. 214 anknüpft.

904 Vgl. Wöhe/Döring (2010), S. 574.

905 Vgl. Koller/Goedhart/Wessels (2010), S. 103 f., Faust/Bahnmüller/Fisecker (2011), S. 93. Ausführlich zu den einzelnen Methoden vgl. bspw. Drukarczyk/Schüler (2009), S. 148-209.

906 Vgl. Koller/Goedhart/Wessels (2010), S. 108, Stein/Vitale (2011), S. 141.

907 Vgl. Koller/Goedhart/Wessels (2010), S. 104.

908 Vgl. Wöhe/Döring (2010), S. 578 f.

909 Vgl. Copeland/Koller/Murrin (2002), S. 107-122, die sich bspw. auf die Studien von McConnell/Muscarella (1985), Wooldridge (1988) und Copeland/Lee (1991) stützen.

910 Vgl. Barth/Elliott/Finn (1999).

911 Vgl. Skinner/Sloan (2002).

912 Vgl. Graham/Harvey/Rajgopal (2005), S. 24-27. Die Studie umfasst die Befragung und Interviews von über 400 Managern und richtet sich auf die Erfassung der

vom Kapitalmarkt Anreize für zielgerichtetes Rechnungslegungsverhalten ausgehen (können) bzw. welche vertragsinduzierten Anreize bestehen, wurde bereits in Kap. 3.1.2 näher diskutiert.

Zusammenfassend lässt sich an dieser Stelle festhalten, dass börsennotierte Unternehmen am Kapitalmarkt vereinfacht Eigenkapital (und auch Fremdkapital) aufnehmen können, diese jedoch dadurch auch der Bewertung durch (potentielle) Aktionäre unterworfen sind, die ihren Investitionsentscheidungen grundsätzlich ein DCF-Kalkül zu Grunde legen. Indem jedoch die Unternehmensfinanzierung in Deutschland stark auf Bankkredite ausgerichtet ist,[913] sind insbesondere für nichtbörsennotierte Unternehmen die Fremdkapitalgeber in Form von Banken von Bedeutung. Inwiefern diese Unterschiede von börsennotierten und nichtbörsennotierten Unternehmen zu Differenzen im Rechnungslegungsverhalten führen, wird im Folgenden sowohl theoretisch als auch anhand empirischer Belege diskutiert.

4.2 Divergierende Motivation im Rechnungslegungsverhalten börsennotierter und nichtbörsennotierter Unternehmen

4.2.1 Theoretische Überlegungen

Die externe Finanzierung am Aktienmarkt erzeugt eine Nachfrage nach Informationen, die für die Bewertung und das *monitoring* des Unternehmens nützlich sind.[914] Indem in nichtbörsennotierten Unternehmen gegenüber börsennotierten Unternehmen im Schnitt konzentriertere Eigentumsstrukturen vorherrschen sowie die Mehrheitseigentümer häufig auch unternehmensleitende Funktionen innehaben,[915] erscheinen eigentümerbezogene *agency*-Konflikte hier geringer ausgeprägt als in

---

Faktoren, die die Entscheidungen des Managements bezüglich des Gewinnausweises und der freiwilligen Zusatzangaben treiben.

913 Vgl. bspw. Röhl (2010), S. 7 f.

914 Vgl. Burgstahler/Hail/Leuz (2006), S. 987.

915 Nichtbörsennotierte Unternehmen können eine Vielzahl an Ausprägungen aufweisen, wobei die beiden Extrempunkte auf der einen Seite von sogenannten „offenen“ nichtbörsennotierten Unternehmen gebildet werden, die bspw. eine relativ hohe Anzahl an Anteilseignern oder das Potential eines baldigen Börsengangs aufweisen, und auf der anderen Seite von solchen Unternehmen, in denen die Eigentümer völlige Autonomie bewahren oder in kleineren Partnerschaften zumindest ein aktive Rolle im Management einnehmen, vgl. McCahery/Vermeulen (2008), S. 7.

börsennotierten Unternehmen. Jedoch gewinnen in nichtbörsennotierten Unternehmen aufgrund der (hohen) Kreditfinanzierungsstruktur fremdkapitalbezogene *agency*-Konflikte eine größere Bedeutung.[916] Hierbei können kreditvergebende Banken allerdings zu einer Reduzierung eigentümerbezogener *agency*-Kosten im Fall einer managergeleiteten Unternehmung beitragen, indem sie ebenfalls eine *monitoring*-Aufgabe wahrnehmen und von den Managern eine wahrheitsgemäße Ergebnisberichterstattung sowie eine effiziente Unternehmensführung unter Gewinnerzielung einfordern.[917] Hierbei stellt es sich für nichtbörsennotierte Unternehmen als effizient dar, in Langzeitbeziehungen zu (nicht zu großen) Kreditinstituten zu treten, indem in diesem Fall erstens das Unternehmen bereit ist, dem Gläubiger in gewissem Maße sensible Informationen preiszugeben. Zweitens ist der Gläubiger bereit, in die Akquise von „weichen" Informationen über das Unternehmen zu investieren, die er zu späteren Zeitpunkten wieder nutzen kann. Für börsennotierte Unternehmen hingegen, die bereits qua Regulierung zu größerer Informationspreisgabe verpflichtet sind, mag es vorteilhaft sein, die Kreditaufnahme bei großen Instituten zu betreiben, da diese in der Verarbeitung von „harten" Informationen, zu welchen auch Aktienkurse oder Gewinnprognosen zählen, Skaleneffekte nutzen können.[918] Zudem weist die Rechnungslegung in nichtbörsennotierten Unternehmen durch die Tatsache der stärkeren Eigentümerkonzentration und der Wahrnehmung von Aufgaben in der Unternehmensleitung durch die Eigentümer eine eher untergeordnete Rolle als Kontrollinstrument der Tätigkeit der Manager auf.[919]

Vor diesem Hintergrund stellen sich die Auswirkungen auf die Rechnungslegung nichtbörsennotierter Unternehmen derart dar, dass diese in Ermangelung des Kapitalmarktdrucks bezüglich einer Bereitstellung bewertungsrelevanter Informationen weitaus geringere Anreize besitzen, ebensolche anzubieten.[920] Dies wird dadurch verstärkt, dass die Primärkapitalgeber häufig interne Unternehmensinformationen besitzen und eine aktive Rolle im Management einnehmen.[921] Darauf basierend argumentiert die Literatur, dass, während als Zieladressat der Rechnungslegung börsennotierter Unternehmen primär (potentielle) Aktieninvestoren gelten, in nichtbörsennotierten Unternehmen zwischen den Anteilseignern auch effizient mittels nicht-öffentlicher Kanäle kommuniziert werden kann. Somit

916 Vgl. Harris/Beatty (1998), S. 302 f., Burgstahler/Hail/Leuz (2006), S. 987.
917 Vgl. Rebel/Cole/Lin (2000), S. 88.
918 Vgl. Peek/Cuijpers/Buijink (2010), S. 53 f.
919 Vgl. Ball/Shivakumar (2005), S. 97, Chen/Hope/Li/Wang (2011), S. 1258.
920 Vgl. Burgstahler/Hail/Leuz (2006), S. 987.
921 Vgl. van Tendeloo/Vanstraelen (2008), S. 449.

werden als Hauptnutzer der Rechnungslegung die verschiedenen Stakeholder wie Banken, Kunden, Angestellte, Lieferanten oder der Fiskus betrachtet. Dies hat wiederum zur Folge, dass die Rechnungslegung bzw. Rechnungslegungspolitik nichtbörsennotierter Unternehmen stärker durch Faktoren wie Besteuerung oder Dividendenpolitik, jedoch nicht durch das Ziel der Erfüllung der Informations- bzw. Bewertungsbedürfnisse von Kapitalgebern, getrieben ist.[922]

Aufgrund derartiger Unterschiede gehen Autoren wie beispielsweise Penno/Simon (1986) davon aus, dass börsennotierte Unternehmen mit einer höheren Wahrscheinlichkeit gewinnerhöhende Bilanzmethoden anwenden.[923] Dies dürfte jedoch im Einzelfall auch davon abhängig sein, ob die Regulierungsbehörden eines Landes jeweils eigene Berichterstattungen für externe Zwecke auf der einen und speziell steuerliche Zwecke auf der anderen Seite vorsehen oder ob sowohl für externe als auch für steuerliche Zwecke dieselbe Rechungslegungsform verwendet wird (*book-tax alignment*).[924] Im zweiten Fall würde sich eine gewinnerhöhende Bilanzpolitik negativ auf die zu zahlende Steuerlast auswirken, respektive diese vergrößern. Nach deutschem Recht werden die vom Unternehmen zu entrichtenden Steuern, wie noch darzustellen sein wird, mit Hilfe der (aus der Handelsbilanz abgeleiteten) Steuerbilanz ermittelt, so dass zur Reduzierung der Steuerlast entsprechender Einfluss auf die Steuerbilanz zu nehmen ist. Insofern kann steuerliche Rechnungslegungspolitik als Konkretisierung von Steueraggressivität betrachtet werden.[925] Inwieweit und mit welchen Zielen börsennotierte Unternehmen bzw. nichtbörsennotierte Unternehmen eine steuerliche Rechnungslegungspolitik ausüben (können) und welche Probleme gerade aus Wechselwirkungen mit externen Rechnungslegungszielen entstehen, insbesondere auch im Hinblick auf die Aufgabe der Entscheidungsnützlichkeit der Rechnungslegung, ist im weiteren Verlauf dieser Arbeit noch zu klären. Zunächst werden empirische Befunde zu etwaigen Unterschieden im Rechnungslegungsverhalten börsennotierter Unternehmen und nichtbörsennotierter Unternehmungen erläutert.

---

922 Vgl. Ball/Shivakumar (2005), S. 97, Burgstahler/Hail/Leuz (2006), S. 987, van Tendeloo/Vanstraelen (2008), S. 449.

923 Vgl. Penno/Simon (1986), S. 562.

924 Während in Deutschland durch das Maßgeblichkeitsprinzip ein hoher Grad an *book-tax alignment* (bezüglich der handelsrechtlichen Rechnungslegung, nicht jedoch der Rechnungslegung nach IFRS) vorherrscht, ist bspw. in den USA eine sehr strikte Trennung vorgesehen, vgl. ausführlicher Kap. 3.2.1.3 und Kap. 3.4.1.2. Für eine Übersicht der Relevanz der externen Rechnungslegung für die steuerliche Rechnungslegung in den EU-27-Ländern vgl. Endres/Oestreicher/Scheffler/Spengel (2007), S. 159-168.

925 Vgl. hierzu Kap. 3.2.

4.2.2 Befunde empirischer Untersuchungen

Inwieweit sich das Rechnungslegungsverhalten börsennotierter Unternehmen und nichtbörsennotierter Unternehmungen unterscheidet, ist Gegenstand verschiedener empirischer Erhebungen. Die Ausrichtung dieser Studien variiert von einer Analyse des Ausmaßes des *earnings management*, der Identifikation gewisser *earnings attributes* wie beispielsweise der asymmetrischen Erfassung von Gewinnen und Verlusten bis zur Untersuchung möglicher Unterschiede im Rechnungslegungsverhalten im Rahmen des Spannungsfeldes externer und steuerlicher Rechnungslegung. Das Primärproblem derartiger Untersuchungen besteht stets in der Datenverfügbarkeit von Jahresabschlussinformationen nichtbörsennotierter Unternehmen. Auf welche Art und Weise die im Folgenden vorgestellten Studien dieses Problem lösen, wird an gegebener Stelle jeweils diskutiert.

Eine der ersten Studien, die sich überhaupt mit dem Rechnungslegungsverhalten börsennotierter gegenüber dem von nichtbörsennotierten Unternehmen empirisch auseinandersetzen, ist die US-amerikanische Untersuchung von Penno/Simon (1986), die erwarten, dass börsennotierte Unternehmen eher Rechnungslegungsmethoden mit gewinnerhöhendem Effekt anwenden als nichtbörsennotierte Unternehmen.[926] Die Autoren stützen sich zur Untersuchung dieser Hypothese auf mittels Fragebögen erhobene Daten zur Rechnungslegungspolitik, da ihnen von nichtbörsennotierten Unternehmen keine Jahresabschlussdaten zur Verfügung standen. Zur Erhebung der Daten von börsennotierten Unternehmen wird derselbe Fragebogen eingesetzt, darüber hinaus wird jedoch in einigen Fällen auch auf veröffentlichte Jahresabschlüsse zurückgegriffen. Der Fragebogen beinhaltet lediglich drei Fragen zum Rechnungslegungsverhalten in der externen Rechnungslegung und erfragt erstens die verwendete Vorratsbewertungsmethode, zweitens die primär verwendete Abschreibungsmethode und drittens die verwendete Methode zur Bilanzierung des (durch gesetzliche Steuererleichterungen bedingten) Postens des *investment tax credit*. Insgesamt wurden 462 vergleichbar große börsennotierte und nichtbörsennotierte Unternehmen aus vier ausgewählten Branchen angeschrieben, von denen 336 antworteten, was einer Rücklaufquote von beinahe 73% entspricht.[927] Die Autoren zeigen auf Basis dieser Datengrundlage, dass börsennotierte Unternehmen insbesondere in Bezug auf Vorratsbewertung

926 Vgl. Penno/Simon (1986), S. 562.

927 Vgl. Penno/Simon (1986), S. 563 f. und S. 565. Die ausgewählten Branchen umfassen *textiles, fabricated metals, electrical machinery and equipment* sowie *transportation equipment*.

und Abschreibungsmethoden auf gewinnerhöhende Alternativen zurückgreifen. Dies wird als Beleg für den bis dato lediglich theoretisch formulierten Standpunkt betrachtet, dass die Partizipation im externen Aktienmarkt Einfluss auf das Rechnungslegungsverhalten hat.[928]

Beatty/Harris (1998) bemühen Unterschiede in der Höhe der Informationsasymmetrie sowie in der Höhe der *agency*-Kosten, um Unterschiede im *earnings management* kapitalmarktorientierter Unternehmen zu begründen. Hierfür untersuchen sie die Nutzung von Wertpapiergewinnen und -verlusten für Zwecke des *earnings management* in kapitalmarktorientierten Unternehmen des (US-amerikanischen) Bankensektors, dessen Regulierung die Veröffentlichung von Jahresabschlussdaten nicht vom *listing status* abhängig macht.[929] Die Autoren unterstellen dabei auf der einen Seite, dass das *earnings management* eingesetzt werden kann, um die ökonomische Realität (besser) zu reflektieren und damit Informationsasymmetrien abzubauen.[930] Sie argumentieren, dass in kapitalmarktorientierten Unternehmen ein stärkeres *earnings management* zu erwarten ist, da diese ein höheres Bedürfnis nach Reduzierung von Informationsasymmetrien haben. Als Grund wird die im Vergleich zu nichtkapitalmarktorientierten Unternehmen höhere Informationsasymmetrie zwischen Managern und Investoren angeführt. Der Anreiz zu *earnings management* zur Reduzierung von Informationsasymmetrien wird dadurch verstärkt, dass kapitalmarktorientierte Unternehmen, deren Anteile oder ausgegebene Fremdkapitaltitel börslich gehandelt werden (können), auf die Höhe des Aktienpreises bedacht sind. Für die Anteile nichtkapitalmarktorientierter Unternehmen besteht dagegen kein sofort aufnahmebereiter Markt. Hinzu kommt, dass die Anteile zumeist nur in bestimmten Situationen veräußert werden können und die Anteile in Form von Mehrheits- bzw. Minderheitsanteilen häufig einer Über- bzw. Unterbewertung unterliegen.

Auf der anderen Seiten argumentieren die beiden Autoren, dass ein höheres *earnings management* in kapitalmarktorientierten Unternehmen auch auf höhere *agency*-Kosten zurückzuführen ist. Die Annahme höherer *agency*-Kosten kapitalmarktorientierter Unternehmen ist durch die Erwartung einer geringeren Existenz von Eigentümermanagern bedingt. Zwar können auf Rechnungslegungsdaten

928 Vgl. Penno/Simon (1986), S. 564-566.

929 Die Fokussierung auf den Bankensektor ist folglich durch die Datenverfügbarkeit erklärt. Für weitere Gründe vgl. Beatty/Harris (1998), S. 303 f. Zur genauen Datenerhebung vgl. Beatty/Harris (1998), S. 304 f.

930 Hierbei stützen sich die Autoren auf Scholes/Wilson/Wolfson (1990) und Warfield/Wild/Wild (1995).

basierende Verträge eingesetzt werden, um die *agency*-Kosten zu reduzieren, jedoch haben Manager Anreize, *earnings management* zu betreiben, um diese Verträge zu umgehen.[931]

Gegenstand der Studie von Beatty/Harris (1998) ist damit letztlich, ob kapitalmarktorientierte Unternehmen stärker *earnings management* betreiben als nichtkapitalmarktorientierte Unternehmen und ob dies eine Erhöhung des Informationsgehalts zur Folge hat (Informationsasymmetriethese) oder eine Verringerung (Vertragsumgehungsthese). Die empirischen Ergebnisse indizieren dabei, dass erstens *earnings management* in kapitalmarktorientierten Unternehmen stärker ausgeprägt ist, um zweitens Informationsasymmetrien abzubauen. Die Informationsasymmetriethese wird dadurch bestätigt, indem die Realisierung von Wertpapiergewinnen und -verlusten für Zwecke des *earnings managements* Informationen bietet, die konsistenter mit künftigen Jahresergebnissen sind. Die Autoren schließen daraus, dass *earnings management* nicht zwingend zu einer „erosion in the quality of earnings“[932] führt.[933]

Ball/Shivakumar (2005) stellen dagegen die Hypothese auf, dass die Rechnungslegung nichtbörsennotierter Unternehmen von geringerer „Qualität“[934] im

---

931 Vgl. Beatty/Harris (1998), S. 299-302.

932 Beatty/Harris (1998), S. 322.

933 Vgl. Beatty/Harris (1998), S. 308-322.

934 Der Begriff der Rechnungslegungs- oder Ergebnisqualität, der vor allem im Hinblick auf eine bewertungsorientierte Rechnungslegung Anwendung findet, ist nicht unproblematisch. So bestehen zur Messung derselben verschiedene Konzepte. In entsprechenden Studien wird auf Maßgrößen zurückgegriffen, die u.a. auf die Zeitreiheneigenschaften der Ergebnisse abstellen, wie bspw. Beständigkeit oder Prognosefähigkeit. Darüber hinaus kann u.a. auch die Glättung der Gewinne oder der Grad an Vorsicht (*conservatism*) herangezogen werden, der bspw. als wichtiges Attribut gilt. Ferner können zur Beurteilung der sogenannten Rechnungslegungsqualität auch externe Indikatoren wie Fehlerveröffentlichungen im Zuge eines *Accounting and Auditing Enforcement Release* (AAER) durch die SEC eingesetzt werden. Große Bedeutung wird zudem den Periodenabgrenzungen zugemessen, die zur empirischen Schätzung von Bilanzpolitik dienen. Teilweise wird eine Zunahme der Bilanzpolitik als identisch mit einer Reduktion der *earnings quality* betrachtet, vgl. Gassen/Sellhorn (2011), S. 417. Für einen umfassenden Literaturüberblick zu der Messung, den Determinanten und den Konsequenzen von *earnings quality* kann Dechow/Ge/Schrand (2010) herangezogen werden, verschiedene Maßgrößen diskutieren auch Schipper/Vincent (2003). Da das Konzept der Ergebnisqualität somit eine Vielzahl von Dimensionen aufweist und sich insbesondere eine Gewichtung der einzelnen Eigenschaften als schwierig gestaltet, ist die Verwendung dieses Begriffs als eher kritisch zu betrachten. Hinzu kommt, dass die Beurteilung der Qualität der Rechnungslegung und damit in gewisser

Sinne der Entscheidungsnützlichkeit als diejenige börsennotierter Unternehmen ist, indem diese unterschiedlichen Marktanforderungen unterliegen. Hierbei wird argumentiert, dass die Nachfrage nach „Rechnungslegungsqualität" für nichtbörsennotierte Unternehmen geringer ist.[935] Als eine der Eigenschaften der „Rechnungslegungsqualität" wird von den Autoren die frühzeitige Erfassung von wirtschaftlichen Verlusten identifiziert[936] und mit Hilfe des Modells von Basu (1997) als auch eines eigens entwickelten, *accruals*-basierten Modells gemessen. Die Entwicklung eines eigenen Modells ist insofern zwingend, da das Modell von Basu (1997) Aktienrenditen erfordert, die naturgemäß für nichtbörsennotierte Unternehmen nicht vorliegen.[937] Das Modell von Basu (1997) misst jenes Phänomen, das in der Literatur später als *conditional conservatism*[938] bezeichnet wird: die asymmetrische zeitliche Erfassung von guten und schlechten Nachrichten, indem sich erstere später und letztere früher in den Ergebnissen widerspiegeln.[939] Diesem *conditonal conservatism*, auch als *news dependent conservatism* bezeichnet, steht der *unconditional conservatism* gegenüber, der sich in einer ereignisunabhängigen Unterbewertung des Nettovermögens niederschlägt.[940] Eine eindeutige empirische Differenzierung dieser beiden Ausprägungen von *conservatism* (vorsichtiger Rechnungslegung) ist dabei mit Schwierigkeiten behaftet, indem letztlich beide Formen zu einer Unterbewertung der Aktiva bzw. einer Überbewertung von Passiva führen.[941]

Weise ihrer „Wertigkeit" stets von dem zu Grunde gelegten Wertegerüst abhängt. Insofern bietet es sich an, sich eher auf die jeweiligen *earnings attributes* zu beziehen, die tatsächlich untersucht werden. Dennoch wird in der Forschungsliteratur der Begriff der *earnings quality* teilweise undifferenziert angewendet. Im Folgenden wird daher stets versucht, die den entsprechenden Studien zu Grunde liegenden Konzepte darzustellen, auch wenn die Studien selbst den Begriff der *earnings quality* in der Formulierung ihrer Schlussfolgerungen eher unreflektiert einsetzen.

935 Vgl. Ball/Shivakumar (2005), S. 84 und S. 96 f.

936 An dieser Stelle ist nochmals zu betonen, dass lediglich eine bestimmte Eigenschaft der Rechnungslegung noch keine Aussage über die Qualität trifft. So halten bspw. auch Givoly/Hayn/Katz (2010), S. 222 im Hinblick auf ihre eigenen Ergebnisse explizit fest, dass „this result [eine vorsichtigere Rechnungslegung durch börsennotierte Unternehmen, Anm. d. Verf.] does not necessarily imply a higher quality of reporting (…)." Eine ausführlichere Eröterung dieser Studie erfolgt im weiteren Verlauf dieses Kapitels.

937 Vgl. Ball/Shivakumar (2005), S. 92-94.

938 Vgl. bspw. Beaver/Ryan (2005), S. 269.

939 Vgl. Fülbier/Gassen/Sellhorn (2008), S. 1318.

940 Vgl. Beaver/Ryan (2005), S. 269, Gassen/Fülbier/Sellhorn (2006), S. 530.

941 Vgl. Fülbier/Gassen/Sellhorn (2008), S. 1318.

Als Datengrundlage der Studie von Ball/Shivakumar (2005) dienen Jahresabschlussinformationen börsennotierter und nichtbörsennotierter britischer Unternehmen, die der von *Bureau van Dijk* (BvD) angebotenen Datenbank *Financial Analysis Made Easy* (FAME) entnommen sind.[942] Die Ergebnisse bestätigen dabei die Hypothese der Autoren, dass die ausgewiesenen *earnings* nichtbörsennotierter Unternehmen eine – auf die frühzeitige Erfassung von Verlusten bezogene – geringere „Güte“ aufweisen,[943] wobei der Begriff der Güte als kritisch zu betrachten ist.[944]

Die Studie von Peek/Cuijpers/Buijink (2010), die zwar nicht die Untersuchung des Rechnungslegungsverhaltens börsennotierter und nichtbörsennotierter Unternehmen zum Ziel hat, jedoch dieses für die Untersuchung ihrer Fragestellung instrumentalisiert, vermag noch ein etwas anderes Licht auf die Argumentation der Ergebnisse von Ball/Shivakumar (2005) zu werfen. Peek/Cuijpers/Buijink (2010) hinterfragen, inwieweit die Anforderungen an die Rechnungslegungsinformationen von Kreditgebern versus derjenigen von Anteilseignern die zeitliche Erfassung von Gewinnen und Verlusten beeinflussen, da regelmäßig angenommen wird, dass Kreditgeber eine vorsichtige Rechnungslegung (zeitliche Asymmetrie) bevorzugen, während die Präferenzen von Anteilseignern umstritten sind. Um diese Fragestellung zu untersuchen, analysieren die Autoren die frühzeitige Erfassung von Verlusten in börsennotierten und nichtbörsennotierten Unternehmen verschiedener europäischer Länder, wofür sie sich auf Rechnungslegungsdaten aus *Amadeus* (nichtbörsennotierte Unternehmen) bzw. *Worldscope* (börsennotierte Unternehmen) stützen.[945]

Um das Verhältnis zwischen dem Bedürfnis nach zeitlicher Asymmetrie der Rechnungslegungsinformationen und der Bedeutung der Rechnungslegungsinformationen für Kreditgeber und Anteilseigner zu operationalisieren, wird auf die zeitliche Asymmetrie börsennotierter und nichtbörsennotierter Unternehmen zurückgegriffen. Dies ist erstens damit begründet, dass die Anteilseigner börsennotierter Unternehmen eine höhere Nachfrage nach Rechnungslegungsinformationen haben als die Anteilseigner nichtbörsennotierter Unternehmen, da die erstgenannten vom Management weiter entfernt sind. Zweitens wird angeführt, dass die Kreditgeber börsennotierter Unternehmen ebenfalls eine höhere Nachfrage nach Rechnungslegungsinformationen besitzen als die Kreditgeber nichtbörsennotierter Unternehmen, da letztere oftmals ein enges, langjähriges Verhältnis

942 Vgl. Ball/Shivakumar (2005), S. 98.
943 Vgl. Ball/Shivakumar (2005), S. 126.
944 Vgl. hierzu auch die Anmerkungen in Fn. 934.
945 Vgl. Peek/Cuijpers/Buijink (2010), S. 49 f. und S. 69.

zu ihren Kreditgebern aufbauen und diesen auch nicht-öffentliche Informationen zukommen lassen. Folglich sind explizite Schuldkontrakte nicht zwingend erforderlich, während Kreditgeber im Fall börsennotierter Unternehmen die Kreditbeziehung stärker auf öffentliche Rechnungslegungsinformationen stützen. Darüber hinaus argumentieren Peek/Cuijpers/Buijink (2010), dass Rechnungslegungsinformationen nur dann in der Kommunikation mit Kreditgebern (Anteileignern) eine Bedeutung zukommt, wenn auch ein entsprechender Gläubigerschutz (Anteilseignerschutz) besteht. Folglich werden die im Rahmen der empirischen Untersuchung festgestellten Unterschiede in der zeitlichen Asymmetrie dann auf die Bedürfnisse von Kreditgebern (Anteilseignern) zurückgeführt, wenn das jeweilige Land einen starken Gläubigerschutz (Anteilseignerschutz) aufweist.[946] Die Autoren finden letztlich empirische Hinweise, dass die Gläubiger zeitliche Asymmetrie in publizierten Abschlüssen fordern, Anteilseigner dagegen nicht und schlussfolgern daraus, dass möglicherweise die Bedürfnisse der Kreditgeber und nicht die der Anteilseigner (wie von Ball/Shivakumar (2005) angenommen) die Unterschiede in der vorsichtigen Rechnungslegung in den Abschlüssen börsennotierter und nichtbörsennotierter Unternehmen verursachen.[947]

Nichols/Wahlen/Wieland (2009) greifen wie Beatty/Harris (1998) auf US-amerikanische Banken zurück und untersuchen ähnlich wie Ball/Shivakumar (2005) oder Peek/Cuijpers/Buijink (2010) die zeitliche Asymmetrie gelisteter und ungelisteter Unternehmen in Form von Bankinstituten, wobei sie sich in ihrem methodischen Vorgehen auf das von Ball/Shivakumar (2005) entwickelte Modell stützen.[948] Die Hypothese, dass gelistete Banken ein größeres Maß an *conditional conservatism* aufweisen, wird bestätigt.[949] Als Begründung wird das bei börsennotierten Unternehmen größere Bedürfnis nach „verifiable accounting information“[950] angeführt, um Opportunismus von Seiten des Managements einzudämmen. Die Nachprüfbarkeit der Rechnungslegungsinformationen steht nach Ansicht von Nichols/Wahlen/Wieland (2009) insofern in Zusammenhang mit vorsichtiger Rechnungslegung, indem der *conditional conservatism* eine höhere Nachprüfbarkeitsschwelle für den Ansatz guter Neuigkeiten als den von schlechten Neuigkeiten involviert.[951]

946 Vgl. Peek/Cuijpers/Buijink (2010), S. 50-57.
947 Vgl. Peek/Cuijpers/Buijink (2010), S. 84.
948 Vgl. Nichols/Wahlen/Wieland (2009), S. 109.
949 Vgl. Nichols/Wahlen/Wieland (2009), S. 121.
950 Nichols/Wahlen/Wieland (2009), S. 90.
951 Vgl. Nichols/Wahlen/Wieland (2009), S. 89 f.

Beatty/Ke/Petroni (2002) zeigen mit Hilfe eines US-amerikanischen Samples, dass öffentlich gehandelte Banken gegenüber Banken in privatem Anteilsbesitz seltener kleine Gewinnrückgänge ausweisen. Dabei nutzen sie mit einer höheren Wahrscheinlichkeit den diskretionären Spielraum in der Rückstellungsbilanzierung für Kreditverluste sowie in der Wertpapiergewinnrealisierung aus, um den Ausweis kleiner Gewinnrückgänge zu vermeiden. Zudem finden die Autoren Hinweise, dass für öffentlich gehandelte Banken die Dauer einer fortlaufenden Folge von Gewinnzunahmen im Schnitt größer ist.[952]

Burgstahler/Hail/Leuz (2006), die die Bedeutung von Rechnungslegungsanreizen aufgrund von Kapitalmarktdruck und institutionellen Faktoren empirisch dokumentieren möchten, untersuchen die Eigenschaften der berichteten Ergebnisse von börsennotierten und nichtbörsennotierten Unternehmen in der Europäischen Union (EU).[953] Hierfür suchen sie nach Maßgrößen, die in der Lage sind, das Ausmaß zu erfassen, zu welchem Unternehmen ihren diskretionären Bilanzierungsspielraum nutzen, um die berichteten Ergebnisse stärker (oder schwächer) informativ über die tatsächliche wirtschaftliche Performance zu gestalten. Behelfsweise greifen Burgstahler/Hail/Leuz (2006) dafür auf verschiedene Maßgrößen zur Erfassung des Ausmaßes von *earnings management* zurück.[954] Als Datengrundlage dienen die Konzernabschluss- bzw. – falls diese nicht verfügbar sind – Einzelabschlussinformationen börsennotierter und nichtbörsennotierter Unternehmen der von BvD angebotenen Datenbank *Amadeus*.[955] Dabei finden die Autoren Hinweise, dass nichtbörsennotierte Unternehmen sich stärker in Rechnungslegungspolitik engagieren als börsennotierte Unternehmen und führen dies darauf zurück, dass die Kapitalmärkte eine Erhöhung des Informationsgehalts der berichteten Ergebnisse bewirken. Der genaue Mechanismus hierfür wird jedoch offengelassen.[956] Die Ergebnisse von Burgstahler/Hail/Leuz (2006) stehen damit in Gegensatz zu denen von Beatty/Harris (1998), die ein stärker ausgeprägtes *earnings management* in kapitalmarktorientierten Unternehmen feststellen.

Die bisherigen Studien zum Rechnungslegungsverhalten börsennotierter und nichtbörsennotierter Unternehmen, insbesondere in Hinblick auf die Ausprägungen des *earnings management* und der *earnings attributes*, vermögen kein einheitliches Bild zu liefern. Die Ergebnisse dieser Studien sind

952 Vgl. Beatty/Ke/Petroni (2002), S. 568.
953 Vgl. Burgstahler/Hail/Leuz (2006), S. 984.
954 Vgl. Burgstahler/Hail/Leuz (2006), S. 990-992.
955 Vgl. Burgstahler/Hail/Leuz (2006), S. 992.
956 Vgl. Burgstahler/Hail/Leuz (2006), S. 1012 f.

jedoch auch mit Vorsicht zu interpretieren, da häufig nur einzelne, stark regulierte Branchen wie der Bankensektor herausgegriffen werden. Givoly/Hayn/Katz (2010) kritisieren zudem, dass in der Analyse der sich aus verschiedenen Dimensionen zusammensetzenden „Ergebnisqualität" beispielsweise von Ball/Shivakumar (2005) als Merkmal lediglich die vorsichtige Rechnungslegung herausgegriffen und operationalisiert wird. Daher versuchen Givoly/Hayn/Katz (2010) die Unterschiede in der Eigenschaften der Rechnungslegung börsennotierter Unternehmen und nichtbörsennotierter Unternehmen (mit börslich gehandelten Fremdkapitaltiteln)[957] durch verschiedene Maßgrößen zu erfassen und verallgemeinerbare Erkenntnisse zu schaffen, indem sie ein breites Sample von US-Unternehmen in nicht regulierten Branchen heranziehen.[958] Obgleich der Ansatz von Givoly/Hayn/Katz (2010) durch diese weiter gefasste Vorgehensweise in Bezug auf die gewählten Metriken als auch das Sample dabei durchaus zu würdigen ist, bleibt die Frage offen, ob die Zusammentragung verschiedener *earnings attributes* wirklich eine Aussage über die durch ein Wertegerüst zu definierende *earnings quality* zulassen bzw. weshalb überhaupt auf diese Begrifflichkeit abzustellen ist.

Givoly/Hayn/Katz (2010) formulieren zwei Hypothesen, die jedoch widersprüchliche Vorhersagen beinhalten. So entwickeln sie zum einen die „Nachfragehypothese", im Zuge derer eine höhere „Ergebnisqualität" börsennotierter Unternehmen angenommen wird, da die Rechnungslegung die Primärinformationsquelle für Aktieninhaber sei und diese somit eine höhere Nachfrage nach qualitativ hochwertiger Rechnungslegung besäßen. Hinzu kommt, dass börsennotierte Unternehmen größere Anreize besitzen, ihre Rechnungslegungs- und Offenlegungspolitiken zu verbessern, um eventuelle Klagen zu vermeiden und um ihre Kapitalkosten zu reduzieren. Zum anderen erarbeiten sie eine auf opportunistischem Verhalten des Managements basierende Hypothese, gemäß der die Abschlüsse börsennotierter Unternehmen eine geringere „Ergebnisqualität" aufweisen müssten. Sie argumentieren hierbei, dass die Manager börsennotierter Unternehmen aufgrund von Aktienkursüberlegungen stärker als die Manager nichtbörsennotierter Unternehmen dazu neigen, Bilanzpolitik zu betreiben. Dies liegt darin begründet, dass das Management börsennotierter Unternehmen unter beständigem Druck durch die Investoren steht, gewisse Performancebenchmarks

957 Diese beiden Unternehmenstypen unterliegen durch ihre Kapitalmarktorientierung identischen Finanzberichterstattungs- und Offenlegungspflichten durch die SEC, so dass die Datenverfügbarkeit gesichert ist.

958 Vgl. Givoly/Hayn/Katz (2010), S. 196 und S. 222.

zu erreichen.[959] Des Weiteren hat das Management bei Vorliegen einer anteilbasierten Vergütung oder bei eigenem Aktienbesitz ein persönliches Interesse am Aktienkurs.[960]

Die Ergebnisse der Studie von Givoly/Hayn/Katz (2010) liefern Hinweise für die Richtigkeit der zuletzt genannten Hypothese: Das Management börsennotierter Unternehmen scheint stärkere Anreize für *earnings management* zu besitzen, wodurch es zu einer Reduktion der Verlässlichkeit und Nützlichkeit der Abschlüsse kommt. Darüber hinaus stellen sie fest, dass börsennotierte Unternehmen vorsichtiger bilanzieren, obgleich dies nicht zwingend eine höhere „Ergebnisqualität" impliziert.[961] Vor dem Hintergrung des schwierigen und umstrittenen Konzepts der *earnings quality* ist zuletzt die Schlussaussage von Givoly/Hayn/Katz (2010) besonders interessant, indem sie einräumen, dass „[u]nless weights are assigned to different dimensions of earnings quality and attributes, one cannot conclude that the public listing of a firm's equity necessarily improves the quality of its financial reporting."[962]

Die ebenfalls mit US-Daten durchgeführte Studie von Klassen (1997) untersucht den Einfluss von Kapitalmarktdruck auf das Managementverhalten in Entscheidungssituationen, in denen externe und steuerliche Rechungslegungsziele konkurrieren. Grundlage der Studie bildet das analytische Modell von Stein (1989), gemäß dessen Manager, die einem größeren Kapitalmarktdruck ausgesetzt sind, einen stärkeren Wert auf Maßnahmen zu Gunsten kurzfristiger Rechnungslegungsimplikationen legen, auch wenn dies auf Kosten eines langfristiges Wertes geschieht. Daher argumentiert Klassen (1997), dass eine geringere interne Eigentumskonzentration (als Proxy für hohen Kapitalmarktdruck) zu einer verstärkten Bedeutung der externen Rechnungslegung führt. Er unterstellt, dass dies im Rahmen der Desinvestition operativer Einheiten – was als exemplarische Managemententscheidung herangezogen wird – größere realisierte Gewinne (bzw. kleinere realisierte Verluste) bedingt als bei Unternehmen mit höherer Eigentumskonzentration, wofür er auch empirische Hinweise findet. Dieses Ergebnis kann auch dadurch erklärt werden, dass die Manager von Unternehmen mit

959 Degeorge/Patel/Zeckhauser (1997) oder Bartov/Givoly/Hayn (2002) erläutern bspw., dass in öffentlich gehandelten Unternehmen *earnings management* betrieben wird, um die Vorhersagen von Analysten zu erreichen. Des Weiteren zeigen bspw. Burgstahler/Dichev (1997) den Einsatz von Bilanzpolitik zur Vermeidung eines Verlustausweises und zur Vermeidung von Gewinnrückgängen auf.

960 Vgl. Givoly/Hayn/Katz (2010), S. 198 f.

961 Vgl. Givoly/Hayn/Katz (2010), S. 222.

962 Givoly/Hayn/Katz (2010), S. 222.

höherer Eigentumskonzentration in der Lage sind, den Unternehmenswert durch andere Methoden als durch die externe Rechnungslegung zu kommunizieren, so dass sie einem geringeren Druck für ergebniserhöhendes Verhalten unterliegen. Indem für Unternehmen mit geringerem Kapitalmarktdruck die mit der Reduzierung von Steuern verbundenen *financial reporting costs* (i.e. Opportunitätskosten in der externen Rechnungslegung durch steuerlich bedingten geringeren Ergebnisausweis)[963] niedriger sind, nehmen diese mit einer größeren Wahrscheinlichkeit Transaktionen vor, die Steuerersparnisse bedingen, auch wenn dies gleichzeitig das in der externen Rechnungslegung ausgewiesene Ergebnis schmälert.[964]

Ähnlich finden Mills/Newberry (2001) – mittels eines Samples von US-Unternehmen – Hinweise, dass börsennotierte Unternehmen, i.e. Unternehmen mit hohem Kapitalmarktdruck, im Gegensatz zu nichtbörsennotierten Unternehmen höhere *financial reporting costs* aufweisen, die sich in größeren *book-tax*-Differenzen niederschlagen.[965] Die Autoren greifen für ihre Studie auf die vertraulichen Daten eines Samples börsennotierter und nichtbörsennotierter Unternehmen der verarbeitenden Industrie zurück, die im Rahmen des *Coordinated Examination Program* (CEP) des IRS im Zeitraum von 1981-1996 erhoben wurden.[966]

Die US-Studie von Cloyd/Pratt/Stock (1996) wirft auch (zumindest indirektes) Licht auf die Unterschiede börsennotierter und nichtbörsennotierter Unternehmen bezüglich der Höhe ihrer *financial reporting costs*, indem sie die Frage untersucht, ob die für die steuerliche Bilanzpolitik ausgewählten Bilanzierungsmethoden die Entscheidungen des Managements in der externen Rechnungslegung beeinflussen und ob diesbezüglich ein Unterschied zwischen börsennotierten und nichtbörsennotierten Unternehmen besteht.[967] Cloyd/Pratt/Stock (1996) nehmen an, dass die Kosten aufgrund eines steuerbilanziell bedingten geringeren Ergebnisausweises in der externen Rechnungslegung in öffentlich gehandelten Unternehmen eine größere Bedeutung entfalten, da die Tatsache des Streubesitzes die Anteilseigner die Kontrolle des Managements bzw. dessen Entlohnung stärker an Daten der externen Rechnungslegung koppeln lässt. Darüber hinaus stellt der öffentliche Kapitalmarkt für die Manager eine zusätzliche Kontrolle dar. Die Kräfte des Kapitalmarktes veranlassen die Manager in demjenigen Ausmaß, wie diese

963 „Financial reporting costs“ werden in Kap. 3.3.2.2 im Zuge der Diskussion der mit Steueraggressivität verbundenen Kosten aufgegriffen.

964 Vgl. Klassen (1997), S. 456-460 und S. 469-473.

965 Vgl. Mills/Newberry (2001), S. 13-18.

966 Vgl. Mills/Newberry (2001), S. 8.

967 Vgl. Cloyd/Pratt/Stock (1996), S. 23-25.

der Überzeugung sind, dass der Marktwert des Unternehmens durch das berichtete Ergebnis determiniert wird, demselben eine entsprechend hohe Bedeutung zukommen zu lassen.[968]

Der Datensatz zur Untersuchung obiger These wird mit Hilfe eines Fragebogens erhoben, der sowohl einen kleineren Fall als auch 18 Fragen zum Unternehmen selbst (Unternehmensgröße, externe und steuerliche Rechnungslegungspolitik, Wahrscheinlichkeit einer Steuerprüfung etc.) und zu den individuellen Managercharakteristika und -überzeugungen enthält. Dieser Fragebogen wurde direkt an hochrangige Finanzleiter großer und mittlerer börsennotierter und nichtbörsennotierter US-Unternehmen der verarbeitenden Industrie übermittelt.[969] Die Untersuchung liefert Hinweise, dass die Manager börsennotierter Unternehmen mit einer geringeren Wahrscheinlichkeit ein – zur Herstellung der Konformität mit dem (niedrigeren) steuerrechtlichen Ausweis – niedrigeres Ergebnis in der externen Rechnungslegung berichten. Dies kann als Indiz betrachtet werden, dass börsennotierte Unternehmen höheren *financial reporting costs* gegenüberstehen, was letztlich eine Bestätigung obiger These impliziert.[970]

Mikhail (1999) untersucht, ob die Eigentumsstruktur (öffentlich gehandelter Aktienbesitz, privat gehaltener Anteilsbesitz, Gesellschaft auf Gegenseitigkeit) eines Samples von 157 US-amerikanischen Lebensversicherungsgesellschaften die Koordination der Ziele des regulatorischen Kapitalmanagements, der Ziele der externen sowie der steuerlichen Rechnungslegungspolitik beeinflusst. Die Konzentration auf Unternehmen der Lebensversicherungsbranche ist durch deren Datenverfügbarkeit begründet, indem diese aus regulatorischen Gründen, unabhängig von ihrer Eigentumsstruktur, zur Veröffentlichung von Jahresabschlussdaten verpflichtet sind.[971] Öffentlich gehandelte Unternehmen zeichnen sich nach Mikhail (1999) gegenüber privat gehaltenen Unternehmen zum einen dadurch aus, dass die Kompensation der Manager so ausgestaltet ist, um *agency*-Kosten zu reduzieren. Zum anderen ist für börsengehandelte Unternehmen die

---

968 Vgl. Cloyd/Pratt/Stock (1996), S. 28. Bezüglich des letztgenannten Arguments stützen sich die Autoren u.a. auf die Ergebnisse von Penno/Simon (1986), die (wie zuvor erläutert) zeigen, dass öffentlich gehandelte Unternehmen sich mit einer höheren Wahrscheinlichkeit ergebniserhöhender Rechnungslegungsmethoden bezüglich Vorräte und Abschreibungen bedienen als privat gehaltene Unternehmen. Auch die Ergebnisse der Studien von Dhaliwal/Salamon/Smith (1982), Wolfson (1993) sowie Klassen (1995) stützen obige These.

969 Vgl. Cloyd/Pratt/Stock (1996), S. 29.

970 Vgl. Cloyd/Pratt/Stock (1996), S. 41.

971 Vgl. Mikhail (1999), S. 1 f. und S. 11.

Kapitalmarktinterpretation eines aufgrund von Steuerpolitik niedrigeren Gewinns bedeutsam. Um zwischen diesen beiden Erklärungen differenzieren zu können, werden auch Gesellschaften auf Gegenseitigkeit in die Analyse mit einbezogen, die bezüglich des verstreuten Anteilsbesitzes und der *agency*-Kosten den börsennotierten Unternehmen sehr ähnlich sind, nicht jedoch deren Kapitalmarktdruck unterliegen. Die Ergebnisse der Studie indizieren, dass sich die Unterschiede börsennotierter und nichtbörsennotierter Unternehmen insbesondere im Bereich der Steuerpolitik niederschlagen. So zeigt Mikhail (1999), dass Lebensversicherungsunternehmen mit privatem Anteilsbesitz sowohl das Instrument der Deckungsrückstellungen als auch das Instrument der Rückversicherung verwenden, um ihre Steuern zu beeinflussen, während börsengehandelte Gesellschaften und Gesellschaften auf Gegenseitigkeit der Lebensversicherungsbranche dieses Muster nicht aufweisen. Aufgrund der Feststellung, dass neben den börsengehandelten Gesellschaften die Gesellschaften auf Gegenseitigkeit diese Instrumente ebenfalls nicht einsetzen, wird geschlussfolgert, dass die Kompensationsanreize den Unterschied verursachen, nicht jedoch der Kapitalmarktdruck.[972]

4.3 Bedeutung des Zielkonflikts zwischen externer und steuerlicher Rechnungslegung im Zuge der Steueraggressivität börsennotierter und nichtbörsennotierter Unternehmen

4.3.1 Erkenntnisse aus bestehenden Studien

Wie bereits in Kap. 3.3.2.2 aufgezeigt wurde, stellen die Kosten aus Zielkonflikten zwischen externer und steuerlicher Rechnungslegung eine mögliche Kostenart im Zuge der Steueraggressivität dar. Die Erkenntnisse der vorangegangenen Kapitel dieses vierten Teils legen nahe, dass dieser Kostenart für börsennotierte Unternehmen möglicherweise eine größere Bedeutung zukommt als für nichtbörsennotierte Unternehmen. So liefert beispielsweise die bereits erläuterte Studie von Cloyd/Pratt/Stock (1996) Hinweise, dass die Kosten, die aus einem steuerlich bedingten niedrigeren Ergebnisausweis in der externen Rechnungslegung resultieren, für den Manager eines börsennotierten Unternehmens gegenüber demjenigen eines nichtbörsennotierten Unternehmens höher sind.[973] Dem liegt unter anderem

972 Vgl. Mikhail (1999), S. 21-32.
973 Vgl. Cloyd/Pratt/Stock (1996), S. 41.

die Überlegung zu Grunde, dass die Abschlüsse börsennotierter Unternehmen eine größere Entscheidungsnützlichkeit aufzuweisen haben.[974] Die Studie von Mills/Newberry (2001) legt ebenfalls die höhere Bedeutung von *financial reporting costs* bei börsennotierten Unternehmen nahe.[975] Ähnlich zeigt die Studie von Klassen (1997), dass Unternehmen mit geringerem Kapitalmarktdruck mit einer größeren Wahrscheinlichkeit solche Transaktionen vornehmen, welche Steuerersparnisse bedingen, auch wenn dies gleichzeitig das in der externen Rechnungslegung ausgewiesene Ergebnis schmälert, da diese Unternehmen geringere *financial reporting costs* aufweisen. Somit dürften die Kosten aus dem Zielkonflikt zwischen externer und steuerlicher Rechnungslegung eine wichtige Determinante der Steueraggressivität börsennotierter Unternehmen gegenüber derjenigen nichtbörsennotierter Unternehmen sein, wie auch die Ergebnisse der im Folgenden erörterten Studien andeuten.

Goncharov (2005) argumentiert beispielsweise, dass Steueraggressivität in Form legaler sachverhaltsabbildender Rechnungslegungspolitik oder durch unvollständige Rechnungslegung (z.B. Nichtausweis bestimmter Umsatzerlöse) die – in der Begrifflichkeit nicht unproblematische[976] – Ergebnisqualität vermindert. Nachdem vom Kapitalmarkt die berichteten Ergebnisse für die Beurteilung der wirtschaftlichen Leistung herangezogen werden und Investoren es vorziehen, mit Aktien von Unternehmen zu handeln, deren Rechnungslegungsinformationen zur Bewertung und Kontrolle geeignet sind, stehen börsennotierte Unternehmen mit niedriger Ergebnisqualität höheren Kapitalkosten gegenüber. Nichtbörsennotierte Unternehmen weisen dagegen meist eine konzentrierte Eigentümerstruktur auf und können Informationen auch in nicht-öffentlicher Weise kommunizieren. Hieraus wird gefolgert, dass nichtbörsennotierte Unternehmen stärker steueraggressiv agieren, wofür auf Basis eines Samples russischer Unternehmen auch empirische Hinweise gefunden werden.[977]

Gegenstand der Studie von Lin/Mills/Zhang (2012) ist das Rechnungslegungsverhalten chinesischer börsennotierter und nichtbörsennotierter Unternehmen in Bezug auf den Zielkonflikt externer und steuerlicher Rechnungslegung. Die Autoren untersuchen im Zuge der chinesischen Steuersatzänderung im Jahr 2008 von 33% auf 25%, inwieweit börsennotierte Unternehmen oder nichtbörsennotierte Unternehmen versuchen, Einkommen aus dem Jahr 2007 in das Jahr 2008

974 Vgl. Cloyd/Pratt/Stock (1996), S. 28. Für diesen Zusammenhang sprechen bspw. auch die Ergebnisse der Studie von Burgstahler/Hail/Leuz (2006)

975 Vgl. Mills/Newberry (2001), S. 13-18.

976 Vgl. hierzu bereits auch die Ausführungen im Rahmen von Kap. 4.2.2.

977 Vgl. Goncharov (2005), S. 111-128, hierzu auch Goncharov/Zimmermann (2006).

zu verschieben. Sie argumentieren, dass eine solche Verschiebung nur dann attraktiv für ein Unternehmen sei, wenn die Differenz aus Steuereinsparung und damit verbundenen nicht-steuerlichen Kosten positiv ist, sowie dass aufgrund des mangelnden Kapitalmarktdrucks für nichtbörsennotierte Unternehmen deren nicht-steuerliche Kosten geringer seien.[978] Die Analysen bestätigen dabei die Hypothese der Autoren, dass nichtbörsennotierte Unternehmen in einem größeren Ausmaß diskretionäre Periodenabgrenzungen benutzen, um in 2007 weniger Gewinn als in 2008 auszuweisen.[979]

Die sich auf ein deutsches Sample stützende Studie von Watrin/Pott/Ullmann (2012) liefert Indizien, dass *private limited companies* (GmbHs) in ihrem Bilanzpolitikverhalten stärker durch Steueranreize getrieben sind als *public limited companies* (AGs).[980] Allerdings sind in der Gruppe der AGs sowohl börsennotierte als auch nichtbörsennotierte Gesellschaften enthalten. Mögliche Unterschiede innerhalb der Gruppe der AGs zwischen börsennotierten und nichtbörsennotierten AGs werden nicht adressiert. Insofern ist kritisch zu hinterfragen, ob beispielsweise zwischen einer GmbH und einer nichtbörsennotierten AG, deren Anteile auch nur unter Friktionen gehandelt werden können, tatsächlich größere Unterschiede bestehen als innerhalb der Gruppe der AGs zwischen börsennotierten und nichtbörsennotierten AGs. Ungeachtet dieser Problematik untersuchen Watrin/Pott/Ullmann (2012), inwieweit AGs und GmbHs durch bilanzpolitische Maßnahmen Gewinne aus dem Jahr 2000 ins Jahr 2001 verlagern, da durch die deutsche Unternehmensteuerreform von 2001 eine deutliche Steuersatzminderung erfolgte. Die Verwendung einer Steuersatzänderung zur Untersuchung von bilanzpolitischem Verhalten im Sinne eines natürlichen Experiments wurde beispielsweise auch schon von Günther (1994) im Zuge des US-amerikanischen Tax Reform Act von 1986 eingesetzt. Dieser findet allerdings keine Hinweise, dass eigentümergeleitete Unternehmen sich stärker in entsprechender Bilanzpolitik zur Gewinnverschiebung engagieren.[981]

Letztlich scheinen sich – zumindest gemäß den Resultaten bisheriger Studien – börsennotierte Unternehmen im Konfliktfall eher zu Gunsten der externen und nichtbörsennotierte Unternehmen zu Gunsten der steuerlichen Rechnungslegung zu entscheiden. Ob dies jedoch eine in Deutschland höhere Steueraggressivität nichtbörsennotierter Unternehmen gegenüber börsennotierte Unternehmen

978 Vgl. Lin/Mills/Zhang (2012), S. 1 f. und S. 8-11.
979 Vgl. Lin/Mills/Zhang (2012), S. 22 f.
980 Vgl. Watrin/Pott/Ullmann (2012), S. 288 und S. 294 f.
981 Vgl. Günther (1994), S. 243.

impliziert, ist an dieser Stelle noch nicht abschließend zu beurteilen. Zunächst sind die bestehenden Erkenntnisse abzuwägen und insbesondere vor dem deutschen Regulierungs- und Kapitalmarkthintergrund zu hinterfragen.

4.3.2 Abwägung der Erkenntnisse insbesondere vor dem Hintergrund des deutschen Regulierungs- und Kapitalmarktkontextes

Zwischen steuerlicher und externer Rechnungslegung muss nicht immer ein Konflikt gegeben sein. Unter gewissen Bedingungen kann auch eine Konvergenz vorliegen. Im Fall von bevorstehenden Tarifverhandlungen kann es für das Unternehmen interessant sein, den Gewinn möglichst gering auszuweisen. Ähnliches gilt, wenn das Unternehmen Aktien zurückkaufen möchte, um beispielsweise Aktienoptionspläne zu erfüllen oder wenn es Minderheitsgesellschafter abfinden muss.[982] Auch das Management kann in bestimmten Situationen Anreize für einen geringen Gewinnausweis besitzen. Plant ein Manager ein Management-Buyout, so ist es für ihn sinnvoll, mittels gewinnsenkender Bilanzpolitik eine Reduzierung des Kaufpreises anzustrengen. Zudem zeichnet sich in der Realität im Rahmen eines Managementwechsels häufig ein *big bath accounting* ab, das im ersten Geschäftsjahr nach dem Wechsel eine Vorwegnahme von Aufwendungen und damit eine Minimierung des Gewinnausweises impliziert.[983] Ein ähnliches Vorgehen bietet sich in Krisenzeiten an, wenn das Unternehmen ohnehin eine positive Gewinnzone bzw. bestimmte Schwellenwerte nicht mehr erreichen kann.[984] Darüber hinaus können steuerliche und externe Rechnungslegungsziele einen gewissen Deckungsgrad erfahren, wenn das Ziel geglätteter Gewinne verfolgt wird.[985]

Darüber hinaus ist zu beachten, dass dem Unternehmen zur Ausübung von Steueraggressivität neben sachverhaltsabbildenden Parametern auch eine Vielzahl von sachverhaltsgestaltenden Parametern zur Verfügung steht. Insbesondere langfristig angelegte Parameter der Aufbaugestaltung (Sachverhaltsgestaltung i.w.S.) sollten sich nicht negativ auf die externe Rechnungslegung der aktuellen Periode, insbesondere den Gewinnausweis, auswirken. Aber auch einzelne Parameter der Ablaufgestaltung (Sachverhaltsgestaltung i.e.S.) können so gewählt werden,

982 Der Erwerb eigener Aktien ist in § 71 AktG geregelt.

983 Vgl. Wagenhofer/Ewert (2007), S. 246.

984 Vgl. Detert/Sellhorn (2007), S. 249.

985 Vgl. hierzu bereits die Ausführungen in Kap. 3.2.2.3.

dass sie den handelsrechtlichen Gewinn nicht negativ beeinflussen. Dies ist insbesondere dann gegeben, wenn ohnehin betrieblich erforderliche Transaktionen steueroptimal ausgestaltet werden. Zudem setzt gerade Steuergestaltung auf der Grundlage des internationalen Steuergefälles nicht notwendigerweise eine handelsrechtliche Ergebnisreduzierung voraus.[986]

Im Hinblick auf eventuelle Steueraggressivitätsmöglichkeiten mit Hilfe sachverhaltsabbildender Parameter und ihrer Konsequenzen ist jedoch der deutsche Regulierungskontext näher zu beleuchten. So besteht, wie bereits in Kap. 3.2.1.3 dargelegt, in Deutschland die Maßgeblichkeit der Handelsbilanz für die Steuerbilanz, soweit im Steuerrecht keine gesonderten Regelungen vorgesehen sind. Obgleich durch dieses Maßgeblichkeitsprinzip sowie durch das bis 2009 geltende umgekehrte Maßgeblichkeitsprinzip, welches im Zuge des BilMoG abgeschafft wurde, ein großes Maß an Wechselwirkungen zwischen handelsrechtlichen und steuerlichen Rechnungslegungszielen auftritt, sind die einem Unternehmen im Rahmen ihres Einzelabschlusses zur Verfügung stehenden sachverhaltsabbildenden Aktionsparameter dennoch zu differenzieren. Neben handelsbilanzpolitischen bzw. steuerpolitischen Aktionsparametern, die eine Wechselwirkung entfalten, bestehen auch Aktionsparameter, die rein steuerbilanziell wirken sowie Aktionsparameter, die rein handelsbilanziell wirken. So erzielt beispielsweise die Bildung einer steuerlichen Rücklage (z.B. Rücklage für Ersatzbeschaffung nach R 6.6 EStR) als sachverhaltsabbildender Aktionsparameter nur steuerbilanzielle Effekte. Als einschränkend gilt es hier hinzuzufügen, dass vor Abschaffung der umgekehrten Maßgeblichkeit die Ausübung von steuerlichen Wahlrechten in der Handelsbilanz nachvollzogen werden musste und dadurch das Spektrum rein steuerbilanziell wirkender Parameter stark eingeschränkt wurde. Als ausschließlicher handelsbilanzpolitischer Aktionsparameter kann die Wahl der Abschreibungsmethode bei beweglichen Vermögensgegenständen und die Schätzung ihrer Nutzungsdauer eingesetzt werden, da das Steuerrecht in § 7 EStG eigene, tendenziell restriktivere Vorschriften bezüglich der zulässigen Abschreibungsmethoden von beweglichen Wirtschaftsgütern vorsieht und allgemeine sowie branchenspezifische Nutzungsdauern durch AfA-Tabellen vorgegeben werden.[987]

Sofern ein Konzernverbund vorliegt, ist nicht nur von den zugehörigen Gesellschaften der obligatorische Einzelabschluss nach HGB zu erstellen, sondern

---

986 Vgl. Müller (1996), S. 456.

987 Für eine tabellenartige Übersicht der zulässigen Abschreibungsmethoden von beweglichen Vermögensgegenständen für Zwecke der Handelsbilanz bzw. von beweglichen Wirtschaftsgütern für Zwecke der Steuerbilanz vgl. Heno (2011), S. 285 f.

von dem Mutterunternehmen des Konzerns darüber hinaus ein Konzernabschluss anzufertigen. Handelt es sich um ein kapitalmarktorientiertes Unternehmen, so ist der Konzernabschluss seit 2005 verpflichtend nach den Rechnungslegungsvorschriften der IFRS zu erstellen. Nichtkapitalmarktorientierte Unternehmen können ihren Konzernabschluss freiwillig nach IFRS erstellen.[988] Indem zwischen Steuerbilanz und IFRS-Bilanz keine Verknüpfung besteht und die Wertansätze der IFRS-Rechnungslegung für steuerliche Zwecke folglich irrelevant sind, besteht hier für die externe Rechnungslegung ein deutlich größerer sachverhaltsabbildender Spielraum. Auch Gee/Haller/Nobes (2010), die den Umfang des steuerlichen Einflusses auf die Konzernrechnungslegung nach IFRS untersuchen, halten es für sehr wahrscheinlich, dass die deutsche IFRS-Praxis weitgehend frei von steuerlichem Einfluss ist.[989] Im Umkehrschluss könnten Unternehmen mit IFRS-Abschluss, der ihnen als spezielles Kommunikationsinstrument nach außen und insbesondere für den Kapitalmarkt zur Verfügung steht, in ihrem handelsrechtlichen Einzelabschluss der Steuerpolitik größeren Raum einräumen. Allerdings ist die Dividende nach wie vor an den Gewinn des handelsrechtlichen Einzelabschlusses gekoppelt (§ 174 AktG).

Die Möglichkeit der Bilanzierung nach IFRS ist allerdings nicht nur auf Konzernabschlüsse beschränkt: § 325 Abs. 2a HGB stellt es unter Maßgabe des § 325 Abs. 2b HGB jedem Unternehmen frei, anstelle seines (dennoch zu erstellenden) HGB-Einzelabschlusses alternativ einen IFRS-Abschluss offenzulegen. Allerdings ist das Anfertigen zweier unterschiedlicher externer Rechnungslegungssets mit großem Aufwand und Kosten verbunden, so dass Unternehmen regelmäßig darauf verzichten.[990]

Neben den regulatorischen Besonderheiten im Bereich der Rechnungslegung in Deutschland sind zur Beurteilung des Einflusses von *financial reporting costs* auf das Ausmaß der Steueraggressivität speziell deutscher börsennotierter und nichtbörsennotierter Unternehmen auch die Spezifika des deutschen Kapitalmarkts zu beachten. So entstammen die bestehenden Studien zum Rechnungslegungsverhalten börsennotierter und nichtbörsennotierter Unternehmen zum großen Teil dem US-amerikanischen Raum. Diese finden, wie im Rahmen von Kap. 4.2.2 erläutert, Hinweise, dass der Druck des Kapitalmarkts ein geringeres Maß an *earnings management* bzw. ein höheres Maß an sogenannter *earnings*

---

988 Die Erstellung eines IFRS-Konzernabschlusses befreit von der Pflicht zur Erstellung eines HGB-Konzernabschlusses, vgl. hierzu bereits Kap. 3.4.1.1.

989 Vgl. Gee/Haller/Nobes (2010), S. 114.

990 Vgl. Küting/Lam (2011), S. 993.

quality in den Abschlüssen börsennotierter Unternehmen erzeugt.[991] Darüber hinaus scheinen börsennotierte Unternehmen bei einem Konflikt zwischen externer und steuerlicher Rechnungslegung, wie in Kap. 4.3.1 dargelegt, eher zu Gunsten externer Rechungslegungsziele zu handeln.[992] Allerdings unterscheidet sich der US-Kapitalmarkt vom deutschen Kapitalmarkt in vielerlei Hinsicht, so dass die Ergebnisse der genannten Studien im Hinblick auf die Einflüsse des Kapitalmarkts nicht zwingend übertragbar sind. Welche besonderen Eigenheiten der deutsche Kapitalmarkt, vor allem im Vergleich zum Kapitalmarkt in den USA oder auch im UK, aufweist, wird im Folgenden diskutiert.

Der deutsche Kapitalmarkt liegt bezüglich der Anzahl der börsennotierten Unternehmen als auch hinsichtlich der Börsenkapitalisierung weit hinter den USA zurück.[993] Auch für die Börsenkapitalisierung im Verhältnis zum BIP zeigen sich deutliche Unterschiede: Im Jahr 2010 betrug beispielsweise die Börsenkapitalisierung im Verhältnis zum BIP in den USA 120%, in Deutschland lediglich 47%. Großbritannien einschließlich Nordirland wies sogar ein Verhältnis von 162% auf.[994] Dies mag darin begründet sein, dass in Deutschland viele Jahre der Bankkredit die wichtigste Finanzierungsquelle darstellte. Dabei entstanden insbesondere durch hohe Kreditvergaben während der Industrialisierung enge Verflechtungen zwischen Banken und Unternehmen. Mittels Aufsichtsratsmandaten sind Banken in der Lage, ein *monitoring* der Unternehmen durchzuführen. Darüber hinaus können sie durch eigene Beteiligungen sowie im Falle der Übertragung der Depotstimmrechte ihrer Kunden einen nichtunbedeutenden Einfluss ausüben.[995]

---

991 Vgl. bspw. Ball/Shivakumar (2005), Nichols/Wahlen/Wieland (2009). Eine Untersuchung mittels eines europäischen Samples bietet Burgstahler/Hail/Leuz (2006). Eine ausführliche Erläuterung dieser Studien findet sich in Kap. 4.2.2. Dem entgegenzuhalten sind allerdings die Ergebnisse von Givoly/Hayn/Katz (2010), vgl. ebenfalls Kap. 4.2.2, die ein größeres Ausmaß an *earnings management* in börsennotierten Unternehmen nachweisen. Darüber hinaus stellen sie fest, dass die Abschlüsse börsennotierter Unternehmen ein größeres Maß an Vorsicht aufweisen, was sie jedoch nicht als zwingendes Indiz einer höheren *earnings quality* betrachten.

992 Vgl. bspw. Cloyd/Pratt/Stock (1996), Klassen (1997), Mills/Newberry (2001), Goncharov (2005), Lin/Mills/Zhang (2012). Eine ausführliche Erläuterung findet sich in Kap. 4.2.2 bzw. Kap. 4.3.1.

993 Vgl. Harrer (2009a), Rz. 1-4, Schanz (2012), S. 1-6; vgl. auch bereits Kap. 4.1.1.

994 Vgl. Schanz (2012), S. 1. Rudolf (2008), Rz. 36 spricht in diesem Zusammenhang von der „bescheidenen Rolle“ der Aktie in Deutschland.

995 Vgl. Löwe (2000), S. 939. Das Vollmachtstimmrecht von Banken ist in § 135 AktG geregelt, ausführlicher hierzu vgl. Marsch-Barner (2009b), Rz. 113-123.

Dadurch können auch Insiderinformationen erworben werden, was hingegen in den USA durch entsprechende Gesetzgebung verhindert wird.[996]

Während die USA und auch das UK zudem durch Streubesitz charakterisiert sind, zeichnet sich Deutschland dadurch aus, dass häufig ein einzelner Anteilseigner bzw. eine Anteilseignergruppe die absolute Mehrheit der Stimmrechtsanteile besitzt.[997] Gemäß Goergen/Renneboog (2003) haben ca. 90% der an der London Stock Exchange gelisteten Unternehmen keinen Großaktionär, der 25% oder mehr der Stimmrechte besitzt, während in Deutschland 85% der börsennotierten Unternehmen einen solchen Eigentümer aufweisen.[998] Damit besteht in Deutschland eine bedeutend stärkere Konzentration der Kontrollrechte. Hinzu kommen als besondere Eigenheiten Eigenkapitalverflechtungen zwischen den Unternehmen sowie das bereits angesprochene Depotstimmrecht der Banken. In den USA und im UK werden die meisten Stimmrechte von (vielen verschiedenen) institutionellen Investoren gehalten.[999] Inwieweit die genannten Unterschiede auch künftig noch in diesem Ausmaß gelten, ist im Rahmen der vorliegenden Arbeit nicht zu beurteilen.[1000]

Allerdings können nicht nur bezüglich der Eigentums- und Kontrollstrukturen deutliche Unterschiede zwischen Deutschland und Ländern wie den USA oder dem UK festgestellt werden, sondern auch in Bezug auf den Schutz der Aktionäre. La Porta/Lopez-de-Silanes/Shleifer/Vishny (2000) charakterisieren Deutschland im Gegensatz zu den USA oder dem UK als Land mit geringem Anlegerschutz insbesondere für Minderheitsaktionäre, wobei die Kategorisierung – stark vereinfachend – anhand einer Dummy-Variable („low protection“) erfolgt,[1001] die wiederum auf dem in La Porta/Lopez-de-Silanes/Shleifer/Vishny (1998) entwickelten *index of antidirector rights* basiert.[1002] Dieser Index kann maximal einen Wert von sechs annehmen, indem von La Porta/Lopez-de-Silanes/Shleifer/Vishny (1998) sechs Rechte definiert werden, die als *antidirector rights* bezeichnet werden. Diese sollen messen, wie stark das Rechtssystem Minderheitsaktionäre gegenüber

996 Vgl. Löwe (2000), S. 939.

997 Vgl. Correia da Silva/Goergen/Renneboog (2004), S. 8 f.

998 Vgl. Goergen/Renneboog (2003), S. 141 f. unter Verweis auf La Porta/Lopez-de-Silanes/Shleifer (1999) und Becht/Meyer (2001). Auch Becht/Boehmer (2003) berichten ähnliche Ergebnisse für Deutschland, vgl. Becht/Boehmer (2003), S. 8 und S. 26.

999 Vgl. Goergen/Renneboog (2003), S. 142, Heintges (2005), S. 100 f.

1000 Kengelbach/Roos (2006) belegen bspw. einen Rückgang des Anteils von Unternehmen, die einen Mehrheits- oder qualifizierten Minderheitsaktionär aufweisen.

1001 Vgl. La Porta/Lopez-de-Silanes/Shleifer/Vishny (2000), S. 14.

1002 Vgl. La Porta/Lopez-de-Silanes/Shleifer/Vishny (2000), S. 12.

Managern oder dominanten Anteilseignern im unternehmerischen Entscheidungsprozess, einschließlich des Abstimmungsvorgangs, begünstigt. Sofern die sechs definierten Rechte zu Gunsten der Minderheitsaktionäre ausgestaltet sind, wird für jedes Recht eine Punktzahl von eins vergeben, die sich zur Maximalpunktzahl von sechs addieren.[1003] Die Dummy-Variable „low protection“ von La Porta/Lopez-de-Silanes/Shleifer/Vishny (2000) nimmt, wie im Fall Deutschlands, dann den Wert eins an, sofern der Index kleiner oder gleich drei ist.[1004] Hierbei erreicht Deutschland einen Indexwert von eins bei einem maximal möglichen Wert von sechs, während die USA (ebenso wie das UK) beispielsweise fünf erzielen.[1005]

Darüber hinaus können noch zwei weitere Punkte identifiziert werden, die den US-amerikanischen Kapitalmarkt deutlich vom deutschen Kapitalmarkt differieren lassen. Der erste Punkt befasst sich mit dem „Markt für Unternehmenskontrolle“ und dem daraus resultierenden Wettbewerbsdruck. Während US-amerikanische börsennotierte Unternehmen einem starken Performancedruck unterliegen, um sicherzustellen, dass die Aktien des Unternehmens angemessen bewertet werden, da unterbewertete Unternehmen potentielle Übernahmekandidaten darstellen, ist dieser Druck für deutsche Unternehmen weit weniger stark vorhanden. Dies ist zum einen auf die hierzulande bestehenden Aktionärsstrukturen zurückzuführen, zum anderen werden feindliche Übernahmen durch rechtliche Hürden erschwert.[1006] Der zweite Punkt ist dadurch begründet, dass in den USA die Unternehmen stets der erhöhten Gefahr unterliegen, von Investoren wegen Fehl- oder Nichtinformationen auf Schadensersatz verklagt zu werden.[1007] Damit dürfte das Rechnungslegungsverhalten börsennotierter US-Unternehmen auch stets durch das Bestreben geprägt sein, einer solchen *shareholder litigation* zu entgehen.

Zwar verwenden Studien wie Burgstahler/Hail/Leuz (2006) nicht ein auf die USA beschränktes, sondern ein länderübergreifendes Design, jedoch ist deren

---

1003 Vgl. La Porta/Lopez-de-Silanes/Shleifer/Vishny (1998), S. 1127 f. und S. 1130 f. Ähnlich auch schon La Porta/Lopez-de-Silanes/Shleifer/Vishny (1997), S. 1134, wo jedoch nur fünf Rechte identifiziert werden.

1004 Vgl. La Porta/Lopez-de-Silanes/Shleifer/Vishny (2000), S. 12.

1005 Vgl. La Porta/Lopez-de-Silanes/Shleifer/Vishny (1998), S. 1130 f. Gemäß den Ergebnissen der länderübergreifenden Studie von Leuz/Nanda/Wysocki (2003) besteht zwischen *earnings management* und dem Schutz von Minderheitsaktionären ein inverser Zusammenhang, vgl. Leuz/Nanda/Wysocki (2003), S. 526.

1006 Vgl. Heintges (2005), S. 122, Goergen/Manjon/Renneboog (2008), S. 58.

1007 Vgl. Heintges (2005), S. 122.

Vorgehen mit gewissen Problemen behaftet, so dass auch deren Ergebnisse nicht zwingend repräsentativ für das Rechnungslegungsverhalten deutscher Unternehmen, die einen Teil des Samples bilden, sind. Problematisch ist beispielsweise, dass die Autoren annehmen, dass im Untersuchungszeitraum von 1997 bis 2003 nicht gelistete Unternehmen weitgehend den gleichen Rechnungslegungsstandards unterliegen wie börsennotierte Unternehmen.[1008] Da jedoch in Deutschland beispielsweise im Jahr 2003 beinahe ein Drittel der kapitalmarktorientierten Unternehmen nach IFRS bilanzierte,[1009] während davon auszugehen ist, dass nichtbörsennotierte Unternehmen nach HGB bilanzierten, ist diese Annahme wenigstens für den deutschen Markt bereits unzutreffend. Des Weiteren ziehen die Autoren neben Konzernabschlüssen auch Einzelabschlüsse heran, sofern kein Konzernabschluss erhältlich ist.[1010] Da börsennotierte Unternehmen im Gegensatz zu nichtbörsennotieren Unternehmen regelmäßig eine Konzernstruktur und damit einen Konzernabschluss aufweisen sowie in Anbetracht der Tatsache, dass beispielsweise in Deutschland an den Einzel- bzw. Konzernabschluss unterschiedliche Funktionen geknüpft sind,[1011] sind die von Burgstahler/Hail/Leuz (2006) festgestellten Unterschiede im Rechnungslegungsverhalten zwischen börsennotierten und nichtbörsennotierten Unternehmen möglicherweise auch durch diese Aspekte bedingt und nicht ausschließlich auf Kapitalmarktdruck oder institutionelle Faktoren zurückzuführen.

Somit liefern die Ergebnisse früherer – US-spezifischer oder länderübergreifender – Studien zwar gewisse Indizien, die jedoch nur unter Wahrung einer gewissen kritischen Distanz neuen Hypothesen zu Grunde gelegt werden sollten. Insofern wird festgehalten, dass Steueraggressivität die Ziele der externen Rechnungslegung negativ beeinflussen kann und dies für börsennotierte Unternehmen möglicherweise ein bedeutenderes Gewicht einnimmt als für nichtbörsennotierte Unternehmen. Allerdings können nichtbörsennotierte Unternehmen, auch wenn sie nicht dem Druck des Kapitalmarkts unterliegen, ebenfalls mit negativen Konsequenzen aus einem zu Gunsten der Steueraggressivität aufgelösten Zielkonflikt konfrontiert sein, falls beispielsweise bestehende *covenants* verletzt werden. Die Zielkonflikte zwischen steuerlicher und externer Rechnungslegung – wenngleich

1008 Vgl. Burgstahler/Hail/Leuz (2006), S. 989 f.
1009 Vgl. Burger/Ulbrich (2004), S. 242.
1010 Vgl. Burgstahler/Hail/Leuz (2006), S. 992.
1011 Vgl. Kap. 3.2.1.3.

diese nicht immer bestehen müssen[1012] – stellen in jedem Fall nur einen Teil der mit Steueraggressivität einhergehenden Kosten dar. Um beurteilen zu können, inwieweit sich börsennotierte und nichtbörsennotierte Unternehmen in ihrem Steueraggressivitätsverhalten unterscheiden, sind folglich auch die übrigen Kostenfaktoren für börsennotierte und nichtbörsennotierte Unternehmen zu analysieren und ihrem jeweiligen Nutzen aus der Steueraggressivität gegenüberzustellen. Dabei können der marginale Nutzen bzw. die marginalen Kosten aus der Steueraggressivität, deren Abwägung gemäß dem ökonomischen Prinzip die Steuerentscheidung determiniert, zwar nicht exakt quantifiziert werden, jedoch sind durch eine grundlegende Analyse zumindest Tendenzaussagen möglich.

4.4 Anwendung einer Kosten-Nutzen-Analyse unter Berücksichtigung aller Kostenarten

4.4.1 Ausgangsüberlegungen

Für eine differenzierte Kosten-Nutzen-Analyse ist zunächst eine Vergegenwärtigung möglicher Kosten erforderlich. Die folgende Übersicht zeigt die für eine Unternehmung im Fall der Ausübung von Steueraggressivität durch steuerliche Rechnungslegungspolitik möglicherweise resultierenden Kostentypen auf, die im bisherigen Verlauf dieser Arbeit identifiziert wurden:[1013]

1012 Situationen, in denen eine Konvergenz zwischen Zielen der steuerlichen und der externen Rechnungslegung vorliegt, wurden eingangs dieses Kapitels kurz vorgestellt.

1013 Hierbei werden jedoch bspw. die in Zusammenhang mit der Steueraggressivität stehenden Transparenzkosten, die im Rahmen der empirischen Studie von Balakrishnan/Blouin/Guay (2012) identifiziert wurden, nicht explizit aufgeführt, da diese letztlich unter die Kosten aus Zielkonflikten subsumiert werden können. Auch den von Donohoe/Knechel (2012) festgestellten Preisaufschlägen durch den Abschlussprüfer wird aufgrund ihres nur geringen Gewichts keine eigene Kostenkategorie eingeräumt. Zudem können sie in gewisser Weise zu den Reputationskosten gerechnet werden. Nicht aufgeführt sind in dieser Abbildung außerdem Effizienzkosten, da diese nur dann auftreten, wenn die Eigentümer von den Managern die Durchführung von Steueraggressivitätsaktivitäten in Form der Steuerhinterziehung fordern. Insofern dürfte sich dieser Kostentyp weniger auf die grundlegende Entscheidung von Steueraggressivität auswirken, sondern hauptsächlich im Rahmen der Entscheidungsfindung bezüglich der Art der Steueraggressivität Bedeutung entfalten.

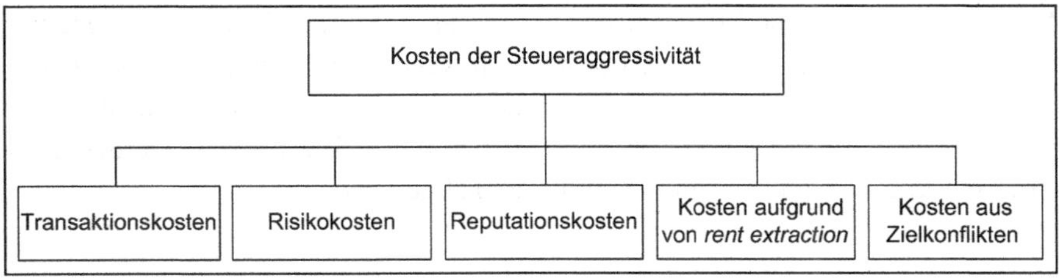

Abbildung 5: Kosten der Steueraggressivität

Die dargestellten Kosten beziehen sich dabei auf die Unternehmung als Ganzes in ihrer Eigenschaft als Vertragsgeflecht, ohne dass eine Zuordnung erfolgt, welcher Akteur von diesen Kosten betroffen ist. Im vorliegenden Kontext sind als entscheidende Akteure innerhalb der Unternehmung die Eigentümer in ihrer Eigenschaft als Residualanspruchsberechtigte und – sofern ein managergeleitetes Unternehmen vorliegt – die Manager als Unternehmensleitende zu benennen.[1014] In einer Kosten-Nutzen-Betrachtung stellt es sich allerdings als unerlässlich dar, die Perspektive zu definieren, aus welcher die Kosten bzw. der Nutzen identifiziert werden, da der Kostenfaktor einer Partei (Eigentümer) möglicherweise für die andere Partei (Management) einen Nutzenzuwachs bedeutet und vice versa.

Die (Bilanz-)Gestaltung obliegt dem Management und wird durch dessen Nutzenfunktion sowie Anreiz- und Kontrollsystem bestimmt.[1015] Dennoch wird zunächst die Kosten-Nutzen-Betrachtung aus Sicht der Eigentümer börsennotierter und nichtbörsennotierter Unternehmen durchgeführt. Diese ist bei eigentümergeleiteten Unternehmen – wie es bei nichtbörsennotierte Unternehmen nicht selten der Fall ist – mit derjenigen des Entscheidungsträgers identisch. Im Anschluss wird geprüft, ob aus Managersicht abweichende Anreize bestehen und es folglich zu einem anderen Verhalten als demjenigen kommt, welches die Konsequenz der Kosten-Nutzen-Analyse der Eigentümer eines börsennotierten bzw. nichtbörsennotierten Unternehmens wäre.

Da bereits im vorhergehenden Kapitel die aus Zielkonflikten resultierenden Kosten im Hinblick auf mögliche Unterschiede im Steueraggressivitätsverhalten börsennotierter und nichtbörsennotierter Unternehmen diskutiert wurde, werden im Folgenden primär die verbleibenden Kostenkategorien erörtert. Da sich allerdings die Ausgestaltung der Kompensationsverträge von Managern auf die

1014 Als in diesem Zusammenhang relevanter Akteur außerhalb der Unternehmung wäre bspw. der Fiskus zu nennen.

1015 Vgl. Gassen (2007), S. 362.

Auflösung des Zielkonflikts zwischen externer und steuerlicher Rechnungslegung zu Gunsten des einen oder des anderen Rechnungslegungssystems auswirken kann, wird im Rahmen der Kosten-Nutzen-Analyse aus Managersicht darauf nochmals näher Bezug genommen. Für die Hypothesenformulierung werden dann nochmals alle Aspekte zusammengeführt und abgewogen.

4.4.2 Kosten-Nutzen-Analyse börsennotierter und nichtbörsennotierter Unternehmen aus der Eigentümerperspektive

Während in der Kostenkategorie der Transaktionskosten kein Unterschied zwischen börsennotierten und nichtbörsennotierten Unternehmen bestehen dürfte, ist hinsichtlich der Risikokosten ein differenzierteres Bild zu zeichnen. Die Risikokosten entstehen durch die Gefahr einer rechtlichen Verfolgung durch die Steuerbehörde mit entsprechenden Nachzahlungen sowie Säumnis- und eventuellen Strafzuschlägen.[1016] Da jedoch eine deutliche Zeitlücke zwischen der Periode, in der die Vorteile durch das Einnehmen der aggressiven Steuerpositionen erwirtschaftet werden, und der Periode, in der die negativen rechtlichen Konsequenzen beispielsweise im Zuge einer Betriebsprüfung auftreten, klafft, besitzt der Anlagehorizont der Kapitaleigner eine nicht unwesentliche Relevanz. So besitzt der Eigentümer des nichtbörsennotierten Unternehmens beispielsweise einen sehr langen Zeithorizont. Auch ein eventueller Minderheitsaktionär einer nichtbörsennotierten Unternehmung ist eher langfristig an das Unternehmen gebunden, da er seine Anteile nur bedingt und in jedem Fall nur unter großen Transaktionskosten veräußern kann. Der Aktionär einer börsennotierten Unternehmung hingegen kann seine Anteile dank des organisierten (Sekundär-)Marktes jederzeit unter geringen Transaktionskosten veräußern.[1017] Insofern kann der Fall eintreten, dass der Aktionär einer börsennotierten Unternehmung an den Vorteilen der

---

1016 Im Fall einer Steuerhinterziehung ist das Risiko strafrechtlicher Verfolgung und zum Teil auch zivilrechtlicher Haftung gemäß der hiesigen steuerstrafrechtlichen Regelungen durch den Entscheidungsträger zu tragen. Möchten die Anteilseigner einer managergeleiteten Unternehmung ein steueraggressives Verhalten bis in den illegalen Bereich hinein durchsetzen, so müssen sie das Management entsprechend inzentivieren. Wie in Kap. 2.3.2.4 dargestellt und in Kap. 3.3.2.3 aufgegriffen, resultieren hieraus jedoch zusätzliche Effizienzkosten. Liegt ein nichtbörsennotiertes Unternehmen ebenfalls in Form einer managergeleiteten Unternehmung vor, gilt dies analog.

1017 Vgl. Perridon/Steiner/Rathgeber (2012), S. 396.

Steueraggressivität partizipiert, von den Nachteilen jedoch nicht mehr bzw. dank seines annahmegemäß diversifizierten Portfolios nur geringfügig betroffen ist. Sofern allerdings in der Vergangenheit schon Steueraggressivität betrieben wurde, könnte der Aktionär eventuell daraus resultierenden Nachteilen gegenüberstehen, wobei er auch in diesem Fall in Anbetracht seines annahmegemäß diversifizierten Portfolios nur geringfügig betroffen ist. Der Eigentümer einer nichtbörsennotierten Unternehmung muss dagegen die negativen Folgen vollumfänglich tragen, so dass dieser möglicherweise als deutlich risikoaverser auftritt. Einschränkend gilt jedoch hinzuzufügen, dass der Prozentsatz der sich im Streubesitz befindlichen Anteile einer börsennotierten Unternehmung in Deutschland traditionell geringer als in anderen Ländern wie z.B. den USA oder dem UK ist.[1018]

In Bezug auf die Kostenkategorie der Reputationskosten ist vor allem zwei Aspekten Beachtung zu schenken, die zum einen den Bekanntheitsgrad der Unternehmung betreffen und zum anderen den Zeithorizont und die Diversifikation der Anteilseigner. So kann auf der einen Seite argumentiert werden, dass börsennotierte Unternehmen im Schnitt bekannter sind und größeres öffentliches Interesse auf sich ziehen, so dass ein (vermeintliches) Fehlverhalten eher durch die Presse bekannt gemacht wird. Im Fall einer tatsächlichen rechtlichen Verfolgung ist das börsennotierte Unternehmen ohnehin verpflichtet, diese Information, sofern sie als Insiderinformation im Sinne des § 13 WpHG zu werten ist, als Ad-hoc-Meldung[1019] zu veröffentlichen. Von der Öffentlichkeit wird allerdings häufig nicht nur tatsächlich illegales (Steuer-)Verhalten einer Unternehmung als Fehlverhalten angesehen, sondern beispielsweise auch legales Steuersparverhalten durch das Ausnutzen von Steuerschlupflöchern als solches interpretiert, indem damit dem Staat und der Gesellschaft der *fair share* vorenthalten wird.[1020] Durch ein negatives

1018 Vgl. Rasch (1996), S. 84, Correia da Silva/Goergen/Renneboog (2004), S. 8-10. Zu den Besonderheiten des Kapitalmarkts in Deutschlands insbesondere im Vergleich zu den USA oder dem UK vgl. auch bereits Kap. 4.3.2.

1019 Die Regulierung der Ad-hoc-Publizität findet sich in § 15 WpHG, der vorsieht, dass Insiderinformationen, die den Inlandsemittenten unmittelbar betreffen, unverzüglich zu veröffentlichen sind (§ 15 Abs. 1 Satz 1 WpHG), der Begriff der Insiderinformation wird in § 13 WpHG definiert. § 15 WpHG beinhaltet verschiedene unbestimmte Rechtsbegriffe, die eine eindeutige Anwendung erschweren. Allerdings haben Literatur und Rechtsprechung eine gewisse einheitliche Auslegungspraxis begründet, vgl. Fülbier (2011), S. 17. Ausführlich zur Regulierung der Ad-hoc-Publizität verbunden mit einer ökonomischen Analyse des Rechts vgl. Fülbier (1998).

1020 Zur öffentlichen Diskusssion und hierbei v.a. die *fair share*-Debatte vgl. Kap. 1.1., Kap. 3.3.2.1 sowie Fn. 730.

Renommee – sei es durch tatsächliches oder durch lediglich empfundenes Fehlverhalten – bei diversen Stakeholdern können negative finanzielle Konsequenzen entstehen und insbesondere der Aktienkurs in Mitleidenschaft gezogen werden.[1021] Dabei ist allerdings zu beachten, dass, wie in Kap. 3.6.1 erläutert, von Seiten der empirischen Forschung gemischte Resultate zu den Kapitalmarktkonsequenzen von Steueraggressivität vorgelegt wurden und daher keine eindeutige Aussage getroffen werden kann. Auf der anderen Seite ist der Eigentümer einer nichtbörsennotierten Unternehmung gegenüber dem gewöhnlichen (Minderheits-)Aktionär einer börsennotierten Unternehmung von einer erfolgten Rufschädigung insofern schwerer betroffen, indem dieser einen deutlich größeren und von einem langfristigen Zeithorizont geprägten Anteilsbesitz an der Unternehmung hat. Folglich stellen Reputationskosten im Fall beider Unternehmensgruppen für die Eigentümer einen möglichen Kostentyp dar.

Die These der durch *rent extraction* des Managements hervorgerufenen Kosten (vgl. Kap. 3.3.2.3), die auf den Überlegungen der Prinzipal-Agent-Theorie basiert, unterstellt, dass der Manager die Komplexität steueraggressiver Gestaltungen ausnutzt, um sich selbst auf Kosten der Shareholder zu bereichern. In einem darüber hinausgehenden Schritt wird angenommen, dass die Aktionäre ein solches Verhalten antizipieren und mit entsprechenden Preisabschlägen reagieren. Zwischen börsennotierten und nichtbörsennotierten Unternehmen besteht folglich ein dahingehender Unterschied, dass nichtbörsennotierte Unternehmen im Gegensatz zu börsennotierten Unternehmen häufig eigentümergeleitet sind, so dass der oder die Eigentümer keine *rent extraction* seitens eines Managements befürchten müssen. Durch die mangelnde Börsennotierung besteht zudem keine Gefahr von Preisabschlägen. Insofern sind nur die Eigentümer einer börsennotierten Unternehmung vollumfänglich betroffen. Allerdings bestehen noch keine eindeutigen empirischen Belege, inwieweit sich erstens die Manager die Steueraggressivität in opportunistischer Art und Weise tatsächlich zu Nutze machen und zweitens die Anleger derlei Verhalten antizipieren und entsprechend reagieren.

Der grundlegende Nutzen von Steueraggressivität besteht für börsennotierte und nichtbörsennotierte Unternehmen gleichermaßen in einer geringeren Steuerzahllast, die einen positiven Effekt hinsichtlich der flüssigen Mittel bewirkt

---

1021 Die Legitimitätstheorie erklärt dies als Konsequenz der Verletzung des Sozialvertrags, eine ähnliche Argumentation bietet die Stakeholdertheorie. Eine negative Aktienkursreaktion kann allerdings auch dahingehend gedeutet werden, dass die Investoren die zusätzlichen Kosten durch die Steuernachzahlung und mögliche Strafzahlungen antizipieren. Zu den jeweiligen Argumentationslinien vgl. Kap. 3.3.2.1.

und sich darüber hinaus in einem höheren handelsrechtlichen Nachsteuergewinn niederschlagen kann. Die Erhöhung des Nettogewinns durch Steueraggressivität besitzt große betriebswirtschaftliche Bedeutung. Eine äquivalente Nettoergebniserhöhung lässt sich beispielsweise durch eine Umsatzerhöhung deutlich schwerer verwirklichen. So zeigen Endres/Eckstein (2001) exemplarisch an einem (simplifizierten) Rechenbeispiel, dass bei einem angenommenen Umsatz von 500 Mio. Euro, einem Gewinn vor Steuern von 100 Mio. Euro und einem Steuersatz von 40% eine Verringerung der Steuerquote um 1% eine Nettoergebniserhöhung von 1 Mio. Euro zur Folge hat. Um den gleichen Nettoergebniseffekt zu erreichen, der beispielsweise durch eine Senkung der Steuerquote von 40% auf 35% ausgelöst wird, müssten bei gleichbleibender Steuerquote alternativ ca. 40 Mio. Euro mehr Umsatz erwirtschaftet werden.[1022] In diesem Sinne werden in manchen Unternehmen die Steuerabteilungen auch als *profit center* anstelle eines *cost center* geführt.[1023]

Unabhängig von der Nettoergebniserhöhung in der aktuellen Periode dürfte Steueraggressivität allein durch die Steuerzahllastverminderung eine Wertgenerierung für die Anteilseigner bedeuten, da Zahlungsabflüsse durch Steuern für die Anteilseigner prinzipiell einen Wertverlust darstellen und eine gänzliche Vermeidung von Steuerzahlungen oder deren Verschiebung in die Zukunft folglich wertgenerierend wirken.[1024] So führt auch Rappaport (1986) Steuern als einen der sechs Werttreiber für den Shareholder Value eines Unternehmens an.[1025] Eine solche Unternehmenswertsteigerung ist sowohl für die Anteilseigner börsennotierter als auch nichtbörsennotierter Unternehmen nutzenvergrößernd, wobei für die Aktionäre einer börsennotierten Unternehmung noch ein zusätzlicher positiver Nebeneffekt hinzukommen kann. Wird unterstellt, dass die Investoren am Kapitalmarkt auf Basis eines DCF-Kalküls agieren, ergibt sich eine Aktienkurssteigerung, da zur Ermittlung des Unternehmenswerts die künftigen Cashflows auf Basis des Nachsteuergewinns approximiert werden und folglich von Seiten der (potentiellen) Aktionäre ein höherer Unternehmenswert errechnet wird.[1026] Eine solche Börsenkurssteigerung

---

1022 Vgl. Endres/Eckstein (2001), S. 76. Dies unterstellt eine gleichbleibende Umsatzrendite vor Steuern in Höhe von 20%.

1023 Für eine empirische Untersuchung der Ursachen einer Umwidmung der Steuerabteilung vom *cost center* zum *profit center* vgl. Robinson/Sikes/Weaver (2010).

1024 Vgl. Stein/Vitale (2011), S. 143.

1025 Vgl. Rappaport (1986), S. 76, Stein/Vitale (2011), S. 143.

1026 Für die Anteilseigner nichtbörsennotierter Unternehmen impliziert eine Unternehmenswertsteigerung ebenfalls einen höheren Verkaufswert ihrer Anteile, jedoch sind diese wie bereits erläutert nur unter hohen Transaktionskosten zu veräußern.

wäre auch dann zu bejahen, wenn die restriktive Prämisse zu Grunde gelegt wird, dass Investoren Bilanzpolitik grundsätzlich durchschauen und das ausgewiesene Ergebnis jeweils entsprechend korrigieren, da in diesem Fall Bilanzpolitik mit tatsächlicher Zahlungswirkung vorliegt.[1027] Allerdings ist, wie bereits mehrfach angeführt, noch nicht abschließend geklärt, wie zum einen der Kapitalmarkt auf das Bekanntwerden von Steueraggressivität reagiert und zum anderen, ob eventuelle negative Reaktionen auf die Einpreisung des erhöhten Risikos eines späteren Zahlungsmittelabflusses oder des Risikos der *rent extraction* zurückzuführen sind.[1028]

Insofern ist Steueraggressivität sowohl für die Anteilseigner börsennotierter als auch nichtbörsennotierter Unternehmen mit Nutzen verbunden, wenngleich die Aktionäre börsennotierter Unternehmen – zumindest in der Theorie – durch einen mittels Unternehmenswertsteigerung hervorgerufenen Kursanstieg in besonderem Maße profitieren dürften. Allerdings partizipieren die Eigentümer einer nichtbörsennotierten Unternehmung aufgrund ihres vergleichsweise größeren durchschnittlichen Anteilsbesitzes auch entsprechend stärker am Nutzen.

4.4.3 Kosten-Nutzen-Analyse börsennotierter und nichtbörsennotierter Unternehmen aus der Perspektive des Managements

Da das Ausmaß der Steueraggressivität letztlich durch die Entscheidungsträger des Unternehmens determiniert wird, i.e. des Berufsmanagers oder des Eigentümermanagers, ist zu diskutieren, durch welche (abweichenden) Anreize diese in der Steueraggressivitätsentscheidung getrieben sind. Für den Eigentümermanager gelten aufgrund seiner Beteiligung am Unternehmen bereits überwiegend die obigen Überlegungen, für den Berufsmanager sind gesonderte Überlegungen anzustrengen. Die Steuergestaltung kann zwar rein rechtlich als Teil der Leitungsaufgabe eines Vorstands betrachtet werden,[1029] dennoch lehren die Erkenntnisse aus der Prinzipal-Agenten-Theorie, dass ein primär durch Eigennutz gesteuerter Manager nicht zwingend die Interessen der Eigentümer der Unternehmung verfolgt, sondern erst gewisse Anreize erhalten muss.

1027 Die *functional fixation hypothesis* geht hingegen von einer Nicht-Korrektur der Ergebnisse durch die Investoren aus, wodurch Bilanzpolitik in jedem Fall die gewünschten Wirkungen hervorruft, vgl. Kap. 3.1.2.2.

1028 Vgl. hierzu Kap. 3.3.2.3 und Kap. 3.6.1.

1029 Vgl. Gassner (2001), S. 610-613.

Unstrittig dürfte sein, dass der Nutzen eines Managers, der unter anderem durch Arbeitsplatzsicherheit, Größe und Wachstumsrate des Unternehmens sowie durch Höhe und Wachstumsrate seines Einkommens definiert werden kann,[1030] geschmälert wird, wenn dieser der strafrechtlichen Haftung für Steueraggressivität in Form der Steuerhinterziehung unterliegt, wie dies beispielsweise das deutsche Recht vorsieht. Für den Manager kann das Bekanntwerden einer illegalen Steuertätigkeit zudem eine persönliche Rufschädigung bedeuten. In diesen Fällen ist der Manager entweder durch das Unternehmen (i.e. die Eigentümer) ex ante für das durch die illegale Steueraggressivität entstehende Risiko zu entschädigen, oder der Manager, sofern er nicht am Nachsteuerunternehmenserfolg partizipiert, wird diese spezielle Form der Steueraggressivität meiden (vgl. Kap. 2.3.2.2).

Losgelöst von der Frage nach der legalen oder illegalen Ausgestaltung bedeutet Steueraggressivität für den Manager grundsätzlich zunächst ein Mehr an Arbeitsaufwand.[1031] Die Prinzipal-Agent-Theorie würde nun postulieren, dass der Manager, der definitionsgemäß kein Residualanspruchsberechtigter ist, das Mehr an Aufwand mangels Nutzenzuwachses scheut.[1032] Allerdings beinhalten die Arbeitsverträge von Führungskräften deutscher Unternehmen regelmäßig einen variablen Bestandteil,[1033] so dass diese am Unternehmenserfolg partizipieren und die Interessen des Managements stärker mit denen der Eigentümer konvergieren. Wenn die Entlohnung des Managements (ganz oder in Teilen) an das Nachsteuerergebnis geknüpft wird, besitzen Manager besondere Anreize zur Steueraggressivität. In Deutschland ist seit Mitte der 90er Jahre in börsennotierten Unternehmen darüber hinaus eine anteilige Kompensation des Managements mittels aktienbasierter Vergütung üblich.[1034] Indem ein enger Zusammenhang zwischen Nachsteuerergebnis, Unternehmenswert und Aktienkurs besteht, sind Manager auch in diesen Fällen

---

1030 Vgl. Gordon (1964), S. 261. Weitere Faktoren können zudem Macht- und Prestigestreben sein, vgl. Freidank (1990), S. 15 m.w.N.

1031 Die steuergestalterische Tätigkeit wird zwar nicht vom Manager in seiner Rolle als Vorstand bzw. Geschäftsführer selbst übernommen, jedoch von den ihm unterstellten Abteilungen, wodurch ihm sowohl die (strategische) Leitung obliegt als auch er die Verantwortung zu tragen hat.

1032 Vgl. Kap. 2.3.1.2.

1033 Vgl. Evers (2001), S. 31. Die Vergütung (ohne Nebenleistungen) der Vorstände der DAX 30 Unternehmen bestand bspw. im Jahr 2009 im Schnitt zu ca. 60% aus erfolgsorientierter und zu ca. 40% aus fixer Vergütung, wobei die Vergütungspakete selbst eine große Komplexität aufweisen und zwischen den Vergütungspaketen der Unternehmen eine nicht unerhebliche Heterogenität besteht, vgl. Welker (2012), S. 25.

1034 Vgl. Gillenkirch (2008), S. 3-6.

für die Durchführung von Steueraggressivität motiviert. Bestehende empirische Studien belegen den steueraggressivitätserhöhenden Effekt durch Kompensation des Managements auf Nachsteuerbasis bzw. auf Aktienbasis.[1035]

Wird der Manager hingegen auf Basis des handelsrechtlichen (Vorsteuer-)Ergebnisses entlohnt, so können für diesen Anreize bestehen, den handelsrechtlichen Gewinn zu maximieren, was aufgrund des Maßgeblichkeitsprinzips zu einer höheren Steuerbelastung der aktuellen Periode führt.[1036] Eine Kompensation auf Basis des handelsrechtlichen Einzelabschlussergebnisses vor Steuern dürfte jedoch in börsennotierten Unternehmen als unwahrscheinlich, wenngleich nicht als völlig ausgeschlossen, gelten. Dies ist dadurch begründet, dass börsennotierte Unternehmen in ihren Vergütungsmodellen für das Management – aktienbasierte Vergütungen außen vor gelassen – regelmäßig auf Ergebnis(kenn-)zahlen des (nach IFRS erstellten) Konzernabschlusses zurückgreifen oder auf Kennzahlen der wertorientierten Konzernsteuerung Bezug nehmen.[1037] Daher sind eventuelle, auf dem handelsrechtlichen Einzelabschlussergebnis basierende Vergütungsstrukturen und die dadurch ausgehenden Negativanreize für die Steueraggressivität tendenziell nur in nichtbörsennotierten Unternehmen zu erwarten. Elschen (1995) sieht den Konflikt zwischen Steuerbilanzpolitik und (handelsrechtlicher) Gewinnbeteiligung des Managements dann als eingeschränkt an, wenn das Management an dem in der Zukunft durch steuerbedingte Finanzierungsvorteile gestiegenen Unternehmensgewinn partizipiert.[1038] Welche genauen Kompensationsschemata innerhalb einer Unternehmung vorliegen und welche Anreize davon besonders in Bezug auf die Steueraggressivität ausgehen, ist allerdings stark einzelfallabhängig.

Im Rahmen der bisherigen Kosten-Nutzen-Analyse aus Sicht des Managements ist indes ein Aspekt noch nicht beleuchtet worden, der im Rahmen der Kosten-Nutzen-Analyse aus Sicht der Eigentümer bereits diskutiert wurde. Dieser Aspekt besteht darin, dass sich aus der Prinzipal-Agent-Theorie ein opportunistisches Handeln des Managements in Form der *rent extraction* ableiten lässt, das durch die komplexe Struktur der Steuergestaltungsmaßnahmen vereinfacht wird. Inwieweit Manager tatsächlich die Komplexität von Steuergestaltungen nutzen, um sich auf Kosten der Anteilseigner zu bereichern, ist noch nicht hinlänglich geklärt.[1039] Allerdings würde das Bestehen eines solchen Zusammenhangs das

1035 Für empirische Nachweise dieses Zusammenhangs vgl. Kap. 3.5.3.2.

1036 Vgl. Hundsdoerfer (1996), S. 335 f.

1037 Vgl. hierzu auch Gillenkirch (2008).

1038 Vgl. Elschen (1995), S. 309 und S. 321.

1039 Vgl. Kap. 3.3.2.3 sowie die Ausführungen im vorangegangenen Kap. 4.4.2.

Ausmaß der Steueraggressivität fördern, da der Manager sich umso mehr bereichern könnte, je ausgedehnter und komplexer die Steuergestaltung des Unternehmens ist. Dies ist jedoch, wie bereits an früherer Stelle konstatiert, naturgemäß auf diejenigen Fälle zu begrenzen, in welchen eine managergeleitete Unternehmung vorliegt, was bezüglich der börsennotierten Unternehmen stets zutreffen dürfte.

4.5 Schlussfolgerungen aus den vorangegangenen Kapiteln und Hypothesenformulierung

Wie die bisherigen Ausführungen der vorliegenden Arbeit gezeigt haben, ist die Steueraggressivität eines Unternehmens ein komplexes Konzept. Das jeweilige Ausmaß der Steueraggressivität kann dabei – zunächst unabhängig von der Frage der Börsennotierung – durch eine Vielzahl von Faktoren getrieben sein. Hierzu besteht bereits eine Reihe empirischer Untersuchungen, die im Rahmen von Kap. 3.5 näher diskutiert wurden. Diese Studien versuchen das unterschiedliche Ausmaß der Steueraggressivität über verschiedene Unternehmen hinweg systematisch zu erklären.

Wie nun aus den Erläuterungen von Kap. 4 hervorgeht, bestehen zwischen börsennotierten und nichtbörsennotierten Unternehmen nicht unerhebliche Unterschiede, die sich u.a. in divergierenden Anreizen in Bezug auf das Rechnungslegungsverhalten niederschlagen und möglicherweise auch in einem unterschiedlichen Ausmaß an Steueraggressivität resultieren. Um beurteilen zu können, ob und in welche Richtung Unterschiede hinsichtlich des Steueraggressivitätsumfangs zwischen börsennotierten und nichtbörsennotierten Unternehmen existieren, wurden die jeweiligen Kosten und Nutzen börsennotierter und nichtbörsennotierter Unternehmen einander gegenübergestellt. Dem liegt die Überlegung zu Grunde, dass das Verhältnis der mit der Steueraggressivität verbundenen marginalen Kosten zu dem mit der Steueraggressivität verbundenem marginalen Nutzen gemäß dem ökonomischen Prinzip die diesbezügliche Entscheidung determiniert. Eine exakte Quantifizierung der Kosten und Nutzen ist zwar nicht möglich, aber zumindest die Gewinnung von Tendenzaussagen. Hierbei sind nicht nur die Kosten aus Zielkonflikten zwischen externer und steuerlicher Rechnungslegung, sondern auch andere (potenzielle) Kostenarten mit einzubeziehen.

Allerdings liefert die Kosten-Nutzen-Analyse börsennotierter und nichtbörsennotierter Unternehmen kein eindeutiges Bild, sondern stellt sich als ambivalent dar. Einige Aspekte sprechen für eine stärkere Steueraggressivität börsennotierter Unternehmen und wiederum andere Aspekte lassen eine stärkere Steueraggressivität nichtbörsennotierter Unternehmen vermuten. Da die Gewichtung verschiedener Pro- und Kontraargumente mangels konkreter Quantifizierungsmöglichkeiten der jeweiligen Aspekte eine subjektive Wertung erfordern würde, ist folglich die Formulierung einer gerichteten Hypothese als kritisch zu betrachten.

Indem aus den vorherigen Erläuterungen jedoch eindeutig abgeleitet werden kann, dass grundlegende Differenzen im Bereich der Steueraggressivität zwischen börsennotierten Unternehmen und nichtbörsennotierten Unternehmen bestehen – wenngleich unklar ist, in welche Richtung sich diese Unterschiede hinsichtlich des Ausmaßes der Steueraggressivität auswirken – ist eine ungerichtete Hypothese zu formulieren. Demnach wird die Hypothese aufgestellt, dass börsennotierte Unternehmen ein systematisch anderes Ausmaß an Steueraggressivität aufweisen als nichtbörsennotierte Unternehmen.

Im Rahmen von Kap. 6 wird diese Hypothese der empirischen Überprüfung unterzogen. Da die Steueraggressivität eines Unternehmens jedoch von weiteren Faktoren abhängt, sind auch anderweitige Einflussfaktoren zu berücksichtigen, um sicherzustellen, dass ein möglicher Unterschied in der Steueraggressivität börsennotierter und nichtbörsennotierter Unternehmen wirklich auf die Unterschiede zwischen diesen beiden Unternehmenstypen zurückzuführen ist und nicht beispielsweise durch Faktoren wie Unternehmensgröße oder Profitabilität getrieben ist. Welche konkreten Faktoren hinsichtlich der Steueraggressivität von Unternehmen in Deutschland aufgrund der Ergebnisse früherer Studien oder aufgrund des vorliegenden Settings als (weitere) relevante Determinanten erachtet werden und welche Erwartungshaltung jeweils hinsichtlich der Richtung ihres Einflusses besteht, wird im Rahmen von Kap. 5.2.3.2 näher dargelegt.

Insofern steht im Zentrum der Untersuchung die Frage, inwieweit Unterschiede im Steueraggressivitätsausmaß börsennotierter gegenüber nichtbörsennotierten Unternehmen in Deutschland vorliegen. Diese Studie ermöglicht darüber hinaus Einblicke, welche Einflussfaktoren die unternehmerische Steueraggressivität in Deutschland prägen dürften sowie auf welche Weise.

5 Empirische Untersuchung zur Steueraggressivität börsennotierter und nichtbörsennotierter Unternehmen

5.1 Prämissen des linearen Regressionsmodells

Die empirische Forschung zielt gewöhnlich darauf, theoretische Erklärungszusammenhänge mit empirischen Beobachtungen zu konfrontieren. Während der experimentelle Zweig der empirischen Forschung unter kontrollierten Bedingungen Fakten generiert, die ausschließlich einer Gegenüberstellung mit der jeweils ausgewählten Theorie dienen, zieht der nicht-experimentelle (auch historische) Zweig Fakten der Vergangenheit heran. Diese Daten können mit Hilfe statistischer Verfahren untersucht werden. Der Rückgriff auf statistische Verfahren zur Überprüfung ökonomischer Theorien unter Verwendung beobachtbarer Daten, i.e. der ökonomischen Realität, wird gemeinhin als Ökonometrie bezeichnet.[1040]

Eines der wichtigsten Instrumente in der Ökonometrie stellt das lineare Regressionsmodell dar.[1041] Ausgangspunkt einer entsprechenden Modellspezifikation und zugleich dessen wichtigste Leitlinie ist die Formulierung eines ökonomischen Modells, i.e. die theoretische Begründung von ökonomischen Wirkungszusammenhängen.[1042] Ferner sind für die Interpretierbarkeit der Regressionsergebnisse diverse Anforderungen an das Regressionsmodell zu beachten. Anwendbar ist eine Regressionsanalyse stets dann, wenn sowohl die abhängige als auch die unabhängigen Variablen ein metrisches Skalenniveau aufweisen.[1043] Darüber hinaus ist das klassische lineare Regressionsmodell durch eine Reihe von bestimmten Annahmen gekennzeichnet.[1044] Diese beziehen sich erstens auf die funktionale Spezifikation des Modells, zweitens auf die Spezifikation der Störgrößen sowie drittens auf die Spezifikation der Variablen.[1045] Im Detail lauten die Annahmen des linearen Regressionsmodells wie folgt:[1046]

1040 Vgl. von Auer (2011), S. 2 f.

1041 Vgl. Greene (2012), S. 52.

1042 Vgl. Kennedy (2008), S. 75, Wooldridge (2013), S. 2 f.

1043 Vgl. Backhaus/Erichson/Plinke/Weiber (2011), S. 59.

1044 Vgl. Auer/Rottmann (2011), S. 445.

1045 Vgl. von Auer (2011), S. 142-152.

1046 Vgl. u.a. Backhaus/Erichson/Plinke/Weiber (2011), S. 85 f., Asteriou/Hall (2011), S. 36 f., Auer/Rottmann (2011), S. 445-452, Greene (2012), S. 55-65.

1. Das Regressionsmodell spezifiziert eine lineare Beziehung zwischen der abhängigen Variablen y und den unabhängigen Variablen $x_1, x_2, x_3 \ldots x_K$.[1047] Dabei lässt sich die abhängige Variable y für alle Beobachtungen i = 1, 2, 3, …, N durch die Regressionsfunktion $y_i = \alpha + \beta_1 x_{1i} + \beta_2 x_{2i} + \ldots + \beta_K x_{Ki} + \varepsilon_i$ beschreiben.[1048] Das Modell ist linear in den Parametern α und β_k und die Zahl der zu schätzenden Parameter K + 1 ist kleiner als die Zahl der vorliegenden Beobachtungen N. Es fehlen keine relevanten unabhängigen Variablen und die verwendeten unabhängigen Variablen sind nicht irrelevant.
2. Der Erwartungswert der Störgrößen beträgt Null.
3. Die Störgrößen haben eine konstante Varianz (Homoskedastizität).
4. Die Störgrößen sind nicht korreliert (keine Autokorrelation).
5. Die Störgrößen sind normalverteilt.
6. Zwischen den unabhängigen Variablen und der Störgröße besteht keine Korrelation.
7. Zwischen den unabhängigen Variablen besteht keine lineare Abhängigkeit (keine vollkommene Multikollinearität).

Die Konsequenzen der Verletzung einzelner Annahmen hängen von der Art der Verletzung ab. Eine Verletzung der Annahme Nr. 2 führt beispielsweise zu einer Verzerrung des konstanten Terms α.[1049] Da diesem Term in den meisten Anwendungen keine bzw. lediglich eine sekundäre Bedeutung zukommt, stellt die Verzerrung kein bedeutendes Problem dar. Die Verzerrung selbst kann durch einen systematischen Messfehler begründet sein, i.e. die Werte des Regressanden werden mit einem konstanten Fehler zu hoch oder zu niedrig gemessen.[1050]

Besitzen die Störterme keine konstante Varianz, ist Annahme Nr. 3 verletzt, statt Homoskedastizität liegt Heteroskedastizität vor. Zur Aufdeckung von Heteroskedastizität steht neben der Möglichkeit einer visuellen Inspektion der

---

1047 Die abhängige Variable trägt alternativ die Bezeichnung der zu erklärenden oder endogenen Variable, während die unabhängigen Variablen auch als erklärende oder exogene Variablen bezeichnet werden. Für die abhängige Variable wird zudem der Begriff des Regressanden und für die unabhängigen Variablen der Begriff der Regressoren verwendet, vgl. Backhaus/Erichson/Plinke/Weiber (2011), S. 59.

1048 Der beobachtete Wert von y_i setzt sich damit additiv aus zwei Teilen zusammen: einem deterministischen Teil und einem stochastischen Teil, ausgedrückt durch den Störterm ε_i, vgl. Greene (2012), S. 53. Der Parameter α stellt einen konstanten Niveauparameter (auch Interzept-Parameter) dar.

1049 Vgl. Asteriou/Hall (2011), S. 37, Backhaus/Erichson/Plinke/Weiber (2011), S. 88.

1050 Vgl. Backhaus/Erichson/Plinke/Weiber (2011), S. 88.

Residuen mit Hilfe eines Residuenplots eine Reihe von formalen Testverfahren zur Verfügung, die beispielsweise den White-Test, den Goldfeld/Quandt-Test oder das Verfahren von Glesjer umfasst.[1051] Im Fall von Heteroskedastizität ist der Kleinst-Quadrate-Schätzer[1052] zwar unverzerrt (erwartungstreu)[1053] und konsistent[1054], aber nicht mehr effizient[1055,1056]. Dadurch werden die Standardfehler der Regressionskoeffizienten unterschätzt, was wiederum zu erhöhten t-Werten führt, die verfälschte Hypothesentestentscheidungen nach sich ziehen können.[1057] In der empirischen Rechnungslegungsforschung stellt Heteroskedastizität ein regelmäßiges Problem dar, das durch Größenunterschiede im Querschnitt, i.e. zwischen den Unternehmen des Samples, verursacht wird.[1058] Um dieses Problem zu lindern, wird regelmäßig eine Skalierung der Regressionsvariablen durch ein Größenproxy[1059] vorgenommen oder ein Unternehmensgrößenproxy[1060] als unabhängige Variable aufgenommen.[1061] Darüber hinaus entwickelte White (1980) eine Methode, mit der sich – bei großen Stichproben – trotz Heteroskedastizität genaue Schätzungen der Standardfehler gewinnen lassen.[1062] Barth/Kallapur (1996), die bezüglich der Wirksamkeit der einzelnen Vorgehensweisen für

1051 Vgl. Auer/Rottmann (2011), S. 542, Backhaus/Erichson/Plinke/Weiber (2011), S. 90-92.

1052 Die englischsprachige Bezeichnung für die gewöhnliche Methode der Kleinsten Quadrate lautet *ordinary least square* (OLS).

1053 Ein Schätzer ist erwartungstreu, wenn sein Erwartungswert mit dem Parameter der Grundgesamtheit übereinstimmt, vgl. Eckey/Kosfeld/Dreger (2011), S. 42 f.

1054 Ein Schätzer ist konsistent, wenn bei Vergrößerung des Stichprobenumfangs der Schätzer näher am wahren Wert des zu schätzenden Parameters liegt, vgl. Eckey/Kosfeld/Dreger (2011), S. 47-49.

1055 Ein Schätzer ist effizient, wenn er die kleinstmögliche Varianz bezüglich der geschätzten Regressionskoeffizienten aufweist, vgl. Eckey/Kosfeld/Dreger (2011), S. 45-47.

1056 Vgl. Chatterjee/Price (1995), S. 57, Asteriou/Hall (2011), S. 113, von Auer (2011), S. 389.

1057 Vgl. Asteriou/Hall (2011), S. 113, Auer/Rottmann (2011), S. 522. Zur Funktionsweise des t-Tests, der mit Hilfe des hierfür zu ermittelnden t-Werts (bzw. des Wert der t-Statistik) durchgeführt wird, vgl. Kap. 5.5.1.

1058 Vgl. Barth/Kallapur (1996), S. 528.

1059 Hierfür wird auf die Bilanzsumme (z.B. Sougiannis (1994)) oder auf die Anzahl der Aktien (z.B. Barth (1994)) zurückgegriffen. Weitere Möglichkeiten stellen bspw. die Umsatzerlöse, der Gewinn, der Aktienkurs oder der Buchwert des Eigenkapitals dar.

1060 Zu verschiedenen Proxys der Unternehmensgröße zur Verwendung als selbstständige Variable vgl. bereits Fn. 356.

1061 Vgl. Barth/Kallapur (1996), S. 528.

1062 Vgl. Auer/Rottmann (2011), S. 534 f.

die Anwendung in der empirischen Rechnungslegungsforschung eine Simulationsstudie durchführten, ermittelten, dass die Berücksichtigung eines Größenproxys als unabhängige Variable und die Verwendung von heteroskedastierobusten Standardfehlern nach White (1980) (auch als White-Standardfehler bezeichnet) ein effektives Hilfsmittel darstellen.[1063]

Annahme Nr. 4 fordert die Freiheit von Autokorrelation der Störterme, i.e. die Störterme sollten nicht miteinander korrelieren. Eine Verletzung dieser Annahme tritt insbesondere bei Zeitreihendaten auf.[1064] Wenn Daten in einer chronologischen Reihung vorliegen, so kann die Störgröße einer Periode die Störgröße der nächsten (oder einer anderen) Periode beeinflussen. Es ist folglich sehr wahrscheinlich, dass zwischen sukzessiven Beobachtungen, verglichen mit einem Querschnittsdatensatz, eine Interkorrelation auftritt, insbesondere wenn das Intervall kurz ist, wie beispielsweise im Fall von täglichen, wöchentlichen oder monatlichen Frequenzen.[1065] Liegt eine Autokorrelation der Störterme vor, so führt dies zu Verzerrungen bei der Ermittlung des Standardfehlers der Regressionskoeffizienten und folglich auch bei der Bestimmung der Konfidenzintervalle für die Regressionskoeffizienten,[1066] die üblicherweise benutzten Signifikanztests sind nicht länger gültig.[1067] Die Konsequenzen von Autokorrelation sind folglich mit denen der Heteroskedastizität vergleichbar.[1068] Zur Aufdeckung von Autokorrelation kann beispielsweise der Durbin-Watson-Test herangezogen werden.[1069] Zwar existieren verschiedene Alternativen zum Durbin-Watson-Test, wie beispielsweise der auf Godfrey (1978) und Breusch (1978) zurückgehende LM-Test,[1070] diese werden jedoch nur selten eingesetzt.[1071] Bei Vorliegen von Autokorrelation können die Standardfehler mit Hilfe eines durch Newey/West (1987) entwickelten Verfahrens ermittelt werden. Die sogenannten Newey-West-Standardfehler tragen

---

1063 Vgl. Barth/Kallapur (1996), S. 556 f. Ein solches Vorgehen, i.e. die Verwendung von White-Standardfehlern, ist bspw. in der Studie von Lanis/Richardson (2012) zu beobachten, die des Weiteren eine Stellvertretervariable für die Unternehmensgröße inkludieren, vgl. Lanis/Richardson (2012), S. 96 und S. 100.

1064 Vgl. Backhaus/Erichson/Plinke/Weiber (2011), S. 92, von Auer (2011), S. 421.

1065 Vgl. Asteriou/Hall (2011), S. 149.

1066 Vgl. Backhaus/Erichson/Plinke/Weiber (2011), S. 92.

1067 Vgl. Chatterjee/Price (1995), S. 158.

1068 Vgl. Auer/Rottmann (2011), S. 542.

1069 Vgl. Chatterjee/Price (1995), S. 161-163, von Auer (2011), S. 432.

1070 Das Kürzel LM steht für Lagrange-Multiplikator.

1071 Vgl. Kennedy (2008), S. 127. Zum LM-Test an sich vgl. Auer/Rottmann (2011), S. 548-550.

sowohl der Autokorrelation als auch der Heteroskedasizität Rechnung,[1072] sind jedoch nicht unumstritten.[1073]

Eine Verletzung der Annahme Nr. 5, Normalverteilung der Störterme, wirkt sich auf die Schätzeigenschaften der Kleinst-Quadrate-Schätzer nicht aus.[1074] Daher wird diese in vielen empirischen Studien überhaupt nicht thematisiert.[1075] Die Annahme der Normalverteilung der Störgrößen ist dennoch für die Durchführung statistischer Tests in Form des t-Tests oder des F-Tests relevant.[1076] Der t-Test wird benutzt, um die einzelnen Regressionskoeffizienten auf ihre Signifikanz zu testen. Der F-Test testet dagegen nicht die Signifikanz partieller Regressionskoeffizienten, sondern die Signifikanz des Gesamtmodells.[1077] Wenn die Anzahl der Beobachtungen jedoch groß genug ist (mehr als 40), besitzen die Signifikanztests unabhängig von der Verteilung der Störgrößen Gültigkeit.[1078] Das Vorliegen der Normalverteilung kann mit Hilfe des Jarque-Bera-Tests überprüft werden.[1079]

Annahme Nr. 7 fordert, dass keine unabhängige Variable eine perfekte lineare Funktion einer oder mehrerer unabhängigen Variablen ist, i.e. keine perfekte Multikollinearität besteht.[1080] Im Fall perfekter Multikollinearität wäre die Regressionsanalyse rechnerisch nicht durchführbar. Ein gewisser Grad an Multikollinearität ist bei empirischen Daten stets vorhanden, wenngleich dieser nicht zwingend störend sein muss. Ein hoher Grad an Multikollinearität wirft allerdings durchaus Probleme auf, da mit steigendem Grad die Schätzungen der Regressionsparameter unzuverlässiger werden, wodurch die Standardfehler der Regressionskoeffizienten größer werden.[1081] Zur Aufdeckung von Multikollinearität können beispielsweise die (paarweisen) Korrelationskoeffizienten herangezogen werden. Darüber hinaus kann auch der *variance inflation factor* (VIF) berechnet werden.[1082] VIF-Werte

1072 Vgl. Auer/Rottmann (2011), S. 554 f.

1073 Vgl. Mizon (1995), S. 274 und S. 285 f.

1074 Vgl. Backhaus/Erichson/Plinke/Weiber (2011), S. 96, von Auer (2011), S. 452 f.

1075 Vgl. von Auer (2011), S. 451.

1076 Vgl. Backhaus/Erichson/Plinke/Weiber (2011), S. 96.

1077 Vgl. Urban/Mayerl (2011), S. 162-166, eine ausführlichere Erläuterung erfolgt im Rahmen der Darstellung der Regressionsergebnisse.

1078 Vgl. Backhaus/Erichson/Plinke/Weiber (2011), S. 96.

1079 Vgl. Gujarati/Porter (2009), S. 131 unter Verweis auf Jarque/Bera (1987).

1080 Vgl. Auer/Rottmann (2011), S. 452.

1081 Vgl. Backhaus/Erichson/Plinke/Weiber (2011), S. 93 f.

1082 Vgl. Auer/Rottmann (2011), S. 508 f.

größer als 10 werden im Allgemeinen als Hinweis auf ein problematisches Ausmaß von Multikollinearität betrachtet.[1083]

Annahme Nr. 6 steht mit der Anforderung an die unabhängigen Variablen in engem Zusammenhang, dass diese nicht-stochastisch, i.e. keine Zufallsvariablen sind, sondern sich wie in einem Experiment kontrollieren lassen.[1084] Wenn dies erfüllt ist, besteht zwischen den unabhängigen Variablen und den Störgrößen keine Korrelation.[1085] Allerdings stellt die Anforderung, dass sich die unabhängigen Variablen wie in einem Experiment kontrollieren lassen, in der ökonometrischen Praxis eine eher unrealistische Annahme dar.[1086] Letzten Endes ist die Unkorreliertheit zwischen den unabhängigen Variablen und den Störgrößen die entscheidende Annahme.[1087] Wird diese verletzt, werden die entsprechenden Regressoren nicht mehr als exogen, sondern als endogen bezeichnet.[1088] Bei Korrelation der unabhängigen Variablen und des Störterms (Endogenität), ist es nicht mehr möglich, ihre jeweiligen individuellen Einflüsse auf die abhängige Variable zu untersuchen bzw. zu isolieren.[1089] In diesem Fall liefert die Kleinst-Quadrate-Schätzung verzerrte und nicht-konsistente Ergebnisse, eine Alternative bietet dann die Instrument-Variablen-Schätzung.[1090] Zur Überprüfung, ob Endogenität eines Regressors vorliegt und somit eine Instrument-Variablen-Schätzung angebracht wäre, kann der Hausman-Test verwendet werden.[1091] Das Bestehen von Endogenität liegt zum einen in einer umgekehrten Kausalität (auch Simultanität bezeichnet) begründet, zum anderen tritt diese typischerweise dann auf, wenn relevante erklärende Variablen vernachlässigt werden.[1092] Als weiterer Grund ist das Selbstselektionsproblem zu nennen, das jedoch in engem Zusammenhang mit dem Fehlen relevanter Variablen steht: Die Beobachtungen des Samples sind in unbeobachteter Weise heterogen. Wenn die Gründe für diese Heterogenität gemessen werden könnten, könnten diese in das Modell integriert und so eine Verzerrung vermieden werden.[1093]

1083 Vgl. Asteriou/Hall (2011), S. 100.

1084 Vgl. Asteriou/Hall (2011), S. 36, von Auer (2011), S. 148.

1085 Vgl. Asteriou/Hall (2011), S. 36.

1086 Vgl. von Auer (2011), S. 47 und S. 461, Greene (2012), S. 63.

1087 Vgl. Greene (2012), S. 63.

1088 Vgl. Kennedy (2008), S. 139.

1089 Vgl. Auer/Rottmann (2011), S. 447.

1090 Vgl. von Auer (2011), S. 492.

1091 Vgl. Kennedy (2008), S. 144, Wooldridge (2013), S. 512. Der Hausman-Test geht auf Hausman (1978) zurück.

1092 Vgl. Kennedy (2008), S. 139, Auer/Rottmann (2011), S. 447 f.

1093 Vgl. Kennedy (2008), S. 140.

Die Berücksichtigung aller relevanten Variablen ist Teil der funktionalen Spezifikation (Annahme Nr. 1), wobei die Auswahl der Regressoren „zu den schwierigsten Aufgaben eines Ökonometrikers“[1094] gehört. Wird eine relevante Variable vernachlässigt, die keine Korrelation zu den berücksichtigten Regressoren aufweist, ist dies allerdings weitgehend unproblematisch. Die Folgen entsprechen denen eines konstanten Messfehlers: Der Erwartungswert der Störgröße ist ungleich Null, wodurch (lediglich) der Interzept α verzerrt wird.[1095] Korreliert die vernachlässigte relevante Variable jedoch mit den inkludierten Variablen, dann resultiert eine Korrelation zwischen den unabhängigen Variablen und der Störgröße und es kommt zur – im vorherigen Absatz beschriebenen – Verletzung der Annahme Nr. 6. Der Effekt der Verzerrung der Koeffizientenschätzung, der aus dieser Endogenität resultiert, wird als *omitted variable bias* bezeichnet.[1096] So ist beispielsweise der Einsatz von Paneldaten in erster Linie durch das Ziel der Lösung des Problems der vernachlässigten Variablen motiviert.[1097] Eine Paneldatenstrukur entsteht, wenn Querschnittsdaten von denselben Untersuchungseinheiten (z.B. Unternehmen) wiederholt, i.e. an mehreren Zeitpunkten (z.B. Jahre), erhoben werden. Folglich stellt ein Paneldatensatz eine Kombination aus Querschnittsdaten und Längsschnittdaten (Zeitreihendaten) dar.[1098] Während im balancierten Panel (als Idealtyp) von jeder Untersuchungseinheit zu jedem Zeitpunkt Daten vorhanden sind, weist ein – häufig im Fall von Unternehmensdaten vorliegendes – unbalanciertes Panel wenigstens für eine Untersuchungseinheit fehlende Werte zu mindestens einem Zeitpunkt auf.[1099] Zur Analyse von Paneldaten findet zwar grundsätzlich auch eine Schätzung auf Basis der Kleinsten Quadrate statt, allerdings wird vor Anwendung dieser Methode eine Transformation der Daten durchgeführt.[1100] Die *fixed effects*-Transformation eliminiert beispielsweise die Niveauunterschiede zwischen den Einheiten des Datensatzes, indem von jeder Merkmalsausprägung der einheitenspezifische Mittelwert dieses Merkmals abgezogen wird.[1101] Dadurch wird auf unbeobachtete Heterogenität (auch als unbeobachteter Effekt oder fixer Effekt bezeichnet)

1094 von Auer (2011), S. 275.

1095 Vgl. Backhaus/Erichson/Plinke/Weiber (2011), S. 89.

1096 Vgl. von Auer (2011), S. 278-284, Wooldridge (2013), S. 84-88.

1097 Vgl. Wooldridge (2010), S. 281.

1098 Vgl. von Auer (2011), S. 12, Wooldridge (2013), S. 10. Einen Überblick über die Vorteile und Limitationen von Paneldaten bietet Baltagi (2008), S. 6-11.

1099 Vgl. Wooldridge (2013), S. 473.

1100 Vgl. Giesselmann/Windzio (2012), S. 27

1101 Vgl. Giesselmann/Windzio (2012), S. 40.

kontrolliert.[1102] Während bei fixen Effekten unterstellt wird, dass sie für dieselben Untersuchungseinheiten fest (konstant) sind, gilt bei sogenannten zufälligen Effekten (*random effects*) die Heterogenität zwischen den Untersuchungseinheiten als zufällig schwankend (stochastisch).[1103] Fixe Effekte erlauben im Gegensatz zu zufälligen Effekten jedoch eine Korrelation zwischen den erklärenden Variablen und dem unbeobachteten Effekt, so dass im modernen ökonometrischen Sprachgebrauch die Verwendung des Begriffes der fixen Effekte nicht unbedingt auf die Nicht-Zufälligkeit der unbeobachteten Heterogenität abzielt, sondern vielmehr deutlich macht, dass eine beliebige Korrelation zwischen dem unbeobachteten Effekt und den erklärenden Variablen vorliegen darf.[1104]

Gemäß Annahme Nr. 1 enthält das Regressionsmodell jedoch nicht nur alle relevanten Variablen, sondern dieses ist auch bar aller irrelevanten Variablen. Die Konsequenzen der Berücksichtigung überflüssiger Variablen stellen sich allerdings als weit weniger schwerwiegend dar als der aus einer Vernachlässigung relevanter Variablen resultierende *omitted variable bias*, indem es in diesem Fall zu keiner Verzerrung des Schätzers kommt. Allerdings wäre eine Einbuße der Effizienz hinzunehmen.[1105] Die in Annahme Nr. 1 des Weiteren geforderte Linearität des Modells kann, falls eine nichtlineare Beziehung vorliegt, durch Transformation der Variablen erfüllt werden.[1106] Die korrekte Spezifikation des Modells hinsichtlich der Linearität kann durch das von Ramsey (1969) entwickelte RESET[1107]-Verfahren überprüft werden.[1108] Als leitendes Prinzip für die Spezifikation eines Modells ist, wie bereits zu Beginn dieses Kapitels formuliert, stets die ökonomische Theorie zu sehen.[1109]

1102 Vgl. Wooldridge (2013), S. 444. Als Variante der *fixed effects*-Regression kann die *least square dummy variable*-Regression (LSDV) betrachtet werden. Im Gegensatz zur *fixed effects*-Regression erfolgt bei diesem Vorgehen die Kontrolle einheitenspezifischer Heterogenität allerdings nicht durch Eliminierung, sondern durch systematische Spezifikation des Einheiteneffekts. Dies erfolgt, indem alle Einheiten über ein Set von Dummy-Variablen als erklärende Faktoren in das Modell integriert werden. Die Regressionsschätzung wird sodann mit OLS durchgeführt, vgl. Giesselmann/Windzio (2012), S. 48 und S. 51.

1103 Vgl. Eckey/Kosfeld/Dreger (2011), S. 288-298.

1104 Vgl. Wooldridge (2010), S. 286.

1105 Vgl. Auer/Rottmann (2011), S. 481, von Auer (2011), S. 286 f.

1106 Vgl. Backhaus/Erichson/Plinke/Weiber (2011), S. 86.

1107 RESET steht für *regression specification error test.*

1108 Vgl. Auer/Rottmann (2011), S. 482, von Auer (2011), S. 317.

1109 Vgl. Kennedy (2008), S. 75.

5.2 Design der empirischen Untersuchung

5.2.1 Datengrundlage und Samplebildung

Zur Untersuchung der aus Kap. 4.5 hervorgegangenen Hypothese mit Hilfe des dafür entwickelten Regressionsmodells, das in Kap. 5.2.2 vorgestellt bzw. in Kap. 5.2.3 noch näher beschrieben wird, wird ein Sample benötigt, das die für dieses Modell erforderlichen Daten börsennotierter und nichtbörsennotierter Unternehmen bereitstellt. Da eine manuelle Erhebung von Unternehmens- und Jahresabschlussdaten naturgemäß nur eine begrenzte Stichprobengröße zulässt, bietet sich zur Gewährleistung einer genügend großen Stichprobe der Rückgriff auf eine Bilanzdatenbank an. In den Bilanzdatenbanken *Compustat* oder *Worldscope* werden allerdings nur Informationen zu börsennotierten Unternehmen zur Verfügung gestellt. Die von BvD angebotene Datenbank *Amadeus* enthält dagegen Jahresabschlussdaten und anderweitige Unternehmensinformationen börsennotierter sowie nichtbörsennotierter Unternehmen verschiedener europäischer Länder und wird für empirische Analysen im Bereich der Rechnungslegungsforschung bezüglich nichtbörsennotierter Unternehmen regelmäßig verwendet.[1110] Desgleichen wird für die empirische Untersuchung im Rahmen der vorliegenden Arbeit ein mit Hilfe der Datenbank *Amadeus* erhobener Datensatz zu Grunde gelegt.

Das Ausgangssample besteht aus allen in *Amadeus* für den Zeitraum 2002 bis 2010 verfügbaren Unternehmensjahrbeobachtungen von in Deutschland ansässigen börsennotierten und nichtbörsennotierten Unternehmen, wobei sich der Untersuchungszeitraum auf die Jahre 2003 bis 2010 erstreckt und die Daten des Jahres 2002 für Skalierungszwecke verwendet werden.[1111] Zu beachten ist, dass ausschließlich Daten aus unkonsolidierten Abschlüssen (i.e. Einzelabschlüssen) erhoben werden, da das Steuerverhalten deutscher Unternehmen analysiert werden soll und das hiesige Steuerrecht, wie im Rahmen von Kap. 3.2.1 näher ausgeführt,

1110 Bspw. stützen sich die Studien von Burgstahler/Hail/Leuz (2006), Goncharov/Zimmermann (2006), Peek/Cuijpers/Buijink (2010) und Watrin/Pott/Ullmann (2012) auf *Amadeus*. Zum grundlegenden Datenverfügbarkeitsproblem nichtbörsennotierter Unternehmen vgl. bereits Kap. 4.2.2.

1111 Der Zeitraum von 2002-2010 stellt die zum Zeitpunkt der Datenabfrage (Juli 2011) maximal erhältliche Zeitspanne dar, da die onlinebasierte Version der Datenbank *Amadeus* jeweils nur die Daten eines Zehnjahreszeitraums (einschließlich des im Zeitpunkt der Abfrage aktuellen Jahres) zur Verfügung stellt. Regulatorische Änderungen, die in diesem Untersuchungszeitraum auftreten und möglicherweise Relevanz besitzen, werden im Rahmen der Robustheitstests (Kap. 5.5.2.5) thematisiert.

die Besteuerung nicht auf Basis der wirtschaftlichen Einheit, sondern vielmehr auf Basis der rechtlichen Einheit vorsieht. Während nach deutschem Recht eine Besteuerung auf Basis eines konsolidierten Abschlusses nicht möglich ist, besteht beispielsweise in den USA, wenngleich nur unter bestimmten Voraussetzungen, durchaus die Möglichkeit für eine Gruppenbesteuerung.[1112] Des Weiteren weist Deutschland eine – gerade im Vergleich zu den die externe und steuerliche Rechnungslegung deutlich separierenden USA – relativ nahe an der handelsrechtlichen Rechnungslegung liegende steuerliche Rechnungslegung auf, indem der handelsrechtliche Einzelabschluss, unter Vorbehalt spezieller steuerlicher Regelungen, Maßgeblichkeit für die steuerliche Gewinnermittlung besitzt.[1113]

Das Resultat ist ein primärer Datensatz von 2.259.290 Unternehmensjahrbeobachtungen, der auf Basis der im Folgenden erläuterten Kriterien bereinigt wird, wobei die Entwicklung des Samples in Tabelle 2 nochmals zusammenfassend dargestellt wird. Aus dem ursprünglichen Datensatz werden zunächst all diejenigen Beobachtungen ausgeschlossen, die keine Angabe zur Bilanzsumme aufweisen, indem die fehlende Bilanzsumme das Fehlen aller übrigen erforderlichen Jahresabschlussinformationen aus Bilanz und GuV indiziert. In einem zweiten Schritt wird der Datensatz um diejenigen Beobachtungen bereinigt, deren Abschlussdaten nicht konsistent sind. Dies wird sichergestellt, indem die Summe der Aktiva mit der Summe der Passiva abgeglichen wird. Besteht eine Differenz, i.e. sind die Bilanzsummen nicht identisch, werden diese Beobachtungen aus dem Sample entfernt. Ebenso werden Beobachtungen, die eine negative Bilanzsumme aufweisen, gelöscht. Im Anschluss werden diejenigen Beobachtungen entfernt, für welche keine ETR (welche als Steueraggressivitätsmetrik dient und die abhängige Variable des Modells darstellt) berechnet werden kann, indem die Informationen zum Steueraufwand und/oder zum Ergebnis vor Steuern fehlen. Zudem werden diejenigen Beobachtungen entfernt, welche nicht die für die Ermittlung der unabhängigen Variablen des Modells erforderlichen Daten vollständig vorweisen können.

Darüber hinaus wird das Sample um diejenigen Beobachtungen bereinigt, die zum einen aus dem Finanzdienstleistungssektor (SIC-Code 6X) und zum anderen aus dem Bereich der öffentlichen Verwaltung (SIC-Code 9X) stammen. Dieser

1112 Vgl. hierzu Kap. 3.4.1.2.

1113 Aus diesem Grunde wendet bspw. Goncharov (2010) Daten des handelsrechtlichen Einzelabschlusses (sowie anderer unkonsolidierter Abschlüsse von Unternehmen aus europäischen Länder mit starker Maßgeblichkeit) sogar als Approximation der Daten des jeweiligen steuerlichen Abschlusses an, vgl. zu dieser Studie bereits die Erörterungen in Kap. 3.4.2.2.

Schritt ist darin begründet, dass Unternehmen aus dem Finanzdienstleistungssektor (wie beispielsweise Banken oder Versicherungen) aufgrund ihrer volkswirtschaftlichen Sonderstellung und ihrer spezifischen Eigenheiten besonderen regulatorischen Vorschriften unterliegen, die insbesondere auch die Rechnungslegung betreffen. Eine unmittelbare Vergleichbarkeit von Unternehmen des Finanzdienstleistungssektors mit denen anderer Branchen auf Basis der Jahresabschlussdaten ist folglich nicht gegeben.[1114] Zudem werden Unternehmen dieser Branchen in *Amadeus* auch nur lückenhaft abgedeckt.[1115] Die durch den SIC-Code 9X gekennzeichneten Unternehmen aus dem Bereich der öffentlichen Verwaltung werden ausgeschlossen, da diese aufgrund ihrer Nähe zum Staat möglicherweise ein anderes, sehr spezifisches Steueraggressivitätsverhalten aufweisen und daher die Ergebnisse verzerren könnten.

Einer gesonderten Regulierung in Form von ihnen zugedachten Erleichterungen unterliegen auch solche Unternehmen, die bestimmte Größenklassen nicht überschreiten. Nach deutschem Handelsrecht sind insbesondere für kleine Kapitalgesellschaften i.S.d. § 267 Abs. 1 HGB besondere Erleichterungen bezüglich der Aufstellung, aber auch der Offenlegung und der Prüfung des Jahresabschlusses (§§ 274a, 276, 288 Abs. 1, 316 Abs. 1, 326 HGB) vorgesehen.[1116] Die Größenklassen nach § 267 HGB definieren sich nach der Bilanzsumme, den Umsatzerlösen und der Anzahl der Mitarbeiter. Eine kleine Kapitalgesellschaft ist dann gegeben, wenn sie mindestens zwei von drei Schwellenwerten nicht überschreitet, wobei die Schwellenwerte im Zuge des BilMoG zum Teil erhöht wurden. Der Schwellenwert der Bilanzsumme nach Abzug eines auf der Aktivseite ausgewiesenen Fehlbetrags beträgt aktuell 4.840.000 Euro (vor BilMoG: 4.015.000 Euro), der Schwellenwert der Umsatzerlöse 9.680.000 Euro (vor BilMoG 8.030.000 Euro) und der Schwellenwert der Mitarbeiterzahl beträgt unverändert 50 Arbeitnehmer. Auch mittelgroße Kapitalgesellschaften i.S.d. § 267 Abs. 2 HGB erfahren noch gewisse Erleichterungen, wenngleich in weit geringerem Ausmaß als kleine Kapitalgesellschaften.[1117]

1114 Zu den Rechtsgrundlagen für die externe Rechnungslegung von Kredit- und Finanzdienstleistungsinstitute vgl. bspw. Bieg (2010), S. 40-60. Überblickartig zu den Vorschriften zum Jahresabschluss von Banken auch Dicken (2003), S. 6-8, für einen Überblick der Rechnungslegungsvorschriften von Versicherungsunternehmen bspw. Rockel/Helten/Ott/Sauer (2012), S. 32-36.

1115 BvD bietet speziell für Banken und Versicherungen eigene Datenbanken in Form von *Bankscope* und *Isis* an.

1116 § 264a HGB eröffnet den Anwendungsbereich auch auf bestimmte Offene Handelsgesellschaften und Kommanditgesellschaften.

1117 Die Kriterien für die Einstufung als mittelgroße Kapitalgesellschaft basieren ebenfalls auf Schwellenwerten, von denen mindestens zwei eingehalten werden

Um der Existenz dieser sich in Erleichterungen ausdrückenden Regulierung, durch die Verzerrungen entstehen können, Rechnung zu tragen, werden im Datensatz gewisse Größenrestriktionen angewandt, die eine entsprechende Vergleichbarkeit gewährleisten sollen. Als problematisch stellt sich jedoch die genaue Festlegung der Größenrestriktion dar. Zum einen fordert § 267 Abs. 4 HGB, dass die an die Größenklassen geknüpften Rechtsfolgen nur dann eintreten, wenn die Schwellenwerte an den Abschlussstichtagen zweier aufeinanderfolgender Geschäftsjahre über- bzw. unterschritten wurden. Darüber hinaus wird die Zahl der Mitarbeiter als Durchschnittszahl der jeweils am Quartalsende beschäftigten Arbeitnehmer im In- und Ausland, jedoch ohne Auszubildende, berechnet. Die in *Amadeus* ausgewiesene Mitarbeiterzahl kann somit nur einen ungenauen Näherungswert der zur Berechnung der Größenklasse zu Grunde gelegten Mitarbeiterzahl darstellen. Zum anderen haben sich die Schwellenwerte durch das BilMoG, das in den Untersuchungszeitraum fällt, verändert. Aus den genannten Gründen ist damit eine exakte Erfassung kleiner Kapitalgesellschaften ohnehin nicht möglich. Um jedoch einer durch Pseudogenauigkeit resultierenden Verzerrung vorzubeugen, wird, ausgehend von den Größenkriterien der kleinen Kapitalgesellschaft des § 267 Abs. 1 HGB, auf einen aufgerundeten Bilanzsummenwert von mindestens 5.000.000 Euro abgestellt. Durch dieses Vorgehen werden zwar die Größenkriterien Umsatzerlöse und Mitarbeiterzahl vernachlässigt, jedoch stellt die Bilanzsumme ein fundiertes und üblicherweise keinen allzu großen Schwankungen unterliegendes Indiz für die Größe des Unternehmens dar. Der bestehende Datensatz enthält nach diesem Schritt nur solche Unternehmensjahrbeobachtungen mit einer Bilanzsumme größer oder gleich 5.000.000 Euro. Dadurch wird auch sichergestellt, dass keine „Kleinunternehmen" in die Analyse einfließen, die nicht einmal ein gewisses Mindestmaß an steuergestalterischen Möglichkeiten aufweisen.

Der verbleibende Datensatz wird des Weiteren um jene Beobachtungen bereinigt, die einen Gewinn vor Steuern kleiner Null (i.e. Verlust) und einen Steueraufwand kleiner Null (i.e. Steuerertrag) aufweisen, da bei Vorliegen eines Verlustes und/oder eines Steuerertrages die ETR nicht eindeutig interpretierbar ist. Auch werden nur diejenigen Beobachtungen berücksichtigt, deren Jahresabschlussdaten HGB-basiert sind und nicht – wie lediglich in ca. 0,03% der bisher verbliebenen Beobachtungen der Fall – auf IFRS beruhen.

---

müssen. Die maximale Bilanzsumme beträgt dabei 19.250.000 Euro (vor BilMoG 16.060.000 Euro), die maximale Höhe der Umsatzerlöse 38.250.000 Euro (vor BilMoG 32.120.000 Euro) und die maximale Arbeitnehmerzahl 250 (unverändert).

Tabelle 2: Herleitung des Samples

Kriterium	Anzahl	verbleibende Anzahl
Unternehmensjahrbeobachtungen börsennotierter und nichtbörsennotierter Unternehmen, die im Zeitraum 2002 bis 2010 in *Amadeus* erhältlich sind	**2.259.290**	**2.259.290**
- Unternehmensjahre ohne Angabe zur Bilanzsumme	1.242.544	1.016.746
- Unternehmensjahre mit inkonsistenten Daten (Bilanzsumme ungleich bzw.negativ)	14	1.016.732
- Unternehmensjahre mit fehlenden Daten zur Ermittlung der abhängigen Variable	781.002	235.730
- Unternehmensjahre mit fehlenden Daten zur Ermittlung der unabhängigen Variablen	122.603	113.127
- Unternehmensjahre aus Branchen, die mit SIC-Code 6X und 9X gekennzeichnet sind	12.103	101.024
- Unternehmensjahre mit einer Bilanzsumme kleiner 5 Mio. Euro	43.340	57.684
- Unternehmensjahre mit negativem Vorsteuerergebnis	9.903	47.781
- Unternehmensjahre mit Steuerertrag	1.672	46.109
- Unternehmensjahre, deren Abschlussdaten auf IFRS statt HGB basieren	15	46.094
= Unternehmensjahrbeobachtungen des endgültigen Sample		**46.094**

Wie aus Tabelle 2 zu entnehmen ist, resultiert nach diesem Vorgehen ein finales Sample von 46.094 Beobachtungen. Dieses setzt sich zu ca. 97% aus Beobachtungen nichtbörsennotierter Unternehmen und zu ca. 3% aus Beobachtungen börsennotierter Unternehmen in einer unbalancierten Panelstruktur zusammen (vgl. Tabelle 3). Wie Tabelle 3 darüber hinaus zeigt, basiert das Sample von 46.094 Unternehmensjahrbeobachtungen auf einer Gesamtzahl von 16.451 Unternehmen, wobei 321 Unternehmen börsennotiert und 16.130 Unternehmen nichtbörsennotiert sind:

Tabelle 3: Differenzierung des Samples nach der Börsennotierung

Unternehmensjahrbeobachtungen des endgültigen Samples (Anzahl Unternehmen)	**46.094**	**(16.451)**
davon börsennotiert (Anzahl Unternehmen)	1.346	(321)
davon nichtbörsennotiert (Anzahl Unternehmen)	44.748	(16.130)

Um den Einfluss von Ausreißern abzuschwächen, werden die abhängige und alle nicht binären unabhängigen Variablen außer PPE, INTAN, PROVIS, CAS am 1. und 99. Perzentil winsorisiert.[1118] Die Variablen PPE, INTAN, PROVIS, CAS werden lediglich am 99. Perzentil winsorisiert, da der jeweilige Minimalwert dieser Variablen einen Wert von null aufweist und damit bereits eine untere Grenze besteht und keine Ausreißer nach unten korrigiert werden müssen.[1119] Durch ein Winsorisieren im 1. Perzentil würde diese (natürliche) Grenze herausgenommen und eine neue Grenze auf Basis des 1. Perzentils geschaffen werden, so dass eine verfälschende Verzerrung der ursprünglich null betragenden Werte eintreten würde.

Grundsätzlich besitzt die Ausreißerbereinigung mittels Winsorisierung im Gegensatz zur Trunkierung[1120] den Vorteil, dass alle Beobachtungen in der Stichprobe erhalten bleiben und damit auch der Informationsgehalt der Ausreißer nicht gänzlich verloren geht, sondern in entsprechend abgeschwächter Form bewahrt wird.[1121] Um ein einheitliches Vorgehen zu gewährleisten, werden sowohl abhängige als auch unabhängige Variablen in gleicher Weise winsorisiert.[1122] In der Forschungsliteratur finden sich jedoch auch Vorgehensweisen, bei denen die abhängige Variable in Form der ETR bei 0 und 1 winsorisiert wird, wie z.B. in McGuire/Omer/Wang (2012), oder auch bei 0 und 1 trunkiert wird, wie z.B. in Lanis/Richardson (2012).[1123] Da die übrigen Variablen dabei jedoch eine andere Behandlung erfahren, entsteht eine gewisse Inkonsistenz. Darüber hinaus stellen diese Herangehensweisen einen wesentlich stärkeren Eingriff in den Datensatz

---

1118 Für die Winsorisierung werden die Stichprobenwerte zunächst der Größe nach geordnet und bspw. in Perzentile eingeteilt. Im Anschluss werden die extremen Stichprobenwerte gleich dem nächstkleinsten bzw. nächstgrößten gesetzt. Soll bspw. am 1. und am 99. Perzentil winsorisiert werden, bedeutet dies, dass jene Stichprobenwerte, die unterhalb des 1. bzw. oberhalb des 99. Perzentils liegen, durch den Wert des jeweils nächstgelegenen Perzentils ersetzt werden, i.e. in diesem Fall durch den Wert des 1. bzw. 99. Perzentils. Zur Winsorisierung als Ausreißerbereinigung vgl. bspw. auch Sachs (2004), S. 366 und S. 372.

1119 Eine tabellarische Übersicht der Verteilungswerte des Gesamtsamples vor und nach Durchführung der Winsorisierung findet sich in Anhang 1.

1120 Die Ausreißerbereinigung mittels Trunkierung („Stutzung") erfolgt, indem Werte unterhalb bzw. oberhalb eines bestimmten Stutzungspunktes (bspw. des 1. oder des 99. Perzentils) eliminiert werden, vgl. hierzu bspw. Sachs (2004), S. 373.

1121 Ähnlich auch Dücker (2009), S. 107.

1122 Unter Beachtung der erläuterten Ausnahme hinsichtlich PPE, INTAN, PROVIS und CAS, die nur am 99. Perzentil winsorisiert werden.

1123 Lanis/Richardson (2012) wenden in der Folge eine Tobit-Regressionsanalyse an.

dar als das im Rahmen der vorliegenden Arbeit gewählte Vorgehen, welches einen Kompromiss zwischen Ausreißerbereinigung sowie der Bewahrung von Informationsgehalt bilden soll.

5.2.2 Spezifikation des Regressionsmodells

Zur Untersuchung der Hypothese hinsichtlich des Ausmaßes der Steueraggressivität börsennotierter Unternehmen gegenüber nichtbörsennotierten Unternehmen wird das folgende Regressionsmodell verwendet:

$$\begin{aligned} TaxAggr_{i,t} = \alpha &+ \beta_1\ PUBLIC_{i,t} + \beta_2\ SIZE_{i,t} + \beta_3\ ROA_{i,t} + \beta_4\ GROWTH_{i,t} + \beta_5\ LEV_{i,t} \\ &+ \beta_6\ GROUP_{i,t} + \beta_7\ PPE_{i,t} + \beta_8\ INTAN_{i,t} + \beta_9\ CAS_{i,t} + \beta_{10}\ PROVIS_{i,t} \\ &+ \beta_{11}\ AUDIT_{i,t} + IndustryDummies + YearDummies + \varepsilon_{i,t} \end{aligned}$$

Die Variablen des Modells sind wie folgt definiert:[1124]

TaxAggr	Steueraggressivität des Unternehmens, gemessen mit der ETR, die sich als Quotient aus Gesamtsteueraufwand und Gewinn vor Steuern definiert;
PUBLIC	binäre Variable, die den Wert 1 annimmt, falls das Unternehmen börsennotiert ist, ansonsten den Wert 0;
SIZE	natürlicher Logarithmus der Bilanzsumme;
ROA	Ergebnis der gewöhnlichen Geschäftstätigkeit, skaliert durch die Bilanzsumme des Vorjahres;
GROWTH	prozentuale Veränderung der Umsatzerlöse gegenüber dem Vorjahr;
LEV	langfristige finanzielle Verbindlichkeiten, skaliert durch die Bilanzsumme des Vorjahres;
GROUP	binäre Variable, die den Wert 1 annimmt, falls das Unternehmen neben dem Einzelabschluss auch einen Konzernabschluss erstellt, ansonsten den Wert 0;
PPE	Sachanlagevermögen, skaliert durch die Bilanzsumme des Vorjahres;
INTAN	immaterielles Anlagevermögen, skaliert durch die Bilanzsumme des Vorjahres;

1124 Die Erläuterung der Variablen erfolgt ohne die Subskripte i und t. Diese stellen stets den Laufindex für das jeweilige Unternehmen (i) bzw. das Jahr (t) dar.

CAS	Umlaufvermögen, skaliert durch die Bilanzsumme des Vorjahres;
PROVIS	Rückstellungen, skaliert durch die Bilanzsumme des Vorjahres;
AUDIT	binäre Variable, die den Wert 1 annimmt, falls das Unternehmen der Jahresabschlussprüfung durch einen Wirtschaftsprüfer unterliegt, ansonsten den Wert 0.

Im multiplen Regressionsmodell wird die Einflussstärke eines jeden Regressors unabhängig vom Einfluss aller weiteren im Modell spezifizierten Regressoren geschätzt, indem bei Schätzung eines Effektes alle anderen Effekte kontrolliert bzw. konstant gehalten werden.[1125] Bezogen auf das vorliegende Modell bedeutet dies, dass der Einfluss der Unternehmenseigenschaft der Börsennotierung unter Kontrolle der anderen Einflussfaktoren auf die Steueraggressivität geschätzt, i.e. der entsprechende Effekt isoliert wird. Falls börsennotierte Unternehmen ein systematisch anderes Ausmaß an Steueraggressivität aufweisen als nichtbörsennotierte Unternehmen, muss der zu PUBLIC gehörige Koeffizient β_1 einen signifikant von Null verschiedenen Wert aufweisen.

In den folgenden Kapiteln wird zudem ausführlich dargelegt, wie die übrigen Regressoren (Kontrollvariablen) motiviert sind sowie welche Erwartungshaltung hierbei zu Grunde gelegt wird. Darüber hinaus werden auch die verwendeten Metriken begründet bzw. kritisch beleuchtet.

5.2.3 Erläuterung der Modellvariablen

5.2.3.1 Abhängige Variable

Die Steueraggressivität eines Unternehmens ist in ihrer Eigenschaft als komplexes Konzept nur schwer zu erfassen. Dennoch haben sich in der Forschungsliteratur verschiedene Proxys herausgebildet, von denen die ETR eines Unternehmens die in der Forschung am häufigsten eingesetzte Stellvertretervariable für die Steueraggressivität darstellt. Auch im Rahmen der vorliegenden Untersuchung wird für die zu erklärende Variable (TaxAggr) auf die ETR zurückgegriffen, die als Steueraufwand im Verhältnis zum Gewinn vor Steuern definiert wird.[1126] In der Forschungsliteratur findet, wie in Kap. 3.4.2.1 erläutert, eine derart berechnete ETR die Bezeichnung „GAAP-ETR“. Die in US-Studien darüber hinaus verwendete *current*-ETR, die

1125 Vgl. Urban/Mayerl (2011), S. 81, Greene (2012), S. 54.

1126 Alle Beobachtungen, die einen Verlust vor Steuern ausweisen, sind nicht Gegenstand der Untersuchungsgesamtheit, vgl. Kap. 5.2.1.

nur den tatsächlichen, jedoch nicht den latenten Steueraufwand berücksichtigt, ist im Rahmen der vorliegenden Arbeit nicht anwendbar, da die Datenbank *Amadeus* lediglich den gesamten (d.h. tatsächlichen und latenten) Steueraufwand ausweist. Auch die in empirischen Studien gelegentlich verwendete *cash*-ETR, die auf gezahlte Steuern abstellt, muss mangels Datenverfügbarkeit verworfen werden.

Indem eine ETR grundsätzlich die Steuerbelastung eines Unternehmens approximiert, stellt sie einen inversen Indikator für die Steueraggressivität dar. Folglich signalisiert eine niedrige ETR hohe Steueraggressivität, eine hohe ETR dagegen geringe Steueraggressivität. Verschiedene Vor- und Nachteile der Verwendung von ETRs zur Messung von Steueraggressivität wurden bereits in Kap. 3.4.2.1 aufgezeigt. Ein bedeutender Vorteil dieser Maßgröße besteht darin, dass die Steueraggressivitätsaktivitäten unabhängig vom spezifischen Grad ihrer Legalität erfasst werden, wie es auch der im Rahmen der vorliegenden Arbeit getroffenen Definition des Phänomens der Steueraggressivität entspricht. Hinzu kommt, dass einige der mit der Anwendung der ETR als Steueraggressivitätsmetrik verbundenen Probleme für den Fall auftreten, dass externe und steuerliche Rechnungslegung zwei überwiegend getrennte Systeme bilden. Dies ist in der vorliegenden Untersuchung jedoch nicht gegeben. Darüber hinaus bestehende Schwachstellen der ETR, die für die vorliegende Untersuchung Relevanz haben, werden im Rahmen der Robustheitstest adressiert.

Die in verschiedenen US-Studien darüber hinaus verbreiteten Metriken, die in Kap. 3.4.2.1 bis Kap. 3.4.2.3 vorgestellt und diskutiert wurden, sind entweder aufgrund des deutschen Regulierungskontextes nicht anwendbar oder aufgrund der erläuterten inhärenten Probleme zu vernachlässigen.

5.2.3.2 Unabhängige Variablen

Die hypothesentestende Variable PUBLIC ist als binäre Variable definiert und nimmt den Wert 1 an, falls es sich um ein börsennotiertes Unternehmen handelt und den Wert 0 für den Fall eines nichtbörsennotierten Unternehmens. Dieses Vorgehen gewährleistet, dass der zu messende Effekt – das Bestehen einer (Nicht-) Börsennotierung und damit die Differenzierung in börsennotierte und nichtbörsennotierte Unternehmen – unmissverständlich eingefangen wird. Gemäß der zuvor formulierten Hypothese sollte der Koeffizient von PUBLIC signifikant von Null verschieden sein.

Darüber hinaus sind zusätzliche exogene Variablen als Kontrollvariablen zu implementieren, von denen jeweils zu erwarten ist, dass sie einen systematischen Einfluss auf die endogene Variable in Form der Steueraggressivitätsmetrik besitzen.

Die in das hier vorliegende Regressionsmodell aufgenommenen unternehmensspezifischen Kontrollvariablen sind durch die im Rahmen früherer Studien berichteten Zusammenhänge (vgl. Kap. 3.5) motiviert sowie durch das spezifische Untersuchungssetting indiziert. Die einzelnen Kontrollvariablen lassen sich dabei in vier verschiedene Gruppen einteilen, die im Folgenden erläutert werden. Im Rahmen dessen wird für die jeweiligen Kontrollvariablen auch eine Erwartung bezüglich der Richtung ihres Zusammenhangs mit der Steueraggressivität formuliert.

Die erste Gruppe der Kontrollvariablen (SIZE, ROA, GROWTH, LEV, GROUP) dient dazu, Anreize und Möglichkeiten für steueraggressives Verhalten einzufangen. Die Richtung des Einflusses der Unternehmensgröße (SIZE) auf die Steueraggressivitätsmetrik ETR ist allerdings prima facie uneindeutig. Für einen positiven Zusammenhang zwischen Unternehmensgröße und Steueraggressivität, was eine niedrigere ETR impliziert, spricht das Argument der Skalenvorteile. In diesem Sinne konnten beispielsweise Richardson/Lanis (2007) einen negativen Zusammenhang von ETR und Unternehmensgröße aufzeigen.[1127] Die Argumente der *political cost hypothesis* lassen jedoch eine höhere ETR bei steigender Unternehmensgröße wahrscheinlich erscheinen. Hierfür findet beispielsweise die Studie von Zimmerman (1983) Anhaltspunkte.[1128] Da der Effekt aus den bei steigender Unternehmensgröße zusätzlichen Möglichkeiten allerdings eventuelle daraus resultierende politische Kosten übersteigen dürfte, wird ein positiver Zusammenhang zwischen Unternehmensgröße und dem Ausmaß der Steueraggressivität erwartet.[1129] Als Maßgröße für die Unternehmensgröße wird – wie beispielsweise auch in den Steueraggressivitätsstudien von Frank/Lynch/Rego (2009), Badertscher/Katz/Rego (2010), Dyreng/Hanlon/Maydew (2010), Lanis/Richardson (2012) und Boone/Khurana/Raman (2013) – die logarithmierte Bilanzsumme herangezogen. Die Verwendung dieser Metrik besitzt gegenüber einer Verwendung beispielsweise des Marktwerts des Eigenkapitals[1130] den Vorteil, dass diese auch für nichtbörsennnotierte Unternehmen angewendet werden kann. Darüber

1127 Vgl. Richardson/Lanis (2007), S. 702.

1128 Vgl. Zimmerman (1983), S. 144 f.

1129 Ein positiver Zusammenhang zwischen einer Variable und der Steueraggressivität eines Unternehmens impliziert die Erwartung eines negativen Vorzeichens des entsprechenden Regressionskoeffizienten, da die Maßgröße der Steueraggressivität in Form der ETR einen inversen Indikator darstellt.

1130 Der Marktwert des Eigenkapitals in logarithmierter Form wird bspw. bei Chen/Chen/Cheng/Shevlin (2010) oder bei McGuire/Wang/Wilson (2011) als Proxy für die Unternehmensgröße eingesetzt.

hinaus bietet die Logarithmierung den Vorzug einer Verringerung der Streuung und Asymmetrie der betreffenden Variablen.[1131]

Zwischen der Profitabilität eines Unternehmens (ROA) und dessen Ausmaß an Steueraggressivität dürfte insofern ein Zusammenhang bestehen, indem profitablere Unternehmen im Verhältnis zu weniger profitableren Unternehmen mehr Steuern bezahlen müssen und dementsprechend größere Anreize für steueraggressives Verhalten haben. Zudem sind diese möglicherweise in der Lage, steuergünstige Gestaltungsmöglichkeiten effizienter zu nutzen. So finden auch empirische Studien wie beispielsweise Rego (2003) Hinweise für eine geringere Steuerbelastung bzw. höhere Steueraggressivität von profitableren Unternehmen.[1132] Daher wird auch für die vorliegende Untersuchung ein positiver Zusammenhang zwischen Profitabilität des Unternehmens und Steueraggressivität vermutet, womit ein negativer Koeffizient von ROA zu erwarten ist. Zur Messung der Profitabilität wird in Einklang mit beispielsweise Chen/Chen/Cheng/Shevlin (2010) oder Chyz/Leung/Li/Rui (2011) auf das Ergebnis der gewöhnlichen Geschäftstätigkeit, welches durch die Bilanzsumme des Vorjahres skaliert wird, zurückgegriffen.[1133] Durch das Abstellen auf das Ergebnis der gewöhnlichen Geschäftstätigkeit (anstatt beispielsweise auf den Gewinn vor Steuern) soll sichergestellt werden, dass in der Messung der Profitabilität primär der Erfolg des Betriebs- und Finanzbereichs einbezogen wird, nicht jedoch diejenigen Erfolgskomponenten, die außerhalb der gewöhnlichen Geschäftstätigkeit anfallen.[1134] Der Einbezug des außerordentlichen Ergebnisses würde sich verzerrend auf die Einschätzung der Profitabilität des Unternehmens auswirken, da das außerordentliche Ergebnis dahingehend zu charakterisieren ist, dass es nicht typische Erfolgskomponenten, die unregelmäßig anfallen bzw. mit deren Auftreten künftig nicht gerechnet werden kann, abbildet.[1135] Allerdings ist an dieser Stelle anzumerken, dass auch das handelsrechtliche

---

1131 Vgl. Chatterjee/Price (1995), S. 53.

1132 Vgl. Rego (2003), S. 820. Ausführlicher zum Zusammenhang von Profitabilität und Steueraggressivität vgl. Kap. 3.5.2.2.

1133 Eine Skalierung der Regressionsvariablen durch ein Größenproxy wie die Bilanzsumme des Vorjahres lindert das Problem der Heteroskedastizität, vgl. hierzu auch die Ausführungen im Rahmen von Kap. 5.1.

1134 Der Ausweis eines außerordentliches Ergebnisses ist sowohl in der Rechnungslegung nach HGB als auch nach US-GAAP verankert, nicht mehr hingegen in der Rechnungslegung nach IFRS, vgl. hierzu bspw. auch Coenenberg/Haller/Schultze (2012), S. 561 und S. 580.

1135 Vgl. Baetge/Kirsch/Thiele (2012), S. 638, die jedoch darauf hinweisen, dass die inhaltliche Konkretisierung des außerordentlichen Postens umstritten ist.

Ergebnis der gewöhnlichen Geschäftstätigkeit „Posten enthält, die betriebswirtschaftlich als außerordentlich einzustufen sind.“[1136]

Stark wachsenden Unternehmen (Kontrollvariable GROWTH) wird ebenfalls die Möglichkeit zugeschrieben, steuereffiziente Gestaltungen ausnutzen zu können, indem diese beispielsweise im Rahmen der Ablaufgestaltung in steuerbegünstigte Vermögenswerte investieren können oder aber ihre Aufbaugestaltung entsprechend anpassen können. Allerdings wird in der Literatur dagegen argumentiert, dass sich Unternehmen mit großen Wachstumsraten weniger auf die Steuergestaltung konzentrieren. Zudem sind die empirischen Befunde nicht eindeutig,[1137] so dass von der Formulierung einer eindeutigen Prognose bezüglich des Zusammenhangs von Wachstum und Steueraggressivität abgesehen wird. Zur Approximation des Unternehmenswachstums wird auf die prozentuale Veränderung der Umsatzerlöse zurückgegriffen. Diese Maßgröße findet insbesondere bei Studien Anwendung, die nicht (nur) börsennotierte, sondern auch nichtbörsennotierte Unternehmen untersuchen.[1138] Alternative Maßgrößen stützen sich häufig auf Marktwerte, wie beispielsweise die *market-to-book ratio* des Eigenkapitals,[1139] so dass deren Einsatz auf Studien begrenzt ist, die ausschließlich börsennotierte Unternehmen heranziehen. Allerdings ist die prozentuale Veränderung der Umsatzerlöse als Proxy des Unternehmenswachstums auch mit gewissen Schwächen behaftet, da das Sinken oder Steigen der Umsatzerlöse nicht zwingend bereits ein negatives oder positives Unternehmenswachstum bedeutet, sondern auch durch externe Faktoren wie makroökonomische Entwicklungen getrieben sein kann. Auf der anderen Seite bedeutet aber beispielsweise ein durch gute gesamtwirtschaftliche Bedingungen ausgelöstes Umsatzwachstum auch die Grundlage eines Unternehmenswachstums.

Die Rolle der Fremdfinanzierung im Rahmen der Steueraggressivität ist primär durch die Abzugsfähigkeit der Fremdkapitalzinsen bei der Ermittlung des zu versteuernden Einkommens begründet, indem bereits hieraus ein Steuerreduktionspotential resultiert, das möglicherweise, wenngleich nicht zwingend, das Bedürfnis nach weitergehenden Steueraggressivitätsaktivitäten abschwächt.[1140] Bedeutend

---

1136 Baetge/Kirsch/Thiele (2012), S. 636 f.

1137 Vgl. bspw. Kim/Limpaphayom (1998), Adhikari/Derashid/Zhang (2006), Chen/Chen/Cheng/Shevlin (2010), Chyz/Leung/Li/Rui (2011), Gaertner (2011).

1138 Vgl. bspw. Burgstahler/Hail/Leuz (2006), deren *earnings management*-Studie das Verhalten börsennotierter und nichtbörsennotierter Unternehmen untersucht.

1139 Zu deren Einsatz vgl. bspw. Chen/Chen/Cheng/Shevlin (2010), S. 49.

1140 Anzumerken ist, dass in der empirischen Rechnungslegungsforschung zuweilen das Verhältnis von Fremdkapital zur Bilanzsumme im Zuge der *debt to equity hypothesis* ist in diesem Zusammenhang, dass im regulatorischen Umfeld Deutschlands durch die Einführung der Zinsschranke[1141] der Zinsabzug im Rahmen der steuerlichen Gewinnermittlung eingeschränkt wurde, im Handelsrecht die Fremdkapitalzinsen jedoch nach wie vor den Gewinn mindern,[1142] so dass eine (permanente) Divergenz entstehen kann. Damit kann die Kontrollvariable LEV zum Teil auch zur zweiten Gruppe der Kontrollvariablen gerechnet werden, die Divergenzen zwischen handels- und steuerlicher Rechnungslegung erfasst. Für die vorliegende Untersuchung, bei welcher die abhängige Variable durch die ETR abgebildet ist, wird aufgrund des die Steuerbemessungsgrundlage reduzierenden Effektes der Fremdkapitalzinsen ein negatives Vorzeichen des Koeffizienten des Grads der Fremdfinanzierung erwartet. Auch die Studien von beispielsweise Stickney/McGee (1982) und Gupta/Newberry (1997) zeigen – vor dem Hintergrund des US-amerikanischen Regulierungskontextes – eine inverse Beziehung zwischen Verschuldung und bestimmten ETRs. Graham/Tucker (2006) stellen einen Zusammenhang von Steueraggressivität speziell in Form von *tax shelters* und dem Grad der Fremdfinanzierung fest, wobei sie zeigen, dass Unternehmen mit einem Engagement in *tax shelters* im Schnitt weniger Fremdfinanzierung benutzen. In der vorliegenden Arbeit wird der Grad der Fremdfinanzierung mit Hilfe der langfristigen Verbindlichkeiten, die durch die Bilanzsumme des Vorjahres skaliert werden, abgebildet. Dieses Vorgehen wird beispielsweise auch von Higgins/Omer/Philipps (2011) angewendet und dürfte als Maßgröße zur Erfassung des Grades der Fremdfinanzierung als eher unproblematisch betrachtet werden, wobei zumindest der Einsatz von bilanzexternen Finanzierungsinstrumenten hierdurch nicht abgebildet wird.

Die Kontrollvariable GROUP nimmt in ihrer Eigenschaft als binäre Variable dann den Wert 1 an, wenn das Unternehmen neben dem Einzelabschluss auch einen Konzernabschluss erstellt, es sich folglich um das Mutterunternehmen

---

als Surrogat für die Anreize des Managers für den Einsatz gewinnerhöhender Rechnungslegungsmethoden verwendet wird, vgl. hierzu Watts/Zimmerman (1986), S. 216 und S. 258 f. m.w.N. Jüngere Studien wie bspw. Dichev/Skinner (2002) greifen jedoch auf Datensätze mit tatsächlichen *covenant*-Vertragsdetails zurück und können so eine *debt covenant hypothesis* überprüfen, anstelle auf die stark vereinfachende *debt to equity hypothesis* abzustellen.

1141 Vgl. Fn. 457.

1142 Als Besonderheit gilt zu beachten, dass Fremdkapitalzinsen unter den Bedingungen des § 255 Abs. 3 Satz 2 HGB in den Herstellungskosten aktiviert werden dürfen und in diesem Fall nicht als Zinsaufwand den Gewinn mindern. Wird in der Handelsbilanz dieses Wahlrecht ausgeübt, ist es in der Steuerbilanz entsprechend nachzuvollziehen (R 6.3 Abs. 4 Satz 1 EStR).

eines Konzerns handelt. Das Vorhandensein einer Konzernstruktur bietet, wie in Kap. 3.2.2.4 dargelegt, vielfältige Gestaltungsmöglichkeiten zur Beeinflussung der Steuerlast, auch wenn beispielsweise die empirische US-Studie von Mills/ Erickson/Maydew (1998), die sich mit den Ausgaben für Steuergestaltung sowie deren Wirkung auseinandersetzt, hierfür nicht unbedingt konsistente Hinweise liefert.[1143] Obgleich das Oberziel der Steuerpolitik eines Konzerns zumeist in der relativen Minimierung der Gesamtsteuerbelastung des Konzerns bestehen dürfte, kann die Verminderung der Steuerlast einzelner Unternehmen im Konzernverbund Subziel sein. Allerdings dürfte die Steuerlastreduzierung des einen beherrschenden Einfluss ausübenden Mutterunternehmens dennoch gewissen Vorrang besitzen. Insofern wird zwischen Steueraggressivität und der Variable GROUP von einem positiven Zusammenhang (i.e. von einem negativen Koeffizienten) ausgegangen.

Die zweite Gruppe der Kontrollvariablen (PPE, INTAN, CAS, PROVIS) zielt auf Divergenzen zwischen externer und steuerlicher Rechnungslegung ab, die sich auf die Steueraggressivitätsmetrik auswirken können. Entsprechende Divergenzen können, wenn Handels- und Steuerrecht zwingend eine unterschiedliche Vorgehensweise zur Behandlung von bestimmten Sachverhalten vorschreiben, rein regulatorisch bedingt sein, aber auch durch gezielte Ausübung von Wahlrechten und Nutzung von Spielräumen des Bilanzierenden entstehen. So sind insbesondere die Posten des Sachanlagevermögens, des immateriellen Anlagevermögens, des Umlaufvermögens und der Rückstellungen in der Lage, den handelsrechtlichen und steuerlichen Gewinn auseinanderdriften zu lassen. Zwar lösen temporäre Unterschiede zwischen handelsrechtlicher und steuerlicher Rechnungslegung – theoretisch – latente Steuern aus, wodurch die den gesamten (d.h. einschließlich latenten) Steueraufwand beinhaltende ETR von den Divergenzen nicht betroffen wäre, allerdings besteht im HGB lediglich für passive latente Steuern eine Bilanzierungspflicht. Für einen Aktivüberhang existiert hingegen ein Aktivierungswahlrecht. Zudem war bis zum BilMoG nur für zeitliche, nicht jedoch für quasi-zeitliche Differenzen eine Steuerabgrenzung vorgesehen. Da der Zusammenhang zwischen der sich in dieser Gruppe befindlichen Kontrollvariablen und dem Ausmaß der Steueraggressivität nicht einzuschätzen ist, wird in diesen Fällen keine Erwartungshaltung formuliert.[1144]

1143 Vgl. Mills/Erickson/Maydew (1998), S. 10-18.

1144 Als Maßgrößen für diese Kontrollvariablengruppe werden naheliegend die jeweiligen einschlägigen Bilanzposten, skaliert durch die Bilanzsumme des Vorjahres, herangezogen.

Handels- und steuerrechtliche Divergenzen im Bereich des Sachanlagevermögens und des immateriellen Anlagevermögens sind vor allem durch abweichende Abschreibungen bedingt. Divergenzen können beispielsweise auch dadurch entstehen, dass im Fall des originären immateriellen Anlagevermögens im Handelsrecht seit BilMoG ein Ansatzwahlrecht (§ 248 Abs. 2 HGB) besteht, während das Steuerrecht nach wie vor eine Aktivierung lediglich für derivatives immaterielles Anlagevermögen vorsieht (§ 5 Abs. 2 EStG). Vor BilMoG konnten sich auch die Wertansätze von selbst hergestellten Vermögensgegenständen bzw. – in der Terminologie des Steuerrechts – von selbst hergestellten Wirtschaftsgütern im Zeitpunkt der Zugangsbewertung unterscheiden, indem im Mindestbetrag der Herstellungskosten (i.e. Wertuntergrenze) nach § 255 Abs. 2 Satz 2 HGB a.F. keine Gemeinkosten zu berücksichtigen waren, im Steuerrecht dagegen schon (R 6.3 EStR).

Im Bereich der Rückstellungen weichen Handels- und Steuerrecht dahingehend voneinander ab, indem steuerrechtlich besondere Vorschriften sowohl hinsichtlich des Ansatzes als auch der Bewertung von Rückstellungen bestehen. Beispielsweise sieht das Handelsrecht die Bildung einer Rückstellung für drohende Verluste aus schwebenden Geschäften vor (§ 249 Abs. 1 Satz 1 HGB), während das Steuerrecht die Bildung einer solchen Drohverlustrückstellung gänzlich verbietet (§ 5 Abs. 4a EStG).[1145] Hinsichtlich der Bewertung schreibt beispielsweise das Handelsrecht seit BilMoG für Rückstellungen mit einer Restlaufzeit von mehr als einem Jahr eine Diskontierung mit dem ihrer Restlaufzeit entsprechenden durchschnittlichen Marktzinssatz der vergangenen sieben Geschäftsjahre vor (§ 253 Abs. 2 Satz 1 HGB). Im Steuerrecht besteht dagegen eine Pflicht zur Diskontierung solcher Rückstellungen mit dem festgelegten Zinssatz von 5,5% (§ 6 Abs. 1 Nr. 3a Buchstabe e EStG).[1146] Vor BilMoG war eine Diskontierung von Rückstellungen in der Handelsbilanz nur dann vorzunehmen, „soweit die ihnen zugrunde liegenden Verbindlichkeiten einen Zinsanteil enthalten."[1147] Ferner sind seit BilMoG in der handelsrechtlichen Bewertung von Rückstellungen künftige Preis- und Kostensteigerungen zu berücksichtigen, indem auf den Erfüllungsbetrag

1145 Weitere Sondervorschriften finden sich bspw. in den §§ 5 Abs. 2a, 3, 4, 6, 6a EStG, vgl. hierzu auch R 5.7 Abs. 1 EStR.

1146 In diesem Zusammenhang ist allerdings die umstrittene Verfügung der Oberfinanzdirektion (OFD) Münster vom 13.07.2012 zu nennen, nach deren Ansicht der handelsrechtliche Wertansatz für die steuerliche Bewertung der Rückstellung auch dann Maßgeblichkeit besitzt, wenn er unter dem sich gemäß § 6 Abs. 1 Nr. 3a Buchstabe e EStG ergebenden Wert liegt. Vgl. ausführlich Zwirner/Endert/Sepetauz (2012).

1147 § 253 Abs. 1 Satz 2 Halbsatz 2 a.F.

abgestellt wird (§ 253 Abs. 1 Satz 2 HGB), im Steuerrecht sind nach wie vor die am Bewertungsstichtag geltenden Preisverhältnisse relevant, wie durch § 6 Abs. 1 Nr. 3a Buchstabe f EStG betont wird.[1148]

Bezüglich des Umlaufvermögens sind in Handels- und Steuerbilanz unterschiedliche Grundsätze für die Wertminderung verankert. Im Handelsrecht gilt ein strenges Niederstwertprinzip (§ 253 Abs. 4 HGB), so dass eine Abschreibung bereits bei vorübergehender Wertminderung vorzunehmen ist, während das Steuerrecht eine Teilwertabschreibung bei vorübergehender Wertminderung verbietet und nur bei dauernder Wertminderung eine Abschreibung vorsieht (§ 6 Abs. 1 Nr. 2). Tritt der Fall einer vorübergehenden Wertminderung im Umlaufvermögen ein, entstehen damit zwangsläufig Divergenzen zwischen handels- und steuerlicher Rechnungslegung.

Die nächste Kategorie der Kontrollvariablen beinhaltet die Variable AUDIT. Die binäre Variable nimmt den Wert 1 an, falls der Abschluss des Unternehmens durch einen Wirtschaftsprüfer geprüft wird und den Wert 0, falls nicht.[1149] Die Prüfung dient als ein Instrument im Rahmen des *monitoring* und stellt damit eines der Bausteine im „corporate governance mosaic“[1150] dar. Der Durchführung von Audits wird insbesondere zugeschrieben, *earnings management* zu begrenzen.[1151] Die in Kap. 2.3.2.3 erörterte Studie von Desai/Dyck/Zingales (2007) deutet darüber hinaus an, dass zwischen *corporate governance* und Steuerentrichtung ein Zusammenhang besteht. Zudem liefert die Studie von Richardson/Taylor/Lanis (2013) entsprechende Hinweise, dass die Steueraggressivität von Unternehmen bei Vorliegen bestimmter *corporate governance*-Strukturen geringer ist.[1152] Insofern wird eine auf die Existenz einer Abschlussprüfung kontrollierende Variable im Sinne

1148 Zur Diskrepanz zwischen Handels- und Steuerbilanz nach BilMoG im Bereich der Rückstellungen auch Herzig/Briesemeister (2010), S. 68 f.

1149 Die Pflicht zur Prüfung ergibt sich aus § 316 HGB.

1150 Cohen/Krishnamoorthy/Wright (2002), S. 577.

1151 Vgl. Becker/DeFond/Jiambalvo/Subramanyam (1998), S. 6, die in ihrer Studie zudem zeigen, dass die Effektivität des Audits durch dessen Qualität bestimmt wird. DeAngelo (1981) konnte wiederum zeigen, dass die *audit quality* nicht unabhängig von der Unternehmensgröße des Wirtschaftsprüfers ist, vgl. DeAngelo (1981), S. 197.

1152 Vgl. Richardson/Taylor/Lanis (2013), S. 85 sowie die diesbezüglichen Erörterungen in Kap. 3.5.3.3. Als differenzierter stellen sich allerdings die Ergebnisse der Studie von Armstrong/Blouin/Jagolinzer/Larcker (2013) dar, die eine Quantilsregression durchführen und bspw. für ein sehr geringes Ausmaß an Steueraggressivität einen steueraggressivitätserhöhenden Effekt von *corporate governance*-Mechanismen finden, vgl. ebenfalls ausführlicher Kap. 3.5.3.3.

eines *corporate governance*-Indikators implementiert, für die ein steueraggressivitätsmindernder Einfluss angenommen wird. Dies entspricht einem positiven Vorzeichen des Koeffizienten der Variable AUDIT.

Darüber hinaus werden als vierte Kontrollkategorie Year-Dummies und Industry-Dummies implementiert, um auf fixe Branchen- und Zeiteffekte zu kontrollieren. Die Branchenklassifikation wird auf Basis der zweistelligen US-SIC-Klassifizierung vorgenommen. Durch das Einfügen der Industry-Dummies werden branchenspezifische Einflüsse auf die Steueraggressivität, die im Zeitablauf konstant sind, isoliert und somit auf unbeobachtete Heterogenität kontrolliert. Da unbeobachtete Heterogenität auch in der Zeitdimension auftreten kann, werden Year-Dummies eingesetzt, um auf zeitindividuelle Effekte zu kontrollieren, die über die Untersuchungseinheiten in Form der einzelnen Unternehmen hinweg konstant sind, sich jedoch in den einzelnen Beobachtungszeitpunkten (i.e. in den einzelnen Jahren) unterscheiden können.[1153] Der Nachteil von Modellen mit Perioden-Dummies besteht darin, dass auf solche erklärende Variablen verzichtet werden muss, die im Zeitablauf jeweils um einen konstanten Betrag zunehmen,[1154] was sich jedoch im vorliegenden Fall als unproblematisch darstellt. Im Rahmen früherer Studien wurde eine beträchtliche Schwankung von ETRs über verschiedene Branchen sowie über die Zeit hinweg dokumentiert.[1155] Daher berücksichtigen beispielsweise auch die Studien von Higgins/Omer/Phillips (2011) oder Boone/Khurana/Raman (2013) in ihren Modellen sowohl Industry- als auch Year-Dummies.

5.3 Deskriptive Statistik und univariate Analyse

Bevor auf die Lagemaße und Streuungsparameter der Modellvariablen eingegangen wird, soll zunächst die Branchenverteilung der vorliegenden Unternehmensjahrbeobachtungen betrachtet werden. Die Darstellung erfolgt jeweils getrennt für börsennotierte und nichtbörsennotierte Unternehmen, d.h. in zwei Teilstichproben. Die erste Teilstichprobe besteht aus 1.346 Beobachtungen von 321 börsennotierten Unternehmen. Die zweite Teilstichprobe beinhaltet 44.748 Beobachtungen von 16.130 nichtbörsennotierten Unternehmen. Dabei weisen die

1153 Vgl. bspw. Eckey/Kosfeld/Dreger (2011), S. 288.
1154 Vgl. Bauer/Fertig/Schmidt (2009), S. 356.
1155 Vgl. Armstrong/Blouin/Larcker (2012), S. 398.

Beobachtungen börsennotierter und nichtbörsennotierter Unternehmen die folgende Branchenverteilung auf (Tabelle 4):[1156]

Tabelle 4: Branchenverteilung in Abhängigkeit des Unternehmenstyps

Branche	Anteil Beobachtungen börsennotierter Unternehmen		Anteil Beobachtungen nichtbörsennotierter Unternehmen	
	absolut	**relativ**	**absolut**	**relativ**
Kurzlebige Konsumgüter	94	6,98%	2.330	5,21%
Langlebige Konsumgüter	68	5,05%	893	2,00%
Verarbeitende Industrie	284	21,10%	9.256	20,68%
Öl-, Gas-, und Kohleförderung	0	0,00%	138	0,31%
Technische Geschäftsausstattung (IT und elektronisches Zubehör)	251	18,65%	2.433	5,44%
Telefon und Fernsehen	16	1,19%	171	0,38%
Groß- und Einzelhandel	226	16,79%	12.026	26,87%
Gesundheit, Medizintechnik, Pharmazeutika	51	3,79%	3.213	7,18%
Versorgungsunternehmen	49	3,64%	3.442	7,69%
Sonstige	307	22,81%	10.846	24,24%
Summe	1.346	100,00%	44.748	100,00%

Wie aus Tabelle 4 hervorgeht, weisen die beiden Gruppen eine relativ ähnliche Branchenverteilung auf. Lediglich im Bereich der Technischen Geschäftsausstattung sowie im Groß- und Einzelhandel sind Unterschiede von mehr als zehn Prozentpunkten festzustellen. So entfallen 19,65% der Unternehmensjahrbeobachtungen börsennotierter Unternehmen auf die Branche der Technischen Geschäftsausstattung, während der entsprechende Anteil bei nichtbörsennotierten Unternehmen lediglich 5,44% beträgt. Dagegen sind 26,87% der

1156 Die hier vorgenommene Branchenzuteilung erfolgt auf Basis des SIC-Codes und wird in Anhang 2 näher spezifiziert. Die Systematisierung in zehn Branchenklassen basiert auf Fama/French und wird bspw. auch von Jödicke (2009) angewendet. Anzumerken ist, dass die als Groß- und Einzelhandel bezeichnete Branche auch ausgewählte Dienstleistungen in Form von Wäscherei- und Schuhreparaturdienstleistungen umfasst. Dennoch wurde auf einen begrifflichen Zusatz in Form von Dienstleistungsbereich – wie bspw. von Jödicke (2009) vorgenommen – verzichtet, da nur diese beiden speziellen Dienstleistungsarten einen Teil der Branchengruppe darstellen und ansonsten ein missverständlicher Eindruck erweckt werden könnte.

Unternehmensjahrbeobachtungen der nichtbörsennotierten Unternehmen dem Groß- und Einzelhandel zuzurechnen, während bei börsennotierten Unternehmen der Anteil bei 19,76% liegt.

Anzumerken ist jedoch, dass neben der hier vorgenommenen Branchensystematisierung auch anderweitige Branchensystematisierungen möglich sind.[1157] Nichtsdestotrotz konnte durch Tabelle 4 ein grundsätzlicher Einblick in die Branchenverteilung der Beobachtungen börsennotierter und nichtbörsennotierter Unternehmen des vorliegenden Datensatzes gewonnen werden.[1158]

Die folgende Tabelle 5 zeigt Lagemaße und Streuungsparameter aller Modellvariablen (wiederum getrennt für börsennotierte und nichtbörsennotierte Unternehmen):[1159]

Tabelle 5: Deskriptive Statistik

	Börsennotierte Unternehmen (N = 1.346)						
Variable	Mittelwert	Standard-abw.	Min.	25%-Quantil	Median	75%-Quantil	Max.
ETR	0,2513	0,2173	0,0014	0,0874	0,2358	0,3549	1,3854
SIZE	11,4545	1,5354	8,5545	10,2904	11,3169	12,5112	14,0190
ROA	0,1116	0,1249	-0,0039	0,0350	0,0725	0,1392	0,6892
GROWTH	0,1455	0,4592	-0,5710	-0,0240	0,0543	0,1860	2,5042
LEV	0,1412	0,1977	0	0,0010	0,0721	0,2079	1,2256
GROUP	0,8588	0,3483	0	1	1	1	1
PPE	0,1821	0,2132	0	0,0268	0,1105	0,2440	1,0369
INTAN	0,0243	0,0502	0	0,0017	0,0064	0,0217	0,2867
CAS	0,6267	0,3834	0,0034	0,3652	0,5916	0,8017	2,0883
PROVIS	0,1454	0,1238	0,0003	0,0527	0,1099	0,2059	0,7375
AUDIT	0,9844	0,1240	0	1	1	1	1

1157 So stützen sich bspw. Chen/Chen/Cheng/Shevlin (2010) auf die Branchensystematisierung von Fama/French (1997), welche eine Klassifikation in 48 Branchen vornehmen.

1158 Wie das in Kap. 5.2.2 vorgestellte Modell zeigt, enthält das für die Regressionsanalyse herangezogene Modell Branchendummies auf Basis des zweistelligen SIC-Codes. Werden alternativ Branchendummies auf Basis der hier herangezogenen Kategorisierung verwendet, liefert die entsprechende Regression zu den in Tabelle 8 dargestellten Regressionsergebnissen qualitativ gleiche Ergebnisse. Diese sind in Anhang 3 tabuliert.

1159 Der tabulierte Mittelwert bezieht sich auf das arithmetische Mittel. Dieses reagiert auf Ausreißer sehr empfindlich, der Median stellt sich Ausreißern gegenüber als robust dar, vgl. Bamberg/Bauer/Krapp (2012), S. 17. Durch die durchgeführte Winsorisierung der nicht binären Variablen dürfte der Datensatz allerdings keine schwerwiegenden Ausreißer aufweisen.

Nichtbörsennotierte Unternehmen (N = 44.748)

Variable	Mittelwert	Standard-abw.	Min.	25%-Quantil	Median	75%-Quantil	Max.
ETR	0,3110	0,2287	0,0014	0,1572	0,3013	0,3995	1,3854
SIZE	10,0645	1,1482	8,5416	9,1352	9,8966	10,7137	14,0190
ROA	0,1140	0,1252	-0,0039	0,0297	0,0738	0,1519	0,6892
GROWTH	0,1095	0,3666	-0,5710	-0,0247	0,0506	0,1541	2,5042
LEV	0,1975	0,2619	0	0	0,0904	0,2973	1,2256
GROUP	0,1081	0,3106	0	0	0	0	1
PPE	0,3072	0,2764	0	0,0649	0,2282	0,5042	1,0369
INTAN	0,0150	0,0406	0	0,0004	0,0027	0,0099	0,2867
CAS	0,7016	0,3759	0	0,4227	0,6919	0,9280	2,0883
PROVIS	0,1519	0,1473	0	0,0492	0,1039	0,2036	0,7375
AUDIT	0,9229	0,2667	0	1	1	1	1

N = Anzahl der Beobachtungen, Standardabw. = Standardabweichung, Min. = Minimum, Max. = Maximum

Hinsichtlich der Unternehmensgröße börsennotierter und nichtbörsennotierter Unternehmen kann festgestellt werden, dass der arithmetische Mittelwert der Variable SIZE börsennotierter Unternehmen über demjenigen nichtbörsennotierter Unternehmen liegt. Dies deutet an, dass börsennotierte Unternehmen im Schnitt größer sind als nichtbörsennotierte Unternehmen. Dies wird auch durch einen Vergleich des entsprechenden Medians bestätigt. Hinsichtlich der Profitabilität, die im vorliegenden Fall mit Hilfe der Variable ROA gemessen wird, scheinen sich börsennotierte und nichtbörsennotierte Unternehmen allerdings nur geringfügig zu unterscheiden.

Ein Vergleich der Mittelwerte der Variable GROWTH indiziert, dass börsennotierte Unternehmen ein stärkeres Wachstum verzeichnen als nichtbörsennotierte Unternehmen, allerdings besitzt GROWTH sowohl bei börsennotierten als auch nichtbörsennotierten Unternehmen eine nicht unerhebliche Standardabweichung. Im Median scheinen die Wachstumsunterschiede zwischen börsennotierten und nichtbörsennotierten Unternehmen schwächer ausgeprägt zu sein. Auch bezüglich der Finanzierung deuten sich Unterschiede zwischen börsennotierten und nichtbörsennotierten Unternehmen an, indem nichtbörsennotierte Unternehmen sowohl im Mittelwert als auch im Median einen höheren Wert von LEV aufweisen.

Darüber hinaus bestehen auch gewisse Unterschiede bezüglich des (relativen) Ausmaßes des Sachanlagevermögens, des immateriellen Anlagevermögens, des Umlaufvermögens und der Rückstellungen. Während im Fall der Variable INTAN börsennotierte Unternehmen einen im Mittel und im Median höheren Wert aufweisen, verzeichnen nichtbörsennotierte Unternehmen hingegen bezüglich PPE und CAS einen im Mittel und im Median höheren Wert. Im Fall von PROVIS besteht ein dahingehend uneinheitliches Bild, indem der Mittelwert börsennotierter Unternehmen über dem Mittelwert nichtbörsennotierter Unternehmen liegt, im Fall des Median jedoch ein umgekehrtes Verhältnis existiert.

Hinsichtlich der binären Variable GROUP liegt eine deutliche Diskrepanz zwischen den beiden Unternehmensgruppen vor, da diese bei börsennotierten Unternehmen in beinahe 86% der Fälle die Ausprägung 1 annimmt, während bei nichtbörsennotierten Unternehmen der entsprechende Anteil bei nicht ganz 11% liegt.

Wird schließlich die ETR betrachtet, so zeigt sich, dass der diesbezügliche Mittelwert bzw. Median börsennotierter Unternehmen um knapp 6 Prozentpunkte (bzw. um mehr als 6 Prozentpunkte) niedriger ist als der Mittelwert (Median) nichtbörsennotierter Unternehmen. So weisen börsennotierte Unternehmen eine ETR von durchschnittlich 25,13% (Median: 23,58%) auf, während der Mittelwert der ETR bei nichtbörsennotierten Unternehmen 31,10% (Median: 30,13%) beträgt.

Um zu überprüfen, ob die beobachteten Niveauunterschiede der Stichprobenmittelwerte der Modellvariablen von börsennotierten Unternehmen gegenüber denen nichtbörsennotierter Unternehmen als signifikant oder als zufällig von Null verschieden einzustufen sind, wird ein t-Test für zwei unabhängige Stichproben (auch doppelter t-Test genannt) durchgeführt. Dabei wird die Nullhypothese getestet, dass die beiden Stichproben aus Grundgesamtheiten stammen, deren Mittelwerte identisch sind. Übersteigt der ermittelte Testvariablenwert einen Schwellenwert, der unter Beachtung des zu Grunde gelegten Signifikanzniveaus berechnet wird, so kann die Nullhypothese verworfen werden. Damit gilt der empirisch beobachtete durchschnittliche Niveauunterschied als signifikant von Null verschieden.[1160] Allerdings setzt die Anwendung des doppelten t-Tests Normalverteilung und Varianzhomogenität voraus.[1161] Ein verteilungsunabhängiges Pendant stellt der U-Test von Mann-Whitney dar,[1162] der mathematisch äquivalent zum Rangsummentest

1160 Vgl. Bortz/Schuster (2010), S. 120 f., Eckstein (2013), S. 331-333.

1161 Vgl. Bortz/Schuster (2010), S. 122, Eckstein (2013), S. 330.

1162 Vgl. Eckstein (2013), S. 337.

von Wilcoxon ist.[1163] Dieser Test ermöglicht die Schlussfolgerung, ob sich die Mediane in den beiden Grundgesamtheiten signifikant voneinander unterscheiden.[1164]

Die folgende Tabelle 6 präsentiert die Ergebnisse der Tests auf Gleichheit der Lagemaße in Form des doppelten t-Tests sowie des Wilcoxon-Rangsummentests:

Tabelle 6: Tests auf Gleichheit der Lagemaße

	Mittelwert				Median			
	börsen-notierte Unter-nehmen	nicht-börsenn. Unter-nehmen	Differenz	p-Wert der Differenz	börsen-notierte Unter-nehmen	nicht-börsenn. Unter-nehmen	Differenz	p-Wert der Differenz
ETR	0,2513	0,3110	-0,0597***	0,0000	0,2358	0,3013	-0,0655***	0,0000
SIZE	11,4545	10,0645	1,3900***	0,0000	11,3169	9,8966	1,4202***	0,0000
ROA	0,1116	0,1140	-0,0025	0,4758	0,0725	0,0738	-0,0013	0,8079
GROWTH	0,1455	0,1095	0,0360***	0,0004	0,0543	0,0506	0,0037	0,1077
LEV	0,1412	0,1975	-0,0563***	0,0000	0,0721	0,0904	-0,0184***	0,0002
GROUP	0,8588	0,1081	0,7507***	0,0000	1	0	1,0000***	0,0000
PPE	0,1821	0,3072	-0,1252***	0,0000	0,1105	0,2282	-0,1177***	0,0000
INTAN	0,0243	0,0150	0,0092***	0,0000	0,0064	0,0027	0,0037***	0,0000
CAS	0,6267	0,7016	-0,0749***	0,0000	0,5916	0,6919	-0,1004***	0,0000
PROVIS	0,1454	0,1519	-0,0065	0,1094	0,1099	0,1039	0,0060	0,2674
AUDIT	0,9844	0,9229	0,0615***	0,0000	1	1	0,0000***	0,0000

Um die Mittelwertdifferenzen (Mediandifferenzen) zwischen börsennotierten und nichtbörsennotierten Unternehmen zu testen, werden doppelte t-Tests (Wilcoxon-Rangsummentests) verwendet.
*** / ** / * zeigen statistische Signifikanz (zweiseitig) auf dem Niveau von 0,01 / 0,05 / 0,1 an.

Unter der Annahme von Normalverteilung und Varianzhomogenität zeigt sich, dass die empirisch beobachteten, durchschnittlichen Niveauunterschiede von börsennotierten und nichtbörsennotierten Unternehmen bezüglich ETR, SIZE, GROWTH, LEV, GROUP, PPE, INTAN, CAS und AUDIT auf einem Signifikanzniveau von 1% als signifikant von Null verschieden zu betrachten sind. Anzumerken ist, dass verschiedene Monte-Carlo-Studien zeigen konnten, dass der doppelte t-Test robust auf Verletzungen seiner Voraussetzungen reagiert, was insbesondere dann gilt, wenn die Stichprobenumfänge in etwa gleich groß sind. Sind die Stichprobenumfänge hingegen unterschiedlich, wie es im vorliegenden Fall gegeben ist, aber liegen zumindest gleiche Varianzen vor, wird die Präzision des doppelten t-Tests nicht beeinträchtigt. Falls jedoch sowohl die Stichprobenumfänge als auch die Varianzen ungleich sind, muss möglicherweise ein deutlich höherer Anteil an Fehlentscheidungen hingenommen werden.[1165]

1163 Vgl. Bortz/Schuster (2010), S. 133.

1164 Vgl. Eckstein (2013), S. 336.

1165 Vgl. im Überblick Bortz/Schuster (2010), S. 122 m.w.N.

Daher wird zusätzlich auf den nicht-parametrischen und im Vergleich zum t-Test letztlich voraussetzungsärmeren Wilcoxon-Rangsummentest zurückgegriffen. Die beiden unabhängigen Stichproben müssen keine Normalverteilung aufweisen, sondern (lediglich) aus Grundgesamtheiten mit gleicher oder ähnlicher Verteilungsform stammen.[1166] Dieser Test ist als „wirksames nicht-parametrisches Gegenstück zum t-Test“[1167] zu betrachten. Wird nun im konkreten Fall der verteilungsfreie Wilcoxon-Rangsummentest zu Grunde gelegt, der nicht auf die durchschnittlichen Niveauunterschiede, sondern die Mediandifferenzen abstellt, sind die Ergebnisse ähnlich. Lediglich im Fall der Variable GROWTH erfüllt die Mediandifferenz nicht den Anspruch, als signifikant von Null verschieden zu gelten.

Inwiefern allerdings die bezüglich der ETR festgestellten Niveauunterschiede zwischen börsennotierten und nichtbörsennotierten Unternehmen, die sowohl hinsichtlich des Mittelwerts als auch des Median statistisch signifikant sind, einer multivariaten Analyse standhalten, ist zu klären. Im Folgenden ist jedoch zunächst eine Korrelationsanalyse durchzuführen.

5.4 Korrelationsanalyse

Mittels Korrelationsanalyse kann ein Zusammenhang zwischen zwei Variablen identifiziert werden. Dabei ermöglichen sowohl der Bravais-Pearson-Korrelationskoeffizient als auch der Korrelationskoeffizient nach Spearman eine Aussage bezüglich der Stärke des Zusammenhangs sowie dessen Richtung. Der Rangkorrelationskoeffizient nach Spearman stellt einen Spezialfall des Maßkorrelationskoeffizienten nach Bravais und Pearson dar.[1168]

Zu den Annahmen des linearen Regressionsmodells gehört, wie in Kap. 5.1 erläutert, die Unabhängigkeit der exogenen Variablen voneinander, wobei ein gewisses Maß an Mulitkollinearität vertretbar ist. Sehr hohe Korrelationskoeffizienten deuten jedoch auf das Vorliegen einer schwerwiegenden Multikollinearität hin.[1169] Um auszuschließen, dass die multivariaten Ergebnisse durch Multikollinearität verzerrt werden, werden die wechselseitigen Korrelationen der unabhängigen Variablen berechnet, wobei auf den Korrelationskoeffizienten nach Bravais und Pearson zurückgegriffen wird:

1166 Vgl. Sachs (2004), S. 382, Benesch (2013), S. 211.

1167 Billeter (1972), S. 106.

1168 Vgl. Bamberg/Baur/Krapp (2012), S. 33-36, Eckstein (2012), S. 295 f. und S. 301 f.

1169 Vgl. Backhaus/Erichson/Plinke/Weiber (2011), S. 93 f.

Tabelle 7: Korrelationstableau der unabhängigen Variablen (Pearson-Korrelationen)

	PUBLIC	SIZE	ROA	GROWTH	LEV	GROUP	PPE	INTAN	CAS	PROVIS
SIZE	0,1976									
	(0,0000)									
ROA	-0,0033	-0,1040								
	(0,4758)	(0,0000)								
GROWTH	0,0164	-0,0181	0,1801							
	(0,0004)	(0,0001)	(0,0000)							
LEV	-0,0364	-0,0981	-0,1118	0,0921						
	(0,0000)	(0,0000)	(0,0000)	(0,0000)						
GROUP	0,3758	0,3818	-0,0423	-0,0058	-0,0288					
	(0,0000)	(0,0000)	(0,0000)	(0,2154)	(0,0000)					
PPE	-0,0765	0,0730	-0,1751	0,0051	0,2912	-0,0426				
	(0,0000)	(0,0000)	(0,0000)	(0,2752)	(0,0000)	(0,0000)				
INTAN	0,0380	0,0398	0,0212	0,0717	0,0084	0,0253	-0,0525			
	(0,0000)	(0,0000)	(0,0000)	(0,0000)	(0,0705)	(0,0000)	(0,0000)			
CAS	-0,0335	-0,2074	0,3534	0,2336	-0,0705	-0,1142	-0,6201	-0,0367		
	(0,0000)	(0,0000)	(0,0000)	(0,0000)	(0,0000)	(0,0000)	(0,0000)	(0,0000)		
PROVIS	-0,0075	0,0925	0,2529	0,1122	-0,1839	0,0079	-0,2170	0,0822	0,2891	
	(0,1094)	(0,0000)	(0,0000)	(0,0000)	(0,0000)	(0,0880)	(0,0000)	(0,0000)	(0,0000)	
AUDIT	0,0392	0,1854	0,0015	-0,0578	-0,1739	0,0548	-0,0209	0,0373	-0,0550	0,0842
	(0,0000)	(0,0000)	(0,7407)	(0,0000)	(0,0000)	(0,0000)	(0,0000)	(0,0000)	(0,0000)	(0,0000)

Korrelationen nach Pearson (zweiseitige p-Werte in Klammern)

Wie Tabelle 7 zeigt, treten signifikant positive sowie negative Korrelationen auf. Die höchste signifikant positive Korrelation in Höhe von 0,3818 liegt zwischen den Variablen GROUP und SIZE vor, die höchste signifikant negative Korrelation in Höhe von -0,6201 zwischen den Variablen CAS und PPE. Die einen Wert von 0,3758 aufweisende signifikante Korrelation zwischen GROUP und PUBLIC kennzeichnet die zweistärkste positive Korrelation, die übrigen signifikanten Korrelationswerte weisen, mit Ausnahme der noch den Wert von 0,3534 aufweisenden Korrelation von CAS und ROA, eine Höhe von weniger als 0,3 auf. Hinsichtlich der signifikant negativen Korrelationen wird die zweitstärkste negative Korrelation durch PROVIS und PPE mit einem Korrelationswert von bereits nur noch -0,2170 beziffert, so dass die verbleibenden signifikant negativen Korrelationen sogar noch unterhalb dieses Wertes liegen. Keine signifikanten Korrelationen sind jeweils zwischen ROA und PUBLIC, GROUP und GROWTH, PPE und GROWTH, PROVIS und PUBLIC sowie AUDIT und ROA zu verzeichnen.[1170]

Insgesamt ist somit die Höhe der Korrelationen und folglich der wechselseitige Einfluss als überwiegend gering einzuschätzen, was ein erstes Indiz gegen das Bestehen einer problematischen Multikollinearität bildet. Da die Korrelationskoeffizienten jedoch nur paarweise Abhängigkeiten messen, wird zusätzlich der VIF-Faktor für alle Regressoren ermittelt, wobei der maximale VIF-Faktor einen Wert von 2,33 (im Fall der Variable PPE) aufweist.[1171] Da dieser deutlich unter dem in der Literatur als kritisch angesehenen Wert von 10 liegt,[1172] kann ein weiteres Indiz gegen das Bestehen einer problematischen Multikollinearität verzeichnet werden. Folglich ist eine durch Multikollinearität hervorgerufene verminderte Präzision der Schätzwerte der Regressionsparameter nicht zu befürchten.[1173]

1170 Hierbei wird die Signifikanz bis zu einem Signifikanzniveau von 10% bejaht.

1171 Die Tabellierung aller VIF-Werte findet sich in Anhang 4. Zur Ermittlung des VIF-Faktors wird jede unabhängige Variable auf die übrigen unabhängigen Variablen regressiert und das jeweilige Bestimmtheitsmaß R^2 ermittelt. Der VIF-Faktor errechnet sich im Anschluss als $1/(1-R^2)$, vgl. Backhaus/Erichson/Plinke/Weiber (2011), S. 94 f.

1172 Vgl. bspw. Asteriou/Hall (2011), S. 100.

1173 Die übrigen Prämissen des linearen Regressionsmodells werden im Folgenden – soweit erforderlich bzw. möglich – noch adressiert. Ausgenommen sind solche Annahmen, die für die vorliegende Analyse respektive deren Interpretation keine Bedeutung besitzen wie bspw. die Annahme, dass der Erwartungswert der Störgrößen Null beträgt, indem der für den Fall einer Verletzung verzerrte konstante Term ohnehin nicht interpretiert wird. Ferner wird bspw. die Annahme hinsichtlich der Normalverteilung der Störgrößen, die im Rahmen der Signifikanztests Bedeutung entfaltet, nicht weitergehend diskutiert, da die Signifikanztests auch unabhängig

5.5 Multivariate Analyse

5.5.1 Regressionsergebnisse

Die Ergebnisse der OLS-Schätzung mit robusten Standardfehlern des in Kap. 5.2.2 definierten Regressionsmodells werden in Tabelle 8 präsentiert. Dabei werden neben den Schätzwerten der Koeffizienten die zugehörigen Standardfehler, die t-Werte sowie die p-Werte angeführt. Die OLS-Methode ermittelt die Parameterwerte derart, dass die Summe der Quadrate der Residuen minimiert wird.[1174] In der Ökonometrie nimmt der OLS-Schätzer eine zentrale Rolle ein.[1175] Dies ist dadurch begründet, da der OLS-Schätzer, sofern die Annahmen des linearen Regressionsmodells[1176] erfüllt werden, unverzerrt (erwartungstreu) und effizient ist.[1177] Diese Eigenschaften werden im Englischen auch als BLUE (*best linear unbiased estimator*) bezeichnet.[1178] Eine Verletzung der Annahme des linearen Regressionsmodells bezüglich der konstanten Varianz der Störgrößen (Homoskedastizität) in Form der Heteroskedastizität führt zu einer Ineffizienz der Schätzung.[1179] Da allerdings ein gewisser Grad an Heteroskedastizität nicht auszuschließen ist, wird die Regression mit robusten Standardfehlern (White-Standardfehlern) geschätzt.[1180]

---

von der Verteilung Gültigkeit besitzen, sofern die Anzahl der Beobachtungen groß genug ist (mehr als 40), was hier gegeben ist. Des Weiteren sind solche Annahmen ausgenommen, die nicht abschließend beurteilt werden können wie bspw. die Berücksichtigung aller relevanten Variablen. Hierauf wird allerdings im Rahmen der Limitationen (Kap. 5.6) nochmals Bezug genommen.

1174 Vgl. ausführlich bspw. Eckey/Kosfeld/Dreger (2011), S. 24-40. Im Fall einer univariaten Regressionsanalyse entstehen die Abweichungsquadrate aus der Differenz zwischen den empirischen Werten und der Regressionsgeraden, im multivariaten Fall aus der Differenz zwischen den empirischen Werten und einer Regressionsfläche. Die Regressionsfläche stellt eine sogenannte Hyperfläche mit K + 1 Dimensionen dar, wobei K die Anzahl der unabhängigen Variablen angibt. Grafisch darstellbar ist somit nur noch eine bivariate Regression, deren Regressionsfläche im dreidimensionalen Raum abgebildet werden kann, vgl. Urban/Mayerl (2011), S. 83, auch von Auer (2011), S. 145.

1175 Vgl. Kennedy (2008), S. 43.

1176 Vgl. Kap. 5.1.

1177 Zur Definition von Erwartungstreue und Effizienz vgl. Fn. 1053 und Fn. 1054.

1178 Vgl. Backhaus/Erichson/Plinke/Weiber (2011), S. 86, von Auer (2011), S. 79.

1179 Vgl. Backhaus/Erichson/Plinke/Weiber (2011), S. 90.

1180 Dieses Vorgehen wird bspw. auch von Lanis/Richardson (2012) angewendet.

Tabelle 8: Regressionsergebnisse (OLS-Schätzung mit robusten Standardfehlern)

$$TaxAggr_{i,t} = \alpha + \beta_1 PUBLIC_{i,t} + \beta_2 SIZE_{i,t} + \beta_3 ROA_{i,t} + \beta_4 GROWTH_{i,t} + \beta_5 LEV_{i,t} + \beta_6 GROUP_{i,t} + \beta_7 PPE_{i,t} + \beta_8 INTAN_{i,t} + \beta_9 CAS_{i,t} + \beta_{10} PROVIS_{i,t} + \beta_{11} AUDIT_{i,t} + IndustryDummies + YearDummies + \varepsilon_{i,t}$$

	erwartetes Vorzeichen	**Koeffizient**	**Standardfehler**	**t-Wert**	**p-Wert**
Testvariable					
PUBLIC	?	-0,0449***	0,0067	-6,70	0,000
Kontrollvariablen					
SIZE	-	-0,0035***	0,0011	-3,34	0,001
ROA	-	-0,1796***	0,0096	-18,65	0,000
GROWTH	?	-0,0179***	0,0032	-5,54	0,000
LEV	-	0,0107*	0,0048	2,22	0,026
GROUP	-	-0,0077**	0,0035	-2,21	0,027
PPE	?	0,0364***	0,0063	5,74	0,000
INTAN	?	0,0967***	0,0307	3,16	0,002
CAS	?	0,0220***	0,0044	5,00	0,000
PROVIS	?	0,1045***	0,0089	11,81	0,000
AUDIT	+	0,0203***	0,0041	4,91	0,000
Konstante	?	0,2963***	0,0510	5,81	0,000
Branchen-Dummies			einbezogen		
Year-Dummies			einbezogen		
R^2	9,71%				
Adj. R^2	9,55%				
F-Statistik	56,75				
p-Wert (F-Statistik)	0,000				
N	46.094				

*** / ** / * zeigen statistische Signifikanz (zweiseitig) auf dem Niveau von 0,01 / 0,05 / 0,1 an.

Bevor auf die tabulierten Schätzergebnisse eingegangen wird, werden zunächst einige Aspekte der (Schätz-)Güte der Regression diskutiert. Die hierfür bestehenden Maßzahlen in Form des Bestimmtheitsmaßes (R^2) bzw. des modifizierten Bestimmtheitsmaßes (Adj. R^2) beurteilen, wie gut sich die Regressionsfunktion an die empirischen Daten einpasst (*goodness of fit*).[1181] Die Maßzahl R^2, die einen Wert zwischen 0 und 1 annimmt, kann auch als das Verhältnis der durch die Regressoren erklärten Streuung zur Gesamtstreuung des Regressanden interpretiert werden. Liegt R^2 nahe an 1, so wird der Großteil der Streuung der abhängigen Variablen durch die Streuung der unabhängigen Variablen erklärt.[1182] Problematisch ist, dass durch die Aufnahme zusätzlicher (auch irrelevanter) Variablen der Wert des Bestimmtheitsmaßes R^2 nur zu-, nicht jedoch abnehmen kann. Insofern ist R^2 nicht geeignet, um zu beurteilen, ob das Hinzufügen einer Variablen die Fähigkeit des Modells verbessert, die Streuung der abhängigen Variablen zu erklären. Hierfür wurde das modifizierte (auch angepasstes oder korrigiertes) Bestimmtheitsmaß entwickelt. Indem durch Hinzufügen weiterer Variablen auch die Anzahl der zu schätzenden Koeffizienten steigt, vermindert sich die Anzahl der Freiheitsgrade,[1183] wodurch sich auch die Genauigkeit der Schätzung reduziert. Bei der Berechnung des modifizierten Bestimmtheitsmaßes wird auch die Anzahl der Freiheitsgrade berücksichtigt, so dass diese Maßzahl bei Hinzufügen weiterer unabhängiger Variablen auch abnehmen kann.[1184] Im vorliegenden Fall wird ein modifiziertes R^2 von 9,55% erreicht. Dieser Wert erscheint nicht besonders hoch, stellt jedoch in Anbetracht der in vergleichbaren empirischen Studien zur Steueraggressivität erzielten Werte einen nicht ungewöhnlichen Wert dar.[1185]

Während das Bestimmtheitsmaß allerdings nur Angaben darüber macht, wie gut sich die Regressionsfunktion an die vorliegenden empirischen Daten der Stichprobe einpasst, stellt sich im Rahmen einer Regressionsanalyse darüber hinaus stets die Frage, inwieweit das geschätzte Modell für die Grundgesamtheit Gültigkeit besitzt. Zur Prüfung der Signifikanz des geschätzten Modells bzw. seines Bestimmtheitsmaßes wird der F-Test eingesetzt. Der F-Test testet die Nullhypothese, dass zwischen der abhängigen Variablen und den unabhängigen Variablen kein Zusammenhang besteht und folglich alle Regressionskoeffizienten Null sind. Hierfür wird zunächst der sogenannte F-Wert benötigt, für dessen Berechnung die erklärte Streuung und die nicht erklärte Streuung jeweils durch

---

1181 Vgl. Auer/Rottmann (2011), S. 430, Backhaus/Erichson/Plinke/Weiber (2011), S. 72.

1182 Vgl. Chatterjee/Price (1995), S. 7.

1183 Die Freiheitsgrade errechnen sich als Differenz zwischen der Anzahl der vorliegenden Beobachtungen N und der Anzahl der Regressionskoeffizienten K + 1, vgl. Auer/Rottmann (2011), S. 435.

1184 Vgl. Auer/Rottmann (2011), S. 434 f., Backhaus/Erichson/Plinke/Weiber (2011), S. 76.

1185 Bspw. weisen Lanis/Richardson (2012), S. 100 ein modifiziertes Bestimmtheitsmaß von 14,16% bzw. 11,80% (je nach Definition der abhängigen Variablen in Form zweier verschiedener ETRs) aus.

die Anzahl ihrer Freiheitsgrade zu dividieren und anschließend ins Verhältnis zueinander zu setzen sind. Übersteigt dieser F-Wert einen kritischen Wert, der sich aus der F-Verteilung unter Maßgabe der jeweils akzeptierten Irrtumswahrscheinlichkeit (i.e. des Signifikanzniveaus) ergibt, so ist die Nullhypothese zu verwerfen und von der Signifikanz des Gesamtmodells auszugehen.[1186] Die Hypothesenentscheidung beim F-Test kann auch anhand des p-Werts erfolgen, der die Irrtumswahrscheinlichkeit liefert, die bei Ablehnung der Nullhypothese hingenommen werden muss. Ist der p-Wert kleiner als das gewählte Signifikanzniveau, kann die Nullhypothese verworfen werden.[1187] Um eine gewisse Vergleichbarkeit sowie Qualität statistisch abgesicherter Entscheidungen sicherzustellen, gilt es beispielsweise in den Sozialwissenschaften als Konvention, eine Nullhypothese erst dann zu verwerfen, wenn die Irrtumswahrscheinlichkeit kleiner gleich 5%, wahlweise kleiner gleich 1% ist.[1188] Da für die vorliegende Regressionsfunktion eine F-Statistik von 56,75 (p-Wert: 0,000) ermittelt werden kann, ist als Ergebnis der globalen Prüfung der Regressionsfunktion die Signifikanz des Gesamtmodells auf einem 1%-Niveau festzuhalten.

Die Signifikanz einzelner Regressionskoeffizienten kann mit Hilfe des t-Werts erfolgen.[1189] Der t-Test verläuft analog zum F-Test, basiert jedoch auf der t-Statistik anstelle der F-Statistik.[1190] Unterschieden werden können der einseitige und der zweiseitige t-Test. Während der einseitige t-Test eingesetzt wird, um eine gerichtete Hypothese zu testen, werden zweiseitige t-Tests meist dann verwendet, wenn die dem Regressionsmodell zu Grunde liegende Theorie keine Aussage zum vermuteten Vorzeichen einzelner Regressionskoeffizienten macht. Im letzteren Fall wird dann lediglich getestet, ob der jeweilige Regressionskoeffizient signifikant von Null verschieden ist.[1191] Für die Hypothesentestentscheidung beim t-Test kann anstelle des t-Werts alternativ auch der p-Wert herangezogen werden.[1192]

1186 Vgl. Chatterjee/Price (1995), S. 66 f., Auer/Rottmann (2011), S. 469-472, Backhaus/Erichson/Plinke/Weiber (2011), S. 76-80, Urban/Mayerl (2011), S. 153-155 und S. 163.

1187 Vgl. Auer/Rottmann (2011), S. 465 f. und S. 471.

1188 Vgl. Bortz/Schuster (2010), S. 101 unter Verweis auf Cowles/Davis (1982).

1189 Vgl. Backhaus/Erichson/Plinke/Weiber (2011), S. 81.

1190 Vgl. Backhaus/Erichson/Plinke/Weiber (2011), S. 82.

1191 Vgl. Auer/Rottmann (2011), S. 465, zu ein- und zweiseitigen Tests vgl. bspw. auch Bortz/Schuster (2010), S. 104 f. Backhaus/Erichson/Plinke/Weiber (2011), S. 81-84 diskutieren ausschließlich den zweiseitigen t-Test.

1192 Vgl. Auer/Rottmann (2011), S. 465, die darauf hinweisen, dass der in Standardökonometrieprogrammen ausgegebene p-Wert zum Testen zweiseitiger, nicht einseitiger Hypothesentests dient.

Wie aus Tabelle 8 hervorgeht, weist der Regressionskoeffizient der Variable PUBLIC ein negatives Vorzeichen auf (-0,0449) und ist stark signifikant ($p < 0{,}01$). Dies bedeutet, dass unter Kontrolle auf unternehmensspezifische Charakteristika sowie branchen- und jahresfixe Effekte die ETR von börsennotierten Unternehmen um 4,49 Prozentpunkte niedriger ist als die ETR nichtbörsennotierter Unternehmen. Dies erscheint aus ökonomischer Sicht als durchaus erheblicher Faktor, wobei die Interpretation der ETR auch eine gewisse Vorsicht erfordert, wie in Kap. 5.5.2.2 im Rahmen der Formulierung einer alternativen Steueraggressivitätsmetrik auch nochmals aufgegriffen wird. Im Vordergrund steht letztlich die Frage, was durch die ETR als Metrik eingefangen wird bzw. was nicht eingefangen werden kann. Wie bereits im Rahmen von Kap. 3.4.2.1 ausführlich dargelegt, wird die ETR von verschiedenen Faktoren beeinflusst, so dass nicht zwingend nur die Steueraggressivität eines Unternehmens erfasst wird. So kann die ETR beispielsweise durch regulatorische Unterschiede im Bereich der handeldsrechtlichen und der steuerlichen Rechnungslegung getrieben sein, wobei dieser Problematik durch die Berücksichtigung der Kontrollvariablen PPE, INTAN, CAS und PROVIS zum Teil entgegengetreten wurde, indem insbesondere diese Posten Divergenzen verursachen (können). Des Weiteren kann die Höhe der ETR auch durch eine gezielte Handelsbilanzpolitik (im Hinblick auf eine Gewinnmaximierung) bedingt sein. Hierbei ist allerdings zu unterscheiden, ob nur solche Aktionsparameter eingesetzt werden, die sich ausschließlich auf die handelsrechtliche Rechnungslegung auswirken oder auch solche Aktionsparameter, die Handels- als auch Steuerbilanz beeinflussen. Im zweiten Fall kommt es, da sich sowohl Nenner als auch Zähler der ETR erhöhen, zu keiner Fehlinterpretation, während im ersten Fall eine Erhöhung des Nenners und damit eine Überschätzung der Steueraggressivität einhergehen kann. Da die Anzahl entsprechender handelsrechtlicher Aktionsparameter ohne Wechselwirkung jedoch überschaubar sein dürfte, ist dies zwar als Schwäche festzuhalten, wenngleich als nicht zu schwerwiegendes Problem zu betrachten. Fehlinterpretationen sind jedoch auch dahingehend möglich, wenn bestimmte Strategien von der ETR nicht abgebildet werden. Beispielsweise kann eine – zumindest bis BilMoG noch realisierbare – Einheitsbilanzerstellung mit gezielter Ausnutzung von Spielräumen zu Gunsten einer niedrigen Steuerbelastung von der ETR nur schwerlich eingefangen werden.

Das vorliegende Ergebnis stützt jedenfalls – unter Beachtung der Limitationen der ETR – die aufgestellte Hypothese, dass zwischen börsennotierten und nichtbörsennotierten Unternehmen ein systematischer Unterschied hinsichtlich der Steueraggressivität besteht. Zudem liefert das Ergebnis Hinweise dafür, dass sich börsennotierte Unternehmen stärker in Steueraggressivität engagieren als nichtbörsennotierte Unternehmen. Das Resultat der Untersuchung legt letztlich nahe, dass im Fall börsennotierter Unternehmen Steueraggressivität ein entsprechend positives Kosten-Nutzen-Verhältnis aufweist. So scheinen die Kosten aus Zielkonflikten, die aufgrund der umfangreichen Bedeutung externer Rechnungslegung für börsennotierte Unternehmen gerade für diese Unternehmensgruppe als restringierender Faktor identifiziert wurden, die Steueraggressivitätsentscheidung nicht nachhaltig zu Lasten derselben zu beeinflussen. Dies kann dadurch begründet sein, dass entsprechende Kosten aufgrund der Trennung von Einzelabschluss, der Ausgangsbasis für die Besteuerung ist, und Konzernabschluss, der reine Informationsfunktion besitzt und seit 2005 zudem nach IFRS zu erstellen ist bzw. zuvor erstellt werden konnte, geringer sind als dies frühere Studien aus anderen Regulierungskontexten – wie beispielsweise Cloyd/Pratt/Stock (1996) oder Goncharov (2005) – nahelegen.

Denkbar ist allerdings auch, dass das Management ein entsprechend großes Interesse an einem Engagement in Steueraggressivität hat, was durch die Aussicht auf einen steigenden Börsenkurs bedingt sein kann, insbesondere wenn die Kompensationsstrukturen ein entsprechendes Verhalten durch aktienkursbasierte Vergütung oder auch Nachsteuerkompensation fördern. Die steueraggressivitätsfördernde Wirkung durch derartige Kompensationsschemata wurde auch schon durch Rego/Wilson (2010) und zum Teil durch Philips (2003) belegt. Hinzu kommt, dass das Management möglicherweise die komplexen Steueraggressivitätsstrukturen für *rent extraction* nutzt. Das Bestehen eines solchen Zusammenhangs deutet beispielsweise auch die Studie von Dhaliwal/Huang/Moser/Pereira (2011) an, wobei anderweitige Autoren wie Wang (2010) das Engagement der Manager in Steueraggressivitätsaktivitäten im Hinblick auf die Steigerung des Unternehmenswertes und die damit verbundene Erhöhung des Nutzens der Shareholder interpretiert und hierfür Hinweise findet.

Eine eventuelle negative Entwicklung des Aktienkurses, die durch Antizipation der Investoren der *rent extraction* entsteht oder auch als Reputationskosten auftritt, scheint aufgrund der vorliegenden Ergebnisse allerdings keine entscheidende restringierende Wirkung auf das Engagement in Steueraggressivität zu besitzen. In der bisherigen empirischen Literatur bestehen ohnehin keine eindeutigen Erkenntnisse, inwieweit Aktionäre auf das Bekanntwerden der Steueraggressivität mit einem Preisabschlag reagieren, obgleich sich verschiedene Studien (u.a. Desai/Hines (2002), Hanlon/Slemrod (2009), Frischmann/Shevlin/Wilson (2011), Koester (2011), Wahab/Holland (2012)) diesem Phänomen widmen, hierbei jedoch zu unterschiedlichen Ergebnissen gelangen.

Werden die übrigen Ergebnisse betrachtet, so zeigt sich, dass die Koeffizienten der Variablen SIZE, ROA, GROUP und AUDIT die erwarteten Vorzeichen aufweisen und signifikant auf einem Signifikanzniveau von 1% (SIZE, ROA, AUDIT) bzw. 5% (GROUP) sind. Demzufolge besitzt beispielsweise die Unternehmensgröße einen verstärkenden Einfluss auf die Steueraggressivität. Dies liefert wiederum Hinweise dafür, dass größere Unternehmen größere Gestaltungsmöglichkeiten besitzen. Eine höhere (relative) Steuerbelastung von größeren Unternehmen, wie die *political cost hypothesis* vermuten lässt, scheint hingegen nicht gegeben zu sein. Damit stehen die vorliegenden Ergebnisse im Einklang mit beispielsweise der Studie von Richardson/Lanis (2007). Des Weiteren kann aus den Ergebnissen abgeleitet werden, dass Unternehmen sich umso stärker in Steueraggressivität engagieren, je profitabler sie sind. Dies spricht für die Argumentation, dass profitablere Unternehmen ein größeres Bedürfnis nach Steueraggressivität aufweisen. Hierzu ähnlich verhalten sich beispielsweise die Ergebnisse der Studie von Rego (2003), die bereits eine geringere Steuerbelastung profitablerer Unternehmen feststellen konnte.

Für die Variable GROWTH wurde keine Erwartungshaltung formuliert, allerdings deutet das stark signifikante negative Vorzeichen an, dass wachstumsstärkere Unternehmen auch ein größeres Bedürfnis nach Steueraggressivität haben. Dieses Ergebnis ist insoweit stimmig, als dass Unternehmenswachstum nur bei entsprechender Profitabilität gegeben ist und Profitabilität offenbar einen Steueraggressivitätstreiber darstellt. Hingegen ist die Überlegung, dass sich wachstumsstarke Unternehmen weniger auf Steueraggressivität konzentrieren können bzw. wollen als unzutreffend zu betrachten.

Ferner scheinen gemäß den vorliegenden Ergebnissen Unternehmen, die Mutterunternehmen eines Konzerns sind, steueraggressiver zu sein als Unternehmen, die nicht Mutterunternehmen eines Konzerns sind, was sich durch die vermehrten Steuergestaltungsmöglichkeiten erklären lässt. Dieses Resultat steht zwar in gewissem Gegensatz zu den empirischen Ergebnissen von Mills/Erickson/Maydew (1998), die jedoch auch selbst einen gegenteiligen Effekt unterstellen und vermuten, dass ihr gewähltes Proxy zu sehr rauscht.[1193]

Die Durchführung einer Jahresabschlussprüfung wirkt sich gemäß den vorliegenden Ergebnissen steueraggressivitätsmindernd aus. Dies entspricht der Erwartungshaltung, dass die Jahresabschlussprüfung eine entsprechende *monitoring*-Funktion besitzt, die sich regulierend auf die Aktivitäten des Managements auswirkt. Dies steht auch in Einklang mit den Ergebnissen von Richardson/

1193 Vgl. Mills/Erickson/Maydew (1998), S. 18.

Taylor/Lanis (2013), die zeigen, dass das Ausmaß der Steueraggressivität durch bestimmte *corporate governance*-Mechanismen gedämpft wird.

Der Koeffizient der Variable LEV ist signifikant positiv und weist damit nicht das erwartete negative Vorzeichen auf. Das vorliegende Ergebnis ist somit inkonsistent mit dem entsprechenden Resulat von beispielsweise Gupta/ Newberry (1997). Eine Erklärung hierfür könnte sein, dass der Grad der Fremdfinanzierung aufgrund der Abzugsfähigkeit der Fremdkapitalzinsen das Bedürfnis nach Steueraggressivitätsaktivitäten abschwächt, allerdings nicht denselben steuerlastreduzierenden Effekt hervorbringt.

Für die Gruppe der Variablen INTAN, CAS und PROVIS wurde keine Erwartungshaltung bezüglich der Vorzeichen formuliert, da diese lediglich Kontrollcharakter für Divergenzen zwischen handelsrechtlicher und steuerlicher Rechnungslegung besitzen. Die durchgeführte Regressionsanalyse liefert positive Vorzeichen für den Koeffizienten jeder dieser drei Variablen. Allerdings erscheint eine weitergehende Interpretation der beobachteten Vorzeichen aufgrund ihres Kontrollcharakters für Rechnungslegungsdivergenzen nur wenig sinnvoll. Zumindest ist jedoch festzuhalten, dass die jeweiligen Parameter als signifikant auftreten.

Bevor ein abschließendes Fazit der empirischen Untersuchung gezogen werden kann, sind die Ergebnisse auf ihre Robustheit zu überprüfen. Daher beinhaltet das folgende Kapitel eine Reihe entsprechender Analysen.

5.5.2 Robustheit der Regressionsergebnisse

5.5.2.1 Replikation mit geclusterten Standardfehlern

Die Ergebnisse basieren, wie bereits erörtert, auf den Schätzungen einer OLS-Regression mit White-Standardfehlern, die robust gegen eine Verletzung der Heteroskedastizitätsannahme sind. Allerdings liegen Paneldaten vor, die eine Clusterstruktur aufweisen, so dass mit Autokorrelation gerechnet werden muss. In anderen Worten ausgedrückt, besteht das Problem darin, dass die Beobachtungen eines Unternehmens nicht unabhängig sind, wodurch die Störterme innerhalb eines Unternehmens korreliert sind.[1194] Wie in Kap. 5.1 bereits erläutert, führt eine Autokorrelation der Störterme zu Verzerrungen bei der Ermittlung des Standardfehlers der Regressionskoeffizienten, was Verzerrungen bei der Bestimmung der Konfidenzintervalle für die Regressionskoeffizienten bedeutet und die üblichen Signifikanztests ungültig werden lässt.[1195]

1194 Vgl. Brüderl (2010), S. 977.

1195 Vgl. Backhaus/Erichson/Plinke/Weiber (2011), S. 92.

Tabelle 9: Regressionsergebnisse unter Verwendung geclusterter Standardfehler

$$TaxAggr_{i,t} = \alpha + \beta_1 PUBLIC_{i,t} + \beta_2 SIZE_{i,t} + \beta_3 ROA_{i,t} + \beta_4 GROWTH_{i,t} + \beta_5 LEV_{i,t} + \beta_6 GROUP_{i,t} + \beta_7 PPE_{i,t} + \beta_8 INTAN_{i,t} + \beta_9 CAS_{i,t} + \beta_{10} PROVIS_{i,t} + \beta_{11} AUDIT_{i,t} + IndustryDummies + YearDummies + \varepsilon_{i,t}$$

	erwartetes Vorzeichen	**Koeffizient**	**Standardfehler**	**t-Wert**	**p-Wert**
Testvariable					
PUBLIC	?	-0,0449***	0,0110	-4,08	0,000
Kontrollvariablen					
SIZE	-	-0,0035***	0,0015	-2,35	0,019
ROA	-	-0,1796***	0,0148	-12,11	0,000
GROWTH	?	-0,0179***	0,0032	-5,54	0,000
LEV	-	0,0107*	0,0059	1,81	0,071
GROUP	-	-0,0077	0,0052	-1,48	0,140
PPE	?	0,0364***	0,0082	4,42	0,000
INTAN	?	0,0967***	0,0403	2,40	0,016
CAS	?	0,0220***	0,0052	4,19	0,000
PROVIS	?	0,1045***	0,0121	8,67	0,000
AUDIT	+	0,0203***	0,0054	3,73	0,000
Konstante	?	0,2963***	0,0482	6,15	0,000
Branchen-Dummies			einbezogen		
Year-Dummies			einbezogen		
R^2	9,71%				
Adj. R^2	9,55%				
F-Statistik	29,38				
p-Wert (F-Statistik)	0,000				
N	46.094				

*** / ** / * zeigen statistische Signifikanz (zweiseitig) auf dem Niveau von 0,01 / 0,05 / 0,1 an.

Allerdings lässt sich das Prinzip der White-Standardfehler auch auf den Panelkontext verallgemeinern, wodurch sogenannte panel-robuste Standardfehler erzielt werden. Diese Standardfehler sind sowohl gegen Heteroskedastizität als auch Autokorrelation unempfindlich.[1196] Daher wird die Regression noch mit panel-robusten (i.e. auf Unternehmensebene geclusterten) Standardfehlern geschätzt, um sicherzustellen, dass eventuell verzerrte Standardfehler keine fehlerhafte Hypothesenentscheidung zur Folge haben.[1197] Die Größe der Koeffizienten ändert sich bei Anwendung geclusterter Standardfehler nicht.[1198]

Die in Tabelle 9 tabulierten Ergebnisse zeigen, dass bei Schätzung panel-robuster Standardfehler der Koeffizient von PUBLIC immer noch auf einem Signifikanzniveau von 1% signifikant ist. In Bezug auf die übrigen Variablen tritt nur bezüglich LEV und GROUP eine Änderung ein. Hierbei verschlechtert sich das Signfikanzniveau des zu LEV gehörigen Koeffizienten von 5% auf 10%, während der zu GROUP gehörige Koeffizient nicht einmal mehr auf einem 10%-Signifikanzniveau signifikant ist. In der statistischen und empirischen Literatur werden panel-robuste Standardfehler allerdings insoweit kritisiert, als dass die Anpassungsprozedur als überkonservativ betrachtet wird und die ermittelten Standardfehler anstatt unterschätzt nun überschätzt würden.[1199] Allerdings ist der Effekt von PUBLIC auf die Börsennotierung auch unter dieser konservativen Schätzung noch stark signifikant abgesichert.

5.5.2.2 Alternative Metrik zur Erfassung von Steueraggressivität

Die Steueraggressivität eines Unternehmens wurde mit Hilfe der ETR gemessen. Denkbar ist, dass für den Fall einer anderen Steueraggressivitätsmetrik andere Ergebnisse zustande kommen. Folglich ist zur Überprüfung der Robustheit eine zur ETR alternative Metrik zu definieren und die Regressionsanalyse unter Verwendung dieser alternativen Maßgröße zu wiederholen. Die Forschungsliteratur hat zwar über die ETR als Steueraggressivitätsmetrik hinausgehende Maßgrößen entwickelt, die jedoch im vorliegenden Kontext entweder nicht anwendbar sind sind oder als zu problematisch erachtet werden müssen.[1200] So müssen beispielsweise die auf UTB basierenden Metriken mangels eines entsprechenden handelsrechtlichen

1196 Vgl. Brüderl (2010), S. 977.

1197 Die Schätzung mit panel-robusten Standardfehlern (*clustered standard errors*) wird bspw. auch von Desai/Dharmapala (2006) angewendet. Die Standardfehler werden in dieser Studie wie auch in der vorliegenden Arbeit auf Unternehmensebene geclustert.

1198 Vgl. Giesselmann/Windzio (2012), S. 78.

1199 Vgl. Giesselmann/Windzio (2012), S. 78.

1200 Vgl. hierzu auch schon Kap. 5.2.3.1.

Pendants entfallen. Ferner ist beispielsweise die von Wilson (2009) entwickelte Maßgröße, welche die Wahrscheinlichkeit eines Engagements in *tax shelters* messen möchte, aufgrund der mangelnden Verallgemeinerbarkeit abzulehnen. Eine ausführliche Erörterung möglicher Maßgrößen und ihrer Schwächen bzw. Probleme, insbesondere auch bei einer etwaigen Anwendung im deutschen Regulierungskontext bietet Kap. 3.4.2.

Denkbar ist jedoch, auf diskretionäre Periodenabgrenzungen (z.B. mit Hilfe des modifizierten Jones-Modells) als *earnings management*-Metrik zurückzugreifen. Diese werden zwar in der bisherigen Forschungsliteratur nicht als Steueraggressivitätsmetrik verwendet, erscheinen jedoch für den dieser Untersuchung zu Grunde liegenden Regulierungskontext als passende Metrik. Die Gründe hierfür werden im Folgenden erläutert und es wird aufgezeigt, dass diese Metrik eine aus der Maßgeblichkeit resultierende Schwäche der ETR überwindet.

Der vorliegende Datensatz setzt sich aus den Daten des handelsrechtlichen Einzelabschlusses zusammen. Folglich misst eine Metrik in Form der diskretionären Periodenabgrenzungen das Ausmaß des *earnings management* im handelsrechtlichen Einzelabschluss. Da dieser die Grundlage für die Steuerbilanz bildet, besitzt die Rechnungslegungspolitik im handelsrechtlichen Einzelabschluss zumeist steuerliche Wirkung. Einzuschränken ist, dass ein Unternehmen handelsrechtliche Rechnungslegungspolitik ausschließlich im Hinblick auf die Ziele der externen Rechnungslegung verfolgen könnte, die durch diese Metrik gleichermaßen wie eine an steuerlichen Zielen ausgerichtete Rechnungslegungspolitik eingefangen werden würde. Insofern liefern die diskretionären Periodenabgrenzungen zunächst nur Hinweise, in welchem Ausmaß *earnings management* betrieben wird, nicht jedoch, mit welcher Zielrichtung. Allerdings dürften im handelsrechtlichen Einzelabschluss und der darin betriebenen Rechnungslegungspolitik steuerliche Überlegungen stets eine, wenngleich nicht zwingend dominante, aber doch zumindest bedeutende Rolle einnehmen. Damit liefert die mit Hilfe der diskretionären Periodenabgrenzungen als abhängige Variable geschätzte Regression Hinweise, inwieweit sich börsennotierte Unternehmen gegenüber nichtbörsennotierten Unternehmen in Rechnungslegungspolitik engagieren, die wenigstens zu einem gewissen Anteil steuerlichen Zielen dient.[1201] Der Vorteil dieser Metrik liegt zudem

---

1201 Frühere Studien, wie bspw. Burgstahler/Hail/Leuz (2006), deuten an, dass in Ländern mit starker Maßgeblichkeit ein höheres Maß an *earnings management* besteht, wobei dieser Effekt bei börsennotierten Unternehmen aufgrund des Kapitalmarktdrucks abgeschwächt wird, vgl. Burgstahler/Hail/Leuz (2006), S. 1013. Darüber hinaus konnte bspw. schon Gramlich (1991) zeigen, dass bei einer gewissen Anknüpfung darin, auch jene rechnungslegungspolitischen Strategien zu erfassen, die eine möglichst starke Ausrichtung der Handelsbilanz an steuerlichen Zielen anstrebt. Insbesondere eine – zumindest bis BilMoG noch realisierbare – Einheitsbilanzerstellung mit gezielter Ausnutzung von Spielräumen zu Gunsten einer niedrigen Steuerbelastung kann hingegen von der ETR nur schwerlich eingefangen werden.[1202]

Zur Ermittlung der diskretionären Periodenabgrenzungen wird auf das modifizierte Jones-Modell nach Dechov/Sloan/Sweeney (1995) zurückgegriffen.[1203]

---

der Besteuerung an den in der externen Rechnungslegung ausgewiesenen Gewinn, wie es das durch den US-amerikanischen Kongress 1986 beschlossene *Alternative Minimum Tax Book Income Adjustment* vorsah, Unternehmen dazu übergehen, gewinnreduzierende Bilanzpolitik betreiben, vgl. Gramlich (1991), S. 54. Sofern Rechnungslegungssysteme ohne Maßgeblichkeitsprinzips vorliegen, ist die externe Rechnungslegungs jedoch nicht zwinged durch steuerliche Aspekte getrieben, wie bspw. die Ergebnisse der Studie von Mills/Newberry (2001) andeuten. Diese zeigt, dass bei vorliegender Trennung der externen und der steuerlichen Rechnungslegung bei börsennotierten Unternehmen größere BTD festzustellen sind, was die Autoren darauf zurückführen, dass börsennotierte Untermehmen im Rahmen der der externen Rechnungslegung stärker gewinnerhöhende Rechnungslegungspolitik betreiben, da hieraus nur geringe steuerliche Nachteile erwachsen, aber ansonsten *financial reporting costs* zu befürchten sind, vgl. Mills/Newberry (2001), S. 13 und S. 17 f.

1202 Die ETR erweist sich darüber hinaus, wie schon an verschiedenen Stellen dargelegt, in einem weiteren Fall als problematisch. Dieser ist dann gegeben, wenn das Unternehmen handelsbilanzielle Ziele bspw. im Sinne einer Gewinnmaximierung anstrebt, aber hierfür nur solche Aktionsparameter einsetzt, die keinerlei Wechselwirkung besitzen. Diese Konstellation würde eine nicht durch Steuergestaltung bedingte niedrigere ETR hervorrufen und entsprechende Fehlinterpretationen bedingen. Allerdings dürfte die Anzahl solcher Aktionsparameter überschaubar und das Problem demnach vernachlässigbar sein. Der Fall, dass ein Unternehmen seine Rechnungslegungspolitik rein an handelsbilanziellen Zielen ausrichtet und hierfür auch Aktionsparameter mit Wechselwirkungen einsetzt, ist hingegen unproblematisch, indem sich dieses Verhalten auch auf die Steuerlast niederschlägt und damit sowohl Zähler als auch Nenner der ETR erhöht werden.

1203 Dieses Vorgehen überwindet eine wesentliche Schwäche des ursprünglichen Jones-Modells (Jones (1991)), welches unberücksichtigt lässt, dass Änderungen der Umsatzerlöse auch durch Bilanzpolitik des Managements hervorgerufen sein können und nicht nur ausschließlich extern bedingt sind. Durch die Annahme des Jones-Modells, dass Umsatzerlöse nicht-diskretionär seien, werden die nicht-diskretionären Periodenabgrenzungen überschätzt und in der Konsequenz die diskretionären Periodenabgrenzungen unterschätzt, vgl. Dechow/Sloan/Sweeney (1995), S. 199. Doch auch das modifizierte Jones-Modell, bei welchem im Rahmen der Schätzung der nicht-diskretionären Periodenabgrenzungen für die Ereignisperiode von der

Allerdings wird dem Vorgehen von Kothari/Leone/Wasley (2005) hinsichtlich des modifizierten Jones-Modells gefolgt, die eine Konstante einfügen und diesen Schritt damit begründen, dass dies eine Kontrolle auf Heteroskedastizität biete. Darüber hinaus schätzen Kothari/Leone/Wasley (2005) das modifizierte Jones-Modell nicht als Längsschnittmodell (*time-series model*), sondern in Anlehnung an frühere Studien wie Subramanyam (1996), DeFond/Park (1997) oder Guidry/Leone/Rock (1999) als Querschnittsmodell (*cross-sectional model*).[1204] Sowohl das *time-series model* als auch das *cross-sectional model* stellen gewisse Mindestanforderungen bezüglich der Anzahl der zur Verfügung stehenden Beobachtungen, um ein hinreichendes Maß an Freiheitsgraden sicherzustellen.[1205] Für das auf Längsschnittdaten basierende *time-series model* sollten in der Schätzperiode je Unternehmen mindestens zehn aufeinanderfolgende Beobachtungen, i.e. Geschäftsjahre, vorliegen.[1206] Dies könnte im Fall des vorliegenden Datensatzes

---

Veränderung der Umsatzerlöse die Veränderung der Forderungen aus Lieferungen und Leistungen subtrahiert wird, weist Schwächen auf. Dies liegt insbesondere darin begründet, dass die gesamte Veränderung der Forderungen aus Lieferungen und Leistungen als diskretionär behandelt wird. Damit können für Unternehmen mit stetigem Umsatzwachstum die nicht-diskretionären Periodenabgrenzungen fälschlicherweise als zu gering geschätzt werden, da nicht jede Veränderung der Forderungen diskretionär ist. In diesem Fall werden die diskretionären Periodenabgrenzungen überschätzt. Für Unternehmen mit konstantem Umsatz besteht dieses Problem jedoch nicht, da bei gleichbleibenden Kreditrichtlinien jede Veränderung der Forderungen diskretionär ist, vgl. McNichols (2000), S. 327. Damit stellt sich das modifizierte Jones-Modell als weniger anfällig für einen Fehler 2. Art (= fälschliche Annahme der Nullhypothese, dass das Unternehmen kein *earnings management* betreibt) dar, vgl. hierzu auch Ronen/Yaari (2008), S. 424 und S. 436.

1204 Vgl. Kothari/Leone/Wasley (2005), S. 173 f. Die diskretionären Periodenabgrenzungen ergeben sich damit als das Residuum des Modells $TA_{i,t} = \alpha + \beta_1 \, (1/ASSETS)_{i,t-1} + \beta_2 \, (\Delta \text{ SALES} - \Delta \text{ RECEIV})_{i,t} + \beta_2 \, PPE_{i,t} + \varepsilon_{i,t}$. Die Definitionen der Variablen dieses Modells sind dem Symbolverzeichnis zu entnehmen. Für die Ermittlung der gesamten Periodenabgrenzungen (TA) stehen grundsätzlich zwei Verfahren zur Verfügung: ein auf der Bilanz basierender Ansatz und ein auf der KFR basierender Ansatz, vgl. hierzu auch Ronen/Yaari (2008), S. 420 f. Für die vorliegende Untersuchung kann mangels KFR-Daten nur auf den auf Bilanzdaten basierenden Ansatz zurückgegriffen werden.

1205 Vgl. DeFond/Jiambalvo (1994), S. 159 und S. 163 Fn. 19. Diese stellen wiederum die Grundlage für eine effiziente Schätzung sowie die Durchführung statistischer Tests dar.

1206 Vgl. Dechov/Sloan/Sweeney (1995), S. 200. Für eine Gegenüberstellung des modifizierten Jones-Modells in Form des *time-series*-Modell bzw. in der *cross-sectional*-Variante auch Ronen/Yaari (2008), S. 434-436.

Tabelle 10: Regressionsergebnisse unter Verwendung einer alternativen Metrik

$$TaxAggr_{i,t} = \alpha + \beta_1 PUBLIC_{i,t} + \beta_2 SIZE_{i,t} + \beta_3 ROA_{i,t} + \beta_4 GROWTH_{i,t} + \beta_5 LEV_{i,t} + \beta_6 GROUP_{i,t} + \beta_7 PPE_{i,t} + \beta_8 INTAN_{i,t} + \beta_9 CAS_{i,t} + \beta_{10} PROVIS_{i,t} + \beta_{11} AUDIT_{i,t} + IndustryDummies + YearDummies + \varepsilon_{i,t}$$

	Koeffizient	**Standardfehler**	**t-Wert**	**p-Wert**
Testvariable				
PUBLIC	0,0144***	0,0054	2,66	0,008
Kontrollvariablen				
SIZE	0,0055***	0,0011	5,20	0,000
ROA	0,1165***	0,0144	8,07	0,000
GROWTH	-0,0225***	0,0060	-3,71	0,000
LEV	0,1759***	0,0077	22,81	0,000
GROUP	0,0053*	0,0029	1,82	0,069
PPE	0,0207**	0,0081	2,56	0,011
INTAN	-0,2072***	0,0387	-5,35	0,000
CAS	0,0912***	0,0080	11,45	0,000
PROVIS	0,0452***	0,0104	4,34	0,000
AUDIT	-0,0026	0,0059	-0,43	0,665
Konstante	-0,1933***	0,0470	-4,11	0,000
Branchen-Dummies		einbezogen		
Year-Dummies		einbezogen		
R^2	7,70%			
Adj. R^2	7,35%			
F-Statistik	12,76			
p-Wert (F-Statistik)	0,000			
N	17.344			

*** / ** / * zeigen statistische Signifikanz (zweiseitig) auf dem Niveau von 0,01 / 0,05 / 0,1 an.

$TaxAggr_{i,t}$ bezeichnet im vorliegenden Fall die diskretionären Periodenabgrenzungen, die mit Hilfe des modifizierten Jones-Modell in der *cross-sectional* -Variante ermittelt werden. Hierfür werden die Unternehmensbeobachtungen anhand des zweistelligen SIC-Codes zusammengefasst und das Modell separat für jede Kombination aus Jahr und zweistelligem SIC-Code geschätzt. Jede Kombination besteht aus mindestens sechs Beobachtungen.

nicht erfüllt werden, so dass das *time-series model* vernachlässigt werden muss, obgleich dem *cross-sectional model* ohnehin verschiedene Vorteile gegenüber dem *time-series model* zugeschrieben werden.[1207]

1207 Vgl. bspw. Subramanyam (1996), S. 254.

Für das *cross-sectional model* werden die Unternehmensbeobachtungen anhand des zweistelligen SIC-Codes zusammengefasst und das Modell separat für jedes Jahr unter Verwendung von jeweils der denselben zweistelligen SIC-Code aufweisenden Unternehmensbeobachtungen geschätzt. Dies bedeutet, dass die Schätzung für jede Kombination aus Jahr und zweistelligen SIC-Code erfolgt. Jede dieser Kombinationen sollte nach Subramanyam (1996) aus wenigstens sechs Beobachtungen bestehen.[1208] Auch für die vorliegende Untersuchung wird eine Mindestzahl von sechs Beobachtungen je Kombination zu Grunde gelegt.[1209]

Die Ergebnisse der mit Hilfe der diskretionären Periodenabgrenzungen als abhängige Variable geschätzten Regression finden sich in Tabelle 10. Es zeigt sich, dass der Koeffizient von PUBLIC signifikant positiv ist, was dahingehend zu interpretieren ist, dass börsennotierte Unternehmen stärker Rechnungslegungspolitik betreiben als nichtbörsennotierte Unternehmen. Dies steht in gewissem Einklang mit den Ergebnissen der Studie von Beatty/Harris (1998), die untersuchen, ob kapitalmarktorientierte Unternehmen stärker *earnings management* betreiben als nichtkapitalmarktorientierte Unternehmen und hierfür auch Hinweise finden. Hierbei ist aber einzuschränken, dass dieser Studie ein Sample von US-Unternehmen der Bankenbranche zu Grunde liegt und speziell die Nutzung von Wertpapiergewinnen und -verlusten für Zwecke des *earnings managements* herangezogen wird, das zudem als Ausfluss der Erhöhung des Informationsgehalts der Rechnungslegungsdaten identifiziert wird, so dass eine tatsächliche Vergleichbarkeit bezweifelt werden darf.[1210]

Die vorliegenden Ergebnisse verhalten sich jedoch zum Teil auch vollkommen konträr zu den Ergebnissen früherer empirischer Studien wie beispielsweise Burgstahler/Hail/Leuz (2006), die für ein Sample europäischer Unternehmen zeigen, dass börsennotierte Unternehmen zu weniger *earnings management* neigen als nichtbörsennotierte Unternehmen. Allerdings werden in dieser Studie sowohl Konzernabschluss- und Einzelabschlussdaten vermischt als auch keine Differenzierung im Hinblick auf HGB- bzw. IFRS-Abschlussdaten vorgenommen.[1211] Darüber hinaus liegt beispielsweise auch

1208 Vgl. Subramanyam (1996), S. 253.

1209 Unter der Auflage von mindestens zehn Beobachtungen pro Kombination ergeben sich qualitativ gleiche Ergebnisse, wie Anhang 5 zeigt.

1210 Ausführlich zu dieser Studie vgl. bereits Kap. 4.2.2.

1211 Zu verschiedenen Interpretationsgrenzen dieser Studie vgl. auch schon Kap. 4.3.2, für eine Erörterung der Studie selbst vgl. Kap. 4.2.2.

ein Gegensatz zu den Ergebnissen der chinesischen Studie von Lin/Mills/ Zhang (2012) vor, die das Rechnungslegungsverhalten börsennotierter und nichtbörsennotierter Unternehmen untersucht. Hierbei können die Autoren zeigen, dass sich nichtbörsennotierte Unternehmen aus steuerlichen Gründen stärker in Bilanzpolitik engagieren. Dies wird dadurch begründet, dass börsennotierte Unternehmen einem Kapitalmarktdruck unterliegen und entsprechende nicht-steuerliche Kosten erfahren.[1212] Für börsennotierte Unternehmen in Deutschland scheinen jedoch Überlegungen zur *earnings quality* im Sinne eines geringen *earnings management* – im Einzelabschluss – nur eine untergeordnete Rolle zu spielen. Das Resultat dieses Robustheitstests bestärkt damit die vorherigen Ergebnisse.

5.5.2.3 Anwendung einer Größenrestriktion

Das Ausmaß der Steueraggressivität wird von den dem Unternehmen (nicht) zur Verfügung stehenden Möglichkeiten zur Steuergestaltung limitiert. So bietet beispielsweise eine internationale Konzernstruktur, wie in Kap. 3.2.2.4 ausführlich erläutert, viele Möglichkeiten zur steueraggressiven Gestaltung, indem unter anderem Steuergefälle ausgenutzt werden können. Die Bewältigung steuerlicher (Gestaltungs-)Aufgaben kann dabei einer unternehmensinternen Institution in Form der Steuerabteilung oder einer unternehmensexternen Institution wie einer Steuerberatungskanzlei zugewiesen werden, obgleich eine eigene Steuerabteilung nur in Großunternehmen zu beobachten ist.[1213] Großunternehmen, die regelmäßig ein hohes Steuerbewusstsein aufweisen,[1214] ist dabei jedoch unbenommen, in wichtigen Sonderfragen zusätzliches Know-how von Steuerrechtsspezialisten, beispielsweise einer Großkanzlei, einzuholen, was

1212 Ausführlich zu dieser Studie vgl. bereits Kap. 4.3.1.

1213 Vgl. Wagner (1993), S. 4061. In diesem Zusammenhang ist auch die aus dem US-amerikanischen Raum stammende empirische Studie von Klassen/Lisowsky/ Mescall (2012) interessant, die mit Hilfe vertraulicher Daten, die durch den IRS zur Verfügung gestellt wurden, zeigt, dass Steuererklärungen, die intern erstellt wurden, mehr aggressive Steuerpositionen enthalten als solche Steuererklärungen, die von einem externen Ersteller vorbereitet wurden, vgl. Klassen/Lisowsky/ Mescall (2012), S. 24.

1214 Vgl. Bogen (1995), S. 208 f.

jedoch auch mit entsprechenden Kosten verbunden ist.[1215] Letztlich dürfte die einem Unternehmen zur Verfügung stehende (interne und externe) Steuerexpertise mit seiner Größe anwachsen. Wie der deskriptiven Analyse in Kap. 5.3 entnommen werden kann, sind – trotz der Größenbegrenzung nach unten, die im Rahmen der Samplebildung durchgeführt wurde – die börsennotierten Unternehmen des zu Grunde liegenden Samples im Durchschnitt größer als die nichtbörsennotierten Unternehmen. Insofern könnte das Ergebnis der Regressionsanalyse auch dadurch getrieben sein, dass den börsennotierten Unternehmen mehr Möglichkeiten zur Verfügung stehen als den nichtbörsennotierten. Um dies zu überprüfen, wird die Regressionsanalyse mit einem Sample wiederholt, für welches nur das größte Quartil nichtbörsennotierter Unternehmen berücksichtigt wird.[1216]

Durch dieses Vorgehen resultiert ein Sample von 12.532 Unternehmensbeobachtungen, das sich aus 1.346 Beobachtungen börsennotierter Unternehmen und 11.186 verbliebenen Beobachtungen nichtbörsennotierter Unternehmen zusammensetzt. Wie aus der in Anhang 6 dargestellten deskriptiven Statistik dieses angepassten Samples entnommen werden kann, weisen börsennotierte Unternehmen und nichtbörsennotierte Unternehmen im Mittel und im Median eine vergleichbare Unternehmensgröße auf. Der Minimalwert der Unternehmensgröße liegt bei nichtbörsennotierten Unternehmen sogar oberhalb des Minimums börsennotierter Unternehmen. Damit sind die in diesem reduzierten Sample enthaltenen börsennotierten und nichtbörsennotierten Unternehmen bezüglich der Unternehmensgröße vergleichbar und dürften demnach auch die gleichen größenspezifischen Möglichkeiten besitzen.

1215 Dabei scheint die Branchenkenntnis der Steuerrechtsspezialisten eine gewichtige Rolle zu spielen. McGuire/Omer/Wang (2012) zeigen, dass Unternehmen, die Steuerdienstleistungen von ihrer Wirtschaftsprüfungsgesellschaft erwerben, dann ein höheres Ausmaß an Steueraggressivität aufweisen, wenn die Wirtschaftsprüfungsgesellschaft Steuerexpertise für bestimmte Branchen besitzt.

1216 Vgl. in diesem Zusammhang auch die in Kap. 4.2.2 näher erläuterte *earnings management*-Studie von Burgstahler/Hail/Leuz (2006), die ein ähnliches Vorgehen wählen: (…) as public firms are on average much larger than private firms, we also compute the EM scores using only the largest quartile of private firms to improve the size comparability between the two groups.“, Burgstahler/Hail/Leuz (2006), S. 1007.

Tabelle 11: Regressionsergebnisse unter Anwendung einer Größenrestriktion

$$TaxAggr_{i,t} = \alpha + \beta_1 PUBLIC_{i,t} + \beta_2 SIZE_{i,t} + \beta_3 ROA_{i,t} + \beta_4 GROWTH_{i,t} + \beta_5 LEV_{i,t} + \beta_6 GROUP_{i,t} + \beta_7 PPE_{i,t} + \beta_8 INTAN_{i,t} + \beta_9 CAS_{i,t} + \beta_{10} PROVIS_{i,t} + \beta_{11} AUDIT_{i,t} + IndustryDummies + YearDummies + \varepsilon_{i,t}$$

	Koeffizient	**Standardfehler**	**t-Wert**	**p-Wert**
Testvariable				
PUBLIC	-0,0464***	0,0076	-6,13	0,000
Kontrollvariablen				
SIZE	-0,0028	0,0024	-1,20	0,230
ROA	-0,1733***	0,0217	-7,99	0,000
GROWTH	-0,0083	0,0072	-1,16	0,245
LEV	0,0282**	0,0115	2,46	0,014
GROUP	-0,0012	0,0049	-0,25	0,800
PPE	0,0747***	0,0123	6,05	0,000
INTAN	0,0886	0,0560	1,58	0,114
CAS	0,0316***	0,0087	3,62	0,000
PROVIS	0,1453***	0,0169	8,62	0,000
AUDIT	0,0360**	0,0167	2,15	0,031
Konstante	0,3230***	0,0392	8,24	0,000
Branchen-Dummies		einbezogen		
Year-Dummies		einbezogen		
R^2	11,57%			
Adj. R^2	11,02%			
F-Statistik	30,22			
p-Wert (F-Statistik)	0,000			
N	12.532			

*** / ** / * zeigen statistische Signifikanz (zweiseitig) auf dem Niveau von 0,01 / 0,05 / 0,1 an.

Wie die in Tabelle 11 tabulierten Ergebnisse zeigen, weist der zu PUBLIC gehörige Koeffizient allerdings auch in diesem Setting ein signifikant negatives Vorzeichen ($p < 0,01$) bei nahezu gleicher Höhe auf. Insofern scheinen die Ergebnisse nicht lediglich dadurch getrieben zu sein, dass börsennotierte Unternehmen im Schnitt größer sind als nichtbörsennotierte Unternehmen und dadurch mehr Möglichkeiten zu steueraggressivem Verhalten besitzen.

5.5.2.4 Beschränkung auf Konzernmutterunternehmen

Wie der deskriptiven Statistik in Tabelle 5 sowie den dazugehörigen Erläuterungen in Kap. 5.3 entnommen werden kann, ist der Anteil von Konzernmutterunternehmen bei börsennotierten Unternehmen deutlich größer als bei nichtbörsennotierten Unternehmen. Ein Unternehmen, das nicht den Status eines Mutterunternehmens aufweist, ist jedoch möglicherweise Teil eines Konzerns in Form einer Tochtergesellschaft, die den Weisungen des Mutterunternehmens im Hinblick auf die Steuergestaltung unterliegen kann. Um den möglichen Einfluss einer divergierenden Steueraggressivität derartiger Tochtergesellschaften als verzerrenden Effekt auf die Ergebnisse auszublenden, ist eine entsprechende Kontrolle durchzuführen. Dies kann durch einen dahingehenden Robustheitstest erfolgen, bei welchem das Sample auf jene Unternehmen begrenzt wird, welche die Eigenschaft eines Mutterunternehmens erfüllen. Dies stellt sicher, dass sich börsennotierte und nichtbörsennotierte Unternehmen in einer insgesamt vergleichbaren Machtposition befinden.

Hierdurch resultiert ein Sample von 5.995 Beobachtungen, von denen 1.156 börsennotierten Unternehmen zuzuordnen sind und 4.839 nichtbörsennotierten Unternehmen. Eine deskriptive Statistik dieses Samples findet sich in Anhang 7. Die folgende Tabelle 12 gibt die Regressionsergebnisse auf Basis dieses Samples wieder.

Tabelle 12: Regressionsergebnisse unter Beschränkung auf Mutterunternehmen

$$TaxAggr_{i,t} = \alpha + \beta_1 PUBLIC_{i,t} + \beta_2 SIZE_{i,t} + \beta_3 ROA_{i,t} + \beta_4 GROWTH_{i,t} + \beta_5 LEV_{i,t} + \beta_6 PPE_{i,t} + \beta_7 INTAN_{i,t} + \beta_8 CAS_{i,t} + \beta_9 PROVIS_{i,t} + \beta_{10} AUDIT_{i,t} + IndustryDummies + YearDummies + \varepsilon_{i,t}$$

	Koeffizient	**Standardfehler**	**t-Wert**	**p-Wert**
Testvariable				
PUBLIC	-0,0584***	0,0080	-7,27	0,000
Kontrollvariablen				
SIZE	0,0040	0,0025	1,58	0,114
ROA	-0,1383***	0,0321	-4,31	0,000
GROWTH	-0,0224***	0,0076	-2,94	0,003
LEV	0,0071	0,0155	0,46	0,648
PPE	0,0814***	0,0181	4,49	0,000
INTAN	0,1332	0,0937	1,42	0,155
CAS	0,0419***	0,0124	3,38	0,001

PROVIS	0,1583***	0,0280	5,65	0,000
AUDIT	0,0383**	0,0164	2,33	0,020
Konstante	0,2603***	0,0434	6,00	0,000
Branchen-Dummies		einbezogen		
Year-Dummies		einbezogen		
R^2	11,91%			
Adj. R^2	10,84%			
F-Statistik	15,14			
p-Wert (F-Statistik)	0,000			
N	5.995			

*** / ** / * zeigen statistische Signifikanz (zweiseitig) auf dem Niveau von 0,01 / 0,05 / 0,1 an.

Wie Tabelle 12 zeigt, nimmt der Koeffizient von PUBLIC auch hier ein signifikant negatives Vorzeichen bei ähnlicher Höhe an. Damit dürfte ausgeschlossen werden, dass die Ergebnisse auf die unterschiedliche Verteilung der Eigenschaft der Konzernspitze zurückzuführen sind.

In bestehenden Studien zur Steueraggressivität bzw. Steuerbelastung hatte eine derartige Fragestellung bisher keine Beachtung gefunden. Zwar existieren Studien, welche den Einfluss der Anzahl der Töchter- bzw. Beteiligungsunternehmen (z.B. Mills/Erickson/Maydew (1998)) oder den Einfluss des Internationalitätsgrads der Konzernstrukur (z.B. Rego (2003)) untersuchen, jedoch finden keine Überlegungen zum Effekt, der sich aus der (Nicht-)Eigenschaft der Konzernspitze selbst ergibt, statt.

5.5.2.5 Berücksichtigung der Auswirkungen regulatorischer Änderungen

Der Analysezeitraum von 2003-2010 stellt eine Periode dar, in der bedeutende regulatorische Umwälzungen in Bezug auf Rechnungslegung und Unternehmensteuerrecht vollzogen wurden. Das am 29. Mai 2009 in Kraft getretene BilMoG gilt als die „wohl größte Reform der handelsrechtlichen Bilanzierung seit dem Bilanzrichtliniengesetz (BiRiLiG) von 1985“.[1217] Der Zeitpunkt der erstmaligen Anwendung war für die einzelnen BilMoG-Neuregelungen nicht einheitlich, der Großteil war allerdings verpflichtend für Geschäftsjahre beginnend ab dem 1. Januar 2010

1217 Fülbier/Gassen (2007), S. 2605.

heranzuziehen.[1218] Im Zuge des BilMoG wurde auch die umgekehrte Maßgeblichkeit abgeschafft, wodurch das Zielkonfliktpotential zwischen handelsrechtlicher und steuerlicher Rechnungslegung vermindert wurde.[1219]

Im steuerrechtlichen Bereich wurde im Jahr 2007 das weitreichende Unternehmensteuerreformgesetz 2008 beschlossen, dessen Vorschriften zum 1. Januar 2008 in Kraft traten. Ausgenommen sind hierbei die Regelungen zur Abgeltungsteuer, die erst ein Jahr später in Kraft traten. Die Unternehmensteuerreform beinhaltet diverse entlastende Maßnahmen, die allerdings einer Reihe von Maßnahmen gegenüberstehen, die der Gegenfinanzierung dienen. Als bedeutendste entlastende Maßnahmen können die Absenkung des Körperschaftsteuersatzes auf 15% von ehemals 25%, die Absenkung der Gewerbesteuermesszahl auf 3,5% von ehemals 5% sowie die Anhebung des Anrechnungsfaktors der Gewerbesteuer bei der Einkommensteuer auf das 3,8-fache des Gewerbesteuermessbetrags von ehemals 1,8 genannt werden. Ferner sind diverse Verbesserungen bei der Investitionsrücklage nach § 7g EStG einschließlich Sonder- und Ansparabschreibungen für kleine und mittlere Betriebe hinzuzählen. Als Gegenmaßnahmen können insbesondere die Streichung des Betriebsausgabenabzugs für die Gewerbesteuer, die Umgestaltung der gewerbesteuerlichen Hinzurechnung von Finanzierungsbestandteilen (vor allem Zinsen), die Abschaffung der degressiven Abschreibung und Begrenzung der Sofortabschreibung für geringwertige Wirtschaftsgüter, die Einführung der Zinsschranke, die Einschränkung der Verlustverrechnungsmöglichkeiten beim sogenannten Mantelkauf sowie die Neuregelung der Verrechnungspreisermittlung und der Besteuerung von Funktionsverlagerungen ins Ausland bezeichnet werden.[1220]

Neben diesen Gesetzesreformen ist der Untersuchungszeitraum 2003-2010 durch eine weitere regulatorische Änderung gekennzeichnet. Aufgrund der EU-Verordnung 1606/2002 („IAS-VO“) ist von kapitalmarktorientierten Unternehmen seit dem Geschäftsjahr 2005 der Konzernabschluss verpflichtend auf Basis der IFRS zu erstellen.[1221]

1218 Vgl. Zülch/Hoffmann (2009), S. 749 und S. 752 mit einer detaillierten Darstellung der Übergangsvorschriften.

1219 Vgl. hierzu auch schon Kap. 3.3.2.2.

1220 Vgl. Meyer (2008), S. 5 f.

1221 Anzumerken ist jedoch, dass für bestimmte Unternehmen eine Übergangsfrist gemäß Art. 9 dieser VO geschaffen wurde, so dass diese erst ab 2007 zur Anwendung verpflichtet waren. Hierzu zählen Unternehmen, die lediglich Schuldtitel, jedoch keine Eigenkapitaltitel emittiert haben sowie Unternehmen, die aufgrund der Notierung an einer Nicht-EU-Börse bereits international anerkannte Standards anwenden. Diese zweite Option galt letztlich Unternehmen, die aufgrund einer US-Börsennotierung

Folglich ist zu überprüfen, ob nicht etwa die Ergebnisse der empirischen Studie durch die genannten regulatorischen Änderungen getrieben wurden.[1222] Hierfür werden die drei binären Variablen IAS, REFORM und BILMOG definiert, die als zusätzliche Kontrollvariablen implementiert werden.[1223] Die Variable IAS nimmt in den Jahren nach Inkrafttreten der IAS-VO (2005-2010) jeweils den Wert 1 an,

---

bereits einen US-GAAP-Abschluss erstellten. Auf der anderen Seite ist zu beachten, dass, wie in Kap. 4.3.2 erläutert, bspw. im Jahr 2003 schon ca. ein Drittel der kapitalmarktorientierten Unternehmen freiwillig nach IFRS berichteten.

1222 Die Effekte von regulatorischen Veränderungen stellen sich meist als vielschichtig dar, so dass die diesbezügliche Forschungsliteratur meist nur jeweils einzelnen Aspekten gewidmet ist. So untersuchen bestehende Studien zur Unternehmensteuerreform 2008 bspw. empirisch die Frage, wieviele bzw. welche Unternehmen durch die im Rahmen dieser Reform eingeführten Zinsschranke betroffen sein können, vgl. Blaufus/Lorenz (2009). Andere Studien analysieren dagegen die Frage, welche Finanzierungsform nach Einführung der Abgeltungsteuer auf Kapitalerträge und Veräußerungsgewinne, die ebenfalls im Rahmen dieser Reform eingeführt wurde, zur jeweils geringsten steuerlichen Belastung für Unternehmen führt, vgl. bspw. Gürtler/Hibbeln/Vöhringer (2009). Wiederum andere Studien wie bspw. Homburg/Houben/Maiterth (2008) erörtern, inwieweit ein Einzel- oder Mitunternehmer die ebenfalls im Rahmen dieser Reform eingeführte Vorschrift des § 34a EStG nutzen sollte. Darüber hinaus konnten US-amerikanische Studien, welche sich mit der Rechnungslegungspolitik vor bzw. nach einer Steuerreform auseinandersetzen, diesbezügliche Zusammenhänge feststellen, vgl. bspw. Gramlich (1991), Scholes/Wilson/Wolfson (1992) oder Guenther (1994). Hinsichtlich der Konsequenzen des BilMoG untersuchen entsprechende Studien u.a. die Veränderung des abschlusspolitischen Potenzials im Lichte der Entscheidungsnützlichkeit, vgl. bspw. Müller/Kreipl (2010), oder diskutieren, inwieweit sich das tatsächliche Bilanzierungsverhalten verändert hat, vgl. bspw. Herzig (2012). Die verpflichtende Anwendung der IFRS, wie es durch die IAS-VO ab 2005 vorgesehen ist, wird in der internationalen Forschungsliteratur vielfach und mit unterschiedlichen Fragestellungen adressiert. So werden u.a. ökonomische Konsequenzen in Ländern mit verpflichtender IFRS-Anwendung untersucht, vgl. bspw. Daske/Leuz/Verdi (2008), oder auch die Marktreaktionen auf die Festlegung der verpflichtenden IFRS-Anwendung in Europa, vgl. bspw. Armstrong/Barth/Jagolinzer/Riedl (2010). Darüber hinaus beschäftigen sich – konkret auf den deutschen Regulierungskontext bezogen – bspw. Klöpfer (2006) und Detert (2008) mit der Ausübung von Bilanzpolitik im Zuge der Umstellung von HGB auf IFRS. Eventuelle Auswirkungen der verpflichtenden IFRS-Bilanzierung im Konzernabschluss auf die Bilanzierung im Einzelabschluss werden in diesen Arbeiten jedoch nicht speziell adressiert, wobei die Möglichkeit entsprechender Effekte nicht ausgeschlossen ist.

1223 Um Kollinearitäten zu vermeiden, wird in dieser Schätzung auf den Einbezug der ansonsten im Modell implementierten Year-Dummies verzichtet.

in den Jahren davor (2003 und 2004) jeweils den Wert 0. Die Variable REFORM nimmt für die Jahre nach Inkrafttreten der Regelungen der Unternehmensteuerreform 2008 (2008-2010) jeweils den Wert 1 an, für die Jahre davor (2003-2007) jeweils den Wert 0. Die Variable BILMOG nimmt für das Jahr 2010, in dem der Großteil der Regelungen des BILMOG erstmals anzuwenden war, den Wert 1 an, für die Jahre davor (2003-2009) jeweils den Wert 0.

Tabelle 13: Regressionsergebnisse unter Berücksichtigung der Auswirkungen regulatorischer Änderungen

$$TaxAggr_{i,t} = \alpha + \beta_1 PUBLIC_{i,t} + \beta_2 SIZE_{i,t} + \beta_3 ROA_{i,t} + \beta_4 GROWTH_{i,t} + \beta_5 LEV_{i,t} + \beta_6 GROUP_{i,t} + \beta_7 PPE_{i,t} + \beta_8 INTAN_{i,t} + \beta_9 CAS_{i,t} + \beta_{10} PROVIS_{i,t} + \beta_{11} AUDIT_{i,t} + \beta_{12} IAS_{i,t} + \beta_{13} REFORM_{i,t} + \beta_{14} BILMOG_{i,t} + IndustryDummies + \varepsilon_{i,t}$$

	Koeffizient	**Standardfehler**	**t-Wert**	**p-Wert**
Testvariable				
PUBLIC	-0,0441***	0,0067	-6,57	0,000
Kontrollvariablen				
SIZE	-0,0036***	0,0011	-3,41	0,001
ROA	-0,1800***	0,0096	-18,68	0,000
GROWTH	-0,0186***	0,0032	-5,76	0,000
LEV	0,0132***	0,0048	2,74	0,006
GROUP	-0,0072**	0,0035	-2,08	0,038
PPE	0,0368***	0,0063	5,81	0,000
INTAN	0,0959***	0,0307	3,13	0,002
CAS	0,0226***	0,0044	5,14	0,000
PROVIS	0,1060***	0,0088	11,98	0,000
AUDIT	0,0208***	0,0041	5,02	0,000
IAS	-0,0273***	0,0031	-8,82	0,000
REFORM	-0,0242***	0,0027	-8,88	0,000
BILMOG	-0,0061	0,0068	-0,89	0,373
Konstante	0,2947***	0,0499	5,90	0,000
Branchen-Dummies		einbezogen		
Year-Dummies		einbezogen		
R^2	9,53%			
Adj. R^2	9,38%			
F-Statistik	57,97			
p-Wert (F-Statistik)	0,000			
N	46.094			

*** / ** / * zeigen statistische Signifikanz (zweiseitig) auf dem Niveau von 0,01 / 0,05 / 0,1 an.

Wie Tabelle 13 zeigt, bleiben die im Rahmen dieses Vorgehens erzielten Ergebnisse gegenüber den in Kap. 5.5.1 dargestellten Ergebnissen allerdings qualitativ gleichwertig. Folglich sind die bisherigen Resultate auch gegenüber der Kontrolle auf die in diesen Zeitraum fallenden regulatorischen Änderungen robust.

5.5.2.6 Berücksichtigung der Auswirkungen einer Verlusthistorie

Die ETR kann sich als Steueraggressivitätsmetrik – neben den bereits erläuterten Limitationen – dann als problematisch erweisen, wenn es sich um ein Unternehmen handelt, das sich nach einem oder mehreren Verlustjahren wieder in der Gewinnzone befindet. Diese Situation kann aufgrund von Verlustabzugsmöglichkeiten eine sehr niedrige ETR bedingen, die jedoch nicht zwingend auf Steueraggressivitätsaktivitäten zurückzuführen ist. Um einen verzerrenden Einfluss dieses Phänomens auszuschließen, wird in das Regressionsmodell eine Kontrollvariable in Form einer binären Variable (PREV_LOSS) implementiert, die den Wert 1 annimmt, falls das Vorjahr ein Verlustjahr war und den Wert 0 falls nicht.

Tabelle 14: Regressionsergebnisse unter Berücksichtigung der Auswirkungen einer Verlusthistorie

$$TaxAggr_{i,t} = \alpha + \beta_1 PUBLIC_{i,t} + \beta_2 SIZE_{i,t} + \beta_3 ROA_{i,t} + \beta_4 GROWTH_{i,t} + \beta_5 LEV_{i,t} + \beta_6 GROUP_{i,t} + \beta_7 PPE_{i,t} + \beta_8 INTAN_{i,t} + \beta_9 CAS_{i,t} + \beta_{10} PROVIS_{i,t} + \beta_{11} AUDIT_{i,t} + \beta_{12} PREV\_LOSS_{i,t} + IndustryDummies + YearDummies + \varepsilon_{i,t}$$

	Koeffizient	**Standardfehler**	**t-Wert**	**p-Wert**
Testvariable				
PUBLIC	-0,0433***	0,0067	-6,49	0,000
Kontrollvariablen				
SIZE	-0,0035***	0,0011	-3,30	0,001
ROA	-0,1880***	0,0096	-19,54	0,000
GROWTH	-0,0168***	0,0032	-5,20	0,000
LEV	0,0113**	0,0048	2,36	0,018
GROUP	-0,0077**	0,0035	-2,21	0,027
PPE	0,0356***	0,0063	5,62	0,000
INTAN	0,1017***	0,0306	3,32	0,001
CAS	0,0208***	0,0044	4,73	0,000

PROVIS	0,1068***	0,0088	12,08	0,000
AUDIT	0,0209***	0,0041	5,06	0,000
PREV_LOSS	-0,0392***	0,0065	-5,99	0,000
Konstante	0,2980***	0,0504	5,92	0,000
Branchen-Dummies		einbezogen		
Year-Dummies		einbezogen		
R^2	9,85%			
Adj. R^2	9,69%			
F-Statistik	56,37			
p-Wert (F-Statistik)	0,000			
N	46.094			

*** / ** / * zeigen statistische Signifikanz (zweiseitig) auf dem Niveau von 0,01 / 0,05 / 0,1 an.

Die in Tabelle 14 tabulierten Schätzergebnisse der um die unabhängige Variable PREV_LOSS erweiterten Regression entsprechen im Wesentlichen den früheren Ergebnissen, so dass eine Verlusthistorie keine Verzerrung der Ergebnisse bedingt.

Auch in anderen Steueraggressivitätsstudien wie beispielsweise Chen/Chen/Cheng/Shevlin (2010) oder Higgins/Omer/Phillips (2011) wird auf den Einfluss von Verlustvorträgen mit Hilfe einer binären Variable kontrolliert, was durch die mit der Existenz von Verlustvorträgen verminderten Anreize zur Steueraggressivität begründet wird. Diese Studien stützen sich jedoch auf ein mittels *Compustat* erhobenes Datensample,[1224] das die Höhe der Verlustvorträge konkret ausweist. In *Amadeus* ist hingegen ein solcher Posten nicht verfügbar, so dass im vorliegenden Fall auf eine solche Größe nicht direkt zurückgegegriffen werden kann und durch die Variable PREV_LOSS behelfsweise approximiert wird. Einzuschränken ist, dass sich unterschiedlich hohe Verlustvorträge auch unterschiedlich stark (bzw. aufgrund der Regelung des deutschen Steuerrechts, das nach § 10d Abs. 2 Satz 1 EStG für die Geltendmachung des Verlustvortages für den einzelnen Veranlagungszreitraum eine Obergrenze definiert, unterschiedlich lange auswirken können) dies jedoch aufgrund der Datenlage letztlich nicht adressiert werden kann.

1224 Vgl. Chen/Chen/Cheng/Shevlin (2010), S. 46, Higgins/Omer/Phillips (2011), S. 16.

5.6 Fazit der empirischen Untersuchung unter Berücksichtigung ihrer Limitationen

Die empirische Untersuchung kommt zu dem Ergebnis, dass sich börsennotierte und nichtbörsennotierte Unternehmen in ihrem Ausmaß an Steueraggressivität systematisch unterscheiden, sofern auf die ETR als Messintrument zurückgegriffen wird. Die multivariate Analyse mit Hilfe des in Kap. 5.2.2 spezifizierten Regressionsmodells zeigt auf, dass sich börsennotierte Unternehmen stärker steueraggressiv verhalten als nichtbörsennotierte Unternehmen, was bereits die Ergebnisse der univariaten Analyse hatten vermuten lassen.

Die Ergebnisse der multivariaten Analyse halten auch einer Reihe von Robustheitstests stand. Im Rahmen dieser Robustheitstests wurden die Ergebnisse dahingehend überprüft, ob sie bei Verwendung einer alternativen Steueraggressivitätsmetrik fortbestehen, ob sie durch alternative Erklärungen bedingt oder durch bestimmte Umstände verzerrt sind. Zudem wurde die Regressionsanalyse mit geclusterten Standardfehlern wiederholt, um eine Verzerrung der Ergebnisse aufgrund von Autokorrelation ausschließen zu können.

Allerdings ist jede empirische Untersuchung, auch wenn sie im Rahmen verschiedener Robustheitstests einer umfangreichen Überprüfung unterzogen wurde, gewissen Limitationen ausgesetzt. Daher ist im Folgenden zu erörtern, welchen Interpretationsgrenzen die vorliegende Untersuchung unterliegt.[1225]

Die in dieser Untersuchung verwendeten Daten entstammen der Datenbank *Amadeus*, wobei eine explizite Fehlerkontrolle der Daten nicht vorgenommen wurde. Allerdings wurden zumindest einige Konsistenzprüfungen durchgeführt und, wie in Kap. 5.2.1 erläutert, Beobachtungen mit einer Bilanzsumme kleiner Null oder einer ungleichen Bilanzsumme entfernt. Dennoch können Fehler im Datensatz nicht völlig ausgeschlossen werden. Überdies mussten aus der ursprünglich erhobenen Datengesamtheit Beobachtungen exkludiert werden, welche nicht alle Informationen aufweisen konnten, die im Rahmen der Untersuchung benötigt wurden. Sollte es sich hierbei um ein jeweils systematisches Fehlen handeln, könnte eine Verzerrung der Ergebnisse gegeben sein.

Des Weiteren basieren die Ergebnisse der Untersuchung auf einem Sample börsennotierter und nichtbörsennotierter Unternehmen aus Deutschland, das auf den Zeitraum 2003 bis 2010 begrenzt ist und insbesondere nur solche Unternehmensjahrbeobachtungen berücksichtigt, die sowohl ein positives Jahresergebnis

1225 Zur Beurteilung der Gültigkeit (Validität) der Befunde einer empirischen Untersuchung vgl. bspw. Shadish/Cook/Campbell (2002), S. 34-42.

vor Steuern als auch einen Steueraufwand anstelle eines Steuerertrags aufweisen. Diese Restriktion war zwar erforderlich, da ansonsten die zur Messung der Steueraggressivität verwendete ETR nicht sinnvoll interpretiert hätte werden können, allerdings können die Ergebnisse damit nicht zwingend auf Unternehmen mit Verlusten oder einer Steuererstattung übertragen werden. Ferner können keine Rückschlüsse auf kleine Unternehmen sowie auf Unternehmen des Finanzdienstleistungs- oder öffentlichen Sektors gezogen werden. Darüber hinaus ist eine Verallgemeinerung auf andere Länder sicherlich nur begrenzt möglich, da dort anderweitige regulatorische und institutionelle Rahmenbedingungen vorherrschen und Deutschland insbesondere aufgrund des Maßgeblichkeitsprinzips eine gewisse Sonderrolle einnimt. Gerade die Besonderheit des hierzulande vorherrschenden Maßgeblichkeitsprinzips hatte allerdings die vorliegende Untersuchung motiviert, welche Erkenntnisse zur Steueraggressivität börsennotierter und nichtbörsennotierter Unternehmen in einem von Maßgeblichkeit (*book-tax alignment*) geprägten Kontext bietet, während der Kapitalmarkt die in Kap. 4.3.2 diskutierten Züge aufweist und für die Publizität auch ein anderweitiges Rechnungslegungssystem (IFRS) zur Verfügung steht. Schließlich sind die Ergebnisse selbst für deutsche Unternehmen nur für den spezifischen Untersuchungszeitraum gültig. Eine Übertragbarkeit der Ergebnisse auf einen anderen Zeitraum als den Untersuchungszeitraum ist zwar nicht grundsätzlich ausgeschlossen, kann jedoch nur durch konkrete Untersuchungen beantwortet werden.

Ferner ist festzuhalten, dass die Steueraggressivität eines Unternehmens nicht direkt beobachtet werden kann, sondern mit Proxys geschätzt werden muss. Die bestehende Forschungsliteratur hat hierfür verschiedene Maßgrößen entwickelt, die jedoch mit (unterschiedlichen) Mängeln behaftet sind.[1226] Im Rahmen der vorliegenden Untersuchung wurde in erster Linie auf die Maßgröße der ETR zurückgegriffen, die sich zwar durch diverse Vorteile auszeichnet, jedoch auch Schwächen besitzt. Hierzu zählt beispielsweise, dass die ETR durch regulatorische Unterschiede in den handels- bzw. steuerrechtlichen Vorschriften getrieben sein kann. Dies wurde zwar durch Berücksichtigung der Kontrollvariablen PPE, INTAN, CAS und PROVIS adressiert, die jene Bilanzposten verkörpern, die sich hauptsächlich für Divergenzen verantwortlich zeigen, was jedoch das Problem nicht vollständig zu lösen vermag. Darüber hinaus kann die ETR gewisse Steueraggressivitätsstrategien nur schwerlich erfassen, so dass es zu Fehlinterpretationen kommen kann. Als Beispiel sei die Anwendung solcher sachveraltsabbildenden Parameter genannt, welche die gezielte Ausübung von Wahlrechten in der

---

1226 Vgl. Kap. 3.4.2.

Handelsbilanz zu Gunsten der Steuerpolitik beinhalten und damit Zähler und Nenner der ETR gleichermaßen reduzieren. Um diesem Problem zu begegnen, wurde im Rahmen der Robustheitstests die Regressionsanalyse unter Verwendung einer anderen Maßgröße in Form der diskretionären Periodenabgrenzungen, die eine übliche *earnings management*-Metrik repräsentieren, repliziert. Das Heranziehen einer alternativen Metrik soll mögliche Verzerrungen der Untersuchungsergebnisse, die durch die Wahl der Steueraggressivitätsmetrik bedingt sind, abfedern. Dennoch bleibt weiterhin die Grundproblematik bestehen, dass Steueraggressivität nicht direkt beobachtbar ist und entsprechende Metriken nie absolut frei von Messfehlern sein können.

Hinzu kommt, dass insbesondere aufgrund der Komplexität von Steueraggressivität die Möglichkeit existiert, dass (noch) nicht erkannte Einflussfaktoren bestehen, die sich auf die Ergebnisse ausgewirkt haben. Schließlich ist auch nicht mit Sicherheit auszuschließen, dass in der vorliegenden Untersuchung ein *self-selection*-Problem bestehen könnte, da die Durchführung einer Börsennotierung der endogenen Entscheidung der Unternehmen obliegt. Sofern die Determinanten dieser Entscheidung mit den erklärenden Variablen des übrigen Modells korreliert sind, was vorliegend aber nicht abschließend geklärt werden kann, ruft der Selbstselektionseffekt Endogenität hervor, welche verzerrte Parameterschätzungen bedingt.[1227] Für empirische Untersuchungen, die den Effekt einer auf einer endogenen Entscheidung beruhenden Gruppenzugehörigkeit auf eine anderweitige Variable zum Gegenstand hat, stellt ein derartiger eventueller *self-selection bias* allerdings ein grundsätzlich inhärentes Problem dar.

1227 Vgl. Proppe (2009), S. 254 und S. 256.

6 Zusammenfassung und Ausblick

Das Phänomen der Steueraggressivität ist beinahe so alt wie die Besteuerung selbst und ist auch bzw. gerade bei Unternehmen feststellbar. Ziel der vorliegenden Arbeit war es, dieses Phänomen einer grundlegenden Beleuchtung zu unterziehen und darauf aufbauend eine theoretische und empirische Analyse der Steueraggressivität börsennotierter und nichtbörsennotierter Unternehmen in Deutschland durchzuführen. Der institutionelle und regulatorische Hintergrund Deutschlands war bisher kaum Gegenstand empirischer Untersuchungen zur Steueraggressivität, obgleich es insbesondere aufgrund seines Maßgeblichkeitsprinzips ein spannendes Forschungsfeld darstellt. Durch die unterschiedliche Zielsetzung steuerlicher Rechnungslegung als Konkretisierung der Steueraggressivität und externer Rechnungslegung resultiert bei Verknüpfung ein Spannungsfeld, wobei die Auflösung des Konflikts zu Gunsten des einen oder des anderen in jedem Fall Kosten hervorruft. Da für börsennotierte Unternehmen die externe Rechnungslegung einen höheren Stellenwert einnimmt als für nichtbörsennotierte Unternehmen, erscheint es als folgerichtig, dass erstere die Ziele der externen Rechnungslegung über diejenigen der steuerlichen Rechnungslegung stellen, um *financial reporting costs* zu vermeiden. Allerdings ist die Steueraggressivität eines Unternehmens von einer Vielzahl von Faktoren determiniert, so dass die Frage nach der Steueraggressivität börsennotierter und nichtbörsennotierter Unternehmen einer umfassenden Analyse bedarf.

Die wesentlichen Ergebnisse der Arbeit werden im Folgenden thesenförmig zusammengefasst:

- Steuern stellen durch den Staat erhobene Geldleistungen dar, die zur Finanzierung öffentlicher Aufgaben verwendet werden. Die Lastzuordnung hat nach gewissen Prinzipien zu erfolgen. Als Fundamentalprinzip der Besteuerung gilt in Deutschland das Leistungsfähigkeitsprinzip, wobei durch den Wettbewerb der Steuersysteme das Äquivalenzprinzip an Bedeutung gewinnt.
- Das Bestehen einer Besteuerung löst seit jeher Bestrebungen aus, dieser zu entgehen. Für eine terminologische Systematisierung derer kann auf das Legalitätskriterium zurückgegriffen werden. Da aufgrund gewisser Graubereiche allerdings keine trennscharfe Abgrenzung möglich ist, wurde für die vorliegende

Arbeit die Begrifflichkeit der Steueraggressivität definiert, welche das gesamte Spektrum zwischen Steuervermeidung und Steuerhinterziehung abdecken soll.

- Ökonomisch betrachtet ruft die Besteuerung durch den Staat nicht nur einen Einkommenseffekt, sondern auch einen Substitutionseffekt hervor, der in sachlicher, räumlicher oder rechtlicher Hinsicht erfolgen kann und durch die Änderung der relativen Preise bedingt ist. Aufgrund des Substitutionseffekts resultiert ein *excess burden*, der zusätzlich zur Nutzeneinbuße in Höhe des Einkommenseffekts wohlfahrtsmindernd wirkt. Zudem entstehen im Rahmen der Besteuerung Transaktionskosten in Form der sogenannten Erhebungskosten (*administrative costs*) auf Seiten des Staates sowie der Entrichtungskosten (*compliance costs*) auf Seiten des Steuerpflichtigen. Die Entrichtungskosten können in Vollzugskosten und Planungskosten differenziert werden, wobei letztere die Bemühungen des Steuerpflichtigen zur Reduzierung der Steuerlast abbilden. Im Fall der Steuerhinterziehung tritt ein zusätzlicher Wohlfahrtsverlust durch die Risikokosten auf. Die Bemühungen, die Steuerhinterziehung zu verschleiern, sind hingegen unter *compliance costs* zu subsumieren.
- Im Rahmen verschiedener mikroökonomischer Studien wird die Entscheidung eines rationalen Steuerpflichtigen modelliert, um Erkenntnisse zum Einfluss externer Faktoren wie beispielsweise dem Steuersatz, dem Strafsatz oder der Wahrscheinlichkeit einer Steuerprüfung auf das Ausmaß oder die Struktur von Steueraggressivität zu gewinnen. In der Mehrzahl dieser Studien erfolgt eine Untersuchung steueraggressiven Verhaltens in Form der Steuerhinterziehung. Das entscheidungstheoretische Grundmodell hierfür stammt von Allingham/Sandmo (1972), das im Laufe der Zeit eine Vielzahl von Erweiterungen erfahren hat. Darüber hinaus bestehen spieltheoretische Ansätze, welche die Analyse der Steuerentscheidung um den Blickwinkel der Gesellschaft bzw. des Staatshaushalts erweitern und so auch Interdependenzen abbilden.
- Die im Rahmen analytischer Modelle abgeleiteten Entscheidungsdeterminanten können empirisch allerdings nur bedingt belegt werden. Insbesondere sind die identifizierten Faktoren nicht in der Lage, das in der Realität beobachtbare (relativ niedrige) Ausmaß an Steuerhinterziehung zu erklären. Diese Diskrepanz ist auf den Einfluss sozio-psychologischer Faktoren zurückzuführen.
- Die Modellierung des steueraggressiven Verhaltens von Unternehmen ist komplexer als diejenige von Individuen. Ein Unternehmen ist gemäß neoinstitutionenökonomischer Definition als Geflecht von Verträgen zu betrachten, wobei es – im Fall der Trennung von Eigentum und Unternehmensleitung – zwischen Unternehmenseignern und Managern zu einem Prinzipal-Agent-Konflikt kommen kann. Handelt es sich um ein kleines Unternehmen, bei welchem keine

derartige Separation vorliegt und das Vermögen des Eigentümers im Übrigen nur wenig diversifiziert ist, so kann das Grundmodell der Steuerhinterziehung angewendet werden. Ansonsten erfordert die Modellierung unternehmerischer Steueraggressivität gegenüber derjenigen von Individuen gewisse Modifikationen. Bedeutende Aspekte stellen hierbei die Inzentivierung des Managements, die in engem Zusammenhang zur rechtlichen Haftungsgestaltung bezüglich Steueraggressivitätsaktivitäten steht, sowie die Präferenzen des Managements dar. Darüber hinaus ist auch ein möglicher interner Effizienzverlust zu beachten.

- Die Rechnungslegung übernimmt zum Abbau von Informationsasymmetrien zwischen den Eigentümern und dem mit der Unternehmensleitung beauftragten Management eine wichtige Rolle, wobei das Bestehen von Informationsasymmetrien und Prinzipal-Agent-Konflikten nicht nur auf das Verhältnis von Eigenkapitalgebern und Managern beschränkt ist. Adressaten der Rechnungslegung sind all jene Akteure, die mit dem Unternehmen in Vertragsbeziehung stehen. Der Rechnungslegung kommt eine Koordinations- bzw. eine Bewertungsfunktion zu. Da Rechnungslegung aber keinen exakten Messvorgang darstellt, sondern Spielräume bietet, die vom Management ausgefüllt werden müssen, ist zur Erklärung des beobachtbaren Rechnungslegungsverhaltens die jeweilige Motivation zu hinterfragen.
- Die Anreize für zielgerichtetes Rechnungslegungsverhalten können in vertragsinduzierte und kapitalmarktinduzierte Anreize differenziert werden. Die empirische Untersuchung der von gewissen Vertragskonstellationen ausgehenden Rechnungslegungsanreize ist Gegenstand der von Watts/Zimmerman (1978) eingeleiteten *positive accounting theory*. Ziel ist hierbei die Erklärung des in der Realität beobachtbaren Rechnungslegungsverhaltens durch *agency*-basierte Argumentationsstränge. Die kapitalmarktinduzierten Anreize gründen sich auf die Verwendung von Rechnungslegungsdaten durch die Kapitalmarktteilnehmer zur Bildung ihrer Erwartungen. Der Rechnungslegungsersteller kann sein Rechnungslegungsverhalten zur Weitergabe seiner Zukunftserwartungen im Sinne eines *signalling* verwenden oder die Ausübung von Spielräumen zur Täuschung der Kapitalmarktteilnehmer einsetzen. Es stellt sich in der Realität allerdings als sehr schwierig dar, die Motivation der Signalisierung und die der Täuschung zu unterscheiden. Bedeutend für den Zusammenhang von Rechnungslegung und Aktienkurs ist in jedem Fall der Grad der Informationseffizienz des Kapitalmarkts.
- Bei der Bemessung der Steuerlast im Rahmen der Unternehmensbesteuerung nimmt die steuerliche Rechnungslegung eine zentrale Rolle ein. Nach deutschem Steuerrecht ist die Besteuerung von Unternehmen bezüglich der sogenannten Personensteuern von der Rechtsform abhängig, wobei grundsätzlich

Personen- und Kapitalgesellschaften unterschieden werden. Die Gesellschafter einer Personengesellschaft unterliegen der Einkommensteuer, während für Kapitalgesellschaften die Körperschaftsteuer gilt. Die Gewerbesteuer, die ebenfalls als Unternehmensteuer zu betrachten ist, aber nicht zu den Personensteuern zählt, knüpft nicht am Steuersubjekt, sondern am Steuerobjekt in Form des Gewerbebetriebs an. Ausgangsbasis der jeweiligen Unternehmensbesteuerung ist die Ermittlung des in § 4 EStG definierten Gewinns, der für Buchführungspflichtige durch Betriebsvermögensvergleich zu ermitteln ist. Über § 5 Abs. 1 Satz 1 EStG kommt dem handelsrechtlichen Jahresabschluss Maßgeblichkeit für den steuerrechtlichen Abschluss zu. Spezifische steuerliche Vorschriften sind zu berücksichtigen.

- In gewissem Umfang können Steuern vom Unternehmen bezüglich ihres Umfangs und ihres Belastungszeitpunkts gesteuert werden, so dass diese eine unternehmenspolitische Relevanz aufweisen. Wird als oberstes unternehmerisches Ziel die Gewinnmaximierung definiert, resultiert als Ziel der Steuerpolitik die (relative) Steuerminimierung. Das Verhältnis von Steuerpolitik und steuerlicher Rechnungslegungspolitik wird in der Literatur kontrovers diskutiert. In der vorliegenden Arbeit wird der Ansicht gefolgt, dass Steuerpolitik im Sinne eines Leitbildes verstanden werden kann und steuerliche Rechnungslegungspolitik sowohl sachverhaltsgestaltende als auch sachverhaltsabbildende Aktionsparameter beinhaltet. Die Gestaltung von Sachverhalten umfasst dabei die Aufbaugestaltung (Sachverhaltsgestaltung i.w.S.) und die Ablaufgestaltung (Sachverhaltsgestaltung i.e.S.). Die Gestaltung der Sachverhaltsabbildung kann differenziert werden in die Ausnutzung von Wahlrechten und die Ausnutzung von Ermessensspielräumen. Zur Steueraggressivität in Form steuerlicher Rechnungslegungspolitik sind hierbei auch illegale Maßnahmen zu zählen sowie mögliche Graubereiche zu beachten. Als konkrete Zieldefinition ist nach herrschender Meinung die Steuerbarwertminimierung anzusehen. Im Konzernverbund eröffnen sich gegenüber einer Einheitsunternehmung zusätzliche Gestaltungsmöglichkeiten bezüglich der Sachverhaltsgestaltung. Hierbei kann das Leitbild der relativen Minimierung der Steuerbelastung einzelner Gesellschaften hinter dem Ziel der relativen Minimierung der Gesamtsteuerbelastung des Konzerns zurücktreten.
- Steueraggressivität ist zwar mit Nutzen für das Unternehmen verbunden, allerdings gehen damit auch Kosten einher, die nach verschiedenen Kostenarten systematisiert werden können. Zu nennen sind Transaktions-, Risiko- sowie Reputationskosten. Darüber hinaus sind Kosten durch den Zielkonflikt steuerlicher und externer Rechungslegung sowie Kosten durch *agency*-Konflikte zwischen Aktionären und Managern möglich. Sofern die Eigentümer von den

Managern Steueraggressivität in Form der Steuerhinterziehung wünschen, sind zusätzlich Effizienzkosten zu verzeichnen.

- Zur empirischen Messung von Steueraggressivität können im regulatorischen Umfeld Deutschlands und der USA keine originären Steuerdaten verwendet werden, da diese üblicherweise nicht zugänglich sind. Allerdings sind auch der externen Rechnungslegung steuerliche Informationen zu entnehmen. Daher haben sich insbesondere in der US-amerikanischen Forschungsliteratur verschiedene Metriken herausgebildet, welche Steueraggressivität mit Hilfe von Informationen aus der externen Rechnungslegung messen. Diese Maßgrößen können verschiedene Varianten der ETR darstellen oder auf BTD aufbauen. Darüber hinaus bestehen weitere Ansätze, die unter anderem das Engagement von Unternehmen in *tax shelters* als Ausgangspunkt wählen oder die nach FIN 48 zu veröffentlichenden UTB heranziehen. Die einzelnen Metriken unterliegen jedoch stets gewissen Schwächen.
- Eine Vielzahl empirischer Studien widmet sich der Identifikation von Einflussfaktoren unternehmerischer Steuerbelastung bzw. Steueraggressivität. Determinanten stellen beispielsweise die Unternehmensgröße, das Unternehmenswachstum, die Profitabilität, die Fremdfinanzierung, die Anlagenintensität oder der Grad der internationalen Tätigkeit dar. Die Richtung des Zusammenhangs ist allerdings nicht immer eindeutig. Darüber hinaus versuchen manche Studien die Schwankung der Steueraggressivität über verschiedene Unternehmen hinweg beispielsweise auf bestimmte Eigentumsstrukturen, die Anreizstrukturen des Managements oder die Eigenheiten desselben unter Rückgriff auf *agency*-Argumentationsmuster zurückzuführen. Neben diesen Studien bestehen weitere Ansätze, die teils stärker und teils schwächer im Prinzipal-Agent-Rahmenwerk verwurzelt sind und die Schwankung in der Steueraggressivität auf verschiedenste Einflussfaktoren zurückführen.
- Neben den Determinanten der Steueraggressivität sind auch deren Konsequenzen Gegenstand verschiedener empirischer Untersuchungen. Hierbei werden insbesondere die Konsequenzen am Kapitalmarkt analysiert, wobei diesbezüglich keine eindeutigen Schlussfolgerungen gezogen werden können. Daneben werden auch anderweitige Konsequenzen beispielsweise im Hinblick auf einen vom Abschlussprüfer erhobenen Preisaufschlag, die Preisbedingungen im Rahmen eines M&A-Deals oder mögliche Transparenzprobleme untersucht.
- Noch keine Erkenntnisse bestehen hinsichtlich des Ausmaßes der Steueraggressivität börsennotierter Unternehmen gegenüber demjenigen nichtbörsennotierter Unternehmen in Deutschland. Gemäß § 3 Abs. 2 AktG sind börsennotierte

Unternehmen dadurch definiert, dass ihre Aktien auf einem von staatlich anerkannten Stellen geregelten und überwachten Markt zugelassen sind, der regelmäßig stattfindet und für das Publikum mittel- oder unmittelbar zugänglich ist. Für eine Börsenzulassung sind gewisse Voraussetzungen zu erfüllen. Zudem ergeben sich Folgepflichten vor allem im Hinblick auf eine erhöhte Publizität. Diesem Nachteil steht auch eine Vielzahl von Vorteilen gegenüber, die beispielsweise die unmittelbare Verbreiterung der Eigenkapital- und Liquiditätsbasis sowie verbesserte Finanzierungsmöglichkeiten in späteren Perioden beinhalten. Hinzu kommt, dass durch eine aktienbasierte Vergütung des Managements die Interessen desselben stärker an den Interessen der Eigentümer ausgerichtet werden können. Dennoch ist opportunistisches Verhalten des Managements nicht auszuschließen. Hier nimmt allerdings der Kapitalmarkt eine *corporate governance*-Rolle ein.

- Das (divergierende) Rechnungslegungsverhalten börsennotierter und nichtbörsennotierter Unternehmen ist Gegenstand verschiedener empirischer Untersuchungen. Eine Grundüberlegung ist hierbei stets, dass, während börsennotierte Unternehmen nicht nur gesetzlich zur Veröffentlichung einer Vielzahl von Informationen verpflichtet sind, sondern auch dem Druck des Kapitalmarkts zur Bereitstellung bewertungsrelevanter Informationen unterliegen, nichtbörsennotierte Unternehmen nur geringe Anreize haben, ebensolche anzubieten. In nichtbörsennotierten Unternehmen, die meist konzentriertere Eigentumsstrukturen aufweisen, kann mit den Anteilseignern verstärkt auch über nicht-öffentliche Kanäle kommuniziert werden. Die Ausrichtung der empirischen Untersuchungen variiert allerdings von einer Analyse des Ausmaßes des *earnings management*, der Identifikation gewisser *earnings attributes* wie beispielsweise der asymmetrischen Erfassung von Gewinnen und Verlusten bis zur Untersuchung möglicher Unterschiede im Rechnungslegungsverhalten im Rahmen des Spannungsfeldes externer und steuerlicher Rechnungslegung. Die Untersuchungen, die überwiegend dem US-amerikanischen Raum entstammen, liefern kein einheitliches Bild, was auch durch die unterschiedlichen Ausgangsfragestellungen bedingt ist. Zumindest zeigen alle Ergebnisse Unterschiede im Rechnungslegungsverhalten börsennotierter und nichtbörsennotierter Unternehmen auf.
- In denjenigen Studien, deren Ziel die Generierung von Erkenntnissen zum Rechnungslegungsverhalten börsennotierter und nichtbörsennotierter Unternehmen im Spannungsfeld externer und steuerlicher Rechnungslegung ist, kann eine dahingehende Tendenz festgehalten werden, dass börsennotierte Unternehmen wohl höhere *financial reporting costs* hinnehmen müssen. Daher scheinen börsennotierte Unternehmen bei einem Konflikt zwischen externer und steuerlicher

Rechnungslegung eher zu Gunsten externer Rechungslegungsziele zu handeln. Für den deutschen Kontext können diese Erkenntnisse jedoch nicht ohne Weiteres übertragen werden, da sowohl hinsichtlich der regulatorischen Gegebenheiten im Bereich der Rechnungslegung als auch hinsichtlich der Struktur des Kapitalmarkts deutliche Unterschiede bestehen. Für die Abwägung der Steueraggressivität börsennotierter und nichtbörsennotierter Unternehmen in Deutschland sind neben derartigen *financial reporting costs* auch noch sonstige Kosten, die mit dem Engagement in Steueraggressivität einhergehen können, zu berücksichtigen sowie mit dem jeweilgen Nutzen abzugleichen.

- Die empirische Analyse im Rahmen der vorliegenden Arbeit widmet sich der Hypothese, dass börsennotierte Unternehmen ein systematisch anderes Ausmaß an Steueraggressivität aufweisen als nichtbörsennotierte Unternehmen. Diese Hypothese stützt sich auf die Ergebnisse einer unter Berücksichtigung aller Kostenarten durchgeführten Kosten-Nutzen-Analyse für börsennotierte und nichtbörsennotierte Unternehmen, wobei sowohl die jeweilige Eigentümer- als auch die Managerperspektive betrachtet werden. Die empirische Untersuchung wird mit Hilfe einer OLS-Schätzung im Zuge einer multivariaten Regressionsanalyse durchgeführt, wobei ein lineares Regressionsmodell die Erfüllung gewisser Prämissen erfordert. Der zu Grunde liegende Datensatz für den Untersuchungszeitraum von 2003 bis 2010, der verschiedenen Anforderungen unterworfen wurde, beinhaltet 44.748 Unternehmensjahrbeobachtungen von 16.130 nichtbörsennotierten Unternehmen und 1.346 Unternehmensjahrbeobachtungen von 321 börsennotierten Unternehmen. Aus dem ursprünglichen Datensatz von 2.259.290 Beobachtungen börsennotierter und nichtbörsennotierter Unternehmen, welcher mit Hilfe der Datenbank *Amadeus* erhoben wurde, werden zunächst jene Beobachtungen exkludiert, die nicht die erforderlichen Informationen oder inkonsistente Daten aufweisen. Darüber hinaus werden auch Unternehmen aus der Finanzbranche sowie aus der öffentlichen Verwaltung ausgeschlossen. Des Weiteren wird der Datensatz um jene Beobachtungen bereinigt, die eine Bilanzsumme von kleiner 5.000.000 Euro, ein negatives Vorsteuerergebnis oder einen Steuerertrag aufweisen sowie um jene Beobachtungen, deren Jahresabschlussdaten auf IFRS anstelle HGB basieren.
- Die deskriptive Statistik zeigt auf, dass zwischen börsennotierten und nichtbörsennotierten Unternehmen bezüglich der ETR, die als Steueraggressivitätsmetrik dient, ein Mittelwertunterschied (Medianunterschied) von 5,97 (6,55) Prozentpunkten besteht, der im Rahmen univariater Tests in Form des doppelten t-Tests (Mittelwertdifferenz) und Wilcoxon-Rangsummentests (Mediandifferenz) als signifikant identifiziert wird. Dieses Ergebnis wird durch die multivariate Analyse

bestätigt, indem der Koeffizient der Testvariable PUBLIC bei einem Wert von -0,0449 stark signifikant ist. Die ETR-Differenz beträgt demnach unter Kontrolle auf unternehmensspezifische Charakteristika sowie branchen- und jahresfixe Effekte 4,49 Prozentpunkte. Somit wird die Hypothese gestützt, dass börsennotierte und nichtbörsennotierte Unternehmen ein systematisch anderes Ausmaß an Steueraggressivität aufweisen. Darüber hinaus offenbaren die Ergebnisse, dass sich börsennotierte Unternehmen stärker steueraggressiv verhalten. Dieses Resultat legt nahe, dass börsennotierte Unternehmen hinsichtlich der Steueraggressivität ein entsprechend positives Kosten-Nutzen-Verhältnis besitzen, was wiederum nahelegt, dass die Kosten aus Zielkonflikten zwischen externer und steuerlicher Rechnungslegung nicht zu schwer wiegen. Denkbar ist auch, dass die Manager börsennotierter Unternehmen entsprechend hohe Anreize zur Durchführung von Steueraggressivitätsaktivitäten haben.

- Die Ergebnisse halten zudem verschiedenen Robustheitstests stand, die sich der Frage widmen, ob die Ergebnisse durch Autokorrelation verzerrt sind, ob die Ergebnisse bei Verwendung einer alternativen Metrik fortbestehen, ob die Ergebnisse durch alternative Erklärungen bedingt sind sowie ob die Ergebnisse Verzerrungen durch bestimmte Umstände unterliegen. Dennoch ist die vorliegende Studie, wie jede empirische Untersuchung, gewissen Limitationen ausgesetzt.

Aufgrund der gesamtgesellschaftlichen Bedeutung von Steueraggressivität ist eine weitergehende Erforschung derselben wünschenswert. Die vorliegende Arbeit kann dabei als ein Anstoß für weitere Forschungsvorhaben bezüglich der Steueraggressivität von Unternehmen in Deutschland betrachtet werden. So bieten beispielsweise die erläuterten Limitationen dieser empirischen Untersuchung Anhaltspunkte für künftige Forschungsansätze, indem Unternehmen aus dem Finanzsektor oder andere Zeitreihen untersucht werden können. Darüber hinaus können sich weitergehende Studien beispielsweise den hierzulande auftretenden Kapitalmarktkonsequenzen von Steueraggressivität widmen. Forschungsbedarf besteht auch bezüglich unternehmerischer Steueraggressivität in weiteren Ländern, was allerdings ein tiefgehendes Verständnis der institutionellen und regulatorischen Gegebenheiten des jeweiligen Landes erfordert. Schließlich könnte die empirische Forschung zur Steueraggressivität auch durch qualitativ-empirische Beiträge bereichert werden, die durch gezielte Untersuchungen möglicherweise einen tieferen Einblick in einzelne Anreizmechanismen von Steueraggressivität generieren können. In jedem Fall bietet die vorliegende Arbeit einen Baustein, auf den weiter aufgesetzt werden kann.

Anhang

Anhang 1: Deskriptive Statistik des Gesamtsamples vor und nach Winsorisierung

Variable	Gesamtsample (N = 46.094) vor Winsorisierung						
	Mittelwert	Standardabw.	Min.	25%-Quantil	Median	75%-Quantil	Max.
ETR	0,3664	2,2689	0	0,1549	0,2999	0,3986	327,6982
PUBLIC	0,0292	0,1684	0	0	0	0	1
SIZE	10,1154	1,2280	8,5172	9,1518	9,9241	10,7606	18,9836
ROA	0,2352	13,7218	-64,6663	0,0299	0,0737	0,1515	2876,3480
GROWTH	1,8099	80,1413	-0,9993	-0,0247	0,0507	0,1550	10195,0700
LEV	0,3611	10,7967	-1113,1960	0	0,0897	0,2939	811,3920
GROUP	0,1301	0,3364	0	0	0	0	1
PPE	0,5496	12,2988	0	0,0627	0,2228	0,4971	930,6979
INTAN	0,0280	1,1133	0	0,0005	0,0028	0,0102	205,0505
CAS	1,0708	15,7488	0	0,4202	0,6885	0,9245	1026,9330
PROVIS	0,2250	3,6007	0	0,0493	0,1041	0,2037	401,8313
AUDIT	0,9247	0,2638	0	1	1	1	1

N = Anzahl der Beobachtungen, Standardabw. = Standardabweichung,
Min. = Minimum, Max. = Maximum

Variable	Gesamtsample (N = 46.094) nach Winsorisierung						
	Mittelwert	Standardabw.	Min.	25%-Quantil	Median	75%-Quantil	Max.
ETR	0,3092	0,2286	0,0014	0,1549	0,2999	0,3986	1,3854
PUBLIC	0,0292	0,1684	0	0	0	0	1
SIZE	10,1051	1,1847	8,5416	9,1518	9,9241	10,7606	14,0190
ROA	0,1139	0,1252	-0,0039	0,0299	0,0737	0,1515	0,6892
GROWTH	0,1106	0,3697	-0,5710	-0,0247	0,0507	0,1550	2,5042
LEV	0,1958	0,2605	0	0	0,0897	0,2939	1,2256
GROUP	0,1301	0,3364	0	0	0	0	1
PPE	0,3036	0,2755	0	0,0627	0,2228	0,4971	1,0369
INTAN	0,0153	0,0409	0	0,0005	0,0028	0,0102	0,2867
CAS	0,6994	0,3763	0	0,4202	0,6885	0,9245	2,0883
PROVIS	0,1517	0,1467	0	0,0493	0,1041	0,2037	0,7375
AUDIT	0,9247	0,2638	0	1	1	1	1

N = Anzahl der Beobachtungen, Standardabw. = Standardabweichung,
Min. = Minimum, Max. = Maximum

Anhang 2: Branchensystematisierung nach Frama/French[1228]

Branche	SIC-Codes		
Kurzlebige Konsumgüter	0100-0999	2000-2399	2700-2749
Langlebige Konsumgüter	2770-2799	3100-3199	3940-3989
	2500-2519	2590-2599	3630-3659
	3710-3711	3714-3714	3716-3716
	3750-3751	3792-3792	3900-3939
	3990-3999		
Verarbeitende Industrie	2520-2589	2600-2699	2750-2769
	2800-2829	2840-2899	3000-3099
	3200-3569	3580-3621	3623-3629
	3700-3709	3712-3713	3715-3715
	3717-3749	3752-3791	3793-3799
	3860-3899		
Öl-, Gas-, und Kohleförderung	1200-1399	2900-2999	
Technische Geschäftsausstattung (IT und elektronisches Zubehör)	3570-3579	3622-3622	3660-3692
	3694-3699	3810-3839	7370-7372
	7373-7379	7391-7391	8730-8734
Telefon und Fernsehen	4800-4899		
Groß- und Einzelhandel	5000-5999	7200-7299	7600-7699
Gesundheit, Medizintechnik, Pharmazeutika	2830-2839	3693-3693	3840-3859
Versorgungsunternehmen	8000-8099		
Sonstige	Alle übrigen SIC-Codes		

1228 Die vorliegende Darstellung ist angelehnt an Jödicke (2009), S. 249. Für die Branchensystematisierung selbst vgl. http://mba.tuck.dartmouth.edu/pages/faculty/ken.french/Data_Library/det_10_ind_port.html (Stand 15.06.2013).

Anhang 3: Regressionsergebnisse unter Verwendung alternativ definierter Branchendummies

$$TaxAggr_{i,t} = \alpha + \beta_1 PUBLIC_{i,t} + \beta_2 SIZE_{i,t} + \beta_3 ROA_{i,t} + \beta_4 GROWTH_{i,t} + \beta_5 LEV_{i,t} + \beta_6 GROUP_{i,t} + \beta_7 PPE_{i,t} + \beta_8 INTAN_{i,t} + \beta_9 CAS_{i,t} + \beta_{10} PROVIS_{i,t} + \beta_{11} AUDIT_{i,t} + IndustryDummies + YearDummies + \varepsilon_{i,t}$$

	erwartetes Vorzeichen	**Koeffizient**	**Standardfehler**	**t-Wert**	**p-Wert**
Testvariable					
PUBLIC	?	-0,0438***	0,0067	-6,51	0,000
Kontrollvariablen					
SIZE	-	-0,0030***	0,0011	-2,87	0,004
ROA	-	-0,1599***	0,0095	-16,77	0,000
GROWTH	?	-0,0184***	0,0032	-5,66	0,000
LEV	-	0,0175***	0,0049	3,60	0,000
GROUP	-	-0,0097***	0,0035	-2,75	0,006
PPE	?	0,0172***	0,0062	2,79	0,005
INTAN	?	0,1359***	0,0311	4,37	0,000
CAS	?	0,0212***	0,0044	4,82	0,000
PROVIS	?	0,1033***	0,0088	11,71	0,000
AUDIT	+	0,0194***	0,0042	4,64	0,000
Konstante	?	0,3487***	0,0127	27,54	0,000
Branchen-Dummies			einbezogen		
Year-Dummies			einbezogen		
R^2	6,75%				
Adj. R^2	6,70%				
F-Statistik	117,75				
p-Wert (F-Statistik)	0,000				
N	46.094				

*** / ** / * zeigen statistische Signifikanz (zweiseitig) auf dem Niveau von 0,01 / 0,05 / 0,1 an.

Anhang 4: VIF-Werte der Regressoren

Variable	VIF-Wert
PUBLIC	1,22
SIZE	1,37
ROA	1,28
GROWTH	1,16
LEV	1,28
GROUP	1,35
PPE	2,33
INTAN	1,07
CAS	2,29
PROVIS	1,28
AUDIT	1,10

Anhang 5: Regressionsergebnisse unter Verwendung einer alternativen Metrik (Mindestanforderung zehn Beobachtungen je Kombination)

TaxAggr$_{i,t}$ bezeichnet im vorliegenden Fall die diskretionären Periodenabgrenzungen, die mit Hilfe des modifizierten Jones-Modell in der *cross-sectional* -Variante ermittelt werden. Hierfür werden die Unternehmensbeobachtungen anhand des zweistelligen SIC-Codes zusammengefasst und das Modell separat für jede Kombination aus Jahr und zweistelligem SIC-Code geschätzt.

Jede Kombination besteht aus mindestens zehn Beobachtungen.

$$TaxAggr_{i,t} = \alpha + \beta_1 PUBLIC_{i,t} + \beta_2 SIZE_{i,t} + \beta_3 ROA_{i,t} + \beta_4 GROWTH_{i,t} + \beta_5 LEV_{i,t} + \beta_6 GROUP_{i,t} + \beta_7 PPE_{i,t} + \beta_8 INTAN_{i,t} + \beta_9 CAS_{i,t} + \beta_{10} PROVIS_{i,t} + \beta_{11} AUDIT_{i,t} + IndustryDummies + YearDummies + \varepsilon_{i,t}$$

	Koeffizient	Standardfehler	t-Wert	p-Wert
Testvariable				
PUBLIC	0,0129**	0,0055	2,36	0,018
Kontrollvariablen				
SIZE	0,0055***	0,0011	5,22	0,000
ROA	0,1184***	0,0146	8,11	0,000
GROWTH	-0,0227***	0,0061	-3,70	0,000
LEV	0,1778***	0,0078	22,76	0,000
GROUP	0,0055*	0,0030	1,85	0,064
PPE	0,0211***	0,0082	2,58	0,010
INTAN	-0,2102***	0,0389	-5,40	0,000
CAS	0,0923***	0,0080	11,48	0,000
PROVIS	0,0466***	0,0105	4,43	0,000
AUDIT	-0,0026	0,0060	-0,43	0,665
Konstante	-0,1840***	0,0168	-10,96	0,000
Branchen-Dummies		einbezogen		
Year-Dummies		einbezogen		
R^2	7,80%			
Adj. R^2	7,47%			
F-Statistik	13,54			
p-Wert (F-Statistik)	0,000			
N	17.100			

*** / ** / * zeigen statistische Signifikanz (zweiseitig) auf dem Niveau von 0,01 / 0,05 / 0,1 an.

Anhang 6: Deskriptive Statistik unter Anwendung einer Größenrestriktion

Variable	Börsennotierte Unternehmen (N = 1.346)						
	Mittelwert	Standard-abw.	Min.	25%-Quantil	Median	75%-Quantil	Max.
ETR	0,2513	0,2173	0,0014	0,0874	0,2358	0,3549	1,3854
SIZE	11,4545	1,5354	8,5545	10,2904	11,3169	12,5112	14,0190
ROA	0,1116	0,1249	-0,0039	0,0350	0,0725	0,1392	0,6892
GROWTH	0,1455	0,4592	-0,5710	-0,0240	0,0543	0,1860	2,5042
LEV	0,1412	0,1977	0	0,0010	0,0721	0,2079	1,2256
GROUP	0,8588	0,3483	0	1	1	1	1
PPE	0,5496	12,2988	0	0,0268	0,1105	0,2440	1,0369
INTAN	0,0243	0,0502	0	0,0017	0,0064	0,0217	0,2867
CAS	0,6267	0,3834	0,0034	0,3652	0,5916	0,8017	2,0883
PROVIS	0,1454	0,1238	0,0003	0,0527	0,1099	0,2059	0,7375
AUDIT	0,9844	0,1240	0	1	1	1	1

Variable	Nichtbörsennotierte Unternehmen (N = 11.186)						
	Mittelwert	Standard-abw.	Min.	25%-Quantil	Median	75%-Quantil	Max.
ETR	0,3061	0,2435	0,0014	0,1371	0,2829	0,4000	1,3854
SIZE	11,6536	0,8373	10,7137	11,0024	11,4110	12,0461	14,0190
ROA	0,0948	0,1099	-0,0039	0,0230	0,0608	0,1243	0,6892
GROWTH	0,1006	0,3513	-0,5710	-0,0139	0,0479	0,1317	2,5042
LEV	0,1657	0,2237	0	0	0,0728	0,2504	1,2256
GROUP	0,2675	0,4427	0	0	0	1	1
PPE	0,3521	0,2948	0	0,0827	0,2823	0,6095	1,0369
INTAN	0,0176	0,0439	0	0,0009	0,0036	0,0118	0,2867
CAS	0,5892	0,3666	0,0002	0,2969	0,5473	0,8273	2,0883
PROVIS	0,1698	0,1596	0	0,0555	0,1180	0,2317	0,7375
AUDIT	0,9784	0,1455	0	1	1	1	1

N = Anzahl der Beobachtungen, Standardabw. = Standardabweichung, Min. = Minimum, Max. = Maximum

Anhang 7: Deskriptive Statistik bei Beschränkung auf Mutterunternehmen

	Börsennotierte Unternehmen (N = 1.156)						
Variable	Mittelwert	Standard-abw.	Min.	25%-Quantil	Median	75%-Quantil	Max.
ETR	0,2421	0,2082	0,0014	0,0884	0,2212	0,3428	1,3854
SIZE	11,6882	1,4708	8,5545	10,5218	11,5575	12,8026	14,0190
ROA	0,1122	0,1265	-0,0039	0,0364	0,0713	0,1387	0,6892
GROWTH	0,1444	0,4361	-0,5710	-0,0195	0,0595	0,1905	2,5042
LEV	0,1411	0,1942	0,0000	0,0019	0,0759	0,2104	1,2256
PPE	0,1534	0,1653	0,0000	0,0271	0,1073	0,2209	1,0369
INTAN	0,0245	0,0481	0,0000	0,0022	0,0074	0,0236	0,2867
CAS	0,6392	0,3776	0,0153	0,3840	0,6079	0,8017	2,0883
PROVIS	0,1483	0,1240	0,0018	0,0574	0,1142	0,2080	0,7375
AUDIT	0,9922	0,0879	0,0000	1,0000	1,0000	1,0000	1,0000

	Nichtbörsennotierte Unternehmen (N = 4.839)						
Variable	Mittelwert	Standard-abw.	Min.	25%-Quantil	Median	75%-Quantil	Max.
ETR	0,2952	0,2290	0,0014	0,1316	0,2785	0,3938	1,3854
SIZE	11,1763	1,1559	8,5416	10,3544	11,0323	11,7927	14,0190
ROA	0,0974	0,1043	-0,0039	0,0281	0,0674	0,1290	0,6892
GROWTH	0,0957	0,3403	-0,5710	-0,0143	0,0464	0,1325	2,5042
LEV	0,1848	0,2144	0,0000	0,0140	0,1171	0,2705	1,2256
PPE	0,3018	0,2587	0,0000	0,0815	0,2284	0,4871	1,0369
INTAN	0,0164	0,0381	0,0000	0,0014	0,0049	0,0136	0,2867
CAS	0,5761	0,3174	0,0005	0,3341	0,5559	0,7726	2,0883
PROVIS	0,1562	0,1356	0,0000	0,0596	0,1164	0,2136	0,7375
AUDIT	0,9549	0,2074	0,0000	1,0000	1,0000	1,0000	1,0000

N = Anzahl der Beobachtungen, Standardabw. = Standardabweichung, Min. = Minimum, Max. = Maximum

Literaturverzeichnis

Abou el Sood, Heba (2012), Loan Loss Provisioning and Income Smoothing in US Banks Pre and Post the Financial Crisis, in: International Review of Financial Analysis, Jg. 25, S. 64-72.

Adhikari, Ajay/Derashid, Chek/Zhang, Hao (2006), Public Policy, Political Connections, and Effective Tax Rates: Longitudinal Evidence from Malaysia, in: Journal of Accounting and Public Policy, Jg. 25, S. 574-595.

Alchian, Armen A./Kessel, Reuben A. (1962), Competition, Monopoly, and the Pursuit of Money, in: NBER (Hrsg.), Aspects of Labor Economics, Princeton, S. 157-175.

Alexander, Raquel/Ettredge, Mike/Stone, Mary/Sun, Lili (2009), Assessing Uncertain Tax Benefit Aggressiveness, Working Paper, University of Kansas, University of Alabama, University of North Texas.

Allingham, Michael G./Sandmo, Agnar (1972), Income Tax Evasion: A Theoretical Analysis, in: Journal of Public Economics, Jg. 1, S. 323-338.

Alm, James (1988), Compliance Cost and the Tax Avoidance-Tax Evasion Decision, in: Public Finance Quarterly, Jg. 16, S. 31-66.

Alm, James/McCallin, Nancy (1990), Tax Avoidance and Tax Evasion as a Joint Portfolio Choice, in: Public Finance, Jg. 45, S. 193-200.

Alm, James/Torgler, Benno (2006), Culture Differences and Tax Morale in the United States and in Europe, in: Journal of Economic Psychology, Jg. 27, S. 224-246.

Almond, John A./Sullivan, Martin A. (2004), Drug Firms Park Increasing Share of Profits in Low-Tax Countries, in: Tax Notes, Jg. 104, S. 1336-1343.

Alstadsæter, Annette/Jacob, Martin (2013), Who Participates in Tax Avoidance?, CESifo Working Paper No. 4219.

Alt, James E. (1983), The Evolution of Tax Structures, in: Public Choice, Jg. 41, S. 181-222.

Andreoni, James/Erard, Brian/Feinstein, Jonathan (1998), Tax Compliance, in: Journal of Economic Literature, Jg. 36, S. 818-860.

Ang, James S./Cole, Rebel A./Lin, James Wuh (2000), Agency Costs and Ownership Structure, in: Journal of Finance, Jg. 55, S. 81-106.

Aparicio, Gabriela/Carrillo, Paul/Emran, Shahe (2011), Taxes, Prisons, and CFOs: The Effects of Increased Punishment on Corporate Tax Compliance in Ecuador, Working Paper, George Washington University.

Armstrong, Christopher S./Barth, Mary E./Jargolinzer, Alan D./Riedl, Edward J. (2010), Market Reaction to the Adoption of IFRS in Europe, in: The Accounting Review, Jg. 85, S. 31-61.

Armstrong, Christopher S./Blouin, Jennifer L./Jagolinzer, Alan D./Larcker, David F. (2013), Corporate Governance, Incentives, And Tax Avoidance, Rock Center for Corporate Governance Working Paper Series No. 136.

Armstrong, Christopher S./Blouin, Jennifer L./Larcker, David F. (2012), The Incentives for Tax Planning, in: Journal of Accounting and Economics, Jg. 53, S. 391-411.

Arrow, Kenneth J. (1970), Essays in the Theory of Risk-Bearing, North Holland.

Arrow, Kenneth (1963), Social Choice and Individual Values, 2. Auflage, New York.

Asteriou, Dimitrios/Hall, Stephen G. (2011), Applied Econometrics, 2. Auflage, New York.

Atik, Asuman (2009), Detecting Income-Smoothing Behaviors of Turkish Listed Companies Through Empirical Tests Using Discretionary Accounting Changes, in: Critical Perspectives on Accounting, Jg. 20, S. 591-613.

Atkinson, Anthony B./Stiglitz, Joseph E. (1980), Lectures on Public Economics, New York.

Atwood, T.J./Drake, Michael S./Myers, James N./Myers, Linda A. (2012), Home Country Tax System Characteristics and Corporate Tax Avoidance: International Evidence, in: The Accounting Review, Jg. 87, S. 1831-1860.

Auer, Benjamin/Rottmann, Horst (2011), Statistik und Ökonometrie für Wirtschaftswissenschaftler. Eine anwendungsorientierte Einführung, 2. Auflage, Wiesbaden.

Ault, Hugh J./Arnold, Brian (2010), Comparative Income Taxation. A Structural Analysis, 3. Auflage, Austin u.a.

Austin, Chelsea Rae/Wilson, Ryan (2013), Are Reputational Costs a Determinant of Tax Avoidance?, Working Paper, The University of Iowa.

Avi-Yonah, Reuven S. (2008), Corporate Social Responsibility and Strategic Tax Behavior, in: Schön, Wolfgang (Hrsg.), Tax and Corporate Governance, Berlin und Heidelberg, S. 183-198.

Backes-Geller, Uschi/Wolff, Brigitta (2001), Personalmanagement, in: Jost, Peter-J. (Hrsg.), Die Prinzipal-Agenten-Theorie in der Betriebswirtschaftslehre, Stuttgart, S. 395-437.

Backhaus, Klaus/Erichson, Bernd/Plinke, Wulff/Weiber, Rolf (2011), Multivariate Analysemethoden. Eine anwendungsorientierte Einführung, 13. Auflage, Heidelberg u.a.

Badertscher, Brad/Katz, Sharon P./Rego, Sonja Olhoft (2011), The Impact of Private Equity Ownership on Portfolio Firms' Corporate Tax Planning, Working Paper, University of Notre Dame, Columbia University, University of Iowa.

Baetge, Jörg/Ballwieser, Wolfgang (1977), Zum bilanzpolitischen Spielraum der Unternehmensleitung, in: BFuP, Jg. 29, S. 199-215.

Baetge, Jörg/Kirsch, Hans-Jürgen/Thiele, Stefan (2012), Bilanzen, 12. Auflage, Düsseldorf.

Bailey, Roy E. (2005), The Economics of Financial Markets, Cambridge.

Baker, Richard E./Christensen, Theodore E./Cottrell, David M. (2012), Essentials of Advanced Financial Accounting, New York.

Balakrishnan, Karthik/Blouin, Jennifer/Guay, Wayne (2012), Does Tax Aggressiveness Reduce Corporate Transparency?, Working Paper, University of Pennsylvania.

Baldry, Jonathan C. (1987), Income Tax Evasion and the Tax Schedule: Some Experimental Results, in: Public Finance, Jg. 42, S. 357-383.

Ball, Ray/Brown, Philip (1968), An Empirical Evaluation of Accounting Income Numbers, in: Journal of Accounting Research, Jg. 6, S. 159-178.

Ball, Ray/Foster, George (1982), Corporate Financial Reporting: A Methodological Review of Empirical Research, in: Journal of Accounting Research, Jg. 20, Supplement (Studies on Current Research Methodologies in Accounting: A Critical Evaluation), S. 161-234.

Ball, Ray/Shivakumar, Lakshmanan (2005), Earnings Quality in UK Private Firms: Comparative Loss Recognition Timeliness, in: Journal of Accounting and Economics, Jg. 39, S. 83-128.

Ball, Ray/Shivakumar, Lakshmanan (2006), The Role of Accruals in Asymmetrically Timely Gain and Loss Recognition, in: Journal of Accounting Research, Jg. 44, S. 207-242.

Ballwieser, Wolfgang/Kurz, Gerhard (2011), Ertragsteuern, in: Ballwieser, Wolfgang/Beine, Frank/Hayn, Sven/Peemöller, Volker H./Schruff, Lothar/Weber, Claus-Peter (Hrsg.), Handbuch International Financial Reporting Standards 2011, 7. Auflage, Weinheim, S. 745-782.

Baltagi, Badi H. (2008), Econometric Analysis of Panel Data, 4. Auflage, Chichester.

Bamber, Linda Smith/Jiang, John (Xuefeng)/Wang, Isabel Yanyan (2010), What's My Style? The Influence of Top Managers on Voluntary Corporate Financial Disclosure, in: The Accounting Review, Jg. 85, S. 1131-1162.

Bamberg, Günter/Baur, Franz/Krapp, Michael (2012), Statistik, 17. Auflage, München.

Bankman, Joseph (1994), The Structure of Silicon Valley Start-Ups, in: UCLA Law Review, Jg. 41, S. 1737-1768.

Barnea, Amir/Ronen, Joshua/Sadan, Simcha (1976), Classificatory Smoothing of Income with Extraordinary Items, in: The Accounting Review, Jg. 51, S. 110-122.

Barth, Mary E. (1994), Fair Value Accounting: Evidence from Investment Securities and the Market Valuation of Banks, in: Journal of Accounting Research, Jg. 69, S. 1-25.

Barth, Mary E./Elliott, John A./Finn, Mark W. (1999), Market Rewards Associated with Patterns of Increasing Earnings, in: Journal of Accounting Research, Jg. 37, S. 387-413.

Barth, Mary E./Kallapur, Sanjay (1996), The Effects of Cross-Sectional Differences on Regression Results in Empirical Accounting Research, in: Contemporary Accounting Research, Jg. 13, S. 527-567.

Barton, Jan (2001), Does the Use of Financial Derivatives Affect Earnings Management Decisions?, in: The Accounting Review, Jg. 76, S. 1-26.

Bartov, Eli/Givoly, Dan/Hayn, Carla (2002), The Rewards to Meeting or Beating Earnings Expectations, in: Journal of Accounting and Economics, Jg. 33, S. 173-204.

Basu, Sudipta (1997), The Conservatism Principle and the Asymmetric Timeliness of Earnings, in: Journal of Accounting and Economics, Jg. 24, S. 3-37.

Bauer, Ernst-Rudolf (1988), Was kostet die Steuererhebung? Eine kritische Analyse des Steuersystems, Göttingen.

Bauer, Jörg (1981a), Grundlagen einer handels- und steuerrechtlichen Rechnungslegungspolitik der Unternehmung, Wiesbaden.

Bauer, Jörg (1981b), Zur Rechtfertigung von Wahlrechten in der Bilanz, in: BB, Jg. 36, S. 766-772.

Bauer, Thomas K./Fertig, Michael/Schmidt, Christoph M. (2009), Empirische Wirtschaftsforschung. Eine Einführung, Berlin und Heidelberg.

Bayer, Hermann-Wilfried (1998), Steuerlehre. Steuerverfassung – Steuergesetz – Steuergericht, Berlin und New York.

Bäzner, Bernd/Timmreck, Christian (2004), Die DCF-Methode im Überblick, in: Richter, Frank/Timmreck, Christian (Hrsg.), Unternehmensbewertung. Moderne Instrumente und Lösungsansätze, Stuttgart, S. 3-19.

Beatty, Anne L./Ke, Bin/Petroni, Kathy K. (2002), Earnings Management to Avoid Earnings Declines across Publicly and Privately Held Banks, in: The Accounting Review, Jg. 77, S. 547-570.

Beatty, Anne/Harris, David G. (1998), The Effects of Taxes, Agency Costs and Information Asymmetry on Earnings Management: A Comparison of Public and Private Firms, in: Review of Accounting Studies, Jg. 3, S. 299-326.

Beaver, William H./Ryan, Stephen G. (2006), Conditional and Unconditional Conservatism: Concepts and Modeling, in: Review of Accounting Studies, Jg. 10, S. 269-309.

Becht, Marco/Boehmer, Ekkehart (2003), Voting Control in German Corporations, in: International Review of Law and Economics, Jg. 23, S. 1-29.

Becht, Marco/Mayer, Colin (2001), Introduction, in: Barca, Fabrizio/Becht, Marco (Hrsg.), The Control of Corporate Europe, Oxford, S. 1-46.

Becker, Connie L./DeFond, Mark L./Jiambalavo, James/Subramanyam, K.R. (1998), The Effect of Audit Quality on Earnings Management, in: Contemporary Accounting Research, Jg. 15, S. 1-24.

Becker, Gary S. (1968), Crime and Punishment. An Economic Approach, in: Journal of Political Economy, Jg. 76, S. 169-217.

Beidleman, Carl R. (1973), Income Smoothing: The Role of Management, in: The Accounting Review, Jg. 48, S. 653-667.

Benesch, Thomas (2013), Schlüsselkonzepte zur Statistik, Berlin und Heidelberg.

Benston, George J./Bromwich, Michael/Litan, Robert E./Wagenhofer, Alfred (2006), Worldwide Financial Reporting. The Development and Future of Accounting Standards, Oxford u.a.

Berger, Philip G. (1993), Explicit and Implicit Tax Effects of the R&D Tax Credit, in: Journal of Accounting Research, Jg. 31, S. 131-171.

Berghaus, Michael/Bardelmeier, Arndt (2013), Genussscheine, in: Habersack, Mathias/Mülbert, Peter/Schlitt, Michael (Hrsg.), Unternehmensfinanzierung am Kapitalmarkt, 3. Auflage, Köln, S. 526-549.

Berle, Adolf A./Means, Gardiner C. (1932, 1968), The Modern Corporation and Private Property, Revised Edition 1968, New York.

Bernard, Victor L. (1984), A Comment on: "Effective Corporate Tax Rates", in: Journal of Accounting and Public Policy, Jg. 3, S. 75-78.

Bernoulli, Daniel (1738), Specimen Theoriae Novae De Mensura Sortis, in: Commentarii Academiae Scientarium Imperialis Petropolitanae, S. 175-192 (in deutscher Übersetzung von: Kruschwitz; Lutz/Kruschwitz, Peter (1996), Daniel Bernoulli: Entwurf einer neuen Theorie zur Bewertung von Lotterien, in: DBW, Jg. 56, S. 733-742).

Bertrand, Marianne/Schoar, Antoinette (2003), Managing With Style: The Effect of Managers on Firm Policies, in: Quarterly Journal of Economics, Jg. 68, S. 1169-1208.

Bieg, Hartmut (2010), Bankbilanzierung nach HGB und IFRS, 2. Auflage, München.

Biene, Peter (1985), Die Theorie der optimalen Besteuerung unter wohlfahrtsökonomischen Aspekten, München.

Billeter, Ernst P. (1972), Grundlagen der erforschenden Statistik. Statistische Testtheorie, Wien und New York.

Bitz, Michael/Schneeloch, Dieter/Wittstock, Wilfried (2011), Der Jahresabschluss. Nationale und internationale Rechtsvorschriften, Analyse und Politik, 5. Auflage, München.

Blankenburg, Götz (2004), Globalisierung und Besteuerung. Krise des Leistungsfähigkeitsprinzips?, Hamburg.

Blaufus, Kay/Eichfelder, Sebastian/Hundsdoerfer, Jochen (2011), The Hidden Burden of the Income Tax. Compliance Costs of German Individuals, School of Business & Economics Discussion Discussion Paper 2011/6, Freie Universität Berlin.

Blaufus, Kay/Lorenz, Daniela (2009), Wem droht die Zinsschranke? Eine empirische Untersuchung zur Identifikation der Einflussfaktoren, in: ZfB, Jg. 79, S. 503-526.

Blaylock, Bradley (2011), Do Managers Extract Economically Significant Rents through Tax Aggressive Transactions?, Working Paper, Oklahoma State University.

Bohley, Peter (2003), Die Öffentliche Finanzierung. Steuern, Gebühren und öffentliche Kreditaufnahme, München und Wien.

Boone, Jeff P./Khurana, Inder K./Raman, K.K. (2013), Religiosity and Tax Avoidance, in: Journal of the American Taxation Association, Jg. 35, S. 53-84.

Boquist, John A./Moore, William T. (1984), Inter-Industry Leverage Differences and the DeAngelo-Masulis Tax Shield Hypothesis, in: Financial Management, Jg. 13, S. 5-9.

Börner, Dietrich/Krawitz, Norbert (1977), Steuerbilanzpolitik. Eine entscheidungsorientierte Analyse der Wahlrechte zur steuerlichen Gewinnermittlung, Herne und Berlin.

Bortz, Jürgen/Schuster, Christof (2010), Statistik für Human- und Sozialwissenschaftler, 7. Auflage, Berlin u.a.

Brandstätter, Hermann (1994), Determinanten der Steuerhinterziehung: Ergebnisse der experimentellen Psychologie, in: Smekal, Christian/Theurl, Engelbert (Hrsg.), Stand und Entwicklung der Finanzpsychologie, Baden-Baden, S. 213-245.

Braun, Gary P./Rodriguez, Ramon P. (2008), Earnings Management and Accounting Values: A Test of Gray (1988), in: Journal of International Accounting Research, Jg. 7, S. 1-23.

Braun, Herbert (1984), Risikomanagement. Eine spezielle Controlling-Aufgabe, Darmstadt.

Brehm, Jack W. (1966), A Theory of Psychological Reactance, New York.

Breithecker, Volker/Klapdor, Ralf/Passe, Jens (2002), Modelle zur Steuerbilanzpolitik – Theorie ohne praktische Anwendung?, in: StuW, Jg. 79, S. 36-47.

Brennan, Geoffrey/Buchanan, James M. (1980), The Power to Tax. Analytical Foundations of a Fiscal Constitution, Cambridge u.a.

Breuer, Wolfgang (2001), Investition II. Entscheidungen bei Risiko, Wiesbaden.

Breusch, T.S. (1978), Testing for Autocorrelation in Dynamic Linear Models, in: Australian Economic Papers, Jg. 17, S. 334-355.

Breyer, Peter Otto (1962), Ruf und Rufpolitik. Eine Studie über das Wesen des Rufes und der betriebswirtschaftlichen Rufpolitik, Mannheim.

Brown, Jennifer L. (2011), The Spread of Aggressive Corporate Tax Reporting: A Detailed Examination of the Corporate-Owned Life Insurance Shelter, in: The Accounting Review, Jg. 86, S. 23-57.

Brüderl, Josef (2010), Kausalanalyse mit Paneldaten, in: Wolf, Christof/Best, Henning (Hrsg.), Handbuch der sozialwissenschaftlichen Datenanalyse, Wiesbaden, S. 963-994.

Brümmerhoff, Dieter (2011), Finanzwissenschaft, 10. Auflage, München.

Bühlmann, Hans/Loeffel, Hans/Nievergelt, Erwin (1975), Entscheidungs- und Spieltheorie, Berlin u.a.

Bujaki, Merridee L./Richardson, Alan J. (1997), A Citation Trail Review of the Uses of Firm Size in Accounting Research, in: Journal of Accounting Literature, Jg. 16, S. 1-27.

Bundesministerium der Finanzen (2012), Monatsbericht des BMF. Dezember 2012, Download einer pdf-Datei möglich unter http://www.bundesfinanzministerium.de/Content/DE/Monatsberichte/2012/12/Downloads/monatsbericht_2012_12_deutsch.pdf?__blob=publicationFile&v=5, abgerufen am 08.02.2013.

Burger, Anton/Ulbrich, Philipp (2004), Kapitalmarktorientierung in Deutschland. Eine Studie vor dem Hintergrund der Änderungen der Rechnungslegung, in: KoR, Jg. 4, S. 235-246.

Burgstahler, David C./Hail, Luzi/Leuz, Christian (2006), The Importance of Reporting Incentives: Earnings Management in European Private and Public Firms, in: The Accounting Review, Jg. 81, S. 983-1016.

Burgstahler, David/Dichev, Ilia (1997), Earnings Management to Avoid Earnings Decreases and Losses, in: Journal of Accounting and Economics, Jg. 24, S. 99-126.

Busse von Colbe, Walther (1957), Der Zukunftserfolg. Die Ermittlung des künftigen Unternehmenserfolges und seine Bedeutung für die Bewertung von Industrieunternehmen, Wiesbaden.

Busse von Colbe, Walther/Ordelheide, Dieter/Gebhardt, Günther/Pellens, Bernhard (2010), Konzernabschlüsse. Rechnungslegung nach betriebswirtschaftlichen Grundsätzen sowie nach Vorschriften des HGB und der IAS/IFRS, 9. Auflage, Wiesbaden.

Callihan, Debra S. (1994), Corporate Effective Tax Rates: A Synthesis of the Literature, in: Journal of Accounting Literature, Jg. 13, S. 1-43.

Cazier, Richard/Rego, Sonja/Tian, Xiaoli/Wilson, Ryan (2009), Early Evidence on the Determinants of Unrecognized Tax Benefits, Working Paper, University of Iowa.

Chaiken, Shelly/Eagly, Alice H. (1993), The Psychology of Attitudes, Fort Worth u.a.

Chatterjee, Samprit/Price, Bertram (1995), Praxis der Regressionsanalyse, 2. Auflage, München und Wien.

Chen, Feng/Hope, Ole-Kristian/Li, Qingyuan/Wang, Xin (2011), Financial Reporting Quality and Investment Efficiency of Private Firms in Emerging Markets, in: The Accounting Review, Jg. 86, S. 1255-1288.

Chen, Kong-Pin/Chu, C.Y. Cyrus (2005), Internal Control versus External Manipulation: A Model of Corporate Income Tax Evasion, in: RAND Journal of Economics, Jg. 36, S. 151-164.

Chen, Shuping/Chen, Xia/Cheng, Qiang/Shevlin, Terry (2010), Are Family Firms More Tax Aggressive Than Non-Family Firms?, in: Journal of Financial Economics, Jg. 95, S. 41-61.

Cheng, C. S. Agnes/Huang, Henry He/Li, Yinghua/Stanfield, Jason (2012), The Effect of Hedge Fund Activism on Corporate Tax Avoidance, in: The Accounting Review, Jg. 87, S. 1493-1526.

Chlodek, Astrid/Tran, Hung (2012), Der Reformvorschlag des IAS 12 gem. ED/2009/2 – Ein Plädoyer für die Einführung der valuation allowance, in: KoR, Jg. 21, S. 4-8.

Christensen, Dane/Dhaliwal, Dan/Boivie, Steven/Graffin, Scott D. (2012), Managers‘ Personal Political Orientation and Corporate Tax Avoidance, Working Paper, University of Arizona, University of Georgia.

Christenson, Charles (1983), The Methodology of Positive Accounting, in: The Accounting Review, Jg. 58, S. 1-22.

Christie, Andrew A./Zimmerman, Jerold L. (1994), Efficient and Opportunistic Choices of Accounting Procedures: Corporate Control Contests, in: The Accounting Review, Jg. 69, S. 539-566.

Chyz, James A. (2011), Personally Tax Aggressive Managers and Corporate Tax Avoidance, Working Paper, University of Tennessee.

Chyz, James A./Leung, Winnie Siu Ching/Li, Oliver Zhen/Rui, Oliver Meng (2011), Labor Unions and Tax Aggressiveness, Working Paper, University of Tennessee, University of Hong Kong, University of Arizona, The Chinese University of Hong Kong.

Citizens for Tax Justice (1985), Corporate Taxpayers and Corporate Freeloaders: Four Years of Continuing, Legalized Tax Avoidance by America's Largest Corporations, 1981-1984, Washington.

Clemm, Hermann (1998), Rechnungslegungspolitik und ihre Begrenzung durch Recht und (Wirtschafts-)Ethik, in: Freidank, Carl-Christian (Hrsg.), Rechnungslegungspolitik. Eine Bestandsaufnahme aus handels- und steuerrechtlicher Sicht, Berlin u.a., S. 1199-1242.

Clotfelter, Charles (1983), Tax Evasion and Tax Rates. An Analysis of Individual Returns, in: Review of Economics and Statistics, Jg. 65, S. 363-373.

Cloyd, Bryan C. (1995), The Effects of Financial Accounting Conformity on Recommendations of Tax Preparers, in: Journal of the American Accounting Association, Jg. 17, S. 50-70.

Cloyd, Bryan C./Pratt, Jamie/Stock, Toby (1996), The Use of Financial Accounting Choice to Support Aggressive Tax Positions: Public and Private Firms, in: Journal of Accounting Research, Jg. 34, S. 23-43.

Coase, Ronald H. (1937), The Nature of the Firm, in: Economica, Jg. 4, S. 386-405.

Coase, Ronald H. (1960), The Problem of Social Cost, in: Journal of Law and Economics, Jg. 3, S. 1-44.

Coenenberg, Adolf G./Haller, Axel/Schultze, Wolfgang (2012), Jahresabschluss und Jahresabschlussanalyse. Betriebswirtschaftliche, handelsrechtliche, steuerrechtliche und internationale Grundlagen – HGB, IAS/IFRS, US-GAAP, DRS, 22. Auflage, Stuttgart.

Coenenberg, Adolf G./Schmidt, Franz/Werhand, Manfred (1983), Bilanzpolitische Entscheidungswirkungen in manager- und eigentümerkontrollierten Unternehmen, in: BFuP, Jg. 35, S. 321-343.

Coenenberg. Adolf Gerhard/Haller, Axel (1993), Externe Rechnungslegung, in: Hauschildt, Jürgen/Grün, Oskar (Hrsg.), Ergebnisse empirischer betriebswirtschaftlicher Forschung. Zu einer Realtheorie der Unternehmung, Festschrift für Eberhard Witte, Stuttgart, S. 557-599.

Cohen, Jeffrey/Krishnamoorthy, Ganesh/Wright, Arnold M. (2002), Corporate Governance and the Audit Process, in: Contemporary Accounting Research, Jg. 19, S. 573-594.

Conley, John M./O'Barr, William M. (1997), Crime and Custom in Corporate Society: A Cultural Perspective on Corporate Misconduct, in: Law and Contemporary Problems, Jg. 60, S. 5-21.

Copeland, Thomas E./Lee, Won Heum (1991), Exchange Offers and Stock Swaps – New Evidence, in: Financial Management, Jg. 20, S. 34-48.

Copeland, Tom/Koller, Tim/Murrin, Jack (2002), Unternehmenswert. Methoden und Strategien für eine wertorientierte Unternehmensführung, 3. Auflage, Frankfurt und New York.

Corneo, Giacomo (2012), Öffentliche Finanzen: Ausgabenpolitik, 4. Auflage, Tübingen.

Correia da Silva, Luis/Goergen, Marc/Renneboog, Luc (2004), Dividend Policy and Corporate Governance, Oxford u.a.

Cournot, Antoine Augustine (1838), Recherches sur les Principes Mathématiques de la Théorie de la Richesses, Paris.

Cowell, Frank A. (1985), The Economic Analysis of Tax Evasion, in: Bulletin of Economic Research, Jg. 37, S. 163-193.

Cowell, Frank A. (1986), Taxation and Labour Supply with Risky Activities, in: Economica, Jg. 48, S. 365-379.

Cowell, Frank A. (1990a), Cheating the Government. The Economics of Evasion, Cambridge und London.

Cowell, Frank A. (1990b), Tax Sheltering and the Cost of Evasion, in: Oxford Economic Papers, Jg. 42, S. 231-243.

Cowell, Frank (2004), Carrots and Sticks in Enforcement, in: Aaron, Henry J./ Slemrod, Joel (Hrsg.), The Crisis in Tax Administration, Washington, S. 230-275.

Cowles, Michael/Davis, Caroline (1982), On the Origins of the 0.05 Level of Significance, in: American Psychologist, Jg. 37, S. 553-558.

Crane, Steven E./Nourzad, Farrokh (1986), Inflation and Tax Evasion: An Empirical Analysis, in: Review of Economics and Statistics, Jg. 68, S. 217-223.

Cremer, Helmuth/Marchand, Maurice/Pestieu, Pierre (1990), Evading, Auditing and Taxing. The Equity-Compliance Tradeoff, in: Journal of Public Economics, Jg. 43, S. 67-92.

Crocker, Keith J./Slemrod, Joel (2005), Corporate Tax Evasion with Agency Costs, in: Journal of Public Economics, Jg. 89, S. 1593-1610.

Cross, Rodney/Shaw, G.K. (1981), The Evasion-Avoidance Choice: A Suggested Approach, in: National Tax Journal, Jg. 34, S. 489-491.

Cross, Rodney/Shaw, G.K. (1982), On the Economics of Tax Aversion, in: Public Finance, Jg. 37, S. 36-47.

Cushing Barry E./LeClere, Marc J. (1992), Evidence on the Determinants of Inventory Accounting Policy Choice, in: The Accounting Review, Jg. 67, S. 355-366.

Dahlke, Jürgen/von Eitzen, Bernd (2003), Steuerliche Überleitungsrechnung im Rahmen der Bilanzierung latenter Steuern nach IAS 12, in: DB, Jg. 56, S. 2237-2243.

Damman, Jens (2005), Das Verhältnis von handelsrechtlicher und steuerrechtlicher Rechnungslegung in den USA, in: Schön, Wolfgang (Hrsg.), Steuerliche Maßgeblichkeit in Deutschland und Europa, Köln, S. 571-695.

Danzer, Jürgen (1981), Die Steuerumgehung, Köln.

Daske, Holger/Hail, Luzi/Leuz, Christian/Verdi, Rodrigo (2008), Mandatory IFRS Reporting around the World: Early Evidence on the Economic Consequences, in: Journal of Accounting Research, Jg. 46, S. 1085-1142.

Davidson, Carl/Martin, Lawrence/Wilson, John Douglas (2007), Efficient Black Markets?, in: Journal of Public Economics, Jg. 91, S. 1575-1590.

Davies, Paul L. (2008), Gower and Davies' Principles of Modern Company Law, 8. Auflage, London.

DeAngelo, Harry/Masulis, Ronald W. (1980), Optimal Capital Structure Under Corporate and Personal Taxation, in: Journal of Financial Economics, Jg. 8, S. 3-29.

DeAngelo, Linda Elizabeth (1981), Auditor Size and Audit Quality, in: Journal of Accounting and Economics, Jg. 3, S. 183-199.

Dechov, Ilia D./Skinner, Douglas J. (2002), Large Sample Evidence on the Debt Covenant Hypothesis, in: Journal of Accounting Research, Jg. 40, S. 1091-1123.

Dechov, Patricia M./Shakespeare, Catherine (2009), Do Managers Time Securitization Transactions to Obtain Accounting Benefits?, in: The Accounting Review, Jg. 84, S. 99-132.

Dechow, Patricia/Ge, Weili/Schrand, Catherine (2010), Understanding Earnings Quality: A Review of the Proxies, Their Determinants and Their Consequences, in: Journal of Accounting and Economics, Jg. 50, S. 344-401.

Dechow, Patricia/Sloan, Richard/Sweeney Amy P. (1995), Detecting Earnings Management, in: The Accounting Review, Jg. 70, S. 193-225.

Deegan, Craig (2002), Introduction. The Legitimising Effect of Social and Environmental Disclosures – A Theoretical Foundation, in: Accounting, Auditing & Accountability Journal, Jg. 15, S. 282-311.

DeFond, Mark L./Jiambalvo, James (1994), Debt Covenant Violation and Manipulation of Accruals, in: Journal of Accounting and Economics, Jg. 17, S. 145-176.

DeFond, Mark L./Park, Chul W. (1997), Smoothing Income in Anticipation of Future Earnings, in: Journal of Accounting and Economics, Jg. 23, S. 115-139.

Degeorge, François/Patel, Jayendu/Zeckhauser, Richard (1999), Earnings Management to Exceed Thresholds, in: Journal of Business, Jg. 72, S. 1-33.

Desai, Hemang/Hogan, Chris E./Wilkins, Michael S. (2006), The Reputational Penalty for Aggressive Accounting: Earnings Restatements and Management Turnover, in: The Accounting Review, Jg. 81, S. 83-112.

Desai, Mihir A. (2005), The Degradation of Reported Corporate Profits, in: Journal of Economic Perspectives, Jg. 19, S. 171-192.

Desai, Mihir A./Dharmapala, Dhammika (2006), Corporate Tax Avoidance and High-Powered Incentives, in: Journal of Financial Economics, Jg. 79, S. 145-179.

Desai, Mihir A./Dharmapala, Dhammika (2008), Earnings Management, Corporate Tax Shelters, and Book-Tax Alignment, in: National Tax Journal, Jg. 62, S. 169-186.

Desai, Mihir A./Dharmapala, Dhammika (2009), Corporate Tax Avoidance and Firm Value, in: Review of Economics and Statistics, Jg. 91, S. 537-546.

Desai, Mihir A./Dyck, Alexander/Zingales, Luigi (2007), Theft and Taxes, in: Journal of Financial Economics, Jg. 84, S. 591-623.

Desai, Mihir A./Hines, James R. Jr. (2002), Expectations and Expatriations: Tracing the Causes and Consequences of Corporate Inversions, NBER Working Paper No. 9057.

Detert, Karsten (2008), Bilanzpolitisches Verhalten bei der Umstellung der Rechnungslegung von HGB auf IFRS. Eine empirische Untersuchung deutscher Unternehmen, Frankfurt am Main.

Detert, Karsten/Sellhorn, Thorsten (2007), Bilanzpolitik, in: DBW, Jg. 67, S. 247-252.

Dhaliwal, Dan S./Huang, Shawn X./Moser, William J./Pereira, Raynolde (2011), Corporate Tax Avoidance and the Level and Valuation of Firm Cash Holdings, Working Paper, University of Arizona, University of Arkansas, University of Missouri at Columbia.

Dhaliwal, Dan S./Salamon, Gerald L./Smith, E. Dan (1982), The Effect of Owner versus Management Control on the Choice of Accounting Methods, in: Journal of Accounting and Economics, Jg. 4, S. 41-53.

Dhaliwal, Dan/Erickson, Merle/Heitzman, Shane (2009), Taxes and the Backdating of Stock Option Exercise Dates, in: Journal of Accounting and Economics, Jg. 47, S. 27-49.

Dhaliwal, Dan/Sneed, Joel/Trezevant, Robert (2000), Factors Associated with the Choice to Use Before-Tax or After-Tax Earnings as the Contracting Variable in Annual Bonus Plans, Working Paper, University of Arizona, University of Oregon, University of Southern California.

Dicken, André Jacques (2003), Bankenprüfung. Rechtlicher Grundriss für Kreditinstitute, Berlin.

Diebold, Urs (1984), Der illegale Steuerwiderstand. Die verschiedenen Erklärungsansätze unter besonderer Berücksichtigung der Steuerdisziplin, Bern-Ostermundigen.

Dilley, Steven C./Young, James C./Theisen Janine (1987), Tax Reform Act of 1986, St. Paul.

Djanani, Christiana/Brähler, Gernot/Lösel, Christian/Krenzin, Andreas (2012), Ertragsteuern, 5. Auflage, Konstanz und München.

Domschke, Wolfgang/Scholl, Armin (2008), Grundlagen der Betriebswirtschaftslehre. Eine Einführung aus entscheidungsorientierter Sicht, 4. Auflage, Berlin und Heidelberg.

Donohoe, Michael P./Knechel, Robert W. (2012), Does Corporate Tax Aggressiveness Influence Audit Pricing?, Working Paper, University of Illinois at Urbana-Champaign, University of Florida.

Dornfeld, Robert (1966), Die Steuerfähigkeit der Unternehmung. Versuch einer Einordnung der Unternehmung in das System des Steuerrechts, Köln.

Dreßler, Daniel (2012), Form Follows Function? Evidence on Tax Savings by Multinational Holding Structures, ZEW Discussion Paper No. 12-057.

Drukarczyk, Jochen/Schüler, Andreas (2009), Unternehmensbewertung, 6. Auflage, München.

Dubin, Jeffrey A./Wilde, Louis L. (1988), An Empirical Analysis of Federal Income Tax Auditing and Compliance, in: National Tax Journal, Jg. 41, S. 61-74.

Dücker, Hannes (2009), Institutionelle Änderungen und die Ergebnisqualität von Finanzberichten deutscher Unternehmen. Die Auswirkungen des KonTraG, Frankfurt am Main.

Dünfort, Alexander M. (2011), Tax Fraud, in: Hlavica, Christian/Klapproth, Uwe/Hülsberg, Frank M. (Hrsg.), Tax Fraud und Forensic Accounting. Umgang mit Wirtschaftskriminalität, Wiesbaden, S. 108-151.

Dyreng, Scott D./Hanlon, Michele/Maydew, Edward L. (2010), The Effects of Executives on Corporate Tax Avoidance, in: The Accounting Review, Jg. 85, S. 1163-1189.

Dyreng, Scott D./Hanlon, Michelle/Maydew, Edward L. (2008), Long-Run Corporate Tax Avoidance, in: The Accounting Review, Jg. 83, S. 61-82.

Dyreng, Scott D./Lindsey, Bradley P. (2009), Using Financial Accounting Data to Examine the Effect of Foreign Operations Located in Tax Havens and Other Countries on U.S. Multinational Firms' Tax Rates, in: Journal of Accounting Research, Jg. 47, S. 1283-1316.

Eckey, Hans-Friedrich/Kosfeld, Reinhold/Dreger, Christian (2011), Ökonometrie. Grundlagen, Methoden, Beispiele, 4. Auflage, Wiesbaden.

Eckstein, Peter P. (2012), Statistik für Wirtschaftswissenschaftler. Eine realdatenbasierte Einführung mit SPSS, 3. Auflage, Wiesbaden.

Eckstein, Peter P. (2013), Repetitorium Statistik. Deskriptive Statistik – Stochastik – Induktive Statistik, 7. Auflage, Wiesbaden.

Eichfelder, Sebastian (2011), Steuerkomplexität als Markteintrittsbarriere?: Entscheidungswirkungen steuerlicher Planungs- und Vollzugskosten, in: zfbf, Jg. 63, S. 810-831.

Eidam, Gerd (1997), Straftäter Unternehmen, München.

Eigenstetter, Hans (1998), Flexibilitätsanalyse des steuerbilanzpolitischen Instrumentariums, in: Freidank, Carl-Christian (Hrsg.), Rechnungslegungspolitik. Eine Bestandsaufnahme aus handels- und steuerrechtlicher Sicht, Berlin u.a., S. 449-501.

Eisenhardt, Kathleen (1989), Agency Theory: An Assessment and Review, in: Academy of Management Review, Jg. 14, S. 57-74.

Eisenhardt, Ulrich/Wackerbarth, Ulrich (2011), Gesellschaftsrecht I. Recht der Personengesellschaften, 15. Auflage, Heidelberg u.a.

Elffers, Henk (2000), But taxpayers do cooperate!, in: Van Vugt, Mark/Snyder, Mark/Tyler Tom R./Biel, Anders (Hrsg.), Cooperation in Modern Society. Promoting the Welfare of Communities, States and Organizations, London und New York, S. 184-194.

Elgers, Pieter T./Pfeiffer, Ray J. Jr./Porter, Susan L. (2003), Anticipatory Income Smoothing: A Re-Examination, in: Journal of Accounting and Economics, Jg. 35, S. 405-422.

Elschen, Rainer (1995), Managementanreize und steuerpolitische Optimierung, in: DBW, Jg. 55, S. 303-322.

Endres, Dieter (2003), Konzernbesteuerung in wichtigen Industrieländern, in: Herzig, Nobert (Hrsg.), Organschaft, Stuttgart, S. 461-482.

Endres, Dieter/Eckstein, Hans-Martin (2001), Steuerrecht International. Ein Wegweiser für den Unternehmer beim Schritt über die Grenze, 2. Auflage, Schwäbisch Hall.

Endres, Dieter/Oestreicher, Andreas/Scheffler, Wolfram/Spengel, Christoph (2007), The Determination of Corporate Taxable Income in the EU Member States, Alphen aan den Rijn.

Engel, Eduardo M./Hines, James R. Jr. (1999), Understanding Tax Evasion Dynamics, NBER Working Paper No. 6903.

Engelkamp, Paul (1980), Entscheidungsverhalten unter Risikobedingungen: Die Erwartungsnutzentheorie, Freiburg im Breisgau.

Englisch, Joachim (2013), Rechtsanwendung im Steuerrecht, in: Tipke, Klaus/ Lang, Joachim (Hrsg.), Steuerrecht, 21. Auflage, Köln, S. 171-209.

Erickson, Merle/Hanlon, Michelle/Maydew, Edward L. (2004), How Much Will Firms Pay for Earnings That Do Not Exist? Evidence of Taxes Paid on Allegedly Fraudulent Earnings, in: The Accounting Review, Jg. 79, S. 387-408.

Erlei, Mathias (1998), Institutionen, Märkte und Marktphasen. Allgemeine Transaktionskostentheorie unter spezieller Berücksichtigung der Entwicklungsphasen von Märkten, Tübingen.

Erlei, Mathias/Leschke, Martin/Sauerland, Dirk (2007), Neue Institutionenökonomik, 2. Auflage, Stuttgart.

Eucken, Walter (1959), Die Grundlagen der Nationalökonomie, 7. Auflage, Berlin, 1959.

Evers, Heinz (2001), Stand und Entwicklung variabler Vergütungssysteme für Führungskräfte in Deutschland, in: von Eckardstein, Dudo (Hrsg.), Handbuch Variable Vergütung für Führungskräfte, München, S. 27-45.

Fabel, Oliver/Hilgers, Bodo/Lehman, Erik (2001), Strategie und Organisationsstruktur, in: Jost, Peter-J. (Hrsg.), Die Prinzipal-Agenten-Theorie in der Betriebswirtschaftslehre, Stuttgart, S. 183-216.

Fama, Eugene F. (1970), Efficient Capital Markets: A Review of Theory and Empirical Work, in: Journal of Finance, Jg. 25, S. 383-417.

Fama, Eugene F. (1980), Agency Problems and the Theory of the Firm, in: Journal of Political Economy, Jg. 88, S. 288-307.

Fama, Eugene F./French, Kenneth R. (1997), Industry Costs of Equity, in: Journal of Financial Economics, Jg. 43, S. 153-193.

Fama, Eugene F./Jensen, Michael C. (1983a), Separation of Ownership and Control, in: Journal of Law & Economics, Jg. 26, S. 301-325.

Fama, Eugene F./Jensen, Michael C. (1983b), Agency Problems and Residual Claims, in: Journal of Law and Economics, Jg. 26, S. 327-349.

Fama, Eugene F./Miller, Merton H. (1972), The Theory of Finance, Hinsdale.

Faust, Michael/Bahnmüller, Reinhard/Fisecker, Christiane (2011), Das kapitalmarktorientierte Unternehmen. Externe Erwartungen, Unternehmenspolitik, Personalwesen und Mitbestimmung, Berlin.

Fehrenbacher, Oliver (2000), Steuern und Finanzplanung im Konzern, Baden-Baden.

Feld, Lars P./Frey, Bruno S. (2002), Trust Breeds Trust: How Taxpayers Are Treated, in: Economics of Governance, Jg. 3, S. 87-99.

Feldman, Allan M./Serrano, Roberto (2006), Welfare Economics and Social Choice Theory, 2. Auflage, New York.

Fields, Thomas D./Lys, Thomas Z./Vincent, Linda (2001), Empirical Research on Accounting Choice, in: Journal of Accounting and Economics, Jg. 31, S. 255-307.

Financial Reporting Group of Ernst & Young (2005), IFRS/US GAAP Comparison. A Comparison between International Financial Reporting Standards and US GAAP by the Financial Reporting Group of Ernst & Young, 3. Auflage, London.

Finnerty, Chris/Merks, Paulus/Petriccione, Mario/Russo, Raffaele (2007), Fundamentals of International Tax Planning, Amsterdam.

Fischer, Andrea/Haller, Axel (1993), Bilanzpolitik zum Zwecke der Gewinnglättung. Empirische Erkenntnisse, in: ZfB, Jg. 63, S. 35-59.

Flood, Joanne M. (2013), Wiley GAAP 2013. Interpretation and Application of Generally Accepted Accounting Principles, Hoboken.

Flume, Werner (1983), Allgemeiner Teil des Bürgerlichen Rechts, Band 1/2, Die juristische Person, Berlin u.a.

Frank, Mary Margaret/Lynch, Luann J./Rego, Sonja Olhoft (2009), Tax Reporting Aggressiveness and Its Relation to Aggressive Financial Reporting, in: The Accounting Review, Jg. 84, S. 467-496.

Franke, Günter/Hax, Herbert (2009), Finanzwirtschaft des Unternehmens und Kapitalmarkt, 6. Auflage, Heidelberg u.a.

Franzen, Wolfgang (2008a), Was wissen wir über Steuerhinterziehung? (Teil 1), in: Neue Kriminalpolitik, Jg. 20, S. 72-79.

Franzen, Wolfgang (2008b), Was wissen wir über Steuerhinterziehung? (Teil 2), in: Neue Kriminalpolitik, Jg. 20, S. 94-101.

Freedman, Judith (2003), Tax and Corporate Governance, in: Tax Journal, o. Jg., Heft 695/2, S. 1-4.

Freidank, Carl-Christian (1990), Entscheidungsmodelle der Rechnungslegungspolitik, Stuttgart.

Freidank, Carl-Christian/Velte, Patrick (2010), Quo vadis Maßgeblichkeit? Eine Analyse aus rechtshistorischer, steuersystematischer und betriebswirtschaftlicher Sicht, in: StuW, Jg. 86, S. 185-194.

Frey, Bruno S. (1997), Markt und Motivation – Wie ökonomische Anreize die (Arbeits-)Moral verdrängen. München.

Frey, Johannes/Sälzer, Marc (2012), Die deutsche Konzernbesteuerung im Umbruch, in: BB, Jg. 67, S. 294-298.

Friedland, Nehemiah/Maital, Shlomo/Rutenberg, Aryeh (1978), A Simulation Study of Income Tax Evasion, in: Journal of Political Economics, Jg. 10, S. 107-116.

Frischmann, Peter J./Shevlin Terry/Wilson, Ryan (2008), Economic Consequences of Increasing the Conformity in Accounting for Uncertain Tax Benefits, in: Journal of Accounting and Economics, Jg. 46, S. 261-278.

Frotscher, Gerrit (1998), Grenzen der Rechnungslegungspolitik und steuerliche Betriebsprüfung, in: Freidank, Carl-Christian (Hrsg.), Rechnungslegungspolitik. Eine Bestandsaufnahme aus handels- und steuerrechtlicher Sicht, Berlin u.a., S. 609-651.

Fuisting, Bernhard (1902), Grundzüge der Steuerlehre, Berlin.

Fülbier, Rolf Uwe (1998), Regulierung der Ad-hoc-Publizität. Ein Beitrag zur ökonomischen Analyse des Rechts, Wiesbaden.

Fülbier, Rolf Uwe (1999), Regulierung. Ökonomische Betrachtung eines allgegenwärtigen Phänomens, in: WiSt, Jg. 28, S. 468-473.

Fülbier, Rolf Uwe (2006), Konzernbesteuerung nach IFRS. IFRS-Konsolidierungsregeln als Ausgangspunkt einer konsolidierten steuerlichen Gewinnermittlung in der EU?, Frankfurt am Main.

Fülbier, Rolf Uwe (2011), Ad-hoc-Publizität, in: Busse von Colbe, Walther/Crasselt, Nils/Pellens, Bernhard (Hrsg.), Lexikon des Rechnungswesens. Handbuch der Bilanzierung und Prüfung, der Erlös-, Finanz-, Investitions- und Kostenrechnung, 5. Auflage, München, S. 15-21.

Fülbier, Rolf Uwe/Gassen, Joachim (2007), Das Bilanzrechtsmodernisierungsgesetz (BilMoG): Handelsrechtliche GoB vor der Neuinterpretation, in: DB, Jg. 60, S. 2605-2612.

Fülbier, Rolf Uwe/Gassen, Joachim (2008), Bilanzrechtsregulierung: Auf der Suche nach der eierlegenden Wollmilchsau, in: Wagner, Franz. W./Schildbach, Thomas/Schneider, Dieter (Hrsg.), Private und öffentliche Rechnungslegung. Festschrift für Hannes Streim zum 65. Geburtstag, Wiesbaden, S. 135-155.

Fülbier, Rolf Uwe/Gassen, Joachim/Eckhard, Ott (2010), IFRS for SMEs für den europäischen Mittelstand?, in: DB, Jg. 63, S. 1357-1360.

Fülbier, Rolf Uwe/Gassen, Joachim/Sellhorn, Thorsten (2008), Vorsichtige Rechnungslegung – Theoretische Erklärung und empirische Evidenz, in: ZfB, Jg. 78, S. 1317-1342.

Fülbier, Rolf Uwe/Pferdehirt, Henrik (2006), US-Consolidated Tax Return als Vorbild für eine Gruppenbesteuerung in der EU?, in: DB, Jg. 59, S. 175-181.

Fülbier, Rolf Uwe/Weiß, Theresa (2011), Jahresabschluss (Regelung), in: Busse von Colbe, Walther/Crasselt, Nils/Pellens, Bernhard (Hrsg.), Lexikon des Rechnungswesens. Handbuch der Bilanzierung und Prüfung, der Erlös-, Finanz-, Investitions- und Kostenrechnung, 5. Auflage, München, S. 410-415.

Fülbier, Rolf Uwe/Weiß, Theresa (2012), Steuerabgrenzung nach IAS 12 im Bankenabschluss. Eine beispielorientierte Darstellung, in: PiR, Jg. 8, S. 201-209.

Fülbier, Rolf Uwe/Weller, Manuel (2009), Normative Rechnungslegungsforschung im Abseits? Einige wissenschaftstheoretische Anmerkungen, in: Journal for General Philosophy of Science, Jg. 39, S. 351-382.

Fullerton, Don (1984), Which Effective Tax Rate?, in: National Tax Journal, Jg. 37, S. 23-41.

Fullerton, Don (1986), The Use of Effective Tax Rates in Tax Policy, in: National Tax Journal, Jg. 39, S. 285-292.

Furubotn, Eirik G./Pejovich, Svetozar (1972), Property Rights and Economic Theory: A Survey of Recent Literature, in: Journal of Economic Literature, Jg. 10, S. 1137-1162.

Furubotn, Eirik G./Pejovich, Svetozar (1974), The Economics of Property Rights, Cambridge.

Gaertner, Fabio B. (2011), CEO After-Tax Compensation Incentives and Corporate Tax Avoidance, Working Paper, Nanyang Technological University.

Gallemore, John/Maydew, Edward L./Thornock, Jacob R. (2012), The Reputational Costs of Tax Avoidance and the Under-Sheltering Puzzle, Working Paper, University of North Carolina, University of Washington.

Gassen, Joachim (2007), Empirische Rechnungslegungsforschung, in: Köhler, Richard/Küpper, Hans-Ulrich/Pfingsten, Andreas (Hrsg.), Handwörterbuch der Betriebswirtschaft, 6. Auflage, Stuttgart, S. 358-366.

Gassen, Joachim/Fülbier, Rolf Uwe/Sellhorn, Thorsten (2006), International Differences in Conditional Conservatism – The Role of Unconditional Conservatism and Income Smoothing, in: European Accounting Review, Jg. 15, S. 527-564.

Gassen, Joachim/Sellhorn, Thorsten (2011), Jahresabschlussforschung, empirische, in: Busse von Colbe, Walther/Crasselt, Nils/Pellens, Bernhard (Hrsg.), Lexikon des Rechnungswesens. Handbuch der Bilanzierung und Prüfung, der Erlös-, Finanz-, Investitions- und Kostenrechnung, 5. Auflage, München, S. 415-421.

Gassner, Wolfgang (1983), Steuervermeidung, Steuerumgehung, Steuerhinterziehung, Gelber Brief des Instituts für Finanzwissenschaft und Steuerrecht, Nr. 131, Wien.

Gassner, Wolfgang (2001), Steuergestaltung als Vorstandspflicht, in: Bernat, Erwin/Böhler, Elisabeth/Weilinger, Arthur (Hrsg.), Zum Recht der Wirtschaft, Festschrift für Heinz Krejci zum 60. Geburtstag, S. 605-624.

Gee, Maria/Haller, Axel/Nobes, Christopher (2010), The Influence of Tax on IFRS Consolidated Statements: The Convergence of Germany and UK, in: Accounting in Europe, Jg. 7, S. 97-122.

Genschel, Philipp/Rixen, Thomas/Uhl, Susanne (2008), Die Ursachen des europäischen Steuerwettbewerbs, in: Tömmel, Ingeborg (Hrsg.), Die Europäische Union. Governance und Policy-Making, Wiesbaden, S. 297-320.

Gerloff, Wilhelm (1922), Steuerwirtschaft und Sozialismus, Sonderabdruck aus Archiv für die Geschichte des Sozialismus und der Arbeiterbewegung, Leipzig.

Gerloff, Wilhelm (1956), Steuerwirtschaftslehre, in: Gerloff, Wilhelm/Neumark, Fritz (Hrsg.), Handbuch der Finanzwissenschaft, Band 2, 2. Auflage, Tübingen, S. 239-325.

Geuenich, Marcus/Kiesel, Hanno (2012), Tax Compliance bei Unternehmen – einschlägige Risiken und Folgerungen für die Praxis, in: BB, Jg. 67, S. 155-162.

Giesselmann, Marco/Windzio, Michael (2012), Regressionsanalyse zur Analyse von Paneldaten, Wiesbaden.

Gillenkirch, Robert M. (2008), Entwicklungslinien in der Managementvergütung, in: BFuP, Jg. 60, S. 1-17.

Givoly, Dan/Hayn, Carla K./Katz, Sharon P. (2010), Does Public Ownership of Equity Improve Earnings Quality?, in: The Accounting Review, Jg. 85, S. 195-225.

Gjesdahl, Frøystein (1981), Accounting for Stewardship, in: Journal of Accounting Research, Jg. 19, S. 208-231.

Glormann, Frank (2001), Bilanzrating von US-GAAP Abschlüssen, Düsseldorf.

Göbel, Elisabeth (2002), Neue Institutionenökonomik. Konzeption und betriebswirtschaftliche Anwendungen, Stuttgart.

Godfrey, L.G. (1978), Testing Against General Autoregressive and Moving Average Error Models When the Regressors Include Lagged Dependent Variabless, in: Econometrica, Jg. 46, S. 1293-1301.

Goergen, Marc/Manjon, Miguel C./Renneboog, Luc (2008), Is the German System of Corporate Governance Converging Towards the Anglo-American Model?, in: Journal of Management and Governance, Jg. 12, S. 37-71.

Goergen, Marc/Renneboog, Luc (2003), Why Are the Levels of Control (So) Different in German and U.K. Companies? Evidence from Initial Public Offerings, in: Journal of Law, Economics & Organization, Jg. 19, S. 141-175.

Goerke, Lazlo (2007), Corporate and Personal Income Tax Declarations, in: International Tax and Public Finance, Jg. 14, S. 281-292.

Goller, Anke (2011), Die Organschaft im internationalen Konzern, in: Grotherr, Siegfried (Hrsg.), Handbuch der internationalen Steuerplanung, 3. Auflage, Herne, S. 1173-1186.

Gompers, Paul/Ishii, Joy/Metrick Andrew (2003), Corporate Governance and Equity Prices, in: Quarterly Journal of Economics, Jg. 118, S. 107-155.

Goncharov, Igor (2005), Earnings Management and Its Determinants: Closing Gaps in Empirical Accounting Research, Frankfurt am Main.

Goncharov, Igor (2010), Does Reporting Timeliness Affect Book-Tax Differences? Working Paper, WHU Otto Beisheim School of Management.

Goncharov, Igor/Werner Joerg R. (2009), Reassessing the Role of Book-Tax Conformity, Working Paper, Amsterdam Business School, University of Bremen.

Goncharov, Igor/Zimmermann, Jochen (2006), Earnings Management when Incentives Compete: The Role of Tax Accounting in Russia, in: Journal of International Accounting Research, Jg. 5, S. 41-65.

Gordon, Myron J. (1964), Postulates, Principles and Research in Accounting, in: The Accounting Review, Jg. 39, S. 251-263.

Gottlieb, Daniel (1985), Tax Evasion and The Prisoner's Dilemma, in: Mathematical Social Sciences, Jg. 10, S. 81-89.

Göttsche, Max/Brähler, Gernot (2009), Die Bedeutung der Konzernsteuerquote für den Kapitalmarkt – Eine empirische Analyse der DAX-30-Unternehmen, in: WPg, Jg. 62, S. 918-925.

Graham, John R. (1996a), Debt and the Marginal Tax Rate, in: Journal of the Financial Economics, Jg. 41, S. 41-73.

Graham, John R. (1996b), Proxies for the Corporate Marginal Tax Rate, in: Journal of Financial Economics, Jg. 42, S. 187-221.

Graham, John R. (2003), Taxes and Corporate Finance: A Review, in: Review of Financial Studies, Jg. 16, S. 1075-1129.

Graham, John R./Hanlon, Michelle/Shevlin, Terry/Shroff, Nemit (2012), Incentives for Tax Planning and Avoidance. Evidence from the Field, Working Paper, Duke University, Massachusetts Institute of Technology, University of California.

Graham, John R./Harvey, Campbell, R./Rajgopal, Shiva (2005), The Economic Implications of Corporate Financial Reporting, in: Journal of Accounting and Economics, Jg. 40, S. 3-73.

Graham, John R./Mills, Lillian F. (2008), Using Tax Return Data to Simulate Corporate Marginal Tax Rates, in: Journal of Accounting and Economics, Jg. 46, S. 366-388.

Graham, John R./Tucker, Alan L. (2006), Tax Shelters and Corporate Debt Policy, in: Journal of Financial Economics, Jg. 81, S. 563-594.

Gramlich, Jeffrey D. (1991), The Effect of the Alternative Minimum Tax Book Income Adjustment of Accrual Decisions, in: Journal of the American Taxation Association, Jg. 13, S. 36-56.

Grant, Julia/Markarian, Garen/Parbonetti, Antonio (2009), CEO Risk-Related Incentives and Income Smoothing, in: Contemporary Accounting Research, Jg. 26, S. 1029-1065.

Gray, Rob/Kouhy, Reza/Lavers, Simon (1995), Corporate Social and Environmental Reporting. A Review of the Literature and a Longitudinal Study of UK Disclosure, in: Accounting, Auditing & Accountability Journal, Jg. 8, S. 47-77.

Gray, S.J. (1988), Towards a Theory of Cultural Influence on the Development of Accounting Systems Internationally, in: Abacus, Jg. 24, S. 1-15.

Greenberg, Joseph (1984), Avoiding Tax Avoidance: A (Repeated) Game-Theoretic Approach, in: Journal of Economic Theory, Jg. 32, S. 1-13.

Greene, William H. (2012), Econometric Analysis, 7. Auflage, Boston u.a.

Grobshäuser, Uwe/Maier, Walter/Kies, Dieter (2011), Besteuerung der Gesellschaften, 3. Auflage, Stuttgart.

Grotherr, Siegfried (1998), Steuerpolitik nationaler und internationaler Konzerne, in: Freidank, Carl-Christian (Hrsg.), Rechnungslegungspolitik. Eine Bestandsaufnahme aus handels- und steuerrechtlicher Sicht, Berlin u.a., S. 959-1017.

Grottke, Markus/Löffelmann, Johann V./Späth, Thomas/Haendel, Felix (2012), Offenlegung im elektronischen Bundesanzeiger – konzeptionelle Überlegungen und empirische Wirkungen, in: DStR, Jg. 50, S. 94-100.

Grubert, Harry/Slemrod, Joel (1998), The Effect of Taxes on Investment and Income Shifting to Puerto Rico, in: Review of Economics and Statistics, Jg. 80, S. 365-373.

Grunewald, Barbara (2011), Gesellschaftsrecht, 8. Auflage, Tübingen.

Grupp, Kerstin (2005), Übernahmerecht, in: Deilmann, Barbara/Lorenz, Manuel (Hrsg.), Die börsennotierte Aktiengesellschaft, München S. 321-348.

Guenther, David A. (1994), Earnings Management in Response to Corporate Tax Rate Changes: Evidence from the 1986 Tax Reform Act, in: The Accounting Review, Jg. 69, S. 230-243.

Guenther, David A./Maydew, Edward L./Nutter, Sarah E. (1997), Financial Reporting, Tax Costs, and Book-Tax Conformity, in: Journal of Accounting and Economics, Jg. 23, S. 225-248.

Guidry, Flora/Leone, Andrew J./Rock, Steve (1999), Earnings-Based Bonus Plans and Earnings Management by Business Unit Managers, in: Journal of Accounting and Economics, Jg. 26, S. 113-142.

Gujarati, Damodar N./Porter, Dawn C. (2009), Basic Econometrics, 5. Auflage, Boston u.a.

Gupta, Sanjay/Newberry, Kaye (1997), The Determinants of the Variability in Corporate Effective Tax Rates: Evidence from Longitudinal Data, in: Journal of Accounting and Public Policy, Jg. 16, S. 1-34.

Gürtler, Marc/Hibbeln, Martin/Vöhringer, Clemens (2009), Finanzierungsentscheidungen nach der Unternehmensteuerreform 2008, in: WiSt, Jg. 38, S. 232-238.

Haase, Klaus D./Diller, Markus (2006), Betriebliche Steuerplanung, Norderstedt.

Habib, Ahsan (2005), Firm-Specific Determinants of Income Smoothing in Bangladesh: An Empirical Evaluation, in: Advances in International Accounting, Jg. 18, S. 53-71.

Haegert, Lutz (1978), Die Rolle der Steuern in den Modellen der Unternehmensforschung, in: Müller-Merbach, Heiner (Hrsg,), Quantitative Ansätze in der Betriebswirtschaftslehre, Bericht von der wissenschaftlichen Tagung des Verbandes der Hochschullehrer für Betriebswirtschaft e.V. vom 1. bis 3. Juni 1977 in Darmstadt, München.

Haley, Charles W./Schall, Lawrence D. (1979), The Theory of Financial Decisions, New York u.a.

Haller, Axel (1992), Der Grundsatz der Maßgeblichkeit der Handels- für die Steuerbilanz. Ein wesentlicher Grund für die mangelnde Harmonisierung der Jahresabschlusserstellung in Europa, in: RIW, Jg. 38, S. 43-48.

Haller, Axel (1994), Positive Accounting Theory. Die Erforschung bilanzpolitischen Verhaltens, in: DBW, Jg. 54, S. 597-612.

Haller, Axel (2000), Wesentliche Ziele und Merkmale US-amerikanischer Rechnungslegung, in: Ballwieser, Wolfgang (Hrsg.), US-amerikanische Rechnungslegung, 4. Auflage, Stuttgart, S. 1-27.

Haller, Heinz (1981), Die Steuern. Grundlinien eines rationalen Systems öffentlicher Ausgaben, 3. Auflage, Tübingen.

Hanlon, Michele (2003), What Can We Infer about a Firm's Taxable Income from its Financial Statements?, in: National Tax Journal, Jg. 56, S. 831-863.

Hanlon, Michelle (2005), The Persistence and Pricing of Earnings, Accruals, and Cash Flows When Firms Have Large Book-Tax Differences, in: The Accounting Review, Jg. 80, S. 137-166.

Hanlon, Michelle/Heitzman, Shane (2010), A Review of Tax Research, in: Journal of Accounting and Economics, Jg. 50, S. 127-178.

Hanlon, Michelle/Maydew, Edward L. (2009), Book-Tax-Conformity: Implications for Multinational Firms, in: National Tax Journal, Jg. 62, S. 127-153.

Hanlon, Michelle/Maydew, Edward L./Shevlin, Terry (2008), An Unintended Consequence of Book-Tax Conformity: A Loss of Earnings Informativeness, in: Journal of Accounting and Economics, Jg. 46, S. 294-311.

Hanlon, Michelle/Mills, Lillian/Slemrod, Joel (2007), An Empirical Examination of Corporate Tax Noncompliance, in: Auerbach, Alan J./Hines, James Jr./Slemrod, Joel (Hrsg.), Taxing Corporate Income in the 21st Century, Cambridge, S. 171-210.

Hanlon, Michelle/Shevlin, Terry (2005), Book-Tax-Conformity for Corporate Income: An Introduction to the Issues, in: Poterba, James M. (Hrsg.), Tax Policy and the Economy, Band 19, Cambridge, S. 101-134.

Hanlon, Michelle/Slemrod, Joel (2009), What Does Tax Aggressiveness Signal? Evidence From Stock Price Reactions to News About Tax Shelter Involvement?, in: Journal of Public Economics, Jg. 93, S. 126-141.

Harberger, Arnold C. (1959), The Corporate Income Tax: An Empirical Appraisal, in: Tax Revision Compendium, Band 1, S. 231-250.

Harrer, Herbert (2009a), Vor- und Nachteile eines Börsengangs, in: Müller, Welf/Rödder, Thomas (Hrsg.), Beck'sches Handbuch der AG, 2. Auflage, München, S. 1557-1571.

Harrer, Herbert (2009b), Vorbereitung des eigentlichen Börsengangs, in: Müller, Welf/Rödder, Thomas (Hrsg.), Beck'sches Handbuch der AG, 2. Auflage, München, S. 1643-1690.

Harrer, Herbert/Heidemann, Dieter (1999), Going Public – Einführung in die Thematik, in: DStR, Jg. 37, S. 254-260.

Hausman, J.A. (1978), Specification Tests in Econometrics, in: Econometrica, Jg. 46, S. 1251-1271.

Healy, Paul M./Wahlen, James M. (1999), A Review of the Earnings Management Literature and Its Implications for Standard Setting, in: Accounting Horizons, Jg. 13, S. 365-383.

Hebig, Eberhard (1995), Steuerliche Zielvorstellungen in Unternehmen und Möglichkeiten ihrer Realisation, Frankfurt am Main.

Heinen, Edmund (1962), Die Zielfunktion der Unternehmung, in: Koch, Helmut (Hrsg.), Zur Theorie der Unternehmung, Festschrift zum 65. Geburtstag von Erich Gutenberg, Wiesbaden, S. 9-71.

Heinhold, Michael (1979), Betriebliche Steuerplanung mit quantitativen Methoden, München.

Heintges, Sebastian (2005), Bilanzkultur und Bilanzpolitik in den USA und in Deutschland. Einflüsse auf die Bilanzpolitik börsennotierter Unternehmen, 3. Auflage, Sternenfels.

Hellgardt, Alexander (2008), Kapitalmarktdeliktsrecht, Tübingen.

Hennrichs, Joachim (2013), Besteuerung von Mitunternehmerschaften, in: Tipke, Klaus/Lang, Joachim (Hrsg.), Steuerrecht, 21. Auflage, Köln, S. 569-611.

Heno, Rudolf (2011), Jahresabschluss nach Handelsrecht, Steuerrecht und internationalen Standards (IFRS), 7. Auflage, Heidelberg u.a.

Hensel, Albert (1923), Zur Dogmatik des Begriffs „Steuerumgehung", in: Bonner Festgabe für Ernst Zitelmann, München und Leipzig, S. 217-288.

Herold, Christian (2006), Vermeidung des Earnings Management der Umsatzerlöse. Eine ökonomische Analyse der internationalen Rechnungslegungsnormen, Frankfurt am Main.

Herzig, Norbert (2003a), Teil A: Einführung, in: Herzig, Norbert (Hrsg.), Organschaft, Stuttgart, S. 2-35.

Herzig, Norbert (2003b), Gestaltung der Konzernsteuerquote – eine neue Herausforderung für die Steuerberatung, in: WPg-Sonderheft, Jg. 56, S. 80-92.

Herzig, Norbert (2012), Erfahrungen mit dem BilMoG aus steuerlicher Sicht, in: DB, Jg. 65, S. 1343-1351.

Herzig, Norbert/Briesemeister, Simone (2009), Das Ende der Einheitsbilanz. Abweichungen zwischen Handels- und Steuerbilanz nach BilMoG-RegE, in: DB, Jg. 62, S. 1-11.

Herzig, Norbert/Briesemeister, Simone (2010), Unterschiede zwischen Handels- und Steuerbilanz nach BilMoG – Unvermeidbare Abweichungen und Gestaltungsspielräume, in: WPg, Jg. 63, S. 63-77.

Herzig, Norbert/Dempfle, Urs (2002), Konzernsteuerquote, betriebliche Steuerpolitik und Steuerwettbewerb, in: DB, Jg. 54, S. 1-8.

Herzig, Norbert/Heimig, Michael/Vossel, Stephan (2009), Risikoorientiertes Tax Accounting nach ED/2009/2, in: DB, Jg. 62, S. 2613-2620.

Herzig, Norbert/Vossel, Stephan (2009), Paradigmenwechsel bei latenten Steuern nach dem BilMoG, in: BB, Jg. 64, S. 1174-1178.

Hettich, Walter/Winer, Stanley (1985), Blueprints and Pathways: The Shifting Foundations of Tax Reform, in: National Tax Journal, Jg. 38, S. 423-445.

Hey, Johanna (2010), Vom Nutzen des Nutzenprinzips für die Gestaltung der Steuerrechtsordnung, in: Tipke, Klaus/Seer, Roman/Hey, Johanna/Englisch, Joachim (Hrsg.), Gestaltung der Steuerrechtsordnung. Festschrift für Joachim Lang zum 70. Geburtstag, Köln, S. 133-165.

Hey, Johanna (2013a), Steuersystem und Steuerverfassungsrecht, in: Tipke, Klaus/Lang, Joachim (Hrsg.), Steuerrecht, 21. Auflage, Köln, S. 59-129.

Hey, Johanna (2013b), Einführung in das besondere Steuerschuldrecht, in: Tipke, Klaus/Lang, Joachim (Hrsg.), Steuerrecht, 21. Auflage, Köln, S. 231-254.

Hey, Johanna (2013c), Einkommensteuer, in: Tipke, Klaus/Lang, Joachim (Hrsg.), Steuerrecht, 21. Auflage, Köln, S. 263-450.

Hey, Johanna (2013d), Körperschaftsteuer, in: Tipke, Klaus/Lang, Joachim (Hrsg.), Steuerrecht, 21. Auflage, Köln, S. 613-657.

Higgins, Danielle M./Omer, Thomas C./Phillips, John D. (2011), Does a Firm's Business Strategy Influence its Level of Tax Avoidance?, Working Paper, University of Connecticut, Texas A&M University.

Hines, James R./Rice, Eric M. (1994), Fiscal Paradise. Foreign Tax Havens and American Business, in: Quarterly Journal of Economics, Jg. 109, S. 149-182.

Hinz, Michael (1994), Sachverhaltsgestaltungen im Rahmen der Jahresabschlusspolitik, Düsseldorf.

Hirshleifer, Jack (1958), On the Theory of Optimal Investment Decision, in: Journal of Political Economy, Jg. 66, S. 329-352.

Hoffmann, Wolf-Dieter (2008), Zinsschranke. Fremdfinanzierung nach dem Unternehmensteuerreformgesetz 2008, Stuttgart.

Hoffmann, Wolf-Dieter (2013), Steuern vom Einkommen, in: Lüdenbach, Norbert/Hoffmann, Wolf-Dieter (Hrsg.), Haufe IFRS-Kommentar, 11. Auflage, Freiburg u.a., S. 1445-1546.

Hofstede, Geert (1980), Culture's Consequence. International Differences in Work-related Values, Beverly Hills.

Holler, Manfred J./Illing, Gerhard (2009), Einführung in die Spieltheorie, 7. Auflage, Berlin und Heidelberg.

Holmstrong, Bengt R./Tirole, Jean (1989), The Theory of the Firm, in: Schmalensee, Richard/Willig, Robert D. (Hrsg.), Handbook of Industrial Organization (Volume 1), S. 62-133.

Holthausen, Robert W. (1990), Accounting Method Choice. Opportunistic Behavior, Efficient Contracting, and Information Perspectives, in: Journal of Accounting and Economics, Jg. 12, S. 207-218.

Holthausen, Robert W./Leftwich, Richard W. (1983), The Economic Consequences of Accounting Choice, in: Journal of Accounting and Economics, Jg. 5, S. 77-117.

Homburg, Stefan (1996), Steuerrecht für Ökonomen, München.

Homburg, Stefan (2005), Allgemeine Steuerlehre, 4. Auflage, München.

Homburg, Stefan (2010), Allgemeine Steuerlehre, 6. Auflage, München.

Homburg, Stefan/Houben, Henriette/Maiterth, Ralf (2008), Optimale Eigenfinanzierung der Personenunternehmen nach der Unternehmensteuerreform 2008/2009, in: zfbf, Jg. 60, S. 29-47.

Hopt, Klaus J. (2012), Anhang nach § 177a: GmbH und Co.; Publikumsgesellschaft (mit Prospekthaftung), in: Baumbach, Adolf/Hopt, Klaus J. (Hrsg.), Handelsgesetzbuch mit GmbH & Co., Handelsklauseln, Bank- und Börsenrecht, Transportrecht (ohne Seerecht), Kommentar, 35. Auflage, München.

Huang, Pinghsun/Zhang, Yan/Deis, Donald R./Moffitt, Jacquelyn (2009), Do Artificial Income Smoothing and Real Income Smoothing Contribute to Firm Value Equivalently?, in: Journal of Banking and Finance, Jg. 33, S. 224-233.

Hundsdoerfer, Jochen (1996), Die Steuerhinterziehung und ihre Integration in betriebswirtschaftliche Entscheidungsmodelle – eine Wirkungsanalyse, Köln.

Intemann, Jens (2009), § 71 Haftung des Steuerhinterziehers und des Steuerhehlers, in: Pahlke, Armin/Koenig, Ulrich (Hrsg.), Abgabenordnung. §§ 1 bis 368, Kommentar, 2. Auflage, München.

Isachsen, Arne Jon/Samuelson, Sven Owe/Strøm, Steinar (1985), The Behavior of Tax Evaders, in: Gaertner, Wulf/Wenig, Alois (Hrsg.), The Economics of the Shadow Economy. Proceedings of the International Conference on the Economics of the Shadow Economy, Berlin u.a.

Jacobs, Otto H. (2009), Unternehmensbesteuerung und Rechtsform, 4. Auflage, München.

Jacobs, Otto H. (2011), Internationale Unternehmensbesteuerung. Deutsche Investitionen im Ausland. Ausländische Investitionen im Inland, 7. Auflage, München.

Jacobs, Otto H./Scheffler, Wolfram (1996), Steueroptimale Rechtsform. Eine Belastungsanalyse für mittelständische Unternehmen, 2. Auflage, München.

Jacobs, Otto H./Spengel, Christoph (1999), The Effective Average Tax Burden in the European Union and the USA. A Computer-based Calculation and Comparison with the Model of the European Tax Analyzer, ZEW Discussion Paper No. 99-54.

Jäger, Markus (2009), § 379 Steuergefährdung, in: Franzen, Klaus/Gast-deHaan, Brigitte/Joecks, Wolfgang (Hrsg.), Steuerstrafrecht mit Zoll- und Verbrauchsteuerstrafrecht, Kommentar, 7. Auflage, München.

Jäger, Markus (2012a), § 370 Steuerhinterziehung, in: Klein, Franz (Hrsg.), Abgabenordnung einschließlich Steuerstrafrecht, Kommentar, 11. Auflage, München.

Jäger, Markus (2012b), § 378 Leichtfertige Steuerverkürzung, in: Klein, Franz (Hrsg.), Abgabenordnung einschließlich Steuerstrafrecht, Kommentar, 11. Auflage, München.

Jäger, Markus (2012c), § 379 Steuergefährdung, in: Klein, Franz (Hrsg.), Abgabenordnung einschließlich Steuerstrafrecht, Kommentar, 11. Auflage, München

Jarque, Carlos M./Bera, Anil K. (1987), A Test for Normality of Observations and Regression Residuals, in: International Statistical Review, Jg. 55, S. 163-172.

Jensen, Michael C. (1978), Some Anomalous Evidence Regarding Market Efficiency, in: Journal of Financial Economics, Jg. 6, S. 95-101.

Jensen, Michael C. (1983), Organization Theory and Methodology, in: The Accounting Review, Jg. 58, S. 319-339.

Jensen, Michael C./Meckling, William H. (1976), Theory of the Firm: Managerial Behavior, Agency Costs and Ownership Structure, in: Journal of Financial Economics, Jg. 3, S. 305-360.

Jensen, William H./Meckling, Michael, C. (1978), Can the Corporation Survive, in: Financial Analyst Journal, S. 1-8.

Jeter, Debra C./Chaney, Paul K. (2011), Advanced Accounting, 4. Auflage, Hoboken.

Job, Gion (1996), Steuerplanung im Jahresabschluss. Eine Analyse der operativen Steuerplanung unter besonderer Berücksichtigung der steuerlichen Gewinnausweisplanung, Zürich.

Job, Lorenzo (1992), Konzernbilanzpolitik. Eine Analyse der Bilanz- und Finanzpolitik von multinationalen Schweizer Unternehmen aus betriebswirtschaftlicher und steuerlicher Sicht, Zürich.

Jödicke, Dirk (2009), Einfluss kultureller Unterschiede auf die Anwendung internationaler Rechnungslegungsregeln. Eine theoretische und empirische Untersuchung zur Anwendung der IFRS in Deutschland, Frankreich und UK, Hamburg.

Joecks, Wolfgang (2009a), § 370 Steuerhinterziehung, in: Franzen, Klaus/ Gast-deHaan, Brigitte/Joecks, Wolfgang (Hrsg.), Steuerstrafrecht mit Zoll- und Verbrauchsteuerstrafrecht, Kommentar, 7. Auflage, München.

Joecks, Wolfgang (2009b), § 378 Leichtfertige Steuerverkürzung, in: Franzen, Klaus/Gast-deHaan, Brigitte/Joecks, Wolfgang (Hrsg.), Steuerstrafrecht mit Zoll- und Verbrauchsteuerstrafrecht, Kommentar, 7. Auflage, München.

Jones, Jennifer J. (1991), Earnings Management During Import Relief Investigations, in: Journal of Accounting Research, Jg. 29, S. 193-228.

Jost, Peter-J. (2001), Die Prinzipal-Agenten-Theorie im Unternehmenskontext, in: Jost, Peter-J. (Hrsg.), Die Prinzipal-Agenten-Theorie in der Betriebswirtschaftslehre, Stuttgart, S. 11-43.

Joulfaian, David (2000), Corporate Income Tax Evasion and Managerial Preferences, in: Review of Economics and Statistics, Jg. 82, S. 698-701.

Jung, Hans (2010), Allgemeine Betriebswirtschaftslehre, 12. Auflage, München.

Junker, Christoph (1982), Steuerflucht und Basisunternehmen in England, Frankfurt am Main.

Kahneman, Daniel/Tversky, Amos (1979), Prospect Theory: An Analysis of Decisions under Risk, in: Econometrica, Jg. 47, S. 251-278.

Kaplan, Steven N./Zingales Luigi (1997), Do Investment-Cash Flow Sensitivities Provide Useful Measures of Financing Constraints?, in: Quarterly Journal of Economics, Jg. 112, S. 169-215.

Kappler, Reiner (2000), Steuerbilanzpolitik kleiner und mittlerer Unternehmen unter Berücksichtigung der jüngsten Entwicklungen des Steuerrechts. Theorie und Empirie, Bonn.

Karpoff, Jonathan M./Lee, Scott D./Martin, Gerald S. (2008), The Cost to Firms of Cooking the Books, in: Journal of Financial and Quantitative Analysis, Jg. 43, S. 581-612.

Karpoff, Jonathan M./Lott, John R./Wehrly, Eric W. (2005), The Reputational Penalties for Environmental Violations: Empirical Evidence, in: Journal of Law and Economics, Jg. 48, S. 653-675.

Katz, Sharon P. (2009), Earnings Quality and Ownership Structure: The Role of Private Equity Sponsors, in: The Accounting Review, Jg. 84, S. 623-658.

Kaulamo, Katja (2013), Anleihen, in: Habersack, Mathias/Mülbert, Peter/Schlitt, Michael (Hrsg.), Unternehmensfinanzierung am Kapitalmarkt, 3. Auflage, Köln, S. 611-659.

Kengelbach, Jens/Roos, Alexander (2006), Entflechtung der Deutschland AG. Empirische Untersuchung der Reduktion von Kapital- und Personalverflechtungen zwischen deutschen börsennotierten Gesellschaften, in: M&A Review, o. Jg., S. 12-21.

Kennedy, Peter (2008), A Guide to Econometrics, 6. Auflage, Malden u.a.

Kern, Beth B./Morris, Michael H. (1992), Taxes and Firm Size: The Effect of Tax Legislation during the 1980s, in: Journal of the American Taxation Association, Jg. 14, S. 80-96.

Kesselmann, Jonathan R. (1989), Income Tax Evasion. An Intersectoral Analysis, in: Journal of Public Economics, Jg. 38, S. 137-182.

Kessler, Harald/Leinen, Markus/Paulus, Benjamin (2009), Das BilMoG und die latenten Steuern (Teil 1), in: KoR, Jg. 9, S. 716-728.

Khurana, Inder K./Moser, William J. (2009a), Shareholder Investment Horizons and Tax Aggressiveness, Working Paper, University of Missouri.

Khurana, Inder K./Moser, William J. (2009b), Institutional Ownership and Tax Aggressiveness, Working Paper, University of Missouri.

Kieso, Donald E./Weygandt, Jerry J./Warfield, Terry D. (2012), Intermediate Accounting, 14. Auflage, Hoboken.

Kim, Jeong-Bon/Li, Yinghua/Zhang, Liandong (2011), Corporate Tax Avoidance and Stock Price Crash Risk: Firm-Level Analysis, in: Journal of Financial Economics, Jg. 100, S. 639-662.

Kim, Kenneth A./Limpaphayom, Piman (1998), Taxes and Firm Size in Pacific-Basin Emerging Economies, in: Journal of International Accounting, Auditing and Taxation, Jg. 7, S. 47-68.

Kirchler, Erich (2007), The Economic Psychology of Tax Behaviour, Cambridge u.a.

Kirchler, Erich/Maciejovsky, Boris (2007), Steuermoral und Steuerhinterziehung, in: Frey, Dieter/von Rosenstiel, Lutz (Hrsg.), Wirtschaftspsychologie, Göttingen u.a., S. 203-234.

Kirchler, Erich/Maciejovsky, Boris/Schwarzenberger, Herbert (2001), Mental Accounting and the Impact of Tax Penalty and Audit Frequency on the Declaration of Income. An Experimental Analysis, SFB-373 Discussion Paper 16, Humboldt-Universität Berlin.

Kirsch, Hanno (2003), Steuerliche Berichterstattung im Jahresabschluss nach IAS/IFRS, in: DStR, Jg. 41, S. 703-708.

Kirsch, Hans-Jürgen/Dohrn, Matthias/Gallasch, Florian (2012), § 308 HGB, in: Baetge, Jörg/Kirsch, Hans-Jürgen/Thiele, Stefan (Hrsg.), Bilanzrecht, Kommentar, Band 2, 42. Ergänzungslieferung.

Klassen, Kenneth J. (1997), The Impact of Inside Ownership Concentration on the Trade-Off between Financial and Tax Reporting, Jg. 72, S. 455-474.

Klassen, Kenneth/Lisowsky, Petro/Mescall, Devan (2012), Corporate Tax Compliance: The Role of Internal and External Preparers, Working Paper, University of Waterloo, University of Illinois at Urbana-Champaign, University of Saskatchewan.

Kleinewefers, Henner (2008), Einführung in die Wohlfahrtsökonomie. Theorie, Anwendung, Kritik, Stuttgart.

Klepper, Steven/Nagin, Daniel (1989), The Anatomy of Tax Evasion, in: Journal of Law, Economics, & Organization, Jg. 5, S. 1-24.

Klöne, Herbert (1980), Steuerplanung, Neuwied.

Klöpfer, Elisabeth (2006), Bilanzpolitisches Gestaltungspotenzial bei der Umstellung der Rechnungslegung von HGB auf IFRS. Theoretische Fundierung und empirische Analyse deutscher börsennotierter Unternehmen, Hamburg.

Klunzinger, Eugen (2012), Grundzüge des Gesellschaftsrechts, 16. Auflage, München.

Knight, Frank H. (1921, 1964), Risk, Uncertainty and Profit, Boston und New York (Reprint, New York).

Knott, Alvin D./Rosenfeld, Jacob D. (2003), Book and Tax (Part One): A Selective Exploration of Two Parallel Universes, in: Tax Notes, Jg. 99, S. 685-899.

Koester, Allison (2011), Investor Valuation of Tax Avoidance Through Uncertain Tax Positions, Working Paper, Georgetown University.

Kofahl, Günther/Pohmer, Dieter (1950), Praktische Steuerbilanzgestaltung. Diskussionsbeitrag über Gebiete und Begriff der „Bilanzpolitik", in: WPg, Jg. 3, S. 540-541.

Koller, Tim/Goedhart, Marc/Wessels, David (2010), Valuation. Measuring and Managing the Value of Companies, 5. Auflage, Hoboken.

Kolm, Serge-Christophe (1973), A Note on Optimum Tax Evasion, in: Journal of Public Economics, Jg. 2, S. 265-270.

Komarek, Heribert (1998), Verlustberücksichtigung im nationalen und internationalen Konzern. Ein Konzeptionsvorschlag zur Besteuerung von Unternehmensgruppen, Frankfurt am Main.

Körner, Martin/Strötmann, Harald (2006), Steuermoral – Das Spannungsfeld von Freiwilligkeit der Steuerzahlung und Regelverstoß durch Steuerhinterziehung, IAW-Forschungsberichte Nr. 64.

Kothari, S.P. (2001), Capital Markets Research in Accounting, in: Journal of Accounting and Economics, Jg. 31, S. 105-231.

Kothari, S.P./Leone, Andrew J./Wasley, Charles E. (2005), Performance Matched Discretionary Accrual Measures, in: Journal of Accounting and Economics, Jg. 39, S. 163-197.

Kottke, Klaus (1972), Bilanzstrategie und Steuertaktik. Der Einsatz steuerbilanzpolitischer sowie sonstiger steuerpolitischer Mittel zur Erreichung unternehmerischer Zielsetzungen, 3. Auflage, Herne und Berlin.

Kottke, Klaus (1994), Steuerersparung, Steuerumgehung, Steuerhinterziehung. Eine Sammlung lehrreicher Grenzfälle, 10. Auflage, Freiburg im Breisgau.

Kozikowski, Michael/Fischer, Norbert (2012), § 274 Latente Steuern, in: Ellrott, Helmut/Förschle, Gerhart/Grottel, Bernd/Kozikowski, Michael/Schmidt, Stefan/Winkeljohann, Norbert (Hrsg.), Beck'scher Bilanzkommentar. Handels- und Steuerbilanz, 8. Auflage, München.

Kozikowski, Michael/Huber, Frank (2012), § 308 Einheitliche Bewertung, in: Ellrott, Helmut/Förschle, Gerhart/Grottel, Bernd/Kozikowski, Michael/ Schmidt, Stefan/Winkeljohann, Norbert (Hrsg.), Beck'scher Bilanzkommentar. Handels- und Steuerbilanz, 8. Auflage, München

KPMG (2007), US-GAAP. Rechnungslegung nach US-amerikanischen Grundsätzen. Grundlagen der US-GAAP und SEC-Vorschriften, 4. Auflage, Düsseldorf.

Kraft, Anastasia (2013), What Really Affects German Firms' ETR?, Working Paper, Carl von Ossietzky University Oldenburg.

Kratz, Peter (1986), Steuerplanung internationaler Unternehmungen. System und Methode, Bern und Stuttgart.

Krawitz, Norbert (1998), Steuerliche Determinierung der Handelsbilanzpolitik. Ein Beitrag zur umgekehrten Maßgeblichkeit, in: Meffert, Heribert/Krawitz, Norbert (Hrsg.), Unternehmensrechnung und -besteuerung. Grundfragen und Entwicklungen, Festschrift für Dietrich Börner zum 65. Geburtstag, Wiesbaden, S. 197-230.

Krelle, Wilhelm (1957), Unsicherheit und Risiko in der Preisbildung, in: Zeitschrift für die gesamte Staatswissenschaft, Jg. 113, S. 632-677.

Kreutzer, David/Lee, Dwight L. (1986), On Taxation and Understated Monopoly Profits, in: National Tax Journal, Jg. 39, S. 241-243.

Kröner, Michael/Beckenhaub, Claus (2008), Konzernsteuerquote. Einflussfaktoren, Planung, Messung, Management. München.

Kubin, Konrad W. (1989), Die Konzernrechnungslegung in den USA, in: Sonnemann, Erik (Hrsg.), Rechnungslegung, Prüfung, Wirtschaftsrecht und Steuern in den USA, Wiesbaden, S. 95-120.

Kühn, Andreas (2011), Gestaltbarkeit der Konzernsteuerquote im Rahmen der internationalen Konzernsteuerplanung, in: Grotherr, Siegfried (Hrsg.), Handbuch der internationalen Steuerplanung, 3. Auflage, Herne, S. 153-174.

Kummer, Wolfgang (2007), Steuerstrafrecht, in: Wabnitz, Heinz-Bernd/Janovsky, Thomas (Hrsg.), Handbuch des Wirtschafts- und Steuerstrafrechts, 3. Auflage, München, S. 1081-1169.

Kußmaul, Heinz (2010), Betriebswirtschaftliche Steuerlehre, 6. Auflage, München.

Kußmaul, Heinz/Klein, Nicole (2001), Überlegungen zum Maßgeblichkeitsprinzip im Kontext jüngerer nationaler sowie internationaler Entwicklungen, in: DStR, Jg. 39, S. 546-550.

Kußmaul, Heinz/Lutz, Richard (1993), Instrumente der Bilanzpolitik. Systematisierungsmöglichkeiten und Bewertungskriterien, in: WiSt, Jg. 22, S. 399-398.

Küting, Karlheinz (2011), Bilanzpolitik, in: Busse von Colbe, Walther/Crasselt, Nils/Pellens, Bernhard (Hrsg.), Lexikon des Rechnungswesens. Handbuch der Bilanzierung und Prüfung, der Erlös-, Finanz-, Investitions- und Kostenrechnung, 5. Auflage, München, S. 107-113.

Küting, Karlheinz/Lam, Siu (2011), Bilanzierungspraxis in Deutschland. Theoretische und empirische Überlegungen zum Verhältnis von HGB und IFRS, in: DStR, Jg. 49, S. 991-996.

Küting, Karlheinz/Weber, Claus-Peter (2012), Der Konzernabschluss. Praxis der Konzernrechnungslegung nach HGB und IFRS, 13. Auflage, Stuttgart.

Küting, Karlheinz/Weber, Claus-Peter/Pilhofer, Jochen (2002), Umsatzrealisation als modernes bilanzpolitisches Instrumentarium im Rahmen des Gewinnmanagements (earnings management). Analyse vor dem Hintergrund der Fälle Comroad und Xerox, in: Finanz Betrieb, Jg. 4, S. 310-329.

La Porta, Rafael/Lopez-de-Silanes, Florencio/Shleifer, Andrei (1999), Corporate Ownership Around the World, in: Journal of Finance, Jg. 54, S. 471-517.

La Porta, Rafael/Lopez-de-Silanes, Florencio/Shleifer, Andrei/Vishny, Robert W. (1997), Legal Determinants of External Finance, in: Journal of Finance, Jg. 52, S. 1131-1150.

La Porta, Rafael/Lopez-de-Silanes, Florencio/Shleifer, Andrei/Vishny, Robert W. (1998), Law and Finance, in: Journal of Political Economy, Jg. 106, S. 1113-1155.

La Porta, Rafael/Lopez-de-Silanes, Florencio/Shleifer, Andrei/Vishny, Robert W. (2000), Agency Problems and Dividend Policies around the World, in: Journal of Finance, Jg. 55, S. 1-33.

LaFond, Ryan/Lang, Mark/Skaife, Hollis A. (2007), Earnings Smoothing, Governance and Liquidity: International Evidence, Working Paper, Massachusetts Institute of Technology, University of North Carolina, University of Wisconsin.

Lang, Oliver/Nöhrbaß, Karl-Heinz/Stahl, Konrad (1997), On Income Tax Avoidance: The Case of Germany, in: Journal of Public Economics, Jg. 66, S. 327-347.

Lanis, Roman/Richardson, Grant (2011), The Effect of Board of Director Composition on Corporate Tax Aggressiveness, in: Journal of Accounting and Public Policy, Jg. 30, S. 50-70.

Lanis, Roman/Richardson, Grant (2013), Corporate Social Responsibility and Tax Aggressiveness: A Test of Legitimacy, in: Accounting, Auditing & Accountability Journal, Jg. 26, S. 75-100.

Laux, Helmut (2005), Entscheidungstheorie, 6. Auflage, Berlin u.a.

Lemmen, Stefan (2010), Passive latente Steuern, in: Pelka, Jürgen/Niemann, Walter (Hrsg.), Jahres- und Konzernabschluss nach Handels- und Steuerrecht, 13. Auflage, München, Band B.

Lenter, David/Slemrod, Joel/Shackelford, David (2003), Public Disclosure of Corporate Tax Return Information: Accounting, Economics, and Legal Perspectives, in: National Tax Journal, Jg. 56, S. 803-830.

Lepsius, Oliver (2009), Anmerkung zu BVerfG, Urteil vom 09.12.2008 – 2 BvL 1/07, in: JZ, Jg. 64, S. 260-263.

Leuz, Christian/Nanda, Dhananjay/Wysocki, Peter D. (2003), Earnings Management and Investor Protection: An International Comparison, in: Journal of Financial Economics, Jg. 69, S. 505-527.

Lev, Baruch/Nissim, Doron (2004), Taxable Income, Future Earnings, and Equity Values, in: The Accounting Review, Jg. 79, S. 1039-1074.

Lev, Baruch/Ohlson, James A. (1982), Market-Based Empirical Research in Accounting: A Review, Interpretation, and Extension, in: Journal of Accounting Research, Jg. 20, S. 249-322.

Lim, Youngdeok (2011), Tax Avoidance, Cost of Debt and Shareholder Activism: Evidence from Korea, in: Journal of Banking & Finance, Jg. 35, S. 456-470.

Lin, Kenny/Mills, Lillian/Zhang, Fang (2012), The Tradeoff Between Tax Savings and Financial Reporting Costs: Public Versus Private Firms in China, Working Paper, Lingnan University, University of Texas at Austin.

Lindemann, Jens (2006), Kapitalmarktrelevanz der Rechnungslegung – Konzepte, Methodik und Ergebnisse empirischer Forschung, in: ZfB, Jg. 76, S. 967-1003.

Lintner, John (1965), The Valuation of Risk Assets and the Selection of Risky Assets in Stock Portfolios and Capital Budgets, in: Review of Economics and Statistics, Jg. 47, S. 13-37.

Lisowsky, Petro (2010), Seeking Shelter: Empirically Modeling Tax Shelters Using Financial Statement Information, in: The Accounting Review, Jg. 85, S. 1693-1720.

Lohner, Andreas (2005), Going Private, in: Deilmann, Barbara/Lorenz, Manuel (Hrsg.), Die börsennotierte Aktiengesellschaft, München, S. 349-364.

Loitz, Rüdiger (2008), Herausforderungen bei der Anhangerstellung nach IFRS – eine empirische Untersuchung, in: DB, Jg. 61, S. 2149-2155.

Loitz, Rüdiger (2009), Latente Steuern nach dem Bilanzrechtsmodernisierungsgesetz – Eine Mogelpackung?, in: DB, Jg. 62, S. 913-921.

Loitz, Rüdiger (2010), DRS 18 – Bilanzierung latenter Steuern nach dem Bilanzrechtsmodernisierungsgesetz, in: DB, Jg. 63, S. 2177-2185.

Loitz, Rüdiger/Korte, Florian (2012), Tax Planning Opportunities – Charakterisierung nach IAS 12, in: WPg, Jg. 65, S. 772-783.

Lorenz, Manuel (2005), Börsengang und Börsennotierung, in: Deilmann, Barbara/Lorenz, Manuel (Hrsg.), Die börsennotierte Aktiengesellschaft, München, S. 69-94.

Löwe, Claus (2000), Corporate Finance, in: Obst, Georg/Hintner, Otto (Begr.), von Hagen, Jürgen/von Stein, Johann Heinrich (Hrsg.), Geld-, Bank- und Börsenwesen. Handbuch des Finanzsystems, 40. Auflage, Stuttgart, S. 938-945.

Luce, Duncan R./Raiffa, Howard (1957), Games and Decisions. Introduction and Critical Survey, New York.

Lühn, Andreas (2007), Der Einfluss latenter Steuern auf die Steuerplanung, in: KoR, Jg. 7, S. 550-560.

Mack, Alexandra (2010), Grundlagen, in: Streck, Michael/Mack, Alexandra/ Schwedhelm, Rolf (Hrsg.), Tax Compliance. Risikominimierung durch Pflichtenbefolgung und Rechteverfolgung, Köln, S. 17-56.

Mann, Fritz K. (1923), Die Grundformen der Steuerabwehr, in: Jahrbücher für Nationalökonomie und Statistik, Band 65, S. 497-523.

Mann, Gerhard (1973), Betriebswirtschaftliche Steuerpolitik als Bestandteil der Unternehmenspolitik, in: WiSt, Jg. 2, S. 114-119.

Manzon, Gil B./Plesko, George A. (2002), The Relation between Financial and Tax Reporting Measures of Income, in: Tax Law Review, Jg. 55, S. 175-214.

Marelli, Massimo/Martina, Ricardo (1988), Tax Evasion and Strategic Behaviour of the Firms, in: Journal of Public Economics, Jg. 37, S. 55-69.

Marettek, Alexander (1971), Steuerbilanz- und Unternehmenspolitik, Freiburg im Breisgau.

Markle, Kevin S./Shackelford, Douglas (2009), Do Multinationals or Domestic Firms Face Higher Effective Tax Rates?, NBER Working Paper No. 15091.

Markowitz, Harry M. (1952), Portfolio Selection, in: Journal of Finance, Jg. 7, S. 77-92.

Marsch-Barner, Reinhard (2009a), Besonderheiten der börsennotierten Europäischen Gesellschaft, in: Marsch-Barner, Reinhard/Schäfer, Frank A. (Hrsg.), Handbuch börsennotierte AG. Aktien- und Kapitalmarktrecht, S. 61-79.

Marsch-Barner, Reinhard (2009b), Rechte des Aktionärs in der Hauptversammlung, in: Marsch-Barner, Reinhard/Schäfer, Frank A. (Hrsg.), Handbuch börsennotierte AG. Aktien- und Kapitalmarktrecht, S. 1089-1137.

Marten, Kai-Uwe/Klopsch, Elisabeth (1994), Steuerbilanzpolitik – Darstellung empirischer Ergebnisse anhand einer Fallstudie, in: DStR, Jg. 32, S. 1910-1918.

Martin, Xiumin/Wang, Cong/Zou, Hong (2012), Does Target Tax Aggressiveness Matter in Corporate Takeovers?, Working Paper, Washington University in St. Louis, Chinese University of Hong Kong, City University of Hong Kong.

Matthews, R.C.O. (1986), The Economics of Institutions and the Sources of Growth, in: The Economic Journal, Jg. 96, S. 903-918.

Maydew, Edward L. (1997), Tax-Induced Earnings Management by Firms with Net Operating Losses, in: Journal of Accounting Research, Jg. 35, S. 83-96.

McCahery, Joseph A./Vermeulen, Erik P.M. (2008), Corporate Governance of Non-Listed Companies, Oxford u.a.

McConnell, John J./Muscarella, Chris J. (1985), Corporate Capital Expenditure Decisions and the Market Value of the Firm, in: Journal of Financial Economics, Jg. 14, S. 399-422.

McGuire, Sean T./Omer, Thomas C./Wang, Dechun (2012), Tax Avoidance: Does Tax-Specific Industry Expertise Make a Difference?, in: The Accounting Review, Jg. 87, S. 975-1003.

McGuire, Sean/Omer, Thomas C./Wilde, Jaron H. (2012), Investment Opportunity Sets, Operating Uncertainty, and Capital Market Pressure: Determinants of Investments in Tax Shelter Activities?, Working Paper, Texas A&M University.

McGuire, Sean/Wang, Dechun/Wilson, Ryan (2011), Dual Class Ownership and Tax Avoidance, Working Paper, Texas A&M University, University of Iowa.

McNichols, Maureen F. (2000), Research Design Issues in Earnings Management Studies, in: Journal of Accounting and Public Policy, Jg. 19, S. 313-345.

Merbecks, Ute (2012), Tax Due Diligence als Instrument für das Controlling von M&A-Transaktionen, in: BB, Jg. 65, S. 2423-2427.

Meyer, Dieter (2008), Die Unternehmensteuerreform 2008 aus Sicht der Finanzverwaltung, in: Oestreicher, Andreas (Hrsg.), Unternehmensbesteuerung 2008: Neue Wege gehen, Herne, S. 1-19.

Meyer, Marco/Loitz, Rüdiger/Linder, Robert/Zerwas, Peter (2010), Latente Steuern. Bewertung, Bilanzierung, Beratung, 2. Auflage, Wiesbaden.

Mikhail, Michael B. (1999), Coordination of Earnings, Regulatory Capital and Taxes in Private and Public Companies, Working Paper, Massachusetts Institute of Technology.

Miles, Raymond E./Snow, Charles C. (1978), Organizational Strategy, Structure and Process, New York.

Mills, Lillian F. (1998), Book-Tax Differences and Internal Revenue Service Adjustments, in: Journal of Accounting Research, Jg. 36, S. 343-356.

Mills, Lillian F./Newberry, Kaye J. (2001), The Influence of Tax and Nontax Costs on Book-Tax Reporting Differences: Public and Private Firms, in: Journal of the American Taxation Association, Jg. 23, S. 1-19.

Mills, Lillian/Erickson, Merle M./Maydew, Edward L. (1998), Investments in Tax Planning, in: Journal of the American Taxation Association, Jg. 20, S. 1-20.

Mizon, Grayham E. (1995), A Simple Message for Autocorrelation Correctors: Don't, in: Journal of Econometrics, Jg. 69, S. 267-288.

Modigliani, Franco/Miller, Merton, H. (1958), The Cost of Capital, Corporation Finance and the Theory of Investment, in: American Economic Review, Jg. 48, S. 261-297.

Modigliani, Franco/Miller, Merton, H. (1963), Corporate Income Taxes and the Cost of Capital: A Correction, in: American Economic Review, Jg. 53, S. 433-443.

Moffit, Robert (1983), An Economic Model of Welfare Stigma, in: American Economic Review, Jg. 73, S. 1023-1035.

Monsen, Joseph R./Downs, Anthony (1965), A Theory of Large Managerial Firms, in: Journal of Political Economy, Jg. 73, S. 221-234.

Moritz, Karl-Heinz (1993), Mikroökonomische Theorie des Haushalts, München und Wien.

Mösbauer, Heinz (2000), Steuerstraf- und Steuerordnungswidrigkeitenrecht (einschließlich Steuer- und Zollfahndung), 2. Auflage, München und Wien.

Moses, O. Douglas (1987), Income Smoothing and Incentives: Empirical Tests Using Accounting Changes, in: The Accounting Review, Jg. 62, S. 358-377.

Mossin, Jan (1966), Equilibrium in a Capital Asset Market, in: Econometrica, Jg. 34, S. 768-783.

Mossin, Jan (1968), Aspects of Rational Insurance Purchasing, in: Journal of Political Economy, Jg. 76, S. 553-568.

Mössner, Jörg Manfred (2010), Prinzipien im Steuerrecht, in: Tipke, Klaus/Seer, Roman/Hey, Johanna/Englisch, Joachim (Hrsg.), Gestaltung der Steuerrechtsordnung. Festschrift für Joachim Lang zum 70. Geburtstag, Köln, S. 83-99.

Moxter, Adolf (1997), Zum Verhältnis von Handelsbilanz und Steuerbilanz, in: BB, Jg. 52, S. 195-199.

Müller, Herbert (1996), Steuermanagement auf dem Weg der Globalisierung - Globalisierung, Integration, Shareholder Value, in: IStR, Jg. 5, S. 452-456.

Müller, Stefan/Kreipl, Markus (2010), Die Veränderung des abschlusspolitischen Potenzials durch das BilMoG im Lichte der Entscheidungsnützlichkeit der Rechnungslegung, in: Zeitschrift für Planung und Unternehmenssteuerung, Jg. 20, S. 313-329.

Müller, Thomas/Stöcker, Ernst E. (2011), Die Organschaft. Körperschaftsteuerrecht, Gewerbesteuerrecht, Umsatzsteuerrecht, Grunderwerbsteuerrecht, 8. Auflage, Herne.

Müller-Kröncke, Gerhard A. (1974), Entscheidungsmodelle für die Steuerbilanzpolitik. Analyse der Möglichkeiten zur Bilanzbeeinflussung nach geltendem und künftigem Ertragsteuerrecht, Berlin.

Münstermann, Hans (1952), Der Gesamtwert des Betriebes, in: Schweizerische Zeitschrift für Kaufmännisches Bildungswesen, Jg. 46, S. 181-193 und S. 209-219.

Nash, John F. (1951), Noncooperative Games, in: The Annals of Mathematics, Jg. 54, S. 286-295.

Neus, Werner (2009), Einführung in die Betriebswirtschaftslehre aus institutionenökonomischer Sicht, 6. Auflage, Tübingen.

Newey, Whitney K./West, Kenneth D. (1987), A Simple, Positive Semi-Definite, Heteroskedasticity and Autocorrelation Consistent Covariance Matrix, in: Econometrica, Jg. 55, S. 703-708.

Nichols, D. Craig/Wahlen, James M. (2004), How Do Earnings Numbers Relate To Stock Returns? A Review of Classic Accounting Research with Updated Evidence, in: Accounting Horizons, Jg. 18, S. 263-286.

Nichols, D. Craig/Wahlen, James M./Wieland, Matthew, M. (2009), Publicly Traded Versus Privately Held: Implications for Conditional Conservatism in Bank Accounting, in: Review of Accounting Studies, Jg. 14, S. 88-122.

Nicklisch, Heinrich (1912), Allgemeine kaufmännische Betriebswirtschaftslehre als Privatwirtschaftslehre des Handels (und der Industrie), Leipzig.

Niehren, Christoph (2011), Perspektiven der körperschaftsteuerlichen Organschaft. Fortentwicklung zu einer Gruppenbesteuerung vor europarechtlichem Hintergrund, Berlin.

Niemann, Rainer (2001), Neutrale Steuersysteme unter Unsicherheit. Besteuerung und Realoptionen, Bielefeld.

o.V. (2012a), Wie Starbucks sich arm rechnet. Der amerikanische Kaffeeröster zahlt trotz guter Geschäfte kaum Steuern, in: Frankfurter Rundschau vom 06.11.2012, S. 15.

o.V. (2012b), Apple zahlt Mini-Steuern. Mit Hilfe legaler Schlupflöcher rechnen sich US-Konzerne in Europa Gewinne klein, in: Die Welt vom 06.11.2012, S. 11.

Oberheide, Ralf (1998), Die Bekämpfung der Steuerumgehung, Frankfurt am Main.

Omer, Thomas C./Molloy, Karen H./Ziebart, David A. (1991), Measurement of Effective Corporate Tax Rates Using Financial Statement Information, in: Journal of the American Taxation Association, Jg. 13, S. 57-72.

Omer, Thomas C./Molloy, Karen H./Ziebart, David A. (1993), An Investigation of the Firm Size – Effective Tax Rate Relation in the 1980s, in: Journal of Accounting, Auditing & Finance, Jg. 8, S. 167-182.

Oncken, August (1877), Adam Smith und Immanuel Kant. Der Einklang und das Wechselverhältnis ihrer Lehren über Sitte, Staat und Wirtschaft, Leipzig.

Orviska, Marta/Hudson, John (2002), Tax Evasion, Civic Duty and the Law Abiding Citizen, in: European Journal of Political Economy, Jg. 19, S. 83-102.

Pache, Sven (2008), Steuer- und Finanzfragen, Teil C: Besonderheiten bei der Besteuerung des Organschaftskonzerns, in: Herkenroth, Klaus/Hein, Oliver/Labermeier, Alexander/Pache, Sven/Striegel, Andreas/Wiedenfels, Matthias (Hrsg.), Konzernsteuerrecht, Wiesbaden, S. 149-173.

Patterson, Cleveland S. (1995), The Cost of Capital, Westport.

Pausch, Alfons/Pausch, Jutta (1988), Kleine Weltgeschichte der Steuerzahler, Köln.

Pawelzik, Kai Udo (2012), Latente Steuern (IAS 12), in: Heuser, Paul J./Theile, Carsten (Hrsg,), IFRS-Handbuch. Einzel- und Konzernabschluss, 5. Auflage, Köln, S. 728-772.

Peek, Erik/Cuijpers, Rick/Buijink, Willem (2010), Creditors' and Shareholder' Reporting Demands in Public Versus Private Firms: Evidence from Europe, in: Contemporary Accounting Research, Jg. 27, S. 49-91.

Pellens, Bernhard (2011a), Jahresabschluss (Funktionen), in: Busse von Colbe, Walther/Crasselt, Nils/Pellens, Bernhard (Hrsg.), Lexikon des Rechnungswesens. Handbuch der Bilanzierung und Prüfung, der Erlös-, Finanz-, Investitions- und Kostenrechnung, 5. Auflage, München, S. 406-410.

Pellens, Bernhard (2011b), Publizität, in: Busse von Colbe, Walther/Crasselt, Nils/Pellens, Bernhard (Hrsg.), Lexikon des Rechnungswesens. Handbuch der

Bilanzierung und Prüfung, der Erlös-, Finanz-, Investitions- und Kostenrechnung, 5. Auflage, München, S. 639-642.

Pellens, Bernhard/Fülbier, Rolf Uwe/Gassen, Joachim/Sellhorn, Thorsten (2011), Internationale Rechnungslegung, 8. Auflage, Stuttgart.

Pencavel, John H. (1979), A Note on Income Tax Evasion, Labor Supply, and Nonlinear Tax Schedules, in: Journal of Public Economics, Jg. 1, S. 115-124.

Penno, Mark/Simon, Daniel T. (1986), Accounting Choices: Public versus Private Firms, in: Journal of Business Finance and Accounting, Jg. 13, S. 561-569.

Perridon, Louis/Steiner, Manfred/Rathgeber, Andreas W. (2012), Finanzwirtschaft der Unternehmung, 16. Auflage, München.

Pestieau, Pierre/Possen Uri M. (1991), Tax Evasion and Occupational Choice, in: Journal of Public Economics, Jg. 45, S. 107-125.

Pfleger, Günter (1991), Die neue Praxis der Bilanzpolitik. Strategien und Gestaltungsmöglichkeiten im handels- und steuerrechtlichen Jahresabschluss, 4. Auflage, Freiburg im Breisgau.

Phillips, John D. (2003), Corporate-Planning Effectiveness: The Role of Compensation-Based Incentives, in: The Accounting Review, Jg. 78, S. 847-874.

Picot, Arnold (1981), Der Beitrag der Verfügungsrechte zur ökonomischen Analyse von Unternehmensverfassungen, Hannover.

Picot, Arnold (1991), Ökonomische Theorien der Organisation – Ein Überblick über neuere Ansätze und deren betriebswirtschaftliches Anwendungspotential, in: Ordelheide, Dieter/Rudolph, Bernd/Büsselmann, Elke (Hrsg.), Betriebswirtschaftslehre und Ökonomische Theorie, Stuttgart, S. 143-170.

Picot, Arnold/Dietl, Helmut/Franck, Egon/Fiedler, Marina/Royer, Susanne (2012), Organisation. Theorie und Praxis aus ökonomischer Sicht, 6. Auflage, Stuttgart.

Plesko, George A. (2000), Evidence and Theory on Corporate Tax Shelters, in: National Tax Association Proceedings from the 92nd Annual Conference on Taxation, S. 367-371.

Plesko, George A. (2003), An Evaluation of Alternative Measures of Corporate Tax Rates, in: Journal of Accounting and Economics, Jg. 35, S. 201-226.

Popper, Karl R. (1959), The Logic of Scientific Discovery, New York.

Porcano, Thomas M. (1986), Corporate Tax Rates: Progressive, Proportional, or Regressive, in: Journal of the American Accounting Association, Jg. 7, S. 17-31.

Pratt, Shannon P. (1989), Valuing a Business. The Analysis and Appraisal of Closely Held Companies, 2. Auflage, Homewood.

Pratt, Shannon P./Grabowski, Roger J. (2010), Cost of Capital. Applications and Examples, 4. Auflage, Hoboken.

Proppe, Dennis (2009), Endogenität und Instrumentenschätzer, in: Albers, Sönke/ Klapper, Daniel/Konradt, Udo/Walter, Achim/Wolf, Joachim (Hrsg.), Methodik der empirischen Forschung, 3. Auflage, Wiesbaden.

Raab, Martin (1992), Steuerarbitrage – Formen legaler Steuervermeidung und ihre Folgen, in: Jahrbuch für Sozialwissenschaft, Jg. 43, S. 416-431.

Raab, Udo H. (1995), Öffentliche Transaktionskosten und Effizienz des staatlichen Einnahmesystems, Berlin.

Raby, William L./Richter, Robert F. (1975), Conformity of Tax and Financial Accounting, in: Journal of Accountancy, Jg. 139, S. 42-48.

Raiser, Thomas/Veil, Rüdiger (2010), Recht der Kapitalgesellschaften. Ein Handbuch für Praxis und Wissenschaft, 5. Auflage, München.

Ramsey, J.B. (1969), Tests for Specification Errors in Classical Linear Least-squares Regression Analysis, in: Journal of the Royal Statistical Societies, Series B, Jg. 31, S. 350-371.

Rappaport, Alfred (1986), Creating Shareholder Value. The New Standard for Business Performance, New York.

Rasch, Sebastian (1996), Der Aktienmarkt für kleine und mittelgroße Unternehmen. Besonderheiten, Probleme und Möglichkeiten bei der Ausgestaltung des Börsenhandels, Baden-Baden.

Reding, Kurt/Müller, Walter (1999), Einführung in die Allgemeine Steuerlehre, München.

Rego, Sonja Olhoft (2003), Tax-Avoidance Activities of U.S. Multinational Corporations, in: Contemporary Accounting Research, Jg. 20, S. 805-833.

Rego, Sonja Olhoft/Wilson, Ryan (2010), Executive Compensation, Equity Risk Incentives, and Corporate Tax Aggressiveness, Working Paper, University of Iowa.

Reinganum, Jennifer F./Wilde, Louis L. (1985), Income Tax in a Principal-Agent Framework, in: Journal of Public Economics, Jg. 26, S. 1-18.

Rice, Eric M. (1992), The Corporate Tax Gap: Evidence on Tax Compliance by Small Corporations, in: Slemrod, Joel (Hrsg.), Why People Pay Taxes. Tax Compliance and Enforcement, Ann Arbor, S. 151-161.

Richardson, Grant (2006), Determinants of Tax Evasion: A Cross-Country Investigation, in: Journal of International Accounting, Auditing and Taxation, Jg. 15, S. 150-169.

Richardson, Grant (2008), The Relationship Between Culture and Tax Evasion Across Countries: Additional Evidence and Extensions, in: Journal of International Accounting, Auditing and Taxation, Jg. 17, S. 67-78.

Richardson, Grant/Lanis, Roman (2007), Determinants of the Variability in Corporate Effective Tax Rates and Tax Reform: Evidence from Australia, in: Journal of Accounting and Public Policy, Jg. 26, S. 689-704.

Richardson, Grant/Lanis, Roman (2012), Corporate Social Responsibility and Tax Aggressiveness, in: Journal of Accounting and Public Policy, Jg. 31, S. 86-108.

Richardson, Grant/Taylor, Grantley/Lanis, Roman (2013), The Impact of Board of Director Oversight Characteristics n Corporate Tax Aggressiveness: An Empirical Analysis, in: Journal of Accounting and Public Policy, Jg. 32, S. 68-88.

Richter, Lutz/Hontheim, Stefanie (2013), Double Irish with a Dutch Sandwich: Pikante Steuergestaltung der US-Konzerne, in: DB, Jg. 66, S. 1260-1264.

Richter, Rudolf (1990), Sichtweise und Fragestellungen der Neuen Institutionenökonomik, in: ZWS, Jg. 110, S. 571-591.

Richter, Rudolf/Bindseil, Ulrich (1995), Institutionenökonomik, in: Berthold, Norbert (Hrsg.), Allgemeine Wirtschaftstheorie. Neuere Entwicklungen, München, S. 317-341.

Richter, Rudolf/Furubotn, Eirik G. (2010), Neue Institutionenökonomik. Eine Einführung und kritische Würdigung, 4. Auflage, Tübingen.

Ridder-Aab, Christa-Maria (1980), Die moderne Aktiengesellschaft im Lichte der Theorie der Eigentumsrechte, Frankfurt und New York.

Riechmann, Thomas (2010), Spieltheorie, 3. Auflage, München.

Rieger, Horst (1978), Prinzipien des internationalen Steuerrechts als Problem der Steuerplanung in der multinationalen Unternehmung, Berlin.

Risse, Robert (2010), Tax Accounting, in: Kessler, Wolfgang/Förster, Guido/Watrin, Christoph (Hrsg.), Unternehmensbesteuerung, Festschrift für Nobert Herzig zum 65. Geburtstag, München, S. 651-674.

Risse, Robert (2012), HGB § 274 Latente Steuern, in: Hennrichs, Joachim/Kleindiek, Detlef/Watrin, Christoph (Hrsg.), Münchener Kommentar zum Bilanzrecht, Band 2, München.

Robinson, John R./Sikes Stephanie A./Waever, Connie D. (2010), Performance Measurement of Corporate Tax Departments, in: The Accounting Review, Jg. 85, S. 1035-1064.

Rockel, Werner/Helten, Elmar/Loy, Herbert/Ott, Peter/Sauer, Roman (2012), Versicherungsbilanzen. Rechnungslegung nach HGB und IFRS, 3. Auflage, Stuttgart.

Röhl, Klaus-Heiner (2010), Der deutsche Wagniskapitalmarkt. Ansätze zur Finanzierung von Gründern und Mittelstand, Köln.

Ronen, Joshua/Yaari, Varda (2008), Earnings Management. Emerging Insights in Theory, Practice, and Research, New York.

Rosen, J.B. (1965), Existence and Uniqueness of Equilibrium Points for Concave N-Person Games, in: Econometrica, Jg. 33, S. 520-534.

Rosenberg, Leonard, G. (1969), Taxation of Income from Capital, by Industry Group, in: Harberger, Arnold C./Bailey, Martin J. (Hrsg.), Taxation of Income from Capital, Washington, S. 123-184.

Rosenkranz, Stephanie/Schmitz, Patrick W. (2001), Vertikale Unternehmenskooperationen, in: Jost, Peter-J. (Hrsg.), Die Prinzipal-Agenten-Theorie in der Betriebswirtschaftslehre, Stuttgart, S. 241.-271.

Ross, Stephen A. (1973), The Economic Theory of Agency: The Principal's Problem, in: American Economic Review, Jg. 63, S. 134-139.

Rückle, Dieter (1983), Normative Theorie der Steuerbilanzpolitik, Wien.

Rudolf, Stefan (2008), Entwicklungen im Kapitalmarkt in Deutschland, in: Habersack, Mathias/Mülbert, Peter/Schlitt, Michael (Hrsg.), Unternehmensfinanzierung am Kapitalmarkt, 2. Auflage, Köln, S. 1-39.

Rüsken, Reinhart (2012a), § 69 Haftung der Vertreter, in: Klein, Franz (Hrsg.), Abgabenordnung einschließlich Steuerstrafrecht, Kommentar, 11. Auflage, München.

Rüsken, Reinhart (2012b), § 71 Haftung des Steuerhinterziehers und des Steuerhehlers, in: Klein, Franz (Hrsg.), Abgabenordnung einschließlich Steuerstrafrecht, Kommentar, 11. Auflage, München.

Sachs, Lothar (2004), Angewandte Statistik. Anwendung statistischer Methoden, 11. Auflage, Berlin u.a.

Salonen, Erkki (1972), Über den Zehnten im alten Mesopotamien. Ein Beitrag zur Geschichte der Besteuerung, in: Studia Orientalia, Jg. 43, S. 1-65.

Sandig, Curt (1966), Die Führung des Betriebes. Betriebswirtschaftspolitik, 2. Auflage, Stuttgart.

Sandmo, Agnar (1981), Income Tax Evasion, Labour Supply, and the Equity-Efficiency Tradeoff, in: Journal of Public Economics, S. 265-288.

Sandmo, Agnar (2005), The Theory of Tax Evasion: A Retrospective View, in: National Tax Journal, Jg. 58, S. 643-663.

Schanz, Deborah/Schanz, Sebastian (2009), Maßgeblichkeit der Handelsbilanz für die Steuerbilanz in Europa und in den USA, in: StuW, Jg. 87, S. 311-322.

Schanz, Kay-Michael (2012), Börseneinführung. Handbuch für den Börsengang und die börsennotierte Gesellschaft, 4. Auflage, München.

Scheffler, Wolfram (1998), Entwicklungsstand der Modelldiskussion im Bereich der Steuerbilanzpolitik, in: Freidank, Carl-Christian (Hrsg.), Rechnungslegungspolitik. Eine Bestandsaufnahme aus handels- und steuerrechtlicher Sicht, Berlin u.a., S. 407-449.

Scheffler, Wolfram (2012), Besteuerung von Unternehmen. Band I: Ertrag-, Substanz- und Verkehrsteuern, 12. Auflage, Heidelberg u.a.

Schellhorn, Hannes (2005), Effizienzeffekte der Einkommensteuer bei Steuervermeidung, Wiesbaden.

Schenk, Monika (2002), Effiziente Steuersysteme und internationaler Steuerwettbewerb, Frankfurt am Main.

Scherrer, Gerhard (1994), Konzernrechnungslegung, München.

Schildbach, Thomas (2002), US-GAAP. Amerikanische Rechnungslegung und ihre Grundlagen, 2. Auflage, München.

Schildbach, Thomas (2008), Der Konzernabschluss nach HGB, IFRS und US-GAAP, 7. Auflage, München.

Schipper, Katherine/Vincent, Linda (2003), Earnings Quality, in: Accounting Horizons, Supplement 2003, S. 97-110.

Schleicher, Heinz (1971), Staatshaushalt und Strategie. Eine Theorie des öffentlichen Gutes aus neuen methodischen Ansätzen, Berlin.

Schmidt, Karsten (2002), Gesellschaftsrecht, 4. Auflage, Köln u.a.

Schmidt, Reinhard H./Spindler, Gerald (1997), Shareholder-Value zwischen Ökonomie und Recht, in: Assmann, Heinz-Dieter/Brinkmann, Tomas/Gounalakis, Georgios/Kohl, Helmut/Walz, Rainer (Hrsg.), Wirtschafts- und Medienrecht in der offenen Demokratie, Freundesgabe für Friedrich Kübler zum 65. Geburtstag, Heidelberg, S. 515-555.

Schmidtchen, Dieter (1994), Vom nichtmarginalen Charakter der Steuermoral, in: Smekal, Christian/Theurl, Engelbert (Hrsg.), Stand und Entwicklung der Finanzpsychologie, Baden-Baden, S. 185-211.

Schmitz, Karl-Jakob (1998), Die Qual mit der Wahl. Rechnungslegungspolitik aus Sicht der Finanzverwaltung, in: Freidank, Carl-Christian (Hrsg.), Rechnungslegungspolitik. Eine Bestandsaufnahme aus handels- und steuerrechtlicher Sicht, Berlin u.a., S. 653-682.

Schmitz, Roland/Wulf, Martin (2010), AO § 370 Steuerhinterziehung, in: Münchener Kommentar zum Strafgesetzbuch, Band 6/1 (Nebenstrafrecht II), München.

Schmölders, Günter **(1953)**, Wandlungen in Sinn und Wesen der Besteuerung, in: StuW, Jg. 30, S. 249-260.

Schmölders, Günter (1960), Das Irrationale in der öffentlichen Finanzwirtschaft. Probleme der Finanzpsychologie, Hamburg.

Schmölders, Günter (1975), Einführung in die Geld- und Finanzpsychologie, Darmstadt.

Schmölders, Günter/**Hansmeyer, Karl-Heinrich (1980)**, Allgemeine Steuerlehre, 5. Auflage, Berlin.

Schneeloch, Dieter (1990), Bilanzpolitik und Grundsätze der Maßgeblichkeit, in: DStR, Jg. 28, S. 96-104.

Schneeweiß, Hans (1968), Die angebliche Ausschaltung des Risikos durch das Gesetz der großen Zahlen, in: Mathematical Methods of Operations Research, Jg. 12, S. 96-104.

Schneider, Dieter (1967), Theorie und Praxis der Unternehmensbesteuerung, in: ZfbF, Jg. 19, S. 206-230.

Schneider, Dieter (1978), Steuerbilanzen. Rechnungslegung als Messung steuerlicher Leistungsfähigkeit, Wiesbaden.

Schneider, Dieter (1991), Die Anfänge der „Steuerbilanz“ und die Entstehung des Maßgeblichkeitsprinzips, in: Herzig, Norbert (Hrsg.), Betriebswirtschaftliche Steuerlehre und Steuerberatung. Festschrift für Gerd Rose zum 65. Geburtstag, Wiesbaden, S. 175-190.

Schneider, Dieter (2002), Steuerlast und Steuerwirkung. Einführung in die steuerliche Betriebswirtschaftslehre, München u.a.

Scholes, Myron S./Wilson, G. Peter/Wolfson, Mark A. (1990), Tax Planning, Regulatory Capital Planning, and Financial Reporting Strategy for Commercial Banks, in: Review of Financial Studies, Jg. 4, S. 625-650.

Scholes, Myron S./Wilson, G. Peter/Wolfson, Mark A. (1992), Firms' Responses to Anticipated Reductions in Tax Rates: The Tax Reform Act of 1986, in: Journal of Accounting Research, Jg. 30, Supplement, S. 161-185.

Scholes, Myron S./Wolfson, Mark A. (1992), Taxes and Business Strategy. A Planning Approach, Englewood Cliffs.

Scholes, Myron S./Wolfson, Mark A./Erickson, Merle/Maydew, Edward L./ Shevlin, Terry (2009), Taxes and Business Strategy. A Planning Approach, 4. Auflage, Upper Saddle River.

Schön, Wolfgang (2005), The David R. Tillinghast Lecture The Odd Couple: A Common Future for Financial and Tax Accounting?, in: Tax Law Review, Jg. 58, S. 111-148.

Schön, Wolfgang (2008), Tax and Corporate Governance: A Legal Approach, in: Schön, Wolfgang (Hrsg.), Tax and Corporate Governance, Berlin und Heidelberg, S. 31-61.

Schön, Wolfgang (2013), Das große internationale Steuerspiel, in: Frankfurter Allgemeine Zeitung vom 12.4.2013, S. 12.

Schreiber, Ulrich (2000), Die Bedeutung der US-amerikanischen Rechnungslegung für die Besteuerung von Gewinnen und Ausschüttungen, in: Ballwieser, Wolfgang (Hrsg.), US-amerikanische Rechnungslegung, 4. Auflage, Stuttgart, S. 49-98.

Schulte, Knut (2005), Entnahmen, Einlagen und Eigenkapitalersatz, in: Sudhoff, Heinrich (Hrsg.), Personengesellschaften, 8. Auflage, München, S. 85-98.

Schulz-Danso, Martin (2013), Laufende und latente Ertragsteuern, in: Beck'sches IFRS-Handbuch. Kommentierung der IFRS/IAS, 4. Auflage, München, S. 1037-1113.

Schumpeter, Joseph (1908, 1970), Das Wesen und der Hauptinhalt der theoretischen Nationalökonomie, 2. Auflage, Berlin (unveränderter Nachdruck der 1908 erschienenen ersten Auflage).

Scotchmer, Suzanne/Slemrod, Joel (1989), Randomness in Tax Enforcement, in: Journal of Public Economics, Jg. 38, S. 17-32.

Scott, William R. (2011), Financial Accounting Theory, 6. Auflage, Toronto.

Seer, Roman (2013a), Finanzverfassungsrechtliche Grundlagen der Steuerrechtsordnung, in: Tipke, Klaus/Lang, Joachim (Hrsg.), Steuerrecht, 21. Auflage, Köln, S. 33-58.

Seer, Roman (2013b), Allgemeines Steuerschuldrecht, in: Tipke, Klaus/Lang, Joachim (Hrsg.), Steuerrecht, 21. Auflage, Köln, S. 211-230.

Seer, Roman (2013c), Durchführung der Besteuerung, in: Tipke, Klaus/Lang, Joachim (Hrsg.), Steuerrecht, 21. Auflage, Köln, S. 1047-1178.

Seidl, Christian (1974), Normative Theorien der Steuerdisziplin der Selbstständigen. Eine Analyse des Zensitenverhaltens, Wien.

Seidman, Teri (2010), Interpreting the Book-Tax Income Gap as Earnings Management or Tax Sheltering, Working Paper, University of Texas at Austin.

Selchert, Friedrich Wilhelm (1975), Besteuerung und Unternehmenspolitik (I), in: ZfB, Jg. 45, S. 429-448.

Seldon, Arthur (1979), Avoision: The Moral Blurring of a Legal Distinction Without an Economic Difference, in: The Institute of Economic Affairs (Hrsg.), Tax Avoision. The Economic, Legal and Moral Inter-Relationships between Avoidance and Evasion, Sussex, S. 1-19.

Selg, Herbert/Mees, Ulrich/Berg, Detlef (1997), Psychologie der Aggressivität, 2. Auflage, Göttingen u.a.

Sellhorn, Thorsten (2004), Goodwill Impairment. An Empirical Investigation of Write-Offs under SFAS 142, Frankfurt am Main.

Sellhorn, Thorsten/Hahn, Stefan/Müller, Maximilian (2010), Die neue Ordnung der US-GAAP, in: KoR, Jg. 10, S. 154-162.

Sen, Amartya K. (1967), Isolation, Assurance and the Social Rate of Discount, in: Quarterly Journal of Economics, Jg. 81, S. 112-124.

Shackelford, Douglas A./Shevlin, Terry (2001), Empirical Tax Research in Accounting, in: Journal of Accounting and Economics, Jg. 31, S. 321-387.

Shadish, William R./Cook, Thomas D./Campbell, Donald T. (2002), Experimental and Quasi-Experimental Designs for Generalized Causal Inference, Belmont.

Sharpe, William F. (1964), Capital Asset Prices: A Theory of Market Equilibrium under Conditions of Risk, in: Journal of Finance, Jg. 19, S. 425-442.

Sharpe, William F./Alexander, Gordon J./Bailey, Jeffery V. (1999), Investments, 6. Auflage, Upper Saddle River.

Shevlin, Terry (1990), Estimating Corporate Marginal Tax Rates with Asymmetric Tax Treatment of Gains and Losses, in: Journal of the American Taxation Association, Jg. 12, S. 51-67.

Shevlin, Terry (2002), Commentary. Corporate Tax Shelters and Book-Tax-Differences, in: Tax Law Review, Jg. 55, S. 427-443.

Shevlin, Terry/Porter, Sue (1992), "The Corporate Tax Comeback in 1987" Some Further Evidence, in: Journal of the American Taxation Association, Jg. 14, S. 58-79.

Sieben, Günter (1998), Rechnungslegungspolitik als Instrument der Unternehmensführung, in: Freidank, Carl-Christian (Hrsg.), Rechnungslegungspolitik. Eine Bestandsaufnahme aus handels- und steuerrechtlicher Sicht, Berlin u.a., S. 3-35.

Siebert, Henning (1996), Grundlagen der US-amerikanischen Rechnungslegung. Ziele und Inhalte der Verlautbarungen der SEC und des FASB sowie ihre Unterschiede zum deutschen Bilanzrecht, Köln.

Siegfried, John J. (1972), The Relationship between Economic Structure and the Effect of Political Influence: Empirical Evidence from the Federal Corporation Income Tax Program, Microfilmed by University of Wisconsin, University Microfilms, Ann Arbor.

Siegfried, John J. (1974), Effective Average U.S. Corporation Income Tax Rates, in: National Tax Journal, Jg. 27, S. 245-259.

Sigloch, Jochen (2000), Ein Valet dem Maßgeblichkeitsprinzip?, in: BFuP, Jg. 52, S. 157-182.

Skinner, Jonathan/Slemrod, Joel (1985), An Economic Perspective on Tax Evasion, in: National Tax Journal, Jg. 38, S. 345-353.

Slemrod, Joel (1990), Optimal Taxation and Optimal Tax Systems, in: Journal of Economic Perspectives, Jg. 4, S. 157-178.

Slemrod, Joel (2003), Trust in Public Finance, in: Cnossen, Sijbren/Sinn, Hans-Werner (Hrsg.), Public Finance and Public Policy in the New Century, Cambridge und London, S. 49-88.

Slemrod, Joel (2004), The Economics of Corporate Tax Selfishness, in: National Tax Journal, Jg. 57, S. 887-899.

Slemrod, Joel/Yitzhaki, Shlomo (2002), Tax Avoidance, Evasion and Administration, in: Auerbach, Alan J./Feldstein, Martin (Hrsg.), Handbook of Public Economics (Volume 3), S. 1423-1470.

Smith, Adam (1776, 1994), An Inquiry into the Nature and Cause of the Wealth of Nations, London (Reprint: Edited, with an Introduction, Notes, Marginal Summary and Enlarged Summary by Edwin Cannan, New York).

Smith, Clifford W./Warner, Jerold B. (1979), On Financial Contracting. An Analysis of Bond Covenants, in: Journal of Financial Economics, Jg. 7, S. 117-161.

Smith, Daniel E. (1976), The Effect of the Separation of Ownership from Control on Accounting Policy Decisions, in: The Accounting Review, Jg. 51, S. 707-722.

Sonntag, Nils (2001), Wissensbasierte Konzernsteuerrechnung. Ein modulares Instrument des Steuermanagements für EU-Konzerne, Berlin.

Sougiannis, Theodore (1994), The Accounting Based Valuation of Corporate R&D, in: The Accounting Review, Jg. 69, S. 44-68.

Spanheimer, Jürgen/Simlacher, Alfred (2010), § 274, in: Küting, Karlheinz/ Pfitzer, Norbert/Weber, Claus-Peter (Hrsg.), Handbuch der Rechnungslegung. Einzelabschluss, Kommentar zur Bilanzierung und Prüfung, Band 2, 5. Auflage, 8. Ergänzungslieferung.

Spicer, Michael W./Lunstedt, S.B. (1976), Understanding Tax Evasion, in: Public Finance, Jg. 31, S. 295-305.

Spitz, Barry (2002), International Tax Havens Guide. Offshore Tax Strategies, New York.

Srinivasan, T.N. (1972), Tax Evasion: A Model, in: Journal of Public Economics, Jg. 2, S. 339-346.

Stein, Heinz-Gerd (1993), Ziele und Maßnahmen der Konzernbilanzpolitik, in: zfbf, Jg. 45, S. 973-972.

Stein, Jeremy C. (1989), Efficient Capital Markets, Inefficient Firms: A Model of Myopic Corporate Behavior, in: Quarterly Journal of Economics, Jg. 104, S. 655-669.

Stein, Volker (2008), Jenseits der Zinsschranke: Gesellschafterfremdfinanzierung nach der Unternehmensteuerreform 2008, in: Oestreicher, Andreas (Hrsg.), Unternehmensbesteuerung 2008: Neue Wege gehen, Herne, S. 129-144.

Stein, Volker/Vitale, Andrea (2011), Shareholder Value als Aufgabenstellung der betrieblichen Steuerplanung, in: Grotherr, Siegfried (Hrsg.), Handbuch der internationalen Steuerplanung, 3. Auflage, Herne, S. 135-151.

Steiner, Manfred/Bruns, Christoph/Stöckl, Stefan (2012), Wertpapiermanagement. Professionale Wertpapieranalyse und Portfoliostrukturierung, 10. Auflage, Stuttgart.

Stickney, Clyde P./McGee, Victor, E. (1982), Effective Corporate Tax Rates. The Effect of Size, Capital Intensity, Leverage and Other Factors, in: Journal of Accounting and Public Policy, Jg. 1, S. 125-152.

Stiglitz, Joseph E. (1985), The General Theory of Tax Avoidance, in: National Tax Journal, Jg. 38, S. 325-337.

Stiglitz, Joseph E. (2000), Economics of the Public Sector, 3. Auflage, New York und London.

Subramanyam, K.R. (1996),The Pricing of Discretionary Accruals, in: Journal of Accounting and Economics, Jg. 22, S. 249-282.

Tambini, Luigi (1969), Financial Policy and the Corporation Income Tax, in: Harberger, Arnold/Bailey, Martin J. (Hrsg.), The Taxation of Income from Capital, Washington, S. 185-222.

Tanski, Joachim (2006), Bilanzpolitik und Bilanzanalyse nach IFRS. Instrumentarium, Spielräume, Gestaltung, München.

Taylor, Grantley/Richardson, Grant (2012), International Corporate Tax Avoidance Practices: Evidence from Australian Firms, in: International Journal of Accounting, Jg. 47, S. 469-496.

Teichmann, Arndt (1962), Die Gesetzesumgehung, Göttingen.

Theisen, Manuel René (2000), Der Konzern. Betriebswirtschaftliche und rechtliche Grundlagen der Konzernunternehmung, 2. Auflage, Stuttgart.

Thomson, Russell (2012), Measures of R&D Tax Incentives for OECD Countries, Melbourne Institute Working Paper Series, Working Paper No. 17/12.

Torgler, Benno (2006), The Importance of Faith: Tax Morale and Religiosity, in: Journal of Economic Behavior & Organization, Jg. 61, S. 81-109.

Tsakumis, George T./Curatola, Anthony P./Porcano, Thomas M. (2007), The Relation Between National Cultural Dimensions and Tax Evasion, in: Journal of International Accounting, Auditing and Taxation, Jg. 16, S. 131-147.

Tucker, Jennifer W./Zarowin, Paul A. (2006), Does Income Smoothing Improve Earnings Informativeness?, in: The Accounting Review, Jg. 81, S. 251-270.

Tulkens, Henry/Jacquemin, Alex (1971), The Cost of Delinquency: A Problem of Optimal Allocation of Private and Public Expenditure, CORE Discussion Paper No. 7133, Université Catholique de Louvain.

Urban, Dieter/Mayerl, Jochen (2011), Regressionsanalyse: Theorie, Technik und Anwendung, 4. Auflage, Wiesbaden.

van Tendeloo, Brenda/Vanstraelen, Ann (2008), Earnings Management and Audit Quality in Europe: Evidence from the Private Client Segment Market, in: European Accounting Review, Jg. 17, S. 447-469.

Varian, Hal R. (2011), Grundzüge der Mikroökonomie, 8. Auflage, München.

Vetsch, Jakob (1912), Die Umgehung des Gesetzes (In Fraudem Legis Agere). Theorie, Rechtsprechung und Gesetzgebung, Zürich.

Vogt, Fritz J. (1963), Bilanztaktik. Wahlrechte des Unternehmens beim Jahresabschluss, 6. Auflage, Heidelberg.

von Auer, Ludwig (2011), Ökonometrie. Eine Einführung, 5. Auflage, Heidelberg u.a.

von Neumann, John /Morgenstern, Oskar (1944), Theory of Games and Economic Behavior, Princeton.

von Schanz, Georg (1896), Der Einkommensbegriff und die Einkommensteuergesetze, in: Finanzarchiv, Jg. 13, S. 1-87.

von Weizsäcker, Carl C. (1982), Staatliche Regulierung – positive und normative Theorie, in: Schweizerische Zeitschrift für Volkswirtschaft und Statistik, Jg. 118, S. 325-343.

Wackernagel, Jacob (1949), Die Steuerumgehung und ihre Verhütung unter besonderer Berücksichtigung des schweizerischen Rechts, Basel.

Wagenhofer, Alfred (2009), Internationale Rechnungslegungsstandards IAS/IFRS, 6. Auflage, Frankfurt.

Wagenhofer, Alfred/Ewert, Ralf (2007), Externe Unternehmensrechnung, 2. Auflage, Berlin u.a.

Wagner, Franz W. (1993), Steuerplanung, in: Wittmann, Waldemar/Kern, Werner/Köhler, Richard/Küpper, Hans-Ulrich/von Wysocki, Klaus (Hrsg.), Handwörterbuch der Betriebswirtschaft, Teilband 3, 5. Auflage, S. 4052-4062.

Wagner, Franz W. (2005), Steuervereinfachung und Entscheidungsneutralität – konkurrierende oder komplementäre Leitbilder für Steuerreformen?, in: StuW, Jg. 82, S. 93-108.

Wagner, Franz W./Dirrigl, Hans (1980), Die Steuerplanung der Unternehmung, Stuttgart und New York.

Wahab, Nor Shaipu Abdul/Holland, Kevin (2012), Tax Planning, Corporate Governance and Equity Value, in: British Accounting Review, Jg. 44, S. 111-124.

Wang, Leonard F.S./Conant, John L. (1988), Corporate Tax Evasion and Output Decisions of the Uncertain Monopolist, Jg. 41, S. 579-581.

Wang, Xiaohang (Tina) (2010), Tax Avoidance, Corporate Transparancy, and Firm Value, Working Paper, University of Texas at Austin.

Wang, Zhemin/Williams, Thomas H. (1994), Accounting Income Smoothing and Stockholder Wealth, Jg. 10, S. 96-110.

Warfield, Terry D./Wild, John J./Wild, Kenneth L. (1995), Managerial Ownership, Accounting Choices, and the Informativeness of Earnings, in: Journal of Accounting and Economics, Jg. 20, S. 61-91.

Watrin, Christoph/Pott, Christiane/Ullmann, Robert (2012), The Effects of Book-Tax Conformity and Tax Accounting Incentives on Financial Accounting: Evidence from Public and Private Limited Companies in Germany, in: International Journal of Accounting, Auditing and Performance Evaluation, Jg. 8, S. 274-302.

Watson, Luke (2011), Social Influences on Aggressive Accounting: The Impact of Corporate Social Responsibility on Tax Aggressiveness, Working Paper, The Pennsylvania State University.

Watts, Ross L./Zimmerman, Jerold L. (1978), Towards a Positive Theory of the Determination of Accounting Standards, in: The Accounting Review, Jg. 53, S. 112-134.

Watts, Ross L./Zimmerman, Jerold L. (1986), Positive Accounting Theory, Englewood Cliffs.

Watts, Ross L./Zimmerman, Jerold L. (1990), Positive Accounting Theory: A Ten Year Perspective, in: The Accounting Review, Jg. 65, S. 131-156.

Watts. Ross L. (1992), Accounting Choice Theory and Market-Based Research in Accounting, in: British Accounting Review, Jg. 24, S. 235-267.

Webley, Paul/Robben, Henry/Elffers, Henk/Hessing, Dick (1991), Tax Evasion. An Experimental Approach, Cambridge u.a.

Wehmeyer, Jochen (1967), Die steuerliche Planung der Unternehmung, Düsseldorf.

Welker, Susanne A. (2012), Managementvergütung, Anreize und Kapitalmarkterwartungen. Experimentelle Evidenz, Wiesbaden.

Westerhoff, Rudolf (1966), Gesetzesumgehung und Gesetzeserschleichung, Hamburg.

White, Gary E. (1970), Discretionary Accounting Decisions and Income Normalization, in: Journal of Accounting Research, Jg. 8, S. 260-273.

White, Gerald I./Sondhi, Ashwinpaul C./Fried, Dov (2003), The Analysis and the Use of Financial Statements, 3. Auflage, Hoboken.

Whittington, Geoffrey (1987), Positive Accounting Theory: A Review Article, in: Accounting and Business Research, Jg. 17, S. 327-336.

Wiechardt, Dörte (1979), Aggressivität. Analyse der Voraussetzungen zur Verwendung eines dispositionellen Konstrukts und Untersuchung interindividueller Unterschiede in situationsübergreifenden aggressiven Verhaltensbereitschaften, Aachen.

Wilkie, Patrick J. (1988), Corporate Average Effective Tax Rates and Inferences about Relative Tax Preferences, in: Journal of the American Taxation Association, Jg. 10, S. 75-88.

Wilkie, Patrick J./Limberg, Stephen T. (1993), Measuring Explicit Tax (Dis) Advantage for Corporate Taxpayers: An Alternative to Average Effective Tax Rates, in: Journal of the American Taxation Association, Jg. 15, S. 46-71.

Williamson, Oliver E. (1969), Corporate Control and the Theory of the Firm, in: Manne, Henry G. (Hrsg.), Economic Policy and the Regulation of Corporate Securities, Washington, S. 281-336.

Williamson, Oliver E. (1985), The Economic Institutions of Capitalism. Firms, Markets, Relational Contracting, New York und London.

Wilson, Ryan (2009), An Examination of Corporate Tax Shelter Participants, in: The Accounting Review, Jg. 84, S. 969-999.

Winnefeld, Robert (2000), Bilanzhandbuch, 2. Auflage, München.

Winter, Lutz (2009), Steueroasen. Der ultimative Report, Aachen.

Witte, Ann D./Woodbury, Diane F. (1985), The Effect of Tax Laws and Tax Administration on Tax Compliance: The Case of the U.S. Individual Income Tax, in: National Tax Journal, Jg. 38, S. 1-14.

Wöhe, Günter (1977), Bemerkungen zur Steuerbilanzpolitik, in: BFuP, Jg. 29, S. 216-229.

Wöhe, Günter/Döring, Ulrich (2010), Einführung in die Allgemeine Betriebswirtschaftslehre, 24. Auflage, München.

Wöhe, Günter/Mock, Sebastian (2010), Die Handels- und Steuerbilanz. Betriebswirtschaftliche, handels- und steuerrechtliche Grundsätze der Bilanzierung, 6. Auflage, München.

Wohlgemuth, Michael (2010), Aktive latente Steuern, in: Pelka, Jürgen/Niemann, Walter (Hrsg.), Jahres- und Konzernabschluss nach Handels- und Steuerrecht, 13. Auflage, München, Band B.

Wolfson, Mark A. (1993), The Effects of Ownership and Control on Tax and Financial Reporting Policy, in: Economic Notes by Monte dei Paschi di Siena, Jg. 22, S. 318-332.

Wolz, Christian (2010), Latente Steuern nach dem BilMoG: Analyse der konzeptionellen Neuregelung im Einzel- und Konzernabschluss, Jg. 63, S. 2625-2633.

Wooldridge, J. Randall (1988), Competitive Decline and Corporate Restructuring: Is a Myopic Stock Market to Blame?, in: Journal of Applied Corporate Finance, Jg. 1, S. 23-36.

Wooldridge, Jeffrey M. (2010), Econometric Analysis of Cross Section and Panel Data, 2. Auflage, Cambridge und London.

Wooldridge, Jeffrey M. (2013), Introductory Econometrics. A Modern Approach, 5. Auflage, Mason.

Wrede, Matthias (1993), Ökonomische Theorie des Steuerentzuges. Steuervermeidung, -umgehung und -hinterziehung, Heidelberg.

Yaniv, Gideon (1988), Withholding and Non-Withheld Tax Evasion, in: Journal of Public Economics, Jg. 35, S. 183-204.

Yeo, Gillian H.H./Tan, Patricia M.S./Ho, Kim Wai/Chen, Sheng-Syan (2002), Corporate Ownership Structure and the Informativeness of Earnings, Journal of Business Finance and Accounting, Jg. 29, S. 1023-1046.

Yin, George (2003), How Much Do Large Public Corporations Pay?: Estimating the Effective Tax Rates of the S&P 500, in: Virginia Law Review, Jg. 89, S. 1793-1856.

Yitzhaki, Shlomo (1974), Income Tax Evasion: A Note on Theoretical Analysis, in: Journal of Public Economics, Jg. 3, S. 201-202.

Yitzhaki, Shlomo (1987), On the Excess Burden of Tax Evasion, in: Public Finance Quarterly, Jg. 15, S. 123-137.

Zacharias, Erwin (2000), Börseneinführung mittelständischer Unternehmen. Rechtliche und wirtschaftliche Grundlagen sowie strategische Konzepte bei Vorbereitung und bei der Durchführung des Going Public, 2. Auflage, Bielefeld.

Zanzinger, Dieter (2011), Die Einschränkungen der Selbstanzeige durch das Schwarzgeldbekämpfungsgesetz – Klärung erster Zweifelsfragen, in: DStR, Jg. 49, S. 1397-1403.

Zimmerman, Jerold (1983), Taxes and Firm Size, in: Journal of Accounting and Economics, Jg. 5, S. 119-149.

Zimmermann, Horst/Henke, Klaus-Dirk/Broer, Michael (2012), Finanzwissenschaft. Eine Einführung in die Lehre von der öffentlichen Finanzwirtschaft, 11. Auflage, München.

Zinn, Benedikt/Spengel, Christoph (2012), Book-Tax Conformity: Empirical Evidence from Germany, ZEW Discussion Paper No. 12-051.

Zülch, Henning/Hoffmann, Sebastian (2009), Die Modernisierung des deutschen Handelsbilanzrechts durch das BilMoG: Wesentliche Alt- und Neuregelungen im Überblick, in: DB, Jg. 62, S. 745-752.

Zwirner, Christian/Endert, Volker/Sepetauz, Karsten (2012), Zur Maßgeblichkeit bei der steuerlichen Rückstellungsberechnung – Anmerkungen zur Verfügung der OFD Münster vom 13.7.2012, in: DStR, Jg. 50, S. 2094-2098.

Zwirner, Christian/König, Beate/Busch, Julia (2012), Freiwillige Konzernrechnungslegung kapitalmarktorientierter Kapitalgesellschaften, in: DB, Jg. 65, S. 2293-2295.

Rechtsquellenverzeichnis

Deutsche Rechtsquellen

AktG, Aktiengesetz vom 6. September 1965 (BGBl. I, S. 1089), das zuletzt durch Artikel 3 des Gesetzes vom 20. Dezember 2012 (BGBl. I, S. 2751) geändert worden ist.

AO, Abgabenordnung in der Fassung der Bekanntmachung vom 1. Oktober 2002 (BGBl. I, S. 3866, ber. BGBl. 2003 I, S. 61), die zuletzt durch Artikel 11 des Gesetzes vom 26. Juni 2013 (BGBl. I, S. 1809) geändert worden ist.

BGB, Bürgerliches Gesetzbuch in der Fassung der Bekanntmachung vom 2. Januar 2002 (BGBl. I, S. 42, ber. S. 2909, erneut ber. BGBl. 2003 I, S. 738), das zuletzt durch Artikel 4 des Gesetzes vom 26. Juni 2013 (BGBl. I, S. 1805) geändert worden ist.

BilMoG, Gesetz zur Modernisierung des Bilanzrechts (Bilanzrechtsmodernisierungsgesetz) vom 25. Mai 2009 (BGBl. I, S. 1102).

BilReG, Gesetz zur Einführung internationaler Rechnungslegungsstandards und zur Sicherung der Qualität der Abschlussprüfung (Bilanzrechtsreformgesetz) vom 4. Dezember 2004 (BGBl. I, S. 3166).

BiRiLiG, Gesetz zur Durchführung der Vierten, Siebenten und Achten Richtlinie des Rates der Europäischen Gemeinschaften zur Koordinierung des Gesellschaftsrechts (Bilanzrichtliniengesetz) vom 19. Dezember 1985 (BGBl. I, S. 2355).

BörsG, Börsengesetz vom 16. Juli 2007 (BGBl. I, S. 1330, S. 1351), das zuletzt durch Artikel 28 des Gesetzes vom 26. Juni 2013 (BGBl. I, S. 1809) geändert worden ist.

BörsZulV, Verordnung über die Zulassung von Wertpapieren zum regulierten Markt einer Wertpapierbörse (Börsenzulassungs-Verordnung) in der Fassung der Bekanntmachung vom 9. September 1998 (BGBl. I, S. 2832), die zuletzt durch Artikel 2 Absatz 43 des Gesetzes vom 22. Dezember 2011 (BGBl. I, S. 3044) geändert worden ist.

EHUG, Gesetz über elektronische Handelsregister und Genossenschaftsregister sowie das Unternehmensregister vom 10. November 2006 (BGBl. I, S. 2553).

EStG, Einkommensteuergesetz in der Fassung der Bekanntmachung vom 8. Oktober 2009 (BGBl. I, S. 3366, ber. S. 3862), das zuletzt durch Artikel 2 des Gesetzes vom 26. Juni 2013 (BGBl. I, S. 1809) geändert worden ist.

EStR, Einkommensteuer-Richtlinien 2008, Allgemeine Verwaltungsvorschrift zur Anwendung des Einkommensteuerrechts vom 16.12.2005 (BStBl. I, Sondernummer 1), in der Fassung der EStÄR 2012 vom 25.03.2013 (BStBl. I, S. 276).

FGO, Finanzgerichtsordnung in der Fassung der Bekanntmachung vom 28. März 2001 (BGBl. I, S. 442, ber. S. 2262, erneut ber. BGBl. 2002 I, S. 679), die zuletzt durch Artikel 23 des Gesetzes vom 26. Juni 2013 (BGBl. I, S. 1809) geändert worden ist.

GewStG, Gewerbesteuergesetz in der Fassung der Bekanntmachung vom 15. Oktober 2002 (BGBl. I, S. 4167), das zuletzt durch Artikel 4 des Gesetzes vom 26. Juni 2013 (BGBl. I, S. 1809) geändert worden ist.

GG, Grundgesetz für die Bundesrepublik Deutschland vom 23. Mai 1949 in der im BGBl. III, Gliederungsnummer 100-1, veröffentlichten bereinigten Fassung, das zuletzt durch Artikel 1 des Gesetzes vom 11. Juli 2012 (BGBl. I, S. 1478) geändert worden ist.

GmbHG, Gesetz betreffend die Gesellschaften mit beschränkter Haftung vom 20. April 1892 in der im BGBl. III, Gliederungsnummer 4123-1, veröffentlichten bereinigten Fassung, das zuletzt durch Artikel 7 des Gesetzes vom 21. März 2013 (BGBl. I, S. 556) geändert worden ist.

HGB, Handelsgesetzbuch vom 10. Mai 1897 in der im BGBl. III, Gliederungsnummer 4100-1, veröffentlichten bereinigten Fassung, das zuletzt durch Artikel 11 des Gesetzes vom 26. Juni 2013 (BGBl. I, S. 1800) geändert worden ist.

InvZulG, Investitionszulagengesetz 2010 vom 7. Dezember 2008 (BGBl. I, S. 2350), das durch Artikel 10 des Gesetzes vom 22. Dezember 2009 (BGBl. I, S. 3950) geändert worden ist.

KStG, Körperschaftsteuergesetz in der Fassung der Bekanntmachung vom 15. Oktober 2002 (BGBl. I, S. 4144), das zuletzt durch Artikel 3 des Gesetzes vom 26. Juni 2013 (BGBl. I, S. 1809) geändert worden ist.

OWiG, Gesetz über Ordnungswidrigkeiten in der Fassung der Bekanntmachung vom 19. Februar 1987 (BGBl. I, S. 602), das zuletzt durch Artikel 4 des Gesetzes vom 26. Juni 2013 (BGBl. I, S. 1738) geändert worden ist.

PartGG, Gesetz über Partnerschaftsgesellschaften Angehöriger Freier Berufe (Partnerschaftsgesellschaftsgesetz) vom 25. Juli 1994 (BGBl. I, S. 1744), das zuletzt durch Artikel 22 des Gesetzes vom 23. Oktober 2008 (BGBl. I, S. 2026) geändert worden ist.

PublG, Publizitätsgesetz vom 15. August 1969 (BGBl. I, S. 1189), das zuletzt durch Artikel 2 Absatz 47 des Gesetzes vom 22. Dezember 2011 (BGBl. I, S. 3044) geändert worden ist.

Schwarzgeldbekämpfungsgesetz, Gesetz zur Verbesserung der Bekämpfung der Geldwäsche und Steuerhinterziehung vom 28. April 2011 (BGBl. I, S. 676).
SEEG, Gesetz zur Einführung der Europäischen Gesellschaften vom 22. Dezember 2004 (BGBl. I, S. 3675).
SolzG, Solidaritätszuschlaggesetz 1995 in der Fassung der Bekanntmachung vom 15. Oktober 2002 (BGBl. I, S. 4130), das zuletzt durch Artikel 6 des Gesetzes vom 7. Dezember 2011 (BGBl. I, S. 2592) geändert worden ist.
Unternehmensteuerreformgesetz 2008, Unternehmensteuerreformgesetz 2008 in der Fassung der Bekanntmachung vom 14. August 2007 (BGBl. I, S. 1912).
WpÜG, Wertpapiererwerbs- und Übernahmegesetz vom 20. Dezember 2001 (BGBl. I, S. 3822), das zuletzt durch Artikel 2c des Gesetzes vom 28. November 2012 (BGBl. I, S. 2369) geändert worden ist.

Drucksachen der Legislative

Bundesrat-Drucksache 681/12 vom 02. November 2012, Entwurf einer Allgemeinen Verwaltungsvorschrift zur Änderung der Einkommensteuer-Richtlinien 2008 (Einkommensteuer-Änderungsrichtlinien 2012 – EStÄR 2012).

Schreiben des Bundesministeriums der Finanzen

BMF-Schreiben vom 25.03.2013, IV C 6 - S 2133/09/10001:004.

Deutsche Rechtsprechung

BGH, Urteil vom 29.01.2001, Az. II ZR 331/00.

EU-Rechtsquellen

EU-VO 1606/2002 („IAS-VO"), Verordnung (EG) Nr. 1606/2002 des Europäischen Parlaments und des Rates vom 19. Juli 2002 betreffend die Anwendung internationaler Rechnungslegungsstandards, ABl.EG L234/1.
EU-VO 2157/2001 („SE-VO"), Verordnung (EG) Nr. 2157/2001 des Rates vom 8. Oktober 2001 über das Statut der Europäischen Gesellschaft (SE), ABl.EG L.294/1.

US-amerikanische Rechtsquellen

IRC, Internal Revenue Code.
TRA 86 , Tax Reform Act of 1986.
ERTA, Economic Recovery Tax Act of 1981.
Exchange Act, Securities Exchange Act of 1934.

Standards des DRSC

DRS 18, Latente Steuern, Juni 2010.
DRS 2, Kapitalflussrechnung, Oktober 1999, geändert 2003, 2005, 2010.

Standards des IASB

IASB Framework, The Conceptual Framework for Financial Reporting, September 2010.
IAS 7 (revised 1992), Statement of Cash Flows, October 1977, revised 1992, retitled 2007, amended 2009.
IAS 12 (revised 1996), Income Taxes, July 1979, amended 2004, 2010.

Standards und Interpretationen des FASB

SFAS 5, Accounting for Contingencies, March 1975.
SFAS 109, Accounting for Income Taxes, February 1992.
FIN 48, Accounting for Uncertainty in Income Taxes, June 2006.

Betriebswirtschaftliche Forschung im Rechnungswesen

Herausgegeben von Nils Crasselt, Rolf Uwe Fülbier, Joachim Gassen, Bernhard Pellens und Thorsten Sellhorn

Band 1 Verena Hill: Rechnungslegungspolitik im Rahmen der Kaufpreisallokation. Eine theoretische und empirische Analyse deutscher kapitalmarktorientierter Unternehmen. 2011.

Band 2 Ulrich Küting: Rückstellungsbilanzierung nach HGB und IFRS. Normendeskription und empirische Analysen zur deutschen und internationalen Bilanzierungspraxis. 2011.

Band 3 Felix Fischer: Der Zusammenhang zwischen Rechnungslegung und Ausschüttungsbemessung. Eine empirische Analyse deutscher börsennotierter Aktiengesellschaften. 2011.

Band 4 Torben Auste: Einfluss von Lobbying auf den IFRS-Standardsetzungsprozess. 2012.

Band 5 Michael Fischkin: Determinanten der Prüferwahl und des Prüferwechsels auf dem deutschen Prüfungsmarkt für börsennotierte Unternehmen. Eine theoretische und empirische Untersuchung. 2012.

Band 6 Maximilian Lauerbach: Investitionssteuerung mit Risk Adjusted Performance Measures im Nicht-Finanzbereich. 2012.

Band 7 Marco Kreutzer: Wertorientierte Planung und Steuerung anhand des Residualgewinnkonzepts. Eine Analyse in Abhängigkeit vom zu Grunde liegenden Rechnungslegungssystem. 2012.

Band 8 Tim-Frederik Oehr: Sozio-ökonomische Aspekte der Regulierung der Rechnungslegung. 2012.

Band 9 Adam Strzyz: Determinanten der Dividendenpräferenz deutscher Privatanleger. 2013.

Band 10 Jane Fehr: Die künftige Leasingbilanzierung nach IFRS. Auswirkungen auf das Entscheidungsverhalten der Akteure. 2013.

Band 11 Thomas Kemper-Scharpegge: Einfluss der IFRS auf die Rechnungslegungspraxis. Eine theoretische und empirische Analyse in ausgewählten Ländern der EU. 2013.

Band 12 Nico Kavvadias: Forschungs- und Entwicklungskosten. Abschlusspolitische Gestaltungsspielräume und Determinanten für deren Ausübung. 2014.

Band 13 Theresa Weiß: Steueraggressivität börsennotierter und nichtbörsennotierter Unternehmen in Deutschland. Eine theoretische und empirische Analyse. 2014.

www.peterlang.com